KB263362

현대를 살아가는 지혜와 모략의 기술 지모

번역 김인지

　부산외국어대학교 통번역대학원을 졸업하였으며, 현재 중국어 번역가로 활동 중이다. 역서로는『상경 상술 : 대륙을 깨운 중국 상인의 힘』『제갈량의 따라잡기』『역경속의 경영 지혜』등 다수가 있다.

지모

펴낸날 ｜ 2007년 8월 14일

지은이 ｜ 추이원량 · 우홍수
옮긴이 ｜ 김인지
펴낸이 ｜ 이금석

마케팅 : 곽순식 · 김선곤
기획 · 편집 : 김애리
디자인 : 박상순
물류지원 : 현　란

펴낸곳 ｜ 도서출판 무한
등록일 ｜ 1993년 4월 2일
등록번호 ｜ 제3-468호

주소 ｜ 서울 마포구 서교동 469-19
전화 ｜ 02.322.6144
팩스 ｜ 02.325.6143
홈페이지 ｜ www.muhan-book.co.kr
e-mail ｜ muhan7@muhan-book.co.kr

값 ｜ 25,000원
ISBN ｜ 978-89-5601-186-8 (03320)

잘못된 책은 바꿔드립니다.

지

(智謀 1)

추이원량·우흥수 지음
김인지 옮김

중화민족은 지혜의 민족이라 할 수 있으며 그들의 지모는 세계 문명사의 찬란한 한 페이지를 장식했다. 스위스의 중국학자 셍거Harro Von Senger는 이렇게 말한 적이 있다. "지모학智謀學은 중국인으로부터 시작되었는데 그들의 지모는 매우 심오하고 광활한 천지라 할 수 있다. 이 천지 속에는 '지식의 즐거움'이 가득하다. 서양인인 나는 비록 그 중의 약간을 맛보았지만 그 무한함에 도취되어 이제는 그만두려 해도 그만둘 수가 없을 정도다." 1970년대 타이완과 도쿄, 베이징에서 각각 유학을 한 적이 있는 셍거는 특히 중국의 지모학 연구에 힘을 쏟았다. 귀국한 후 그는 거작 《지모-일상과 비상시의 묘계36Strategeme für Manager》를 통해 중국의 유명한 36계에 관해 소개하고 자신의 의견을 밝혔다. 이 책은 출판되고 난 후 서양의 언론계를 뒤흔들었고 '문화, 사상, 의식상에서 중국과 서양이 서로 이해하고 교류하는 도구'로 평가되기도 했으며 사람들의 주목을 끄는 '기적의 책'으로 불리기도 했다.

당시의 이 책을 읽은 독일 연방의 헬무트 콜 총리는 셍거에게 보낸 편지에서 이 책을 서양인들이 중국의 과거와 현재를 이해하는 데 도움이 되는 작품이라 평가했으며 자신의 정치생활에서 36계가 큰 도움이 되었다고 말하기도 했다.

사람이 동물과 가장 다른 점은 바로 머리를 써서 사고할 수 있다는 점이다. 그러므로 지모는 사람의 전체적인 변증적 사고라 할 수 있으며 특수한 상황에서 특정한 목적에 도달하기 위해 사용하는 교묘한 방법이라고도 할 수 있다. 이런 의미에서 볼 때 지모는 인류의 사고에 있어 가장 화려하고 아름다운 꽃이라 할 수 있다.

우리는 36계를 그저 '편법'으로만 보는 관점이 올바르지 않다는 것을 잘 알고 있다. 물론 36계의 많은 제목들, 예를 들면 소리장도笑裏藏刀나 혼수모어混水摸魚 등이 겉으로 보기에는 악랄하고 위선적인 인상을 주는 것도 사실이다. 하지만 우리는 36계를 '군자의 계책'이나 '소인배의 계략'으로 양분해서는 안 될 것이다.

지모는 중성적인 것이며 어떤 지모에 관한 평가는 어떤 사람이 그

것을 썼느냐와 그것이 도달하고자 했던 목적이 올바른가 아닌가를 근거로 이루어져야 한다. 칼은 사람이 살아가는 데 없어서는 안 될 도구이지만 특수한 상황에서는 범죄의 도구가 될 수도 있다. 하지만 칼이 사람을 찌를 수 있다고 해서 그것을 사용하지 못하게 할 수는 없는 노릇이다. 마찬가지로 일부 소인배가 36계를 이용한 적이 있다고 해서 그 자체의 역할을 부정할 수는 없다.

오늘날 36계를 연구할 때는 반드시 다음의 두 가지 원칙을 염두에 둬야 한다. 즉 '옛것을 오늘에 이용하고, 병법을 민간에 적용한다'는 점이다. 모두 다 알다시피 2차 세계대전 후 서구에서는 정치, 군사, 외교, 경제, 과학기술 등을 모두 아우르는 '싱크탱크'들이 나타나기 시작했다. 이른바 미국의 랜드 연구소, 일본의 노무라 종합연구소, 영국의 런던국제전략 연구소 등이 그들이다.

이를 볼 때 '지모학'은 생산력이 발전하고 과학기술이 진보함에 따라 이미 하나의 '교차학문'이 되었다고 할 수 있다.

이 책은 중국에서 1996년 2월 출판된 이후부터 그 독특하고 새로운 발상과 풍부하고 다채로운 내용으로 독자들의 폭넓은 사랑을 받아 왔으며 지금까지 13번이나 재판되었다.

이 책에서는 지략에 관한 이야기들을 많이 넣도록 노력했고 이와 함께 독자들이 더욱 읽기 쉽고 흥미를 느낄 수 있도록 보다 다양한 역사 속의 지략을 소개했다.

이 책이 독자 여러분이 지혜를 개발하고 역사를 이해하는 데 도움이 되며 생활속에서 혹은 사회관계 속에서 처세술로서 적절히 활용되길 바란다.

현대사회는 '관계와 경쟁' 의 사회이다. 한 편에서는 사회, 조직 속에서 사람과의 관계를 어떻게 맺는가가 중요하지만, 다른 한 편에서는 어쩔 수 없이 다른 사람과 경쟁을 치뤄나가야 한다.

중국의 지모학에서 배우는 생활 18기술을 통해 그들의 역사속에서 '현재의 나' 를 발견하고 '미래의 나' 를 구상하는 계기가 되길 바란다.

베이징에서

추이원량 · 우훙수

제 1 기

만천과해(瞞天過海)

상대의 눈을 가린 후에
바다를 건너라

이 계책은 《영락대전, 설인귀정요사략永樂大典, 薛仁貴征遼事略》에서 유래됐다. 당 태종은 몸소 30만의 군사를 이끌고 고려를 정벌하기 위해 나섰다. 하지만 바다에 도착한 그의 눈앞에 펼쳐진 것은 사나운 파도뿐, 고려는 천리 밖 맞은편 연안에 있었다. 30만 대군이 어떻게 바다를 건넌단 말인가?

●만천과해●
「12가지 생활 활용 지혜」

1. 솥의 수를 속여 방연을 물리친 손빈
2. 매실을 생각하며 갈증을 푼 조조의 군대
3. 가짜 쌀로 위를 속인 단도제
4. 칭화벤에서 패한 후쭝난
5. 광산사고를 폭로한 런민르바오 기자
6. 트로이의 목마
7. 여장을 한 오구나 왕자
8. 넘치는 기지로 문서를 지켜낸 입센
9. 폴란드를 기습한 히틀러
10.가짜 뉴스를 퍼트린 보석상
11.무거운 세금을 피한 판매상의 기지
12.헌 지폐를 이용해 큰 돈을 번 정주영

→ 해설 ←

　이 계책은 《영락대전, 설인귀정요사략永樂大典, 薛仁貴征遼事略》에서 유래됐다. 당 태종은 몸소 30만의 군사를 이끌고 고구려를 정벌하기 위해 나섰다. 하지만 바다에 도착한 그의 눈앞에 펼쳐진 것은 사나운 파도뿐, 고구려는 천리 밖 맞은편 연안에 있었다. 30만 대군이 어떻게 바다를 건넌단 말인가? 바다의 위세에 질린 당 태종은 고구려 원정을 후회하기 시작했다. 이때 군 총관 장사귀張士貴가 설인귀에게 이를 해결할 방법을 물었다. 그러자 설인귀가 이렇게 말했다. "황제께서는 바다가 가로막고 있어 고구려 원정이 힘들게 되었음을 걱정하고 계십니다. 제게 한 가지 계책이 있는데 이것을 쓴다면 황제는 부지불식간에 바다를 건너실 수 있을 것입니다." 며칠 후 장사귀와 장군 몇이 태종을 알현하는 자리에서 현지의 한 부유한 노인이 황제가 바다를 건너는 데 필요한 식량을 공급하겠다고 나섰다는 사실을 전했다. 태종은 매우 기뻐하며 즉시 노인을 만나고자 했다. 황제는 노인과 함께 해변에 있는 호화롭게 꾸며진 집 안으로 들어가 흐뭇한 표정으로 그득히 쌓인 식량을 둘러보았다. 네 벽면에 아름다운 휘장이 처진 방 한편에는 황제를 위한 맛있는 음식과 좋은 술이 푸짐하게 준비되어 있었다. 태종은 노인과 술잔을 주거니 받거니 하며 바다를 건너는 일은 까맣게 잊어버렸다. 얼마 후 휘장이 바람에 살랑거리고 탁자 위의 술잔이 흔들리자 이를 수상하게 여긴 태종은 사람을 시켜 휘장을 젖히도록 했다. 그러자 어찌 된 일인지 황제의 눈앞에는 끝없는 바다가 펼쳐져 있는 것이 아닌가? 장사귀는 황급히 당 태종에게 아뢰었다. "폐하는 30만 대군과 함께 지금 배를 타고 바다를 건너시는 중입니다. 이제 곧 고구려에 당도하게 됩니다." 사실 태종이 방문했던 호화로운 방은 큰 배를 장식해 만들어졌던 것이었다. 여기서 알 수 있듯 만천과해瞞天過海의 원뜻은 '진용천자眞龍天子' 당 태종을 속여 부지불식간에 대해를 건너게 한다는 것이었다. 그러던 것이 훗날 '위장으로 공개적인 허상을 만들어 상대방이 경계심을 잃도록 하여 일의 수고로움을 피하고 난관을 극복해 결국 목적을 달성하도록 하는 것'으로 그 뜻이 발전한 것이다.

'만천과해' 중 가장 중요한 것은 바로 '만瞞(속이다)'이라는 글자다. 이것이 제대로 먹히면 큰 성공을 거둘 수 있지만 실패하면 오히려 일을 그르칠 수 있기 때문이다. 하지만 '속이는 것'은 최종목표가 아니라 '바다'를 건너기 위한 필요수단뿐임을 잘 알아야 한다. 또 이 계책 중 '천天'은 자신에게 위협이 되는 대상을 가리킨다. 만약 '천'의 약점을 제대로 파악해 그에 맞는 계략을 세워 그를 귀머거리나 장님으로 만들어 버릴 수 있다면 속임수를 이용해 하늘의 위협을 없애고 바다를 건너는 것은 그다지 어려운 일이 아니게 된다.

'만천과해'의 방법에는 여러 가지가 있지만 다음과 같이 크게 나눌 수 있다.

(1) 겉으로는 복종하나 속으로는 따르지 않는 방법이 있다. 이렇게 하면 상대방은 경계심을 늦추게 되고 '바다'를 건너는 데 유리한 조건을 만들 수 있게 된다.

(2) 가짜 형상을 만들어 낸다. 상대방의 약점을 잡아 가짜를 만들어 무엇이 진실이고 거짓인지 분간할 수 없게 한 뒤 원하는 바를 얻는다.

(3) 상대방의 주의력을 다른 곳으로 분산시켜 상대방이 자신의 진짜 의도를 알아채지 못하게 한다.

(4) 《손자병법孫子兵法》에 '형인이아무형形人而我無形'이라는 말이 있다. 즉, 상대의 의도는 드러나게 하고 나의 의도는 드러나지 않도록 하라는 것이다. 이 말처럼 속임수를 사용하여 상대가 시도하려는 바를 드러내는 반면 자신의 의도를 최대한 감추게 되면 굳이 원하지 않아도 승리를 얻을 수 있게 된다.

1 솥의 수를 속여
방연을 물리친 손빈

　　　　위魏 혜왕惠王은 태자 신申과 장수 방연龐涓에게 전국의 군사를 모아 다시금 한韓나라를 치도록 했다. 이 소식을 들은 한의 애후哀候는 다급히 제齊나라에 도움을 요청했다. 이에 제 위왕威王은 전기田忌를 장군으로, 손빈을 군사軍師로 삼아 한나라를 구하러 가도록 명령했다. 전장에 도착한 손빈은 어찌된 일인지 '위위구조圍魏求趙(위나라를 포위해 조나라를 구한다)'의 계책을 쓸 것을 제안했다. "군사께서는 지난번에도 그 계책을 쓰지 않으셨소? 이번에 다시 그것을 사용한다면 적이 쉽게 알아챌까 두렵습니다." 전기의 걱정에 손빈은 웃으며 말했다. "이번에 저는 다른 계략으로 적을 꾐에 빠지게 할 것입니다." 손빈의 계책을 귀담아 들은 전기는 군사를 이끌고 위의 수도 대량大梁으로 직접 진공해 들어갔다.

　위 혜왕은 제나라의 군사가 대량을 공격하는 것을 보고 태자 신과 방연을 황급히 위로 불러들여 위를 구하도록 했다. 손빈은 방연의 용기와 지략이 뛰어나다는 것을 잘 알고 있었기에 힘이 아닌 오로지 지혜로서만 승부를 가릴 수 있음을 직감했다. 그래서 그는 전기에게 '감조유적減竈誘敵(솥을 줄여 적을 유인하다)'의 계략을 쓸 것을 권했다.

　위와 제나라가 막 전쟁을 시작할 때 손빈은 일부러 제나라 군사

들에게 후퇴 명령을 내렸다. 방연은 도망가는 제나라 군대를 뒤쫓
다 결국 제나라군의 진영까지 가게 되었는데 군사들은 이미 자취를
감추었고 땅바닥에는 밥 지을 때 썼던 취사용 솥만이 어지럽게 널
려 있었다. 방연이 사람을 시켜 솥의 수를 세어보니 대략 10만 개
정도였다. 다음 날도 제나라 군사들은 싸울 기미도 보이지 않은 채
후퇴했고 이번에 진영에 남겨진 솥은 5만 개로 줄어 있었다. 그리고
3일째 되던 날 급히 퇴각한 제나라 군사 진영에는 단지 2만 개의 취
사용 솥만이 남아 있었다. 이를 본 방연은 매우 기뻐하며 계속해서
제나라 군사들을 추격할 것을 명령했다. 그러자 이를 기이하게 여
긴 태자 신이 그 연유를 물었다. "나는 이미 제나라 군사들이 겁이
많고 죽음을 두려워한다는 것을 잘 알고 있었습니다. 3일 만에 태반
이 넘는 군사들이 도망쳐 버렸으니 우리 군이 끝까지 추격한다면
승리는 불 보듯 뻔한 일 아니겠습니까?" 방연이 웃으며 반문했다.

얼마 후 제나라 군사는 산 중간에 있는 깊은 협곡 마릉도馬陵道에
당도했다. 계곡이 깊고 길이 좁아 군사들이 매복하기에 좋다고 판
단한 손빈은 군사들을 시켜 무거운 통나무로 길을 막도록 한 다음
길가의 큰 나무에 글씨를 새기도록 했다. 얼마 후 손빈은 1만 명의
궁수를 좁은 길의 양옆에 매복시키고 방연이 스스로 죽음의 늪으로
걸어 들어오기를 기다렸다.

어느덧 해가 뉘엿뉘엿 지고 피로에 지친 병사들과 함께 방연이
마릉도에 당도했다. 방연은 병사들을 시켜 길을 막고 있는 통나무

를 치우도록 했는데 이때 한 병사가 나무에 새겨진 글씨를 보고는 황급히 방연을 찾았다. 횃불로 글씨를 비추자 거기에는 '방연 이곳에서 잠들다' 라는 글씨가 새겨져 있었다. 이를 본 방연의 얼굴은 흙빛으로 질렸다. 그러자 그때 손빈의 함성과 함께 매복해 있던 궁수들이 수만 개의 화살을 쉴 새 없이 쏘아대기 시작했고 놀란 위나라 군사들의 태반이 다치거나 목숨을 잃었다. 화살을 맞은 방연 역시도 더 이상 가망이 없다고 판단하고 스스로 목숨을 끊고 말았다.

이렇듯 손빈은 솥을 줄이는 방법으로 병사들의 수가 줄어들었다는 거짓 사실을 만들어 냈고, 그 거짓 속에 진실을 숨겨 방연이 덫에 걸려들도록 하여 결과적으로 손쉽게 적을 섬멸할 수 있었던 것이다.

② 매실을 생각하며
갈증을 푼 조조의 군대

무더운 여름, 조조는 대군을 이끌고 장수 張繡를 치러 가고 있었다. 조조의 군대가 황무지를 건널 때였다. 뜨겁게 내리쬐는 태양빛과 열기 때문에 군사들인 숨이 턱턱 막힐 지경이었다. 기적처럼 맑은 샘물이 나타나기를 얼마나 바랐던가? 하지만 그들의 눈앞에 보이는 것은 다 갈라진 황무지와 흙먼지뿐이었다.

병사들이 진군하는 속도가 점점 느려지자 조조는 마음이 다급해지기 시작했다. 그는 이미 근처에 물이라곤 찾을 수 없다는 것을 잘 알고 있는 데다 자신 역시 목이 말라 더 이상 참을 수 없었다. 그런데 갑자기 무슨 생각이 들었는지 조조는 말을 타고 높은 곳에 올라서더니 채찍으로 앞을 가리키며 기진맥진해 있는 병사들에게 말했다. "저 앞에 매실 숲이 있다. 나무마다 새콤달콤한 매실이 열려 있으니 어서 발걸음을 재촉해 그곳으로 가 매실을 먹도록 하자!" 조조의 말을 들은 병사들은 매실을 생각하자 저절로 입 속에 침이 고였고 그로 인해 심한 갈증을 해결할 수 있었다. 그리고 조조의 병사들은 무사히 황무지를 벗어날 수 있게 되었다.

③ 가짜 쌀로 위魏를 속인

단도제檀道濟

남북조시대, 송나라 장수 단도제는 군사를 이끌고 수차례 위나라를 정벌하면서 많은 승리를 거두었다. 하지만 역성歷城을 공격할 당시 식량부족으로 어쩔 수없이 후퇴해야만 했다. 한편 투항한 적병들로부터 송의 군대가 식량이 부족해 사기가 떨어졌다는 소식을 전해들은 위나라는 재빨리 그 뒤를 추격했다.

이런 위기상황에서 벗어나기 위해 단도제는 한 가지 기발한 방법을 생각해 냈다. 그는 군사들을 시켜 한밤중에 모래알을 세면서 큰 소리로 그 수를 헤아리도록 하고 얼마 남지 않은 쌀들을 바닥에 뿌려놓도록 했다. 날이 밝자 가짜 쌀주머니가 그득하니 쌓여있는 것을 본 위나라 병사들은 송의 군대가 식량이 풍족하다고 생각하고 감히 공격할 수가 없었다. 그리고 투항한 병사들이 거짓정보를 흘린 것으로 생각하고 그들의 목을 모두 베어버렸다.

단도제는 위가 사실을 알아채지 못하도록 하기 위해 병사들을 무장시킨 뒤 군영을 둘러싸고 천천히 행군하도록 명령했다. 위는 송의 군대가 너무도 침착한 것을 보고 반드시 매복이 있을 것이라 판단하고 감히 돌격할 엄두를 내지 못했다. 이렇게 단도제는 식량이 부족한 상황에서도 '창주량사唱籌量沙(없으면서도 있는 것처럼 속이다)'의 계책을 이용해 마침내 위군의 추격에서 벗어나 무사히 송나라로 돌아올 수 있었다.

4 칭화볜에서 패한 후쭝난

1947년 초, 국민당의 장군 후쭝난胡宗南은 중국의 산시陝西, 간쑤甘肅, 닝샤寧夏를 대대적으로 공격하기 시작했다. 그러자 3월 19일, 중국 공산당 중앙기관은 서북야전군의 엄호를 받으며 자진해서 옌안延安에서 퇴각했다.

후쭝난은 옌안을 점령한 후 승리감에 한껏 도취되었다. 그런 그가 이미 마오쩌둥毛澤東의 계책에 빠졌음을 알 리가 없었다. 마오쩌둥은 적의 힘을 분산시키기 위해 주력부대가 서북지역 요새로 퇴각하는 것처럼 보이게 하고 한 개 대대를 붙여 이를 엄호하도록 했다. 하지만 후쭝난은 그렇게 호락호락한 사람이 아니었다. 그는 우선 주력군이 아니라 한 개의 여단을 통해 적을 뒤쫓도록 했다.

국민당 군대를 더 깊숙이 유인하기 위해 공산군은 여섯 개 여단의 무선통신설비를 퇴각하는 부대에 배치하고 통신장비를 모두 열어 놓아 계속해서 다른 부대와 연락을 취했다. 마침내 무선 내용을 듣게 된 국민당 군대는 이 부대가 주력군이라고 믿게 되었다. 후쭝난은 즉시 5개 여단을 보내 공산당의 위장부대를 뒤쫓도록 했으며 자신의 왼쪽 날개를 보호하기 위해 제31여단만을 칭화볜靑化砭으로 보냈다. 국민당의 이런 행동은 적의 역량을 분산시키려는 공산당의 의도에 정확하게 맞아떨어졌다. 공산당은 칭화볜에 빈틈없는 경계망을 쳤다. 3월 25일 홀로 칭화볜으로 온 후쭝난의 제31여단은 공산당이 놓은 덫에 정확히 걸려들고 말았다. 마오쩌둥의 군대는 엄청난 기세로 국민당 군대를 공격했으며 2,900여 명의 적을 섬멸했고 마침내 칭화볜에서 승리를 거둘 수 있었다.

⑤ 광산사고를 폭로한 런민르바오 기자

　　　　　2001년 7월 17일, 광시廣西의 난단南丹에서 대형 광산사고가 발생했다. 지방 관리와 광산주가 모종의 결탁을 맺고 있었기 때문에 이 사실은 거의 한 달이 다 되어 가도록 외부에 철저히 비밀로 붙여졌다. 하지만 한 기자의 제보로 이 사건은 마침내 대중에게 알려졌고 광산 사고의 책임자들은 엄격한 법의 심판을 받게 되었다.

　난닝南寧에서 300킬로미터 떨어진 곳에 위치한 난단은 매우 궁핍하고 도로 사정도 좋지 못한 지역이었다. 사고지점 역시 깊은 산속에 위치해 있었는데 광산에 물이 새자 광산주는 즉시 '사고처리단'을 시켜 출입구를 봉쇄하고 전화를 비롯해 외부세계와 연락할 수 있는 모든 수단을 끊어버렸다.

사고 발생 이틀째가 되던 날 광산주는 '사고처리단'과 그들을 위해 손을 써줄 폭력배들을 동원해 사고 당사자들의 가족에게 섭섭지 않게 위로금을 주겠노라며 입막음을 했다. 이와 동시에 누구든 사고에 대해 발설하는 사람이 있으면 밤길을 조심하는 게 좋을 거라며 위협을 가했다.

더욱더 어처구니가 없는 사실은 난단의 현縣위원회와 현 정부의 주요 책임자들이 뇌물을 받고는 이 사건을 은폐해 버린 것이었다.

그러나 7월 31일, 이 사실을 눈치 챈 광시지역 런민르바오人民日報의 한 기자가 '런구이잔任桂瞻'이라는 필명을 써서 런민르바오 홈페이지에 〈광시 난단 광산사고의 진실〉이라는 제목의 글을 올렸다. 그 후 이 사건은 일파만파로 퍼져 나갔고 많은 인터넷 사이트에서 앞 다투어 그의 글을 실었다. 이튿날인 8월 1일, 중국 공산당 광시서지역 위원회 서기 차오보춘曹伯純이 직접 사건 발생지인 난단을 찾아 조사를 벌였다. 하지만 현지 관리들은 여전히 사고 발생 사실을 부인하고 필사적으로 이를 감추려 했다. 관리와 광산주 그리고 폭력배가 함께 이루어낸 '만천과해'가 얼마나 대단한지 잘 알 수 있는 대목이었다.

하지만 진실은 언젠가는 밝혀지는 법이었다. 8월 2일 오후, 사건은 새로운 국면을 맞이하게 되었다. 이 기자의 기사가 런민르바오를 통해 '특급'이라는 형식으로 중앙에 전달되자 주룽지朱鎔基 국무원 총리가 직접 이 사건의 정확하고 엄격한 처리를 요구하고 나선

것이다. 이로써 자그마치 17일 동안이나 은폐되었던 난단의 광산사고는 언론에 의해 낱낱이 그 실상이 드러나게 되었다.

난단 광산사고는 중국에서 최초로 신문기자에 의해 그 진실이 밝혀진 큰 재난사건이었다. 만약 런민르바오 기자의 보도가 없었더라면 사고로 목숨을 잃은 광부들은 영원히 차디찬 흙 속에 묻혀버렸을지도 모를 일이었다.

6 트로이의 목마

기원전 12세기, 소아시아 반도에 위치한 트로이의 왕자 파리스는 그리스의 미인 헬레나를 유괴해 자신의 나라로 도망쳤다. 하지만 그녀는 강대국 스파르타의 왕 메넬라오스의 아내였고 이 일로 인해 분노한 그리스 인들은 동맹군을 구성해 바다 건너 트로이를 공격했다.

이 전쟁은 자그마치 10년 간 계속되었지만 트로이성은 꿈쩍도 하지 않았다. 그러자 뛰어난 지략가 오디세우스는 한 가지 묘책을 떠올리고 거대한 목마를 만들도록 했다. 그는 완성된 목마의 뱃속에 용맹하고 날랜 군사들을 숨기고 일부러 트로이성 밖에 갖다 둔 다음 나머지 군사들은 후퇴하는 것처럼 보이도록 하고 배를 타고 근처 해협에 숨어 있도록 했다. 그리스의 군대가 힘없이 퇴각하는 것을 본 트로이 병사들은 승리에 기뻐하며 목마를 전리품으로 삼고 성 안으로 들여오기로 했다. 그들은 흠집을 내지 않고 목마를 들여오기 위해 성문을 활짝 열고 목마에 바퀴까지 달았다. 날이 어두워지자 트로이 사람들은 연회를 열고 마치 축제라도 열린 듯 기분 좋게 먹고 마셔댔다. 죽음의 신이 자신들에게 다가오고 있음을 알지도 못한 채 말이다. 이윽고 밤이 깊어지자 목마 속에 숨어있던 그리스의 병사들은 조용히 빠져 나와 성문을 열었다. 그러자 눈 깜짝할 사이에 그리스 군대가 물밀듯이 성 안으로 들어왔고 아무런 방비도 하지 않았던 트로이성은 곧 아수라장이 돼 버렸다. 10년 동안이나 계속되던 트로이전쟁은 그렇게 끝이 나고 말았던 것이다.

7 여장을 한 오구나 왕자

　　　　오구나 왕자가 16세 되던 해 천황은 왕자를 불러들였다. "사이부의 구마소다케루 형제가 신하의 도리를 다하지 않고 오만방자하다고 하니 네가 가서 그들을 처치하도록 해라."

오구나 왕자는 이것이 바로 자신이 성인이 되는 일종의 관문이라는 것을 잘 알고 있었다. 그는 조금도 주저하지 않고 황제의 명령을 받들어 길을 떠났다. 사이부에 도착한 왕자는 구마소다케루의 형제의 저항이 거셀 것이라고 생각하고 한 가지 꾀를 쓰기로 했다.

마침 형제는 새집의 완공을 축하하기 위해 성대한 연회를 준비하고 있던 중이었는데 왕자는 이를 이용하기로 했다. 연회가 열리던 날, 오구나 왕자는 머리를 풀어 여장을 하고 태연하게 군중 속으로 섞여 들어갔다. 이 가짜 소녀가 대단히 마음에 들었던 형제는 '그녀'를 자신들의 옆에 앉히고 술시중을 들게끔 했다. 술과 안주가 어느 정도 돌자 형제는 이미 몸을 가눌 수 없을 정도로 취해버렸다. 그때를 놓치지 않고 오구나 왕자는 미리 품 안에서 미리 준비해 둔 칼을 꺼내 온 힘을 다해 형제를 차례로 찔렀다.

구마소다케루 형제의 죽음과 오구나 왕자의 활약이 알려지자 사람들은 모두 왕자의 지혜와 용맹함을 입이 마르도록 칭찬했다.

⑧ 넘치는 기지로 문서를 지켜낸 입센

노르웨이의 유명한 극작가 입센은 젊은

시절 사회주의 노동운동에 참여한 적이 있었다. 그는 거리에서 반정부 연설을 하는 것 외에도 노동자운동회의에 필요한 중요한 문서를 만들기도 했다.

그러던 어느 날, 경찰이 갑자기 노동운동의 간부들을 연행해 갔고 당시 집에 있던 입센 역시도 경찰들에게 포위되고 말았다. 그때 마침 중요한 문서를 작성하고 있던 입센은 경찰이 오고 있다는 소식을 듣고는 기지를 발휘해 대담한 행동을 취했다. 금고 깊숙이 숨겨 두었던 비밀문서를 모두 꺼내 방바닥이며 탁자, 침대 심지어 쓰레기통에까지 흩뜨려 놓았던 것이다. 그리고 별로 중요하지 않은 문서들을 금고에 넣고 열쇠로 채워 두었다.

예상대로 경찰은 방 안 여기저기에 흩어져 있는 기밀문서는 거들떠보지도 않은 채 금고부터 열 것을 명령했다.

보통 사람들은 중요한 물건은 금고에 보관하고 그렇지 않은 것은 아무렇게나 놓아둔다고 생각하게 마련이다. 입센은 바로 이 점을 이용해 비밀문서를 지켜내고 감옥으로 끌려가는 불행한 사태를 피할 수 있었던 것이다.

 ## 9 폴란드를 기습한 히틀러

　　폴란드 침공은 히틀러의 침략 계획 중 아주 중요한 부분이었다. 폴란드 기습을 성공적으로 수행하기 위해서 히틀러는 자신의 침략 준비상황을 속일 필요가 있었다. 그래서 그는 정치, 군사, 외교 등에 있어 '평화' 라는 연막탄을 쓰기로 했다.

　　우선 히틀러는 여론을 동원해 독일과 폴란드 국경지역에 위치한 단치히(현재의 그단스크)의 귀속문제는 일단 보류해 둘 것이라고 밝혔다. 그는 또 영국 측에 독일이 영국 정부의 중재건의에 동의한다는 것과 곧 폴란드의 전권 대표단을 초청해 베를린에서 협상을 진행할 것임을 알렸다. 기습공격 며칠 전, 독일은 훈련함으로 가장한 전투함을 단치히로 보내고 폴란드군 참모부에 '군사우호대표단'을 보냈다. 그리고 전쟁이 일어나기 바로 몇 시간 전까지 독일 외교부 장관은 매우 우호적인 태도로 주 베를린 폴란드 대사를 만나 양자회담을 진행했다. 회담이 끝난 즉시 베를린 방송국은 독일의 평화회담 제안을 발표하기까지 했다.

　　히틀러의 이런 거짓행동에 속은 폴란드 당국은 영국군의 견제로 인해 독일군의 주력부대가 폴란드를 공격하지 못할 것이라는 오판을 하게 되었다.

 **10** 가짜 뉴스를 퍼트린 보석상

찰스 왕세자와 다이애나 왕세자비의 성대한 결혼식은 1985년 영국은 물론 전 세계의 토픽거리였다. 당시 런던의 한 보석상은 국민의 이 세기 결혼식에 대한 관심을 이용해 다이애나 왕세자비에 관한 거짓 뉴스를 만들었고 그로 인해 많은 돈을 벌게 되었다.

이 보석상은 우선 다이애나 왕세자비와 외모가 비슷한 모델로 하여금 왕세자비가 평소에 즐겨 입는 옷과 헤어스타일로 꾸미게 하였다. 그뿐만 아니라 왕세자비의 자태, 성격까지도 자세히 관찰해 훈련시키는 치밀함도 보였다.

어느 날 저녁, 평소와 달리 점잖게 차려 입은 보석상은 가게의 불을 한껏 밝혀두고 마치 누군가 중요한 사람이 오는 것인 양 가게 문 앞을 지키고 섰다. 그의 이런 행동은 한순간에 행인들의 눈길을 끌기에 충분했다. 잠시 후 고급 승용차가 천천히 그의 보석가게 앞으로 미끄러져 들어왔고 '다이애나 왕세자비'가 침착한 태도로 차에서 걸어 나왔다. 그녀는 얼굴 가득 미소를 머금은 채로 자신을 둘러싸고 있는 행인들을 향해 고개를 끄덕였다. 보석상 역시 만면에 웃음을 띠고 '왕세자비'를 가게 안으로 모시고는 한껏 예의를 갖추며 그녀에게 목걸이, 귀고리, 다이아몬드 등 값비싼 보석을 보여주었다. '다이애나 왕세자비'는 연방 감탄하며 몇 개의 보석을 골랐다. 한편 이 모습은 보석상이 미리 불러둔 기자에 의해 처음부터 끝까지 촬영되었다.

다음 날, 방송국은 황금시간대에 이 기사를 방영했다. 하지만 보석상의 요구로 음성이 들어가지 않은 영상만을 방영했다. 뉴스는 일순간에 런던을 뒤흔들었다. 다이애나 왕세자비를 숭배하는 젊은 이들은 앞 다투어 이 보석가게로 몰려와 '왕세자비'가 그토록 칭찬해 마지않았던 보석을 서로 사겠다고 아우성이었다. 이 가게는 연일 문전성시를 이루었고 믿기 힘들 정도로 장사가 잘됐다. 단 며칠간의 장사로 개점해서 지금까지의 총수입보다 훨씬 더 많은 돈을 벌었으니 말이다. 그러나 얼마 후 이 뉴스는 황실에까지 알려지게 되었고 황실 대변인은 '일정을 다시 점검해 본 결과 다이애나 왕세자비는 결코 그 보석가게를 방문한 적이 없다'는 내용의 성명을 발표했다. 하지만 이 보석상은 태연하게 말했다. "녹화 테이프 중 어디에서도 그 손님이 다이애나 왕세자비라고 한 적이 없소. 주위에 있던 사람들이 그녀를 왕세자비라고 생각했을 뿐이지."

 무거운 세금을 피한
　　　판매상의 기지

　　　　　　　한때 미국 세관에는 프랑스의 장갑을 수
입하려면 고액의 세금을 물어야 한다는 규정이 있었다. 프랑스산 장
갑이 자국 시장에 가져올 충격을 막기 위한 것이었다. 그래서 미국
시장에서 판매되는 프랑스산 장갑의 가격은 혀를 내두를 정도로 비
쌌다. 그러니 누구든 미국 세관의 엄청난 세금을 피할 수만 있다면
장갑 판매에서 엄청난 돈을 벌 수 있는 것은 불 보듯 뻔한 일이었다.

　이때 테일러라는 한 판매상은 온갖 머리를 짜내 마침내 세금을
피할 묘안을 생각해 냈다. 하지만 이 방법에는 한 가지 치명적인 결
점이 있었다. 일단 들키게 되면 지금까지의 공로가 모두 수포로 돌
아갈 뿐만 아니라 처벌을 받게 되는 것이었다. 어쨌든 잘만 되면 큰
돈을 벌 수 있다는 마음에 테일러는 모험을 감행하기로 결심했다.

　테일러는 우선 프랑스에서 품질이 우수한 가죽 장갑 1만 켤레를
구입했다. 그리고 그는 장갑의 왼쪽 부분 1만 개만을 컨테이너에 실
어 미국으로 보냈다. 왼쪽장갑 1만개가 미국 세관에 도착한 후 테일
러는 웬일인지 화물을 수령하지 않았다. 세관의 관례에 따르면 기
간 내에 찾아가지 않은 물건은 수령할 의지가 없음으로 간주하고
세관의 권한으로 경매에 부치게 되어 있었다. 그래서 세관 담당자
인 스톨의 사회로 경매가 열리게 되었다. 하지만 왼쪽뿐인 장갑을

사겠다는 사람은 아무도 없었고 결국 장갑은 매우 싼 가격에 한 상인에게 넘어갔다. 그 상인은 의심할여지 없이 바로 테일러였다.

하지만 이일을 미심쩍게 여긴 스톨은 세관 직원들에게 프랑스에서 들어오는 장갑, 특히 대량의 오른쪽 장갑을 철저히 검사하도록 명령했다. 동시에 세관 측은 테일러의 일거수일투족을 면밀히 관찰했다. 그리고 얼마 후 테일러가 프랑스에서 장갑을 들여왔는데 예상과 달리 5,000켤레의 짝이 들어맞는 장갑이었다. 테일러가 오른쪽 장갑만을 들여온 사실을 발견하지 못한 스톨은 줄곧 찜찜한 기분이 들었다. 과연 어떻게 된 일일까?

1년 후 스톨은 신발을 사기 위해 한 가게로 들어갔다. 진열대에 놓여 진 갈색의 가죽 구두가 매우 마음에 들었던 그는 신발을 신어 보다가 순간 원래 신발 두 짝이 다 오른쪽이었음을 발견했다. 그는 갑자기 무언가에 머리를 얻어맞은 것 같은 충격을 느꼈다. 1년 전 테일러가 어떻게 세금을 피할 수 있었는지 그제야 알게 된 것이다.

사실, 테일러가 나중에 들여온 5,000켤레의 장갑은 모두 오른쪽 것이었다. 하지만 세관 직원들은 장갑 두 짝이 함께 있는 것을 보고 습관적으로 그것이 오른쪽과 왼쪽으로 이뤄진 한 켤레라고 생각했던 것이다. 만약 그때 단 한 명이라도 이것을 자세하게 봤더라면 테일러의 계략은 금세 들통이 났을 터였다. 이렇게 세관 직원들이 방심하는 사이 테일러는 그들의 눈앞에서 합법적으로 거액의 세금을 피할 수 있었던 것이다.

12 헌 지폐를 이용해
큰돈을 번 정주영

1970년대 초, 한국의 사업가 정주영은 울산에 조선소를 지어 초대형 유조선을 만들기로 결정했다. 열심히 뛰어다닌 그는 마침내 거액의 대출을 받아 조선소를 지었고 수주가 떨어지기를 기다렸다.

하지만 당시에 한국 기업이 대형 선박을 만들 수 있을 것이라 믿는 외국 선주는 아무도 없었다. 일이 이렇다 보니 수주를 받는 것은 결코 쉬운 일이 아니었다. 그렇다면 어떻게 해야 할까? 정주영은 매일매일 방법을 강구했다. 어느 날 우연히, 너무 오래돼 이미 빛이 바래 버린 지폐가 그의 눈에 들어왔다. 이 지폐에는 15세기 조선시대의 민족 영웅 이순신 장군이 발명한 거북선이 인쇄되어 있었는데 그 겉모습이 현대의 유조선과 매우 흡사했다. 사실 이순신 장군의 거북선은 전쟁에 이용된 함선으로 오늘날의 유조선과는 근본적으로 다른 것이었다. 하지만 정주영은 지푸라기라도 잡는 심정으로 오래된 지폐를 품속에 넣고는 직접 해외로 나갔다. 그는 선주들을 만난 자리에서 한국은 이미 400년 전에 이렇게 큰 배를 만들 능력을 갖췄으니 현대화된 대형 유조선을 만들기에 충분하다고 힘주어 말했다. 마침내 그의 확신에 찬 모습을 본 한 외국 선주는 26만톤 규모의 대형 유조선을 주문했다.

주문서를 받은 후 정주영과 조선소의 직원들은 누구보다 열심히 일했고 마침내 2년 후 2대의 유조선을 선주에게 넘길 수 있었다. 이후 울산의 현대조선소에는 선박 주문이 물밀듯 밀려왔으며 정주영은 이로 인해 엄청난 부를 안게 되었다.

제2기

위위구조(圍魏救趙)

꿀단지에 빠져 있을 때
침을 놓아라

이 계책은 전국시대 손빈孫臏의 '위위구조'라는 이야기에서 유래되었다. 기원전 353년, 위나라의 장수 방연은 몸소 대군을 이끌고 조나라를 공격하고는 수도 한단邯鄲을 물샐 틈 없이 포위했다. 이때 조의 구조요청을 받은 제나라 왕은 전기田忌를 장군으로, 손빈을 군사로 삼아 조나라를 구하러 가도록 했다.

● 위위구조 ●
「8가지 생활 활용 지혜」

1. 꾀를 써 조조를 물리친 제갈량
2. 안경을 포위에서 푼 왕수인
3. 다볘[大別] 산山 진격작전
4. '쌍방향 전화요금'에 도전장을 내민 차
   이나텔레컴
5. 황제의 자리에서 물러난 나폴레옹
6. 영국군의 전술
7. '위위구조'를 이용한 스파츠 장군
8. 시나이반도를 차지한 이스라엘

　이 계책은 전국시대 손빈孫臏의 '위위구조'라는 이야기에서 유래되었다. 기원전 353년, 위나라의 장수 방연은 몸소 대군을 이끌고 조나라를 공격하고는 수도 한단邯鄲을 물샐 틈 없이 포위했다. 이때 조의 구조요청을 받은 제나라 왕은 전기田忌를 장군으로, 손빈을 군사로 삼아 조나라를 구하러 가도록 했다. 그러나 손빈은 조나라를 구하기 위해서는 조가 아닌 위로 가야 한다고 주장했다. 주력부대를 조나라로 보낸 위의 방비는 분명 허술할 것이고 이를 틈타 위의 수도 대량을 공격한다면 자국을 지키기 위해 위의 군대가 반드시 수도로 돌아갈 것이라는 것이 그의 생각이었다.

　손빈의 계책을 들은 전기는 그의 말을 따라 군대를 이끌고 직접 대량을 공격했다. 그러자 예상대로 방연은 전군에게 한단을 포기하고 밤낮을 쉬지 않고 대량으로 돌아갈 것을 명령했다. 하지만 방연은 수도 대량으로 돌아가는 길에 매복해 있던 제나라 군대의 습격을 받고 전멸하고 말았다.

옛 사람은 '군사를 다스리는 것은 물을 다스리는 것과 같다'고 했다. 강한 적에 맞설 때 앞뒤 가리지 않고 억지로 덤벼든다면 그야말로 계란으로 바위를 치는 격이다. 그러니 반드시 적의 가장 강한 부분은 피하고 물이 흐르는 대로 물길을 내는 방법을 써야 한다. 아니면 적의 가장 취약한 부분을 공격해 그를 제압하거나 적의 급소를 급습해 위협을 가하는 방법도 있다. 이렇게 하면 적은 울며 겨자 먹기로 원래의 목표를 포기할 수밖에 없다. 이것이 바로 적과 나의 상황을 한번에 바꾸어 놓을 수 있는 우회전략인 것이다.

이 계책 중에서의 '위위'는 바로 '구조'의 전제조건이 된다. 위를 포위하는 것이 사실이든 거짓이든, 혹은 적으로 하여금 알게 포위하던 비밀에 붙이든 간에 '위위'는 '구조'라는 결과를 가져올 수 있다. 즉, '위위'와 '구조' 간에는 직접적인 인과관계가 있다는 것이다. 그렇지 않으면 '위위구조'는 그저 그럴싸한 잔꾀에 지나지 않게 된다.

'위위구조'에는 다음과 같은 세 가지 숨은 뜻이 있다.

(1) 강한 곳을 피하고 약한 곳을 공격한다.《손자병법, 허실편虛實篇》에서는 물이 높은 곳을 피하고 낮은 곳을 향해 흐르는 것처럼 병법 역시 적의 강한 곳을 피하고 취약한 부분을 공격해야 한다고 말하고 있다. '피실격허避實擊虛'가 바로 적을 제압하고 승리할 수 있는 훌륭한 계책이라는 것이다.

(2) 공격을 최선의 수비로 삼는다. 공격은 가장 적극적인 방어다. 적이 끊임없이 압박하고 들어오는 상황에서 끝까지 방어만 고집한다면 전쟁에서 수동적인 위치에 처할 수밖에 없다. 이럴 때는 모든 수단을 동원하여 공격을 감행, 적의 진영을 어지럽힘으로써 수동적이었던 입장을 능동적으로 바꾸어야만 한다.

(3) 우회의 방법을 택한다. 두 점 간의 가장 짧은 거리는 바로 직선이다. 하지만 전쟁에서 가장 직접적인 방법이 반드시 효과적이라고 할 수는 없다. 이것은 산을 오르는 것과 마찬가지다. 만약 산 아래서 직선으로 산을 오른다면 시간은 훨씬 단축될지 모르나 길은 험할 것이 뻔하다. 그러나 산을 감싸고 나선형으로 오른다면 비록 훨씬 먼 길을 가야 하지만 편하게 산을 오를 수 있는 것처럼 말이다.

조조를 물리친 제갈량

조조는 마등馬騰을 죽인 후 주유周瑜의 목숨이 오락가락하는 틈을 타 동오東吳로 출병, 손권孫權을 치기로 했다. 이때 조조의 귀에 유비가 군대를 훈련시키고 병기를 만들어 서천西川을 치려한다는 소식이 들려왔다. 만약 유비가 서천을 차지하게 되면 그 세력이 더욱 커지게 될 것이고 그때 다시 유비를 치는 것이 한층 어려워질 것이란 생각에 조조는 마음이 급해지기 시작했다. 조조는 그 전에 유비를 쳐야겠다고 생각하면서도 한편으로는 오를 무너뜨릴 수 있는 좋은 기회를 놓칠 수도 없는 난처한 상황에 놓이게 되었다. 이렇게 조조가 한참 망설이고 있을 때 모사 진군陳群이 한 가지 계책을 내놓았다. "지금 유비와 손권의 동맹은 입술과 이와 같습니다. 만약 유비가 서천을 공격한다면 승상께서는 군사들을 시켜 바로 강남을 공격하도록 하십시오. 그러면 손권은 필시 유비에서 도움을 청할 것입니다. 허나 유비가 서천에 남기를 원한다면 그것은 손권을 도와줄 마음이 없는 것 아니겠습니까? 그렇게 되면 우리는 먼저 동오를 공격해 형주荊州를 평정한 다음 천천히 서천을 도모해도 될 것입니다." 이야기를 듣고 그제야 결정을 내린 조조는 30만 대군을 이끌고 동오의 손권을 치러 갔다.

기세등등한 조조의 군대에 맞서게 된 손권은 어쩔 줄 몰라 하며 황급히 노숙魯肅을 시켜 형주에 있는 유비에게 도움을 청하도록 했다. 손권의 지원요청을 받은 유비는 고뇌에 빠졌다. 서천을 얻으려 한다면 동오를 돌볼 수 없고, 그렇게 되면 자신과 손권의 동맹은 깨어질 것이 뻔했다. 그렇다고 손권을 도와주게 되면 서천을 포기해야 하는데 그러기엔 너무나도 아까운 기회였기 때문이다. 유비가 선뜻 마음의 결정을 내리지 못하고 있을 때 막 남군南郡에서 돌아온 제갈량이 한 가지 계책을 내놓았다. "주공은 동오로 출병하지 않으셔도 되며 서천 공격을 멈추지 않으셔도 됩니다. 단지 서신 한 통을 써 마초馬超로 하여금 조조를 치도록 하십시오. 그렇게 하면 조조는 머리와 꼬리를 모두 돌보지 못하게 되어 자연히 동오에서 물러날 수밖에 없을 것입니다." 제갈량의 계책을 들은 유비는 크게 기뻐하며 서둘러 사람을 시켜 자신의 친필 서신을 마초에게 전해 조조를 치도록 권했다.

서량西凉 태수 마등의 아들 마초는 부친이 조조에 의해 죽임을 당하자 이를 갈며 조조에게 복수할 기회를 엿보고 있던 터였다. 그는 유비의 서신을 받자마자 20만 대군을 이끌고 살기등등한 기세로 차례로 장안長安과 동관潼關을 공격했다. 일이 이렇게 되자 조조는 어쩔 수 없이 서북으로 회군했고 동오를 칠 마음도 싹 사라져 버렸다.

사실 난세 영웅들의 전략전술은 서로의 힘에 대한 상호 견제로 이루어진 '관계망'에서 나오는 것이다. 제갈량 역시 각자의 힘을 견제하는 상황을 이용해 유비에게 '위위구조'의 계책을 제안한 것인데, 이로 인해 위기에 처한 동오를 구했을 뿐만 아니라 유비가 서천을 차지하는 데도 큰 도움이 되었다. 또 이는 훗날 촉나라가 솥발처럼 갈라진 천하의 한모퉁이를 떠받치게 되는 데 중요한 밑거름이 되기도 했다.

 ## 안경을 포위에서 푼 왕수인

1519년 6월, 명나라 종실宗室 영왕寧王 주신호朱宸濠가 반란을 일으켰다. 7월 6만 대군을 이끌고 파양호鄱陽湖의 강동하江東下를 점령한 주신호는 의춘군宜春郡 왕공조王拱橾를 시켜 그들의 근거지인 남창南昌을 지키도록 한 후 자신은 직접 반군을 이끌고 안경安慶성을 공격했다. 이로써 안경성은 바람 앞의 등불처럼 위태로운 상황에 놓이게 되었던 것이다.

이때 각 주의 병사 8만을 이끌고 풍성豊城에 주둔해 있던 강서江西의 순무巡撫(명·청시대의 지방장관)이자 첨도어사僉都御使 왕수인王守仁은 안경이 위급한 상황에 빠졌다는 소식을 듣고는 서둘러 장수들을 불러 모아 이 일을 의논했다. 추관推官 왕휘王暉가 먼저 입을 열었다. "영왕은 지금 밤낮으로 안경을 공격하고 있습니다. 이는 그의 군사들이 지금 극도로 피로하다는 것을 의미하는 것입니다. 만약 지금 대군을 이끌고 안경으로 가서 그곳의 아군들과 함께 힘을 모아 싸운다면 반드시 승리할 수 있을 것입니다. 안경에서 주신호를 물리치면 남창성은 쉽게 손에 넣을 수 있게 됩니다." 왕휘의 제안을 들은 장수들이 동요하기 시작하자 왕수인이 왕휘의 의견을 반박하고 나섰다. "그대는 하나만 알고 둘은 모르고 있구려. 만약 우리 군이 안경성을 구하려 나선다고 하면 반드시 반군의 주둔지인 남창을 거쳐야 하지 않소? 지금 상황이 어려운 것을 잠시 접어두더라도 우리가 안경에서 주신호와 대치하면 서로 힘이 비슷하기 때문에 승리를 장담하기 어려울 것이오. 게다가 안경성을 지키고 있는 아군 역시 연일 계속되는 싸움으로 이미 기력이 소진해 우리를 도와주기엔 역부족일 것이외다. 그런 상황에 남창의 적들이 우리의 보급로를 차단하고 남강南康, 구강九江의 적들이 그 기회를 틈타 우리를 치면 앞뒤로 적의 공격을 받을 수밖에 없지 않겠소? 그러면 이 어찌 스스로 위험에 뛰어드는 것이 아니라 할 수 있단 말이오? 그러니 내 생각엔 먼저 반군의 근거지인 남창을 치는 것이 나을 듯 하오. 영왕의 정예군은 지금 강동하에 주둔하고 있어 남창의 수비는 허술하기 짝이 없을 것이지만 새로 모집한 우리의 병사들은 지금 그 기세가 하늘을 찌르고 있기 때문에 남창을 치는 것은 어렵지 않을 것이오. 그러면 남창이 위기에 빠졌다는 소식을 들은 영왕은 분명 밤낮을 달려 그곳으로 달려올 것이고 안경성의 포위는 저절로 풀리게 될 것이오. 그런 다음 성문을 굳게 닫아걸어 일단 반군의 기세를 꺾은 뒤 다시 한 번 공격을 가하면 쉽게 적을 물리칠 수 있을 것이외다." 왕수인의 치밀한 분석을 들은 왕휘와 여러 장수들은 고개를 끄덕이며 남창을 먼저 공격할 것에 동의했다.

마침 왕수인이 출격을 시작하려고 할 때 정탐병이 돌아와 이렇게 알렸다. "반군은 만일의 사태에 대비할 수 있도록 남창성 남쪽에 복병을 숨겨두었습니다." 이 말을 들은 왕수인은 즉시 깊은 밤 기병 5,000을 몰래 보내 반군의 복병을 습격했다.

만반의 준비를 갖춘 왕수인은 비로소 대군을 이끌고 남창성 공격을 시작했다. 과연 왕수인의 예상대로 남창성을 지키는 반군세력은 허약하기 그지없었다. 성 남쪽에 매복해 있던 반군의 복병들도 왕수인의 기병대에 의해 이미 쓰러진 지 오래였다. 며칠 후 왕수인은 영왕의 근거지 남창을 손에 넣을 수 있었다. 한편 영왕은 밤낮으로 안경성을 공격했지만 적의 저항이 너무 거세 전쟁은 끝날 기미가 보이지 않았다. 이때 남창이 왕수인의 손에 들어갔다는 소식을 들은 영왕은 아연실색할 수밖에 없었다. 그는 왕수인의 예상대로 서둘러 군대를 철수시켜 남창을 구하러 가려 했다. 이때 이사실李士實이 영왕을 말리고 나섰다. "남창을 구하러 가기에는 이미 늦었습니다. 이왕 시작한 일은 끝까지 철저하게 해야 합니다. 즉시 병사를 일으켜 바로 남경南京을 치도록 하십시오." 하지만 주신호는 한참을 망설인 뒤 무겁게 입을 열었다. "남창은 나의 뿌리이고 그곳에는 화폐와 곡식이 가득하다. 그러니 어찌되었던 나는 돌아가 남창을 지킬 것이다." 주신호가 이미 마음을 굳힌 것을 본 이사실은 어쩔 수 없이 입을 굳게 다물 수밖에 없었다.

주신호는 배를 이용해 남창으로 갔다. 하지만 이미 적을 기다리고 있던 왕수인은 먼저 반군의 선봉함대를 미리 계획해 놓은 함정으로 유인한 후 기습부대를 동원해 반군을 크게 격파했다. 주신호는 병력을 가다듬어 다시 한 번 왕수인을 공격했지만 또다시 실패의 쓴 잔을 맛봐야만 했다. 하지만 그는 포기하지 않고 흩어진 배들을 서로 연결해 강 상류에 정방형의 진을 만든 뒤 방어태세에 들어갔다. 이를 본 왕수인은 화공작전을 썼고 적이 불을 이용해 공격하리라고는 꿈에도 생각하지 못했던 주신호는 자신의 함대가 잿더미가 되는 것을 꼼짝없이 지켜봐야만 했다.

왕수인은 안경이 포위당하는 위급한 상황에서도 '위위구조'의 방법을 이용해 군대를 이끌고 남창을 공격했다. 그는 탁월한 계책을 이용해 안경을 위기에서 구했을 뿐만 아니라 적의 근거지를 차지하게 되었고 마침내는 반군 세력 전체를 뿌리 뽑을 수 있게 되었다.

3 다볘산大別山 진격작전

　　1947년 6월, 장제스蔣介石는 중국 대륙 혁명의 근거지에 대규모 공격을 벌였다. 이런 국민당 군대에 맞서기 위해 마오쩌둥은 '대거출격大擧出擊, 경략중원經略中原'이라는 전략을 내세우며 싸움에서 능동적인 위치를 차지하기 위해 전장을 국민당 통치지역으로 옮겨 배수진을 치기로 했다.

　마오쩌둥은 전략적인 공격의 목표점을 다볘산으로 정했다. 국민당의 근거지인 난징南京과 창장長江 중류의 군사요충지인 우창武昌 사이에 있는 다볘산은 또 후베이湖北성, 허난河南성, 안후이安徽성의 경계지역에 위치해 있었다. 그렇기 때문에 이곳은 적의 전략상 가장 민감하고 병력상 가장 취약한 곳이었다. 게다가 옛 혁명의 근거지인 이곳 사람들은 공산당에 대해 각별한 감정을 가지고 있기 때문에 중국 공산당으로서는 그 발판을 마련하는 데 이점이 있었다. 이런 여러 가지 요인들 때문에 마오쩌둥의 군대가 이곳을 차지하게 되면 마치 날카로운 칼을 적의 심장에 꽂듯이 동으로는 난징, 서로는 우한武漢, 남으로는 창장을 위협해 중원을 견제할 수 있었다. 또 그렇게 되면 장제스는 어쩔 수 없이 산둥山東과 산시陝西의 혁명근거지를 공격하던 부대를 철수시킬 수밖에 없게 될 것이므로 공산당으로서는 '위위구조'를 통해 역습의 기반을 마련하게 되는 셈이었다.

6월 30일 밤, 황하 도하를 강행한 류보청劉伯乘과 덩샤오핑鄧小平이 이끄는 대군은 갖은 고생을 겪고 마침내 다볘산을 차지할 수 있게 되었다. 예상치 못하게 다볘산이 공격을 받자 장제스는 마치 목구멍에 뼈가 걸리고 가시방석에 앉은 듯 불안해하며 잠도 자지 못하고 먹지도 못했다. 그는 어쩔 수 없이 위기에 빠진 다볘산을 구하기 위해 혁명근거지에 주둔하고 있던 부대를 철수시켰다. 다볘산 진격작전은 중국 공산군이 해방전쟁을 승리로 장식할 수 있었던 핵심전략이었다. 공산당은 이곳을 차지함으로써 산둥, 산시 등 오래된 혁명 근거지의 군사적인 부담을 덜 수 있었고 국민당의 전략적 후방기지를 공산당의 최전방 기지로 바꿀 수 있었다. 이는 장제스의 마지막 날이 얼마 남지 않았다는 것을 의미하는 것이기도 했다.

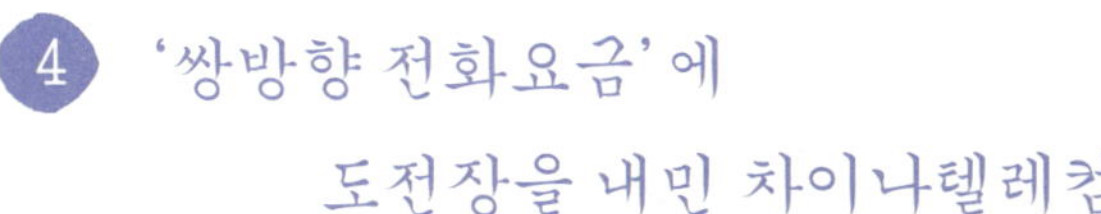

4 '쌍방향 전화요금'에 도전장을 내민 차이나텔레컴

2002년 12월 25일, 광둥텔레콤은 그달 28일부터 광저우廣州, 선전深圳, 둥관東莞 세 지역의 휴대폰 사용자들이 판매가격 15위안 이상의 소형장비를 사고 가입만 하면 유선전화

를 받을 때 요금이 부가되지 않는 서비스를 제공받을 수 있게 된다
고 발표했다(중국은 우리나라와 달리 전화를 받을 때도 비용을 부담
한다).

소식이 전해지자 많은 사람이 이에 관심을 보이기 시작했다. 비
록 매체들은 이를 변형된 방법의 '단방향 전화요금'이라고 보았지
만 시간상의 제약(시범사용기간 3개월)과 제한된 지역에만 서비스
되는 소규모 행사였기 때문에 시장에서의 영향력이 그리 크게 않은
것은 사실이었다. 광둥텔레콤(사실은 차이나텔레컴이다)의 이런 새
로운 서비스는 업계 내의 다른 사업자들에게 피해를 주는 것이었지
만 사실 자신에게도 아무런 도움이 되지 않았다. 비록 이 서비스로
인해 광둥텔레콤의 가입자당 월평균 매출(APRU)을 높일 수는 없었
지만 이로 인해 경쟁상대, 즉 차이나모바일과 차이나유니콤의 '받
는 전화 요금' 수익에 직접적인 영향을 끼치게 되었기 때문이다.

사실 이것은 차이나텔레콤이 계획한 '위위구조'의 전략이었다.
차이나텔레콤이 전혀 돈이 안 되는 서비스를 시작한 것은 모두 거
대한 통신서비스 시장, 광둥을 차지하기 위한 것이었다. 차이나모
바일, 차이나유니콤 등 상장회사의 전체 수익의 1/6이 이곳에서 발
생하고 있으며 광저우, 선전, 둥관은 그 중에서도 가장 많은 수익이
발생하는 곳이었다. 그렇기 때문에 차이나텔레콤의 새 서비스는 두
경쟁상대에게 직접적인 충격을 줄 것이 뻔했고 주식가격을 고려해
볼 때 차이나모바일과 차이나유니콤은 어쩔 수 없이 그 손해득실을

따져볼 수밖에 없게 될 것이었다.

　최근 들어 이동통신 서비스가 신속하게 발전하고 있는 중국시장에서 차이나텔레콤, 차이나모바일, 차이나유니콤의 3사 경쟁 중 차이나텔레콤은 상대적으로 불리한 위치에 놓여 있는 상황이었다. 게다가 중국은 현재 통신서비스 부문의 기금이 완전하게 마련된 것이 아니어서 본래 정부가 부담해야 하는 이 업무를 실제로는 차이나텔레콤이 힘들게 부담하고 있었다.

　광둥텔레콤의 이번 '위위'의 목적은 '구조'를 이루기 위한 의도임에 분명했다. 즉, 무선 시내전화시장을 얻기 위해 유선시장에 손을 쓴 것이다. 게다가 이로 인해 그들은 중국 정부가 추진하고 있는 통신서비스 기금 구축에 있어 더 큰 발언권을 가질 수 있게 되었다.

⑤　황제의 자리에서 물러난 나폴레옹

　1813년, 나폴레옹이 라이프치히 전투에서 패배한 이후 반 프랑스 동맹군은 파죽지세로 프랑스 국경 내로 밀고 들어왔다. 반 프랑스 동맹군의 카를 폰 뷜로군단은 북쪽에서부터 밀고 내려와 블뤼허와 회합하기로 했다. 적의 이런 전략을 무너뜨리기 위해 나폴레옹은 우디노와 제라드를 오브 강에 남겨두어 슈바르첸베르크를 막도록 했다. 그리고 자신은 주력부대를 이끌고 블뤼허를 추격했다. 블뤼허는 이런 나폴레옹의 전략을 역이용하기로 했다. 그는 교묘하게 군대를 북쪽에 배치하고 마른강을 건너 나폴레옹의 주력부대가 북쪽으로 이동하도록 만들었다. 당시 프랑스 군대의 상황은 참담하기 그지없었다. 네이와 빅토르는 장군으로서의 자질이 부족했고, 오주로는 우유부단했으며, 서쳇과 다부는 각각 카탈로니아와 함부르크에 묶여 있는 상황이었다. 그리고 생시르와 방담 장군은 포로로 잡혀버렸고, 솔트는 섬멸당한 상태였으며, 마르몽도 나폴레옹을 도울 상황이 되지 않았기 때문에 반 프랑스 동맹군이 두려워하는 존재는 이제 나폴레옹뿐이었다.

동맹군은 나폴레옹의 주력부대와 싸워 이기는 것은 매우 어려운 일이라는 것을 알고 있었기에 적의 예봉을 피하고 급소를 찌르는 방법을 쓰기로 결정했다. 그들은 나폴레옹과 직접 대결은 최대한 피하면서 그의 근거지인 파리에 정예부대를 보냈다. 나폴레옹은 후퇴하는 블뤼허를 추격하고 적을 라인 강으로 밀어내기 위해 전력을 다했지만 동맹군은 꿈쩍도 하지 않았다. 그리고 그 사이 동맹군은 아무런 어려움 없이 쉽게 파리로 갈 수 있었다. 1814년 3월 30일, 더 이상 저항할 수 없었던 마르몽은 결국 항복했고 다음 날 반 프랑스 동맹군은 파리로 입성했다. 얼마 후 동맹군의 힘을 등에 업고 루이 18세가 프랑스 왕으로 추대되었다. 이 소식을 들은 나폴레옹은 즉시 동맹군에 대한 모든 군사 행동을 중단하고 그날 밤 파리로 돌아왔지만 상황은 이미 손 쓸 수 없는 지경에 이르러 있었다. 그리고 4월 6일, 나폴레옹은 황제의 자리에서 물러났다. 마침내 반 프랑스 동맹군이 나폴레옹과의 싸움에서 승리하게 된 것이다.

동맹군의 정예부대는 나폴레옹의 근거지를 직접 공격함으로써 그의 기반을 흔들었고 이로 인해 전쟁의 국면이 근본적인 변화를 맞게 되었다. 만약 동맹군이 '위위구조'의 전략을 쓰지 않고 지원군을 보내 블뤼허를 구하도록 했다면 그것은 나폴레옹이 생각했던 것과 맞아떨어졌을 것이다. 하지만 만약 그렇다 하더라도 나폴레옹은 승리할 수 없었을 것이다. 나폴레옹이 지혜와 용기를 겸비한 보기 드문 영웅인 것은 사실이지만 그도 실수를 했다. 프랑스 장군들의 나약함과 무능함, 그리고 피로에 지친 병사들이 바로 그것이다. 제아무리 대단한 나폴레옹이라 하더라도 무너지는 건물을 막을 수 없는 법이니 말이다.

6 영국군의 전술

1차 세계대전이 시작된 지 얼마 후, 독일은 영국군을 프랑스에서

철수시키기 위해 끊임없이 런던을 비롯한 영국의 대도시 상공에 전투기를 보냈다.

이것이 바로 독일인의 '위위구조'의 계책이었다. 이 전략은 시작부터 매우 효과가 있었다. 독일인의 영공 침해는 영국에 비교적 큰 피해를 가져다주었다. 영국인은 체펠린 비행선이란 말만 들어도 얼굴색이 변할 정도였고 급기야 '체펠린 대공황'까지 생겨나게 되었다. 처음 영국은 독일의 비행기를 이용한 폭탄 투하에 방어조치만을 취하거나 혹은 비행기가 영국 상공을 침공할 때 명령을 기다리고 있다가 그들을 요격하는 게 전부였다. 하지만 얼마 후 영국 공군은 가장 좋은 방어는 바로 공격이라는 사실을 깨닫게 되었다. 그래서 그들은 적극적인 공격으로 그 전략전술을 바꾸었다. 벨기에에서 2개의 독일 체펠린 비행 기지를 발견한 영국 공군은 맹렬한 기세로 폭탄을 쏟아 부어 기지를 완전히 없애버렸다. 비행기를 이용해 영국인들을 본국으로 쫓아버리려 했던 독일의 계획은 수포로 돌아갔으며 영국인의 '체펠린 대공황' 역시도 그와 더불어 사라졌다. 그리하여 영국 군대는 자국으로 떠나지 않고 기타 동맹국들과 함께 힘을 모아 독일을 굴복시키기 위한 유리한 조건을 만들어 낼 수 있게 되었다.

영국인들은 본래 독일이 사용하려 했던 방법을 역이용해 전쟁에서 이길 수 있었다. 즉, '위위구조'의 방법을 통해 독일인의 '위위구조'의 덫에서 빠져나올 수 있었던 것이며 세계 전쟁사에서 길이 남을 만한 한 페이지를 남길 수 있었던 것이다.

 **7 '위위구조'를 이용한 스파츠 장군**

2차 세계대전 당시 미국의 군관이었던 스파츠는 20세기 최고의 군사전략가 중 한 사람이라 할 수 있다.

연합군의 노르망디 상륙작전 수행에 있어 가장 큰 장애물은 세력이 막강한 독일 공군이었다. 노르망디 상륙작전을 수행하기 전날 밤, 연합군 내에서는 두 가지 의견이 팽팽하게 맞서고 있었다. 아이젠하워 장군을 비롯한 몇몇 참모는 중형폭격기를 이용해 프랑스 북부와 벨기에에 있는 독일 운송기지를 공격해 상륙지역을 고립시키는 것이 작전을 성공으로 이끄는 가장 좋은 방법이라고 주장했다. 하지만 스파츠를 비롯한 몇몇은 연합군의 폭격기를 이용해 독일 본토, 특히 독일군의 생명선이라 할 수 있는 석유시설을 파괴해야 한다고 주장했다. 만약 독일 공군이 모든 힘을 동원해 본국을 보호하려고 한다면 자연히 노르망디를 살필 틈이 없어진다는 것이 그 주장의 요지였다. 스파츠는 또 단순히 독일군의 운송시스템을 공격한다면 독일 공군은 힘을 아끼기 위해서라도 비행기를 보내 맞서는 일은 하지 않을 것이라고 강조했다. 많은 수의 비행기가 노르망디로 오게 되면 연합군의 상륙작전은 더욱 어려워질 게 뻔했다.

하지만 아이젠하워가 끝까지 자신의 주장을 고집하자 스파츠도 어쩔 수 없이 독일의 운송시스템을 공격하는 데 동의했다. 하지만 그는 아이젠하워에게 일부 미군 폭격기가 독일 본토의 석유시설을 공격하도록 단서를 달았고 그렇지 않으면 장군직을 사임하겠다고 말했다. 그러자 아이젠하워도 그 요구만큼은 들어주기로 했다.

하지만 스파츠의 작은 요구사항은 결과적으로 상륙작전을 성공으로 이끄는 결정적인 역할을 했다. 미국의 제8 항공대가 독일 국경 내의 석유시설을 공격한 덕분에 독일전투기는 어쩔 수 없이 대거 본토에 남아 있어야만 했던 것이다. 이후에 연합군이 노르망디 상륙작전을 실시할 때 그곳을 지키고 있던 독일 공군 세력은 보잘 것이 없었다.

스파츠의 전략과 중국의 '위위구조'는 닮은 점이 많다. 전쟁에서의 승리를 얻기 위해 적의 힘을 분산시키는 전략은 매우 중요하다. 그리고 적의 역량을 분산시키는 최상의 방법은 적의 급소를 공격해 어쩔 수 없이 병력을 빼내 자신을 보호하도록 만드는 것이다.

8 시나이반도를 차지한 이스라엘

이집트 동북부에 위치한 삼각형 모양의 시나이반도는 이스라엘과 인접해 있으며 총 면적은 약 6만 평방킬로미터에 이른다. 제1차 중동전쟁 후 이스라엘은 공격의 창끝을 이집트로 돌렸다. 이스라엘은 자신들이 살아남기 위해서는 반드시 이집트를 굴복시켜야 한다고 생각하고 이를 위해 먼저 시나이반도를 차지하기로 했다.

1956년, 아스완댐의 대출문제로 이집트와 영국, 프랑스의 관계는 나날이 악화되고 있었다. 7월 26일, 나세르 이집트 대통령은 영국과 프랑스 자본으로 지어진 수에즈운하를 국유화하여 운하의 통행세를 아스완댐 건설에 사용하겠다는 내용의 성명을 발표했다. 그러자 프랑스와 영국은 극도의 불만을 표시하고 즉각 이집트에 대한 무장간섭을 시작하려는 준비에 들어갔다. 이를 본 이스라엘은 속으로 박수를 치며 이 기회를 이용해 시나이반도를 차지하기로 마음먹었다.

9월, 이스라엘의 작전부장과 외교장관은 각각 영국과 프랑스를 방문해 이집트에 대한 군사행동에 참여하고 싶다고 밝혔다. 10월 24일, 이스라엘은 자신들이 먼저 시나이반도를 공격하고 수에즈운하까지 진격함으로써 영국과 프랑스 연합군이 출병할 수 있는 빌미를 제공하겠다는 내용의 최후 협상을 영국, 프랑스와 맺었다.

1956년 10월 29일 16시, 이스라엘의 202 공수여단은 육군소장 샤론의 지휘 하에 국경을 넘어 시나이반도로 진입했다. 그와 동시에 프랑스 공군의 비행기는 이스라엘에 도착해 이스라엘 국내 안전을 책임졌다. 29일 자정, 이스라엘의 제4보병대를 선봉으로 한 38 특수부대는 시나이반도를 공격하기 시작했다. 그러자 이집트군대역시 사력을 다해 반격했고 이로 인해 이스라엘군은 전력에 심각한 손실을 입게 되었다. 31일 정오, 이스라엘은 영국과 프랑스가 당초의 계획을 수정할 것이라 생각하고 더 이상 버틸 수가 없게 되자 철군하기로 결정했다. 바로 그때 영국과 프랑스 양국은 이집트에서 ‘중재’를 거절한 후 카이로, 알렉산드리아, 수에즈 등 이집트의 주요 도시에 수많은 전투기를 보내 대규모의 폭격을 퍼부었다. 그러자 영국과 프랑스군의 공격에 맞서기 위해 이집트는 어쩔 수 없이 시나이에 있던 병력 대부분을 빼낼 수밖에 없었다.

영국과 프랑스의 ‘위위구조’ 계책은 과연 큰 효과가 있었다. 시나이반도를 지키는 이집트군의 세력이 약해지자 시나이에서의 상황은 빠르게 바뀌었다. 이를 틈타 이스라엘군은 계속해서 공격을 감행했고 11월 5일, 마침내 시나이반도를 차지할 수 있었다.

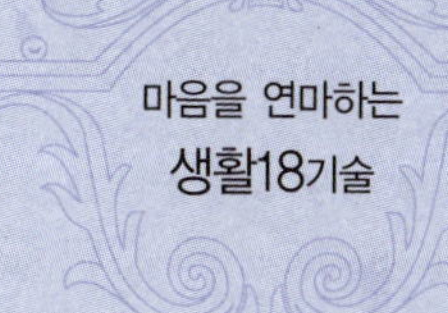

제3기

차도살인(借刀殺人)

내 손은 쉬게 하고
남의 손으로 해결하라

이 계책은 북송시대를 배경으로 하는 명대의 희곡 《삼축기三祝記》에서 유래되었다. 전쟁 경험이 전혀 없는 범중엄范仲淹은 정적의 계략에 빠져 졸지에 서하西夏를 정벌하라는 임무를 맡게 되었는데 정적의 목적은 군사력이 강한 서하의 군대라는 '칼'을 빌려 범중엄을 없애려는 데 있었다.

→ 해설 ←

이 계책은 북송시대를 배경으로 하는 명대의 희곡 《삼축기三祝記》에서 유래되었다. 전쟁 경험이 전혀 없는 범중엄范仲淹은 정적의 계략에 빠져 졸지에 서하西夏를 정벌하라는 임무를 맡게 되었는데 정적의 목적은 군사력이 강한 서하의 군대라는 '칼'을 빌려 범중엄을 없애려는 데 있었다. 《병경백자兵經百字, 차자借字》중에는 이런 말이 있다. '내가 힘이 달리면 남의 힘을 빌리면 되고, 내 능력이 모자란다면 남의 칼을 빌리면 된다. 이렇듯 타인의 손을 빌려 적을 없애면 자신은 모습을 드러내지 않아도 된다. 이런 간접살인을 바로 '차도살인'이라 한다.

살인은 우둔한 방법과 영리한 방법 두 가지로 나눌 수 있다. 어리석은 살인자는 직접 자신의 말을 타고 시퍼런 칼을 들고 들어갔다 붉은 칼을 가지고 나온다. 이렇게 하면 자신은 통쾌할지 몰라도 또다시 복수의 대상이 되거나 법적인 처벌을 면하기 어려워진다. 하지만 영리한 살인자는 자신이 직접 나서지 않고 다른 사람을 이용한다. 이렇게 하면 살인의 목적을 이룰 수 있을 뿐 아니라 다른 사람의 질타에서 벗어날 수 있고 자신의 두 손에 피를 묻히지 않게 된다. 소위 말하는 '살인을 할 때는 피를 보지 말아야 하며 피를 보는 자는 영웅이 아니다' 라는 것이 이를 잘 설명해 주고 있다.

'차도借刀'에는 떳떳이 드러내 놓고 빌리는 것과 비밀스러운 것 두 가지가 있으며, 또 살살 구슬려 빌리는 것과 강제로 빌리는 것이 있다. '차도'를 성공적으로 수행하기 위해서는 그 숨은 의도를 절대 나타내서는 안 된다. 그리고 빌린 칼의 끝은 반드시 날카로워야 한다. 그렇지 않으면 오히려 자신에게 큰 위험으로 돌아올 수도 있기 때문이다.

칼을 빌리는 상황은 대개 다음과 같이 나눌 수 있다. (1) 사람의 힘을 빌리는 것 (2) 재물을 빌리는 것 (3) 조건을 빌리는 것 (4) 계략을 빌리는 것 (5) 매개물을 빌리는 것 (6) 여론을 빌리는 것 (7) 세력을 빌리는 것

차도살인의 계는 남이 알지 못하게 비밀리에 진행되어야 한다. 또 평상시에는 이 계책에 빠지지 않도록 단단히 준비해야 하고 비상시에는 반드시 유용하게 사용해야 한다.

1 복숭아 두 개로
세 장수를 죽인 안자晏子

　　　　　　춘추시대 제나라의 경공景公에게는 공손첩公孫捷, 전개강田開疆, 고야자古冶子라는 용감한 장수 셋이 있었는데 다들 어찌나 용맹한지 맨손으로 호랑이를 잡을 정도였다고 한다. 하지만 세 장수는 자신의 공적이 높은 것에 자만해 언제나 제멋대로였고 걸핏하면 다른 사람은 안중에도 없는 행동을 일삼았다.

어느 날, 제나라 재상 안자가 연회에서 세 장수를 만났다. 그러나 그들은 여느 관리들처럼 자리에서 일어나 안자에게 예의를 표하지도 않은 채 고개를 뻣뻣이 들고는 꿈쩍도 하지 않았다. 세 장수의 이런 행동에 몹시 분노한 안자는 경공을 만난 자리에서 자신의 생각을 슬쩍 털어놓았다.

"그 세 장수는 용맹하기는 하나 예의가 없어 윗사람은 안중에도 없습니다. 훗날 그 용맹함이 화가 될 것이 분명합니다. 그러니 하루빨리 그들을 처치하셔야 합니다."

안자의 말을 다 들은 경공은 길게 한숨을 쉬며 난처한 표정으로 말했다. "과인도 일찍부터 그 점을 염려하고 있었소. 하지만 그들은 모두 여러 차례 전쟁에서 공을 세운 영웅들이요. 만약 그들에게 죄를 씌워 처벌한다면 다른 장수들이 겁을 먹거나 비웃지 않을까 두렵소. 그렇다고 다른 사람을 시켜 그들을 처치하려 해도 그들을 당해낼 자들을 찾기가 쉽지 않으니 어떻게 하는 게 좋단 말이오?"

잠시 생각에 잠겼던 안자가 천천히 입을 열었다. "저에게 그들 셋을 처치할 계책이 하나 있습니다. 우선 사자를 시켜 그 셋에게 복숭아 두 개를 보내십시오. 그리고 누구든지 용감한 자가 복숭아를 차지할 수 있다고 알리도록 하십시오. 그 세 장수는 용감하기는 하나 지략이 모자라며 또 의협심을 중요하게 생각하니 반드시 복숭아를 차지하기 위해 싸우게 될 것입니다."

경공은 즉시 안자의 계책을 따르기로 하고 행동으로 옮겼다. 과연 안자의 말은 하나도 틀리지 않았다. 세 장수들이 저마다 전령 앞에서 자신이 더 용맹하다고 나섰던 것이다. 공손첩이 먼저 말문을 열었다. "나는 맨손으로 멧돼지를 잡은 적이 있으며 호랑이를 잡은 적도 있다. 이를 볼 때 복숭아는 내가 먹어야 하지 않겠는가?" 말을 마친 공손책이 먼저 복숭아 한 개를 집어 들었다. 이어서 전개강이 나섰다. "나는 긴 창 하나로 부대 전체를 섬멸한 적이 있다. 그러니 나도 복숭아를 먹을 만하다." 전개강 역시 나머지 복숭아 하나를 냉큼 집었다.

눈앞에서 복숭아 두 개가 사라진 것을 본 고야자는 불같이 성을 냈다. "용감하기로 따지자면 누가 나와 비교 된단 말이냐? 나는 일찍이 주공을 모시고 황하를 건넌 적이 있다. 그때 큰 자라 한 마리가 내 말을 끌고 물살이 급한 강으로 들어갔는데 나는 말을 구하기 위해 물속으로 뛰어 들어갔다. 물길을 거슬러 백보, 물길에 몸을 맡겨 아홉 리를 간 나는 결국 자라를 잡아 내 손으로 죽였고 말도 찾아냈다. 왼손에 말의 꼬리를, 오른 손에는 자라의 머리를 움켜쥐고 물속에서 나온 나를 보고는 사람들이 모두 '강의 신'으로 착각할 정도였는데 내 어찌 복숭아를 먹지 못한단 말이냐?"

고야자가 불같이 성내는 것을 본 공손책과 전개강은 갑자기 자신들의 행동이 부끄러워졌다. 그들은 후회 섞인 목소리로 말했다. "우리의 용기는 당신에 비할 바가 못 되며 공로도 당신에 비하면 하찮소. 하지만 벌써 복숭아를 차지해 버렸다는 것은 우리가 탐욕스럽다는 것을 증명하는 것이오. 그러니 죽음으로서 탐욕에 대한 참회를 하지 않는다면 어찌 감히 조상들을 볼 수 있겠소?" 말을 마친 두 장수는 복숭아를 내놓고 스스로 검을 찔러 자결했다.

두 동료의 시체를 앞에 두고 고야자 역시 자책감이 들어 참을 수가 없었다. 그는 가슴을 치며 말했다. "두 동료가 먼저 가고 나만 살아 있는 것은 인仁이라 할 수 없다. 말로써 그들에게 모욕을 주고 목숨을 끊게 했으니 이 역시 의義라 할 수 없다. 또 자신의 행동에 혐오감을 느끼면서도 죽지 않는 것은 용勇이라 할 수 없다. 이렇게 불인, 불의, 불용한 인간이 살아서 무엇 하겠는가?" 고야자 역시 말을 마치고 칼로 스스로 목숨을 끊었다.

이렇게 안자는 검 하나 쓰지 않고 교묘한 방법으로 세 명의 용맹한 장수를 간단하게 처치했다. 후세의 사람은 이를 한탄하며 다음과 같은 시를 남겼다.

步出齊城門, 遙望蕩陰里	제나라 성문을 걸어 나와 멀리 탕음 리를 바라보네
里中有三墳, 累累正相似	마을 안에 무덤이 세 개 있어 서로 서로 꼭 닮았구나
問是誰家塚, 田疆古冶子	이것이 누구의 무덤인가 물으니 전 강의 고야자라고 하네
力能排南山, 文能治地理	힘은 능히 남산을 밀어내고 글은 능 히 땅을 덮을 정도였지만
一朝被讒言, 二桃殺三士	하루아침에 참언을 당하였으니 두 개의 복숭아가 세 장수를 죽였네
誰能爲此謀, 國相齊晏子	누가 그런 꾀를 내었는가? 제나라 의 승상 안자로다.

② 말 한마디로 여포呂布의 목을 벤 유비劉備

무예가 뛰어나고 용맹하기로 이름 높았던 여포는 결국 조조에 의해 생포당하고 말았다. 그러나 여포는 오히려 자신만만한 목소리로 조조에게 말했다. "명공께서 걱정하시는 사람들 중 이 여포보다 강한 자는 없습니다. 이제 제가 명공의 밑으로 들어가게 되었으니 이제 천하는 누구의 것이겠습니까? 명공께서 보병을 이끄시고 제가 기마병을 통솔한다면 제후들을 평정하는 것은 누워서 떡 먹기보다 쉬울 것입니다.” 여포의 제안을 듣고 마음이 동한 조조는 그를 받아들이고 싶었지만 그것이 진심인지를 확신하기가 어려웠다. 그러자 때마침 옆에 있던 유비가 이렇게 말했다. “조공은 정녕 정건양丁建陽과 동태사董太師의 말로를 잊으셨단 말입니까?” 이 말을 들은 조조는 잠시도 망설이지 않고 여포를 목매달아 죽이라고 명령했다.

정건양은 바로 여포가 최초로 섬겼던 정원丁原이라는 인물로 동탁董卓의 교사를 받은 여포의 손에 죽임을 당했다. 그 후 동탁 역시 왕윤 등이 쓴 연환계로 인해 여포에게 목숨을 잃고 말았다. 이런 사실을 다 알고 있던 조조는 유비의 한마디 깨우침에 간담이 서늘해져 주저 없이 여포를 죽였던 것이다.

그렇다면 유비는 왜 여포를 사지로 밀어넣은 것일까? 당시 유비는 조조에게 몸을 의탁하고 있었지만 항상 그에게서 떠날 생각을 가지고 있었다. 그런 상황에서 여포의 말은 바로 유비가 걱정하던 것이었다. 조조와 여포가 손을 잡게 된다면 유비의 대업에 큰 장애가 될 것이 분명했다. 유비는 자신과 관우 장비 세 사람에 맞서 한 치도 밀리지 않고 싸웠던 여포의 호뢰관虎牢關 전투를 떠올리고는 만약 여포가 조조에게 투항하게 되면 아무도 그들을 당할 자가 없으리라는 생각에 여포를 죽일 필요성을 느꼈던 것이다.

이렇게 말 한마디로 조조의 손을 빌려 여포를 살해한 유비의 지략은 빙산의 일각에 불과했다.

3 조착晁錯을 제거한 두영竇嬰

즉위 후 아버지 문제文帝와 같이 훌륭한 군왕이 되기로 결심한 한漢 경제景帝는 조착의 재능이 매우 뛰어나다는 말을 듣고 그를 어사대부로 임명했다. 충직한 조착은 분봉된 제후왕들의 세력이 나날이 커지고 어떤 이들은 조정의 구속에서 벗어나려 하는 것을 매우 걱정스럽게 생각했다. 이렇게 가다가는 한 왕조의 천하가 분열될 것임은 불 보듯 뻔한 일이었기 때문이다. 그래서 조착은 경제에게 삭번削藩(변방의 권력을 약화시켜 중앙의 권력을 강화하는 것)을 제안했다. 경제 역시 제후왕의 세력을 약화시키고 싶었지만 그들이 이를 빌미로 자신에게 맞서게 될까 봐 선뜻 나서지 못하고 대신들을 불러모아 이 일을 의논했다.

각 제후왕들은 자칫하면 바로 눈앞에서 자신들의 토지가 사라질 수도 있다는 생각에 조착에게 앙심을 품게 되었다. 그래서 오왕吳

王, 조왕趙王, 교서왕膠西王, 초왕楚王 등은 연합해 '간신을 몰아내자! 조착을 죽이자!'라는 기를 내걸고 병력을 소집해 반란을 위한 거병을 도모했다.

당황한 경제는 대신들을 모아 대책을 의논하는 한편 조착을 장군으로 임명해 반군에 맞서게 했다.

한편 원래부터 조착과 사이가 좋지 않았던 두영은 삭번 문제에 있어서도 그와 의견이 달라 줄곧 조착을 눈엣가시로 여기고 있었다. 개인적인 원한의 감정을 국가의 중대사보다 중요하게 여겼던 두영은 경제의 손을 빌려 조착을 제거할 결심을 했다. 두영은 즉시 사람을 시켜 경제에게 조착을 험담하는 말을 늘어놓도록 했다. "일곱 제후왕의 거병은 모두 조착이 충동질한 것입니다. 고조께서 같은 성씨의 왕들에게 분봉한 것은 이미 규정화된 것입니다. 그런데 조착이 굳이 삭번을 해야 한다고 고집하는 것은 그 속셈이 유비와 같은 것이 아닙니까? 황상께서 조착의 목을 베시고 칠七왕의 죄를 사면하여 토지를 돌려주시면 그들은 분명 군사를 물릴 것입니다." 그러자 귀가 얇은 경제는 이 말을 철석같이 믿고는 정말로 조착을 죽여 버렸다.

그 후 경제는 전쟁을 그만두고 제후왕들과 강화를 맺으려 했지만 칠 왕은 군사를 거두지 않고 오히려 전보다 더 강하게 경제를 압박해 왔다. 이때 대장군 주아부周亞夫는 사람을 시켜 경제에게 이런 말을 전했다. "오吳왕이 반란을 일으키기로 마음먹은 것은 이미 수십

년이나 된 일입니다. 이번에 그는 조착의 삭번을 빌미로 거병했지만 황상께서는 주위의 말을 쉽게 믿고 조착을 죽이시리라고는 생각지 못했을 것입니다. 이제 누구도 조정에 간언할 사람이 없을까 봐 심히 두렵습니다." 이 말을 들은 경제는 비로소 자신이 경솔했음을 깨달았지만 이미 후회해도 소용없었다. 비록 이후에 칠 왕의 난은 평정되고 한 나라의 중앙권력은 강화되었지만 조착의 집안은 이미 멸문지화를 당한 후였다.

4 근심거리를 없앤 유수劉秀

　　　　　　유수는 유현劉玄과 결별한 후 군사를 이끌고 장안으로 진공했다. 낙양洛陽은 장안으로 통하는 군사요충지였는데 유현은 이일李軼을 보내 이곳을 지키게 함으로써 유수의 군대가 서진하는 것을 막도록 했다.

　한편 유수의 수하 가운데 풍이馮異라고 불리는 장군이 있었는데 그는 이일한테 편지를 써 유수에게 투항할 것을 권했다. 편지를 읽은 이일은 마음속으로 갈등하기 시작했다. 그는 유현이 대업을 이루지 못할 것이라는 것을 이미 직감하고 있어 그를 떠날 마음을 품고 있었지만 쉽게 유수에게 의지할 수는 없었다. 일찍이 유수의 형제를 죽이려는 활동에 가담한 적이 있는 자신을 유수가 받아 줄지 확신이 서지 않았기 때문이다. 그래서 이일은 풍이에게 다시 이런 내용의 답신을 보냈다. "우리는 모두 군사 요지를 지키고 있어 그 지위가 매우 중요하다고 할 수 있습니다. 만약 우리가 한마음 한뜻이 된다면 제가 무엇을 걱정하겠습니까? 부디 제 뜻을 소왕蕭王(유현을 가리킴)에게 전해 주십시오. 저는 소왕을 위해 미약하나마 온 힘을 다하고 싶습니다." 풍이는 완곡한 뜻이 담긴 이일의 편지를 보고 난 후 그가 소왕에게로 귀순한 뒤 생명의 안전과 지위를 보장해 줄 것을 요구하고 있다는 것을 알아챘다. 그래서 풍이는 이일에게 답신을 보내 안심시킨 한편 그의 진심을 시험해 보기 위해 낙양 주위의 각 현에 병사를 보내 상황을 지켜보기로 했다. 이일은 과연 풍이와 맞서 싸우지 않았다. 풍이는 이일의 말과 행동이 일치하는 것을 보고 일의 전후를 유수에게 보고하고 그동안의 편지를 보여주며 그를 받아들일 것을 권했다.

하지만 유수는 이일이 매우 변덕스러운 인물이라 그를 받아들인 후 분명 큰 근심거리가 될 것이라는 것을 잘 알고 있었다. 하지만 만약 이를 거절한다면 전쟁은 자신에게 불리하게 돌아갈 것이 불 보듯 뻔했다. 유수는 이리저리 생각하다가 마침내 '차도살인'의 계를 생각해 냈다. 유수는 풍이에게 보내는 편지에 이일을 받아들일지 여부는 밝히지 않은 채 단지 이렇게 썼다. "이일은 매우 꾀가 많

은 사람이기 때문에 보통 사람들은 여간해서 그 속셈을 알아채기가
쉽지 않소. 그러니 모두 각자의 진영을 잘 지켜 이일이 속임수를 쓰
지 못하도록 하시오." 그리고 난 후 유수는 일부러 이일의 투항 사
실을 퍼트렸다.

얼마 지나지 않아 이 소식을 듣게 된 유현 수하의 또 다른 장군은
이일의 '배신'을 알고는 그를 죽여 버렸다. 그러자 낙양에 주둔해
있던 유현의 군대는 장군을 잃고 동요하기 시작했고 많은 병사들이
유수의 편으로 투항해 왔다. 이로써 전쟁은 새로운 국면으로 접어
들게 되었다. 그제야 사람들은 유수의 깊은 뜻을 알아차리게 되었
다. 유수는 유현의 손을 빌려 이일을 제거함으로써 자신의 근심거
리를 제거했을 뿐 아니라 투항한 장수를 죽였다는 오명을 쓰지 않
아도 된 것이다.

5 '차도살인'을 이용해 관직에 오른 사사명史思明

사사명은 돌궐족 출신으로 본명은 솔간窣
干이다. 역사서의 기록에 따르면 그는 어렸을 때부터 몸이 허약한데
다 민머리에 한쪽 어깨가 솟아 있고 얼굴도 추한 곱사등이였다고 한

다. 그의 추한 외모는 어른이 되고 조금 나아졌지만 무엇보다 중요
한 것은 후에 그가 전장에서 누구보다 용맹하고 지략이 뛰어난 장수
가 되었다는 것이다.

기원 후 736년, 관에서 빌린 돈을 갚지 못해 궁지에 몰린 사사명
은 북방의 해족奚族 지역까지 도망가게 되었다. 줄곧 세상과는 담을
쌓고 살았던 해족은 이방인 사사명을 죽이려 했지만 그는 동요하지
않고 오히려 근엄한 표정으로 이렇게 말했다. "나는 대 당 왕조가
해왕에게 보낸 화친사절이다. 너희들이 나를 죽인다면 종족 전부가
큰 화를 입게 될 것이다." 이 말을 진실로 여긴 해왕은 즉시 예를 갖
추어 사사명을 영접했다.

당의 세력을 두려워했던 해왕은 사사명에게 신하 100명을 딸려
보내 당 황제를 알현하기로 결정했다. 그러자 사사명이 해왕에게
말했다. "비록 그대가 보내는 사람이 적은 것은 아니나 내가 볼 때
거의 모두 천박한 이들에 불과하오. 어찌 이런 이들로 하여금 황제
를 알현하게 한단 말이오? 그대의 수하 중에 재능이 뛰어난 쇄고瑣
高라는 자가 있던데 왜 그를 보내지 않으시오?" 사사명의 말을 들은
해왕은 즉시 쇄고와 300명의 신하를 보내 사사명과 함께 황제를 알
현하도록 했다.

그들의 행렬이 평로平盧에 도착했을 때 사사명은 먼저 사람을 보
내 평로의 수장 배휴자裵休子를 만나게 했다. "해족이 보낸 정예부대
가 곧 도착할 것입니다. 그들은 겉으로는 천자를 알현하겠다고 하

고 있지만 사실은 평로를 차지하려는 속셈으로 이곳에 오는 것입니다. 그러니 빨리 준비를 해 그들이 먼저 나서기 전에 처리하도록 하십시오.”

사사명의 말을 믿은 배휴자는 해족인들이 평로에 들어서자마자 곧바로 공격을 개시해 그들을 모두 죽여 버리고는 오로지 쇄고만을 살려 두었다.

사사명은 곧이어 쇄고를 유주幽州 절도사 장수규張守珪에게로 보냈다. 해족인들 중 가장 재능이 뛰어난 쇄고가 잡혀온 것을 보고 장수규는 매우 기뻐하며 조정에 상주문을 올려 사사명의 공을 크게 치하했다. 이때부터 사사명은 장수규의 신임을 얻게 되었다.

얼마 후 사사명은 장수규의 중재로 당 현종을 만날 수 있게 되었다. 사사명을 만난 황제는 그에게 직접 자리를 내어주고 이야기를 나누었고 그를 대장군으로 명한 후 북평태수의 직위를 주었다.

사사명은 목숨이 위태로운 상황에서도 냉정함을 잃지 않고 기지를 발휘해 슬기롭게 위기를 넘겼다. 또 그는 이에 그치지 않고 평로 수장 배휴자를 이용해 해족을 죽이고 재능이 뛰어난 쇄고를 바침으로써 절도사 장수규의 눈에도 들게 되었다. 사사명은 ‘차도살인’을 통해 힘들이지 않고 높은 관직에 오를 수 있었던 것이다.

  술잔을 이용해 무장들이 병권을 포기하도록 하고 중앙의 권력을 강화한 송 태조는 아무 뒷걱정이 없는 상황에서 중원의 통일을 위한 전쟁을 시작했다.

  남한南漢을 멸망시킨 후 송 태조는 공격의 화살을 남당南唐으로 돌렸다. 당시 남당의 후주後主 이욱李煜은 귀가 얇고 무능했으며 오로지 시를 읊고 글만 쓸 줄 아는 인물이었다. 군왕이 이렇듯 매일 주색에 빠져 조정의 일에는 관심도 없자 남당은 자연히 나날이 기울어져 갈 수밖에 없었다. 하지만 그렇다고 해서 함부로 공격에 나설 수는 없었다. 바로 남당에는 용맹하기로 이름 높은 임인조林仁肇라는 장수가 떡하니 버티고 있었기 때문이었다. 송 태조는 임인조가 남당을 없애는데 가장 큰 걸림돌이라 생각하고 먼저 그를 없애기로 했다. 개보開寶 4년(971년), 때마침 이욱이 자신의 아우 이종선李從善을 송으로 보내 조공을 바쳤다. 이를 본 송 태조에게 갑자기 절묘한 계책이 하나 떠올랐다. 그는 이종선을 극진히 대접하며 그를 태녕군절도사泰寧軍節度使로 봉해 조정에 남도록 했다. 감히 황명을 거역하지 못한 이종선은 어쩔 수 없이 형에게 이 사실을 알렸다. 이욱 역시 송 태조의 속뜻이 궁금한 것은 사실이었지만 마침 자신도 송 조정의 상황을 알아보고 싶었던 터라 동생이 송에 남아 있는 것을 흔쾌히 허락했다. 그리고 송 태조는 몰래 임인조의 측근을 매수해 그의 초상화를 한 점 구한 다음 눈에 잘 띄는 곳에 걸어두었다.

어느 날, 태조를 알현하러 온 이종선은 마침 그곳에 걸려 있던 임인조의 초상화를 보게 깜짝 놀랐다. "이것은 우리나라의 장수 임인조의 초상화가 아닌가? 어째서 이것이 여기에 걸려 있단 말인가?" 마침 옆에 있던 신하는 우물쭈물 변명을 하다가 급기야는 입을 다물어 버렸다. 그러나 이종선의 계속된 추궁에 그는 끝내 입을 열었다. "절도사께서는 이미 송 왕조의 사람이니 말을 해도 괜찮을 듯합니다. 사실 황상은 임인재의 재능을 아끼시어 친서를 보내 그를 조정으로 불러들이셨습니다. 그러자 임인조 역시 투항할 것을 약속하고 먼저 자신의 초상화를 보내 그 마음을 표현한 것이지요." 신하는 또 근처의 잘 꾸며진 아름다운 건물을 가리키며 이렇게 말을 이었다. "듣자하니 황상께서는 저 건물을 임인조에게 주시려 준비하고 계시다고 합니다. 그가 조정으로 들어오면 그에게 절도사 자리도 내어주려 하신다는군요."

이종선은 즉시 강남으로 돌아가 이 사실을 이욱에게 알렸다. 이욱은 사실을 알아보지도 않고 임인조를 의심하기 시작했고 급기야 연회를 열어 임인조를 불러들인 다음 독이 든 술을 마시게 했다.

집에 돌아온 임인조는 독이 온몸에 퍼지자 피를 토하며 죽었다. 송 태조는 임인조가 죽었다는 소식을 듣고는 재빨리 남당을 공격했고 손쉽게 남당을 손에 넣음으로써 중원을 통일시킬 수 있었다.

7 간계를 써 정권을 잡은 장거정

명明 선종禪宗은 즉위 당시 나이가 고작 10살에 불과했기 때문에 태감 풍보馮保가 황제의 직무를 대신하고 있었다. 이 때문에 정권에 야심을 가지고 있던 대학사大學士 장거정張居正은 풍보와 서로 호형호제하며 남몰래 관계를 돈독히 유지하고 있었다.

이때 조정을 좌지우지 하고 있었던 사람은 여전히 내각대학사內閣大學士 고공高拱이었다. 장거정은 겉으로는 고공과 좋은 관계를 유지하고 있었지만 속으로는 항상 그를 쫓아낸 후 그 자리를 차지할 야심을 품고 있었다.

그러던 어느 날, 선종이 아침 회의를 마치고 막 어전을 나서는 데 갑자기 낯선 사내가 나타나 선종을 향해 돌진해 왔다. 다행히도 좌우의 심복들은 황급히 그를 저지했고 그의 옷을 뒤져 날카로운 칼을 찾아냈다. 사내는 황제를 암살하려 했던 것이 틀림없었다. 이를 보고 간담이 서늘해진 선종은 놀란 가슴을 진정시키며 즉시 음모의 배후를 밝히라고 풍보에게 명령했다. 왕의 명령을 받은 풍보는 자객을 심문하기 시작했다. 자신의 이름을 왕대신王大臣이라고 밝힌 사내는 남방의 척계광戚繼光의 진영에서 왔다고 말했다. 이 말을 듣고 몹시 놀란 풍보는 즉시 심문을 멈추고 장거정을 찾아가 어떻게 이 일을 처리할지를 의논했다.

잠시 생각에 잠겼던 장거정은 이윽고 입을 열었다. "풍공께서도 아시다시피 고공은 지금 풍공을 궁 밖으로 내쫓으려 혈안이 되어 있습니다. 그러니 오늘 이 사건을 기회 삼아 고공을 없애야 합니다. 풍공께서는 이렇게 하십시오…."

풍보는 장거정의 말에 연방 고개를 끄덕이며 즉시 심복 연유年儒를 시켜 왕대신을 만나도록 했다. 연유는 왕대신에게 "다음 번 심문 때 너는 반드시 고공이 너를 시켜 궁에 잠입하도록 했다고 말해야 한다. 그렇게 하면 너의 죄를 면하여 주고 상을 내릴 것이다. 허나 그 이를 따르지 않으면 목숨을 부지하기 어려울 것이다"라고 말했다. 연유의 갖은 협박과 회유 속에서 왕대신은 어쩔 수 없이 그러겠노라고 대답했다.

이윽고 두 번째 심문이 시작되자 풍보는 엄숙한 얼굴로 왕대신에게 물었다. "내 놈의 간이 배 밖으로 나왔구나! 도대체 누가 너에게 황제를 암살하도록 시켰느냐?" 그러자 이미 갖은 고문으로 독이 오를 대로 오른 왕대신이 악을 쓰며 말했다. "바로 네놈이 고공이 사주한 것이라고 거짓자백을 하라고 네게 말하지 않았더냐!"

이 말을 들은 풍보는 몹시 당황했고 주위의 사람들도 크게 동요하기 시작했다. 풍보는 황급히 심문을 끝내고는 자리를 떠났다.

다음 날 다시 심문을 시작했지만 왕대신은 이미 독을 먹어 말을 할 수가 없는 상황이었다. 그러자 풍보는 심문을 생략한 채 서둘러

죄인을 오문午門에서 참수하도록 명령했다.

비록 풍보의 계략은 실패로 끝났지만 장거정은 '차도살인'의 목적을 달성할 수 있었다. 자신을 해치려는 세력이 있음을 알게 된 고공은 겁을 잔뜩 먹고는 선종에게 고향으로 돌아가 노년을 보내고 싶으니 관직을 거두어 달라고 요청했던 것이다. 얼마 지나지 않아 조정의 대권은 장거정의 손으로 들어갔다.

⑧ 누명을 씌워 원수를 갚은 가수재

명나라 절강浙江 무주婺州에 가수재賈秀才라는 사람이 있었는데 그에게는 아름답고 지혜로운 무씨 성을 가진 아내가 있었다. 가수재는 성 밖에서 공부를 하고 있어 집에 오는 날이 손에 꼽을 정도였지만 부부 금실이 매우 좋아 하루하루 행복하게 살고 있었다.

한편 성 안에는 방탕하기로 이름 높은 복 아무개가 살고 있었는데 어느 날 무씨의 아름다운 자태를 보고는 음탕한 마음을 먹게 되었다. 무씨의 남편이 성 밖에 있다는 사실을 안 복 아무개는 관음암의 조씨 성을 가진 비구니를 매수해 함정을 꾸민 다음 무씨를 겁탈

했다.

일이 일어난 다음 날, 마침 가수재가 집으로 돌아왔고 남편을 본 무씨는 흐느껴 울면서 자신이 당한 치욕스러운 일들을 말하고는 자결하겠다고 말했다. 그러자 가수재는 아내를 말리며 복수와 동시에 아내의 명예를 더럽히지 않을 수 있는 차도살인의 계를 꾸미기 시작했다.

무씨는 남편의 계획에 따라 계집종을 시켜 조씨 성을 가진 비구니를 자신의 집으로 불렀다. 그녀는 조심스럽게 복 아무개와 계속 관계를 이어나가고 싶다는 뜻을 내비쳤고 저녁에 자신의 집을 찾아줄 것을 전해 달라고 했다. 비구니의 말을 전해들은 복 아무개는 이게 웬 떡이냐 싶어 밤이 되기를 기다렸다가 아무 의심 없이 무씨를 찾아갔다. 그는 문으로 들어서자마자 냉큼 무씨를 껴안았고 무씨 역시 일부러 그를 밀치지 않았다. 잠시 후 복 아무개가 방심한 틈을 타 무씨는 힘껏 그의 혀를 깨물었다. 놀란 복 아무개는 신음소리도 제대로 내지 못한 채 황급히 도망쳤다. 그러자 가수재는 잘린 혀를 보자기에 곱게 싸서 품에 넣고는 칼을 빼들고 그 길로 관음암으로 향했다. 그는 우선 음모에 가담했던 비구니를 단칼에 베어버리고는 그 옆에 있던 어린 비구니 역시 죽여 버렸다. 그리고 품에서 혀를 꺼내 어린 비구니의 입 속에 넣어 두었다. 일을 끝낸 후 가수재는 집으로 돌아와 아내에게 말했다. "만사는 모르는 일이니 앞으로 집 밖 출입을 삼가도록 하시오."

관음암의 두 비구니 살해사건은 금세 일파만파로 퍼져나갔다. 사건을 조사한 담당자는 이를 강간사건이라 판단하고 현에 보고했다. 상황을 보고 받은 현의 지사는 혀가 잘린 이가 범인이라 판단하고 각 고을에 명령을 내려 범인을 색출하도록 했다.

한편 그날 밤 가수재의 집에서 도망쳐 나온 복 아무개는 길을 잃고 작은 포구에서 하룻밤을 보낸 후 다음 날이 돼서야 집으로 돌아왔다. 하지만 그의 행색을 수상하게 여긴 주위 사람들이 그를 관아로 끌고 갔다.

현의 관리는 복 아무개를 심문하기 위해 이것저것을 물었는데 어찌된 일인지 그의 말을 하나도 알아들을 수가 없었다. 이를 수상하게 여긴 관리가 그의 입을 벌려 보니 과연 혀가 잘려 나가고 없는데다 상처 역시 최근에 난 것이 분명해 보였다. 관리는 마을 사람들을 통해 복 아무개가 줄곧 부녀자 희롱을 일삼아 왔다는 사실을 알게 되자 그를 범인이라 확신했다. 복 아무개는 글을 써서 변명하려 했지만 그 글씨조차 제대로 알아볼 수 없는 것들이었다. 현의 관리는 복 아무개에게 곤장 100대를 치도록 했는데 반나절 동안 내리 곤장을 맞은 복씨는 그대로 죽어버렸다.

　　　　　1851년 1월 홍수전은 금전金田 결의를 조직하여 1년 만이라는 짧은 시간에 강남의 군사적 요충지인 남경南京에 태평천국을 세웠다. 홍수전洪秀全은 비록 천왕이 되었지만 군사와 정치의 대권은 여전히 동왕東王 양수청楊秀淸이 장악하고 있었다. 양수청은 언제나 제멋대로여서 동등한 지위에 있는 제왕들을 마음대로 부릴 뿐 아니라 홍수전 역시도 함부로 대했다. 양수청은 항상 '빙의'가 된 것처럼 가장해 하느님의 성지를 전하는 것이라 속이며 홍수전을 꾸짖었는데 이 일로 인해 모두가 분개했지만 누구 하나 감히 선뜻 나서 말하는 이가 없었다.

　연이은 전쟁에서 승리하고 특히 3년간 청나라의 근거지였던 남경을 차지하게 되자 양수청의 위세는 더할 나위 없이 높아졌으며 그는 이로 인해 대위를 차지할 야심까지 품게 되었다. 그는 우선 '조호이산調號離山(호랑이가 산을 떠나게 하다)'의 계책을 써 제왕들을 남경에서 떠나게 하도록 했다. 그는 우선 익왕翼王 석달개石達開를 호북으로 보내 전쟁에 참여하도록 하고 연왕燕王 주일강奏日綱은 단양丹陽으로, 북왕北王 위창휘韋昌輝는 강서江西로 가도록 했다. 다음으로 양수청은 권력을 거머쥐기 위한 두 번째 계획을 실행했다. 7월 초, 그는 또 하나님의 명령을 전하는 것으로 가장해 천왕天王 홍수전을 동왕부로 불러들였다. "너와 동왕은 모두 나의 아들이다. 동왕이 이렇게 큰 공을 세웠는데 어째서 '구천세'라고만 하느냐"고 말하자 홍수전이 대답했다. "동왕은 큰 공을 세웠으니 만세라 하는 것이 지당합니다." 동왕이 또 물었다. "동세자(동왕의 아들)는 어째서 천세밖에 되지 않느냐?" 그러자 홍수전은 또 이렇게 대답했다. "동왕이 만세이시니 세자 역시도 만세입니다."

홍수전은 그의 시커먼 속셈을 다 알고 있었지만 무력으로 맞서는 동왕에게 감히 맞설 수 없는 노릇이었다. 그는 동왕의 모든 요구사항을 받아들이는 척하며 8월 25일 동왕의 생일 그를 위해 정식으로 명호를 내리도록 하겠다고 약속한 뒤 무사히 환궁할 수 있었다. 태평천국의 규칙에 따르면 오로지 천왕만을 만세라 부를 수 있었고 그 아래의 동왕, 서왕, 남왕, 북왕, 익왕은 모두 서열에 따라 천세씩 감하는 것이 법도였다. 동왕이 구천세, 북왕 위창휘는 육천세, 익왕 석달개는 오천세로 말이다. 하지만 본래 구천세인 동왕이 자신을 만세라고 부르길 원한다면 그 속셈은 이미 말하지 않아도 알만했다. 위기를 느낀 천왕은 비밀리에 위창휘와 석달개, 주일강 세 사람에게 서신을 보내 남경으로 돌아와 자신을 돕도록 했다.

단양에 머물고 있던 주일강이 먼저 남경으로 돌아왔지만 그 세력이 약해 감히 행동에 나서지 못했다. 그리고 8월 3일 위창휘가 정예군 3천을 이끌고 강서에서 남경으로 돌아왔다. 두 사람은 함께 천왕 홍수전을 만난 후 재빨리 성내의 중요한 지점에 병사들을 배치하고 동왕부로 가는 모든 길을 점령했다. 그리고 파죽지세로 동왕부로 밀고 들어가서는 단칼에 양수청을 베었다. 이를 시작으로 위창휘는 마치 분풀이라도 하듯 대규모의 학살을 명령했다. 그는 용케 도망친 동왕의 다섯 번째 왕자를 제외하고 동왕 부의 모든 사람을 죽이라고 명령했다. 본래 천왕은 동왕을 비롯한 그의 형제 세 사람만을 죽이고 다른 사람의 목숨은 살려두라고 명령했지만 위창휘의 광기 어린 학살로 인해 3만 명이 넘는 사람이 죽임을 당했다. 사실 위창휘의 속셈은 따로 있었다. 그는 이번 기회를 빌려 훗날 정권을 차지할 때 걸림돌이 되는 후한을 없애기 위해 그 길을 닦아 놓으려 했던 것이다.

이 일이 있고 난 뒤 10일 후, 그제야 석달개가 남경으로 왔다. 그는 천왕을 만나서 사건의 전모를 모두 듣고는 위창휘와 주일강이 무고한 목숨을 죽인 것을 비판하고 나섰다. 이를 본 위창휘는 석달개가 동왕의 편을 든다고 생각하고는 그를 죽이려고 했다. 그러자 석달개는 두려운 나머지 남경에 오래 머무르지 못하고 서둘러 성밖으로 나가버렸다. 위창휘는 그날 밤 군사를 이끌고 석달개의 가족을 몰살시켰으며 주일강에게 1만여 명을 딸려 보내 석달개의 목숨을 거두도록 했다.

홍수전은 위창휘가 많은 사람의 목숨을 빼앗은 일을 책망하며 석달개의 가족을 몰살한 그를 비정하고 의리가 없다며 나무랐다. 이를 안 위창휘는 홍수전이 석달개를 두둔하는 것에 크게 분노하며 이번 기회를 빌려 천왕 홍수전까지도 제거하리라고 마음먹었다. 그러나 천왕 역시 철저한 준비를 하고 있던 터였다. 이틀간의 치열한 싸움으로 홍수전은 마침내 위창휘를 비롯한 그 일당 200여 명을 함께 없앨 수 있었다. 얼마 후 홍수전은 주일강을 불러들여 그 역시도 참수했다. 이로써 시끄럽던 난은 평정이 되었다.

《병경백자兵經百字, 차자借字》에는 이런 말이 있다. '내가 힘이 달리면 다른 사람의 손을 빌리면 된다. 굳이 손수 행할 필요 없이 앉아서 이득을 누리면 되는 것이다.' 홍수전은 '차도살인'의 계를 이용해 근심거리를 없애고 자신의 지위를 공고히 할 수 있었다. 그러나 이 일로 인해 홍수전은 너무나도 큰 대가를 치러야만 했다. 이런 내부 분열이 있고 난 후 태평천국은 패망의 길을 걷기 시작했고 결국은 성공하지 못한 채 끝나버렸으니 말이다.

10 억울한 죽음을 당한 쉬지선

북벌전쟁 중 예팅독립단葉挺獨立團의 대대장을 맡았던 쉬지선許繼愼은 이후에는 홍4군 11사단과 12사단의 사단장을 역임했다. 그는 국민당과의 전투 중 후방에서 전략전술을 세

우고 여러 번 기습 부대를 보내 승리를 거두었는데 국민당은 그 이름만 들어도 간담이 서늘해질 정도였다고 한다.

1931년 8월 1일, 쉬지선은 12사단을 이끌고 다볘산을 뚫고 잉산성英山城을 기습했고 단번에 3,000여 명의 적을 섬멸했다. 한 달 후 쉬지선은 다른 동료들의 부대와 연합해 잔적들을 나누어 포위했다. 그런데 진격을 개시하기 하루 전날 어위완鄂預皖(후베이湖北, 허난河南, 안후이安徽의 옛 이름) 군 위원회의 위원장을 맡고 있던 장궈타오가 어찌된 일인지 그를 불러들였다.

쉬지선은 매우 강직하고 솔직한 인물로 일찍이 장궈타오의 비합리적인 군사배치에 불만을 토로한 적이 있었는데 소심한 장궈타오는 이 일을 마음 깊이 새겨두고 기회를 봐서 복수하기로 결심했던 것이다. 당시 이 상황을 알게 된 국민당 중앙군 교정치부校政治部의 주임을 맡고 있던 정퀘칭曾擴淸은 이들을 이간시킬 거짓 편지를 써서 두 명의 밀사를 시켜 이를 쉬지선에게 전달하도록 했다.

그것이 자신을 함정에 빠트리기 위한 계략일 줄은 까맣게 몰랐던 쉬지선은 두 명의 밀사를 체포하고 즉시 편지를 상부에 제출했다. 편지를 읽고 난 장궈타오는 속으로 쾌재를 부르며 즉시 사람을 시켜 쉬지선을 잡아들이도록 했다. 얼마 후 진행된 심문에서 두 명의 밀사는 마치 약속이나 한 듯 쉬지선과 한커우漢口의 국민당 비밀기관의 우두머리 종쥔鐘俊이 관계를 맺고 있다고 거짓으로 자백했다. 이들의 자백을 받은 장궈타오는 조금도 지체하지 않고 '장제스에게

투항하고 조직의 분열을 꾀했다'는 죄명으로 쉬지선을 처결하도록
했다. 젊고 용맹한 홍군의 명장 하나가 장궈타오의 명령 한 마디로
밧줄에 목 매달릴 신세가 되어 버린 것이다.

국공합작으로 일본에 저항한 후, 쉬지선의 황푸군사학교 시절 동
기이자 후에 국민당 대의원이 된 링신冷訢은 후에 중국 공산혁명의
원로인 천이陳毅에게 이렇게 말한 적이 있었다. "그때 우리는 '차도
살인'이라는 계략을 썼지요. 작은 계략으로 당신들의 장궈타오는
쉬지선을 죽인 겁니다."

⑪ 스파이를 제거한 뤄룽환

1942년, 중국을 침략한 일본은 산둥山東
지난濟南의 최고 기밀기관에 주둔하며 신4군의 정보를 캐내기 위해
포로를 석방하는 척하며 항일 근거지에 첩자들을 투입시켰다. 일본
은 일부러 감시를 소홀하게 해서 그 틈을 타 포로들이 도망치도록
했던 것이다. 도망친 자들 중에는 원래 신4군 소속이었던 자들도 있
었고 또 일부러 포로가 된 것처럼 위장한 스파이들도 있었다.

신4군의 정보부는 적지에서 도망쳐 나온 포로들을 자세하게 조

사했는데 엄격한 조사를 거친 후 5명의 신원이 불분명하다는 것을 알게 되었다. 정보과의 책임자는 인내심을 갖고 그들을 설득했는데 그 중 2명은 자신들이 특별 임무를 띠고 온 스파이임을 시인했고 나머지 세 사람은 끝끝내 입을 열지 않았다. 사실 정보부는 이미 그 3명이 스파이라는 사실을 알고 있었는데 그 중 '추이밍구이催命鬼'라고 불리는 이는 국민당의 스파이였다.

정보부의 부장은 뤄롱환羅榮桓을 찾아 5명의 처리에 방법에 대해 물었고 먼저 자신의 의견을 밝혔다. "솔직하게 사실을 밝힌 두 명은 정책에 따라 풀어 주고 추이밍구이를 비롯한 3명은 끝끝내 입을 열지 않으니 총살시켜 버리면 그만입니다." 뤄롱환은 천천히 담배에 불을 붙이며 잠시 생각에 잠기는 듯하더니 이렇게 말했다. "내가 볼 땐 그 5명을 모두 풀어 주는 게 좋을 듯 하오." 부장은 어리둥절했지만 뤄롱환의 자세한 작전을 듣고는 고개를 끄덕일 수밖에 없었다.

그날 오후, 정보부의 부장은 스파이임을 시인했던 두 명에게 자신들의 정책을 설명해 주고는 4개의 임무를 수여했다. 그리고 추이밍구이를 비롯한 3명을 데려와 똑같이 정책을 설명하고 임무는 주지 않았다. 그리고 마지막으로 사람을 시켜 5명을 각각 그들의 근거지로 보내도록 했다.

5명은 또다시 일본 최고 기밀기관에 잡혔다. 그들은 처음에는 모두 도망쳐 온 것이라고 말했지만 혹독한 고문을 받은 후 두 명은 자신이 특별한 임무를 수여받았다고 자백했다. 그리고 추이밍구이를 비롯한 3명은 단지 3일간 잡혀 있었을 뿐 어떤 임무도 수여받지 못했다고 말했다. 일본 스파이의 우두머리는 이들을 의심하기 시작했다. 왜 2명에게는 임무를 주고 나머지 3명에게는 주지 않았단 말인가? 일본군은 시인을 하지 않은 세 사람이 무엇인가를 숨기고 있음에 틀림없다고 생각했다. 그래서 추이밍구이를 비롯한 3명에게 더욱 가혹한 고문을 가하기 시작했고 결국 그들은 앞뒤가 맞지 않는 엉터리 사실을 자백했다. 하지만 이로 인해 일본은 더욱 그들을 의심하게 되었고 추이밍구이를 비롯한 3명의 스파이는 결국 총살되고 말았다. 그리고 앞서 자백했던 두 명의 스파이도 감옥에 들어가게 되었다.

12 남의 아내를 빼앗은 다윗

다음은 성경에 나오는 이야기이다.

약 2000년 전, 이스라엘 사람들은 다윗왕의 부추김으로 암몬을 공격했고 빠르게 암몬의 수도 랍바를 포위했다.

이 소식이 예루살렘에 전해지자 다윗왕은 뛸 듯이 기뻐했다. 그날 밤, 다윗은 오랜만에 왕좌를 잠시 떠나 심복 몇 만을 거느린 채 왕궁의 정원을 산책하고 있었다. 휘영청 밝은 달이 궁전과 주위 나무들에 맑은 은색 비추고 있을 때 다윗은 정원 위쪽의 연못에서 목욕을 하고 있던 한 여인을 발견했다. 다윗은 우윳빛 피부에 눈이 부실 정도로 아름다운 얼굴과 몸매의 여인에게서 눈을 뗄 수조차 없었다. 심장이 터질 것만 같았던 다윗은 첫눈에 그 여인에게 사로잡히고 말았다.

사람을 시켜 여인의 신상을 조사한 그는 여인이 바로 헷 사람 우리아의 아내 밧세바라는 것을 알게 되었다.

이미 여인에게 마음을 빼앗긴 다윗은 어떻게 하면 밧세바를 자신의 여인으로 만들 수 있을까를 고민하다가 결국 '차도살인'의 방법을 떠올리게 되었다.

다음 날, 다윗은 우리아를 궁으로 불러들여 심각한 표정으로 말했다. "지금 전선의 전쟁이 매우 긴박하게 진행되고 있다. 내가 친서를 하나 써 줄 테니 너는 하루빨리 이것을 가지고 가서 요압 장군에게 직접 전달하도록 하라." 왕의 명령을 받은 우리아는 조금도 지체하지 않고 요압을 찾아갔다. 요압이 편지를 뜯어보니 거기에는 이렇게 씌어져 있었다. "우리아를 전쟁이 가장 치열한 곳으로 보내도록 하라. 그리고 적이 공격해 올 때 우리아 혼자만 남기고 후퇴하여 그가 적에 손에 죽도록 하라." 요압은 왕이 어떤 뜻으로 이런 편지를 보냈는지 알 수는 없었지만 어쩔 수 없이 편지의 내용대로 따르기로 했다.

얼마 후, 우리아가 전사했다는 소식을 들은 밧세바는 슬픔으로 몸을 가눌 수조차 없었다. 이런 밧세바에게 잘 보이기 위해 다윗은 매일같이 사람을 보내 그녀를 위로하는 한편 온갖 보석들을 그녀에게 선물로 보냈다. 밧세바는 이런 다윗에게 무척 감사해 했고 얼마 지나지 않아 그녀는 다윗의 왕비가 되어 그를 위해 아들까지 낳게 되었다.

성경에 나오는 이 이야기의 가장 마지막 부분에는 다윗왕의 음모에 대해 이렇게 비평하고 있다. "하느님께서는 이일을 두고 매우 분노하시어 선지자 나단을 보내 다윗을 꾸짖으시되 '너는 어째서 이렇게 흉악한 일을 하였느냐? 너는 암만인의 칼을 빌려 우리아를 죽이고 그의 아내 밧세바를 취하였다. 이것은 실로 극악무도한 일이 아닐 수 없다. 너의 행동으로 인해 하나님의 적이 주를 모독할 이유가 생긴 것이다. 그러니 밧세바가 너를 위해 낳은 아들은 곧 죽게 될 것이다."

아들을 목숨보다 사랑한 다윗은 눈물로 하느님께 간청했지만 하느님의 예언은 틀리지 않았다. 얼마 후 다윗의 아들이 목숨을 잃고 말았던 것이다.

선은 선을 낳고 악은 악을 낳는 다는 말이 있듯 나쁜 일을 저지른 사람은 반드시 그 대가를 받게 되는 법이었다.

1959년 1월, 카스트로의 지위 아래 쿠바 국민은 오랫동안 미국을 등에 업고 독재를 펼친 바티스타 정권을 뒤엎고 임시혁명 정부를 수립했다. 쿠바혁명의 승리로 겁을 먹은 미국은 카스트로 정권을 몰락시키기 위해 온갖 수단을 동원하기에 이르렀다. 그리고 경제봉쇄가 실패하자 미국의 최고 의사결정층은 '차도살인'의 계획을 준비했다.

1960년 3월, 아이젠하워 미 대통령은 CIA의 책임 하에 미국의 쿠바 망명자들을 카스트로 정권을 붕괴시키기 위한 게릴라로 훈련시키도록 명령했다.

이 훈련에 참여하는 쿠바 망명자들은 잠입작전에 참여할 뿐만 아니라 쿠바 요인 암살, 중요시설 파괴라는 특수 임무를 맡게 되었다. 다음 해 새로 취임한 케네디 대통령은 계속해서 아이젠하워 전 대통령의 '차도살인' 계획을 이어나가도록 했다. 케네디는 국방부와 CIA에 '쿠바여단(훈련을 받은 쿠바 망명자들과 용병들로 구성되어 있었다)의 쿠바 침공을 지시했다.

1961년 4월 17일, 쿠바에 잠입한 이 여단은 현지의 민병 순찰대와 조우전을 벌이게 되었다. 그러나 쿠바 국내에는 이번 반정부 활동에 호응하는 세력이 하나도 없었기 때문에 이들은 매우 곤란한 상황에 놓이게 되었다. CIA는 쿠바여단이 상륙하면 2,000여 명이 여기에 가담하면서 최소한 총 인구의 25%는 각종 형태의 지원을 보낼 것이라 계산했었지만 그들의 계산은 보기 좋게 깨져 버리고 말았던 것이다.

4월 19일, 쿠바군대는 이 여단의 진영에 30분간 폭격을 퍼부었다. 여단은 자신들의 뒤쪽에 끝없는 바다뿐이라 더 이상 후퇴할 곳이 없다는 것을 잘 알고 있었기에 어쩔 수 없이 완강하게 대치했다. 이때 쿠바여단의 배후였던 미국이 몇 대의 전투기를 동원해 그들을 도왔다. 그러나 미국의 이러한 행동은 '쿠바여단'의 몰락에 아무런 도움이 되지 못했을 뿐 아니라 4명의 미국 측 군사 고문이 이로 인해 목숨을 잃게 되었다. 쿠바군의 맹렬한 공격 속에서 '쿠바여단'은 전원 몰락했다.

미국은 '차도살인'의 계책을 통해 카스트로 정권을 붕괴시키려고 했지만 오합지졸 '쿠바여단'은 근본적으로 전투력이라는 것이 없었기 때문에 실패는 불 보듯 뻔한 것이었다.

'차도살인'에서의 '도刀'는 반드시 날카로워야 하는데 안타깝게도 미국은 무딘 칼을 빌렸던 것이다. 이로 인해 미국은 카스트로 정권 붕괴에 실패했을 뿐만 아니라 전 세계적으로 톡톡히 망신을 당하게 되었다.

 **14 박정희에 도전장을 내민 신민당**

　　　　　　박정희 대통령은 1961년 정권을 거머쥔 뒤 '경제 우선'의 구호를 내걸고 한국 경제의 빠른 성장을 이끌어 냈는데 세계인들은 이를 두고 '한강의 기적'이라 부르며 찬사를 아끼지 않았다. 하지만 한국 경제의 급속한 성장은 주로 외국의 원조, 외자, 해외무역, 외채에 의존하고 있어 국민경제의 기반이 약했고 대외 의존도도 상당히 심각했다. 70년대 말 2차 오일쇼크로 인해 석유와 원자재 값이 폭등해 공업수출 비용이 급속히 증가하자 한국 경제는 심각한 타격을 입게 되었다. 중소기업은 저마다 도산하고 인플레이션이 심각해졌으며 생존권을 찾기 위한 노동자들의 투쟁은 이때부터 끊임없이 일어났다. 이로 인해 박정희 대통령의 통치는 심각한 위기상황에 봉착하게 되었다.

　이런 상황 속에서 1978년 12월 치러진 국회의원 선거에서는 중소기업을 대표하는 신민당이 유례없이 전체 32.8%의 의석을 차지해 야당 민주공화당을 훨씬 넘어서는 일이 발생했다. 1979년 5월 신민당 혁신파의 대표인물 김영삼이 새로운 당 총재로 뽑히고, 박정희 대통령에게 평화적으로 정권을 교체할 것을 공개적으로 요구했는데 이는 사실상 박 대통령에 대한 도전이었다. 하지만 김영삼 총재는 박정희 대통령의 통치기반이 굳건하기 때문에 알맞은 기회와 핑계를 찾아 국민을 자극해야지만 박 대통령의 세력을 약화시킬 수 있음을 잘 알고 있었다.

마침 그때 한국에는 YH무역회사 여공들의 해고사건이 발생했다. 2차 오일쇼크의 타격으로 'YH무역회사'는 파산을 선언했고 이 회사의 200여 명의 여공은 해고에 반대하며 생존권 보장을 요구하는 투쟁을 벌였다. 그들의 투쟁은 사회적으로도 큰 반향을 일으켜 종교계, 문화계, 여론 모두 그들에게 성원을 보냈다. 신민당 김영삼 총재는 여공들의 해고사건을 이용해 박정희 대통령에게 도전장을 내밀었다.

8월 9일, 김영삼은 여공들이 무기한으로 시위를 벌이고 있던 장소를 신민당 당사로 옮기도록 함으로써 광범위한 사회 여론을 이끌어 냈다. 김영삼은 그곳에서 이렇게 연설을 했다. "신민당은 여러분이 닥친 상황을 매우 가슴 아프게 생각합니다. 우리는 여러분의 투쟁을 지지합니다. 그러니 더욱더 용기를 가지고 계속해서 투쟁하시기를 바랍니다. 반드시 우리가 승리할 날이 올 것입니다." 김영삼은 이 여공들을 박정희 대통령을 공격하기 위한 날카로운 '칼'로 만들고 있었다.

신민당의 지지를 받은 여공들의 결의는 더욱 단단해졌고 스스로 '할복조'와 '투신자살조'를 결성해 경찰의 갑작스러운 공격에 대비했다.

8월 11일 새벽, 박정희 대통령은 1,000여명의 무장경찰을 시위장소에 투입했고 그곳에서 치열한 유혈사태가 빚어졌다. 이로 인해 30여 명의 신민당 당원과 12명의 기자가 부상을 당했고 여공 한 명은 투신자살을 했으며 나머지 여공들은 모두 경찰에 연행되었다.

무자비하게 여공들의 시위를 진압한 박정희 대통령에 대해 한국사회 각 계층의 사람들은 강한 불만을 표시했다. 노동자, 학생, 기자, 종교단체 등은 잇달아 집회와 시위를 열고 성명을 발표했고 전단을 뿌리며 박정희의 독재에 대해 분노의 목소리를 높였다. 신민당은 이 기회를 놓치지 않고 국회의원과 당의 최고 위원들을 동원해 8월 11일부터 신민당 총 당사에서 18일간의 평화시위를 벌였다. 8월 14일, 미 국무원 역시 전례를 깨고 이번 진압사건의 경찰 책임자에게 '상응하는 처리'를 할 것을 요구하는 성명을 발표했고 공개적으로 신민당을 지지했다. 10월로 들어선 후 신민당은 전국 각 지역에서 박정희 정권에 반대하는 광범위한 움직임을 이끌어 냈으며 '독재정권은 물러가라' 라는 구호를 외치며 박정희 정권의 마지막 종을 울렸다.

옛날, 돈을 벌기 위해 길을 떠난 한 재단사가 끝없이 걷다가 결국 왕궁 밖에 있는 초원에 도착했다. 무척 피곤했던 그는 잠시 풀밭에 누워 있는 다는 것이 금세 잠이 들고 말았다.

재단사가 한참 달게 자고 있을 때 왕궁의 근위병들이 그가 있는 쪽으로 왔다. 근위병들은 자고 있던 재단사를 자세히 살펴보다가 그의 허리띠에 '한 번에 일곱을 죽이다' 라는 글씨가 새겨져 있는 것을 발견했다. 사실이 재단사가 죽인 일곱은 파리였다. 그는 헝겊 한 장으로 빵에 앉은 파리 일곱 마리를 한꺼번에 죽인 적이 있었던 것이다. 하지만 이 재단사가 한꺼번에 일곱 명을 죽인 영웅이라고 착각한 근위병들은 서둘러 그를 궁 안으로 데리고 갔다. 그들은 국왕에게 전쟁이 일어난다면 이 재단사가 분명 큰 역할을 하게 될 것이라고 말했고 그들의 요청으로 국왕은 재단사를 궁에 머물도록 했다.

하지만 얼마 후 재단사는 근위병들의 시기와 질투를 받게 되었다. 근위병들은 저마다 불만에 찬 목소리로 비아냥거렸다. "혹시 그와 우리들 사이에 싸움이 일어난다면 손 한번 쓰지 못하고 나자빠질 거야. 그는 한 번에 일곱을 쓰러뜨리는 영웅이니 말이야." 한껏 위기의식을 느낀 근위병들은 마침내 국왕에게 몰려가 재단사를 궁에서 내보낼 것을 요구했다.

국왕 역시 이 일로 매우 난처해졌다. 재단사의 편을 들어준다면 충심어린 근위병들을 잃게 될 테고 그렇다고 그를 내보내자니 한꺼번에 일곱을 쓰러뜨리는 그의 용맹함이 두려웠기 때문이다. 결국 한 가지 묘책을 생각한 국왕은 사람을 시켜 재봉사에게 이렇게 전하도록 했다. "성 밖의 숲속에는 살인과 약탈을 일삼는 흉악하기 그지없는 거인 둘이 살고 있다. 너는 세상을 뒤엎을 만한 영웅으로서 마땅히 백성들을 위해서 악의 근원을 제거해야 한다. 만약 네가 그 두 거인을 죽인다면 국왕께서는 네게 공주를 시집 보내실 것이며 영토의 절반을 주실 것이다. 너에게 기사 100명을 딸려 보내겠다."

아름다운 공주와 영토의 절반, 이보다 더 구미를 당기는 제안이 어디에 있으랴? 재단사는 모험을 감행하기로 결심했다.

100명의 기사를 이끌고 숲으로 출발한 재단사는 끊임없이 거인을 처치할 방법을 생각해 냈다. 이윽고 숲에 도착한 재단사가 용맹한 목소리로 말했다. "너희들은 여기서 기다려라. 우선 나 혼자서 거인들과 싸우겠다." 숲으로 들어간 재단사는 이리저리 살피다가 두 거인이 나무 아래서 잠들어 있는 것을 발견했다. 재단사는 재빨리 두 주머니 가득 돌멩이를 주워 담고는 나무 위로 올라갔다. 그리고 나뭇가지에 조심스럽게 앉은 재단사는 한 거인에게 돌멩이를 던졌다. 한참 동안 반응을 보이지 않던 거인이 결국 잠에서 깨어나서는 옆에서 자고 있던 다른 거인을 툭 치며 퉁명스럽게 따졌다. "왜 나를 때리는 거지?" 그러자 또 다른 거인이 어리둥절한 얼굴로 대꾸했다. "꿈을 꾼 거 아냐? 내가 언제 때렸다고 그래?" 잠시 후 둘은 아무 일도 없었다는 듯 또다시 잠에 빠져들었다. 이를 지켜보고 있던 재단사는 또다시 돌을 던지기 시작했다. 다시 잠에서 깬 거인은 더욱 퉁명스러운 목소리로 따졌다. "왜 자꾸 나를 때리는 거냐?" 그러자 둘 사이에 잠시 언쟁이 벌어졌지만 너무나 피곤했던 나머지 두 거인은 다시 잠에 빠져들고 말았다. 잠시 후 재단사는 아주 큰 돌멩이를 거인의 가슴팍에 던졌다. "못 참겠군!" 화가 머리꼭대기까지 난 거인은 벌떡 일어서더니 자고 있던 다른 거인의 머리채를 잡고는 나무기둥에 던져버렸다. 두 거인은 나무 기둥을 무기 삼아 해가 지고 달이 뜰 때까지 죽어라 싸웠다. 결국 두 거인은 피투성이가 된 채로 쓰러지고 말았다.

그림동화에 나오는 이 이야기에서 국왕은 원래 '차도살인'의 계책을 이용해 재단사를 죽이려고 했다. 국왕은 재단사를 쫓아버리고 싶었지만 그의 힘이 두려워 거인의 힘을 빌려 재단사를 제거하려 했던 것이다. 그러나 재단사 역시 이 계책을 이용했다. 그는 돌을 던지는 방법을 이용해 두 거인 간의 대립이 생기도록 했고 서로 치열하게 싸우다 결국 둘 다 죽게 만든 것이다. 즉, 재단사는 거인이라는 칼을 빌려 거인을 죽일 수 있었다. 재단사의 차도살인 계가 성공했다는 것은 곧 국왕의 계책이 완전히 실패했다는 것을 의미했다.

제4기

이일대로(以逸待勞)

깊은 잠에 취해 있을 때 무장하라

이 계책은 《손자병법, 군쟁편軍爭篇》에 나왔다. '전장에 가까운 곳에서 먼 곳으로부터 오는 적을 상대하고 편안히 휴식한 군대로 피곤한 적에 맞서며 배부른 군대로 배고픈 적을 상대한다.

이 계책은 《손자병법, 군쟁편軍爭篇》에 나왔다. '전장에 가까운 곳에서 먼 곳으로부터 오는 적을 상대하고 편안히 휴식한 군대로 피곤한 적에 맞서며 배부른 군대로 배고픈 적을 상대한다. 이것이 전투력을 장악하는 것이다.' 두 군대가 대치하고 있을 때 편히 쉰 자는 승리하고 피로한 자는 패배하게 마련이다. 그러니 갖은 방법을 동원해 적을 피로하게 하고 자신을 편안하게 한다면 분명 전쟁에서 주도권을 쥘 수 있고 그 기회를 통해 적을 물리칠 수 있다.

'이일대로'의 계책에는 다음과 같은 세 가지가 있다.

(1) 정신력과 기세를 갈고 닦는다. 충분한 병력은 적을 물리치는 데 필요조 건이다. 자신의 병력이 제대로 갖춰지지 않았을 때 적을 공격한다면 어떻게 해서든지 적과의 직접적인 전쟁은 피해야 한다. 그리고 후퇴와 수비를 하면서 힘을 키우고 난 후 유리한 기회가 왔을 때 용감하게 출격해야 한다.

(2) 적을 피로하게 한다. 적의 힘이 강하고 그 기세가 맹렬할 때는 불필요한 희생을 줄이기 위해 적을 유인해 피로하게 하는 전술을 써야만 한다. 적의 체력을 바닥내고 기세가 한풀 꺾였을 때 다시 공격하면 쉽게 적을 무너뜨릴 수 있다.

(3) 기회를 기다린다. 시기가 완전하지 않을 때는 더 기다릴 줄 알아야 한다. 양보해서 충돌을 피하거나 거짓으로 응대하거나 일부러 시간을 끄는 등의 방법을 동원해 교묘하게 적을 대하면서 시기가 됐다 싶으면 수비를 공격으로 바꾸어 단 한 번에 적을 공격하는 것이다. 시기가 무르익지 않았을 때는 산과 같이 근엄해야 하며 기회가 오면 토끼처럼 민첩해야 한다.

1 세 번째 북소리를 기다려
출격한 조귀

기원전 684년, 제나라는 노나라와의 동맹협약을 배신하고 병사를 일으켜 약소국 노나라를 침략했다.

제나라와 노나라 군사는 장작長勺에서 전투를 벌였는데 직접 전쟁에 참가한 노나라의 장공莊公 옆에는 새로 기용한 참모 조귀曹劌가 있었다. 적 제나라 군대는 이미 진을 펼치고 전쟁을 시작하는 북이 울리기만을 기다리고 있었다.

얼마 지나지 않아 제나라의 북이 울리자 우레와 같은 함성과 함께 병사들이 물밀듯이 노나라 진영 쪽으로 밀려왔다. 장공 역시 북을 치라고 명령하려 했지만 조귀는 이를 말리고 나섰다. "지금 적의 기세는 너무나도 날카롭습니다. 그저 진영을 지키며 기다리십시오. 조급해하시면 안 됩니다."

제나라 군대는 힘껏 진격해 들어왔지만 마치 널빤지가 무쇠 통에 부딪히는 것처럼 노나라 군대의 대열을 뚫지 못하고 후퇴해야만 했다. 얼마 지나지 않아 제나라 군대는 또다시 무서운 기세로 돌격했지만 노나라 군대는 여전히 꿈쩍도 하지 않았다. 철통은 이전보다 더 견고해진 것 같았다. 명령에 따라 제나라 군대의 북은 또다시 천둥과 같이 울리기 시작했다. 하지만 함성을 지르는 제나라의 병사들의 마음속에는 이번에도 노나라가 응대하지 않을 것이라는 생각이 조금씩 자리잡아가고 있었다.

한편 제나라의 세 번째 북소리를 들은 조귀가 돌연 장공에게 말했다. "이제 공격할 때입니다!" 명령을 받은 노나라의 병사들은 사나운 호랑이가 먹이를 향해 달려들 듯 공격을 개시했다. 갑작스러운 상황에 얼이 빠진 제나라 군사들은 뿔뿔이 흩어져 도망가기에 정신이 없었다.

적들이 도망가는 것을 본 장공은 급히 그들을 추격하려고 명령을 내렸지만 조귀는 또다시 이를 제지했다. "서두르지 마시고 잠깐 기다리십시오." 말을 끝내고 조귀는 뛰어 내려가더니 수레의 바퀴자국과 말발굽자국을 살폈다. 그리고 다시 마차에 올라서서 도망가는 제나라 군사들을 보더니 이렇게 말했다. "이제 마음 놓고 적을 추격하라. 하나도 살려두어서는 안 된다." 승리에 힘을 얻은 노나라 병사들은 적을 제나라까지 쫓아버렸고 전리품은 산을 이루었다.

승리를 축하하기 위한 연회에서 장공은 조귀에게 물었다. "어째서 적이 북을 세 번 칠 때까지 기다렸다 출격하시었소?"

그러자 조귀가 말했다. "무릇 전쟁의 승패는 모두 병사들의 용기에 달려 있습니다. 첫 번째 출격 당시 제나라 군사들의 사기는 매우 드높아 사나운 호랑이가 산에서 내려오는 것과 같았지요. 이럴 때는 절대로 직접 맞서서는 안 됩니다. 두 번째 출격부터 제나라 군대의 투지는 약해지기 시작했습니다. 세 번째 북이 울렸을 때 적의 사기는 이미 땅에 떨어졌었고 매우 피곤한 상태였으며 전투력 역시 크게 줄었습니다. 이때 아군이 처음으로 북을 울리고 진격하면 새로 안장을 얹은 말이 피로한 적을 공격하는 셈이니 자연히 승리를 거둘 수 있게 되는 것입니다."

장공이 또다시 물었다. "하지만 제나라 군사들이 전쟁에서 패하고 후퇴했을 때 모사께서는 왜 나의 출격명령을 저지하고 하늘과 땅을 살피고 나서야 추격을 허락한 것이오?"

조귀가 다시 대답했다. "전쟁이란 속임수입니다. 게다가 제나라 군대는 계략이 아주 많지요. 만약 후퇴하는 것이 아군을 유인하기 위한 것이라면 분명 그들의 매복에 걸려들게 됩니다. 그렇기 때문에 저는 수레에서 내려 그들의 수레바퀴자국과 말발굽을 살폈고 그들이 대오가 어지럽고 난잡한 것을 보고 나서야 정말로 황급히 도망치는 것이라 판단한 것입니다. 또 제나라 군대의 깃대가 기울어지고 대열이 어지러운 것을 보고 나서야 그들이 확실히 싸움에 졌다는 것을 알게 되었지요. 이런 상황 속에서 저는 비로소 대담하게 병사들을 진군시킬 수 있었던 것입니다."

이를 다 들은 장공은 조귀를 크게 칭찬하며 친히 승전주를 하사했다.

전국시대 말기, 세력이 더 할 수 없이 강성해진 진나라는 기원전 230년 한나라를 멸망시키고 난 후 차례로 조나라, 위나라, 연나라를 평정했다. 이 여세를 몰아 남쪽이 초나라를 공격한 진나라는 거기에서 예상 밖의 복병을 만날 줄은 꿈에도 생각하지 못했다.

진시황은 당초 노장군 왕전의 계책을 듣지 않은 것을 후회하며 패색이 짙어가는 전쟁을 만회하기 위해 갑옷을 벗고 고향으로 돌아간 왕전王翦을 다시 불러들이기로 했다. 진시황은 친히 왕전의 고향 영양潁陽으로 찾아가 진심어린 마음으로 그에게 말했다. "장군께서 과인의 잘못을 잊으시고 병사들을 이끌고 초나라를 공격해 주시길 바라오. 비록 장군이 과인을 원망한다고 하나 마땅히 국사가 더 중요한 법이 아니겠소?"

마침내 왕전은 진시황의 청을 받아들여 60만 대군을 이끌고 초나라를 향해 진격했다. 이 소식을 들은 초나라 왕은 전국의 병사들을 모은 후 장군 항연項燕을 시켜 중산에서 진영을 친 뒤 적을 맞아 싸우도록 했다.

왕전의 대군은 중산에 도착한 후 급하게 초나라를 공격하는 대신 도랑을 파고 방어벽을 쌓고 요새를 만드는 등 오로지 방어준비만을 했다. 초나라 군대가 도발을 했지만 왕전은 결코 전쟁에 응하지 않았고 병사들을 배불리 먹이고 높이뛰기나 돌 던지기 같은 체력단련 운동을 시켰다.

조급한 마음에 항연은 끊임없이 군사들을 출격시켰고 이로 인해 초나라 군사들은 하루하루 지쳐갔으며 사기마저 눈에 띄게 저하되었다. 항연 역시도 진나라 군대가 단지 방어만을 할 것이라고 생각하고는 점점 경계심을 풀어갔다. 하지만 초나라 군대가 전혀 준비도 하지 않은 상황에서 왕전의 대군은 갑자기 맹렬한 공격을 퍼붓기 시작했다. 한 달간이나 힘을 비축하면서 마치 사나운 호랑이처럼 변해버린 진나라 군대에 초나라군은 감히 대적조차 하지 못했고 초나라 군사의 시체는 바람에 떨어지는 꽃잎처럼 여기저기 흩어져 그 수는 셀 수조차 없었다. 마침내 왕전은 초나라군을 기남蘄南까지 추격하고 항연을 죽였는데 초나라는 이때부터 쇠망하기 시작했다. 그리고 다음 해 진나라군은 초왕을 사로잡았고 멸망한 초나라는 진나라의 지도에 포함되었다.

　　전국시대 말엽, 조나라 명장 이목李牧은 안문군雁門郡을 지키고 있었다. 그는 아침에는 사병들에게 기마와 활쏘기를 훈련시키고, 밤에는 소를 잡아 병사들을 위로했다. 그는 또 "흉노가 침입하면 너희들은 재빨리 모여 진영을 지켜라. 만약 누구든지 출격하는 자가 있으면 그 목을 베어버릴 것이다"라고 명령을 내렸다. 이렇게 흉노가 침입하면 조나라 군대는 단지 방어만 할 뿐 단 한 번도 적과 맞서 싸운 적이 없었다.

　이 때문에 이목이 무능하다고 생각한 조나라 왕은 그를 불러들이고 다른 이를 파견해 이목을 대신해 안문군을 지키도록 했다. 하지만 새로운 장군은 흉노와의 전쟁에서 연일 패했으며 이로 인한 조나라의 손실도 실로 막대했다. 조왕은 그제야 이목을 불러들인 것을 후회했다.

　다급해진 조왕은 다시 이목을 쓰기로 결정했다. 그러나 이목은 웬일인지 병을 핑계로 군대를 맡을 수 없다고 말했다. 조왕은 다시금 이목에게 관직을 주며 군대를 맡을 것을 명령했다. 그러자 이목이 말했다. "만약 다시 저를 쓰시고자 하시면 제가 이전과 같이 하도록 허락해 주십시오. 그러면 명령을 받아들이겠습니다." 조왕은 그의 요구를 받아들였다.

안문군으로 돌아온 이목은 여전히 이전과 같이 방어전술만을 썼고 흉노는 그런 그가 나약하다고 생각하고 점차 적을 깔보기 시작했다. 사실 이목의 목적은 따로 있었다. 그는 방어를 함으로써 힘을 비축함과 동시에 흉노족의 힘을 빼려고 했던 것이었다.

얼마 후 드디어 시기가 되었다고 생각한 이목은 출병준비를 시작했다. 그는 용맹한 병사 5만, 궁수 10만, 좋은 말 1300필을 신중하게 고른 후 흉노가 침입하자 거짓으로 후퇴하는 척하고 일부러 일부 군사를 남겨두었다. 얼마 후 파죽지세로 조나라 군대의 포위망까지 들어간 흉노는 기다리고 있던 조나라 군사들에 의해 단번에 죽임을 당했다. 그 전쟁이 있은 후 수년 동안 흉노들은 감히 조나라의 국경을 넘어올 엄두도 내지 못하게 되었다.

④ 병사들을 쉬게 하여 반란군을 평정한 주아부

기원전 154년, 한 경제景帝는 주아부周亞夫에게 군사를 이끌고 오나라 왕 유비劉濞를 주축으로 하는 반란군을 평정하라고 명령했다.

병력이 약한 아군으로 반란군에 억지로 맞선다면 승리하기 어렵다는 것을 잘 알고 있었던 주아부는 병사들을 모아 방어에 힘쓰면서 적의 사기가 많이 무뎌졌을 때 다시 공격하기로 결정했다.

이때 반란군은 양나라를 맹렬하게 공격하고 있었는데 매우 위급한 상황에 놓인 양나라는 수차례나 주아부에게 지원을 요청했지만 모두 거절당하고 말았다. 무안하기도 하고 성이 나기도 한 양나라의 왕은 한 경제에게 직접 도움을 요청했다. 형제의 청을 거절할 수 없었던 경제는 주아부에게 속히 군사를 내어 양나라를 구하도록 명령했다.

한 경제가 보낸 사자는 큰 소리로 왕의 성지를 읽어내려 갔는데 주아부는 웬일인지 지원군에 관한 이야기는 한 마디도 꺼내지 않았다. 화가 난 사자는 주아부를 크게 꾸짖었지만 그는 오히려 태연하게 말했다. "폐하께서 저에게 군사를 이끌고 적에 맞서라고 명령하시며 제게 지휘권을 주셨습니다. 군의 구체적인 배치는 전쟁의 실제 상황에 근거해 결정해야 하는 것이며 전쟁터에서는 군왕의 명령을 받아들이지 않아도 되는 때가 있습니다. 양나라가 위기에 처한 것은 사실이나 아직 5만의 수비군이 있고 양식과 마초가 충분하기 때문에 10일 더 버티는 것은 일도 아닙니다. 우리 대군은 먼 길을 왔기 때문에 병사들이 극도로 피로한 상태지만 적은 그 힘이 강대하기 그지없기 때문에 싸움을 하기에 좋지 않습니다. 그러니 먼저 휴식을 취하며 전열을 가다듬은 뒤 기회를 봐서 공격해야 하며 절대 경거망동해서는 안 됩니다." 이렇게 죽어도 출병할 수 없다는 주아부를 보면서 사자는 어쩔 수 없이 명령을 거둬들여야만 했다.

주아부가 양나라 지원을 거절했다는 소식을 들은 반란군은 주아부가 죽음을 두려워한다고 생각하며 한껏 그를 비웃으며 안심하고 양나라를 공격했다.

이렇게 반란군이 수비를 소홀히 하고 있는 상황에서 주아부는 정예군을 시켜 반란군의 식량 보급로를 차단하게 했다. 식량을 잃은 반란군은 싸움을 오래 끌 수 없다는 것을 알고 양나라를 공격하는 것을 포기했다. 그들은 근거지로 돌아와 진을 치고 주아부와 마지막 승부를 겨루고자 했다.

그러나 식량이 부족한 반란군이 궁지에 몰린 나머지 급하게 공격을 시도하려는 것을 잘 알고 있었던 주아부는 적과의 직접 전쟁을 피했다. 먼 길을 와 무척이나 피곤한 반란군은 하루도 빼지 않고 야간 습격을 감행한 주아부의 경기병들 때문에 신경쇠약에 걸릴 지경이었다. 어느 날, 주아부는 일부러 방어가 허술한 것처럼 보이게 해 반란군의 공격을 유도했다. 하지만 중군의 진영까지 들어선 반란군은 곧 주아부가 미리 배치해 둔 궁수들의 표적이 되고 말았다. 잠시 후 순식간에 화살이 비 오듯 쏟아졌고 우레와 같은 함성 속에서 반란군들은 이중삼중의 포위망 속에 갇혀버리고 말았다. 하룻밤의 치열한 전투가 끝이 나고 반란군들은 전멸하다시피 했으며 초나라 왕 유비는 어쩔 수 없이 스스로 칼을 뽑아 목숨을 끊었다.

 ## 싸우지 않고 승리한 왕패

　　　　유수 수하의 대장군 왕패王霸는 반란군의
장수 소무蘇茂와의 싸움에서 승리했다. 그리고 며칠 후 소무는 다시
한 번 전세를 가다듬고 대규모의 병사와 군마를 이끌고 전쟁을 시작
하려 했다.

적이 많은 병사와 무기를 갖추고 있으며 그 기세가 전보다 더 날
카로워졌음을 잘 알고 있었던 왕패는 군사들에게 진영을 지키고 적
들의 도발에 응하지 말 것을 명령했다. 적은 매일 같이 왕패의 진영
밖에서 고함을 치며 북과 징을 두드려댔지만 왕패는 아무 일도 없
다는 듯이 언제나처럼 자신의 막사에서 장수들과 술을 마시며 한가
롭게 지냈다.

어느 날 왕패가 전쟁에 응하지 않은 것을 답답하게 여긴 소무는
병사들을 시켜 왕패의 진영에 활을 쏘도록 했다. 그러자 공교롭게
도 화살 하나가 왕패가 술을 마시던 탁자 위의 술잔을 맞췄다. 술은
탁자 가득 엎질러졌고 주위에 앉아 있던 사람들도 모두 크게 놀랐
지만 왕패는 아무렇지 않은 듯 술잔을 바로 세우고 다시 술을 채워
모두 마셨다. 무장 하나가 화를 참지 못하고 자리에서 벌떡 일어났
다. "소무는 우리에게 진 일개 패장에 지나지 않습니다. 다시 전쟁
을 하더라도 반드시 이길 수 있습니다." 하지만 왕패는 그를 말리고

나섰다. "소무는 지금 우리와 싸우기 위해 애가 달아있다. 바로 그들이 먼 길을 왔고 가지고 있는 양식과 마초가 충분하지 않기 때문에 시간을 더 이상 지체할 수 없기 때문이다. 그러니 우리는 그저 막사에 앉아 나가 싸우지 않고 지키기만 하면서 소무의 양식과 마초가 바닥나길 기다리면 된다. 그러면 싸우지 않고도 승리할 수 있다." 하지만 장수들은 왕패의 말을 반신반의했다.

과연 왕패의 예상은 틀리지 않았다. 며칠 후 소무 진영의 양식은 거의 바닥이 났고 전군은 불안에 떨게 되었다. 얼마 후 소무 수하의 장수들 사이에 내분이 일어났고 서로 죽고 죽이는 지경까지 가게 되었다. 바깥의 강한 적과 내부의 분열을 맞게 된 소무는 자신이 왕패의 적수가 아니라는 것을 뼈저리게 느끼고는 한밤중에 도망치듯 철수해 버렸다.

⑥ 치국술治國術에 대해 논한 두황상

당 헌종은 즉위 후 항상 대신들을 소집해 나라 치국의 도에 대해 토론했는데 재상 두황상杜黃裳은 일찍이 번진藩鎭 반란을 평정하는 과정 중 많은 건의사항을 제시했고 헌종은 그

의 의견을 매우 중시했다.

한번은 헌종이 두황상에게 이렇게 물은 적이 있었다. "자고로 어떤 군주는 조정을 위해 열심히 힘써 실로 나라를 위해 온 힘을 다 바친다 할 수 있다. 또 어떤 군주는 욕심이 없어 대권을 중신에게 넘겨 행하게 한다. 이 두 군주는 모두 장·단점을 가지고 있다. 그렇다면 도대체 어떻게 해야만 가장 이상적이라 할 수 있는가?"

이윽고 두황상이 천천히 입을 열었다. "군주란 위로는 천지와 국가가 부여한 사명을 받들고, 아래로는 백성들을 보살필 중임을 맡고 있어 조석으로 걱정이 끊이지 않습니다. 그러니 스스로 쉴 수가 없는 법이지요. 그러나 군주와 신하는 각자의 직분이 있습니다. 만약 군주가 신중하게 어진 인재를 뽑아 그를 충분히 믿는다면 어떤 이가 마음을 다하여 조정을 위해 일을 하지 않을 수 있겠습니까?

과거 진시황은 상주문을 저울로 달아 검토했고 위나라의 명제는 직접 상서대를 찾아가 문서들을 점검했습니다. 수 문제는 국사를 논할 때 대신들과 호위병들은 모두 배를 곯게 했습니다. 이 군왕들은 모두 나름대로 열심히 노력했지만 후대 사람들은 그들을 비웃었습니다.

현명한 군자는 자신을 보위할 인재가 없을 때 힘이 들게 마련이지만 인재를 등용하고 나면 평화롭고 한가로워집니다. 이것은 바로 우순虞舜시대의 정치가 맑고 깨끗했던 원인입니다!"

헌종은 두황상의 '이일대로'의 치국술을 듣고 그를 크게 칭찬했다.

 ## 조빈을 크게 물리친 야율휴가

　　북송 초년, 송 태조의 명령을 받은 대장군 조빈曹彬은 군대를 이끌고 유주幽州와 계주薊州를 수복하고 난 후 탁주涿州로 향했다.

　거란족 장수 야율휴가耶律休哥는 자신이 거느린 군사와 말이 많지 않다는 것을 잘 알고 있었기에 감히 송나라 군대와 정면대결을 펼치지 못하고 다만 정예부대를 보내어 적의 식량 보급로를 차단하도록 했다. 요의 소태후蕭太后는 야율휴가의 보고를 들은 후 직접 정병을 이끌고 탁주를 도우러 갔다.

　지원군이 곧 도착한다는 소식을 들은 야율휴가는 군대를 이끌고 먼저 탁주에 도착해 양동작전을 써서 송나라 군대의 세력을 약화시키기로 했다. 그는 경기병을 송나라 군대 진영에 출병시켜 송나라군이 이에 맞서오기를 기다렸다 다시 후퇴하라고 명령을 내렸다. 거란의 군대는 또 송의 군대가 밥을 짓는 시간을 기다려 돌격하고 밥그릇을 내려놓으면 또다시 후퇴했다. 밤이 되자 야율휴가는 사람을 시켜 북을 치고 고함을 지르게 한 다음 송나라군이 이에 맞서려 출격하면 또다시 사라져 버렸다. 이런 일이 하루에도 몇 번씩 반복되자 송나라 군대는 밥도 제대로 먹지 못하고 잠도 편히 잘 수 없어 극도로 피로해졌으며 투지마저 사라졌다.

때마침 소태후가 정병을 이끌고 탁주에 도착했다는 소식이 전해졌다. 조빈과 장군 미신米信은 이 일에 대해 상의했다. "잠시 병력을 후퇴시켰다가 적당한 시기를 기다려 다시 출격하는 게 좋을 듯 합니다." 미신은 그의 말에 적극 찬성하며 이렇게 말했다. "아군의 기력은 이미 소진했고 식량은 부족합니다. 그러니 어찌 이렇게 강력한 군대와 맞설 수 있겠습니까? 자신의 역량을 알고 물러서는 것이 바로 용병의 비결입니다. 그러니 빨리 군대를 철수시킵시다!"

조빈은 급히 후퇴명령을 내렸는데 이로 인해 전 군의 진영이 어지러워질 것은 생각도 하지 못했다. 조빈의 군대는 제대로 줄도 맞추지 못한 채 남쪽으로 황급히 도망치듯 철수했다. 야율휴가는 이 기세를 등에 업고 추격을 시작했고 마침내 기구岐溝에서 송나라 군대와 맞닥뜨렸다. 이미 싸울 마음을 잃은 송나라군은 억지로 적의 공격에 맞섰다. 피로하기 그지없는 송나라 병사들이 거란의 정예부대를 어떻게 막을 수 있단 말인가? 조빈은 더 이상 버티지 못하고 또다시 후퇴했다.

간신히 사하沙河에 도착한 조빈은 적의 추격부대가 아직 멀리 있음을 보고 병사들에서 솥을 걸어 밥을 지으라고 명령했다. 병사들이 막 밥을 먹으려고 할 때 갑자기 포성과 함께 거란 군대가 들이닥쳤다. 조빈은 감히 맞서지 못하고 배고픔을 무릅쓰고 황급히 군대를 이끌고 강을 건너 남쪽으로 도망갔다. 강을 건넌 병사와 말은 절반이 되지 않았는데 그나마도 이미 도착해 있던 거란 군대에 의해 거의 전멸하다시피했다.

　사실 이 전쟁에서 원래 야율휴가는 매우 불리한 입장에 처해 있었다. 하지만 그는 지략을 쓰는 데 능했기 때문에 적은 수의 병사를 보내 송나라 군대를 교란시키고 적이 편히 쉬거나 먹지도 못하게 만들었다. 이렇게 적을 극도로 피로하게 만든 다음 공격을 개시한 거란은 송나라군을 대파할 수 있었던 것이다. 이것이 바로 병법에서 설명하는 '이일대로'의 방법이다.

⑧ 풀에 불을 놓아 요나라 군대를 물러가게 한 원호

　　　　1044년, 서하를 토벌하기 위해 기병 10만을 이끌고 출병한 요나라의 흥종興宗은 하란산賀蘭山 아래까지 공격해 들어갔다. 서하의 군주 원호元昊는 자신의 병력이 요나라에 적수가 되지 못함을 잘 알고는 장수들을 이끌고 요나라의 진영을 찾아가 철수해 주기를 요구했다. 흥종은 원호의 태도가 공손한 것을 보고 군대를 철수시키고 강화를 맺을 계획을 세웠다. 하지만 요나라의 장군 소혜蕭惠는 적을 물리칠 좋은 기회를 놓치고 싶지 않았기에 흥종이 아직 결정을 내리지 못한 틈을 타 군사를 내어 진공을 시작했다.

원호는 요나라 군대의 세력이 강함을 알고 있기에 맞서기보다는 적을 피로하게 하는 전술을 펼쳤다. 그는 군사들에게 30리를 후퇴하라고 명령하고 길가에 있는 들풀에 불을 붙여 요나라 군사들의 추격을 막으라고 했다. 전투가 벌어진 곳은 끝이 보이지 않는 초원이었는데 일단 불이 붙고 나니 빠르게 번져 나갔다. 원호는 연속해서 세 번 후퇴했고 그때마다 불을 놓았는데 100리 안이 전부 민둥민둥한 불모지가 되어 버렸다. 이곳까지 추격해 온 요나라 군대는 양식과 마초가 없어 사람과 말이 모두 지쳐 버렸고 배가 고파 견딜 수 없는 지경이 되었다. 흥종은 전세가 불리하게 돌아가는 것을 보고 사람을 시켜 원호에게 강화를 맺을 것을 청했다.

이때 원호는 웬일인지 생각을 바꾸고 요나라와 승패를 가리기로 마음먹었다. 요나라 군대가 계속 밀려나기를 며칠, 군사들은 피로하기 그지없었다. 하지만 서하의 군대는 배부름으로 배고픔을 대하고 편안함으로 피곤함에 맞서 사기가 하늘을 찌를 듯했다. 원호의 한 마디 명령에 서하군대는 전면적인 공격을 펼쳤고 한번에 요의 군대를 섬멸했는데 불쌍한 흥종은 겨우 몇 명의 군사를 이끌고 도망을 쳐야 했다.

이 전쟁에서 원호는 시기와 형세를 잘 판단하고 적시에 전술을 조정했다. 그는 세력이 강할 때는 주동적으로 후퇴하는 동시에 풀을 태우면서 적을 막았고, 세력이 누그러져 적이 피곤하고 지쳤을 때 맹공을 퍼부었다. 이로 인해 원호는 패색이 짙었던 전쟁을 승리로 이끌고 전쟁의 국면을 완전히 바꾸어 놓을 수 있었다.

9 적을 피로하게 만든 이문충

　　　　　　　홍무洪武 2년(1369년) 봄, 정로부장군征虜
副將軍 상우춘常遇春이 갑작스럽게 병으로 죽게 되자 비통함에 잠긴
명 태조는 그를 개평왕開平王에 봉했다. 그리고 태조는 이문충李文忠
을 불러들여 상우춘의 자리를 잇게 하고 경양慶陽을 치도록 했다.

　태원太原에 도착한 이문충의 군대는 원나라 장군 탈례백脫例伯이
대동大同을 포위하고 있어 대동이 아주 위급한 상황이라는 보고를
듣게 되었다. 이문충은 장수들이 모인 자리에서 말했다. "전장에서
는 황제의 명령을 듣지 않아도 되는 때가 있습니다. 전세에 유리한
것이라면 임의대로 판단해도 되는 것이지요. 지금 대동이 포위되어
있다고 하니 우리는 속히 지원군을 보내 그들을 도와주어야 합니
다. 만약 명령이 내려지기를 기다렸다가 그때 행동을 취하면 가만
히 앉아서 좋은 기회를 놓치는 것 아닙니까?" 말을 마친 이문충은
즉시 군대를 이끌고 안문雁門을 나서 마읍馬邑에 당도했고 그곳에서
원나라 평장 유첩목劉帖木이 이끄는 수천 명의 기마병들과 맞닥뜨리

게 되었다. 적과 한바탕 결전을 벌인 이문충은 유첩목을 생포할 수 있었다.

이어서 명나라 군대를 이끌고 백양문白楊門으로 들어간 이문충은 적당한 장소를 고른 다음 막사를 치고 진지를 세웠다. 그날 밤 눈이 내려 온 산을 하얗게 덮자 이문충은 조심스러운 마음에 호위병들과 함께 주위를 순찰했다. 순찰도중 눈밭에서 사람의 발자국을 발견한 이문충은 즉시 진영으로 돌아와 군대를 5리 앞으로 이동시켜 다시 진을 쳤다. 장군들이 그 원인을 묻자 이문충이 말했다. "이전의 진지는 원나라가 복병을 숨겨둔 곳이라 매우 위험했소. 이제 병사들을 이곳으로 옮겨왔으니 어느 정도 안전할 것이요. 허나 반드시 방어에 더 주의하고 원나라군의 기습을 경계해야 하오."

과연 이문충의 말 대로였다. 탈례백은 어두운 밤을 틈타 이문충의 진영을 공격했지만 적의 불화살을 맞고 물러서야만 했다. 다음 날 날이 밝을 무렵, 이문충은 말에게 여물을 먹이고 병기를 손질한 다음 두 대대의 군사들에게 출격을 명령했다. 이때 지난밤 이문충에게 크게 당했던 원나라 군사들은 막 밥을 짓고 있었는데 명의 군대가 들이닥치는 것을 보고 배고픔도 잊은 채 말에 올라 적과 맞섰다. 싸움은 몇 시간이 지나고 판가름이 나지 않았고 이문충의 부하 장수들은 몇 번이나 지원군을 보내자고 권고했지만 이문충은 웬일인지 병사들을 더 내지 않았다. 그리고 얼마 후 원나라군이 극도로 피로해지기를 기다린 이문충은 갑자기 말에 오르더니 양쪽에 배치시켜 두었던 대군을 이끌고 좌우협공을 시작했다. 마치 태산이 무너져 내리는 듯한 명나라 군대의 기세에 허기진 원군은 싸우고 싶어도 힘이 없고, 도망가고 싶어도 길이 없는 지경에 이르러 넋이 나간 상태로 어찌할 바를 몰라했다. 앞뒤로 적을 맞게 된 탈례백은 말을 타고 달아났는데 쫓아가던 이문충의 창이 정확히 그가 타고 있던 말의 목을 꿰뚫었다. 고통스러워하는 말이 이리저리 날뛰자 탈례백은 말 아래로 굴러 떨어졌고 결국 이문충에게 생포되었다. 장수가 포로로 잡힌 것을 본 원나라의 병사들은 앞 다투어 항복했고 이문충은 대승을 거두었다.

《십일가주十一家注, 이전李筌》에 이런 말이 있다. "적이 편하다면 그를 피로하게 만들어라. 그러면 공격하기가 쉽다."

이문충은 먼저 소규모의 부대를 보내 적과 싸우게 한 뒤 적의 힘을 뺀 다음 대규모의 부대로 '이일대로'의 방법을 써 그것을 기회로 삼아 맹공을 펼쳤고 단박에 적을 물리칠 수 있었다.

⑩ 꾀를 써서 이리를 없앤 목동

다음은 《요재지이聊齋志異》에 나오는 얘기다.

두 목동이 깊은 산속에 있는 이리 동굴에서 새끼 이리 두 마리를 발견했다. 먹을 것을 구하러 간 어미 이리를 없애기 위해 두 목동은 꾀를 하나 내었다. 둘은 각각 새끼 이리 한 마리씩을 들고 근처에 있는 큰 나무 위로 올라갔는데 두 나무 사이의 거리는 수십 걸음 정도였다.

얼마 후 동굴로 돌아온 이리는 새끼가 보이지 않자 조급해하며 이곳 저곳을 헤매기 시작했다. 그때 목동 중 하나가 일부러 새끼 이리의 귀를 꼬집었다. 새끼 이리의 울음소리가 들리자 어미 이리는 다급한 나머지 나무 아래로 달려와서 무작정 나무를 물고 할퀴었다. 그러자 다른 나무 위에 있던 목동이 또 새끼 이리의 귀를 꼬집었는데 어미는 또다시 흥분하며 다른 나무를 할퀴고 물어뜯었다.

이렇게 두 나무 사이를 조급하게 왔다 갔다 하기를 몇 시간…. 어미 이리는 결국 지쳐 쓰러져 죽고 말았다.

⑪ 마오쩌둥의 전술

1947년 3월, 장제스는 후쭝난胡宗南에게 23만의 병력을 주고 공산당의 근거지인 옌안延安을 공격하도록 했는

데 이것은 산시陝西성, 간쑤甘肅성, 닝샤寧夏성에 대한 대대적인 진격이었다. 당시 이 세 곳의 서부야전군의 병력은 겨우 2만이었다.

국민당에 비해 그 세력이 너무나도 약한 상황 속에서 마오쩌둥은 한 가지 전술을 쓰기로 했다. 마오쩌둥은 서부야전군에 전보를 보내 이렇게 지시를 내렸다. "나의 방침은 예전과 같은 것이다. 적과 함께 이곳에서 대치하면서(한 달 정도) 그들이 피로해지고 식량이 떨어질 때까지 기다렸다가 그 다음에 기회를 봐서 공격하라." 이런 방법이 바로 '마고磨菇('버섯'이라는 뜻으로 고통을 준다는 磨와 발음이 같다)' 전술인데 적을 괴롭혀 몸과 마음을 지치게 한 다음 적을 공격하는 것을 말한다. 서부야전군은 펑더화이彭德懷, 허룽賀龍, 시중쉰習仲勳이 이끄는 가운데 마오쩌둥의 작전에 따라 전투를 시작했다. 옌안 남쪽에서 적병 5,000명을 물리친 서부야전군은 옌안에서 후퇴했는데 일부러 적은 수의 병력을 남겨 국민당의 주력부대를 옌안 서북쪽의 요새로 유인했다. 그리고 주력군을 옌안 동북쪽의 칭화볜에 매복시켜 두어 국민당 군대 3,000명을 섬멸할 수 있었다. 국민당은 공산당의 주력 부대가 옌안 동북쪽에 있다는 것을 알고 동쪽으로 방향을 틀었지만 공산당 군대는 숨어서 전투에 응하지 않고 여전히 소규모의 부대를 동원해 국민당 군대를 400여 리나 끌고 갔다. 이로 인해 국민당 군대의 병사들은 극도로 피로해졌다. 공산당은 '이일대로'의 계책으로 양마허羊馬河에서 국민당의 135개 여단을 격파했다. 공산당은 이에 그치지 않고 적을 북쪽의 서우더綏德로 유인하고 주력부대를 칭젠清澗 이남에 숨겨 두었다가 적이 뒤를 미처 살피지 못한 틈을 타 보급기지가 있는 판룽蟠龍을 공격해 많은 전리품을 얻을 수 있었다. 이때 국민당 주력부대는 황급히 서우더를 포기하고 판룽을 지원하기 위해 왔다. 국민당의 주력부대가 판룽에 도착했을 때 공산당의 군대는 이미 요새에서 7일간이나 휴식을 취한 터였다. 이후에도 공산당의 군대는 같은 전략을 취해 룽둥隴東, 위린榆林, 사자뎬沙家店에서 국민당 군대를 크게 격파했다.

공산당은 마오쩌둥의 '마고' 전술을 취한 덕에 전쟁에서 적의 몸과 마음을 피로하게 하고 사기를 저하시켰다. 그리고 자신들에게 유리한 시기를 만들어 적을 섬멸했으며 이로 인해 전쟁의 상황을 근본적으로 바꾸어 놓았다. 1947년 3월부터 8월까지 7개월간의 전쟁에서 공산당은 국민당 군대를 섬멸하고 산시성, 간쑤성, 닝샤성에서의 대규모 공격을 막았으며 이를 통해 역습을 펼쳤다.

 알바니아에 대패한 터키

1450년, 터키의 술탄은 국가의 병력을 모두 모아 알바니아를 공격함으로써 최후의 일격을 가하기로 결정했

다. 술탄은 전쟁에서 꼭 이길 것을 확신하고 직접 전장으로 나갔다.

터키가 알바니아 수도를 공격할 당시 알바니아 국왕 스칸데르베그는 나라 안의 적당한 나이의 남자들을 모아 1만 8,000명 규모의 지원군을 결성했다. 스칸데르베그는 적과 자신의 상황을 정확히 파악해 주도면밀한 작전을 세웠다. 그는 우선 알바니아의 군대를 3개로 나누었다. 우선 3,500명 규모의 첫 번째 조는 수도에 남아 터키 군대와 맞서게 했다. 두 번째 조는 스칸데르베그가 이끄는 8,000명 규모의 부대로 도미니스티산에 매복하고 직접 터키 군대를 공격할 수 있도록 만반의 준비를 갖추었다. 그리고 마지막 조는 규모가 그리 크지 않은 게릴라 조직이었는데 이들은 모두 정예군으로 이루어져 있으며 행동이 매우 신속했다. 스칸데르베그는 이 지대를 스쿠무비강 유역에 매복시키고 터키 군대가 크루아를 공격하고 이곳을 지날 때 교란작전을 펼쳐 적이 기력을 소진하도록 했다. 동시에 이 부대는 터키 군대가 계속 전쟁을 진행할 수 없도록 식량과 마초를 제공하는 대상隊商을 공격하는 임무를 맡게 되었다. 스칸데르베그는 각 부대의 배치를 끝낸 다음 '이일대로'의 계책으로 국경을 침범한 터키 군대에 맞서게 했다. 터키군은 알바니아의 국경에 들어서자마자 알바니아군 게릴라의 매복에 걸려들었다. 이곳에서 터키군은 큰 손실을 입게 되었고 5월 14일이 되어서야 비로소 수도에 도착할 수 있었다.

수도를 지키고 있던 알바니아 군대는 완강히 저항했고 이로 인해 터키 군대는 조금도 앞으로 나갈 수 없었다. 마침 이때 갑자기 스칸데르베그가 도미니스티 산에 매복해 있던 부대를 이끌고 공격을 시작했고 다급해진 터키 군대는 어쩔 줄 몰라했다. 스칸데르베그는 성을 공격하는 터키 군대를 미리 아군을 매복시켜 둔 곳까지 유인해 적을 크게 격파했다. 동시에 알바니아군의 게릴라 부대는 터키군을 위해 식량을 공급하는 대상을 포위, 터키군의 식량공급을 중단시켰다.

식량공급이 끊긴 터키군은 더 이상 성 공격에 시간을 끌 수 없었기에 몹시 초조해졌다. 터키 군대는 바깥에서 끊임없이 자신들을 공격하는 스칸데르베그 부대를 먼저 섬멸한 후 다시 성을 공격하기로 하고 성 공격을 잠시 멈추고 병력을 조정해 스칸데르베그의 부대를 공격했다. 스칸데르베그는 터키 군대의 공격에 맞서 후퇴하며 적을 유인했다. 터키군이 알바니아군을 공격하려 하면 그들은 보이지 않았고, 공격을 하지 않으려고 하면 또 어디선가 갑자기 나타났다. 전쟁에서 터키군은 늘 수동적인 입장이었고 항상 두드려 맞기만 했기 때문에 전력은 점점 더 손실되어 갔다. 얼마 지나지 않아 원래 공격적 입장이었던 터키군은 방어태세로 전술을 바꾸어야만 했다.

겨울이 점점 다가오자 4개월간의 알바니아 공격에 더 이상 희망이 없음을 알게 된 터키 술탄은 수도에서 철수할 것을 명령했다. 이때 긴 휴식을 취한 알바니아군은 피로에 지친 적을 일제히 공격하기 시작했고 이미 투지를 상실한 터키군은 모든 전선에서 후퇴했다. 터키 술탄이 운 좋게도 무사히 자신의 나라로 돌아왔을 때 전장에는 이미 2만이 넘는 터키군의 시체가 나뒹굴고 있었다.

터키와 알바니아의 전쟁은 강한 적이 포위한 위기상황에서는 모든 병마를 동원해 저항할 것이 아니라 병력을 각 요소에 분산시켜 각자가 유리한 위치를 점유, 전후좌우에서 협공해야 함을 잘 설명해 주고 있다. 어떤 때는 기습으로, 어떤 때는 교란으로 조금씩 적의 힘을 소진시켜 적이 한 걸음씩 나갈 때마다 손실을 주어야 한다. 이렇게 하면 적은 천천히 힘이 빠지고 그와 반대로 아군은 사기가 충만해져 승리를 거두는 것은 손바닥을 뒤집는 것만큼 쉽게 되는 것이다.

13 싸우지 않고 성을 함락시킨 도요토미 히데요시

도요토미 히데요시는 일찍이 도토미遠江의 이마카와 요시모토에 몸을 의탁한 채 충성을 바쳤다. 그러나 그곳에서 별다른 주목을 받지 못했던 그는 오와리尾張의 오다 노부나가 밑으로 들어가 하급관리로 일했다. 평범한 외모의 도요토미 히데요시는 처음에는 오다 노부나가의 관심을 끌지 못했다.

어느 날이었다. 오다 노부나가의 거점인 기요스淸州성의 성벽이 무너져 버렸는데 20일이 지나도 수리를 끝내지 못했다. 이를 본 도요토미 히데요시는 성의 수리와 감독 방법이 잘못되었다는 것을 지적했다. 이를 알게 된 오다 노부나가는 즉시 도요토미 히데요시에게 성벽의 재건을 담당하도록 명령했다. 도요토미 히데요시는 명령을 받은 후 무너진 성벽을 10개의 구간으로 나누어 각각 민간 기술자들에게 맡겼는데 단 이틀 만에 수리를 마무리할 수 있었다.

오다 노부나가는 이때부터 도요토미 히데요시를 눈여겨보기 시작했다.

1566년, 오다노부나가는 미노노쿠니美濃國를 공격하기로 했는데 오와리와 미노노쿠니 사이에는 강이 흐르고 있어 군대를 배치하고 진을 치기에는 적합하지 못했기에 공격은 실패할 수밖에 없었다. 이 때문에 오다 노부나가는 도요토미 히데요시에게 이 강의 지류가 모이는 곳에 성을 짓도록 명령했다. 이곳은 지대가 낮고 습한 데다 적의 진영 바로 맞은편에 있기 때문에 거기다가 성을 짓는다는 것은 매우 어려운 일이었다. 그러나 도요토미 히데요시는 완벽하게 임무를 완수했고 그때부터 오다 노부나가의 두터운 신임을 얻게 되었다.

1580년, 도요토미 히데요시는 이미 오다 노부나가의 부하들 중 가장 힘이 있는 장수가 되었고 전쟁에서 많은 공을 세웠다. 그해 오다 노부나가는 도요토미 히데요시에게 돗토리鳥取성을 공격할 것을 명령했다. 돗토리성은 지세가 험한 해발 260미터의 규쇼산久松山에 위치해 있었는데 적은 이 지세를 이용해 철저하게 수비를 하고 있어 공격이 여간 힘든 게 아니었다. 도요토미 히데요시는 충분한 병력을 가지고 있었지만 섣불리 성 공격에 나서지 않았다. 그는 우선 병사들을 시켜 성에서 3리 안에 있는 논의 벼들을 못 쓰게 하고 사방에 울타리를 치게 한 다음 강물을 더럽게 만들고 저수지에도 그물을 쳤다. 그러자 돗토리성은 이내 고립되어 버렸고 얼마 지나지 않아 성 안의 식량은 바닥이 났다. 처음에 적군은 말을 죽여 식량을 대신했고 말을 다 잡아먹자 풀과 나무뿌리로 끼니를 때웠다. 굶주린 성 안의 백성들은 연일 울타리를 넘다가 도요토미 히데요시의 군대가 쏜 총에 쓰러졌고, 배가 고파 눈이 시뻘개진 적은 그 시체를 먹으며 배고픔을 채웠다. 돗토리성은 이제 생지옥이 되었으며 저항 능력을 완전히 상실해 버렸다. 도요토미 히데요시는 저항 능력이 조금도 남아 있지 않은 상황에서 돗토리성을 손쉽게 손에 넣을 수 있었다. 도요토미 히데요시는 이를 두고 '이일대로, 칼과 창을 쓰지 않은 전술' 이라고 했다. 오다 노부나가는 이 소식을 듣고 친히 '실로 용맹하도다. 과거의 누구와 비길쏘냐' 라는 글을 써 도요토미 히데요시에게 하사하고 칭찬을 아끼지 않았다.

제5기

진화타겁(趁火打劫)

물에 빠졌을 때
화살을 쏴라

이 계책은 오승은吳承恩의 장편소설 《서유기》에서 유래되었는데 원래의 뜻은 다른 사람의 집에 불이 났을 때 혼란한 틈을 타 그 집의 물건을 훔친다는 것이다.

《손자병법》에는 '亂而取之', 즉 '적이 혼란에 빠졌을 때 공격해 취하라' 는 말이 있다.

→ 해설 ←

이 계책은 오승은吳承恩의 장편소설 《서유기》에서 유래되었는데 원래의 뜻은 다른 사람의 집에 불이 났을 때 혼란한 틈을 타 그 집의 물건을 훔친다는 것이다.

《손자병법》에는 '亂而取之', 즉 '적이 혼란에 빠졌을 때 공격해 취하라'는 말이 있다. 또 《십일가주손자十一家注孫子》에도 '敵有昏亂, 可以乘而取之' 적이 혼란에 빠져있을 때 그 기회를 이용해 취하라는 말이 있다. 적에게 혼란이 생기는 상황은 크게 세 가지로 나눌 수 있다. 첫째, 내우內憂, 둘째 외환外患 그리고 내우외환이 동시에 발생할 경우다. 이런 혼란은 적에게 난 '불'이라 할 수 있으니 이 기회를 틈타 '물건을 훔치게' 되면 쉽게 성공할 수 있을 뿐 아니라 이 과정에서 예상치 못했던 이득을 볼 수도 있다. '훔치는' 데는 모름지기 그 시기와 방법이 매우 중요하다. 그렇지 않으면 불 속에서 밤을 꺼내듯 손을 델 수도 있고 몸을 다칠 수도 있기 때문이다.

진화타겁의 계는 다음과 같이 나누어 볼 수 있다.

(1) 위기를 이용해 이득을 취한다. 사람이 어떤 것을 위해 노력하는 것은 다 그로 인해 이득을 얻을 수 있기 때문이다. 정상적인 상황에서 이익을 추구하게 되면 많은 것을 얻기는 힘들다. 그러나 상대방이 위기에 처한 상황에서 이익을 취하면 적은 힘을 들이고도 훨씬 큰 이익을 얻을 수 있다.

(2) 우물에 빠진 사람에게 돌을 던진다. 즉, 상대방이 이미 위기상황에 처해 있을 때 그 기회를 이용해 다시 한 번 더 큰 위기 상황을 만들어 상대방을 사지로 밀어 넣는 것이다.

(3) 도와주는 척하며 상대방의 뒤통수를 친다. 상대방의 뒤뜰에 '불'이 났을 때 불 끄는 것을 도와주는 척하며 더욱 성가시게 한다. 이렇게 하면 상대방이 거절하지 못할 뿐 아니라 의심도 받지 않게 된다. 그리고 '불' 끄는 것을 도와주는 과정에서 아무도 모르게 이익을 취하거나 새로운 '불'을 놓는다.

(4) 한편이 되어 이익을 나눈다. 제3자가 불을 놓아 그 기회를 이용해 이익을 얻으려고 할 때 결정적인 도움을 준다. 그 다음, 일이 성공하면 공에 따라 이익을 나눈다.

1 어지러움을 틈타
두 원袁 씨를 제거한 조조

관도官渡 전투에서 참패한 원소袁紹는 그만 분함과 억울함으로 세상을 뜨고 말았다. 이것은 원씨 일가에 있어서는 크나큰 타격이었지만 원소의 아들과 사위는 여전히 막강한 군대를 손에 쥐고 있었다.

기원 후 203년, 조조는 각개격파의 방법을 사용해 원씨 일가의 잔여 세력을 한번에 없애기로 결심했다. 조조가 먼저 여양黎陽에 있는 원소의 아들 원담袁譚을 공격했을 때 원담은 더 이상 저항할 수 없는 상황에서 막내 동생 상尙에게 다급히 도움을 청했다. 두 원씨 형제가 힘을 합친 데다 업성鄴城의 방어가 워낙 견고한지라 조조와 원담은 며칠을 대치했지만 어떤 결론도 나지 않았다. 조조는 어쩔 수 없이 남쪽으로 방향을 돌려 형주의 유표劉表를 치기로 했다. 그러나 조조가 군대를 철수시키고 난 후 두 형제 사이에는 계승권을 둘러싼 다툼이 일기 시작했으며 큰 싸움이 벌어졌다. 이 싸움에서 패한 원담은 평원平原까지 도망을 갔고 그곳에서 상에게 포위를 당하게 되자 어쩔 수 없이 조조에게 지원을 요청하게 되었다.

조조는 이를 받아들이려 했지만 모사 순유荀攸는 의견이 달랐다. 그는 조조에게 이렇게 권했다. "천하는 지금 어지럽기 그지없는 때입니다. 강한江漢에 자리잡고 있는 유표는 군대를 배치할 뜻이 없는 것으로 보아 그 뜻이 크지 않음이 분명하기 때문에 걱정하실 필요가 없습니다. 그러나 원씨 형제의 병력은 10만이고 그 땅은 천리가 넘습니다. 만약 그들이 손을 잡는다면 기주冀州를 도모하는 것은 더욱 어려워집니다. 지금 원담과 상 형제가 싸우고 있어 서로 양립할 수 없습니다. 그런데 한쪽이 승리하게 된다면 병력 역시 한 사람에게로 돌아가게 됩니다. 만약 그때가 되어 다시 그들을 치려하면 상황은 더욱 어려워질 것입니다. 그러니 우리는 그들의 분열을 이용해 이익을 취해야 합니다. 이 좋은 기회를 절대 놓쳐서는 아니 될 것입니다."

순유의 말을 들은 조조는 군사를 일으켜 여양으로 가서 원담과 동맹을 맺어 우선 안심을 시킨 뒤 원상을 공격했다. 그리고 다음해 8월, 마침내 원상을 깨끗이 정리한 조조는 이듬해 봄 맹약을 깼다는 명분으로 원담을 제거하고 기주를 손에 넣었다. 원씨 일가가 몇 대에 걸쳐 이루어 놓은 땅은 이렇게 조조의 손으로 들어가게 되었다. 조조는 순유의 탁월한 지략으로 싸움에 승리하자 그를 능수정후陵樹亭候에 봉했다.

 ## 지혜로써 악인을 벌한 왕희지

　　　　　　　왕희지王羲之는 잉기臨沂에서 태수를 지낸
적이 있는데 그가 재판한 한 사건이 현지에서 크게 회자된 적이 있
었다.

　당가호唐家湖에 살고 있는 당흥唐興이라는 사람은 어릴 때 어머니
를 여의고 아버지 손에서 고생스럽게 자랐다. 어느 날 당흥의 아버
지는 산에 돌을 캐러 갔다가 그만 발을 헛디뎌 높은 곳에서 굴러 떨
어져 죽고 말았다. 당흥은 좋은 묘 자리를 사 아버지의 장례를 치러
드리고 싶었지만 워낙 가난해 엄두도 내지 못하고 있었다. 그러자
마음씨 좋은 이웃 사람이 당흥에게 이렇게 말했다. "재주財主 우노
가牛魯家의 조상 무덤 앞에 공터가 하나 있다네. 그러니 그 사람을
찾아 가서 말해 보게. 그이의 노모가 오늘 팔순을 맞이하니 그를 기
쁘게 한다면 그 땅을 자네에게 줄 수도 있을 걸세."

　당흥은 어쩔 도리가 없이 염치불구하고 우노를 찾아가 사정 얘기
를 했다. 그런데 어찌된 일인지 우노는 뜻밖에도 시원스레 대답했
다. "우리 집안은 대대로 좋은 일만을 해왔다네. 노모의 팔순날 이
웃이 어려움에 처했는데 내 어찌 앉아서 보고만 있을 수 있겠는가?
좋네, 내 여러 사람이 보는 앞에서 자네에게 그 땅을 내어줌세. 허
나 자네는 좋은 술을 구하여 내 어머니께 올리도록 하게." 이야기를

들은 마을 사람들은 우노의 사람됨을 입이 마르도록 칭찬하며 어서 빨리 우노에게 감사의 인사를 올리라고 당흥을 재촉했다. 그런 다음 마을 사람들은 당흥을 도와 부친의 장례를 치르고 돈을 모아 좋은 술 한 병을 사서 당흥에게 주었다.

이 일은 이렇게 끝이 났지만 5년 후 이 사건이 커다란 파장을 몰고 올 줄은 아무도 몰랐다.

아버지의 장례를 치르고 5년 동안 당흥은 누구보다 열심히 일해 돈을 모아 산과 집을 사고 아내까지 얻었다. 이를 본 우노는 슬슬 당흥의 재산에 욕심을 내기 시작했다. 그는 5년 전 당흥에게 주었던 묘 자리를 이용해 그의 재산을 빼앗아 오기로 했다.

어느 날 우노는 한 무리의 바람잡이들을 이끌고 당흥의 집을 찾았다. "이보게, 자네 돈을 많이 벌었다지? 축하하네. 자네는 몇 년을 잘 먹고 잘 살았지만 나는 본전도 건지지 못했네. 이제 더 이상 기다릴 도리가 없으니 몇 년 전에 빌려 간 것을 오늘 모두 계산해 주시게."

이 말을 듣고 어리둥절한 장흥이 물었다. "나리, 제가 언제 나리의 돈을 빌렸단 말입니까?"

그러자 우노가 차갑게 웃으며 말했다. "정말 은혜를 모르는군, 5년 전 네 아비를 어디에다 묻었단 말이냐?"

당흥이 대답했다. "제 아비는 나리의 땅에 묻었습니다만 그때 분명 나리의 어머니께 좋은 술 한 항아리를 올려 장수를 기원하면 그 땅을 제게 주신다고 하지 않으셨습니까?"

갑자기 우노가 버럭 성을 내며 말했다. "간사한 놈 같으니! 내가 말한 것은 호수의 양만큼 많은 술이었는데 너는 그때 한 항아리의 술만을 바치지 않았더냐?(중국어에서 호수와 항아리의 발음이 같다). 내가 원한 것은 그 유명한 태호太湖도 아니요 동정호洞庭湖도 아닌 우리 마을의 당가호만큼이었는데 이곳에 술 몇 항아리나 들어가겠는지 네가 한번 계산해 보거라!"

우노의 억지를 들은 당흥은 어처구니가 없고 부아가 치밀었다. 우노는 불난 틈을 이용해 자신의 재산을 뺏으려 드는 것이 분명했다. 당흥은 분한 마음에 우노에게 삿대질을 하며 소리쳤다. "이 짐승만도 못한 소인배 같으니라고, 내 이 억울함은 반드시 풀고야 말 테다."

말이 떨어지기 무섭게 우노의 명령을 받은 사람들이 우르르 몰려들어 당흥을 주먹으로 때리고 발로 차고는 집에 있는 값나가는 물건들을 모조리 쓸어 가 버렸다.

얼마 후 당흥은 사건의 전말을 기록한 소장을 신임태수 왕희지에게 제출했다. 우노가 이 지역에서 제일가는 권세가이며 사람 됨됨이가 교활하다는 것을 잘 알고 있던 왕희지는 그를 벌하기 위해서는 '눈에는 눈, 이에는 이'의 방법을 쓰기로 했다. 마침 우노의 집이 거위를 기른다는 정보를 입수한 왕희지는 이를 이용해 그를 골려주기로 했다.

그날, 왕희지는 직접 우노의 집을 찾아갔다. 우노는 태수의 방문에 기쁘면서도 한편으로는 불안한 마음을 감출 수 없었다. 이런 그의 마음을 아는지 모르는지 왕희지가 태연하게 말했다. "나는 날 때부터 거위를 좋아했는데 듣자하니 자네 집에서 거위를 많이 키운다고 하더구먼. 그래서 내가 직접 쓴 《악의론樂毅論》과 살아있는 거위한 마리와 바꿨으면 하는데 어떠한가?"

왕희지의 글씨가 천금과 맞먹는다는 것을 잘 알고 있었던 우노는 갑작스러운 횡재에 정신을 차릴 수가 없었다. 너무 기쁜 나머지 한숨도 자지 못한 그는 다음 날 동이 트자마자 가장 크고 좋은 거위를 골라 태수를 찾아갔다. 거위를 본 왕희지는 박수를 치며 이렇게 말했다. "정말 여간해서는 보기 힘든 좋은 거위로구나! 다른 거위도 이렇게 아름다운지 궁금하군."

우노는 얼굴 가득 웃음을 띤 채 말했다. "소인의 집의 거위는 모두 이렇게 살이 토실토실하답니다. 대인께서 단 한 마리의 거위만을 원하셨기에 소인이 오늘은 딱 한 마리만을 가져 온 것입니다. 만약 대인께서 더 원하신다면 다음에 다시 몇 마리를 더 올리도록 합지요."

그러자 갑자기 왕희지가 버럭 화를 내며 말했다. "무슨 소리를 하는 게냐? 본관이 원한 것은 강을 채울 수 있을 만큼의 거위였는데 (중국어로 '살아있다'와 '강'의 발음이 비슷하다). 그렇다면 내가 직접 쓴 《악의론》이 겨우 거위 한 마리 값밖에 되지 않는다는 말이냐? 이놈이 간이 배 밖으로 나왔구나. 본관을 속인 죄를 어떻게 벌하는 게 좋겠느냐?”

그러자 우노는 굽히지 않고 이렇게 말했다. “대인어른, 천하에 거위를 사고 팔 때, 한 마리, 열 마리, 백 마리라고 말하지 어떻게 호수나 강만큼이라고 말한단 말입니까?” 때가 되었다고 생각한 왕희지가 당홍을 불러들였다. 그리고 준엄한 목소리로 이렇게 물었다. “거위를 세는데 호수나 강을 쓰지 못한다? 그럼 술은 어떠냐?”

우노는 그제야 자신이 왕희지의 꾀에 걸려든 것을 알게 되었다. 그는 어쩔 수 없이 자신의 죄를 시인하고 손이 발이 되도록 빌었다.

그리고 왕희지는 붓을 들어 다음과 같이 썼다. “우노는 당홍에게서 뺏은 가산을 그대로 돌려주고 또 은화 500냥을 당홍에게 위로금으로 지급하라. 본관은 청렴하고 공정함을 기본으로 삼으니 어찌 악덕한 이의 거위를 탐할 수 있겠는가? 그러니 우노는 본관의 《악의론》을 돌려주고 저 거위를 가져가도록 하라. 만약 이상의 내용을 한 치라도 어길 경우에는 죄를 더 추가할 것이니라.”

재판은 이렇게 끝이 났다. 그 후 마을 사람들은 모일 때마다 이 일로 이야기꽃을 피웠고 모두 왕희지의 명 재판에 대해 입이 마르도록 칭찬했다.

3 졸지에 금란가사를 얻은 흑풍괴

삼장법사가 대당국大唐國을 떠나 불경을 구하기 위해 서천西天으로 갈 때의 일이었다. 어느 날 밤 삼장법사와 그의 제자는 관음원이라는 한 절에서 하룻밤을 보내게 되었다. 절의 주지는 삼장법사 일행을 따뜻하게 맞으며 차를 대접했다. 이야기를 하던 도중 주지는 삼장법사가 매우 희귀한 가사袈裟를 가지고 있다는 것을 듣고 한번 보여 달라고 청했다. 삼장법사는 혹시 있을지 모를 사고에 대비해 그 청을 거절했지만 주지의 간곡한 청을 뿌리치지 못한 손오공은 결국 가사를 꺼내어 보여주었다. 가사가 든 보자기를 펼치자마자 붉은 빛이 뿜어져 나왔고 온 방안에 상서로운 기운이 가득 찼는데 정말 여간해서 보기 힘든 보물이라 할 만했다. 귀한 가사를 보고 욕심이 생긴 주지는 갑자기 무릎을 꿇고 눈물을 흘리며 자신이 눈이 어두워 가사를 자세히 보지 못했으니 오늘 밤 가사를 잠시 빌려 자신의 방에서 찬찬히 보고 싶다고 간청했다. 그러자 마음이 약해진 삼장법사는 주지의 청을 거절하지 못했다.

가사를 자신의 방으로 가져온 주지는 다른 스님들을 불러모아 어떻게 하면 이 보물을 빼앗아 올 수 있을까에 대해 의논했다. 그러자 한 스님이 의견을 내놓았다. "불을 지르는 것이 어떻겠습니까? 그 두 사람을 태워 죽이는 겁니다. 만약 그들이 불을 피해 도망쳐 나온다고 해도 가사가 타버렸다고 하면 그만이질 않습니까? 이미 타버린 가사이니 은화 두 냥쯤으로 배상해 주어도 아무 할 말이 없을 테지요."

주지는 그 방법이 괜찮겠다 싶어 스님들을 시켜 손오공과 삼장법사가 묵고 있는 승당 주위에 마른풀과 장작을 빽빽이 쌓아 두도록 했다. 한편 아직 잠이 들지 않은 손오공은 바깥에서 인기척이 나자 벌로 변신해 승당 바깥으로 나가 보았다. 나무와 풀이 타는 것을 본 손오공은 재빨리 원래 모습대로 변신해 공중제비를 넘어 남천문으로 갔다. 그리고 광목천왕에게서 벽화조(불을 피하는 방패)를 빌린 손오공은 관음원으로 돌아와 삼장법사와 백마를 보호했다. 잠시 후 손오공이 주문을 외우자 순식간에 큰 바람이 일기 시작하더니 관음원 전체가 불길에 휩싸여 버렸다. 스님들은 머리를 쥐어 싸고 허둥지둥 도망 갈 곳을 찾으며 이리 뛰고 저리 뛰었다. 그야말로 자업자득, 제가 지른 불에 제가 타 죽는 격이었다.

한편 불로 인한 이익은 엉뚱한 이에게로 돌아갔다.

관음원의 남쪽에는 흑풍산 흑풍굴에는 흑풍괴黑風怪라는 요괴가 살고 있었다. 관음사의 주지와 평소부터 친분이 있었던 흑풍괴는 절에 불이 난 것을 보고 황급히 절로 달려갔다. 하지만 흑풍귀는 주지의 방에서 붉은 빛의 화려한 가사를 발견했고 이것이 탐이 난 나머지 불 끌 일은 잊고 가사를 가지고 서둘러 동굴로 돌아와 버렸다.

진화타겁은 바로 여기에서부터 유래된 것이다.

4 중원을 차지한 다이곤多爾袞

명조 말엽 농민군을 이끈 이자성李自成이 북경北京을 차지하자 숭정崇禎 황제는 한 야산에서 목을 매어 자살하고 말았다. 이후 이자성은 북경에서 스스로 황제라 칭하고 명나라의 장수 오삼계吳三桂의 애첩 진원원陳圓圓과 그의 부친을 인질로 잡고 오삼계의 투항을 종용했다.

이때 10만 대군을 이끌고 산해관山害關을 지키고 있었던 오삼계는 자신의 애첩과 아버지가 인질이 되었다는 것을 알고는 화가 머리끝까지 올라 이자성과 끝까지 싸우기로 맹세했다. 그러나 이자성의 40만 대군에 비해 병력이 부족했던 그는 쉽게 군사를 일으킬 수 없었다.

그 당시 청나라의 순치제順治帝가 겨우 7살 나이로 즉위했기 때문에 군권은 모두 섭정왕 다이곤이 쥐고 있었다. 오삼계는 복수를 위해 청의 병력을 빌리기로 하고 직접 다이곤을 찾아가 간절하게 부탁했다. "명과 청 양국은 사이가 좋았기에 청나라에 내분이 일어났을 때 우리 명은 군대를 보내 도움을 주었습니다. 지금 명나라는 도적의 무리가 횡행하고 있습니다. 수도는 함락되었고 군왕은 스스로 목숨을 끊으셨으며 백성은 도탄에 빠져 있습니다. 그 한이 너무 깊어 이제 원수와 같은 하늘 아래 살 수 없습니다. 왕실을 위하여 본

분을 다 하는 것이 원래 제 소임이거늘 제가 가진 병력이 모자라 이자성을 상대하기에 역부족입니다. 청나라는 이전부터 이웃나라와의 우의를 존중해 왔으니 마땅히 군대를 일으켜 우리 명을 도와야 할 것입니다."

오래 전부터 중원을 노리고 있었던 다이곤으로서는 마다할 리 없는 제안이었다. 하지만 용의주도한 그는 이런 마음을 입 밖에 내지 않고 짐짓 난색을 표하며 말했다. "명나라에 내란이 일어났으니 이웃나라로서 마땅히 도와야 할 것이오. 그러나 우리나라는 병력이 적은 약소국일 뿐이니 도움이 되지 않고 그로 인해 오히려 화를 입을까 두렵구려. 이 일은 명나라의 일이니 도와줄 수 없는 것이 심히 미안하오."

오삼계는 거듭 간청했고 다이곤은 여전히 허락하지 않았다. 그리고 얼마의 시간이 지나자 이미 비밀리에 전투 준비를 끝내놓고 적절한 때를 기다리고 있던 다이곤이 마침내 이렇게 말했다. "장군께서 수차례나 진심으로 애원을 하시니 나도 감동했소. 우리 청은 군사를 내어 이웃 명을 도울 것이오. 오늘부터 당장 시작하겠소."

이 말을 들은 오삼계는 크게 기뻐하며 즉시 다이곤과 힘을 모아 위풍당당하게 중원으로 향했다. 그들의 행렬은 일편석一片石에서 이자성의 군대와 맞닥뜨리게 되었다. 결국 이자성이 이끄는 농민 군대는 대패하였고 청나라의 군대는 그 여세를 몰아 단숨에 북경까지 밀고 들어갔다. 이자성은 성을 버리고 서쪽으로 도망쳤고 청나라 군대는 북경을 점령한 뒤 거침없이 자신들의 황제를 모셔왔다. 이때부터 중원은 청나라의 것이 되었다.

이자성을 제압한 후 청나라 군대는 즉시 명나라의 관병에게 화살을 돌리고 양주揚州와 가정嘉定을 평정했다. 명나라의 신하들은 회유되거나 아니면 죽임을 당했는데 이는 역사상 유례없는 대학살이었다.

일이 이쯤 되자 오삼계는 그제야 자신이 큰 잘못을 저질렀음을 깨닫게 되었지만 때는 이미 늦은 후였다. 그는 이제 청의 앞잡이가 될 수밖에 없었던 것이다. 천하가 통일되고 난 후 청 왕조는 오삼계가 모반을 꾀할까 두려워 그를 평서왕平西王으로 봉한 뒤 변두리로 쫓아 버렸다.

다이곤은 중원의 내란이라는 기회를 이용해 도움을 준다는 명분으로 '진화타겁'의 계책을 썼고 마침내 중원의 통치권을 거머쥐게 되었다.

5 저가에 오토바이 공장을 사들인 중국의 자전거 회사

독일 뮌헨 시에 오토바이를 생산하는 공

장이 하나 있었는데 이미 67년의 역사를 가진 이 공장의 오토바이는 한때 유럽에서 큰 인기를 끌었었다.

그러나 최근 몇 년간 일본 오토바이가 저가 덤핑으로 유럽시장에 밀려오자 뮌헨의 이 공장은 큰 타격을 입게 되었다. 거기에다가 경영관리상의 실수로 재정에 큰 어려움이 생기자 어쩔 수 없이 이 공장은 파산을 선언했다. 이 공장의 설비 대부분은 80년대의 첨단설비였지만 하루빨리 빚을 청산하기 위해 공장의 주인은 아주 싼 값에 공장을 팔아 치우려 했다.

이 소식을 들은 중국의 톈진天津 자전거 생산회사는 이것이 다시 못 올 좋은 기회라 생각하고 공장의 설비들을 모두 사들이기로 했다. 하지만 톈진 자전거 회사가 한 발 늦은 탓에 공장은 이란의 한 사업가에게 넘어가게 되었다. 그러나 얼마 지나지 않아 이란 상인의 자금부족으로 계약은 해지되고 말았다. 이 일로 인해 오토바이 공장의 사장은 매우 난처한 상황에 처하게 되었다. 다급해진 그는 먼저 톈진 자전거 공장에 연락을 해 계약 얘기를 꺼냈다. 자전거 공장 측은 상대방이 이런 곤란한 상황을 이용해 값을 더 깎아 줄 것을 요구했고 마침내 500만 달러에 계약은 성사되었다. 이것은 이란 사업가가 제시한 가격보다 200만 달러나 낮은 가격이었다.

톈진 자전거 생산회사는 '진화타겁'의 계책을 이용해 해외의 첨단설비를 사들였을 뿐 아니라 대량의 외화를 절약할 수 있었다.

　　다음은 성경에 등장하는 얘기이다.

　어느 날 야곱이 집에서 팥죽을 쑤고 있는데 그의 형 이삭이 사냥을 마치고 집으로 돌아왔다. 하루 종일 산을 헤매고 다닌 이삭은 피곤하고 배가 고파 야곱에게 이렇게 말했다. "배가 너무 고파서 꼬르륵 소리가 날 지경인데 팥죽 한 그릇만 다오." 이 말을 듣고 갑자기 꾀가 하나 떠오른 야곱은 짐짓 아무렇지 않은 얼굴로 말했다. "좋아요. 그런데 형의 장자 계승권을 내게 주세요."

　그러자 이삭은 "지금 배고파 죽게 생겼는데 장자권이 다 무슨 소용이란 말이니? 나는 팥죽만 있으면 된다"고 말했다.

　하지만 야곱은 더욱더 형을 재촉하며 이렇게 말했다. "전 농담하는 게 아니라고요. 그러니 하늘에 대고 맹세하세요."

　이삭은 아무렇지 않은 듯이 "그래. 맹세하지" 라고 말했다.

　이삭의 맹세가 끝나자 야곱은 그제서야 형에게 팥죽 한 그릇과 빵 한 조각을 주었다. 이삭이 게 눈 감추듯 빵과 죽을 먹고 난 후 그의 장자 계승권은 동생에게 넘어가 버리고 말았다.

　야곱은 형이 사냥을 마치고 돌아와 몸과 정신이 모두 고단한 틈을 타 한 그릇의 팥죽으로 유인해 형 이삭이 장자권을 포기하게 만들었다. 이 역시 일종의 '진화타겁'이며 위기를 이용해 이익을 취한 행동이라 볼 수 있다.

 미 정부를 압박한 모건그룹

　　　　　　1894년 미국의 재정부 금고에 보관되어 있던 황금이 대량 외부로 유출되었는데 이 일로 인해 시장에는 황금 사재기 풍조가 횡횡했다. 미국의 대통령 그로버 클리블랜드는 대 금융가 모건과 벨몬트를 불러 금융시장을 안정시킬 방법을 모색해 볼 것을 부탁했다.

　모건은 황금 사재기 풍조가 각 지역의 노동자들이 하루 8시간 근무시간을 요구하며 벌인 시위와 관련이 있다는 것을 알고 있었는데 이는 정부로서도 더 이상 손 쓸 도리가 없었다. 그래서 모건은 벨몬트와 함께 한 가지 계획을 세웠다. 두 은행 그룹은 신디케이트를 만들어 황금을 받고 공채를 발행함으로써 재정부의 위기를 해결하고 또 높은 이익을 남길 수 있게 되었다.

　물론 모건이 이를 위해 '미국 대통령이 전혀 간섭하지 말 것'이라는 부가적인 조건을 제시했다. 모건이 비정상적인 루트를 통해 국고에 단지 130만 달러만이 남아 있다는 것을 알게 되었을 때 그는 미국 정부를 압박해 자신의 뜻에 따르게 했다. 그는 대통령에게 이렇게 말했다. "각하, 제가 알기로 XX씨의 수중에 지급기한이 오늘까지인 200만 달러짜리 수표가 있다고 합니다. 만약 그가 내일 수표를 현금으로 바꾸려 한다면 이 모든 것은 끝나 버립니다. 오직 저의 계획으로만 미국이 위기에서 벗어날 수 있습니다."

더 이상의 선택의 여지가 없었던 대통령은 모건이 제시한 조건에 승낙했다. 그날 밤 모건은 즉시 대량의 현금을 재정부에 넘겨주었고 이로써 재정부의 위기를 한 번에 해결했다. 물론 모건그룹의 이런 출혈은 모두 후에 얻을 이익을 위한 것이었다. 그 후에 정부의 공채발행을 담당하는 과정에서 모건그룹은 시장차익을 이용해 단박에 1200만 달러를 벌어들였다.

⑧ 무솔리니의 허황된 꿈

2차 세계대전이 발발하고 얼마 지나지 않아 독일 군대는 서부전선에서 영국과 프랑스 연합군을 크게 물리쳤다. 이로 인해 프랑스는 어쩔 수 없이 항복을 선언했고 영국은 큰 타격을 입게 되었다. 이렇게 독일과 유럽의 여러 나라들이 교전을 벌이고 있을 때 이탈리아의 무솔리니는 이 상황을 이용해 이득을 취하려는 헛된 꿈을 꾸고 있었다. 무솔리니는 뜻과 야심은 컸지만 재능은 별로 없는 인물이었다. 그는 과거의 로마를 재건하고 지중해를 이탈리아의 것으로 만들고 싶었다. 이전에는 대영제국의 세계적인 함대 때문에 그저 마음속으로 생각할 뿐 이런 꿈들을 감히 입 밖에도 내지 못했지만 지금은 상황이 바뀌었다. 영국이 독일에 의해 흠씬 두들겨 맞자 영국 함대는 본토 수호에 집중하고 있었다. 또한 영국은 북아프리카에 속해 있으니 동아프리카는 아무도 신경을 쓰는 이가 없어 그에게 있어 천재일우의 좋은 기회였다.

그래서 무솔리니는 즉시 영국에 선전포고를 하고 총참모부에 명령을 내려 북아프리카와 동아프리카를 공격하도록 했다. 무솔리니는 독일 군대가 영국을 위협하고 있는 상황에서 영국은 절대 아프리카까지 돌볼 겨를이 없을 뿐 아니라 병력을 내어 아프리카를 지원할 수도 없을 것이라고 확신했다.

그러나 무솔리니가 걱정하던 일이 결국 벌어지고야 말았다. 그의 수하에 있는 이탈리아 병사들은 하루 종일 무위도식이나 하는 겁 많고 나약한 이들이었다. 이집트로 향하는 그들의 행렬은 느리기 그지없었다. 게다가 이탈리아의 해군은 영국 항공모함의 급작스런 공격을 받고 엄청난 손실을 입었다. 동아프리카에서 영국 군대의 계속되는 공격을 받은 이탈리아의 총사령관 아오스타 공작은 부대를 이끌고 투항했고 이로 인해 무솔리니는 35만 대군을 고스란히 잃고 말았다. 일이 이쯤 되자 더 이상 어쩔 도리가 없었던 무솔리니는 할 수 없이 독일의 탱크부대가 북아프리카로 가는 것과 독일의 롬멜 장군에게 북아프리카에서의 군 핵심 지휘권을 넘겨주는 데 동의했다.

동·북 아프리카에서의 이탈리아 실패와 독일이 북아프리카를 점령한 것은 모두 무솔리니의 '진화타겹'의 전략이 산산이 부서졌음을 의미했다.

⑨ 불길 속에서 기밀을 훔친 KGB

　　　　　　　1977년 8월 27일 새벽, 주소련 미국 대사관에서 미 대사관 직원들은 깊은 잠에 빠져 있었다. 그런데 갑자기 대사관 건물 8층과 9층에서 시뻘건 불길과 연기가 피어오르기 시작했고 대사관은 한순간에 아수라장이 되었다. 사람들은 침대에서 급하게 일어나 옷을 입을 겨를도 없이 손에 닥치는 대로 잡고 불을 끄려고 했다. 하지만 불길은 더욱더 거세졌고 대사관 사람들도 어쩔 도리가 없었다. 더 이상 방법이 없게 되자 어쩔 수 없이 소련 소방서에 전화를 걸었다.

소련의 소방대가 도착하자 불길은 삽시간에 진화되었다. 그러나 대사관 기밀실의 금고는 이미 열린 채였고 중요한 기밀 서류들은 몽땅 사라져 버렸다. 바로 KGB의 한 요원이 불길과 연기가 치솟는 와중에 신속하게 금고를 열어 기밀문서를 빼냈던 것이다. 불을 끄는 과정 중에서 그는 자신의 임무를 완벽하게 수행했다.

이처럼 일부러 불을 내어 혼란한 상황을 만든 다음 그 틈을 이용해 정보를 빼내는 방법은 첩보 업무 가운데 흔하게 사용하는 방법 중 하나이다.

⑩ 10만 위안짜리 쥐 세 마리

1만 톤급 규모의 구소련 화물선이 중국산 쌀을 실어 나르고 있었다. 기중기가 육중한 소리를 내며 가지런히 놓여진 쌀 포대를 쉴 새 없이 배로 옮기고 선적을 반쯤 마쳤을 때 한 선원이 갑자기 소리를 쳤다. "쥐다! 쥐야!" 그러자 쥐 3마리가 쌀 포대 쪽에서 튀어 나오더니 배 안을 온통 헤집고 다녔다. 선원들은 모두 손을 걷어붙이고 쥐를 때려잡았는데 아무도 이 쥐 세 마리가 그렇게 큰 말썽이 되리라고는 생각하지 못했다.

선장은 죽은 쥐 세 마리를 들고 중국 측 검수인을 찾아갔다. 그는 즉시 화물 선적을 중지하고 이미 선적한 쌀들을 모두 다시 배에서 내려 줄 것을 요구했다. 그리고 이미 항구에 도착한 쌀들을 모두 도로 가져갈 것이며 세계무역기구(WHO)가 인정한 보건기구에서 화물선에 대한 방역작업을 해 쥐를 모두 없애줄 것과 이 모든 비용을 모두 중국 측이 부담하라는 무리한 요구를 덧붙였다. 중국 측 화주인 양유粮油회사는 국제시장에서의 명예를 지키기 위해 눈물을 머금고 소련 측의 요구에 응낙했는데 이로 인해 자그마치 10만 위안이나 되는 거금을 손해 보게 되었다.

소련 측은 중국의 화주가 화물을 공급하는 과정에서 조그만 실수를 범하자 그 기회를 이용해 멋대로 요구조건을 내걸었던 것이다. 쥐 세 마리가 나타난 것은 결코 큰 일이 아니었지만 소련은 이를 대가로 10만 위안이나 되는 큰돈을 중국으로부터 빼앗아 갈 수 있었다.

11 눈 깜짝 할 새에 레바논을 공격한 이스라엘

영국 주재 이스라엘 대사가 팔레스타인 해방기구의 게릴라들에 의해 암살당하자 이스라엘은 이를 구실삼아

레바논을 공격하기로 했다. 1982년 6월 6일 이스라엘은 미국의 지지와 용인 하에 육해공군 10만을 동원해 레바논 국경 내의 팔레스타인 해방기구 게릴라 부대와 시리아 주둔병에 거침없는 대규모 공격을 벌였다. 단 며칠 만의 공격으로 이스라엘은 레바논의 절반을 점령하게 되었다.

이것은 제4차 중동전쟁 발발 후 이스라엘과 아랍국가 간에 발생한 최대 규모의 전쟁이었는데 군사 전문가들은 이를 두고 5차 중동전쟁이라고 일컬었다.

5차 중동전쟁 발발 전 팔레스타인 해방기구와 시리아는 왜 충분한 준비를 하지 않았을까? 그리고 전쟁 발발 후 아랍국가들은 어째서 4차 중동전쟁 때처럼 연합해 적과 맞서지 않았을까? 사실 그 이유는 이스라엘이 '진화타겁'의 계책을 이용해 쉽게 전쟁에서 이길 수 있었기 때문이었다. 일본 《주간 다이아몬드》지의 한 평론가에 따르면 이스라엘은 '매우 유리한' 시기를 이용해 '번개'와 같이 진공했고 아랍 국가의 도움이 하나도 없는 상황에서 쉽게 레바논을 점령할 수 있었다고 한다.

그해 4월 25일, 이스라엘은 시나이반도 반환을 통해 이집트와의 화해를 할 수 있었다. 이로 인해 이스라엘은 이집트에서 올지 모를 위협으로부터 자유로울 수 있어 모든 병력을 한곳으로 집중할 수 있게 되었다. 게다가 이라크와 이란전쟁이 일어난 지 이미 2년이 되어 가고 있어 아랍국가들 사이에도 충돌이 생겨나 함께 힘을 합쳐 저항할 가능성은 매우 적었다. 이스라엘에 있어 가장 큰 장애물이 었던 이라크 역시도 전쟁의 수렁에서 아직 벗어나지 못해 자국의 팔레스타인 난민들에게도 도움의 손길을 뻗칠 수 없는 상황이었다. 한편 시리아도 이란의 편을 들고 있어 많은 아랍국가가 반감을 가지고 있는 데다 자국의 경제난으로 인해 전쟁이 일어나도 속수무책 인 상황이었다. 사우디아라비아 등 걸프만 지역 국가들은 이란의 '혁명'에 경계심을 품고 있는 데다 국내의 불안정한 상황에 대처하느라 다른 나라 일에 관여할 여력이 없었다. 레바논 역시 파벌싸움과 정치적인 견해싸움으로 서로 견제하느라 바빠 국가 전체가 무정부 상태에 빠져 있는 상황이었다. 이렇듯 아랍세계의 분열은 이스라엘에 있어서 하늘이 준 기회임에 틀림없었다. 그래서 이스라엘은 이때 군대를 동원해 레바논을 친다면 아랍국가도 손을 쓰지 못할 것이라 굳게 믿었던 것이다. 이렇듯 이스라엘은 진화타겁을 이용해 레바논을 눈 깜짝 할 사이에 점령할 수 있었다.

제6기

성동격서(聲東擊西)

왼손을 내미는 척 하다가
오른손으로 쳐라

이 계책은 당대 두우杜佑가 편찬한 《통전通典》 중 '聲言擊東, 其實擊西(동쪽을 칠 것이라 말하고 사실은 서쪽을 공격한다)'에서 유래하였다. '성동격서'는 표면적으로 혹은 말로는 동쪽을 칠 것이라 떠들지만 사실은 오히려 서쪽을 공격하는 것을 가리킨다.

● 성동격서 ●
「9가지 생활 활용 지혜」

1. 백마성의 포위를 푼 조조
2. 당당하게 감옥을 나간 도둑
3. 진명을 갖고 논 청풍산의 호걸
4. 사주성에서 패한 금군
5. 네 번 츠수이허赤水河를 건넌 마오쩌둥
6. '표주박 계획'을 쓴 덩샤오핑
7. 해적으로 위협해 군도를 사들인 일본
8. 알라마인 전선을 무너뜨린 영국군
9. 그레나다를 기습 공격한 미군

→ 해설 ←

　이 계책은 당대 두우杜佑가 편찬한 《통전通典》 중 '聲言擊東, 其實擊西(동쪽을 칠 것이라 말하고 사실은 서쪽을 공격한다)'에서 유래하였다. '성동격서'는 표면적으로 혹은 말로는 동쪽을 칠 것이라 떠들지만 사실은 오히려 서쪽을 공격하는 것을 가리킨다. 이것은 일종의 허상을 만들어 내 상대방이 걸려들면 그때를 이용해 물리치는 방법이다.

　역대의 병법 중에서도 이 계책은 매우 중요하게 다루어졌다. 《백전기모百戰奇謀》에는 '동쪽을 친다 하고 서쪽을 공격하고, 저쪽을 공격한다 하고 이쪽을 쳐라. 그리하여 적이 미처 준비하지 못하게 하여 공격을 행하면 적은 지키지 못할 것이다'라는 말이 있다. 《역대명장사략歷代名將事略》에는 또 '동쪽을 치고 싶으면 서쪽을 공격하는 척하고 서쪽을 공격하고 싶으면 동쪽을 치는

척하라. 나아가고 싶으면 후퇴하는 척하고 후퇴하고 싶으면 나아가는 척하라'
는 말도 있다.

이 계책은 일반적으로 아군이 공격태세에 있을 때 사용할 수 있다. '성동
聲東'은 만들어진 거짓이고, 공격하는 '서西'는 바로 실제 주요 공격 대상이
된다. 상대방으로 하여금 '서'를 방어할 준비를 못하게 하거나 아예 생각지도
못하게 하는 것이 바로 이 계책을 성공으로 이끄는 핵심이다.

'성동격서'는 아래와 같이 몇 가지로 나누어 볼 수 있다.

(1) 이곳 저곳을 다 공격한다. 공격의 방향이 확정되지 않았다면 이곳을 공
격했다가 잠시 후에는 또 다른 곳을 공격하고, 동쪽을 찔렀다가 조금
지나서는 서쪽을 공격함으로써 적이 나의 진짜 의도를 알아차리지 못하
게 한다. 그렇게 되면 적은 그저 수동적으로만 방어할 수밖에 없다. 이
렇게 시간이 길어지면 적은 단지 막을 힘만 있을 뿐 반격할 힘은 이미
없어져 버린 후다.

(2) 재빨리 치고 빠진다. 때로는 싸움을 걸었다가 또 어느 순간 후퇴한다.
적이 내가 공격할 것이라고 생각했을 때 공격하지 않고 공격하지 않을
것이라 생각했을 때 갑작스럽게 습격한다.

(3) 거짓공격을 개시한다. 갑이라는 지역에 거짓 공격을 가해 적의 주의를
집중시킨 후 적이 병력을 갑에 투입할 때를 기다려 급작스럽게 '을'을
맹공한다.

(4) 강한 곳을 피하고 약한 곳을 공격한다. 동쪽을 공격했다 또다시 서쪽을
공격했다가 하면 적은 자신의 주력부대를 잘못된 곳에 투입하게 된다.
이렇게 되면 나는 적의 가장 강한 부분을 피하고 약한 연결부분을 칠
수 있게 되어 조금씩 적을 무너뜨릴 수 있게 되는 것이다.

 # 백마성의 포위를 푼 조조

　　　　기원후 200년 유주를 손에 넣은 원소는 숙적 조조를 없앨 결심을 굳혔다. 같은 해 2월 원소는 대장군 안량顔良을 보내 황하를 넘게 했고, 안량은 기습작전을 펼쳐 조조의 부장 유연劉延이 지키고 있던 백마성을 포위했다. 이 소식을 들은 조조는 즉시 대군을 이끌고 백마성을 구하러 가려 했다.

　그때 조조의 모사 순유가 그를 말리고 나섰다. "적은 강하고 우리의 병력은 약합니다. 그러니 억지로 밀어붙였다간 계란으로 바위를 치는 꼴이 될 것입니다. 차라리 먼저 부대 하나를 보내시어 연진延津 일대에서 강을 건너는 것처럼 보이게 해 원소의 주의를 끌게 하십시오. 그런 다음 경기병을 출격시켜 백마성을 구하시면 반드시 승리하실 것입니다." 조조는 순유의 말을 따르기로 했다.

　원소는 조조의 부대가 연진으로 가는 것을 보고 정말로 주력부대를 보내 그들을 막도록 했고, 적이 자신의 계책에 걸려든 것을 본 조조는 신속하게 경기병을 이끌고 백마성으로 갔다. 조조의 갑작스러운 공격을 당한 안량은 허둥지둥 전투에 나섰다. 조조는 먼저 관우를 내보내 안량과 싸우도록 했는데 관우는 나는 듯이 달려가 단칼에 적장의 목을 두 동강 내버렸다. 우두머리가 없어진 원소의 군대는 금세 혼란스러워졌고 저마다 무기를 버리고 도망쳤다. 이로써 백마성의 포위는 풀리게 되었다.

② 당당하게 감옥을 나간 도둑

　　남송의 수도 임안臨安에 전설적인 도둑이 살고 있었는데 그는 매번 도둑질을 할 때마다 현장에 '我來也(아래야, 내가 왔다 가노라)'라는 세 글자를 남겨 놓았다. 이 때문에 사람들은 그를 '아래야'라고 불렀는데 그의 진짜 이름을 아는 사람은 아무도 없었다. '아래야'는 부잣집만을 전문적으로 털었는데 어찌나 솜씨가 좋은지 관아에서도 손 쓸 도리가 없었다.

　그러던 어느 날 '아래야'는 또 도둑질을 하다가 결국 잡히고 말았다. 그러나 증거가 충분하지 않았기 때문에 죄명을 붙일 수가 없어 관아에서는 어쩔 수 없이 그를 잠시 동안 옥에 가두어 두고 천천히 조사를 벌였다.

　'아래야'는 아주 똑똑한 사람이라 감옥에 들어온 지 이틀 만에 기가 막힌 탈출 방법을 생각해 냈다. 그는 일부러 옥졸에게 친한 척을 하며 이렇게 말했다. "제가 도둑질을 한 것은 사실입니다. 하지만 저는 '아래야'가 아닙니다. 관아에서 잘못 아신 거지요. 보아하니 저는 평생 감옥에서 썩게 될 것 같아 석방되기는 어려울 것 같습니다. 한 가지 아쉬운 것이 있다면 밖에 묻어둔 황금과 은을 쓸 수가 없다는 것이지요. 감옥에 있는 동안 노형께서 잘 돌봐주셨기에 보답을 하고 싶습니다. 금은보화를 싸둔 보따리는 보숙탑保叔搭의 꼭대기에 숨겨 뒀으니 가져다 쓰십시오." 옥졸이 보숙탑 꼭대기를 찾아보니 과연 금덩이가 가득한 보따리가 숨겨져 있었다. 그날부터 옥졸은 아래야를 특별히 돌봐주었다.

며칠 후 아래야는 또 옥졸에게 말했다. "제가 또 술항아리에 금은보화를 숨겨 시랑교侍郎橋 밑에다 숨겨 두었으니 가져다 살림에 보태 쓰십시오." 이번에도 옥졸은 시량교 밑에서 금은보화가 가득한 술 항아리를 발견했다. 그 후 옥졸은 아래야를 더욱 극진히 보살폈다.

어느 날 밤 아래야는 다시 한 번 옥졸에게 말했다. "벌써 이경이 다 되었군요. 사사로운 일처리를 할 것이 있는데 잠시만 저를 풀어주십시오. 사경에는 반드시 돌아오도록 하겠습니다. 절대로 노형에게 해가 되진 않을 겁니다." 벌써 두 번이나 아래야에게 선물을 받은 옥졸은 그의 청을 거절하지 못하고 어쩔 수 없이 그를 풀어 주었다. 하지만 내심 불안했던 옥졸을 술을 마시며 불안한 마음을 달랬다. 그리고 사경이 되자 '아래야'는 정말 약속대로 감옥으로 돌아왔다. 옥졸은 매우 기뻐하며 그가 아주 신용이 있는 사람이라고 입이 마르도록 칭찬했다.

다음 날, 성내의 한 부자가 관아로 찾아왔다. 그는 어젯밤 삼경에 집에 도둑이 들었는데 도둑이 '아래야'라는 글씨를 남겨 두었다고 말했다. 이 이야기로 관아는 발칵 뒤집혔다. 진짜 아래야는 아직도 바깥을 활보하고 있고, 전에 잡은 도둑은 아래야가 아니었기 때문이었다. 하마터면 억울한 사람을 잡을 뻔했다고 생각한 관아는 재판을 열어 '아래야'에게 야간통행 금지법을 위반했다는 죄를 묻고 가벼운 벌을 준 후 풀어 주었다.

'아래야'가 감옥을 나간 지 얼마 후 옥졸도 집으로 돌아왔다. 그런데 그의 아내가 이렇게 말했다. "어젯밤 사경쯤에 어떤 사람이 찾아와 문을 두드리지 않겠어요? 그래서 제가 문을 열어보니 사람은 그림자도 보이지 않고 보따리 하나가 문 앞에 놓여져 있더라고요. 그리고 어둠 속에서 한 사람이 조심스럽게 '이것은 당신 남편에게 감사의 뜻으로 드리는 것입니다. 절대 다른 사람에게 알리지 마십시오'라고 말했어요. 그리고 보따리를 열어보니 모두 황금과 은으로 가득 차 있더라고요." 옥졸은 그제야 그가 진짜 '아래야'인 것을 깨닫게 되었다. 지략과 꾀가 많은 아래야는 옥졸을 매수하는 방법을 통해 '성동격서'의 방법을 사용해 정정당당하게 감옥에서 나갈 수 있었다.

 ## 진명을 갖고 논 청풍산의 호걸

　　다음은 《수호전水滸傳》에 등장하는 얘기다.

　관병을 이끌고 청풍산淸風山을 공격하러 간 진명秦明은 산 아래에 도착하자마자 병사들을 시켜 산을 오르도록 했다. 관군이 산 정상에 막 다다를 때쯤 갑자기 위쪽에서 통나무와 바위가 엄청난 기세로 굴러왔고 뜨거운 석회수와 고약한 냄새가 나는 오줌도 폭포처럼 쏟아졌다. 앞서가던 관병들은 영문도 모른 채 쓰러졌고 후발대는 전세가 불리하게 되자 저마다 꽁무니를 뺐다.

　화가 머리끝까지 오른 진명은 요행히 도망쳐 온 병사들을 모아 다시 산을 오르게 했다. 이번에 관병들은 산기슭을 끼고 동쪽으로 전진했는데 그곳에서 경사가 완만한 산길을 찾아냈다. 이때 산의 서쪽에서 징소리가 크게 나더니 빽빽한 숲속에서 붉은 깃발이 이리저리 흔들렸다. 진명은 즉시 병사들을 이끌고 서쪽으로 갔다. 하지만 막상 산 서쪽으로 가보니 징소리도 들리지 않았고 깃발도 보이지 않았다. 진명은 산채의 의적들이 자주 출몰하는 쪽으로 가려고 했지만 나무가 빽빽하게 얽혀 있어 도저히 앞으로 나갈 수가 없었다. 관병들이 겨우 장애물을 정리했을 무렵 정찰병이 달려와 동쪽에서 징소리와 함께 붉은 깃발이 출현했다고 보고했다. 진명은 또다시 병사들을 이끌고 동쪽으로 달려갔지만 사람은 그림자도 보이지 않았다. 그때 또 정찰병이 달려와 서쪽에 붉은 깃발이 나타났다고 말했다. 진명은 또 서쪽으로 갔지만 결과는 마찬가지였다.

이렇게 진명이 이끄는 관병들은 하루 종일 동쪽과 서쪽을 오가다 결국 힘들어 주저앉고 말았다. 그러자 그때 청풍산의 호걸(천영성 소이광 화영)이 급작스럽게 공격을 시작했고 놀란 관병들은 사방으로 도망치고 말았다. 그리고 진명은 산채로 그들에게 잡히는 신세가 되었다.

4 사주성에서 패한 금군

1206년 남송장군 필재우畢再遇와 진강鎭江의 도통都統 진효경陳孝慶은 금군이 점하고 있는 사주성泗州城을 공격하기로 했다. 이 소식을 들은 사주의 금군金軍은 즉시 성문을 굳게 걸어 잠그고 방어태세를 강화했다. 금군의 이러한 움직임을 보고 필재우는 적이 자신들의 공격시간을 이미 알고 있음을 깨달았다. 그래서 필재우는 진효경과 상의하여 뜻밖의 효과를 얻을 수 있도록 공격시간을 바꾸기로 했다.

사주성에 도착한 필재우는 성의 규모가 작고 동쪽과 서쪽으로 나누어져 있는 것을 보고 이것을 이용하기로 했다. 그는 전투에 사용되는 깃발과 무기를 모두 서쪽 성 밑에 두도록 명령해 서쪽 성을 공격할 것 같은 모양새를 연출했다. 그리고 필재우는 주력부대를 이끌고 조용히 산을 넘어 동쪽 성을 기습했다. 금군의 주력부대는 모두 서쪽을 방어하러 갔기 때문에 동쪽은 텅 비어 있었다. 얼마 지나지 않아 필재우는 손쉽게 동쪽 성을 차지할 수 있었다.

동쪽을 함락시킨 후 필재우는 다시 한 번 군사들을 이끌고 서쪽을 공격했다. 송의 군대는 한편으로는 깃발을 흔들고 징과 북을 치며 자신들이 세력을 보여주고, 다른 한편으로는 금군에게 항복할 것을 권했다. 동쪽 성이 이미 함락되고 서쪽마저 위태롭다는 것을 알게 된 금군은 저항해 봤자 아무 소용없다는 것을 알고는 마침내 성을 바치고 필재우에게 투항했다.

5   네 번 츠수이허赤水河를 건넌 마오쩌둥

준의회의遵義會議에서 마오쩌둥은 홍군과 당 중앙에서의 핵심지위를 다시 한 번 확인했다. 이때부터 궁지에 빠진 홍군이 기적과도 같이 되살아나게 되었다. '사도적수四渡赤水

(네 번 츠수이허를 건너다)'는 마오쩌둥이 지도자의 지위를 회복한 뒤 지휘한 첫 번째 대 전투였다.

1935년 1월 19일, 준의에서 출발한 홍군은 촨쳰川黔변경의 츠수이허까지 전진했다. 당시 장제스는 40만 대군을 충원해 촨쳰에서 홍군을 단번에 격파하려고 해 홍군은 매우 위급한 상황에 처해 있었다. 중국의 혁명이 성공하느냐 실패하느냐의 중요한 갈림길에서 마오쩌둥은 한 가지 기민한 전술을 쓰기로 했다.

1월 하순, 마오쩌둥은 홍군을 이끌고 처음 츠수이허를 건너 쓰촨四川으로 들어갈 준비를 했다. 하지만 국민당은 이미 홍군보다 앞서 그곳에 군대를 배치해 둔 터라 홍군의 작전은 어려움에 처하게 되었다. 마오쩌둥은 이때 과감히 원래의 계획을 포기하고 홍군에게 서쪽으로 방향을 바꾸어 윈난雲南 자시紮西지역에서 군대를 정비하도록 했다. 그러자 장제스는 황급히 병력을 이동해 자시지역으로 군대를 보냈다. 그러나 예상 밖에도 홍군은 구이저우貴州 경내가 텅 빈 것을 틈타 자시에서 동진을 하더니 2월 중순에 타이핑두太平渡 등 나루터에서 두 번째로 츠수이허를 건너 구이저우로 진입했다. 이로써 홍군은 국민당 군대를 멀찌감치 따돌릴 수 있었다. 홍군은 즉시 루산관婁山關을 함락시킴과 동시에 다시 한 번 준의를 공격해 점령했다. 얼마 후 장제스는 또 대군을 투입했다. 장제스는 직접 충칭重慶으로 가서 '제5차 반혁명 토벌작전'이라는 낡은 수법으로 준의에서 홍군을 섬멸하려고 했다. 마오쩌둥은 이를 간파하고 장제스의 작전을 역이용하기로 했다. 그는 일부러 준의 주위에서 배회하며 더 많은 적이 공격해 오도록 유인한 다음 기회를 엿보다가 후퇴했다. 과연 장제스는 마오쩌둥의 계책에 걸려들었다. 그는 준의의 각 길마다 대군을 배치해 함께 토벌작전을 펼치도록 했다. 그때 마오쩌둥은 갑자기 홍군을 이끌고 북쪽으로 전진해 마오타이茅台 일대에서 세 번째로 츠수이허를 건너 쓰촨의 남쪽으로 진입했고 창장長江 북쪽을 건널 태세를 갖추었다.

여기에서도 허탕을 친 장제스는 또다시 병력을 이동해 한 발 앞서 홍군의 움직임을 차단하려 했다. 장제스의 군대는 촨첸에 참호를 파고 바리케이드를 친 다음 홍군이 북쪽 강을 건너려는 틈을 이용해 포위하려 했다. 그러나 홍군은 북쪽 강을 건너지 않고 갑자기 동쪽으로 방향을 바꾸어 쓰촨 남쪽에서 다시 구이저우로 돌아와 얼랑탄二郎灘에서 네 번째로 츠수이허를 건넜다. 이렇게 홍군은 적이 힘들게 세운 참호와 바리케이드를 무용지물로 만들었다.

'사도적수'는 기동전의 본보기라 할 수 있다. 마오쩌둥은 홍군을 지휘하여 전면적인 우회전술을 썼다. 동에 번쩍 서에 번쩍하며 '성동격서'의 방법을 사용한 마오쩌둥은 적을 이리저리 끌고다니면서 공격할 틈을 주지 않고 적을 피로하게 만들었다. 사도적수를 통해 마오쩌둥은 다시 한 번 자신의 군사적 재능을 유감없이 보여주었고 이는 중국 전쟁 역사에 찬란한 한 페이지로 남아 있다.

6 '표주박 계획'을 쓴 덩샤오핑

1947년 겨울, 덩샤오핑鄧小平은 부대를 이끌고 황하의 북쪽 옌안延安에 도착하여 강을 건너 남쪽으로 진공할 준비를 펼쳤다. 어느 날 밤 황하 남쪽 연안에 주둔하고 있던 국민당 보초병들은 탐조등 불빛 속으로 철모를 쓴 한 무리의 사병들이 헤엄을 치며 새까맣게 몰려오고 있는 것을 발견했다. 국민당 군대의 사단장은 적이 강을 건너기를 기다렸다가 사정거리 안에 들어오면 발포하도록 준비를 시켰다. 적병들이 점점 연안 가까이로 다가오자 사단장의 명령과 함께 국민당 군대는 일제히 사격을 개시했고 순간 강에는 물기둥이 천 갈래 만 갈래로 솟아올랐다. 얼마 지나지 않아 적의 헬멧은 모두 총알 자국으로 엉망이 되었고 강은 핏빛으로 물들었다.

국민당이 승리감에 도취되어 있을 때 갑자기 진영의 뒤쪽에서 시끄러운 총성과 굉음이 들려왔다. 갑작스럽게 뒤에서 적의 공격을 받은 국민당 군대의 진영은 순간 아수라장이 되었다. 사실 덩샤오핑이 이끄는 주력부대는 이미 어두운 밤을 틈타 황하 상류에서 배와 뗏목을 타고 이미 강을 건넌 뒤 등 뒤에서 기습을 한 것이었다. 이로 인해 국민당 군대는 금세 무너졌고 사단장은 생포되었다.

나중에 국민당 군대의 사단장은 그날 밤 자신들이 공격한 부대는 모두 가짜라는 것을 알게 되었다. 덩샤오핑은 부대원들에게 명령을 내려 철모 안쪽에 표주박을 묶고 거기에다 붉은 물감을 탄 돼지 오줌통을 매달도록 했다. 그런 다음 철모를 일렬로 세워 물에 띄운 다음 적이 속도록 만든 것이다. 적이 이 가짜부대를 공격하고 있을 때 덩샤오핑은 주력부대를 이끌고 배후에서 적을 공격해 쉽게 승리를 얻을 수 있었다.

7 해적으로 위협해
군도를 사들인 일본

　　　　　14세기 말기부터 일본은 해마다 중국으로부터 일정 수량만큼의 군도軍刀를 살 수 있었다. 일본의 무력이 강해지지 않도록 하기 위해 명 왕조는 매년 일본에 판매하는 군도의 수량이 3,000자루가 넘지 않도록 규정했던 것이다.

　1507년, 아시카가 장군은 명나라에 사절단을 보내 군도의 수량을 8,000자루로 늘려줄 것을 요구했다. 하지만 일본이 요구하는 숫자가 원래 규정되었던 것을 훨씬 넘어서는 것이었기 때문에 명은 이를 거절했다. 그러자 갑자기 일본 사절단 중에서 80세가 넘은 외무대신이 앞으로 나와 명의 외교관에게 말했다. "만약 당신들이 허락하지 않으면 우리는 칼을 한 자루도 사지 않을 것이요. 그리고 곧장 일본으로 돌아가 양국의 외교관계가 끊어졌음을 선포할 것이오. 그때가 되면 아시카가 장군의 위협으로 진압되었던 해적들이 다시금 귀국의 해안을 침탈할 것이외다. 못 믿겠으면 어떻게 되나 한번 봅시다!"

당시 명나라는 왜구라 불리는 일본의 해적 때문에 여간 골머리를 앓는 것이 아니었다. 이 왜구들은 끊임없이 명나라의 연안 일대를 침범해 노략질을 일삼았는데 명나라는 대군을 보내 이들을 막아보려 했지만 항상 역부족이었다. 그런데 일본의 아시카가 장군의 도움으로 명의 연안 일대는 어느 정도 안정을 되찾게 되었던 것이다. 일본 외무대신의 말을 들은 명나라 측은 사태가 매우 심각해질 수 있음을 깨닫고 어쩔 수 없이 일본에 군도 8,000자루를 파는 것을 허락했다.

당시 자신들의 요구가 받아들여지지 않자 일본의 외무대신은 더 이상 군도의 수량문제로 명나라와 교섭을 벌이는 대신 방향을 바꾸어 왜구문제를 끌어들여 담판을 벌인 것이다. 일본 외무대신은 이번 담판 중에서 '성동격서'의 방법을 통해 주도권을 쥘 수 있었다.

8 알라마인 전선을 무너뜨린 영국군

1942년 가을, 몽고메리 장군이 이끄는 영국군은 독일의 롬멜 장군의 공격을 막은 후 알라마인 전선을 따라 반격을 개시해 북아프리카 전투에서 단번에 승리를 얻고자 했다.

알라마인 전선은 그 길이가 40마일 정도로 북지중해 연안에서 넓고 아득한 내륙 사해까지 연결되어 있었는데 영국군의 유일한 방법은 북쪽에서 정면 공격을 감행하는 것이었다. 손실을 줄이고 반격을 순조롭게 진행하기 위해서는 반드시 모든 수단을 동원해 독일군으로 하여금 영국군이 남쪽에서 공격을 개시하는 것처럼 믿게 해야 했다. 그래서 몽고메리는 '성동격서'의 전술을 쓰기로 했다.

몽고메리는 북쪽에서 공격을 준비하고 있는 부대를 교묘하게 위장시키고 느린 속도로 남쪽을 향해 진격하도록 해 북쪽에 있는 영국군의 존재를 독일이 알아차리지 못하도록 했다. 그리고 그는 남쪽에 20마일이나 되는 수로를 파도록 하고 가짜 펌프시설과 석유시설, 그리고 그다지 깊지 않은 저수지도 만들어 두고 지면에는 대량의 가짜 군용물자를 배치해 두었다. 비행기를 타고 내려다보면 이곳은 완전히 하나의 전투 준비로 바쁜 군부대처럼 보였다.

알라마인 전선 남쪽의 준비상황에 사실인지 거짓인지 모를 정보가 더해져 롬멜 장군은 결국 함정에 걸려들고 말았다. 롬멜 장군은 영국군이 남쪽에서 전투를 개시할 것이라 생각하고 탱크부대의 절반을 남쪽으로 보내는 치명적인 실수를 하게 된 것이다.

1942년 10월 23일 밤, 영국군은 알라마인 전선의 북쪽과 남쪽에서 동시에 공격을 개시했는데 독일군은 어느 쪽이 진짜 공격 방향인지 알 수가 없어 두 곳에 모두 대응할 수밖에 없었다. 그러자 갑자기 이미 최전방에 숨겨져 있던 영국군의 장갑부대와 폭탄이 북쪽에서 맹렬한 공격을 퍼부었다. 그제야 롬멜 장군은 몽고메리의 진짜 의도를 알아채게 되었고 다시 부대를 배치하려 했다. 그러나 이미 늦은 터였다. 영국군은 재빠르게 독일군의 알라마인 전선을 부수고 완전한 승리를 거두었을 뿐 아니라 승세를 타고 북아프리카 전쟁을 종결시킬 수 있었다.

9 그레나다를 기습 공격한 미군

1983년 10월 25일, 미국은 그레나다 내부의 정권교체를 기회삼아 7개의 카리브의 소국들을 모아 그레나다에 무장 침공을 감행했다. 이로써 단지 4일 만에 그레나다의 군사저항은 무너졌고 8일 후 전쟁은 끝을 맺었다.

이번 전쟁의 급작스러운 공격을 성공시키기 위해 미군은 역시 '성동격서'의 계책을 썼다. 그레나다를 침공하기 한 달 전 미 국방부는 중동지역의 형세가 긴박하게 돌아가고 있어 2개의 함정을 중동에 보낼 계획이라고 발표했다. 며칠이 지나고 수륙양용 함정과 다목적용 함정은 노퍽해군기지를 떠나 발표했던 항로를 따라 중동으로 갔다. 그러나 항해를 시작한 지 며칠이 지나자 미 해군 함정은 갑자기 그레나다로 항로를 바꾸었고 각각 그레나다 섬에서 동쪽 5해리, 북서쪽 30해리 떨어진 곳에서 명령을 기다리고 있었다. 그리고 기습공격 하루 전, 미군 운송기와 헬리콥터는 특수부대와 무기들을 그레나다 섬에서 250킬로미터 떨어진 바베이도스로 실어 날랐다. 그날 카리브 7개 국가의 경찰들도 모의훈련을 핑계로 바베이도스에 집결했다.

이렇게 미국은 상륙부대 8,000명, 함정인원 1만 명, 각종 함정 15척, 전투기 230대를 모아 조용히 그레나다를 침공할 준비를 성공적으로 마쳤다. 그리고 10월 25일 새벽 5시, 그레나다 부근 해역, 바베이도스 및 미국 내 3개 지점에서 명령을 기다리고 있던 헬리콥터와 전투기들이 쥐도 새도 모르게 그레나다로 건너갔다.

미국이 그레나다 침공 작전을 성공적으로 수행할 수 있었던 것은 그들이 자신들의 첨단무기를 충분히 이용했고 성동격서의 계책을 적절히 사용했기 때문이었다. 예부터 전해오는 '성동격서' 전술은 오늘날의 첨단기술이 동원된 전쟁에서도 여전히 그 빛을 발하고 있다.

제 7 기

무중생유(無中生有)

아무것도 없지만
있는 것처럼 보여라

이 계책은 《노자老子》 40장 "天下萬物生于有, 有生于無(천하 만물은 모두 유에서 생겨나고 유는 무에서 생겨났다)"에서 나왔다. 이 계책의 원래 뜻은 근거 없이 사실을 날조하여 죄를 뒤집어씌운다는 것이었다.

이 계책은 《노자老子》 40장 "天下萬物生于有, 有生于無(천하 만물은 모두 유에서 생겨나고 유는 무에서 생겨났다)"에서 나왔다. 이 계책의 원래 뜻은 근거 없이 사실을 날조하여 죄를 뒤집어씌운다는 것이었다. 하지만 더 넓은 의미에서 '허허실실'의 방법을 사용하고 가상, 허구를 이용해 적이 잘못된 판단이나 행동을 하게 하는 계책으로 쓰인다.

이 계책 중 '무無'는 적을 미혹시키는 허구를 뜻하며 '유有'는 내가 실현하고자 하는 진짜 의도를 뜻한다. '무'가 직접적으로 '유'를 창조하든 아니면 간접적으로 창조하든 간에 그 전환과정은 모두 교묘해야 하며 허점이 없어야 한다.

'무중생유'에는 다음과 같은 뜻이 포함되어 있다.

(1) 근거 없이 사실을 날조한다. 존재하지 않은 것을 사실로 만들고 모기를 코끼리라 한다. 이것은 적을 없애고 타인은 모함하며 자신이 이익을 얻기 위함이다.

(2) 거짓으로 진실을 대신한다. 거짓을 진실로 꾸미거나 거짓을 진실로 만들어 이로 인해 남을 속여 이를 믿게 만들고 거기에서 이득을 취한다.

(3) 공연히 평지풍파를 일으킨다. 적이 평온하고 아무런 분쟁이 없는 상황에서 거짓정보를 이용하거나 유언비어를 퍼뜨려 적을 혼란스럽게 만든 후 그 기회를 이용해 승리를 얻는다.

 독을 써서 신생을 모함한 여희

       춘추시대, 진헌공晉獻公이 여융驪戎족을
토벌하자 여융족은 여희驪姬라는 미녀를 헌공에게 바쳤다. 나이가
어린 데다 외모가 출중한 여희는 그 자태 또한 우아해서 헌공의 총
애를 한 몸에 받게 되었다. 헌종의 후궁이 된 여희는 훗날 아들을 하
나 낳았는데 그 이름을 해제奚齊라 했다.

  여희는 줄곧 해제를 진나라의 태자로 삼아 왕위를 계승하게 하고
싶어 했다. 그러나 당시 진나라에는 이미 세상을 떠난 왕비 제강齊姜
이 낳은 태자 신생申生이 있었기에 여희는 신생을 없애기 위해 '무
중생유'의 독계를 쓰기로 결심했다.

  어느 날, 여희는 신생을 생각하는 척하며 이렇게 말했다. "군왕
께서 얼마 전 꿈속에서 태자의 어머니를 보시고는 마음 아파하고
계십니다. 그래서 태자가 사원에 가서 제사를 올리고 오셨으면 하
신답니다." 여희의 말을 믿은 신생은 생모의 제사를 위해 곡옥曲沃
으로 갔다. 제사를 마친 후 그는 관례에 따라 제사에서 썼던 술과
고기를 헌종에게 보냈고 여희는 감시가 소홀한 틈을 타 신생이 보
낸 술과 음식에 독약을 탔다. 그 후 여희는 헌종이 사냥을 마치고
궁으로 돌아오기를 기다렸다가 술과 음식을 바쳤다. 헌종이 예를
표하기 위해 우선 술을 땅에 뿌렸는데 갑자기 땅에서 거품이 부글

부글 끓어올랐다. 이를 이상하게 생각한 헌종은 고기를 개에게 먹여보았고 개는 거품을 물고 죽어버렸다. 헌종은 안색이 변하면서 술과 고기가 어디서 온 것인지를 물었다. 그러자 여희는 훌쩍거리며 "그것은 태자가 대왕께 보낸 것이옵니다"라고 말했다. 이 소식을 들은 신생은 한 마디 변명도 하지 못한 채 황급히 도망을 쳤다가 결국 신성新城에서 스스로 목숨을 끊고 말았다. 신생이 죽고 나자 여희는 신생의 두 동생도 독살음모에 가담했을 것이라고 모함했다. 그러자 신생의 두 동생 중이重耳와 이오夷吾 역시 몰래 궁을 도망쳤다.

진헌공이 죽고 나자 해제가 왕위를 계승했다. 그러나 해제는 나라를 다스릴 만한 인물이 되지 못했기 때문에 진나라는 곧 혼란에 빠지고 말았다. 하지만 후에 중이가 돌아와 정권을 잡게 되자 진나라는 비로소 본모습을 되찾을 수 있었다.

② 세치 혀로 천금을 얻은 장의

춘추시대의 장의張儀는 세치 혀만을 믿고 초나라로 갔다. 그러나 초나라 왕의 눈에 들지 못한 그의 생활은 궁핍하기 그지없었고 그를 따랐던 사람들도 더 이상 견디지 못하고 집

으로 돌아가자며 그를 원망했다.

어느 날, 초왕에게 남후南后와 정수鄭袖라는 애첩이 있다는 얘기를 듣게 된 장의는 잠시 미간을 찌푸리더니 한 가지 계책을 생각해 냈다. 그는 주위 사람들에게 큰소리치며 말했다. "내가 초왕을 만나기만 하면 그때부터 자네들은 산해진미를 먹고 능라비단을 걸치게 될 걸세. 내 손에 장을 지져도 좋네."

며칠이 지난 후 장의는 마침내 초왕을 만나게 되었다. 그러나 초왕은 그가 주장하는 연형설連衡說에 대해 아무런 관심을 보이지 않았다. 하지만 장의는 조금도 당황하지 않고 태연하게 말했다. "대왕께서 정녕 제가 마음에 들지 않으신다면 제가 이곳을 떠나 진나라에 다녀올 수 있도록 허락해 주십시오. 그러면 진나라에서 귀한 물건을 가져오도록 하겠습니다." 그러나 초왕은 여전히 귀찮다는 듯 이렇게 내뱉었다. "금은보화, 상아, 코뿔소의 뿔…. 내 나라에는 부족한 게 없는데 도대체 진나라에 무슨 진귀한 보물이 있단 말이냐?"

"대왕께서는 진나라의 미녀들에 대해 정녕 들어보지 못하셨단 말입니까?"

이 말을 들은 초왕은 감전이나 된 듯 자리에서 벌떡 일어나며 물었다. "뭐라고? 방금 뭐라고 말했느냐?"

"진나라의 미녀들 말입니다." 장의는 태연하게 말을 이어갔다. "진나라의 여인들은 모두 선녀와 같습니다. 복숭아 빛 뺨에 새하얀 피부, 옥구슬이 굴러가는 듯 한 목소리와 버드나무처럼 살랑거리는 걸음걸이….”

장의의 말에 초왕은 매우 기뻐하며 장의를 시켜 미녀를 구해오게 했다.

장의는 일부러 이 소식이 남후와 정수에 귀에 들어가도록 했다. 소식을 들은 둘은 매우 조급해하며 사람을 시켜 장의에게 황금 2,000냥을 보냈다. 장의는 심부름 온 사람을 통해 절대 두 미녀를 실망시키는 일은 없을 것이라고 안심을 시켰다.

초왕은 장의가 떠나기 전 송별연을 베풀어 주었다. 그 자리에서 장의는 초왕에게 이렇게 말했다. “만약 대왕께서 가장 신임하는 사람을 시켜 제게 술을 따르게 하신다면 3대의 영광이라고 생각하겠습니다.” 그러자 초왕은 남후와 정수를 불러와 차례로 장의에게 술을 따르게 했다. 장의는 남후와 정수를 보는 순간 깜짝 놀라며 초왕 앞에 무릎을 꿇더니 이렇게 말했다. “제가 대왕 앞에서 실언을 했습니다. 죽여주십시오! 소인을 죽여주십시오.”

“도대체 무슨 일이냐?” 그러자 장의가 대답했다. “제가 천하를 다녀 보지 않은 곳이 없는데 여태껏 한번도 저 두 분처럼 아름다운 분은 만나보지 못했습니다. 제가 지난번에 진나라의 미녀를 대왕께 바치겠다고 한 것은 두 분을 만나보지 못한 탓입니다. 대왕께 헛된 말을 했으니 죽어 마땅합니다!”

그러자 초왕은 호탕하게 웃으며 말했다. “그랬구나. 너는 진나라에 갈 필요가 없다. 나 역시도 나의 두 애비愛妃만큼 아름다운 여인들은 없다고 생각하고 있었다.”

이렇게 장의는 세치 혀를 이용해 초나라 왕 앞에서 한바탕 ‘연기’를 펼치고 황금 1,000냥을 받을 수 있었다.

3 황제의 총애를 받게 된 동방삭

한漢 무제武帝는 즉위 후 천하의 인재들을 널리 등용했는데 동방삭東方朔 역시 이때 선발된 인물이었다. 한 무제는 동방삭에게 녹봉이 적은 공차서대조公車署待詔를 맡게 했는데 이에 매우 실망한 동방삭은 자신의 상황을 바꿀 수 있는 한 가지 방법을 생각해 냈다.

어느 날 동방삭은 궁중에서 마구간을 돌보는 난쟁이들에게 이렇게 말했다. “황제께서는 너희들이 아무짝에도 쓸모없다고 생각하고 계신다. 너희는 농사도 짓지 못하고 민사를 처리하지도 못하며 군대를 지휘하지도 못하는데 매일 무위도식이나 한다고 말이다. 그래서 황제께서는 너희를 죽일 것이라 하셨다.” 이 말을 들은 난쟁이들은 두려움에 떨며 울기 시작했다. 그러자 동방삭은 난쟁이들에게 이렇게 말했다. "황제께서 이곳을 지나가시거든 너희는 머리를 조아리고 무조건 죄를 빌어라."

얼마 후 황제가 한 무리의 대신들을 이끌고 이곳을 지나갔다. 그러자 난쟁이들은 모두 무릎을 꿇고는 머리를 찧으며 울었다. 어리둥절한 한 무제가 물었다. "왜 우는 것이냐?"

"황제께서 우리 모두를 죽이실 것이라고 동방삭이 말했습니다." 이 말을 들은 황제는 불같이 화를 내며 동방삭을 잡아들여 질책했다. "네 놈이 간이 배 밖으로 나왔구나. 거짓을 퍼트린 죄를 어찌 다스려야 할꼬!" 동방삭은 마침 이 기회를 기다리고 있었다는 듯 당당하게 말했다. "저 난쟁이들은 키가 3척으로, 녹봉으로 240전에 해당하는 좁쌀 한 자루를 받습니다. 신은 키가 9척인데 역시 녹봉으로 좁쌀 한 자루를 받습니다. 난쟁이들은 이것을 먹고 배가 터질 지경이지만 저는 이것으로 끼니를 연명하기조차 힘듭니다. 만약 황제께서 제가 재능이 있다고 생각하시면 저를 높게 쓰시고 그렇지 않다고 생각하시면 집으로 돌려보내시어 이곳에서 허송세월 하지 않게 하시옵소서." 이 말을 들은 한 무제는 크게 웃더니 동방삭이 꾀를 낸 것임을 알고 그 죄를 묻지 않았다.

얼마 후 동방삭은 금마문대조金馬門待詔로 등용되어 황제의 신임과 총애를 한 몸에 받게 되었다.

4 유언비어를 퍼뜨려 곡율광을 죽인 조정

북제北齊의 후주后主 고위高緯가 어리석고 무능한 탓에 나라의 대권은 모두 그가 총애하는 조정이 쥐고 있었다. 사람됨이 강직한 명장 곡율광斛律光은 조정祖珽의 안하무인격인 작태에 걱정스러운 마음을 숨기지 않았는데 이 때문에 조정은 그를 고깝게 보기 시작했다.

한편 북제를 치려고 하던 북주北周의 훈주勛州 자사刺史 위효관韋孝寬은 곡율광의 용맹함 때문에 성급히 손을 쓰지 못하고 있었다. 그래서 위효관은 북제의 수도에 첩자를 보내어 유언비어를 퍼뜨리게 했다. '백승百升이 하늘을 날고, 명월明月이 장안을 비추네.' '고산高山은 밀지 않아도 스스로 붕괴되고 떡갈나무槲樹는 스스로 강해지네.' 이를 들은 조정은 마침 자신이 바라던 바와 같이 일이 풀려가자 여기에다가 '눈먼 남편은 고개를 숙이고 말 많은 아내는 말을 잃었네'라는 말을 덧붙여 길거리에서 아이들이 부르게 했다.

이런 헛소문들은 후에 고위의 귀에까지 들어갔는데 그 뜻을 알지 못했던 그는 조정을 불러들였다. 때가 왔음을 직감한 조정은 노랫말을 처음부터 풀어가기 시작했다. "백승百升(10말)은 한 곡斛을, 명월明月은 광光을 가리킵니다. 또 고산高山은 고씨의 강산을, 떡갈나무는 곡율斛律 씨를 말하는 것입니다. 이것은 분명 곡율광이 반역을 꾀하여 정권을 찬탈하려함을 나타내는 것입니다. 그리고 마지막의 눈먼 남편은 저를 가리키는 것이며(조정은 장님이었다), 말 많은 아내는 폐하의 유모를 빗댄 것입니다. 이 노래를 듣고 있자니 정말로 간담이 서늘해집니다." 조정은 계속해서 고위를 충동질했다. 하지만 천성이 나약한 고위는 선뜻 나서지 못하고 망설일 뿐이었다.

그러자 조정은 승상부府의 하급관리를 매수해 곡율광이 비밀리에 군사를 모으고 집에는 각종 병기를 숨겨 두었으며 수천에 이르는 하인들을 훈련시켜 모반을 꾀하고 있다는 거짓 보고를 하도록 했다. 이 보고를 들은 고위는 마침내 더 이상 곡율광을 살려 두어서는 안 되겠다는 생각을 했다.

그러나 많은 군사를 거느린 곡율광을 어떻게 단박에 없앨 수 있단 말인가? 그래서 조정은 고위에게 이렇게 말했다. "만약 황상께서 명령을 내려 그를 불러들이시면 분명 의심을 하고 오지 않으려 들 것입니다. 그러니 사람을 시켜 곡율광에게 좋은 말 한 필을 하사하시고 내일 황상께서 동산에 유람을 가실 테니 동행하는 게 어떻겠느냐고 하십시오. 그렇게 되면 곡율광은 분명 감사의 뜻을 전하기 위해 입궁할 것입니다. 바로 그때 손을 쓰면 됩니다." 얼마 후 곡율광은 과연 함정에 걸려들었고 궁에 들어서자마자 바로 죽임을 당했다.

　　　　북송 초년, 송 태조는 무관들이 모든 병권을 장악하고 있어 훗날 자신의 황권을 위협하게 될까 걱정이 되었다. 그래서 그는 '술잔으로 병권을 놓게 하는' 계책을 썼다. 그때부터 송의 무관들은 자신들이 재산을 불리고 먹고 마시는 데에만 신경을 썼다. 그러나 송 태조는 또 그들이 축적한 재산이 너무 많아지는 것을 걱정하기 시작했고 다시 한 번 '술잔으로 재산을 거둬들이는' 계책을 생각해 냈다.

　송 태조는 우선 모든 무관들에게 좋은 땅을 하사하며 그들에게 그곳에 집을 짓도록 했다. 황제의 하사품인지라 장수들은 감히 황제의 명령을 거스르지 못하고 재빨리 대형 토목공사를 시작했다. 집이 완공된 후 황제는 또다시 연회를 열어 무관들을 불러들였다. 연회석상에서 황제는 계속해서 술을 권했고 결국 그들은 모두 거나하게 취해 집에 돌아갈 수도 없을 지경이었다. 그러자 송 태조는 각 무관들의 아들들을 불러 아버지를 모셔가도록 했다. 송 태조는 그들을 대전문大殿門까지 배웅하면서 태연한 표정으로 이렇게 말했다. "너희들의 부친이 친히 조정에 10만 관(1,000전錢=1관)을 헌납하기로 했다."

　술이 깬 무관들은 자신들이 이미 집에 돌아와 있는 것을 보고 자신이 어떻게 집으로 오게 되었는지, 황제 앞에서 실례를 범하지는 않았는지를 물었다. 그리고 그 과정에서 헌납에 관한 일도 알게 되었다. 무관들은 자신들이 술에 취했을 때 정말 헌납을 한다고 얘기했는지 의심이 들긴 했지만 어쩔 수 없이 다음 날 모두 10만 관을 갖다 바쳤다.

송 태조는 무관들이 축척한 돈이 많아져 왕권에 불리해질까봐 그들에게서 재산을 어느 정도 거둬들이려 했다. 하지만 하늘같은 임금이 신하들에게 손을 내밀어 돈을 달라고 할 수는 없는 일이었다. 그래서 송 태조는 '무중생유'의 계책을 생각해 낸 것이다. 이렇게 함으로써 황상은 존엄을 지킬 수 있었고, 조정은 많은 돈을 거둬들일 수 있었으며, 무관들 역시 할 말이 없게 만들었으니 이 일석삼조의 방법은 더할 나위 없이 성공적이라 할 수 있었다.

⑥ 간계를 써서 악비를 제거한 진회

　　　　　남송 초년, 송 태종은 임안臨安에서 여생을 편히 보내려 했지만 일관되게 금나라에 저항할 것을 주장하는 명장 악비岳飛는 금과의 화친에 있어 가장 큰 걸림돌이 될 수밖에 없었

다. 이런 고종의 의중을 알아차린 간신 진회秦檜는 악비를 제거하기 위한 음모를 꾸미기 시작했다.

진회는 우선 악비 수하의 장군 장헌張憲에게 역모를 꾀했다는 누명을 씌우고, 악비의 아들 운雲 역시 장헌에게 모반의 뜻을 담은 편지를 건넸다는 거짓을 꾸며 장헌과 악운을 함께 잡아들였다. 진회의 심복 장준張俊은 장헌과 악운에게 모진 고문을 가하여 죄를 시인하도록 강요했다. 그러나 둘은 만신창이가 되면서도 끝내 죄를 인정하지 않자 장준은 어쩔 수 없이 거짓으로 자백서를 만들어 냈다.

당시 악비는 관직을 박탈당한 채 여산廬山에 칩거하고 있었다. 진회는 악비의 의형제 양기楊沂를 보내 악비를 속여 수도 임안으로 오게 했다. 악비는 임안에 발을 들여놓자마자 곧장 대리사大理寺의 감옥으로 압송되었다.

진회는 어사중승御使中丞 하주何鑄를 시켜 악비의 사건을 맡도록 했다. 조사를 벌인 하주는 악비가 반역을 꾀했다는 어떠한 증거도 찾아낼 수 없었다. 그래서 사실 그대로를 보고했지만 진회는 불같이 성을 내며 하주를 질책했다. 진회는 하주에게 "이것은 황상의 뜻이라네"라고 말하며 오랫동안 그를 구슬렸지만 하주가 자신에게 동조할 뜻이 없어 보이자 그를 해임시키고 간의대부諫議大夫 만사설万俟卨을 시켜 사건을 심리하도록 했다. 진회에게 아첨한 덕택에 높은 지위에 오르게 된 묵기설로서는 진회가 맡긴 중임을 소홀히 할 수 없었다. 묵기설은 열과 성을 다해 수단 방법을 가리지 않고 사건을 조사했지만 역시 악비가 모반을 꾀했다는 어떠한 증거도 찾아낼 수 없었다.

악비가 감옥에 있는 사이 송과 금은 강화를 맺었다. 송나라는 굴욕적으로 금나라에 스스로를 신하라 칭하고 땅을 바쳤다. 이때 심리에 참여했던 대리사경大理寺卿 설인보薛仁輔, 사승寺丞 이약박李若朴, 하언유何彦猷가 고종에게 상소를 올려 악비의 무죄를 주장했다. 악비와 같이 금나라에 맞서 싸운 명장 한세충韓世忠이 분개하며 진회에게 악비가 모반을 했다는 증거가 무엇이냐고 물었다. 그러자 진회는 떠듬거리며 "막수유莫須有"라고 대답했다. ('막수유'는 아마 있을 것이라는 뜻이다.) 그러자 한세충은 버럭 화를 내며 이렇게 말했다. "막수유 세 글자만을 가지고 천하를 설득할 수 있단 말인가?" 진회는 할 말을 잃었다.

그러나 고종의 힘을 등에 업은 진회는 1142년 설이 되기 전 악비를 비밀리에 살해하고 말았는데 그때 악비의 나이가 겨우 39세였다.

7 짚신을 신은 맨발의 의사

1974년 10월, 덩샤오핑은 제3세계에서 온

의료대표단을 만난 자리에서 중국의 '맨발의 의사'에 대한 이야기를 꺼낸 적이 있었다. 맨발의 의사란 농업에 종사하면서 의료 · 위생 업무를 담당하는 사람들로서 의약시설이 부족한 벽지에서 매우 중요한 역할을 담당했다. 초기에 이런 맨발의 의사들의 의학지식은 그리 높지 않아 간단한 병만을 치료할 수 있었다. 그러나 몇 년이 지나고 난 뒤 맨발의 의사들은 짚신을 신을 자격이 되었고 얼마가 더 지나서는 천으로 된 신발도 신을 수 있게 되었다며 덩샤오핑은 말했다.

일 년 후 우경화 경향에 반대하는 운동이 시작되었고 덩샤오핑은 앞서 한 이야기들 때문에 비판을 받게 되었다.

'4인방'의 어용문인은 이런 글을 썼다. "이 뻔뻔스러운 주자파走資派 같으니! 공공연히 맨발의 의사가 '짚신'을 신고 '헝겊신'을 신었다고 주장할 수 있단 말인가? 이것은 분명 그들에게 자본주의의 신을 신기려 하고 수정주의 노선을 걷게 하려는 것임에 틀림이 없다. 이 자본주의의 대리인은 무분별하게 자본주의를 부활시키려는 목소리를 내고 있다!"

사실 덩샤오핑이 말한 짚신이니 헝겊신은 모두 맨발의 의사들의 자질이 계속해서 향상되었음을 비유한 것일 뿐이었다. 그러나 4인방은 자신들의 목적을 달성하기 위해서 덩샤오핑이 얘기한 것을 멋대로 해석했던 것이다. 그들의 이러한 의도는 1976년 12월 25일 《런민르바오人民日報》에 '무중생유'라는 제목으로 낱낱이 '폭로'되었다.

　　　　　　　최근 들어 일본에서는 중국 경제의 비약
적인 발전과 국제사회에서 중국의 지위가 날로 높아지는 것을 보고
소위 말하는 '중국 위협론'을 만들어 냈다. 사실 이것 역시 '무중생
유'에서 나온 것이다.

　일본 도쿄도 농협은 매년 메이지明治공원에서 '농업제'를 개최하
는 데 행사장 높은 곳에는 항상 '오곡풍양五穀豊穣, 천하태평天下太
平'라고 쓰인 옛날식 깃발이 매달려 있었다. 여기에는 농민들의 풍
요롭고 평화로운 생활을 향한 염원이 고스란히 담겨져 있었다. 그
러나 유감스럽게도 이제 13억 인구를 보유한 중국 경제가 발전을
거듭하고 국민 생활도 점점 풍요로워지자 일본은 이런 세계적인 기
적에 배 아파할 뿐 아니라 중국이 세계에 위협이 된다는 터무니없
는 소리를 하게 된 것이다.

　일본의 '중국 위협론'은 중국 경제의 발전이 일본 해외시장을 빼
앗아 가고 일본의 산업 공동화를 야기시킬 것이라고 주장한다. 과
연 정말 그럴까? 2002년 2월 일본의 제조업 관련 대기업 중 이미
해외로 이전하거나 이전을 준비 중인 기업은 약 14%에 해당한다.
그 중 80%는 그 목표를 아시아에 두었는데 중국으로의 이전은 그
중 절반만을 차지한다. 게다가 일본의 해외이전 대부분은 모두 노

동집약형 산업이며 연구개발에 관련된 산업은 없다. 사실 이것은 일종의 산업 구조조정으로 일본 기업 역시 이를 통해 이익을 볼 수 있는데 어떻게 '공동화'라는 말을 할 수 있단 말인가?

중국과 일본의 경제 관계는 80년대 미국과 일본의 그것과 같이 강한 상호보완성과 호혜관계로 이루어져 있다. 일본은 이미 중국에 있어 가장 큰 무역 파트너 국가가 되었고 양국의 각 분야에서의 경쟁 역시 시장원칙에 따라 정상적으로 진행되고 있다. 중국과 일본은 투자, 생산, 마케팅, 서비스 무역 등 광범위한 분야에서 협력을 펼치고 있으며 이는 일본 기업이 난관을 극복하는 데 도움이 되고 있다. 뿐만 아니라 일본이 산업 구조조정을 성공적으로 완성하는 데도 큰 역할을 하고 있다. 일본의 한 연구원은 중국의 세계무역기구(WTO) 가입 후 가장 큰 혜택을 보는 나라는 아마 일본일 것이라고 말한 적이 있다.

중국 위협론의 또 다른 주장은 바로 중국의 군비 증강이 매우 빠른 속도로 진행되고 있다는 것이다. 그러나 중국의 개혁개방 후 물가나 임금이 몇 배나 뛰었고 군대보급 물자비용과 군인 수당도 자연히 올랐다는 것을 알아야 한다. 중국의 국토 면적은 일본의 26배나 되어 해상과 육지 방어선이 매우 길어 비교적 많은 병력이 필요하다. 그럼에도 불구하고 2000년 중국의 국방비 지출은 미국의 1/20과 일본의 1/3에 지나지 않았다. 중국은 줄곧 평화공존의 외교 방침을 고수해 왔고 어떠한 경우라도 패권을 부르짖거나 먼저 핵무기를 사용하지 않을 것이라고 밝혀왔다. 사실 일본 국내에서 '중국 위협론'을 만들고 부르짖는 사람들의 목적은 바로 중국의 발전을 제어하고 가상의 적을 만들어 일본의 군수산업 발전과 군국주의의 부활을 위한 구실을 만들기 위한 것이다. 아마 이치에 밝은 사람이라면 이 사실을 모르지는 않을 것이다.

⑨ 먹을 것을 얻어낸 가난한 알리

알리는 가난한 베두인족이었다. 어느 날 그는 길을 가다 막 식사를 하려는 한 아랍 상인과 마주쳤다. 무척 배가 고팠던 알리도 허기를 채우고 싶었다. 그래서 그는 상인에게로 다가가 친한 척을 하며 말했다. "나도 당신과 같은 도시 사람인데 지금 바그다드로 가는 길입니다." 그러자 아랍 상인이 말했다. "내가 집을 떠난 지 너무 오래되어 그런데 내 집의 소식을 아시오?" "알다마다요." 알리가 대답했다. "내 아들은 건강합니까? 아이들 엄마는요?" "신의 축복으로 당신의 아들과 아내는 매우 건강하답니다." 알리가 말했다.

"그러면 내 집과 낙타, 개는 무사하오?" 상인이 다시 물었다.

"당신의 집도 아무 문제가 없고 낙타도와 개도 잘 있답니다." 알리의 말을 들은 상인은 매우 기뻐하며 옆에 있는 알리는 아랑곳하지 않은 채 전보다 더 맛있게 음식을 먹었다. 알리는 자신이 이렇게 좋은 얘기만을 해주면 상인이 반드시 자신에게 음식을 좀 나누어 줄 것이라고 생각했다. 그러나 상인이 꼼짝도 하지 않은 것을 본 알리는 화가 나기 시작했다. 마침 그때 산토끼 한 마리가 그들 앞을 뛰어갔는데 알리의 머릿속에 갑자기 한 가지 꾀가 떠올랐다. 알리는 다시 상인에게 말했다. "행복은 금세 사라지게 마련이지요. 마치 방금 뛰어갔던 산토끼처럼요. 이제까지 내가 말했던 당신 집안일은 모두 과거사가 되어 버렸습니다. 아! 만약 당신 개가 아직도 살아있다면 분명 저 토끼를 잡을 수 있었을 텐데."

"뭐라고요? 내 개가 죽다니요?" 상인이 놀라며 물었다.

"당신 개는 이미 죽었습니다. 당신 낙타 고기에 깔려 죽었지요."

"아니, 내 낙타도 죽었단 말이요?" 상인은 벌떡 일어서며 또다시 물었다.

"네. 사람들이 낙타를 잡았지요. 그것을 팔아 당신 아내에 장례를 치르기 위해서였답니다."

"내 아내가 죽었다고요?" 상인의 목소리가 흔들리기 시작했다.

"당신 아들 때문에 시름시름 앓다가 그만…."

"뭐, 뭐라고요? 그럼 내 아들도 죽었단 말이요?" 상인은 그만 다리에 힘이 풀려 주저앉고 말았다.

“당신 집이 무너지는 바람에 불행히도 깔려 죽고 말았지요.”

여기까지 이야기를 들은 상인은 더 이상 참지 못하고 급하게 낙타를 타고 집으로 돌아갔다. 그제야 알리는 상인이 두고 간 음식을 맛있게 먹을 수 있었다.

알리는 교묘하게 거짓말을 꾸며대 상인이 집에 돌아가도록 만들고 많은 음식을 얻게 되었다. 그의 ‘무중생유’의 계책과 꼬리에 꼬리를 무는 이야기는 실로 감탄을 자아내기에 충분했다.

10 베일에 싸인 여인

덴마크의 한 도시에 리앙델이라는 젊은 귀족이 살고 있었다. 이 돈 많고 잘 생긴 젊은이는 모든 여인의 우상이 되기에 충분했다.

어느 날 밤 조용히 산책을 즐기고 있는 리앙델의 귓가에 갑자기 누군가가 자신을 부르는 소리가 들려왔다. 그래서 고개를 들어보니 길가의 건물에서 한 여인이 자신을 부르고 있는 게 보였다. 여인은 비록 얼굴을 베일로 가리고 있었지만 그녀의 실루엣과 아름다운 목소리, 고상한 말투는 리앙델의 마음을 깊이 흔들어 놓았다. 그날부터 두 사람은 매일 같은 시간에 만났다. 시간이 지날수록 리앙델은 베일을 쓴 여인을 깊이 사랑하게 되었다. 그러던 어느 날 리앙델은 마침내 자신의 마음을 털어놓았다. 이야기를 다 들은 여인은 한동안 아무 말도 하지 않더니 다시 한 번 생각해 본 후 대답해 주겠다고 말했다.

다음 날 밤 리앙델은 변함없이 여인을 찾아갔다. 모퉁이를 막 돌아서는데 갑자기 사내 몇이 나타나더니 다짜고짜 리앙델을 마차에 밀어 넣었다.

한참을 빙빙 돌던 마차는 한 별장에 도착했다. 별장의 로비는 금색으로 휘황찬란하게 장식이 되어 있었고 대낮같이 밝은 불빛이 켜져 있었으며 테이블 위에는 갖가지 음식과 술이 가득했다. 영문도 모른 채 서 있는 리앙델 앞에 갑자기 너무도 아름다운 한 여인이 나타났다. 여인은 자신이 오래 전부터 리앙델을 흠모해 왔으며 이제는 그와 결혼하고 싶다고 말했다. 만약 그가 원하기만 한다면 자신의 저택과 재산은 모두 리앙델의 것이 될 것이라는 말도 덧붙였다.

여인의 유혹 앞에서 리앙델은 고민하기 시작했다. 그러나 그는 베일 여인과의 약속을 지키기 위해 눈앞에 있는 아름답고 부유한 아가씨의 마음을 거절했다. 리앙델의 결심이 확고한 것을 본 여인은 어쩔 수 없이 그를 보내 주었다. 그리고 리앙델이 다시 약속장소로 돌아왔을 때 베일의 여인은 이미 한참을 기다리고 있었다. 리앙델은 방금 있었던 이야기를 여인에게 해주었다. 잠자코 얘기를 듣던 여인은 천천히 말했다. "제가 계속 베일을 쓰고 있었던 것은 제 얼굴이 너무 못생겼기 때문이랍니다. 그러니 당신은 당신을 사랑한다고 고백했던 그 아가씨에게로 가세요." 그러자 리앙델은 흥분하며 말했다. "서로 사랑한다는 것은 두 마음이 포개어지는 것입니다. 당신의 착한 마음씨와 우아하고 따뜻한 행동으로도 나는 충분합니다. 당신이 아무리 못생겼다고 해도 나는 괜찮습니다. 설령 바다가 마르고 돌이 썩는다 해도 당신에 대한 내 사랑은 절대 변하지 않을 겁니다."

리앙델의 말을 다 들은 여인은 손을 뻗어 베일을 걷었다. 여인의 얼굴을 본 리앙델은 깜짝 놀랄 수밖에 없었다. 자신의 앞에 방금 별장에서 보았던 아름다운 여인이 서 있었기 때문이었다. 사랑의 시험을 거친 리앙델은 마침내 이 아름다운 여인의 마음을 얻을 수 있었다.

베일 여인은 리앙델의 마음을 시험해 보기 위해 무중생유의 방법을 이용해 그를 이러지도 저러지도 못할 곤란한 상황에 빠뜨렸던 것이다. 사려 깊은 여인은 이런 방법을 이용해 리앙델의 진심을 알 수 있었다.

11 편지 한 장으로
적을 물러가게 한 표트르 대제

18세기 초, 러시아와 스웨덴은 발트 해의 패권을 차지하기 위해 대규모 전쟁을 벌였다. 스웨덴은 첫 번째 진공에서 실패한 후 많은 준비를 거쳐 강한 해군과 육군을 모아들인 다음 다시 러시아의 두 번째 진공을 시작했다.

두 번째 공격을 시작한 스웨덴의 세력은 매우 강했고 금세 러시아 연안에 상륙할 수 있었다. 당시 러시아 연해지역은 병력이 약했기 때문에 스웨덴 군대에 의해 후퇴할 수밖에 없었다. 러시아 군사들과 백성들은 동요하기 시작했고 나라는 혼란스러워졌다. 러시아 통치 집단 내부의 의견 차이도 심각했는데 연해의 요지와 지금 진행하고 있는 방어시설 복구를 포기하고 내륙으로 후퇴한 다음 다시 공격을 하자는 이도 있었다.

이렇듯 러시아가 바람 앞의 등불처럼 위태로운 상황에서도 표트르 대제는 이상하리만치 침착했다. 그는 스웨덴의 국왕과 그의 장군들이 지나치리만큼 신중하고 우유부단하고 과감함과 고집이 부족하다는 것을 잘 알고 있었다. 만약 스웨덴의 이런 약점을 잘만 이용한다면 러시아는 위기를 기회로 바꿀 수도 있는 터였다.

표트르 대제는 긴급사절들에게 자신이 직접 쓴 편지를 주어 각지로 보냈다. 이 각 지역의 지휘관들에게 보내는 편지에는 즉시 지원군을 보내 연해지역을 구하라는 내용이 담겨져 있었다. 물론 그가 언급했던 지원군은 있지도 않은 존재들이었다. 멀리 있는 물은 아무리 많아봤자 갈증을 해결해 주지는 못하는 법이니 말이다. 명령을 부여받은 긴급사절들은 일부러 길을 잃은 척하고 자신의 신분을 드러나게 해서 결국 스웨덴 군사들에게 잡혀 편지들을 뺏기고 말았다. 스웨덴의 장군들은 표트르 대제의 편지가 매우 신경이 쓰였고 러시아가 엄청난 양의 군사력을 숨겨 두었다고 생각하게 되었다. 그리고 그들은 러시아가 완강하게 버티지 않고 후퇴하는 것은 무슨 다른 계략이 있어서 임에 틀림없다고 믿게 되었다. 이런 상황 속에서 결국 스웨덴은 이미 차지한 연해지역을 포기하고 자국으로 철수해 버리고 말았다.

표트르 대제는 무기하나 사용하지 않고 단지 가짜 편지 한 장을 이용해 적을 물러가게 함으로써 연해지역을 지켜낼 수 있었다. 그렇게 함으로써 상트페테르부르크와 전략시설을 보호하고 러시아를 위기로부터 구해낼 수 있었다.

 **12 헤이그를 물러나게 한 앨런**

　　　　　　리처드 앨런은 미국의 관록 있는 정치인
이었다. 그는 닉슨 대통령이 집권할 당시 국가안보위원회에서 일하
다가 키신저와의 다툼으로 그만두게 되었다. 그 후 레이건이 대통령
에 당선된 후 그는 다시 국가안보담당 보좌관을 맡게 되었다. 레이
건 정부의 국무장관 헤이그는 성격 탓에 정계에 적이 많은 인물이었
다. 둘은 정치적 견해가 다른데다가 헤이그는 앨런의 숙적 키신저의
절친한 친구였기에 앨런은 줄곧 헤이그를 무너뜨릴 생각을 했다.

　앨런은 자신의 업무상 이점을 활용해 걸핏하면 언론계에 헤이그
에 관한 루머를 흘렸다. 물론 그는 기자들에게 자신의 이름이 알려
지지 않도록 신신당부했고 기자들은 그저 '백악관의 권위 있는 인
물에게서 들은 바에 의하면' 이라는 내용의 기사를 썼다. 그로 인해
'헤이그의 자리가 흔들리고 있다' '헤이그 곧 물러날 듯' 이라는 루
머가 사회 전반에 퍼지게 되었던 것이다. 특히 헤이그를 화나게 했
던 것은 1981년 11월 워싱턴포스트 지가 발표한 기사였다. 내용인
즉, 레이건 대통령이 가지고 있는 블랙리스트의 첫 줄을 장식한 사
람이 바로 헤이그라는 것이었다. 이 기사는 또 '국무장관 헤이그의
한쪽 발은 이미 바나나 껍질을 밟고 있다. 그러니 언제든지 내각에
서 미끄러져 나올 수 있는 것이다' 라는 말을 덧붙였다.

앨런은 언론을 통해 루머를 퍼트리는 '무중생유'의 방법을 이용해 헤이그를 곤경에 빠뜨리고 더 나아가 계속해서 그를 난처하게 하는 방법을 동원했다. 얼마 지나지 않아 헤이그는 레이건 대통령에게 사직서를 제출했다.

13 만들어진 관광명소

'굴뚝 없는 산업'이라 불리는 관광산업을 발전시켜 경제 효율을 높이기 위해서 일본인은 끊임없이 '무중생유'의 방법을 사용했다. 일본에서도 외진 곳에 위치한 이나伊那 역시 이 방법을 사용해 엄청난 돈을 벌어들였다.

이나는 원래 관광자원이 거의 없는 지역이었다. 그러나 현지 관청은 돈을 벌어들이기 위해 억지로 '명승고적'을 만들어 내기로 했다. 우선 많은 사람을 파견해 민속풍습을 알아오게 했는데 몇 달간의 고생을 거쳐 협객 칸타로에 관한 이야기를 찾아낼 수 있었다. 비록 사실이 아닌 신화일 뿐이지만 관련기관은 이를 이용해 관광자원을 개발하기로 했다.

그리고 얼마 지나지 않아 이나의 기차역 광장에는 하루아침에 칸타로의 동상이 세워졌다. 또 서점에는 칸타로의 생김새와 성격, 그리고 그의 활약상을 적은 책들이 넘쳐났다. 그리고 관광용품 가게들도 칸타로의 목조조각, 칸타로의 허리띠, 칸타로의 무기 등 각종 완구들을 내놓았다. 심지어 거리 전체에는 칸타로의 노래가 울려 퍼졌다.

그리고 얼마 지나지 않아 집집마다 칸타로를 영웅으로 받들게 되었다. 그리고 칸타로의 탄생지인 이나는 자연히 그에 따라 큰 이득을 보게 되었다. 이나는 멀리까지 알려진 이름난 관광명소가 된 것이다.

제**8**기

암도진창(暗渡陣倉)

남몰래
진흙길을 건너라

이 계책의 전체 내용은 '明修棧道, 暗渡陳倉(명수잔도, 암도진창)' 이다. 진창은 옛 현의 이름으로 현재 산시陝西의 바오지스寶鷄市 동쪽에 위치해 있었다.

　이 계책의 전체 내용은 '明修棧道, 暗渡陳倉(명수잔도, 암도진창)'이다. 진창은 옛 현의 이름으로 현재 산시陝西의 바오지스寶鷄市 동쪽에 위치해 있었다. '명수잔도 암도진창'은 원래 초나라와 한나라가 전쟁을 할 당시 한신韓信이 썼던 계책 중 하나이다. 기원전 206년 유방劉邦은 한신을 보내 진秦나라 장군 장한章邯을 치도록 했다. 적을 방심하도록 하기 위해서 한신은 병사 1만을 시켜 한중漢中에서 관중關中에 이르는 잔도를 대대적으로 수리하도록 했다. 이렇게 함으로써 관중을 치려는 것처럼 보이려는 것이었다. 장한은 과연 예상대로 한신의 꾀에 걸려들었다. 그는 잔도가 지나는 곳에 병사들을 배치하고 한신을 공격할 준비를 했던 것이다. 그러나 한신은 몰래 진창을 건너 기습 공격을 펼쳤고 갑작스러운 공격에 당황한 장한은 싸움에 크게 패하고 말았다.

　이 계책은 아군이 정면 공격을 하기 쉽지 않고 제2의 '건널 방법'이 있을 때 사용가능하다. '명수잔도'는 거짓된 행동을 만들어 적에게 보여줌으로써 적의 힘을 유인하거나 견제하는 것이며 '암도진창'은 아군이 달성하고자 하는 진짜 목표를 가리킨다. 잔도는 적이 볼 수 있도록 드러내 놓고 수리해야 하며 진창은 아무도 모르게 건너야 한다. 이렇게 드러냄과 숨김을 적절하고 정확하게 이행해야만 이 계책을 성공적으로 운용할 수 있다.

암도진창은 다음의 세 가지를 의미한다.

(1) 측면공격으로 정면 공격을 대신한다. 사실 잔도의 수리를 끝내 놓고 그 길을 통해 공격을 펼치는 것이 훨씬 빠르다. 그러나 적이 잔도 부근에 매복을 해 두었다면 억지로 이에 맞서서는 절대 안 된다. 그렇기 때문에 잔도 수리를 끝내고 이 길을 돌아 적의 뒤에서 기습 공격을 펼치는 것이다. 이렇게 하면 길을 둘러 가야 하지만 상대방이 생각지 못한 방법으로 승리를 얻어낼 수 있다.

(2) 드러냄으로써 비밀을 숨긴다. '드러냄'과 '숨김'의 두 가지 방법은 동시에 사용해야 한다. '드러냄'은 거짓이고 '숨김'은 사실이다. 전자를 이용해 후자를 감추어야 한다.

(3) 정면공격으로 기습공격을 숨긴다. 《사기史記》권 82에는 '兵以正合, 以奇勝(병이정합, 이기승)'이라는 말이 있다. 전쟁을 할 때 일반적으로 정공법으로 적에 맞서고 기공법으로 승리한다는 말이다. '正(정)'은 일반적인 용병의 방법이고, '奇(기)'는 변칙적인 방법을 말한다.

 **병을 핑계로 관우를 속인 여몽**

삼국시대, 손권孫權은 유비에게서 형주를 빼앗아 오기 위해 그 임무를 대장군 여몽에게 맡겼다.

여몽呂蒙은 관우가 조조를 치기 위해 북으로 가면서도 남쪽의 방어를 위해 이곳에 많은 군사를 배치하고 강을 따라 봉화대를 설치해 두었다는 사실을 알게 되었다. 그래서 그는 관우를 안심시키기 위해 병을 핑계로 장군자리를 내놓고 그 자리에 나이가 어린 육손陸遜을 대신 앉혔다. 하지만 이것은 모두 몰래 형주를 치려는 여몽의 계획이었다. 예상대로 관우는 여몽의 계책에 걸려들어 일생일대의 중대한 실수를 범하고 말았다. 육손이 어리고 이치에 어두워 자신의 적수가 되지 않는다고 생각한 관우는 남쪽을 방어하던 군사들을 모두 북쪽의 조조를 치는 데 끌어들였던 것이다. 때가 되었다고 생각한 여몽은 그 기회를 놓치지 않고 상선으로 가장한 함대를 형주로 보냈고, 여몽의 함대는 목적지에 도착하자마자 번개와 같은 기세로 형주를 차지해 버렸다. 아래위로 적을 맞게 된 관우는 얼마 지나지 않아 전쟁에서 패하고 죽음을 맞게 되었다. 이로써 촉을 받치고 있던 든든한 기둥 하나가 안타깝게도 사라져 버린 것이다.

여몽은 병을 핑계로 어린 육손을 자신의 자리에 앉힘으로써 관우가 방심하도록 만들고는 비밀리에 그를 쓰러뜨릴 계획을 세웠는데

이것이 바로 '명수잔도, 암도진창' 의 성공적인 운용 사례라 할 수
있다.

2 몰래 음평을 건넌 등애

　　　　　삼국 후기, 위魏의 사마소司馬昭는 장군 등
애鄧艾와 종회鐘會에게 촉나라를 칠 것을 명령했다. 하지만 이들의
행렬은 검각劍閣에서 촉 장군 강유姜維에게 저지당하고 말았다. 검각
을 공격하기가 쉽지 않다는 것을 안 등애는 사마소에게 몰래 음평陰
平을 건널 계획을 제안했다. 그의 계획을 받아들인 사마소는 종회에
게 계속해서 검각을 정면 공격함으로써 강유의 주의를 끌도록 하는
한편 그 사이 등애를 시켜 몰래 음평을 건너도록 명령했다.

　등애는 즉시 자신의 아들 충忠에게 정예군 5,000명을 주어 먼저
길을 열게 한 다음 자신은 대군을 이끌고 그 뒤를 따랐다. '촉으로
가는 길은 푸른 하늘에 오르는 길만큼 험하다' 라는 시구처럼 등애
의 대군은 몇 번이나 어려운 상황에 부딪쳤지만 그때마다 강한 정
신력으로 버텨냈다. 하지만 등애의 군대가 강유江油 북쪽 마천령摩天
嶺에 도착했을 때 그들은 절벽에 가로막혀 더 이상 앞으로 나갈 수

없었다. 그때 등애가 군사들에게 말했다. "아무리 험한 산이나 바다가 막고 있다고 해도 우리는 앞으로 나아가야 한다. 우리에게 후퇴란 있을 수 없다." 그리고 그는 먼저 모포를 몸에 휘감고 절벽을 내려갔다. 그의 행동에 감화를 받은 병사들은 목숨을 돌보지 않고 장군을 따라 절벽을 기어 내려갔다.

등애의 군대가 갑자기 강유성에 나타나자 촉나라군의 수장 마손馬遜은 신병이 나타났다고 생각하고는 감히 싸우지도 못하고 항복해버렸다. 등애는 그 기세를 몰아 재빠르게 면죽綿竹을 공격했다. 그러자 촉한蜀漢 황제 유선劉禪은 대세가 이미 기울었음을 알고 어쩔 수 없이 대신들을 이끌고 성 밖으로 나가 등애에게 항복을 선언했다. 촉한은 이때부터 멸망의 길을 걷게 되었던 것이다

이렇듯, 정면공격으로 승리하기 힘든 상황에서는 정면공격으로 적을 유인함과 동시에 생각지도 못했던 험한 길을 돌아 적의 가장 약한 부분을 공격해야 한다. 이렇게 하면 반드시 승리할 수 있다.

③ 성을 쌓아 적을 방어한 이윤칙

북송 진종眞宗, 웅주雄州의 지주知州 이윤

칙李允則은 성과 해자를 수리해 거란의 갑작스러운 공격에 대비하고
자 했다. 하지만 그때 마침 북송과 거란이 강화를 맺은 터라 대놓고
성벽을 수리한다면 거란이 이를 구실삼아 공격을 할 것이 뻔했다.
강한 거란에 비해 그 힘이 보잘 것 없었던 북송으로서는 공연한 일
로 평지풍파를 일으키고 싶지 않았다. 그래서 이윤칙은 고심 끝에
'명수잔도, 암도진창' 의 방법을 쓰기로 했다.

웅주성 북쪽 밖에는 옹성이 하나 있었는데 이윤칙은 그 옹성을
성 안에 포함시켰다. 이윤칙은 우선 성 북쪽 동악사東岳祠를 수리한
다음 비싼 제사도구들을 사들였다. 그리고 악사들을 시켜 거리에서
떠들썩하게 연주를 하도록 하여 거란인들의 관심을 끌었다. 며칠이
지나고 그는 부하들에게 몰래 동악사의 제사도구들을 훔쳐 오게 한
다음 거란인들이 물건을 훔쳐 갔다고 거짓 소문을 퍼뜨렸다. 이윤
칙은 능청스럽게 당장 범인을 잡아들이라고 명령했고 이 때문에 성
안은 한바탕 소동이 일었다. 그리고 얼마 후 그는 도둑이 성 밖으로
도망치지 못하게 한다는 명분으로 성벽을 대대적으로 수리하기 시
작했다. 그는 당당하게 성벽을 수리하면서 옹성에 살고 있던 사람
들을 모두 성 안으로 옮겨오게 했다.

또 그는 매년 강가에서 열리는 제사에서 노 젓기 시합을 벌였는
데 이 자리에는 항상 거란인들도 초대했다. 하지만 그 역시 경기를
가장한 수전水戰훈련이었다.

웅주의 북쪽에는 함정과 보루가 많이 있었다. 어느 날 이윤칙은

"송과 거란이 이미 강화를 맺었는데 이런 것들이 다 무슨 필요가 있단 말인가?"라고 말하며 부하들을 시켜 함정을 모조리 메우고 보루를 허물도록 했다. 그리고 그 위에다 경지를 개간한 뒤 사방에 낮은 벽을 쌓고 가시나무를 심었는데 오히려 이전보다 훨씬 더 위험하고 공격하기 힘든 곳이 되었다. 이어서 그는 또 예불을 명목으로 북쪽에 불탑을 지었는데 불탑이 어찌나 높은지 30리 밖의 풍경도 다 보일 정도였다. 이에 그치지 않고 그는 변경지역에 느릅나무를 심었는데 시간이 지날수록 숲은 더욱 울창해져 갔다. 이를 보며 이윤칙이 장수들에게 말했다. "울창하게 자란 느릅나무는 가장 좋은 장애물이요. 그러니 적의 기병이 와도 무기를 쓸 만한 곳은 아무 데도 없을 것이오."

이렇듯 이윤칙은 성을 수리하고 수비를 강화하는 데 엄청난 노력을 기울였다. 그는 여러 가지 명분을 갖다 대며 자신이 하는 모든 일들은 그저 백성들의 더 나은 생활환경을 위해서라고 적들이 생각하도록 만들고 자신의 진짜 의도를 철저하게 감추었다. 이런 연막작전을 쓰면서 이윤칙은 성을 수리하고 새로운 방어시설을 만들 수 있었다. 그는 거란이 자신의 의도를 알아차리지 못하는 틈을 타 그들에게 맞설 수 있는 방어시설을 모두 준비했던 것이다.

4 연회를 열어 적을 친 적청

1052년, 남방의 농지고儂智高가 반란을 일으키자 송 인종仁宗은 적청狄靑을 보내 이를 제압하도록 했다. 적청은 곤륜관崑崙關 아래 진을 치고 병사들에게 싸움에 나서지 말고 진영을 지키라고 명령했다. 하지만 진서陳曙라는 한 장수가 공을 세우고 싶은 마음에 병사들을 이끌고 무모하게 전투에 나섰다가 형편없이 두들겨 맞고는 결국 도망쳐 오고 말았다. 그러자 적청은 군법에 따라 진서와 그 수하 31명의 목을 모두 베어 버렸다. 이 사건 이후로 아무도 감히 적청의 명을 어기지 못했다. 한편 이 소식을 들은 농지고는 크게 기뻐하며 적청이 공격하지 않을 것이라 생각하고 수비에 전혀 신경을 쓰지 않았다.

마침 정월 15일 원소절元宵節이 되자 백성들은 집집마다 등을 걸고 한껏 명절 분위기에 취해 있었다. 적청 역시 진영 안에 술자리를 벌이고 병사들을 모은 자리에서 이렇게 말했다. "첫째 날은 고관 장병들이, 둘째 날은 중하급 장병들이, 그리고 셋째 날은 전체 사병들이 먹고 마시며 즐기도록 하라."

첫날, 적청 휘하의 최고 장수들은 연회에 참석해 술과 음식을 먹고 즐겁게 놀다 다음 날 새벽이 되어서야 모두 흩어졌다. 그리고 이튿날, 또다시 벌어진 술자리에서 군관들이 거나하게 취할 때쯤 적청은 몸이 좋지 않다는 핑계로 자리를 떠났다. 장수들이 먹고 마시며 왁자하게 떠드는 사이 밤이 깊었지만 적청은 돌아오지 않았고 아무도 감히 자리를 뜨지 못했다. 그리고 날이 어슴푸레 밝아오자 갑자기 병졸 하나가 헐레벌떡 달려오더니 이렇게 말했다. "원사께서는 이미 곤륜관을 뚫으셨습니다. 그리고 여러 장수님을 아침식사에 초대하셨습니다." 이 말을 들은 장수들은 모두 한순간에 술이 깨는 듯했다.

사실 적청은 자신들이 3일 동안 연회를 연다는 소식이 일부러 농지고의 귀에 들어가게 했다. 이 소식을 들은 농지고는 마음을 푹 놓고 자신도 연회를 베풀어 부하들을 위로했다. 두 번째 술자리가 벌어지던 날씨가 무척이나 춥던 그날 밤, 적청은 용감하고 날랜 장수 몇몇을 선발해 적이 방어를 게을리 하고 있는 틈을 타 공격을 감행했던 것이다. 아닌 밤중에 공격을 당한 적은 놀라 허둥거렸고 저항할 틈도 없이 적청에게 무릎을 꿇었다. 이로써 해서 적청은 험한 요새였던 곤륜관을 쉽게 얻을 수 있었다.

 《수호전》에는 계주蓟州 보은사報恩寺 스님 해공海公과 양웅楊雄의 아내 반교운潘巧雲이 눈 맞은 얘기가 나온다.

 어느 날 반교운은 부친과 함께 돌아가신 어머니에게 향을 올리기 위해 보은사로 갔다. 모든 의식을 준비한 후 해공은 반교운 부녀를 자신의 승방으로 초대해 음식을 권했다. 해공이 일부러 준비한 독한 술을 연거푸 들이킨 반교운의 아버지는 마침내 취해 쓰러지고 말았다. 해공은 사람을 시켜 교운의 부친을 다른 방으로 옮겨 편히 자도록 했다.

 그리고 방에는 교운과 해공 둘만이 남게 되었다. 술을 마신 교운은 정신이 혼미해지고 몸이 붕붕 떠다니는 것 같았다. 그녀가 물었다. "제게 왜 술을 먹이신 겁니까?"

 해공이 히죽 웃으며 말했다. "그저 부인에게 존경의 뜻을 담아 드린 겁니다."

 "더 이상 못 마시겠습니다."

 교운의 말을 들은 해공은 이제 때가 되었다 생각하고 이렇게 말했다. "부인, 소승의 처소로 가시어 불아佛牙(석가모니를 화장한 후 남은 치아)를 보시지 않겠습니까?"

 그러자 교운과 계집종은 해공을 따라 그의 처소로 갔다. 그의 방은 매우 깨끗하고 고상하게 꾸며져 있었다.

"방이 아주 깨끗하고 좋습니다." 술에 취한 교운이 한껏 들뜬 목소리로 말했다.

"네, 오로지 한 가지, 부인과 같이 아름다운 여인만 있다면 완벽하겠지요." 해공이 슬슬 본심을 드러내기 시작했다.

"제게 불아를 보여준다고 하시지 않으셨습니까?"

"먼저 계집종을 물러가게 하시면 꺼내 보여 드리겠습니다."

그러자 교운이 계집종에게 말했다. "가서 아버님께서 깨어나셨는지 살피도록 하여라."

계집종이 나가자 해공은 방문을 걸어 잠그고는 교운과 맘껏 운우지정을 나누었다.

해공은 교운에게 불아를 보러 가자고 했지만 사실 그것은 그녀를 얻기 위한 수단이었다. 이것을 보면 '명수잔도, 암도진창'의 계는 남녀의 연예에서도 얼마든지 응용이 가능하다 할 수 있다.

6 리셴저우를 생포한 천이陳毅

1947년 봄, 국민당 군대의 30여 만 병력

은 참모부장 천청陳誠의 지휘 아래 공산당의 산둥해방구山東解放區를 대대적으로 공격했다.

당시 천청은 어우전歐震에게 새로 편성한 20개 여단을 주고 룽하이로隴海路 동쪽 끝 신안新安 이북 30킬로미터에서 좌우, 중간으로 나누어 남쪽에서부터 린이臨沂로 맹렬한 기세로 치고 올라오도록 했다. 그는 또 '제2 수정구綏靖區' 부사령관 리셴저우李仙洲에게 3개 군단과 9개 사단을 이끌고 자오지로膠濟路의 밍수이明水, 쯔보두안淄博段 구간 북쪽에서 출발해 남쪽의 라이우萊蕪와 멍인蒙陰을 공격하도록 명령했다. 그의 목적은 30여만의 병력으로 남북 협공을 펼침으로써 공산당을 이멍산沂蒙山에서 뿌리 뽑으려는 것이었다.

이렇게 공산당과 국민당의 치열한 결전이 예고되고 있었다.

이 무렵 산둥해방구의 본부 린이에 있는 사령부 작전실에는 항상 유머와 익살이 넘치던 사령관 천이가 눈살을 찌푸린 채 지도 앞에 서서 적을 물리치기 위한 방법을 생각하고 있었다. 얼마 지나지 않아 그가 옆에 있던 쑤위粟裕와 탄전린譚震林에게 말했다. "국민당의 30만 병력과 그들의 장비는 우리보다 훨씬 뛰어나기 때문에 억지로 맞서서는 안 될 것이오. 우선 우수한 병력을 집중해 고립된 곳에서 2, 3급 부대를 칩시다. 적의 2, 3급 부대를 없애고 나면 그들의 힘은 자연히 줄어들게 되고 1급 부대 역시 기댈 곳이 없어질 겁니다. 그러면 그들 역시 약한 적에 지나지 않을 것이고 우리 마음대로 주무를 수 있게 될 것이오." 그리고 천이는 쑤위, 탄전린과 함께 구체적인 작전을 짜기 시작했다. 그는 우선 북쪽의 적 리셴저우에 대한 정탐을 강화하고 그의 움직임을 꼼꼼히 살피도록 한 다음 지방의 병력을 모아 서부 전선의 운하에 교량을 세우도록 했다. 이 두 작전 은 마치 천이의 군대가 남쪽에서 전투를 할 준비를 하고 만약의 사 태에 대비해 최후의 보루로써 교량을 만드는 것처럼 보이도록 했 다. 그와 동시에 천이는 과감하게 린이를 포기할 것을 명령했다. 그 의 이 결정에 많은 사람이 의아해했지만 시간이 지나고 그때 천이 의 결정이 얼마나 정확하고 훌륭했는지 여실히 증명되었다.

한편 공산당의 이런 움직임을 안 국민당 군대는 한층 더 기세가 등등해졌다. 천청은 거드름을 피우며 말했다. "천이는 이미 우리와 싸울 힘이 없어 서쪽으로 강을 건너 류덩劉鄧과 회합하려고 시도하 고 있다. 하지만 아군의 뛰어난 전투실력으로 산둥은 곧 우리 차지 가 될 것이다!" 이런 생각을 바탕으로 천청은 북로의 리셴저우에게 하루 빨리 신타이新泰와 멍인을 쳐 공산당 군대의 서쪽 퇴로를 차단 하라고 명령했다.

사실 천이가 세운 교량은 일종의 연막탄으로 그에게는 서쪽으로 진격할 마음이 눈곱만큼도 없었다. 적이 자신의 계책에 걸려들자 천이는 3, 4종대를 남쪽 전선에 남겨 두어 맞서게 하고 주력부대 전 부를 이끌고 리셴저우를 공격하기 위해 조용히 북쪽으로 향했다.

2월 20일, 천이의 8, 9 종대가 먼저 허좡何莊지역에 도착했다. 허 좡지역의 국민당 군대는 전혀 방어도 하지 못한 상황에서 거의 전멸했다. 그리고 21일, 천이의 1, 4, 7, 8, 9의 5개 종대가 번개와 같은 기세로 라이우성 및 기타 지역을 에워쌌고 리셴저우의 73군단과 46군단은 금세 독안에 든 쥐가 되고 말았다.

그제야 공산당의 '명수잔도, 암도진창'의 전술을 알아차린 장제스는 황급히 리셴저우에게 포위를 풀고 북쪽 지난濟南으로 후퇴할 것을 명령했지만 때는 이미 늦은 후였다. 천이의 명령이 떨어지기 무섭게 공산당의 군대는 무차별 공격을 퍼부었고 리셴저우의 군대는 낙엽처럼 이리저리 흩어지고 말았다. 리셴저우 군대의 연락 체계는 금세 엉망이 되어 버렸고 사람과 말이 혼란스럽게 나뒹굴어 힘을 모아 천이에게 저항한다는 것은 근본적으로 불가능했다. 6시간의 격전이 끝나고 국민당의 2개 군단과 1개 사단은 모두 섬멸당했으며 리셴저우는 생포되었다. 이렇게 산둥해방구에서의 국민당의 대대적인 공격은 아무런 성과 없이 실패로 끝나고 말았다.

7 보어 교수 구출 작전

　　　　　　1939년 9월, 히틀러가 폴란드에 맹공을 퍼부은 후 전쟁의 먹구름은 유럽 전체에 감돌기 시작했다.

미국과 영국은 북대서양 요충지를 견제할 수 있는 덴마크, 노르웨이, 스웨덴의 스칸디나비아 3국이 히틀러의 공격목표가 되지 않을까 하는 걱정에 노심초사였다.

게다가 이곳은 신무기 개발에 최적의 장소였기 때문에 그들의 걱정은 이루 말할 수가 없었다. 당시 독일이 핵분열에 성공한 데다 핵분열 실험에 지대한 공을 한 당대 최고의 과학자라 불리던 닐스 보어 과학자가 바로 덴마크 출신이었기 때문이었다. 만약 독일이 스칸디나비아 반도 3국을 점령하게 되면 노르웨이로부터 원자실험에 필요한 중수를 얻을 수 있을 뿐 아니라 보어 박사와 그의 실험실 그리고 그동안의 실험 성과를 이용해 어마어마한 살상력을 가진 첨단 무기를 만들어 낼 수도 있는 상황이었다. 영국과 프랑스는 절대 이 일을 손놓고 지켜 볼 수가 없었다. 그래서 그들은 정식전쟁 말고도 또 하나의 비밀전쟁을 준비하기 시작했다.

크리스마스 날 밤, 스웨덴의 한 호텔에서 갑자기 한 발의 총성이 울렸다. 경찰은 급히 현장으로 출동해 이 사건을 조사했다. 사실 총성은 호텔 투숙객이었던 영국의 사업가 스티븐슨의 경호원이 실수로 울렸던 것이었다. 하지만 단순한 이 사건이 점점 복잡해지기 시작했다. 경찰이 스티븐슨의 방을 조사하던 과정에서 사제폭탄을 발견했던 것이다. 뜻하지 않았던 소득에 친독일 스웨덴 경찰은 흥분을 감출 수 없었다.

사실 스웨덴 경찰과 독일 측은 스티븐슨이 입국할 때부터 그를 주시하고 있었다. 스웨덴 반스파이 조직이 이미 스티븐슨은 보통 사업가가 아닌 특수한 임무를 띠고 스웨덴으로 온 스파이라는 정보를 입수했기 때문이다. 이런 상황에서 스티븐슨의 방에서 폭탄이 발견되었다는 것은 자신들의 정보가 정확했다는 것을 증명하고 있었다. 이 사건은 스웨덴 내 친독일파를 거치며 제멋대로 부풀려졌다. 영국 외교대신은 어쩔 수 없이 사과의 뜻을 표하며 그들의 행동이 국제법에 위배됨을 인정했다. 독일인은 적들의 음모를 미리 저지했다는 생각에 한껏 의기양양해졌다.

난처한 입장에 처한 스티븐슨은 웬일인지 계속 스웨덴에 머무르며 진짜 비즈니스 활동을 시작했다. 그리고 그는 많은 유명 인사를 만나면서 자신의 명예를 되찾기 위해 노력했다. 하지만 경찰은 이미 가치를 잃은 스파이에게 더 이상 신경조차 쓰지 않았다. 그리고 스티븐슨이 도대체 언제 스웨덴에서 사라졌는지 아는 사람은 아무도 없었다.

1943년, 나치의 삼엄한 감시를 받던 덴마크의 물리학자이자 원자폭탄의 아버지 보어가 갑자기 대서양 연안의 영국에 출현했을 때 독일인들은 도무지 어떻게 된 일인지 영문을 알 수가 없었다. 사건의 전모는 스티븐슨만이 알고 있었다. 사실 당초 그가 사업가로 위장하고 스웨덴에 입국한 것은 모두 '보어 탈출 계획'을 위해서였다. 그는 호텔에서 일부러 총성을 내고 폭탄을 감춰 스웨덴 경찰과 독일의 주의를 끌어 자신의 진짜 목적을 감추었던 것이다. 그리고 아무도 자신에게 관심을 가지지 않을 때 그는 조용히 스파이 활동을 시작했고 마침내 보어를 영국으로 탈출시킬 수 있었다.

8 소련을 기습 공격한 히틀러

　　　　　2차 세계대전이 발발한 후, 독일 파시스트의 우두머리 히틀러의 침략 야욕은 나날이 커지고 있었다. 1940년 7월 히틀러는 고급군사회의에서 독일이 소련을 공격할 것이며 기습 공격의 방법을 통해 단번에 소련을 뒤엎어 버리겠다고 선포했다. 독일군의 총 참모부는 히틀러의 지시에 따라 즉시 소련에 대한 작전 계획을 짜기 시작했고 1940년 말, 드디어 '바바로사' 라는 이름의 작전이 완성되었다.

히틀러는 "바바로사 작전이 시작되면 전 세계는 믿을 수 없을 만큼의 두려움에 떨게 될 것"이라며 호언장담했다.

사실 소련을 공격하기 위해서 독일은 일련의 속임수를 썼다. 히틀러 역시 러시아 침공이 희대의 사기극이 되도록 할 것이라고 말한 적이 있었다. 1940년 독일은 영국을 공격하기 위한 '바다사자 작전' 을 계획했었다. 하지만 이후에 소련을 공격하기 위해 이 작전을 포기했는데 사실 이때 독일은 소련 공격 계획을 감추기 위해 일부러 대대적으로 '바다사자 작전'을 널리 알렸던 것이다.

독일은 소련침략 전쟁과 관련된 모든 준비작업과 군사 배치를 전부 '바다사자 작전'을 실행하기 위해 취하는 행동이라고 말했다. 이것이 바로 히틀러의 '명수잔도, 암도진창'의 계책이었다.

독일은 소련을 속이기 위해 계속해서 연막탄을 사용했다. 그들은 일부러 영국 지도를 인쇄해 영어 통역관들에게 나누어 주었고 영국 해협 연안에 바다를 건널 수단을 마련해 두고는 모의 상륙작전을 펼쳤다. 두 번째로 독일은 여론을 이용해 소련을 속였다. 그들은 자국의 병력을 대규모로 동쪽으로 이동한 것을 두고 영국을 침범하기 위해 동부에서 군대를 재정비할 것이라고 떠들었다. 세 번째 고의성이 짙은 독일 외교관의 행동들이다. 히틀러는 소련에 있는 독일 외교관들을 시켜 독일 병력의 동쪽 이동의 원인을 자세하게 설명하도록 했다. 독일의 핀란드에 증병에 대해서도, 주 소련 독일 대사는 또다시 소련 외상 모로토프를 만나 독일군이 핀란드를 거쳐 노르웨이 북부에 원군을 파견하는 것일 뿐이라고 설명했다.

이렇게 '바다사자 작전'이라는 연막탄을 쳐 놓고 독일군은 비밀리에 소련을 치기 위한 계획을 착착 진행하고 있었다. 게다가 소련은 히틀러의 이러한 속임수 때문에 독일군의 행동에 대해 일절 주의를 기울이지 않았다.

1941년 6월 22일, 독일은 선전포고도 하지 않은 채 190개의 사단과 5100대의 전투기를 동원해 소련을 거세게 공격했다. 독일군은 우선 소련 서부의 중요 도시와 교통거점, 육해공군 기지와 각 부대를 무차별 공격했다. 소련 서부의 비행장 66곳은 손 쓸 도리도 없는 상황에서 공격을 당했고 1200대의 비행기가 파손되었다. 결국 소련군은 형편없이 두들겨 맞기만 하다가 내륙으로 밀려나고 말았다. 히틀러의 계획이 다시 한 번 성공하는 순간이었다.

9 노르망디 상륙작전

　　　　　　　　1944년 6월 영·미 연합군의 노르망디 상륙작전은 20세기 최고의 성공적인 '암도진창'이라 할 수 있다.

　자연조건으로 볼 때 영국 동남쪽에서 칼레해협을 건너 반대쪽 연안의 독일 칼레지역에 상륙하는 것이 영국 남부에서 영국 해협을 건너는 것보다 거리상 훨씬 가까웠고 운송은 물론 공군이 지원하기에도 더 편리했다. 히틀러 역시 이 점을 알고 있었기에 연합군이 일부러 힘을 들여 먼 곳으로 돌아오지는 않을 것이라는 생각에 주 방어력을 칼레지역에 집중시켰다. 연합군은 바로 이점을 이용해 가짜 진지를 꾸미기 시작했다. 그들은 칼레지역 맞은편 영국 연안 일대에 가짜 통신망과 함께 미국의 '제1군'이라는 표지도 붙여 놓았다. 그리고 패튼 장군이 이 부대의 사령관을 맡았다는 거짓 정보를 흘려 그들이 바로 칼레 상륙작전을 위한 주력부대라고 오해하도록 만들었다. 연합군은 또 나무와 방수포 등을 이용해 가짜 포탄과 탱크, 함대를 만들어 영국 동남부에 '배치' 해 두었다.

이 모든 것들은 연합군의 상륙지점이 바로 칼레라는 히틀러의 확신을 더욱 공고하게 해 주었다. 히틀러는 이 판단을 근거로 칼레에 23개의 사단을 배치하는 한편 연안지역에 6킬로미터가 넘는 방어시설을 만들었다.

1944년 6월 5일 새벽, 연합군은 바다와 하늘을 통해 노르망디로 들어왔다. 연합군은 독일군의 치열한 저항 없이 손쉽게 상륙작전을 마칠 수 있었다. 히틀러는 연합군의 노르망디 상륙 보고를 들으면서도 자신의 판단이 잘못되었다는 것을 믿을 수가 없다는 듯이 기세등등하게 말했다. "연합군의 노르망디 상륙은 양동작전일 뿐이다."

이렇게 연합군이 교묘하게 이용한 '명수잔도, 암도진창'의 전략은 노르망디에서 성공적으로 실현될 수 있었으며, 이곳을 통해 독일 본토로 진군한 연합군은 조금씩 히틀러의 멸망의 길을 앞당길 수 있었다.

 **비밀리에 중국을 방문한 키신저**

　　　　　　1960년대 말, 미국은 오랫동안 중국을 적
대시하던 정책을 거두는 동시에 소련의 거센 도전에 맞서게 되었다.
닉슨 대통령은 미국의 세계 전략을 수정하고 중국과의 관계 개선에
힘쓰기로 결정했다. 중국 정부 역시 평화공존의 5개 원칙에 근거해
중.미 양국의 관계를 근본적으로 개선하기를 바라고 있음을 표했다.

　마침내 야히야 파키스탄 대통령의 중재로 중 · 미 양국은 1971년
7월 9일에서 11일까지 키신저가 비밀리에 중국을 방문하는 데 합의
했다. 하지만 이 사실을 감추기 위해 키신저는 전 세계 순회방문을
떠나는 것처럼 가장했다. 6월 30일, 백악관은 닉슨 대통령의 지시
로 키신저가 베트남 남부지역 방문을 시작으로 태국, 인도, 파키스
탄을 거쳐 파리로 갈 것이라고 발표했다.

　7월 3일, 키신저는 먼저 사이공에 도착했다. 그곳의 기자들은 한
시도 빼놓지 않고 키신저의 일거수일투족을 주시했다. 7월 4일, 그
는 태국의 수도 방콕에 도착한 뒤 이어 5일에는 또다시 인도의 수도
뉴델리로 날아갔다. 그 사이 키신저는 어떠한 입장표명도 하지 않
았기에 기자들은 조금씩 그에 관해 흥미를 잃어가기 시작했다. 그
리고 7월 8일, 키신저가 파키스탄의 수도 이슬라마바드에 도착했을
때 그를 따르는 기자는 단 3명뿐이었다.

그리고 얼마 후, 현대 외교 역사상 가장 대단했던 '탈출극'이 시작되었다. 7월 9일, 파키스탄 정부는 키신저가 건강이 좋지 못한 관계로 어쩔 수 없이 해발 8500피트에 있는 나디아갈리 산장에서 며칠간 휴식을 취하게 되었다고 발표했다. '명수잔도' 계획이 주목을 끌도록 하기 위해서 미국과 파키스탄 국기를 단 자동차 대열이 수도 이슬라마바드를 지나 나디아갈리로 향했다.

그러나 키신저는 나디아갈리로 가지 않았다. 7월 9일 새벽, 그는 파키스탄 외교부 비서관의 안내로 비밀리에 이슬라마바드 공항으로 향했다. 공항에는 이미 중국의 고위 관리 4명이 키신저를 기다리고 있었다. 그들은 저우언라이周恩來 중국 총리가 보낸 사람들이었다. 키신저와 중국의 고위관리들이 비행기에 올랐을 때 이들을 주의 깊게 보는 이는 아무도 없었다. 하지만 공교롭게도 런던《데일리 텔레그래프(Daily Telegraph)》의 기자 베거가 마침 공항에 있었다. 이 노련한 기자는 한눈에 그 사람이 키신저라는 것을 알아봤다. 그는 즉시 사무실로 돌아가 런던 신문사에 급보를 보냈다. 당시 신문사에서 당직을 서고 있던 편집인은 베거의 기사를 연거푸 읽어 보더니 혼잣말로 중얼거렸다. "베거 이 녀석이 술 취한 게 틀림없어. 키신저가 중국엘 갔다고? 황당하군!"

그날 새벽 3시, 키신저 일행이 탄 비행기는 일반 민간 항공기의 항로와는 달리 남쪽으로 길게 호선을 그린 후 중국 국경을 따라 날아갔다. 비행기는 동북쪽에서 중국의 영공으로 들어갔고 세계에서 가장 위대한 산봉우리를 넘어 마침내 베이징北京에 도착했다.

키신저의 베이징 방문은 20여년간 중·미 사이에 가로막혀 있던 벽을 허물고 양국의 직접 대화를 실현하기 위한 것이었다. 이 위대한 역사적 사업을 위해 그는 '암도진창'의 연극을 훌륭히 소화했다.

⑪ 미군의 '사막의 칼' 작전

걸프전쟁 중 미국은 이라크를 공격하기 위해 '사막의 칼'이라는 지상 작전 계획을 세웠다. 이 지상 작전을 감추기 위해 미국은 '명수잔도, 암도진창'의 전략을 이용했고, 그 결과 이라크군에게 대승을 거둘 수 있었다.

미군은 이라크가 자신들의 주 공격방향을 오판하도록 하기 위해 먼저 주력부대를 사우디아라비아와 쿠웨이트 국경 이남에 배치했다. 또 자주 지상공격과 함께 수륙양용 상륙 모의훈련을 벌였다. 이 정보를 입수한 이라크는 미군이 당연히 쿠웨이트 남부지역에서 공격을 개시할 것이라 판단하고 이곳에 대부분의 병력을 배치하는 한편 모든 주의력을 집중시켰다. 작전 수행 하루 전, 비행기와 지상 운송수단을 이용해 제7 군단과 제18 공수부대를 이동시키던 미군은 사우디아라비아 부근에서 갑자기 서쪽으로 방향을 틀어 이라크, 쿠웨이트, 사우디아라비아 3개 국의 접경지점에서 서쪽으로 200킬로미터 떨어진 라프하에 부대를 옮겨놓고 진영을 짰다. 이라크가 미군의 진짜 의도를 알았을 때는 이미 너무 늦어버린 후였고 이라크의 패전은 정해진 것이나 다름없었다.

미국이 '사막의 칼' 작전을 수행하기 위해 이용한 '암도진창'의 계책은 이미 벌써 전통적인 방법, 즉 사람을 보내 잔도를 수리하게 하면서 다른 한편으로는 진창을 건너게 하는 방법이 아니었다. 그들은 같은 부대를 이용해 먼저 잔도를 수리하게 함으로써 적에 대항하는 것처럼 보이게 만든 후 적이 여기에 걸려들 때까지 기다렸다가 첨단기술을 동원한 기동력을 이용해 또다시 이 부대로 하여금 다시 한 번 단시간 내에 비밀리에 '진창'을 건너는 방법을 썼다. 이렇게 함으로써 미국은 적이 전혀 방어하지 못하게 하여 승리를 이끌어 낼 수 있었다.

 ## 12 상인 형제의 연기

미국 필라델피아에서 한 노인이 '뉴욕 상

회'라는 가게를 차렸다. 그리고 얼마 후 또 한 사람의 노인이 마치 일부러 그런 것처럼 앞서 노인과 똑같은 가게를 열고는 '아메리카 상회'라는 간판을 내걸었다. 원수는 외나무다리에서 만난다고 했던 가? 그저 경쟁관계였던 두 사람은 점차 서로를 헐뜯느라 정신이 없을 정도였다.

어느 날 '뉴욕 상회'에 이런 푯말이 걸렸다. '아일랜드산 마麻침구 오늘 도착. 최상의 품질에 단돈 6달러 50센트!!' 그러자 이에 질세라 '아메리카 상회' 역시 푯말을 붙였다. '원조 마 침구 판매점. 개당 5달러95센트. 유사상품에 주의!!' 이렇게 두 가게의 주인은 서로 헐뜯으며 앞 다투어 상품의 가격을 내렸다. 그리고 결국 뉴욕 상회가 경쟁에서 지고 말았다. 많은 사람은 너도나도 아메리카 상회로 달려가 물건을 사겠다고 아우성을 쳤고 주인은 물건을 남김없이 다 팔 수 있었다. 손님들은 또 손님들대로 가장 싼 가격에 물건을 샀다며 만족해했다.

몇 년이 지나고 그 중 한 가게의 주인이 먼저 세상을 떠났다. 그러자 나머지 가게의 주인도 장사를 그만두고 이사를 가버렸다. 사람들은 모두 이를 두고 의아해했다. 이제 경쟁상대가 없어졌으니 시장을 독점할 수 있을 텐데 왜 가게를 그만 둔 것일까? 하고 말이다. 얼마가 지나고 사람들은 그제야 그 이유를 알게 되었다. 사실 두 가게의 주인은 형제지간이었다. 두 사람이 벌였던 싸움들은 모두 연극이었고 앞 다투어 가격을 내린 것도 모두 속임수였던 것이다. 한 사람이 경쟁에서 지면 나머지 한 사람은 물건을 모조리 팔 수 있었으니 말이다.

두 형제는 겉으로는 경쟁하는 것처럼 연극을 하면서 고객을 끌어들이기 위한 꼼수를 썼다. 즉, 둘 사이의 치열한 경쟁은 '명수잔도'요, 고객을 끌어들인 것은 '암도진창'이라 할 수 있다. 그 외에 형제가 서로 헐뜯고 비방한 것은 '고육계苦肉計'라고 볼 수 있으니 두 형제는 '암도진창'과 '고육계'를 동시에 써서 장사로 큰돈을 벌 수 있었다.

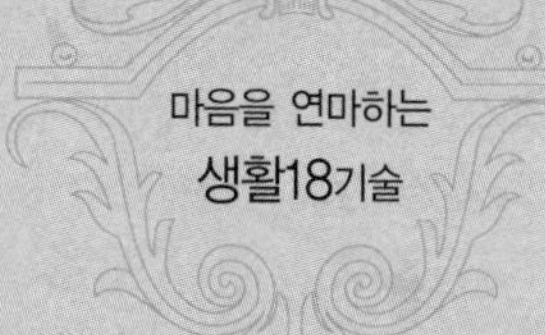

제9기

격안관화(隔岸觀火)

무대 밖에서 무대 안의
배우를 움직여라

이 계책의 원뜻은 강 이쪽 편에서 맞은편 언덕에 난 불을 구경한다는 뜻이다. 그러던 것이 다른 사람이 위기에 처했을 때 손을 놓고 스스로 몰락할 때까지 기다렸다가 이익을 취하는 것을 비유하게 되었다.

➔ 해설 ◀

　이 계책의 원뜻은 강 이쪽 편에서 맞은편 언덕에 난 불을 구경한다는 뜻이다. 그러던 것이 다른 사람이 위기에 처했을 때 손을 놓고 스스로 몰락할 때까지 기다렸다가 이익을 취하는 것을 비유하게 되었다.

　이 계책을 이용하기 위한 전제조건 다음과 같다. 첫째, 구경할 '불'이 있어야 한다는 것, 즉 적을 혼란에 빠트릴 사건이 있어야 한다는 것이다. 둘째, 막아줄 '언덕'이 있어야 할 것, 만약 언덕이 없다면 불구경하는 위험은 클 수밖에 없기 때문이다.

　일반적으로 전쟁에 뛰어들 마음이 없거나, 능력이 없거나, 그렇지 않으면 상황이 여의치 않을 때 우리는 '구경'하는 태도를 취할 수 있다. '구경'하는 방법에는 여러 가지가 있다. ① 손놓고 지켜보기만 한다. ② 조용히 몰래 훔쳐본다. ③ 한 걸음 물러서 멀리서 구경한다. ④ 같이 행동하며 사태를 지켜본다.

이 계책은 다음의 세 가지 뜻으로 나눌 수 있다.

(1) 먼저 손을 쓰면 이길 수 없다. 《손자병법》에는 "昔之善戰者, 先爲不可勝, 以待敵之可勝(옛날, 전쟁을 잘하는 사람은 먼저 나를 이길 수 없게 한 연후에 적을 이길 수 있는 때를 기다렸다)"라는 말이 있다. '불'이 거세게 타고 있을 때는 급하게 손을 뻗어 '밤'을 꺼내려 해서는 안 된다. 자칫하면 화상을 입을 수 있기 때문이다. 이럴 때 가장 좋은 방법은 강 건너에서 '불구경'하는 듯한 태도다. 이렇게 하면 자신의 안전을 확보할 수 있다. 뿐만 아니라 기회가 올 때를 기다렸다가 다시 행동에 돌입하면 일을 성사시킬 수 있는 가능성은 더욱 커진다.

(2) 산에 앉아 범이 싸우는 것을 구경한다. 일반적으로 볼 때 외부의 문제가 심각해지면 내부의 분열은 완화된다. 그리고 외부의 문제가 해결이 되면 내부의 충돌은 더욱 격렬해진다. 그러니 두 마리 호랑이가 싸울 때에는 조용히 산에 앉아 구경함으로써 서로 죽이게 만들어라.

(3) 어부지리를 얻는다. '불구경'은 최종 목적이 아니라 이익을 얻기 위한 것이다. 그래서 도요새와 조개가 서로 싸우게 될 때 둘 다 빠져나오지 못하는 상황을 이용해 어부지리를 얻으면 된다. 하지만 시기를 놓치면 그 이익을 제3자에게 빼앗길 수도 있음을 명심해야 한다.

 ## 진 혜왕을 설득시킨 진진

전국시대, 한·위 양국 간에는 전쟁이 끊일 날이 없었다. 한과 위의 다툼을 중재하고 싶었던 진 혜왕秦惠王은 자신의 생각을 대신들에게 알렸다. 하지만 찬성과 반대 의견이 너무나도 치열하게 대립하게 되자 혜왕도 쉽게 결정을 내릴 수가 없었다.

답답해진 혜왕은 마침 진나라에 와 있던 모사 진진陳軫을 불러와 이 일을 의논했다. 혜왕의 말을 들은 진진은 잠시 생각에 잠겼다가 천천히 입을 열었다. "대왕께서는 변장자卞莊子가 범을 찌른 이야기를 들어보지 못하셨습니까? 어느 날 변장자와 동복 하나가 길을 가다 범 두 마리가 소를 잡아먹으려 하는 걸 보았습니다. 변장자는 즉시 보검을 꺼내어 호랑이를 죽이려 했는데 옆에 있던 동복이 그를 말리며 이렇게 말했습니다. '두 범이 일단 고기 맛을 보고 나면 서로 고기를 차지하려 싸우게 될 것입니다. 그렇게 되면 덩치가 큰 놈은 상처를 입고, 작은 놈은 죽게 되겠지요. 그때를 기다렸다가 부상당한 큰 놈을 공격하면 힘 들이지 않고 범 두 마리를 모두 얻을 수 있습니다.' 지금 한·위 두 나라가 서로 전쟁을 하고 있습니다. 전쟁이 길어지게 되면 이기고 지는 것과 상관없이 강국은 손실을 입을 것이고 약소국은 멸망하게 되어 있습니다. 그때 대왕께서 쇠약해진 강국에 군사를 보내신다면 분명 변장자처럼 두 싸움 당사자로부터 어부지리를 얻을 수 있게 됩니다. 어떠십니까. 대왕?”

진진이 말을 들은 혜왕은 무릎을 치며 그의 날카로운 지적에 칭찬을 아끼지 않았다. 그 후 진나라는 가만히 산에 앉아 호랑이들의 싸움을 구경하며 형세가 어떻게 바뀌는지를 주시했다. 얼마 후 진진의 말처럼 한나라는 전쟁에서 패하고, 위나라 역시 큰 타격을 입었다. 진 혜왕은 이때를 놓치지 않고 위나라를 공격했고 쉽게 전쟁에서 이길 수 있었다.

 **2 한발 늦게 한을 구한 손빈**

기원전 342년, 위나라 군대가 한나라의 수도를 침범했다. 한의 소후昭侯는 위나라 군의 맹렬한 기세를 보고 저항하기 힘들다 생각하고는 사자를 파견해 제齊나라에 지원을 요청했다.

제 위왕은 군신들을 모아 놓고 이 일을 의논했다. 군신들의 의견이 하도 제각각이어서 쉽게 결론이 나지 않고 있었는데 오로지 손빈孫臏만이 입을 굳게 다물고 있었다. 이를 본 제왕은 반드시 손빈에게 좋은 계책이 있을 것이라 생각하고 그에게 의견을 물었다.

그러자 손빈이 굳게 다문 입을 열었다. "위나라는 자신들의 힘만 믿고 작년에는 조나라를 치더니 이제는 한나라를 침범했습니다. 이렇게 되면 언젠가는 제나라 역시도 넘보려 들 것입니다. 만약 우리가 지금 군사를 내어 한나라를 구하러 가지 않으면 이것은 한을 포기하고 위를 배부르게 만드는 것과 같습니다. 그러니 구하지 않은 것은 이치에 맞지 않습니다. 그러나 위는 지금 막 한을 공격하기 시작해서 군사들의 사기가 하늘을 찌를 것입니다. 한 역시도 아직까지 큰 타격을 입지는 않았습니다. 만약 이런 때 우리가 지원군을 보낸다면 한은 가만히 앉아서 일이 성사되는 것을 지켜만 보면 되는 반면 우리 제나라의 병사들은 큰 타격을 입게 됩니다. 그러니 곧바로 지원군을 보내는 것 역시 좋은 계책이라고 할 수 없습니다." "그러면 어떻게 하면 좋단 말이요?" 제 위왕이 다시 물었다. "먼저 한나라의 요구에 응하는 척하여 그들을 진정시키는 것이 좋을 듯합니다. 한나라는 우리가 지원군을 보냈다는 것을 알면 아마 사력을 다해 싸울 것입니다. 그러니 우리는 가만히 앉아서 두 범이 싸우는 것을 구경하기만 하면 됩니다. 그리고 두 나라 군대가 피로해졌을 때를 기다려 다시 위나라를 공격케 하십시오. 이렇게 하면 별 힘을 들이지 않고도 한을 구할 수 있으니 어찌 좋은 계책이라 아니할 수 있겠습니까?"

이 말을 들은 제 위왕은 크게 기뻐하며 한나라에 사신을 보내 지원군을 곧 보내겠다는 내용을 전하도록 했다.

제의 지원군이 곧 도착한다는 소식을 들은 한 소후는 더욱 힘을 내어 위나라에 맞섰다. 그리고 한나라가 더 이상 버티지 못하는 상황이 되자 이를 기다린 손빈은 병사들을 이끌고 한을 구했다.

3 두 원씨를 제거한 조조

삼국시대, 조조의 진화타겁 계책으로 전쟁에서 패한 원소의 두 아들 상尙과 담譚은 겨우 수천 명의 군사를 이끌고 요동遼東 태수 공손강公孫康에게 몸을 의탁했다. 그때 한 장수가 조조에게 이렇게 말했다. "이 기세를 몰아 요동을 정벌하여 원씨 형제를 완전히 없애야 합니다. 만약 그들이 공손강과 결탁한다면 두 형제는 또다시 골칫거리가 되고 말 겁니다." 하지만 조조는 고개를 가로저으며 말했다. "나는 여기에 가만히 앉아서 공손강이 원씨 형제를 죽이고 그들의 머리를 보내 올 때까지 기다릴 것이다. 그러니 괜히 힘들여 먼 곳까지 군사를 보낼 필요가 없다." 이 말을 들은 모두는 고개를 갸웃거리며 조조가 괜한 소리를 한다고 생각했다.

그리고 얼마 후, 공손강은 조조에게 원씨 형제의 머리와 함께 투항서를 보내왔다. 이를 본 군신들은 깜짝 놀라며 조조의 탁월한 식견에 감탄해 마지않았다. 그러자 조조가 태연한 얼굴로 말했다. "공손강은 줄곧 원씨 형제가 자신을 집어 삼킬 것을 두려워하고 있었다. 그런 그들이 공손강에게 의탁했으니 그들 사이에 의심이 생길 것이 분명하지 않은가? 만약 우리가 그때 군대를 보내어 급하게 공격하려 했다면 그들은 잠시 손을 잡고 나에게 저항했을 것이다. 하지만 우리가 그저 앉아서 조용히 지켜보았기 때문에 그들 사이에 다툼이 생긴 것이다." 조조의 말을 들은 군신들은 또다시 탄복하지 않을 수 없었다.

조조는 '격안관화'의 계책을 이용해 원씨 형제의 목을 얻었을 뿐 아니라 공손강의 투항서까지 받아냈으니 이런 것을 두고 '일거양득'이라 할만 하지 않겠는가? 조조의 성공은 당시의 권력구도와 대치상황에 대한 그의 정확한 판단과 분석에 기인했다 해도 과언이 아니다.

④ 남 좋은 일만 하다 간 고영창

1115년, 요나라는 금의 침입을 막기 위해

고영창高永昌에게 발해군 3,000명을 이끌고 동경요양성東京遼陽城 밖에 주둔하도록 명령을 내렸다. 다음 해 정월 초하루, 성 안에 내란이 발생하자 고영창은 군대를 이끌고 성으로 들어가 난을 평정했다. 고원창은 성을 차지하게 되자 욕심이 생겨 내친 김에 자신을 발해왕이라 칭하고 국호를 대원大元이라 했다.

요의 보복의 두려워진 고영창은 금나라의 황제 아골타阿骨打에게 서신을 보내 힘을 모아 함께 요나라에 대항할 것을 요구했다. 하지만 요나라와 대적하고 싶지도, 그렇다고 고영창의 청을 딱 잘라 거절할 수도 없었던 아골타는 '격안관화'의 계책을 쓰기로 했다. 그는 자신 역시 힘을 합해 요에 맞서고 싶지만 근래 들어 금나라의 병력이 모자라 당장은 출병을 할 수가 없다고 핑계를 댔다. 사실 아골타의 속셈은 따로 있었다. 그는 고영창이 요나라를 견제하거나 더 나아가 그 힘이 줄어들기를 기다렸다가 때가 되면 먼저 고영창을 없앤 후 다시 요나라를 공격하려 했던 것이다.

2개월 후, 요나라는 장림張琳을 대장군으로 삼고 군사 2만을 주어 고영창을 치도록 했다. 장림은 계속되는 싸움에서 승리하며 고영창의 요하遼河 방어선을 뚫고 태자하太子河를 건너 동경요양으로 밀고 들어오고 있었다. 그러나 요의 군대가 강을 반쯤 건넜을 때 고영창은 정예병을 보내 이들을 공격하도록 했고 갑작스럽게 적의 공격을 받은 요나라군은 손 쓸 틈도 없이 대패하고 말았다.

하지만 전쟁에 이긴 고영창이 득의양양해 있을 때 아골타가 보낸 금군은 힘 하나들이지 않고 요양성을 점령해 버렸다. 아골타의 배신을 꿈에서조차 생각하지 못했던 고영창은 협상을 요구하며 심지어 국호를 취소하고 금에 신하의 예우를 하겠다며 꼬리를 내렸다. 아골타는 흔쾌히 고영창의 의견에 동의를 표했다. 하지만 사실 그는 비밀리에 고영창 수하의 장수들을 자신의 편으로 끌어들여 그를 없애려는 계획을 세우고 있었다. 결국 고영창은 배신한 장수에 의해 죽임을 당하고 말았다.

적의 '격안관화'의 계책을 알아채지 못한 고영창은 결국은 아골타를 위해 죽을 고생을 하고 결국 자신은 자신이 세운 국가와 함께 허망하게 일생을 마감하고 말았다.

5 중·일전쟁 중의 '어부'

　　1937년 7월, 중·일 양국 간의 전쟁이 전면적으로 개시되었다. 초기 몇 년간 미국은 중국의 항전에 대해 원조와 지원을 하는 한편 일본에 대해서도 유화정책을 취하며 일본의 중국 침략을 용인했다. 이를 두고 마오쩌둥은 '미국의 이런 양면적인 정책은 바로 어부지리를 얻겠다는 의도'라며 일침을 가했다. 일본 제국주의의 야심은 대단했다. 그들은 중국을 차지하고 아시아의 패권을 쥐려 하고 있었던 것이다. 이런 일본의 야심에 심기가 불편했던 미국은 일본의 중국 영토 점령을 '승인'하지 않았으며, 중국의 항전 움직임에 대해 여론상의 지지와 경제적인 지원을 아끼지 않았다. 그러나 미국은 자국의 이익을 고려해 일본과 공개적으로 적대관계에 놓이는 것도 원하지 않았다. 그렇기 때문에 그들은 '미국 정부가 나서 중·일 관계의 분쟁을 해결할 것'이라고 떠벌리며 중국 내 항전의 타당성에 대해서 어떤 입장도 표시하지 않았다. 1937년 11월, 중국 대표는 브뤼셀 회의에서 일본 침략자를 제재해 줄 것을 요구했지만 일본의 보복이 두려웠던 미국 대표는 '쌍방협상, 평화해결'이라는 추상적이고 아무 쓸모도 없는 대답을 하며 미온적인 태도만을 취했다.

그뿐만이 아니었다. 전쟁에서 한몫 잡기에 혈안이 된 미국은 일본에 대량의 전쟁물자를 실어 날랐다. 이런 행동은 일본의 중국 침략을 돕는 것임에 분명했다. 통계에 따르면 1937년 미국의 대對일본 수출은 2억 9천만 달러(이전은 연평균 1억 7천만 달러였다)로 그 가운데 60%가 석유, 석유제품, 철강과 폐철 등이었다. 또 1938년, 미국은 일본에 1,745만 달러어치의 비행기를 팔았으며 이는 1937년에 비해 1,500만 달러나 많은 것이었다. 이를 두고 미국 상무부 역시 일본의 비행기 원자재가 모두 미국에서 들여온 것이라는 것을 시인할 수밖에 없었다. 일본은 침략 전쟁 중 처음 3년간 모두 4천만

톤의 석유를 소비했는데 이 중 70%가 바로 미국이 공급한 것이었다.

　미국은 중·일전쟁을 이용해 중국에 원조를 제공하는 한편 일본에는 전쟁물자를 공급하면서 어부지리를 얻었다. 미국의 이런 행동들 때문에 일본 제국주의는 날로 힘이 커졌다. 미국은 훗날 진주만 폭격사건이 있고 나서야 자신들이 얼마나 어리석은 짓을 했는지를 깨달을 수 있었다.

6　처칠의 '격안관화'

　　　　　1941년 6월 22일, 독일 파시스트 군대는 '기습전'의 방식으로 소련을 공격했고 이로써 독·소전쟁이 막을 열게 되었다.

　처칠 영국 총리는 매우 강경한 반공주의자였다. 그는 독일의 소련 침공 소식을 듣고 난 후 조금의 거리낌도 없이 이렇게 말했다. "과거 25년간 나만큼 일관되게 공산주의를 반대해 온 사람은 없을 것입니다." 처칠은 나치를 증오하면서도 사회주의 국가 소련은 더욱 적대시했다. 그래서 그는 2차 세계대전 중 독일과 소련이 서로 상처를 입히는 것을 가만히 앉아서 지켜보는 태도를 취했다.

한 그리스의 기자는 《처칠의 비밀》이라는 책에 이렇게 썼다. '처칠은 전쟁 중에서 소련이 엄청난 희생을 치르기를 바랐다. 또 그는 소련이 전쟁에서 승리했을 때 이미 그 힘을 너무나 많이 소진해 더 이상 유럽이나 세계에서 선도적인 역할을 할 수 없게 되기를 희망했다…. 처칠은 전쟁을 통해 소련이 쇠약해지기를 원했고 그들이 혼자서 독일인들과 싸워주기를 바랐다. 그렇게 되면 전쟁의 결과가 어떻든지 간에 소련과 독일 모두 이전의 모습을 찾기는 힘들 것이 분명하기 때문이다.'

이 때문에 처칠은 소련이 독일에 대항하는 것에 지지성명만을 발표할 뿐 구체적인 군사행동은 계속해서 미뤘다. 스탈린은 프랑스 북부에 제2 전선을 형성해 독일 군대를 견제함과 동시에 소련 전장의 부담을 줄일 것을 미국과 영국에 여러 차례 제안했다. 이 방법에 대해 미국 대통령은 동의했지만 처칠은 아직 조건이 제대로 갖추어지지 않았다는 핑계를 대며 일부러 차일피일 행동을 미뤘다.

1942년 5월, 스탈린은 모로토프 외상을 런던에 파견해 처칠에게 하루빨리 행동을 취해 줄 것을 촉구했지만 여전히 결과를 얻을 수 없었다. 하지만 마음씨 좋은 영국인들의 생각은 처칠과 달랐다. 그들은 자신의 국가가 소련에 대한 동맹의 의무를 다해 주기를 바랐다. 영국의 진보당파와 유명 인사들은 앞 다투어 영국이 유럽에 2차 전선을 형성할 것을 요구했고 각 도시에서는 이를 위해 수많은 집회와 시위를 벌였다.

1942년 7월, 국내외의 이중 압력에 부딪힌 처칠은 루스벨트와 회담을 가진 자리에서 영·미 양국 군대가 적당한 시기에 유럽대륙이 아닌 북아프리카에 진입하기로 결정함으로써 소련이 계속해서 독일과 싸우도록 했다. 이와 동시에 처칠은 유럽에서의 제2전선 형성 작업을 모두 중지시켰다.

그리고 처칠이 행동을 취한 지 1년이 지났다.

1943년부터 나라를 지키기 위한 소련의 투쟁은 힘든 상황을 벗어나기 시작했고 특히 여름과 겨울, 소련은 독일과의 전투에서 계속해서 승리를 거뒀다. 이런 상황 속에서 스탈린, 루스벨트, 처칠은 '테헤란 회담'에 참가했고 독일의 패전이 눈앞에 다가오자 처칠은 그제야 다음해 5, 6월 프랑스 북부에 제2전선을 만들 것을 약속했다.

1944년 6월 6일, 영·미 양국 군대는 프랑스의 노르망디에 상륙에 독일에 대한 전쟁을 개시했다. 스탈린이 연합군에 도움을 요청하고 이것이 실현되기까지 장장 2년이라는 시간이 걸린 셈이다. 그리고 그 2년 동안 소련은 최첨단 무기를 갖춘 4백 만 독일군에게 무차별 공격을 당해야만 했다. 만약 처칠이 '격안관화'의 전략을 쓰지 않고 즉시 제2 전선을 형성했다면 전쟁은 그토록 길게 이어지지 않았을 것이고 더불어 수많은 사람의 목숨도 구할 수 있었을지도 모른다.

이에 대해 마오쩌둥은 신랄한 비판을 가한 적이 있다. "영국, 미국, 프랑스 각국 정부는 전쟁을 막으려는 뜻이 애초부터 없었다. 아니, 그들은 이 비참한 전쟁을 만든 장본인들이다. (중략) 영국, 미국, 프랑스는 독일이 소련을 공격하도록 만들어 어부지리를 얻으려 했다. 그들은 또 소련과 독일이 서로 싸우다 지쳤을 때를 기다려 이 상황을 정리하려 했다. 이 음모가 들은 스페인, 중국, 오스트리아, 체코 문제에 있어 침략을 저지하려는 뜻은 추호도 없고 이와 반대로 침략을 묵인하고 전쟁을 부추겼다. 그들은 다른 나라를 도요새와 조개로 만들고 자신은 어부가 되려 했던 것이다. 명목은 '불간섭'이었지만 사실 그들은 가만히 앉아서 두 범이 싸우는 것을 지켜보려고 했던 것이다."

 총리가 된 인디라 간디

　　　　　1966년 1월, 샤스트리 인도 총리가 갑작스럽게 세상을 떠났다. 이 소식이 전해지자 인도 정계의 각 파들은 새 총리 자리를 두고 서로 각축전을 벌이게 되었다.

　당시 새 총리의 자리를 두고 다툰 사람은 인도 국민회의파의 실력자 데사이와 총리대행을 맡고 있던 난다였다.

정치적 세력으로 보자면 인디라 간디는 그들의 적수가 될 수 없었다. 하지만 그녀는 막료들에게 자신 역시 총리지위를 차지하기 위한 각축전에 참여할 뜻을 밝혔다. 하지만 경쟁자의 힘이 막강한 상황에서 그녀가 총리가 된다는 것은 거의 불가능해 보였다.

그래서 그녀는 냉철한 분석을 거친 후 급하게 이 경쟁에 뛰어드는 대신 두 경쟁 상대가 서로 지치기를 기다렸다가 다시 나서는 전략을 취하기로 했다. 계획이 정해지자 그녀는 초연하게 이 경쟁에 관심이 없는 듯한 태도를 보이면서 조용히 상황변화를 주시하며 기회가 오기를 기다렸다.

과연 모든 것은 간디가 예상했던 대로였다. 거만하고 고집이 센 데사이는 자신을 단일후보라 자처하며 다른 사람과 권력을 나눌 마음이 없는 듯한 태도를 보였다. 데사이의 이런 행동은 많은 사람들을 불쾌하게 만들었고 특히 당내 신디케이트파의 감정을 상하게 하기에 충분했다.

신디케이트파는 당내는 물론 정부에서도 세력이 강한 편이었고 배후조종에도 능했다. 이런 신디케이트파는 데사이의 행동에 불만을 품고 그가 권력을 잡는 것을 막기 위해 새로운 후보를 물색하기 시작했다. 한편 당시 총리 대행이었던 난다 역시 이에 질세라 자신이 정식 총리가 되기 위한 유세를 벌이며 정적과 대결을 벌였다.

각 당파의 경쟁은 나날이 치열해졌고 서로 한 치의 양보도 하려

들지 않았다.

그러나 한쪽에서 조용히 그들을 지켜보며 싸움에 끼어들지 않은 인디라 간디는 그들의 공격대상에서 자연히 제외되었다. 아무도 그녀가 정치싸움에 관심이 없다고 생각했기 때문이었다.

그렇기 때문에 대중에게 비쳐지는 그녀는 여전히 겸손하고 모범적인 정치가였다. 상황이 어느 정도 무르익자 그제야 인디라 간디는 행동에 나서기 시작했다. 그녀는 그 유명한 네루의 딸이라는 특수한 신분과 함께 한 번도 각 당파와 여론의 표적이 되지 않았던 점을 이용해 자신이 탁월한 정치적 재능을 펼치기 시작했다.

그녀는 신디케이트파와 데사이의 당선을 걱정하는 사람들을 설득해 자신에 대한 지지를 이끌어 냈다. 그리고 또 정치적 수완을 이용해 국민회의파의 당원들을 구슬려 자신의 편으로 끌어들였다.

또 자신의 편이 된 신디케이트파의 입김으로 국민회의파가 집정하는 10개 지역의 대표들이 인디라 간디를 지지할 뜻을 밝혔다. 일이 이쯤 되자 더 이상 승산이 없다고 판단한 난다는 결국 스스로 경쟁에서 물러났다. 하지만 데사이는 여전히 미련을 버리지 못하고 집요하게 간디를 공격했다. 데사이는 간디에 대한 비방을 서슴지 않았고 그녀가 자신의 공격에 반격할 때를 기다렸다가 꼬투리를 잡으려고 했다.

그러나 간디는 상대의 비방에도 아랑곳하지 않고 여전히 겸손한 태도를 보였고 대중과 여론은 그녀의 성숙한 태도에 칭찬을 아끼지 않았다.

그리고 얼마 후 선거가 시작되자 예상대로 인디라 간디는 현격한 차이로 경쟁자를 제치고 인도 총리 자리에 오를 수 있었다.

그녀가 여러 가지 불리한 상황에도 불구하고 인도의 총리가 될 수 있었던 것은 자신의 힘이 약한 것을 스스로가 잘 알고 '격안관화'의 전략을 쓴 데 있었다. 그녀는 자신의 진짜 의도를 숨기고 정적들이 서로 찌르고 할퀴며 큰 부상을 입는 것을 조용히 지켜보기만 했다.

그리고 때가 되었다고 생각했을 때 비로소 직접 행동에 나서 각 당파의 충돌을 이용해 그들을 자신의 편으로 끌어들였던 것이다. 그리고 그녀는 원했던 대로 최고 권력의 보위에 오를 수 있었다.

⑧ 중동의 평화를 망쳐버린 '격안관화'

2003년 초, 아라파트를 제거하기 위한 이스라엘의 움직임이 그 모습을 드러냈고, 중동평화 로드맵 계획이 정식으로 깨졌음이 선포되었다. 그러나 이스라엘과 팔레스타인의 평화를 위한 세계 각국의 노력은 계속되고 있었으며 정의에 대한 외

침은 여전히 국제사회의 주류를 이루고 있었다.

하지만 여론상의 지지로는 역부족이었다. 곧 붕괴될 조짐을 보이고 있는 팔레스타인과 이라크의 관계는 국제사회의 간섭 없이는 회복 가능성이 보이지 않았다. 이를 위해 중동평화 로드맵의 초안을 마련했던 유엔, 미국, 유럽연합(EU), 그리고 러시아가 긴급히 회의를 열었고 코피아난 유엔 사무총창이 성명을 발표했다. 성명을 통해 그들은 계속해서 중동평화 로드맵 계획을 견지해 나갈 것이며 동시에 이스라엘과 팔레스타인에게도 이를 요구한다는 뜻을 밝혔다. 하지만 그들이 실제로 어떤 행동을 취할지 또 외부에서 어떻게 그 계획을 실행할 수 있을지는 여전히 미지수였다.

샤론 이스라엘의 총리는 국제사회의 개입을 강력히 반대했는데 그 원인은 아주 간단했다. 과거의 협의와 유엔의 결의에 따라 행동하고 싶지 않았던 것이 그 이유였던 것이다. 그는 팔레스타인에 압력을 행사해 향후 이스라엘에 대적할 수 없는 직접적인 제재가 가능한 정부(이것은 부시 미국 대통령이 자신을 위해 아프간과 이라크에 수립한 적이 있는 것임을 주의해 주시길)를 수립하도록 하려 했다. 부시와 샤론은 한 콧구멍으로 숨을 쉬는 사이라 샤론의 생각은 곧 부시의 주장임에 틀림없었다. 이 외에 공동성명에는 이런 문구도 있었다. '자신의 안전을 위해 이스라엘은 스스로 방어할 권리가 있다.' 부시가 줄곧 주장하던 내용이 이제는 4개 대표의 공동성명에 떡하니 자리잡게 된 것이다.

이렇게 부시의 입김 속에서 국제사회는 중동문제에 대해 줄곧 '격안관화'의 태도를 취하게 되었고, 중동의 평화는 이제 더 이상 기대할 수 없는 상황에까지 이르게 되었다.

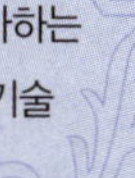

제 10 기

소리장도(笑裏臧刀)

웃음 속에
칼을 감추다

이 계책은 일찍이 당대시인 백거이의 《무가도無可度》 중 '且滅嗔中火, 休磨笑里刀. 不如來飲酒, 穩臥醉陶陶(잠시 분노의 불길을 끄고, 웃음 뒤 감춘 칼 가는 일도 멈추고, 차라리 이리와 술이나 마시며, 평온히 누워 도도히 취해보세)'에서 찾아볼 수 있다.

이 계책은 일찍이 당대시인 백거이의 《무가도無可度》 중 '且滅嗔中火, 休磨笑里刀. 不如來飮酒, 穩臥醉陶陶(잠시 분노의 불길을 끄고, 웃음 뒤 감춘 칼 가는 일도 멈추고. 차라리 이리와 술이나 마시며, 평온히 누워 도도히 취해보세)'에서 찾아볼 수 있다.

공자는 '巧言令色, 鮮矣仁(교언영색, 선의인)'이란 말을 했다. 말재주가 교묘하고 선량한 얼굴로 가장하고 있는 사람 중에 어진 이는 없다는 말이다. 사람은 웃을 줄 아는 동물이다. 하지만 웃음에는 진실한 것과 그렇지 않은 것이 있다. 진실로 웃는 이는 마음에 거리낌이 없는 사람이지만 거짓으로 웃는 자는 날카로운 칼을 그 속에 감춰 두었다고 한다. 그렇기 때문에 이런 무서운 사람에게 속지 않기 위해서는 그들이 아첨하는 말을 곧이곧대로 믿어서는 안 된다. 병법에서는 적의 언사가 겸손하면 반드시 흑심을 품고 있는 것이기에 늘 경계하라고 말하고 있다.

이 계책은 겉으로는 선량한 얼굴을 하지만 속으로는 적을 해칠 비수를 품고 있는 방법을 가리키고 있다. 모든 사람들은 악을 싫어하지만 특수한 상황에서는 선한 사람도 어쩔 수 없이 악한 방법을 써야 할 때가 있다. 적을 없애기 위해서는 수단과 방법을 가리지 않은 사람도 있는데 그저 웃기만 하는 것이 뭐 어떠랴! 적의 힘이 나에 비해 상대적으로 강하고 적과 나의 충돌이 아직 가시화되지 않았을 때 이 계책을 이용할 수 있다.

이 계책을 성공적으로 운용하기 위한 핵심은 바로 '웃음'에 있다. 웃음은 반드시 자연스럽고 진실하여야 하며 적당한 정도를 지켜 적이 안심하고 나를 믿을 수 있도록 해야 한다. 만약 '웃음'이 거짓처럼 보이거나 지나치면 상대방은 오히려 경계심을 가지게 된다. '웃음'의 목적은 '칼'을 숨기기 위함이다. 그렇기 때문에 적이 나의 계책을 알아채지 못하도록 언제 어디서건 '칼'은 '웃음' 뒤에 숨겨야 하며 절대 그 모습을 드러내서는 안 된다. 그리고 기회가 왔을 때 칼을 공개적으로 뽑을 수도 있고 비밀스럽게 뽑을 수도 있다. 하지만 일단 칼을 뽑았다면 적이 맞서지 못하도록 신속하게 처리해야 한다.

'소리장도'에는 다음과 같은 세 가지의 뜻이 내포되어 있다.

(1) 달콤한 말 속에 검을 숨긴다. 내뱉는 말은 꿀보다 더 달콤하지만 마음 속에는 적을 죽일 수 있는 날카로운 칼을 품는다. 소위 말하는 '웃음 속의 칼'이 바로 이것을 가리킨다.

(2) 부드러운 태도를 취해 살의를 숨긴다. 겉으로는 겸손하고 선량한 것처럼 행동하지만 뼛속에는 적에 대한 독을 품는다.

(3) 겉으로 순종하는 척한다. 상대방에게 성심껏 복종하면서 겉으로는 그의 뜻에 따라 행동한다. 하지만 마음으로는 딴 뜻을 품고 기회가 오기를 기다렸다가 적을 제압한다.

① 정략 결혼으로
호를 멸망시킨 정무공

춘추시대, 정무공은 호胡나라를 차지하고 싶었지만 군사력이 충분하지 않았기 때문에 직접적인 공격을 할 수가 없었다. 그래서 그는 호나라에 친분을 쌓고 경계심을 누그러뜨리기 위해서 자신의 아름다운 딸을 호나라 왕에게 시집보냈다. 이렇게 정나라와 호나라는 사돈지간이 되었다.

확실하게 호나라를 속이기 위해 정무공鄭武公은 더욱 교묘한 계책을 썼다. 어느 날 정무공이 대신들에게 물었다. "짐은 군사를 일으켜 나라를 부흥시키고자 하오. 여러 대신들 생각하시기에 어느 나라를 치는 것이 가장 적당할 것 같소?" 정무공의 말을 들은 대신 관기사關其思가 거리낌 없이 말했다. "신이 보건대 호나라가 가장 합당할 듯합니다." 그러자 정무공은 불같이 성을 내며 말했다. "뭐라? 호나라와 우리는 혼인으로 맺어진 나라인데 호를 치라니 그 무슨 뜻인가?" 정무공은 그 자리에서 관기사를 죽이라 명령했다.

이 소식을 들은 호나라 왕은 매우 감격했다. 그는 정나라가 자신의 형제국가라 생각하고 더 이상 정나라에 대해 경계하거나 방어하지 않았다. 이것은 바로 정무공이 바라던 것이었다. 얼마 지나지 않아 정나라는 호나라를 공격했고 갑작스러운 상황에 호나라는 제대로 방어하지도 못한 채 전쟁에서 지고 말았다.

정무공은 호나라의 경계심을 풀기 위해 기꺼이 자신의 친딸은 물론 아무 죄도 없는 대신을 희생시켰다. 호나라는 이런 정무공의 '소리장도'의 계책을 눈치 채지 못한 탓에 결국 멸망하고 만 것이다.

② 달콤한 말 속에 칼을 감춘 이임보

당 현종 때였다. 재상의 자리에 오른 이임보李林甫는 막강한 권력을 손에 쥐게 되었다.

그가 높은 관직에 오를 수 있었던 것은 모두 아첨을 잘하는 그의 탁월한 능력 때문이었다.

이임보는 사람을 사귈 때는 항상 겸손하고 온화한 행동을 했는데 이 때문에 대부분의 사람들은 그를 마음씨가 매우 어진 충신으로 생각하게 되었다. 《구당서舊唐書》의 기록에 따르면 이임보는 그 모습이 얌전하고 공손하며 사람들과 이야기를 나눌 때는 항상 미소를 띠고 있었다고 한다. 하지만 사실 그는 꿀처럼 달콤한 말을 내뱉으면서도 항상 마음속으로는 타인을 해칠 수 있는 비수를 품고 있는 인물이었다.

당시 이임보와 함께 재상의 자리에 있던 장구령張九齡은 재능이 뛰어나고 성격이 강직하며 청렴결백한 인물이었다. 이런 장구령을 시기한 이임보는 혹시 그가 자신을 위협하지 않을까 하는 두려움에 그를 제거하기 위해 항상 혈안이 되어 있었다.

한편, 혜비惠妃는 자신이 낳은 아들을 태자로 만들기 위해 지금의 태자가 무리들과 결탁하여 모반을 꾀하려 했다며 모함했다. 현종은 노발대발하며 즉시 태자를 폐위시키려 했지만 장구령은 증거가 부족하다는 이유로 태자 폐위를 반대하고 나섰다. 하지만 이임보는 어떤 입장도 밝히지 않은 채 "이것은 황가의 일이니 다른 사람이 개입해서는 안 될 것이다"라는 말만 했다. 그리고 그는 장구령이 너무 많은 일에 간섭하고 있다고 넌지시 말하는 것도 잊지 않았다. 그의 말을 들은 현종 역시 장구령이 너무 독단적이라는 생각에 점점 심기가 불편해졌다. 이임보는 이 기회를 놓치지 않고 현종 앞에서 은근슬쩍 장구령에 대한 험담을 늘어놓았다.

736년, 현종이 우선객牛仙客에게 높은 벼슬을 주려하자 장구령은 그가 그저 평범한 사람일 뿐이라며 이임보에게 함께 현종에게 나아가 관직 하사를 반대할 것을 권했다. 이임보는 겉으로는 그의 의견에 동의했으나 막상 현종 앞에서는 어떻게 된 일인지 아무 말도 하지 않았다. 그리고 그는 이 일을 우선객에게 몰래 알려 주었다. 현종은 여전히 우선객에게 관직을 하사하려 했고 장구령 역시 고집을 꺾지 않았기에 현종은 무척이나 심기가 불편해졌다. 이때 이임보가 또다시 현종에게 말했다. "천자께서 사람을 쓰신다는데 안 될 것이 무엇입니까? 장구령은 그저 일개 문관에 지나지 않습니다. 그는 융통성이 없고 전체를 보지 못하니 큰 그릇이 되기는 어렵습니다.”

이로 인해 현종은 점점 더 장구령을 탐탁지 않게 생각했고 결국 그의 관직을 박탈해 버렸다.

이렇게 이임보는 자신의 은밀한 목적을 달성하기 위해 달콤한 말로 칼을 숨기고는 장구령을 모함했다. 인관관계에서 무엇보다 경계해야 할 사람이 바로 이임보 같은 인물일 것이다. 옛말에 ‘사람을 해하려는 마음이 있어서는 안 되고, 사람을 경계하려는 마음이 없어서는 안 된다’ 라는 말이 있다. 이는 다른 사람에게 배신당하지 않으려면 평소 타인을 경계하는 것이 얼마나 중요한지를 역설해 주고 있는 것이다.

3 아첨의 달인 안녹산

오랑캐 출신 안녹산은 일찍이 유주 절도사 장수규張守珪를 섬긴 적이 있었다. 안녹산安祿山은 전쟁에서 매우 용감하고 사람들에게 인기도 많았기 때문에 장수규의 신임을 한 몸에 받고 있었다. 어느 날 장수규가 안녹산이 조금 뚱뚱한 것 같다고 무심코 내뱉자 그는 식사시간에 음식을 배불리 먹지 않았다. 이 일을 알게 된 장수규는 안녹산이 예사 인물이 아니라 생각하고 그를 양자로 삼았다.

평로병마사平盧兵馬使가 된 안녹산은 자주 궁에 들어갈 기회가 생겼다. 그때마다 그는 당시 조정의 권세가들에게 뇌물을 바치며 현종 앞에서 자신에 관한 좋은 말을 해 달라고 부탁했다. 얼마 후 그는 자신의 승진에 도움을 줄 수 있는 더욱 적합한 대상을 찾아냈는데 그 사람은 바로 현종이 가장 총애하는 양귀비였다.

100킬로그램이 넘는 거구였던 안녹산은 배가 무릎까지 처져 있어 걷는 것이 여간 불편한 게 아니었다. 어느 날 현종과 함께 있던 양귀비가 "저렇게 큰 배 속에 도대체 무엇이 들었단 말인고?"라고 농담 삼아 말했다. 그러자 안녹산은 "한번 알아맞혀 보십시오"라며 태연하게 말했다.

"분명 간장肝腸같은 것이겠지." 양귀비의 말에 안녹산은 의미심장하게 고개를 가로저으며 말했다. "제 뱃속에는 대 당에 충성하는 붉은 마음이 있습니다." 이 말을 들은 현종과 양귀비는 안녹산의 충심에 크게 감동했다.

하지만 달콤한 말을 늘어놓는 안녹산의 실제 모습은 음험한 마음을 품고 있는 도적일 뿐이었다. 그는 충신의 모습을 가장하고는 속으로 모반 꿈꾸고 있었다. 마침내 755년 11월, 안녹산은 범양范陽에서 병력을 모아 반란을 일으켰다. 이로써 안녹산의 난이 시작되었던 것이다.

4 조위의 웃음

　　　　　　송나라 명장 조위曹瑋가 이끄는 군대는 규율이 엄격하고 절도가 있어 서하인들이 매우 두려워했다.

　어느 날 조위가 장기를 두고 있는데 갑자기 한 병졸이 달려와 이렇게 말했다. "방금 수천의 사병들이 반란을 일으켜 양식과 마초를 가지고 서하로 항복했습니다." 갑작스러운 사건으로 인해 송나라 군대는 위기에 봉착하게 되었고 장수와 병졸들도 겁을 내며 두려워했다. 조위 역시 상황이 심각함을 알았지만 겉으로는 태연한 척 의미심장하게 웃으며 나지막이 말했다. "내가 다 생각이 있어 미리 계획한 일이니 누구도 이 일을 발설해서는 안 된다." 그제야 주위의 모든 사병들도 안심하며 계속해서 장기를 두었다. 한편 이 소식을 들은 서하의 군대는 투항해 온 송나라 사병들을 의심하기 시작했다. 본래 조위를 두려워했던 서하는 이 일로 자신들이 난처한 상황을 겪게 될까 봐 걱정이 되던 터였다. 그런데 조위가 의미심장하게 웃었다니 그들로서는 더욱 난감해질 수밖에 없었다. 결국 서하인들은 투항해 온 송나라군을 죽여서 그 시체를 양국의 국경에 갖다 두었다.

조위는 의심이 많은 서하인들의 특징을 이용해 간접적으로 칼을 쓰는 방법을 이용해 배신자들을 처리할 수 있었다. 분명 조위는 웃음 속에 칼을 숨겼던 것이다.

5 위기를 극복한 성길사한

1206년, 몽골의 칸이 된 철목진(테무친)은 '성길사한成吉思汗'이라고도 불렸다. 몽골의 원로 찰목합札木合은 성길사한의 세력이 나날이 커지는 것을 보고 자신의 지위가 흔들릴 것을 염려한 나머지 그를 해칠 마음을 품게 되었다.

어느 날 성길사한은 활을 매고 사냥매와 사병들을 대동한 채 사냥 길에 나섰다. 이 소식을 들은 찰목합은 이 기회를 이용해 성길사한을 해치기로 결심했다. 그는 사람을 시켜 성길사한이 사냥을 끝내고 돌아오는 길목에 아름다운 장막을 쳐 놓도록 했다. 그리고 장막 안에 함정을 파고 뾰족한 창을 박아 둔 다음 그 위에 널빤지와 양탄자를 깔고 술과 음식이 가득한 탁자를 올려 두었다.

오래 전에 성길사한과 형제의 의를 맺은 적이 있었던 찰목합은 그가 인정과 의리를 매우 중시하는 인물이라는 것을 잘 알고 있었기에 자신들이 형제의 의를 맺었던 날을 기념한다는 구실로 성길사한을 장막으로 초대했다. 사냥을 마치고 돌아가던 중 찰목합의 초대를 받은 성길사한은 흔쾌히 그의 초대에 응했다.

장막 안으로 들어선 성길사한을 맞은 찰목합은 얼굴 가득 웃음을 띠고 말했다. "오늘이 바로 우리가 형제의 의를 맺은 날이니 마음껏 취해보세나! 앉으시게!" 성길사한이 막 자리에 앉으려는 순간 갑자기 매가 날아올랐다가 양탄자 위를 지나가던 쥐를 공격했다. 깜짝 놀란 찰목합은 황급히 고깃덩이를 매에게 던졌고 그 짧은 순간 성길사한은 양탄자 아래의 함정을 보게 되었다.

하지만 그는 태연한 표정으로 찰목합에게 말했다. "형께서 저보다 연배가 높으시니 상석에 앉으시지요."그는 이렇게 말하며 억지로 찰목합을 자리에 앉혔다. 그리고 '쿵' 하는 소리와 함께 찰목합이 함정 아래로 떨어졌고 이윽고 날카로운 비명소리만이 장막 안으로 울려 퍼졌다.

찰목합은 성길사한을 없애기 위해 달콤한 말로 날카로운 칼을 숨기고는 그를 해치려 했다. 하지만 성길사한은 절체절명의 순간에 당황하지 않고 상대방의 계책을 역 이용해 적이 스스로 만든 함정에 빠지도록 했다.

 ## 6 강도를 물리친 오 낭자

청대, 직례헌현直隸獻縣에 오씨 성을 가진 여인이 있었다. 그녀는 어렸을 때 아버지를 여의고 스무 살이 넘도록 시집도 가지 않고 어머니를 모시며 살고 있었다.

그러던 어느 날 그녀가 사는 마을에 도둑떼가 습격했다. 그녀는 어머니를 보호하기 위해 소맷자락에 날카로운 칼을 감춰 무기로 삼고는 어머니를 모시고 마을을 나섰다. 모녀는 막 마을을 나서려는 순간 공교롭게도 칼을 든 강도 둘을 맞닥뜨리게 되었다. 두 도둑은 아름다운 오 낭자를 보고는 그녀를 희롱하기 시작했다. 만약 자신이 단칼에 이들을 거절하면 화를 입을 것임을 잘 알고 있었던 그녀는 일단 그들의 요구에 응하기로 했다. 그녀는 얼굴에 웃음을 띠고 나긋나긋한 목소리로 말했다. "저는 두 장사님을 따르고자 합니다. 제 집이 이 근처에 있으니 그쪽으로 가셔서 뭘 좀 드시는 게 어떨는지요?" 마침 배가 고프던 두 강도는 순순히 그녀를 따라 집으로 갔다.

집으로 돌아온 오 낭자와 그의 모친은 고기를 내오고 술을 권하며 강도들의 흥을 한껏 돋웠다. 그리고 얼마 지나지 않아 강도 중 하나가 얼큰하게 취해 자리에서 곯아떨어졌다. 오 낭자는 나머지 한 강도에게 말했다. "먼저 술을 드시고 계세요. 저는 이분을 침실로 모셔다 드리고 오겠습니다.” 말을 끝낸 오 낭자는 이미 곯아떨어진 강도를 침실로 옮기고는 그가 깊이 잠든 것을 확인하고 소맷부리에서 단검을 꺼내 그의 목구멍을 찔렀다. 그러자 그는 비명조차 지르지 못한 채 그대로 황천길로 갔다. 오 낭자는 칼을 뽑아 피를 닦은 다음 아무 일도 없었다는 듯 방을 나왔다. 한편 남아 있던 강도 역시 술이 너무 취해 몸을 제대로 가눌 수조차 없었다. 오 낭자는 그때를 놓치지 않고 다시 한 번 힘껏 그를 찔렀다. 이렇게 두 강도를 처치한 후 모녀는 밤낮을 달려 마을을 벗어날 수 있었다.

⑦ 두 얼굴의 여인 왕희봉

《홍루몽紅樓夢》 중에서 왕희봉王熙鳳은 모두 80여 차례 등장하는데 그때마다 그녀는 거의 웃는 모습을 하고 있었다. 이렇게 잘 웃는 것은 왕희봉의 가장 큰 특징이라고 할 수 있다. ‘봄과 같이 화사한 얼굴로 웃으며 속에 자신의 위험한 생각을 감추다’ 라는 말 역시 그녀를 형용하는 말이었다.

왕희봉은 웃지 않고는 말을 하는 법이 없었고, 웃는 방법도 ‘황망스럽게 웃는 법’ ‘차갑게 웃는 법’ ‘거짓으로 웃는 법’ ‘히죽히죽

웃는 법’ 등 여러 가지였다. 어떤 때는 책 속에 ‘웃음’이라는 글자가
써져 있지 않아도 사람들은 꼭 그녀가 웃는 것처럼 느끼기도 했다.
그녀는 웃은 후에 말을 했고, 말을 한 후에 웃었다. 말을 하며 웃을
때도 있었고, 웃음으로써 기쁨을 나타내고 또 웃음으로써 불만을
얘기하기도 했다. 물론 가장 무서운 것은 그 뒤에 몰래 칼을 감춘
웃음이었는데 이것은 그녀의 장기라고도 할 수 있었다.

　가서賈瑞, 장금가張金哥, 수비공자守備公子, 우이저尤二姐, 사기司棋
등 그녀에게 목숨을 잃은 사람들은 거의 그녀의 웃음소리 속에서
죽어갔다. 특히 가서와 우이는 그녀의 ‘소리장도’에 철저하게 희생
되었다고 할 수 있다. 이 두 사건은 왕희봉이 얼마나 지략이 뛰어나
고 음험한지를 가장 잘 보여주고 있으며 그녀를 평가하는 말들에
가장 잘 부합하다 할 수 있다. 일찍이 희봉을 잘 알고 있던 사람들
은 ‘달콤한 말을 하지만 두 얼굴에 세 칼을 품은 여자’ 혹은 ‘얼굴
은 웃고 있지만 아래로는 다리를 걸고 있는 여인’이라는 말로 그녀
를 평가했다. 왕희봉은 그야말로 상대방에게 신뢰를 보여 안심을
시킨 뒤 몰래 상대방을 제거하는 데 일가견이 있는 인물이었다. 왕
희봉은 항상 가서와 만날 때마다 웃는 얼굴로 그를 대했다. 가서는
자신의 숨이 끊어지는 순간에도 왕희봉이 자신을 향해 손을 흔들고
있다고 생각할 정도였다. 왕희봉은 또 항상 웃는 얼굴로 우이저를
찾아갔고 그녀를 완벽하게 사지에 몰아넣었기 때문에 그녀는 죽는
순간까지도 왕희봉을 자신의 친한 자매 사이라는 것을 믿어 의심치

않았다.

⑧ 유다의 키스

다음은 성경에 등장하는 이야기다.

예수의 12제자 중 하나인 가룟 유다는 겉으로는 스승에게 순종하는 듯 했지만 결국은 예수를 팔아넘긴 인물이었다. 어느 날 유다가 제사장을 찾아가 이렇게 말했다. "만약 내가 예수를 넘기면 그 대가로 무엇을 주시겠습니까?" 제사장은 유다에게 은화 30냥을 주었고 그는 기뻐하며 은화를 주머니 깊숙이 챙겨 넣었다.

그리고 그는 몽둥이와 칼을 든 무리들을 이끌고 사람들과 이야기를 나누고 있는 예수에게로 갔다.

예수의 집 문 앞에 선 유다가 무리들에게 말했다. "내가 집으로 들어가 입을 맞추는 사람이 바로 당신들이 원하는 자이니 그를 잡으시오."

이윽고 집으로 들어간 유다는 즉시 예수에게로 다가가 인사를 한 다음 그에게 입을 맞추었다. 그러자 갑자기 한 무리의 사람들이 우르르 달려들어 예수를 묶어 끌고 가버렸다.

입맞춤은 원래 친밀함의 표시이지만 유다는 이것을 스승을 잡아
가기 위한 신호로 사용했다. 유다의 이런 행동은 바로 '소리장도'와
통한다고 할 수 있다. 그래서 서양에서는 '소리장도'와 같은 행동을
두고 '유다의 키스'라고 하는 것이다.

9 황야를 헤매는 리어왕

영국의 리어왕에게는 고네릴, 리건, 코델
리아라는 세 딸이 있었다. 장녀 고네릴과 차녀 리건은 각각 올버니
공작, 콘월 공작과 결혼을 했지만 막내 딸 코델리아는 아직 시집을
가지 않았다. 하지만 프랑스 국왕과 버건디 공작이 동시에 그녀에게
청혼을 한 상태였다.

80세가 넘은 리어왕은 나이가 너무 많아 더 이상 국사를 돌볼 힘
이 없었다. 노년을 편히 보내고 싶었던 그는 나라를 다스릴 후계자
를 선택하기로 결심했다. 어느 날 리어왕은 세 딸을 불러 놓고 그들
중 누가 자신을 가장 사랑하는지를 물어보았다. 부왕의 환심을 사
기 위해 고네릴과 리건은 달콤하고 듣기 좋은 말을 잔뜩 늘어놓으
며 자신들만큼 아버지를 사랑하는 사람은 없을 것이라고 말했다.

하지만 막내 코델리아는 언니들의 행동이 매우 못마땅했다. 그녀는 언니들이 왜 마음에도 없는 말을 늘어놓으며 아버지의 환심을 사려는지 잘 알고 있었기 때문이었다. 드디어 코델리아의 차례가 되었다. 그녀는 진실한 말투로 "저는 부왕을 많이 사랑하지 않으며 적게 사랑하지도 않습니다. 저는 그저 딸의 본분에 따라 아버지를 섬기는 것뿐입니다"라고 말했다. 이 말을 들은 리어왕은 노발대발하며 국토를 반으로 나누어 큰딸과 작은 딸에게만 물려주었다.

신하들은 리어왕의 성급한 결정에 걱정이 앞섰지만 펄쩍 뛰는 국왕 앞에서 감히 한 마디도 할 수 없었다. 한편 코델리아가 빈털터리가 되었다는 것을 알게 된 버건디 공작은 청혼을 거두었다. 하지만 코델리아의 착한 마음씨를 알아보았던 프랑스 국왕은 그녀를 더욱 사랑하게 되었고 마침내 그녀를 아내로 맞아들였다.

고네릴과 리건은 마치 꿀과 같이 달콤한 말을 늘어놓았지만 실은 아주 간사한 인물들이었다. 그들은 자신이 원하던 것을 모두 손에 넣게 되자 즉시 본모습을 드러냈다. 그들은 리어왕을 성가시게 여기며 거들떠보지도 않았고 하인들 역시 왕을 무시하도록 만들었다. 늙은 왕을 압박하기 위해 그들은 리어왕의 호위병 수마저도 줄였고 왕은 죽고 사는 것도 마음대로 할 수 없었다. 마침내 천둥번개가 치던 어느 날 밤 리어왕은 자신을 해하려는 딸들을 피해 궁을 빠져 나와 끝없는 황무지를 떠돌게 되었다. 그제야 리어왕은 자신의 판단이 틀렸음을 깨달았다. 분노와 후회로 가득 찬 그는 황무지에서 점점 미쳐갔고 자신이 뿌린 씨앗을 그대로 거둬들여야만 했다.

10 두 얼굴의 사나이 맥넬리

　　　　　18세기, 영국 정부는 나날이 세력이 커지고 있는 아일랜드 혁명운동을 저지하기 위해 엄청난 돈을 들여 아일랜드 국적의 밀고자들을 매수했다. 그들은 영국 정보기관을 위해 아일랜드 혁명활동의 상황을 염탐하고 혁명에 관련된 자들을 밀고하거나 암살하는 임무를 수행했다. 이 밀고자들 가운데 가장 비열한 인물이 바로 맥넬리 변호사이다.

　맥넬리의 가장 큰 장기는 바로 상대방으로 하여금 자신을 믿게 만들면서 그의 허점을 찌르는 것이었다. 그는 종종 혁명가들 앞에 나타나 격앙된 어조로 그들을 찬양하면서 영국 정부에 서슴없는 비판을 가했다. 그리고는 몰래 그의 연설에 참가한 사람들의 명단을 영국 정부에 제공했다. 그의 행동이 어찌나 교묘했던지 아일랜드 혁명가들은 그의 진짜 모습을 전혀 눈치 채지 못했고 오히려 그를 자신들의 동지이자 혁명의 투사라고 생각했다. 맥넬리의 변호사 사무실 동료였던 클렌의 예비 사위인 에멋은 아일랜드 독립활동에 열

성적인 혁명 당원이었다. 맥넬리는 그와 안면을 트고 난 후 교묘한 말들로 그의 신임을 얻어내는 데 성공했다. 그리고 그는 에멋으로 부터 아일랜드 혁명에 관련된 대량의 정보를 빼낸 후 에멋이 숨어 있던 비밀장소를 영국 정부에 알렸다. 이 때문에 에멋은 영국 정부 에 체포되는 상황에 이르렀다.

맥넬리의 이중적인 행동은 여기에서 그치지 않았다. 그는 일부러 에멋의 변호를 자처했다. 명목상으로는 에멋의 변호를 맡았지만 사 실 그의 진짜 목적은 법원의 판결을 위한 증거를 제공하기 위함이 었다. 하지만 순진한 에멋은 맥넬리가 자신을 팔아넘겼다는 것을 알아채지 못한 채 오히려 그의 도움에 감사하며 그가 법정을 떠날 때는 뺨에 입을 맞추기까지 했다.

맥넬리처럼 선한 얼굴을 하고 악한 마음을 품은 사람, 웃음 뒤에 칼을 감춘 사람은 전쟁 상황이나 정치를 비롯한 인간관계 어디서나 마주칠 수 있다. 물론 정직한 사람은 이런 이중적인 행동을 경멸할 테지만 반드시 이에 대비해 둘 필요가 있다. 에멋은 죽은 순간까지 도 자신을 가장 감동시킨 이가 바로 자신을 위험에 빠뜨린 범인이 라고는 생각지 못했다. 이 얼마나 가엾고 비극적인 일인가?

11 협상 시작 전의 홍문연鴻門宴

　　　　　　　　　　한 외국 회사의 대표가 매우 중요한 비즈니스 협상을 위해 직접 일본으로 건너갔다. 장장 13시간의 비행으로 매우 피로해진 그는 비행기가 곧 착륙할 때가 되자 수행원들에게 이렇게 말했다. "지금 우리에게 가장 필요한 것은 샤워와 숙면이오. 그러니 비행기가 착륙하면 곧장 호텔로 갑시다."

　하지만 비행기에서 내린 그들을 맞은 것은 바로 웃는 얼굴로 자신들을 기다리고 있던 일본 측 회사의 간부들이었다. 이윽고 여직원이 다가와 그들 일행에게 말했다. "일본에 오신 것을 환영합니다. 저희 회사 대표님께서 여러분을 위한 만찬을 준비하고 기다리고 계십니다. 이미 시간이 많이 지체되었으니 서둘러 참석해 주시기 바랍니다." 그녀는 연방 고개를 숙이고 예의를 표했다. 이런 태도에 도저히 거절할 수 없었던 외국 회사의 대표들은 울며 겨자 먹기로 만찬에 참석할 수밖에 없었다.

　만찬회장은 화려했고 일본 측의 태도도 매우 호의적이었다. 게다가 어디서 왔는지 다 셀 수도 없이 많은 회사 관계자들이 하나하나씩 다가와 그들에게 술을 권했다. 이 외국 회사의 대표는 기분 좋게 술이 취해서는 늦은 밤이 되어서야 호텔로 돌아갈 수 있었다.

　다음 날, 외국 회사의 대표가 아직 꿈속을 헤매고 있을 때 일본 측 사람들이 그의 호텔 방문을 두드렸다. 그들은 이미 협상준비가 완료되었다고 알려왔다. 그러자 아직 잠이 덜 깬 외국 회사의 대표는 황급히 세수를 하고 옷을 갖춰 입고는 협상장소로 향했다. 회의장에서 두 협상 당사자의 모습은 극명한 대비를 보였다. 충분한 준비를 해 온 일본 측 대표들은 맑은 정신으로 차분하고 논리정연하게 자신들의 생각을 말했지만 외국 회사의 대표와 그 수행원들은 아직까지도 술이 덜 깬 모습이 역력했다. 결국 협상은 예상대로 일본 측의 승리로 끝을 맺었다.

연회를 열어 손님을 대접하는 것은 원래 나쁜 뜻을 담고 있는 것은 아니다. 하지만 일본 측이 협상 전에 열었던 만찬은 '홍문연(유방을 해하기 위해 항우가 홍문에서 주연을 벌인 것)'에 속하는 것이었다. 유쾌한 웃음과 따뜻한 환영 속에 '살기'를 감춘 일본 측은 상대방을 사지에 밀어 넣지는 않았지만 그들을 유인해 자신이 원하는 바를 얻어낼 수 있었다.

12 아이러브 유 바이러스의 습격

2004년 6월 4일, 전 세계 컴퓨터는 'I

love you' 바이러스의 공격을 받았고, 최소한 100만 대의 컴퓨터가 바이러스 감염으로 폐기되었다. 이 바이러스의 가장 큰 특징은 달콤한 말로 접근해 사람들로 하여금 경계심을 잃게 하는 데 있었다. 바이러스는 'I love you'라는 제목의 메일에 첨부되어 있는 'love letter for you' 파일에 잠복되어 있는데 일단 이 파일을 열게 되면 바이러스는 자동으로 컴퓨터에 저장되어 있던 모든 이 메일 어드레스에 퍼져 손 쓸 틈도 없이 확산되었다.

이 컴퓨터 바이러스는 마닐라에서 시작되어 급속도로 전 세계로 퍼졌다. 미국의 인터넷 보안업체 트렌드 마이크로(Trend Micro)의 조사에 따르면 5일 새벽까지 전 세계적으로 127만 대의 컴퓨터가 이 바이러스의 공격을 받았다. 그 중 미국의 상황이 가장 심각했는데 모두 97만 대의 컴퓨터가 이 바이러스로 인해 폐기처분되었다. 미국 정부는 또다시 바이러스에 공격당하는 것을 피하기 위해 어쩔 수 없이 일부 컴퓨터 시스템을 폐쇄해야만 했다. 통계에 따르면 이 바이러스로 인해 최소한 1억 달러의 손실을 입었다고 하니 그 피해가 얼마나 컸을지 짐작하고도 남을 만하다.

일부 국가의 금융기관과 대기업도 이 바이러스의 영향을 받았다. 가장 먼저 피해를 입은 것은 다우존스 사였고 그 외에도 포터, 타임 워너 그리고 전국의 방송국, 대기업은 잠시 국제서비스를 중단해야만 했다. 스웨덴 정부는 거의 80%가 넘는 전자메일 시스템을 어쩔 수 없이 중단해야 한다고 발표하기도 했다.

제 11 기

이대도강(李代挑僵)

자두나무가
복숭아나무를 대신해 죽다

'이대도강'의 원뜻은 자두나무가 복숭아나무를 대신해 벌레의 공격을 받았다는 것으로 형제간의 우애를 비유할 때 쓰였고, 후에는 서로 책임을 대신해 주거나 상대방을 대신해 힘든 일을 당하는 뜻으로 그 의미가 확대되었다.

《악부시집樂府詩集, 계명鷄鳴》 중

'桃生露井上 복숭아나무가 우물가 옆에서 자랐네.

李樹生桃旁 자두나무도 복숭아나무 옆에서 자랐네.

蟲來齧桃根 어느 날 벌레가 복숭아나무 뿌리를 갉았네.

李樹代桃僵 자두나무가 복숭아나무를 대신해 쓰러졌다네.

樹木身相代 한낱 나무도 몸을 던져 희생하는데

兄弟還相忘 형제들이 서로 잊어서야 되겠는가?'

라는 시가 있다. 이처럼 '이대도강'의 원뜻은 자두나무가 복숭아나무를 대

신해 벌레의 공격을 받았다는 것으로 형제간의 우애를 비유할 때 쓰였고, 후

에는 서로 책임을 대신해 주거나 상대방을 대신해 힘든 일을 당하는 뜻으로

그 의미가 확대되었다.

　전쟁 상황이나 정치무대 그리고 비즈니스 경쟁 중 100% 모두 승리를 거두는 것은 매우 힘든 일이며 일정한 대가나 희생을 치러야 할 때도 종종 있다. 이런 상황 속에서는 '두 가지 이익이 있을 때는 그 중 큰 것을 취하고, 두 가지 해로움이 있을 때는 그 중 가벼운 것을 취한다'는 원칙을 지켜야 한다. 즉, 부분을 희생해 전체를 지켜내고, 당장의 이익을 버림으로써 장기적인 것을 도모해야 하며, 다른 사람을 희생해 나를 구하고, 작은 이익을 버려 더 큰 이익을 챙겨야 한다는 말이다. 이를 볼 때 '이대도강'은 작은 것을 기꺼이 희생시켜 더 큰 것을 보호하는 계책이라 할 수 있다.

　이 계책 중 '이李'가 가리키는 것은 희생되는 쪽이고 '도桃'는 지켜지는 쪽을 말한다. 그렇기 때문에 '이'와 '도' 사이에는 내재된 관계가 있어야 한다. 그렇지 않으면 상대를 대신하는 임무를 완성할 수 없기 때문이다. 여기에서 반드시 알아 두어야 할 것은 '도'와 '이'를 함께 지킬 수는 없다는 것, 그리고 서로의 역할이 바뀔 수 없다는 것이다. 이렇게 보면 '이'의 운명은 매우 비극적이라 할 수 있는데 만약 이 비극적인 운명을 피하고 싶다면 다음의 세 가지를 주의하면 된다. 첫째, 자신의 실수가 아니면 관여하지 않을 것. 둘째, 문제가 있는 곳은 가까이 가지도 말 것. 셋째, 억울한 일이 있다면 절대 참지 말 것.

이 계책은 다음의 다섯 가지 내용으로 나누어 볼 수 있다.

(1) 차車를 버리고 수帥(중국 장기의 붉은 말의 대장)를 보호한다. 장기를 둘 때 수를 보호하기 위해 공격력이 가장 강한 차를 버린다. 이 법칙은 외교, 정치, 경제 그리고 일상생활의 많은 곳에서 적용될 수 있다.

(2) 바둑돌을 버려 선수를 잡는다. 옛 사람들은 바둑을 둘 때 '위험에 맞서면 버려라'라는 말을 했다. 비록 바둑알 몇 개를 잃게 되긴 하겠지만 결과적으로는 선수를 잡는 데 유리하게 되어 게임에서 이길 수 있기 때문이다. 이 법칙은 어떤 상황에서나 보편적으로 적용될 수 있다.

(3) 고통을 감수하며 아끼는 것을 희생한다. 꼬리를 잡힌 호랑이는 앞뒤 살피지 않고 자신의 꼬리를 끊는다. 꼬리를 끊는 것은 분명 대단한 인내와 희생을 요하는 것이지만 그로 인해 목숨을 구할 수 있다면 그보다 더 가치 있는 일은 없을 테니 말이다. 게다가 사람은 호랑이보다 더욱 더 인내하며 아끼는 것을 버릴 수 있는 존재다.

(4) 속죄양을 만든다. 죄는 자신이 지었지만 그 죄를 남에게 덮어씌우는 방법이다. 이렇게 하면 죄의 대가로부터 자유로울 수 있다. 하지만 이는 정당한 방법이라고 할 수 없다.

(5) 다른 사람을 대신해 일의 책임을 진다. 자신과 밀접한 관계가 있는 사람이 위험에 처했을 때 자신이 주동적으로 나서서 그를 대신해 책임을 진다. 이는 일종의 헌신적인 행동이라 할 수 있다.

 몸을 바쳐 제나라를 구한 완자

　　　　　춘추 말엽, 제나라 대부大夫 전성자田成子
가 나라의 권력을 독차지해 버렸다. 하지만 정권을 차지한 방법이
정당하지 못했기 때문에 전성자에 대한 백성들의 원성은 자자했고
제후들 역시 그의 명령에 따르지 않았다.

　마침내 어느 날 월越나라는 전성자의 정권 찬탈을 구실로 제나라
를 공격했고 전성자는 황급히 대신들을 소집해 대책을 강구하기 시
작했다. 한 대신은 "월이 우리를 침범한 것은 상대를 너무 가볍게
본 탓입니다. 우리 제의 군사력이 비록 약하긴 하나 백성을 동원하
면 충분히 싸울 수 있습니다"라고 맞서 싸울 것을 주장했다. 그러자
또 다른 대신이 그 말을 반박하며 나섰다. "지금 민심은 우리 편이
아닙니다. 이런 때에 성 전체가 출병한다는 것을 백성들이 받아들
일 수 있겠습니까? 아마 따르려는 이는 아무도 없을 것입니다." 또
어떤 대신은 "대왕께서는 어찌 다른 나라의 예를 본받지 않으십니
까? 그들에게 몇 개의 성지를 주시고 전쟁을 피하시옵소서"라고 평
화적인 방법을 권하기도 했다.

　대신들은 저마다 의견을 냈지만 전성자의 마음에 딱 드는 것은
하나도 없었다. 이렇게 골머리를 앓고 있는 전성자에게 형 완자完
子가 한 가지 계책을 냈다. "제가 현량한 선비들을 이끌고 성을 나

가 적을 맞을 수 있도록 허락해 주십시오. 저는 성심껏 싸울 것이며 반드시 패할 것입니다. 패할 뿐 아니라 데리고 간 이들이 모두 죽을 때까지 싸우겠습니다. 이렇게 해야만 월의 군사들이 물러갈 것이며 제를 지킬 수 있습니다." 이 말을 들은 대신들은 동요하기 시작했다. 전성자 역시 알 수 없다는 듯 물었다. "어째서 반드시 현량한 선비들을 데려 간다는 말이오?" 그러자 완자가 대답했다. "대왕께서는 이제 막 왕좌에 오르셨습니다. 백성들은 아직 대왕의 능력을 모르고 있으며 심지어 어떤 이들은 대왕을 나라를 빼앗은 도적이라는 둥 무능한 자라는 둥 헐뜯고 있습니다. 그러니 분명 백성들은 대왕을 위해 목숨을 바치려들지 않을 것입니다. 오로지 제나라가 굴욕을 당하고 있다 생각하는 현량한 선비들만이 죽음을 무릅쓰고 전쟁에 나가려 하지 않겠습니까?"

전성자가 또다시 물었다. "그런데 왜 반드시 전쟁에서 져야 하며, 군사들이 모두 전사해야만 한다는 겁니까?"

"월은 분명 여러 제후들 앞에서 '정의'라는 명분을 내걸고 의기양양하게 출병했을 것입니다. 하지만 그들 역시 지금 제를 삼키는 것이 어렵다는 것을 잘 알고 있습니다. 제가 선비들을 이끌고 전쟁에 나가 패하고 모두 죽겠다고 하는 것은 바로 '목숨을 바쳐 나라를 구하는 것'이라 할 수 있습니다. 월은 제나라 국왕의 형을 죽인 것에 만족하고 제를 '가르치려는' 목적을 달성했다고 생각할 것입니다. 게다가 제나라에 목숨을 아까워하지 않는 용맹한 군사들이 있다는 것을 보면 분명 두려운 마음이 생기게 마련입니다. 그러니 월은 우리가 죽으면 반드시 회군할 것입니다."

이야기를 다 들은 전성자는 자신을 위해 목숨을 희생하려 하는 형의 마음에 감동을 받고 눈물을 흘렸다. 하지만 나라를 지키기 위해 전성자는 어쩔 수 없이 형의 의견을 들어야만 했다. 예상대로 완자의 말은 하나도 틀리지 않았다. 월은 완자를 포함한 선비들을 모조리 죽인 후 즉시 군대를 철수시켰고 제나라는 마침내 위험에서 벗어날 수 있었다.

이 이야기 속에서 완자는 일의 득실을 따져본 후 과감하게 자신을 희생해 나라를 구했다. 완자는 '이대도강' 의 방법을 이용해 자신의 나라와 동생을 위험으로부터 구해냈던 것이다.

② 말 경주에서 이긴 손빈의 비결

전국시대, 제 위왕齊威王은 말 경주 벌이는 것을 매우 좋아했다. 게다가 그는 항상 경주에 황금을 걸고 내기하기를 즐겼는데 제나라의 대장군 전기는 늘 이 경주에서 많은 돈을 잃었다.

어느 날 손빈이 전기와 함께 말 경주에 참가했다. 손빈은 상대방의 말이 속도에 따라 상, 중, 하의 세 등급으로 나뉘는 것을 보고 전기의 말이 비록 전체적으로는 상대방의 말에 비해 떨어지긴 하지만 등급에 따라 비교해 보면 그 차이가 별로 크지 않아 전략만 잘 쓴다면 시합에서 이길 수 있다고 생각했다.

시합이 막 시작되려 할 때 손빈은 전기에게 그의 하등 마를 상대방의 상등 마, 상등 마를 상대방의 중등 마, 그리고 중등 마를 상대방의 하등 마와 시합을 시키자고 건의했다. 결과적으로 전기의 하등 마는 비록 경주에서 졌지만 나머지 시합에서는 모두 이겨 최종적으로 우승한 전기는 황금 1,000냥을 받았다. 물론 이로 인해 손빈 역시 전기의 전폭적인 신임을 얻게 되었다.

손빈이 여기서 사용한 것이 바로 '이대도강'의 계책이었다. 그는 나머지 두 경기에서 이기기 위해 한 경기에서 지는 전략을 택했다. 이후 손빈은 이 계책을 전쟁 중에서도 사용했고 좋은 결과를 얻을 수 있었다.

 **3 머리를 빌려 군심을 잡은 조조**

동한 말년, 군웅할거 시대에 귀족세가 출신인 원술袁術은 회남淮南지역을 점령하고 198년 수춘壽春에서 스스로 황제의 자리에 올랐다. 원술의 이런 행동에 많은 군웅은 불만을 표했다. 이때 연주兗州를 다스리고 있던 조조는 한漢 승상의 신분으로 먼저 수춘의 원술을 공격했다.

하지만 조조가 어떻게 도발해도 원술은 성을 굳게 지키며 싸움에 응하지 않았기에 전쟁은 수개월간 교착상태에 빠지고 말았다. 진영이 후방에서 먼 데다가 오랫동안 대치하고 있었기에 조조 진영의 군량미와 마초는 거의 바닥을 드러내고 있었다. 연주에서 운반해 오는 양식도 언제 도착할지 모를 상황이었다. 그나마 남아 있는 양식을 아끼기 위해 조조는 군량미를 관리하는 왕후王垕를 불러 병사들에게 작은 되로 곡식을 나누어 줄 것을 명령했다.

며칠이 지나고 식량이 부족한 군사들은 하나씩 불만을 토하기 시작했다. 병사들이 동요하기 시작하면 전쟁에서 패할 수밖에 없다는 것을 잘 알고 있었던 조조는 왕후를 장막으로 불러들여 말했다. "네가 너에게서 한 가지 물건을 빌려 군사들의 마음을 진정시키려 하는데 빌려 줄 수 있는지 모르겠구나." 그러자 왕후가 대답했다. "승상이 어려움을 해결하시는데 도움이 된다면 무엇이던 아깝지 않습니다!" 이 말을 들은 조조는 갑자기 엄한 얼굴을 하며 소리쳤다. "그 것은 바로 네 목이다!" 말을 마치기가 무섭게 조조는 칼로 왕후의 목을 내리쳤다.

이윽고 장막에서 나온 조조는 전군에게 알렸다. "전창이典倉吏 왕후가 일부러 작은 되로 병사들에게 군량미를 나누어 주었다. 이제 사건의 전말이 밝혀졌으므로 내 그를 참수형에 처했다." 자세한 내막을 알지 못하는 사병들은 조조의 공정한 일 처리를 보고 더 이상 그에 대해 불평하지 않았다. 그리고 얼마 후 연주에서 군량미와 마초가 도착했다.

군량미를 작은 되로 나누어 준 것은 분명 조조가 식량을 아끼기 위해 왕후에게 시킨 일이었다. 이런 행동이 병졸들의 불만을 야기하자 조조는 이대도강의 수단을 이용해 왕후를 희생시킴으로써 자신을 보호했던 것이다. 아무것도 모르는 불쌍한 왕후는 조조의 희생양이 되고 말았다.

④ 지략으로 창고지기의 생명을 구한 조충

난세일수록 더욱 엄격한 법률로 다스려

야 함을 조조는 잘 알고 있었다. 그래서 그는 군의 기강을 확립하기 위해 누구보다도 엄격한 규율로 군대를 통솔했다.

어느 날, 조조의 물건을 관리하던 창고지기는 조조의 안장을 쥐가 갉아먹은 것을 발견했다. 당시에는 쥐가 물건을 갉아먹으면 그 물건의 주인은 재수가 없다는 말이 떠돌고 있었다. 그래서 잔뜩 겁을 먹은 창고지기는 이 일을 조조에게 알리지도 못하고 벌벌 떨고만 있었다.

하지만 이 일은 조조의 아들 충沖의 귀에 들어갔다. 영리한 조충曹沖은 창고지기에게 이렇게 말했다. "내가 먼저 아버님께로 갈 테니 너는 조금 있다가 그곳으로 와서 아버님의 안장을 쥐가 갉아먹은 일을 사실대로 말씀드려라. 하지만 내 장담하건데 너에게는 아무 일도 없을 테니 염려 말거라." 말을 마친 조충은 칼로 자신의 옷에 마치 쥐가 갉아먹은 듯 구멍을 내고 걱정스러운 표정으로 조조를 찾아갔다. 조조는 근심 가득한 아들의 얼굴을 보고 그 이유를 물었다. 그러자 조충이 대답했다. "쥐가 옷을 물어뜯으면 그 주인에게 반드시 좋지 않은 일이 생길 것이라는 말을 들어보셨는지요? 공교롭게도 제 옷을 쥐가 갉아먹었으니 마음이 무척 무겁습니다." 조조는 아들을 위로하며 말했다. "모두 쓸데없는 말들이니 너무 마음에 두지 말거라." 잠시 후 창고지기가 조조를 찾아와 안장사건을 고했다. 이야기를 다 들은 조조는 아무렇지 않은 얼굴로 "내 아들의 옷도 쥐가 물어뜯었는데 창고 안의 안장이라고 별 수 있었겠느냐?"라고 말하며 그에게 아무 책임도 묻지 않았다. 조충은 스스로 '자두나무'가 되어 '복숭아나무' 창고지기를 죄에서 벗어나게 해주었다. 조충의 이런 마음 씀씀이 덕분에 창고지기는 목숨을 구할 수 있었던 것이다.

⑤ 조씨의 유일한 핏줄 구하기

　　　　　기원전 607년, 진영공晉靈公은 권세가였던 조趙씨 일가를 모두 죽여 버렸다. 그리고 몇 년 후 진영공의 계승자 진경공晉景公이 즉위하자 그의 총애를 한 몸에 받고 있던 도안가屠岸賈가 말했다. "조씨 일가는 과거 영공에 의해 멸문지화를 당했습니다. 하지만 그들이 지금 비밀리에 모반을 꾀하고 있다고 합니다." 도안가의 말을 그대로 믿은 진경공은 그를 시켜 다시 한 번 조씨 일가를 몰살시키도록 했다.

　하지만 어떤 이가 이 일을 몰래 조씨 일가의 중요 인물인 조삭趙朔에게 알려주었고, 조삭은 임신한 아내를 궁궐로 피신시킨 뒤 자살했다. 얼마 후 군대를 이끌고 조씨 일가의 집으로 들이닥친 도안가는 가족 모두 무참하게 살해했다. 하지만 궁으로 피한 조삭의 처는 목숨을 구할 수 있었고 후에 아들을 하나 낳고는 그 이름을 무武라 지었다. 그러나 비밀은 오래 가지 않았다. 조씨 일가의 혈육이 살아 있다는 사실을 알게 된 도안가는 마침내 나라 전체에 태어난 지 일 년이 채 되지 않은 사내아이는 모두 잡아 죽이라는 엄청난 명령을 내렸다. 조씨 일가가 숨어 있는 곳도 곧 화가 미칠 판국이었다.

이런 위기의 순간에 조씨 일가의 충실한 식객 정영程嬰과 공손저구公孫杵臼는 아이를 보호하기 위해 머리를 맞대고 방법을 강구했다. 마침 조무와 나이가 같은 아들이 있었던 정영은 자신의 아이를 희생해 조무를 구하려 했다. 그러자 이에 감동한 공손저구가 말했다. "그대가 이렇듯 기꺼이 친 혈육을 희생하고자 하니 나 역시 가만히 있을 수는 없소 먼저 이 아이를 내게 주시오. 그리고 즉시 도안가를 찾아가 이 공손저구가 몰래 조씨의 아이를 키우고 있다고 알리시오. 그러면 도안가는 분명 병사들을 이끌고 달려와 나와 그대의 친 아들을 죽일 것이요. 그대는 조씨의 핏줄을 잘 키워 훗날 부모를 위해 복수할 수 있도록 해야만 하오. 이것이 바로 장기적인 계책이라 할 수 있소." 이야기가 끝난 후 공손저구는 아이를 데리고 산속으로 숨었고 정영은 도안가를 찾아가 이 사실을 밀고했다. 결국 공손저구와 정영의 아들은 도안가의 손에 죽임을 당하고 말았고 진짜 조씨의 핏줄은 안전하게 왕궁을 빠져나와 정영의 손에 길러졌다.

조무가 15세 되던 해, 진탁공晉卓公은 마침내 조씨 일가의 명예와 지위를 모두 회복시켜 주었다. 그러자 어린 조무가 진탁공에게 말했다. "도안가는 온갖 나쁜 일을 일삼았기에 백번 죽어 마땅합니다. 저와 그는 불구대천의 원수입니다. 부디 제가 도안가의 일족을 죽일 수 있도록 허락하시어 조씨 일가와 충신의 복수를 할 수 있도록 해주십시오." 진탁공은 조무의 청을 들어주었고 도안가는 자신이 그랬던 것처럼 일족 모두가 조무의 손에 죽임을 당했다.

만약 정영이 기꺼이 자신의 혈육을 희생하지 않았다면, 그리고 공손저구가 조씨 일가를 대신해 화를 당하지 않았다면 조씨의 유일한 핏줄은 벌써 구천을 떠도는 원혼이 되었을 것이다. 정영과 공손저구의 희생으로 조무는 목숨을 건질 수 있었고 조씨 가문의 복수를 위한 한 가닥 희망도 남아 있을 수 있었다.

6 타이완 여행객의 보험사기사건

어느 날, 선전深圳 남산 공안 분국에 실종 사건 하나가 접수되었다. 신고자는 40세 정도의 타이완 여행객이었는데 그녀는 매우 다급한 목소리로 이렇게 말했다. "저는 리위안李媛이라고 합니다. 남동생과 함께 대륙으로 여행을 왔는데 동생이 어제 오전 10시에 한 여자를 만나러 간다고 하고 아직까지 연락이 없어요. 제발 이 사건을 조사해 주세요."

이날, 공안은 화차오華僑성에서 남자 시신 한 구를 발견했는데 시신의 발에는 여인의 남동생 이름이 새겨진 금 발찌가 채워져 있었다. 공안과 함께 시신확인을 하러 온 리위안은 얼굴을 알아볼 수 없을 정도로 불에 탄 시체를 자세히 살펴보더니 자신의 동생이 틀림없다고 말했다. 그리고 그녀는 하루빨리 동생의 시신을 화장하고 싶다고 말했다.

하지만 뭔가 석연치 않았던 공안은 그녀의 진술에 허점이 많다는 생각에 다시 한 번 그녀를 심문했다.

"사체의 발가락뼈로 화학 실험을 해 본 결과, 사체의 실제 연령은 28세 정도였습니다. 하지만 당신의 동생은 여권에 36살이라고 되어 있더군요. 어떻게 된 일입니까?"

그러자 리위안이 대답했다. "여권 상에는 36살이라고 기재되어 있지만 그것은 타이완에서 일자리를 찾기 쉬우라고 일부러 바꾼 겁니다. 동생의 실제 나이는 31살이에요."

공안이 다시 물었다. "사체의 머리 부분은 이미 불에 타서 얼굴을 알아볼 수 없는데 무슨 근거로 동생이라고 하는 겁니까?" "사체 얼굴의 윤곽이 분명 제 동생의 얼굴형이었어요. 옷도 틀림없이 동생이 실종되던 날 입었던 것이고요. 게다가 그 발찌는 분명 동생 것이에요, 그러니 제 동생이 틀림없습니다." 리위안의 태도는 매우 단호했다.

공안은 이번엔 사진 한 장을 꺼내 그녀에게 보여주며 본적이 있느냐고 물었다. "몰라요. 한 번도 본 적이 없는 사람입니다." 그러자 공안은 의미심장한 표정을 지으며 말했다. "이것은 사체의 골격구조를 바탕으로 복원된 얼굴입니다. 사체가 당신의 동생이라면서 왜 이 사진을 못 알아보는 겁니까?"

그러자 리위안은 당황하며 변명을 하기 시작했다. "사진을 제대로 보지 않았어요. 다시 한 번 자세히 보도록 해주세요. 이건 분명……. 제 동생이 맞습니다."

공안은 또다시 다른 사진을 꺼내며 말했다. "이것은 당신 동생 여권에 있던 사진입니다. 이 복원된 사진과 전혀 다른데 모르겠습니까? 이 증거로 볼 때 사체는 당신 동생이라고 할 수 없을 것 같군요."

결국 공안은 리위안과 그의 동생이 일 년 전 대만달러 1억짜리의 상해보험을 들었으며 그 수령인이 그녀 자신이라는 사실을 알아냈다.

공안의 치밀한 조사와 꼼짝할 수 없는 증거들 앞에서 리위안은 어쩔 수 없이 사건의 전말을 털어놓았다. 사실 대륙 출신이었던 그녀와 남동생은 타이완으로 건너간 후 생계를 위해 조직폭력배들과 손을 잡고 보험사기를 일삼았던 것이다. 남매가 선전에 도착하자 조직폭력배가 보낸 살인청부업자는 무고한 사람을 죽여 리위안의 남동생처럼 꾸며 놓았고, 그녀의 남동생은 곧장 고향 쓰촨四川으로 가서 몸을 숨겼다. 그러나 사건이 잠잠해지면 다시 타이완으로 돌아가 보험금을 나누려 했던 그들의 계획은 철저한 공안의 조사 때문에 한순간에 물거품이 되고 말았다.

 7 왕의 마음을 돌려놓은 세헤라자데

샤프리야르는 사산 왕조의 국왕이었다. 어느 날 그가 사냥을 하기 위해 호위병을 이끌고 궁을 나서자 왕비는 기다렸다는 듯 곱게 단장을 하고는 궁녀와 노비들과 함께 정원에서 해가 질 때까지 마음껏 즐기며 놀았다. 사냥에서 돌아온 샤프리야르왕은 이 사실을 알고는 화가 머리끝까지 나 음탕한 왕비와 궁녀 그리고 하인들을 모조리 죽여 버렸다. 이때부터 왕은 여인의 사랑을 믿지 않게 되었다. 국왕은 점점 여성을 혐오하게 되었고 강한 복수심에 불타게 되었다. 왕은 매일 여인 하나씩을 취해 밤을 보낸 후 다음 날이 되면 죽여 버렸다. 이렇게 3년이 지나자 사산 왕조의 여인들은 살기 위해 나라 밖으로 도망쳐야만 했다. 하지만 샤프리야르왕의 복수는 거기에서 그치지 않았다.

왕은 애꿎은 재상을 닦달하며 여인을 구해오라고 명령했다. 재상은 전국을 돌아다녔지만 젊은 여인은 눈을 씻고 찾아 봐도 보이지 않았다. 그렇다고 왕이 사정을 봐줄 리는 만무했다. 재상은 결국 여인을 구하지 못하고 집으로 돌아갔다. 마침 재상에게는 세헤라자데라는 딸이 하나 있었는데 그녀는 역사책을 좋아하고 고대왕국의 이야기에 정통한 독서광이었다. 그녀는 아버지가 곤란한 지경에 놓인 것을 알고는 선뜻 국왕의 '하룻밤 신부'가 되기를 자처했다. 그녀의 희생으로 아버지뿐 아니라 무고한 사산 왕조의 아가씨들은 목숨을 구할 수 있었다.

처음에는 무척이나 망설이던 재상은 결국 딸의 간청에 고집을 꺾고 말았다.

다음 날, 재상은 착잡한 심정으로 딸을 데리고 왕궁으로 갔다. 아름다운 세헤라자데를 본 국왕은 마음속으로 매우 기뻐했다. 그리고 밤이 되자 그녀는 국왕에게 재미있는 옛날이야기를 들려주기 시작했다. 국왕은 점점 세헤라자데의 이야기에 빠져들었고 어느 새 날이 새어 있었다. 하지만 그녀의 이야기를 더 듣고 싶었던 국왕은 그녀를 잠시 죽이지 않기로 했다. 그 다음 날도 세헤라자데는 국왕에게 옛날이야기를 들려주었고 어제처럼 그녀의 이야기가 절정에 달할 때쯤 날이 밝았다. 세헤라자데의 이야기가 너무 궁금했던 왕은 하루 더 그녀를 살려두기로 했다. 그렇게 천 하룻밤이 지나갔다. 국왕은 마침내 세헤라자데의 엄청난 양의 지식과 입담에 무릎을 꿇었고 무고한 생명을 죽이는 일을 그만두었다.

세헤라자데는 사산 왕조의 처녀들을 구하기 위해 국왕의 희생양이 되기를 자처했다. 물론 그녀의 재미있는 옛날이야기 덕분에 이야기는 해피엔딩으로 끝이 났지만 그녀가 당초 위험을 무릅쓰고 '하룻밤 신부'가 되려 했던 것은 '이대도강'의 계책을 쓴 그녀의 지혜와 고귀한 희생정신에서 비롯되었던 것이다.

⑧ 코벤트리를 포기한 처칠

1939년 8월, 영국은 독일의 '일급기밀'을 해독할 수 있는 암호해독 체계를 개발했다. 이로 인해 영국은 적시에 정확한 정보를 얻을 수 있었고 영국 공군은 언제나 중요한 시기에 출격해 독일의 공중공격을 모두 무찌를 수 있었다. 계속되는 패전에 '일급기밀'이 새어나가고 있음을 의심하게 된 독일은 공중 습격을 통해 사실의 진위를 알아보려 했다.

1940년 11월 12일 밤, 영국은 적의 '일급기밀'을 통해 48시간 후 독일 공군이 영국의 공업도시 코벤트리를 공격할 것이라는 정보를 입수했는데 그 작전명은 바로 '월광 소나타'였다. 당시 영국군에게는 독일의 습격으로부터 코벤트리를 지킬 시간이 충분했다. 하지만 그렇게 되면 암호해독 기술을 들켜버리게 되는 것이나 다름없었다. 처칠은 이 두 가지 선택을 놓고 고심하기 시작했다. 오랫동안 생각에 잠겨 있던 그는 암호해독 기술이 향후 전쟁 중에서 영국에 큰 역할을 할 것이라 생각하고 이것을 지키는 것이 도시 하나를 살리는 것보다 중요하다고 판단했다. 전체의 이익을 위해 그리고 전쟁에서의 최종적인 승리를 위해 처칠은 어쩔 수 없이 코벤트리를 희생시키기로 결정한 것이다.

이틀 후, 독일 공군의 '월광 소나타' 작전은 예정대로 시작되었고 어떠한 방어도 할 수 없었던 코벤트리는 장장 10시간에 걸친 비행기 폭격을 고스란히 당해야만 했다. 5천여 개의 포탄이 코벤트리에 투하되었고 600여 명이 이로 인해 목숨을 잃었다. 비록 코벤트리는 폭격으로 폐허가 되었지만 영국은 암호해독 기술은 무사히 보호되었다. 이로 인해 독일인은 다시는 영국의 암호해녹 사실을 의심하지 않았다. 그 후 엘 알라마인 전투에서 영국군은 히틀러와 롬멜 사이의 무선전신 내용을 모두 해독했고 전쟁에서 승리할 수 있는 하나의 조건을 만들어 낼 수 있었다.

 **9 강도를 속인 애거서 크리스티**

　　　　어느 날 밤, 영국의 추리소설 작가 애거서 크리스티는 친구를 만난 후 자신의 집으로 돌아가고 있었다. 그녀가 어두운 골목을 지날 때 갑자기 칼을 든 키 큰 강도가 그녀 앞을 막아섰다. "당, 당신 원하는 게 뭐죠?" 잔뜩 겁에 질린 크리스티가 물었다. 그러자 강도가 씩 웃으며 말했다. "당신의 그 귀고리를 내놓으시지."

　하지만 추리소설가인 그녀는 곧바로 냉정을 되찾았고 순간적으로 기지를 발휘했다. 그녀는 코트를 힘껏 끌어올려 목을 최대한 감싸며 자신의 귀고리를 빼서 바닥에 던지고는 말했다. "가져가요! 그럼 이제 가도 되죠?" 그녀가 조금의 망설임도 없이 귀고리를 빼 던지고 필사적으로 목걸이를 감추려 하자 도둑은 이제야 알겠다는 듯 더욱 음흉한 미소를 지었다. 그리고 그는 귀고리는 거들떠보지도 않은 채 크리스티에게 한층 더 음산한 목소리로 말했다. "목걸이를 내놔!" 그녀는 두 손을 바들바들 떨며 내키지 않은 듯이 목걸이를 뺐다. 그러자 강도는 잽싸게 목걸이를 낚아채고는 금세 모습을 감춰버렸다. 깊게 숨을 들이마신 크리스티는 미소를 지으며 땅바닥에 버려진 귀고리를 주웠다.

　사실 크리스티의 귀고리는 480파운드짜리였고, 강도가 가져간 목걸이는 유리세공품으로 겨우 6파운드짜리였다. 크리스티는 '이 대도강' 의 계책을 이용해 유리 목걸이를 버리고는 비싼 다이아몬드 귀고리를 지킬 수 있었던 것이다.

⑩ 푸프 부인 살인사건

　　　　　　캐리는 프랑스 로댕 박물관의 직원이었다. 어느 날 그녀는 탐정 친구 빌과 함께 커피를 마시고 있었다. 그런데 갑자기 호텔의 야간 담당자가 급하게 그들 앞으로 뛰어오더니 117호 룸에서 살인사건이 발생했다고 알려왔다. 죽은 사람은 브로닌드 푸프라는 여성으로 어젯밤에 체크인을 한 상태였다.

현장에 도착한 그들은 회색 슈트를 입은 젊은 여자가 사지를 가지런히 편 채로 침대에 누워 있는 것을 보았다. 긴 붉은 머리 여인의 후두부에는 총알 자국이 있었다. 피가 이미 말라 있는 것으로 보아 죽은 지 몇 시간이 지난 듯했다.

캐리는 자세히 방을 살펴보기 시작했다. 방 한 구석에 비싸 보이는 핑크색 슈트케이스 몇 개가 놓여 있었고 활짝 열린 벽장 안에는 고급 옷이 잔뜩 걸려 있었다. 장밋빛의 실크 잠옷, 선홍색의 양모

코트, 짙은 붉은 색 예복, 모자가 달린 오렌지색 비옷, 아이보리색 술이 달린 핑크색 재킷…캐리가 몸을 돌려 야간 담당자에게 물었다. "어젯밤 브로닌 드 푸프 부인이 체크인을 할 때 그녀를 보셨나요?" 그러자 그가 말했다. "네 어제 마침 비가 많이 왔기 때문에 부인은 이 모자가 달린 오렌지색 비옷을 입고 얼굴은 반쯤 가리고 있었어요." 잠시 생각에 잠긴 캐리는 빌에게 말했다. "빌, 내 생각엔 슈트케이스나 벽장 안의 옷들은 모두 죽은 여자의 것이 아닌 것 같아요. 그러니까 죽은 여자가 푸프 부인이 아니라는 거죠. 죽은 여자는 붉은 머리인데 옷장에 걸려 있는 옷이나 핸드백은 모두 붉은 색이거나 붉은색에 가까워요. 하지만 뭔가 좀 이상하지 않나요? 사실 붉은 머리를 가진 여자 중에 붉은 색 옷을 즐겨 입는 사람은 거의 없거든요. 만약 그러고 다닌다면 사람들이 모두 쳐다볼걸요." 빌은 캐리의 차분하고도 정확한 분석에 저절로 고개를 끄덕일 수밖에 없었다.

역시 캐리의 예상은 틀리지 않았다. 며칠 후 빌은 또 다른 호텔에서 푸프 부인을 찾아낼 수 있었다. 사실 푸프 부인은 이 살인사건의 피해자가 아닌 범인이었다. 피해여성은 줄곧 푸프 부인의 사주를 받고 있었다. 하지만 푸프는 그녀의 입을 막기 위해 함정을 파 그녀를 살해했던 것이었다. 그리고 그녀는 일부러 자신의 옷과 핸드백을 현장에 놔두어 죽은 여자가 자신인 것처럼 보이게 한 것이다.

푸프 부인은 '속죄양'을 이용해 진실을 감추고 교묘하게 법의 제재를 피해 가려 했다. 하지만 그녀의 계획은 영리한 캐리에 의해 그 진상이 낱낱이 드러나 버렸다. 이렇게 보면 세상에 완전범죄란 없나 보다.

 드네프르 강 전투

　　　　　1943년 가을, 드네프르 강 전투 중 소련 홍군 831사단의 2개 선발대대는 원래 계획대로 키예프 북쪽의 한쪽을 돌파해 드네프르 강을 건너 진지를 점령했다.

　소련의 의도를 알게 된 독일군은 탱크부대를 대거 이끌고 반격을 시작했다. 그러자 소련 홍군의 지휘자는 임기응변을 발휘해 이미 도하한 두 개의 선발대대가 진지를 수비하게 하고 적을 향해 맹공을 퍼부어 주력부대가 이곳에 있는 것처럼 보이도록 했다. 그리고 한편으로는 도하를 준비하고 있는 831사단의 주력부대를 38특수 기동단에 편입시켜 즉시 키예프 남쪽의 새로운 상륙지점으로 이동하게 했다. 이렇게 두 개의 선발대대가 거의 전멸하다시피 하는 사이 소련 홍군의 주력부대는 이미 안전하게 드네프르 강을 건넜고 20개의 군사거점을 세워 전투에서 대대적인 승리를 거둘 수 있었다.

이 전투를 통해 우리는 상황이 긴급할 때 군 지휘관은 어쩔 수 없이 '이대도강'의 전략을 이용해 자신을 보호하고 적을 교란시킬 수 있다는 것을 알 수 있었다. 여기에서 '자두나무' 역할을 한 소련 홍군의 두 선발대대는 자신을 희생함으로써 전쟁을 승리로 이끈 '복숭아나무' 주력부대를 구할 수 있었다.

⑫ 제비의 사과편지

푸른 산으로 둘러싸인 일본의 고도 나라奈良는 풍부하고 화려한 명승고적과 더불어 봄이면 흐드러지는 벚꽃, 그리고 현대화된 문화여가시설과 세계 일류급인 숙박시설로 인해 봄, 여름이면 여행객의 발길이 끊이지 않는다.

하지만 나라에도 골칫거리가 하나 있었는데 바로 제비들이었다.

매년 4월이 되면 남쪽에서 날아온 제비들은 여관의 처마 아래 둥지를 틀고 알을 낳았다. 그러나 사람들의 사랑을 받는 제비들에게는 함부로 배설을 하는 나쁜 습관이 있었다. 막 알을 깨고 나온 새끼 제비의 분비물은 항상 깨끗이 닦아놓은 유리창이나 깔끔하게 정리해 놓은 발코니를 더럽혔다. 여관 직원들이 아무리 쓸고 닦아 놓아도 수많은 제비의 분비물을 치우기에는 역부족이었다. 이 때문에 투숙객들은 항상 불만을 토로했고 나라의 여관들은 난감한 상황에 놓이게 되었다.

이때 한 여관의 여직원이 이 문제를 해결할 수 있는 절묘한 방법을 하나 내놓았다. 그녀는 제비의 이름으로 여관에 투숙한 손님들에게 편지를 보냈고 이를 대대적으로 광고했다. 편지에는 이런 내용이 써져 있었다.

: 손님 여러분 안녕하세요?

우리는 따뜻한 곳을 찾아 나라로 온 제비들이에요. 여러분의 허락도 받지 않고 여러분의 창 앞에 둥지를 틀었네요. 우리의 아이들이 어려서 뭘 잘 모르기도 하고, 또 좋지 않은 배변 습관 때문에 항상 여러분의 방 창문과 발코니를 더럽혀 기분을 상하게 해 드리고 있어요. 이 점 정말 죄송하게 생각합니다. 넓은 마음으로 이해해 주세요.

그리고 한 가지 부탁 말씀을 드릴게요. 제발 직원들을 미워하지는 말아주세요. 그들은 정말 열심히 청소를 하고 있답니다. 이 모든 것들은 우리의 잘못이에요. 그러니 조금만 기다려 주시면 곧 깨끗이 치워드릴 거예요.

-여러분의 친구 제비

이 재미있는 편지를 본 투숙객들은 일의 자초지종을 이해하게 되었고 점차 직원들에 대한 불평도 줄어들었다. 여관 직원은 '이대도강'의 전략을 사용해 제비를 이용해 손님들에게 사과문을 보냈고 예상외로 좋은 결과를 얻을 수 있었다. 여직원의 기지로 나라의 여관들은 난감한 상황을 슬기롭게 넘길 수 있었던 것이다.

제 12 기

순수견양(順手牽羊)

자연스럽게 손을 내밀어
남의 양을 끌고 온다

'순수견양'은 원래 '길을 가다 슬쩍 남의 양을 끌고 가는 것'을 가리키는데 통속적으로는 상대방의 허점을 포착해 그것을 기회삼아 '슬쩍' 낚아챈다는 뜻을 담고 있다. 이는 또 자신의 목적을 실현하는 과정 중 기회를 엿봐 이익을 취함으로써 의외의 수확을 얻는 것을 비유한다.

●순수견양●
「10가지 생활 활용 지혜」

→ 해설 ←

‘순수견양’은 원래 ‘길을 가다 슬쩍 남의 양을 끌고 가는 것’을 가리키는데 통속적으로는 상대방의 허점을 포착해 그것을 기회삼아 ‘슬쩍’ 낚아챈다는 뜻을 담고 있다. 이는 또 자신의 목적을 실현하는 과정 중 기회를 엿봐 이익을 취함으로써 의외의 수확을 얻는 것을 비유한다.

옛 사람들은 ‘순수견양’의 계책을 매우 중요하게 생각했다. 《초려경략草廬經略, 유병遊兵》에는 ‘伺敵之隙, 乘間取勝(적의 틈을 노려 승리를 취한다)’라는 말이 있고 《등단필구登壇必究, 서전敍戰》에는 ‘見利宜疾, 未利則止. 取利乘時, 間不容息, 先之一刻則大過, 后之一刻則失時也(이익이 있으면 마땅히 빨리 움직이고 그렇지 않으면 멈추라. 순간순간을 중요시하라. 너무 빠르면 실수를 하게 되며 너무 늦어도 시기를 놓치게 된다)’라고 했다. 또 《귀곡자鬼谷子, 모편모篇》에서는 '察其天地, 伺其空隙(천시나 지리를 살피고 빈틈을 살피라)'고 했으며《이위공문대李衛公問對, 권중卷中》에서는 '伺隙搗虛(틈을 살펴 허점을 공격하라)'는 말도 있었다. 앞서 말한 병법들에는 비록 '순수견양'이라는 말이 나오지는 않았지만 이들은 '순수견양'을 가장 잘 설명해 주고 있다고 할 수 있다.

엥겔스는 일찍이 헤겔의 말을 인용해 '악'이 역사상 가장 독특한 작용을 했다는 말을 한 적이 있다. 예를 들어 탐욕과 권력욕은 사회가 부단히 발전할 수 있는 동력이 되었다는 것이다. 이런 의미에서 보자면 탐욕은 인류의 가장 근본적인 추구라 할 수 있다. 인류는 음식을 익혀 먹으려는 욕망이 있었기 때문에 불을 사용하는 법을 배웠고, 편히 지내려는 욕망이 있었기 때문에 높고 큰 건물을 지었으며, 편리함에 대한 욕망이 있었기 때문에 자동차나 비행기를 만들었던 것이다. 무언가를 탐하는 방법은 여러 가지가 있는데 '순수견양'도 그 중 한 가지라 할 수 있다. 즉, '순수견양'은 인간의 본성인 탐욕의 자연스러운 표현이라 할 수 있다.

이 계책을 쓸 때 가장 중요한 것은 '순수順手' 즉 자연스럽게 내미는 손에 있다. 길을 가는 김에 슬쩍 그것을 취하고, 어떤 기회를 이용해 승리를 이루며, 무엇을 하는 김에 그것을 취하는 것이다.

만약 자연스럽게 손을 내밀지 못하는 상황에서 억지로 이익을 취하려 한다면 공연히 힘만 낭비할 뿐 아니라 원래 있었던 자신의 최종 목표에까지 악영향을 끼칠 수 있다.

양은 아주 온순한 동물이라 조용히 끌고만 온다면 내 것이 될 수 있다. 하지만 무작정 '양'을 끌고 오기보다는 먼저 그것이 미끼가 아닌지를 자세히 살펴봐야 한다. 적은 항상 나를 꾀어내기 위해 수단과 방법을 가리지 않기 때문이다. 그 다음으로 명심해야 할 것은 작은 이익은 그저 작은 이익에 불과하다는 사실이다. 작은 이익은 절대 나의 주목적을 대신할 수 없으며 나의 진짜 목적에 영향을 주지 않는다는 전제 하에서만 조용히 손을 내밀어 작은 이익을 취할 수 있다. 그렇지 않으면 작은 것을 얻기 위해 큰 것을 잃어버리는 어처구니없는 실수를 할 수 있기 때문이다.

1 소를 바쳐
군대를 물러가게 한 현고

춘추시대, 진秦나라 장군 맹명시孟明視는 대군을 이끌고 정나라를 공격하려 했는데 막상 당사자인 정나라는 이 일에 대해 전혀 모르고 있었다.

정나라에는 현고弦高라는 매우 머리가 좋고 임기응변이 뛰어난 사람이 살고 있었다. 어느 날 그는 소를 끌고 길을 가다 우연히 살기등등한 진나라 군대를 맞닥뜨리게 되었다. 상황이 매우 심각함을 느낀 현고는 순간적인 기지를 발휘했다. 그는 몰래 사람을 보내 정나라에 이일을 알리는 한편 자신의 소와 소가죽들을 맹명시에게 바치며 경고하는 듯한 투로 말했다. "우리 작은 정나라는 대국들 틈에 끼여 있어 밤낮 걱정스러운 마음에 발 뻗고 편히 자지도 못했습니다. 오늘 정나라의 군왕은 장군께서 오신다는 소리를 듣고 작은 선물을 보내 성의를 표하시고자 하십니다." 이 말을 듣고 깜짝 놀란 맹명시는 정나라가 자신들과 싸울 준비를 모두 갖추어 놓고 있다고 생각했다. 간이 오그라든 그는 원래의 계획을 모두 바꾸고는 진의 속국 활滑을 공격했다. 그리고 얼마 후 진나라로 돌아가던 맹명시의 군대는 진晋의 습격을 받고 전멸하고 말았다.

소를 팔기 위해 장으로 가던 현고는 우연한 기회를 틈타 소를 '예물'로 바꾸어 나라를 위기로부터 구해냈다. 현고가 자연스럽게 손을 내밀어 끌고 온 '양'은 결코 작은 것이 아니었지만 이 역시도 '순수견양'이라 할 수 있다.

② 당나귀를 얻은 제갈각

　　제갈각諸葛恪은 동오東吳의 대신 제갈근諸葛瑾(자字는 자유子瑜)의 큰 아들이었다. 제갈근은 얼굴이 길어 항상 사람들의 놀림감이 되었다. 어느 날 손권은 제갈근을 놀릴 요량으로 여러 대신이 모인 자리에서 사람을 시켜 당나귀 한 마리를 끌고 오게 한 다음 당나귀의 얼굴에 '제갈자유'라고 썼다. 그때 아버지를 따라 입궐했던 제갈각이 손권에게 무릎을 꿇으며 말했다. "제게 두 글자를 더 쓸 수 있도록 허락해 주십시오." 손권은 흔쾌히 제갈각에게 붓을 주었다. 그러자 제갈각은 손권이 써 놓은 글자 뒤에 '지려之驢'라고 덧붙여 썼다. 이를 본 대신들은 저마다 제갈각의 총명함에 감탄을 금치 못했다. 손권은 웃으며 제갈각에게 말했다. "이왕 제갈자유의 당나귀라 썼으니 집으로 가져가도록 하라" 이렇게 제갈각은 아버지가 놀림감이 되는 것을 막았을 뿐만 아니라 그 김에 당나귀도 한 마리 얻을 수 있었다.

 비수에서 패한 부견

진晉왕조 때였다. 나날이 세력이 강해진 북방의 전진前秦은 동진의 사마司馬씨 정권을 몰락시켜 천하를 통일시키고자 했다. 그래서 전진의 국왕 부견符堅은 90만 대군을 이끌고 동진의 변경을 침범했다. 기원후 383년, 두 진나라의 군대는 비수淝水를 사이에 두고 대치하고 있었다. 진晉의 장군 사석謝石은 아군의 사기가 드높기 때문에 적과 속전속결 하는 것이 유리하다고 생각했다. 하지만 비수가 가로막혀 있어 적진으로 진격하기가 매우 어려운 상황이었다. 이를 보던 부장 사쇄謝瑣가 말했다. "부견은 성격이 오만방자하고 안하무인입니다. 우선 그에게 군대를 잠시 뒤로 물려 우리가 강을 건너게 한 다음 다시 싸우자고 청하는 편지를 쓰십시오. 만약 그들이 여기에 응하지 않는다면 우리를 무서워하는 것이 증명되는 것이며 그 힘이 우리만 못함을 인정하는 것이 되기에 반드시 우리의 청에 응할 것입니다. 그리고는 사전에 진秦의 중군에 첩자를 배치해 놓으시면 쉽게 승리를 얻어 낼 수 있습니다."

사석은 사쇄의 의견을 받아들여 즉시 부견의 진영으로 친필 서신을 보냈다.

편지를 본 부견은 사석이 병가의 금기를 깼다고 생각했다. 그는 수하의 장수들에게 "진晉이 강을 건너 전쟁을 하자고 요구하고 있다. 우리는 그들의 요구에 따르는 척하며 군대를 잠시 뒤로 물렀다가 적이 강을 반쯤 건넜을 때 갑작스럽게 공격해 적을 물귀신으로 만들면 된다." 부견은 즉시 사석에게 승낙의 뜻을 담은 편지를 보냈다.

다음 날 새벽, 사석은 군사와 말을 비수 연안에 배치해 두고 강을 건널 준비를 하고 있었다. 한편 억지로 전쟁에 동원된 부견의 병사들은 부견을 위해 목숨을 바칠 생각은 애초부터 없었다. 이런 상황에서 부견이 후퇴명령을 내리자 부견의 병사들은 속으로 기뻐하며 재빨리 행군을 시작했다. 이런 그들이 제대로 대열을 갖춰 후퇴할 리는 만무했다. 부견의 군대는 순식간에 사람, 말, 마차가 이리저리 부딪혀 혼란스러워졌다. 이런 혼란한 틈을 타 사석이 미리 보낸 첩자가 소리를 질러댔다. "진秦군이 패했다! 사석의 군대가 지금 우리를 죽이려 강을 건너고 있다! 빨리 도망쳐라. 빨리!" 애초부터 싸울 마음이 없었던 부견의 병사들은 이 말을 듣자 놀라 어쩔 줄 몰라 했고 진영은 더욱 어지러워졌다. 부견은 철수를 중지하라고 여러 번 명령을 내렸지만 어떻게 해도 그들을 막을 수는 없었다.

이를 보고 있던 사석의 군대는 그 기회를 놓치지 않고 비수를 건너 부견의 군대를 추격했다. 그러자 적은 전멸했고 부견 역시 수하 몇 명만을 데리고 겨우 목숨을 구할 수 있었다.

비수전쟁 중 진晉의 군대는 '순수견양'의 계책을 이용한 덕분에 적은 노력으로 큰 이익을 얻을 수 있었다. 진秦의 후퇴는 원래 그들의 군사력에 아무런 영향을 끼치지 않는 것이었다. 하지만 때마침 진晉의 첩자가 '진군이 패했다'는 거짓 소문을 냄으로써 불난 집에 기름을 끼얹은 격이 되었고, 자세한 내막을 알지 못하는 부견의 군대는 스스로 멸망의 길로 들어서게 되었다.

④ 대양을 누빈 정화

　　　　　　　마삼보馬三保라는 본명을 가진 정화는 어렸을 때 입궐하여 환관이 되었다. 그는 명 성조成祖 즉위 후, 명의 대항해를 총 감독할 책임자로 뽑히는 영광을 누렸다. 1405년부터 1433년까지 정화鄭和가 이끄는 함대는 모두 7번의 해외 원정을 나갔고 37개의 국가를 방문했다. 정화의 함대는 인도양 연안의 국가를 포함해 가장 멀리는 동아프리카 해안의 모가디슈까지 방문했다. 이런 정화의 대항해가 가지는 의의 역시 매우 컸다. 정화가 이끄는 명의 함대는 도자기, 비단, 철기들을 가득 싣고 외국의 각 나라들과 무역을 벌여 각국의 특산품을 명으로 들여왔는데 이는 명나라와 아시아, 아프리카 국가의 경제 교류를 촉진시키는 역할을 했다. 그 뿐 아니라 명은 대항해로 통해 세계에서 자국의 영향력을 넓히고 명의 이름을 온 세계에 알릴 수 있었다.

사실 앞서 얘기했던 것들은 모두 정화가 자연스럽게 손을 내밀어 끌고 온 '양'에 지니지 않는다. 정화의 대항해의 진짜 목적은 바로 명 혜제惠帝를 추적하기 위한 것이었다. 사건의 전말은 이러했다. 혜제는 즉위 당시 삭번을 실시했는데 이로 인해 몇몇 제후 왕들은 한순간에 평민의 신세로 전락해 버리고 말았다. 이에 반발심을 가진 연燕 왕 주체朱棣가 군사를 모아 반란을 일으켜 3년간의 전쟁이 시작되었다. 이 전쟁은 결국 연의 승리로 끝이 났고 황궁이 불에 탄 후 혜제는 종적을 감추었다. 이 후 주체는 왕위를 계승하고 제호를 성조成祖라 했다. 황제가 된 지 3년이 되던 해 성조는 대항해를 명분으로 혜제의 생김새를 잘 알고 있는 정화를 시켜 각 나라를 돌아다니며 그의 행방을 캐도록 했다. 물론 결과적으로 성조는 원래의 목적은 이루지 못했지만 이로 인해 명은 경제적, 정치적으로 엄청난 수확을 얻을 수 있었다.

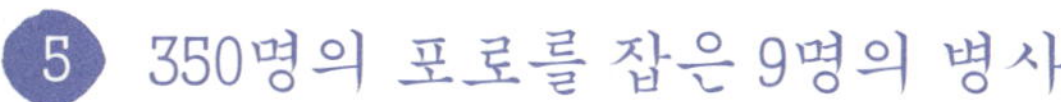 5 350명의 포로를 잡은 9명의 병사

인민해방군이 스자좡石家庄을 공격할 때,

9명의 해방군 전사가 적병 350명을 포로로 잡은 전설적인 사건이
있었다.

스자좡에 총 공격을 시작한 후 해방군의 3, 4종대는 각각 동북,
서남에서 대각선으로 공격을 시작했다. 두 종대의 회합 점은 스자
좡을 수비하고 있는 적의 사령부가 있는 다스교大石橋였다.

땅거미가 질 무렵, 제3종대 1분대 소속의 사병 9명은 다스교로
진공하는 도중 한 건물을 지나게 되었다. 건물의 창문은 모두 벽돌
로 막혀 있었고 마치 벌집처럼 사격을 할 수 있는 구멍만 남아 있었
다. 이것은 분명 국민당 군대가 특별히 만든 방어 건물임에 틀림없
었다.

분대장 장후이펑張惠風은 잠시 시계를 보고는 병사들에게 말했다.
"동지 여러분, 다스교에 도착하려면 아직 한 시간의 여유가 있습니
다. 그러니 먼저 어둠을 틈타 이 건물을 습격해 적을 건물 밖으로
끌어냅시다. 아마 이것은 누워서 떡 먹기보다 쉬울 겁니다."

병사들은 고개를 끄덕여 그의 의견에 동의했다. 장 분대장은 병
사들을 이끌고 건물의 밑부분을 더듬으면서 건물을 에워쌌다. 그리
고 벽돌로 막혀 있는 문 하나를 발견했다. 벽돌 하나하나를 빼내고
보니 문은 내실로 통해 있었다. 문을 통해 내실로 들어간 9명의 병
사는 2층에 있는 홀에서 회의를 하고 있는 적을 발견했다. 장후이펑
과 나머지 병사들은 적이 미처 손쓸 틈도 없이 그들에게 총부리를
겨누었다. 갑작스러운 공격에 당황한 국민당 군대 중 한 군관이 장

후이펑에게 총을 쐈다. 총알은 다행히도 장후이펑의 귓가를 스쳐갔고 미처 두 번째 사격을 해 볼 틈도 없이 국민당의 군관은 총을 맞고 쓰러졌다. 장후이펑은 수류탄을 탁자 위에 올려놓고 늠름한 목소리로 말했다. "스자좡은 이미 우리 해방군에 의해 포위되었다. 그러니 완강하게 버틴다면 너희에게 남은 것은 죽음뿐이다. 지금 즉시 무기를 내려놓으면 너희들에게 4가지 사항을 약속할 것이다. 첫째, 생명의 안전을 보장해 줄 것이며, 둘째 개인의 재산을 몰수하지 않을 것이다. 셋째, 포로들에게 폭언이나 폭력을 행사하지 않을 것이며, 마지막으로 집으로 가기를 원하는 자에게는 교통비를 줄 것이다." 장후이펑은 절도 있고 낭랑한 목소리로 단숨에 말을 끝냈다.

실내에는 한동안 죽음과도 같은 침묵이 흘렀고 잠시 후 누군가가 '콰당' 소리와 함께 들고 있던 총을 바닥에 내려놓았다. 그러자 너도 나도 총을 내려놓았고 한순간에 적이 버린 무기는 산을 이루었다.

"줄을 서서 하나씩 방을 빠져나가 건물 아래에서 집합하라!" 장후이펑이 또다시 큰 소리로 명령했다. 하나씩 줄을 세워보니 포로들은 전부 350명이었다. 장후이펑은 이 포로들을 후속부대에 넘겨 준 뒤 또다시 병사들을 이끌고 다스교로 향했다.

 ## 6 의외의 수확을 얻은 오몬드 공작

　　　　　　1702년의 어느 맑은 여름날, 영국 함대 한 정이 스페인 카디스 항에 갑자기 출현했다. 이 영국 함대의 목적은 카디스 항을 점령해 지중해의 입구를 차지하려는 데 있었다.

　영국 함대를 지휘하는 사람은 오몬드 공작이었다. 카디스 항 항구에 도착한 그는 적의 동향이 분명하지 않다는 생각에 공격을 미루었는데 그게 그의 실수였다. 사실 항구를 지키고 있던 스페인 군대의 방어는 허술하기 짝이 없었다. 이런 상황에서 영국 함대가 공격을 퍼붓는다면 쉽게 항구를 차지할 수 있었다. 하지만 오몬드 공작이 '상황 판단'을 마치고 상륙을 명령했을 때 스페인의 군대는 이미 충분한 전투 준비를 끝내놓은 상태였다. 이 때문에 한 달이 지나도 항구는 여전히 스페인의 군대가 굳건히 지키고 있었다.

　이때 조지 훈작사가 오몬드 공작에게 말했다. "이런 상황에서 다시 공격을 감행한다면 이제 우리는 돌이킬 수 없는 상황에 처해 버릴 겁니다. 그러니 군대를 철수하고 영국으로 돌아가는 것이 나을 듯합니다." 이미 지칠 대로 지쳐버린 오몬드 공작은 중얼거리며 말했다. "일이 이렇게 됐으니 그 방법밖에 없는 듯하군. 각 함대의 병사들과 식량, 마실 물을 점검해 매일의 소비량을 계산하라. 곧 영국으로 돌아간다." 영국 함대가 철수 준비하고 있을 때 갑자기 한 병사가 오몬드 공작에게 달려왔다. "스페인의 보물운반 선단이 막 카디스 항에서 멀지 않은 비고 만에 정박했다고 합니다." 갑자기 정신이 번쩍 든 오몬드 공작은 재빨리 머리를 굴리기 시작했다. '어차피 이번 원정으로는 아무런 소득을 얻을 수 없었다. 이런 상황에서 저 보물들을 빼앗을 수 있다면 단번에 병사들의 불만을 잠재우고 국왕에게도 체면을 세울 수 있을 것이다.' 생각이 여기까지 미친 오몬드는 즉시 전 함대에 비고만으로 진격할 것을 명령했다. 영국 수병들은 보물에 대한 욕심에 들떠 스페인 선단을 닥치는 대로 약탈했다.

마침내 100만 파운드의 보물을 차지한 오몬드 공작은 영국 국왕 윌리엄 3세에게 보물을 바치며 전쟁에서 이기지 못한 것에 대해 자책했다. 하지만 오몬드 공작이 끌고 온 '양'이 너무나도 컸기 때문에 국왕은 그의 책임을 묻지 않았을 뿐 아니라 그의 공적에 대해 두고두고 칭찬을 아끼지 않았다.

7 넥타이를 맨 일본 사업가

어느 날, 양복에 넥타이까지 맨 일본인 사업가가 프랑스에 가장 유명한 카메라 기재 공장에 나타났다. 이

공장 개발실 담당자는 일본인 사업가에게 공장 구석구석을 보여주며 그의 질문에 성의껏 대답해 주었다. 그러나 생각이 깊은 담당자는 이 일본인이 방문을 미끼로 자신의 공장의 산업 기밀을 염탐하러 온 것이 아닌가 하는 의심이 들기 시작했고, 그의 행동 하나하나를 유심히 살펴보기로 했다.

그는 일본인이 새로 개발된 현상용액에 매우 흥미 있어 한다는 사실을 발견했다. 일본인 사업가의 넥타이는 보통 사람 것보다 좀 길게 매어져 있었는데 그가 몸을 숙여 용액을 살펴볼 때 그만 잘못해서 넥타이 끝이 용액에 담기고 말았다.

지극히 평범해 보이는 일본인의 행동이었지만 영리한 개발실 담당자의 눈을 피해갈 수는 없었다. 그는 이렇게 생각했다. '교활한 일본인 같으니라고! 집으로 돌아가 넥타이 끝에 묻은 용액으로 실험 한번만 해보면 쉽게 이 현상액의 배합을 알 수 있을 테지! 하지만 이 기술은 우리 공장의 핵심기술인데 절대 빼앗길 수는 없어!' 그리고 담당자는 즉시 여직원을 불러 자신이 시키는 대로 연극을 해 줄 것을 부탁했다.

잠시 후 새 넥타이를 든 여직원이 이 음흉한 일본인 앞에 나타났다. 그녀는 상냥한 목소리로 "선생님, 넥타이가 더러워지셨네요. 제가 새 넥타이로 바꿔 드리겠습니다"라고 말했다. 친절을 거절하는 것은 예의가 아닌 데다 혹시 거절하면 의심을 살 수도 있다는 사실을 잘 알고 있었던 일본인 사업가는 마지못해 넥타이를 풀었다. 하지만 "감사하다"고 말하는 그의 표정에는 자신의 노력이 헛수고가 되었음을 안타까워하는 심정이 그대로 묻어났다. 이렇게 자연스럽게 손을 내밀어 양을 끌고 오려던 일본 사업가의 계책은 영리한 개발실 담당자 때문에 여지없이 무너지고 말았다.

8 브레즈네프의 계책

　　　　　　　1970년대 초, 소련과 미국 두 강대국은 군비경쟁에 열을 올리며 끊임없이 회담과 협상을 벌여 상대방에게 압박을 가했다.

당시 미국의 여론계는 연일 소련 정치집단 내부의 매파와 비둘기파에 대해 소개하고 있었다. 미국의 보도에 따르면 미국에 대해 강경한 태도를 취해야 한다고 주장하는 매파는 정책집행을 확대하고 군비경쟁을 강화해야 한다는 목소리를 내는 반면 비둘기파는 미국에 대해 온건한 입장을 취하며 평화협상과 군축을 주장한다고 했다. 또 여론은 소련 내에서 이 두 파의 정권다툼이 매우 치열하다고 밝혔다. 이런 상황에서 만약 미국이 소련을 거세게 압박한다면 '매파'는 우세를 점하게 될 것이고 결론적으로는 미국에 아주 불리해질 것이 뻔했다.

하지만 소련 정부 내에는 '매파' 니 '비둘기파' 니 하는 것은 원래부터 존재하지도 않았다. 그러나 미국 여론계의 소식을 접한 브레즈네프는 이를 이용해 '순수견양' 의 전략을 쓰기로 결정했다. 그는 일부러 미국 여론계의 보도에 대해 어떠한 입장 표명도 하지 않았는데 이로 인해 미국인의 소련에 대한 오해는 점점 더 커져 갔다.

1971년, 브레즈네프는 소련을 방문한 미 안보 보좌관 키신저와 회담을 가졌다. 회담의 내용이 군비통제 문제에 관한 이야기로 옮겨지자 양국은 서로 팽팽히 맞선 채 조금도 양보하려 들지 않았다. 서로 얼굴을 붉히며 분위기가 점점 더 험악해지자 갑자기 브레즈네프가 벌떡 일어서며 말했다. "결코 양보하고 싶지 않아 그러는 것이 아니오. 당신들도 우리 정부 내의 의견이 극명하게 대립하고 있는 것을 잘 알지 않소? 이 때문에 나 역시도 엄청난 압박을 받고 있소, 만약 내가 당신들과 타협을 한다면 분명 반대파의 공격을 받을 것이오. 그럼 이렇게 합시다. 우선 여기서 잠시 기다리시오. 그럼 내가 가서 강경파들을 설득해 보겠소."

회담장을 떠난 브레즈네프가 잠시 후 돌아왔다. 그리고 그는 어쩔 수 없다는 듯 양손을 들어 보이며 말했다. "그들이 도저히 동의하지 않으니 나로서도 도리가 없소. 그러니 당신들은 나를 너무 압박하지 않는 게 좋을 거요. 그렇지 않으면 강경파들이 분명 들고 일어날 것이고 이는 미국에도 결코 좋은 일이 아니잖소? 만약 당신들이 조금은 양보하겠다는 태도를 보여주면 내가 강경파들을 설득하는 데 도움이 될 겁니다."

일이 이렇게 되자 키신저도 더 이상은 할 말이 없었고 회담은 결국 소련에 유리한 방향으로 진행되었다.

9 그림을 팔아 인기를 얻은 레이건

레이건은 미국 역사상 나이가 가장 많은 대통령이었다. 어느 날, 집무를 보던 레이건은 몸이 피로한 것을 느끼고 잠시 하던 일을 멈추고는 손길이 닿는 대로 종이를 찢어 아무렇게나 스케치를 했다.

레이건은 이 스케치에 각각 '카우보이' '말' '영국 신사' '중국 관리' '일본 무사' '프랑스 부옹' '프랑스의 유머 넘치는 스승' 이라는 제목을 붙였다. 물론 레이건이 뛰어난 화가는 아니었지만 7장의 그림은 모두 생기와 유머가 넘쳤다. 자신의 '작품' 에 스스로 만족한 레이건은 그림 아래에 일일이 자신의 사인을 해 두었다.

레이건의 보좌관들은 그의 그림을 보며 모두 감탄을 금치 못하고 한 마디씩 거들었다. 보좌관들의 칭찬에 기분이 좋아진 레이건은 갑자기 무슨 생각이 떠올랐는지 사람을 시켜 그 그림들을 경매시장에 보냈다. 그의 그림은 즉시 한 수집가에게 1만 달러에 팔려나갔다. 물론 그 수집가는 레이건의 그림 솜씨를 보고 그의 '작품'을 산 것이 아니었다. 그는 대통령이 그린 그림이라면 이후에 반드시 가격이 더 오를 것이라고 생각했던 것이다.

돈을 건네받은 레이건은 즉시 장애인협회에 전화를 걸어 1만 달러를 기부하겠다는 뜻을 밝혔다. 그러자 각 신문사는 앞 다투어 그의 선행에 대한 기사를 실었다.

레이건은 무심결에 그린 자신의 그림을 두고 보좌관들이 칭찬을 늘어놓자 갑자기 내친김에 무언가를 해야겠다는 생각이 들었던 것이다. 그래서 그는 자신의 그림을 경매에 붙이고 거기서 얻은 돈을 장애인협회에 기증했다. 만약 레이건이 그 그림을 아무에게도 보여주지 않았거나 그냥 구겨서 휴지통에 버렸다면 그는 그렇게 좋은 명성을 얻을 수 없었을지도 모른다.

10 기습 키스를 당한 대통령의 딸

방년 20세의 크리스는 필리핀 대통령 코

라손 아키노의 딸이었다. 그녀는 영화계에 뛰어들고 얼마 되지 않아 필리핀에서 가장 사랑받은 여배우가 되었다. 크리스는 철저하게 멜로영화만 고집했고, 키스신이나 베드신 같이 농도 짙은 장면이 있으면 일체 출연을 고사했다.

하지만 그녀의 이런 원칙은 한 대담한 남자 배우에 의해 깨지고 말았다. 크리스는 한 영화의 주인공을 맡게 되었는데 두 남녀의 연애담을 주된 내용으로 하고 있는 《사랑의 데이트》라는 이 영화 대본 어디에도 키스신은 없었다. 하지만 촬영도중 남자 주인공은 크리스가 부주의한 틈을 타 '기습 키스'를 시도했고 그의 강제 키스는 수초간이나 계속되었다.

영화를 찍으며 내친김에 크리스에게 키스를 해 버린 남자 주인공은 필리핀 영화계에서 가장 유명한 배우였고 관중들에게 인정을 받은 미남이었다. 그의 행동에 크리스는 매우 화를 냈고 현장에 있는 관계자들은 슬슬 걱정이 되기 시작했다. 그도 그럴 것이 크리스의 원칙이 워낙 확고했던 데다 그녀가 다른 사람도 아닌 대통령의 딸이었기 때문이다.

하지만 키스가 불법은 아니기에 아무리 천하의 크리스라고 해도 몇 마디 화를 내는 것밖에는 어쩔 도리가 없었다. 그리고 이 남자 배우는 자신의 기습 키스에 대해 매우 만족했다.

제 13 기

타초경사(打草驚蛇)

풀을 두드려 뱀을
놀라게 한다

이 계책은 단성식段成式의 《유양잡조酉陽雜俎》에서 유래되었다. 당나라 시절, 한 고을에 왕로王魯라는 탐욕스러운 현령이 있었는데 그는 항상 백성들의 고혈로 자신의 배를 불렸다. 그러던 어느 날 마을 주민들이 떼로 몰려와 왕로에게 그의 부하 중 한 사람이 뇌물을 받은 사실을 고해바쳤다.

●타초경사●
「12가지 생활 활용 지혜」

1. 꾀를 써 진실을 알아낸 상신
2. 왕후의 자리에 오른 음희
3. 유비를 시험한 서서
4. 객잔 주인 살인사건
5. 금비녀 절도사건
6. 도둑이 제 발 저린 법
7. 공산당을 구한 루한
8. 숙부의 근심을 해결한 소년
9. 말 한 마디로 도둑을 잡은 노파
10. 물에 빠진 병사를 구한 나폴레옹
11. 가짜 공수부대
12. 월드컵의 다크호스 세네갈

이 계책은 단성식段成式의 《유양잡조酉陽雜俎》에서 유래되었다. 당나라 시절, 한 고을에 왕로王魯라는 탐욕스러운 현령이 있었는데 그는 항상 백성들의 고혈로 자신의 배를 불렸다. 그러던 어느 날 마을 주민들이 떼로 몰려와 왕로에게 그의 부하 중 한 사람이 뇌물을 받은 사실을 고해바쳤다. 주민들이 바친 소장을 본 왕로는 깜짝 놀라며 그동안 자신이 저지른 악행이 탄로날까봐 두려워지기 시작했다. 그는 자신도 모르게 소장에다 이렇게 썼다. '汝雖打草, 吾已驚蛇(그대들은 비록 풀밭을 두드렸지만 나는 이미 놀란 뱀과 같다)' 훗날 사람들은 이를 줄여 '타초경사'라 불렀다.

하나의 계책과 전략으로서의 '타초경사'는 적의 상황이 명확하지 않거나 의심이 날 때 먼저 거짓으로 공격해서 적의 진짜 상황이 드러나게 하는 것을 가리킨다. 반복적인 관찰로 허실을 분명히 밝혀낸 후 다시 행동을 취하면 적이 쳐 놓은 함정에 빠지는 일을 막을 수 있다. 마치 《호검경虎鈐經》의 '觀彼動靜, 而后擧焉(상대방의 동정을 살핀 후 행동하라)'는 이야기처럼 말이다.

이 계책을 이용하기 위해서는 우선 무엇이 '풀'이고 무엇이 '뱀'인지를 명확히 알아야 한다. 확실히, 서로 성질이 다른 '풀'과 '뱀'은 각기 연관성이 있다. 풀은 밖으로 드러나 있고 뱀은 풀 속에 숨어 있다. 그러니 풀은 신속하게 뱀에게 정보를 전달해 줄 수 있는 것이다. 이에서 알 수 있듯 '풀'은 적의 동류를 가리키고 '뱀'은 적을 의미한다. 그러니 풀을 치면 뱀이 놀랄 수밖에 없는 것이다. 토끼가 죽으면 여우가 슬퍼한다는 말 역시도 이런 뜻을 담고 있다.

이 계책은 다음과 같은 세 가지 뜻을 담고 있다.

(1) 풀을 흔들어 뱀이 나오게 한다. 이것은 일종의 간접적인 유인술이다. 무성한 숲에 숨어 있는 뱀은 언제든지 사람을 물 수 있다. 그러니 우선 풀을 흔들어 뱀이 사람 앞에 나타나도록 해야 한다. 이렇게 하면 뱀을 쉽게 없앨 수 있기 때문이다.

(2) 풀을 흔들어 뱀을 쫓아버린다. 일종의 간접적으로 적을 쫓을 수 있는 방법이다. 나뭇가지로 풀숲을 치면 뱀은 놀라 도망가게 된다. 풀을 쳐 뱀을 놀라게 하는 것은 효과가 크고 위험부담이 없는 방법이라 할 수

있다. 그렇기 때문에 적과 직접적인 대결을 원하지 않을 때 이 계책을 사용할

수 있다.

(3) 풀을 흔들어 뱀을 놀라게 한다. 간접적으로 적에게 경고하는 방법이다.

갑과 을이 서로 긴밀하게 연결되어 있을 때 갑이 공격을 받으면 을은

저절로 공포심을 갖게 된다. 그렇게 되면 갑을 공격해 을을 공격하는

효과를 낼 수 있다.

 꾀를 써 진실을 알아낸 상신

성격이 우유부단한 초楚 성왕成王은 상신을 태자로 삼았다가 이내 마음을 바꾸고 그를 태자에서 폐위시키려 했다.

상신商臣 역시도 이 소식을 들었지만 그것이 진실인지 아닌지 도무지 알 길이 없었다. 그래서 그는 스승 반숭潘崇에게 도움을 청했다. "연회를 열어 강미江羋를 초대하십시오. 그리고 일부러 그녀에게 무례한 행동을 보이십시오." 스승의 말을 들은 상신은 즉시 이를 행동에 옮겼다. 성왕의 여동생인 강미는 그 신분이 너무나도 고귀한 터라 모두들 그녀에게 최고의 예우를 했다. 하지만 다른 사람들과 달리 연회에서 줄곧 오만한 태도로 자신을 대하는 상신 때문에 강미는 기분이 몹시도 상해버렸다. 연회를 떠나기 전 그녀는 잔뜩 화난 목소리로 말했다. "성왕께서 너를 폐위하시려는 이유를 이제야 알겠구나. 변변치 않은 것 같으니라고!"

강미의 말을 들은 상신은 그제야 소문이 거짓이 아니었음을 알게 되었다. 그는 즉시 정변을 일으켰고 이 소식을 들은 성왕은 스스로 목숨을 끊고 말았다.

이 이야기에서 상신이 일부러 예의에 어긋난 행동을 한 것은 '풀'을 친 것이요, 놀란 '뱀'은 화가 난 나머지 비밀을 발설한 강미라 할 수 있다.

2 왕후의 자리에 오른 음희

　　중산국中山國 국왕의 두 애비 음희陰姬와 강희江姬는 서로 왕후가 되고 싶어 치열한 암투를 벌이고 있었다. 중산국의 신하 사마희司馬憙에게 있어서 그녀들의 대립은 출세할 수 있는 좋은 기회였다.

　　노련하고 용의주도한 사마희는 몰래 음희를 만나 진지하게 말했다. "왕후의 자리를 얻는 것은 절대 어린아이의 장난처럼 쉬운 일이 아닙니다. 일이 성사되면 나라 안에서 가장 높은 지위의 여인이 되는 것이며, 평생 먹어도 모자랄 산해진미와 평생 입어도 다 입어보지 못할 능라비단을 갖게 될 것입니다. 하지만 일이 성공하지 못하면 목숨을 부지하기도 힘들지 모를 일입니다. 그러니 애초에 포기하시든지 아니면 반드시 성공하시든지 양자 간에 택일을 해야 합니다."

　　음희는 집념에 불타는 얼굴로 말했다. "난 포기하지 않을 것이요. 그리고 반드시 성공할 것이오."

그러자 사마희가 기다렸다는 듯 말했다. "이왕 그렇게 결심을 하셨으니 신이 미약한 힘이나마 보태고자 합니다." 이 말을 듣고 크게 감동한 음희가 말했다. "만약 일이 성공하면 내 그대에게 섭섭지 않게 보상하리다."

다음 날, 사마희는 미리 세워둔 계획에 따라 행동했다. 그는 우선 중산 왕에게 상주문을 올려 자신에게 조趙왕의 세력을 약화시킬 묘책이 있다고 말했다. 그러자 중산왕은 즉시 그를 불러들였다. 사마희는 왕을 알현한 자리에서 자신을 조나라로 보내 그곳의 지세와 군사시설, 신하들의 행실, 백성들의 생활을 자세히 살펴본 후 이를 토대로 자세한 계책을 세울 수 있도록 해 달라고 요구했다. 그러자 중산왕은 흔쾌히 그의 요구를 수락했다.

조나라 왕을 만난 사마희는 공사에 관해 이야기를 나눈 후 왕과 환담을 하기 시작했다. "저는 일찍부터 조 나라에 미인들이 많다는 이야기를 들었습니다. 하지만 조나라에 온 후 길거리를 돌아다녀봐도 특별히 아름다운 여인을 발견하지는 못했습니다. 이곳저곳 돌아다니지 않은 곳이 없는 저는 한 번도 중산국의 음희와 같이 아름다운 여인을 보지는 못했습니다. 그녀는 말로는 형용할 수 없을 만큼 아름다워서 실로 천상의 선녀라 할 만합니다."

원래 호색한인 조나라 왕은 사마희의 말을 듣고 입술이 바짝바짝 타는 듯했다. "만약 그 여인을 조 나라로 데려올 수 있다면 내 그대에게 후한 상을 내릴 것이다."

그러자 사마희는 짐짓 난색을 표하며 이렇게 말했다. "음희가 비록 후궁에 지나지 않는다고 하나 왕의 총애를 한 몸에 받고 있습니다. 그러니 제발 방금 제가 했던 말이 밖으로 새 나가지 않게 해 주십시오. 그렇지 않으면 저는 목숨을 보존하기 힘들 것입니다. 비밀을 지켜 주신다면 몰래 일을 성사시키겠습니다."

중산국으로 돌아온 사마희는 매우 화가 난 표정으로 왕에게 말했다. "조나라 왕은 인의를 모르며 힘을 쓸 줄만 알지 도덕을 모르는 호색한입니다. 그는 심지어 몰래 음희를 데려가 후궁으로 삼을 생각을 하고 있었습니다."

"이런 황음무도한 놈 같으니!" 화가 머리끝까지 난 중산왕이 소리쳤다.

그러자 사마희가 왕을 진정시키며 말했다. "지금 조나라는 우리보다 강하기 때문에 만약 조왕이 음희를 내놓으라고 하면 울며 겨자 먹기로 응할 수밖에 없을 것입니다. 만약 따르지 않으면 조는 반드시 군사를 일으켜 우리를 치려 할 것이기 때문입니다. 그렇다고 음희를 조나라 왕에게 바치면 천하의 사람들은 모두 중산국의 무능함을 비웃을 것입니다."

이 말을 들은 중산왕은 매우 난처해졌다. "그럼 어쩌면 좋단 말인가?"

기회가 왔다고 생각한 사마희가 말했다. "신께 마침 좋은 방법이 하나 있습니다. 대왕께서 음희를 왕후로 삼으시는 겁니다. 세상천지 어디에도 다른 나라의 왕후를 자신의 후궁으로 삼은 일은 들어 보지 못했습니다.”

중산왕은 사마희의 절묘한 계책에 감탄을 금하지 않을 수 없었다. 얼마 후 중산왕은 사마희가 일러준 대로 음희를 왕후에 봉했다.

이 이야기 중 조나라 왕이 음희에게 관심을 가지도록 한 사마희의 계책이 바로 ‘풀’을 흔드는 것이라 할 수 있고, 중산왕이 이 일로 인해 화를 낸 것은 ‘뱀’을 놀라게 한 것이라 말할 수 있다. 사마희는 ‘타초경사’의 방법을 이용해 중산왕을 자극했고 음희를 왕후로 삼으려는 자신의 계획을 실현시킬 수 있었다.

3 유비를 시험한 서서

　　　　　　서서徐庶는 동한東漢 말년, 유명한 모사였다. 그는 유비가 매우 인자하고 현명한 군주라는 소문을 듣고는 그에게 몸을 의탁하려 했다. 하지만 소문이 진짜인지 확인할 도리가 없었던 서서는 한 가지 계책으로 유비를 시험해 보기로 했다.

어느 날 말을 돌보고 있던 유비 앞에 서서가 나타나 이렇게 말했다. “제가 이전에 상마술相馬術을 좀 익힌 적이 있는데 주공의 말들을 봐 드리겠습니다." 그러자 유비는 즉시 자신의 말을 데려오게 한 다음 서서 앞에서 몇 바퀴를 돌아보였다. 잠시 말을 살피던 서서는 짐짓 놀라는 표정을 지으며 말했다. "주공의 말은 분명 좋은 말이지만 사람을 해치는 상입니다. 그러니 우선 이 말을 주공께서 미워하는 사람에게 주시어 그를 해치도록 하십시오. 그 후에 다시 말을 타시면 아무런 문제가 없을 겁니다."

이 말을 들은 유비가 버럭 화를 내며 말했다. "저는 선생께 좋은 도리를 알려 달라고 한 것이지 사람을 해치는 방법을 배우고자 한 것이 아닙니다." 그러자 서서가 호탕하게 웃으며 입을 열었다. "주공, 모두 제 잘못입니다! 저는 줄곧 주공이 어질고 덕이 많다고 들었기에 오늘 그 말이 사실인가 한번 시험해 본 것입니다. 과연 그 명성은 헛된 것이 아니었습니다!"

이때부터 서서는 성심을 다해 유비를 보필했고 이후에는 유비에게 제갈량을 추천하기도 했다.

서서는 유비를 시험해 봄으로써 그의 성품을 알아보았는데 그가 사용한 방법이 바로 '타초경사'라 할 수 있다.

 4 객잔 주인 살인사건

　　　　　　당 태종 정관년貞觀年, 호남湖南 형양衡陽
의 한 객잔에서 살인사건이 발생했다. 객잔 주인 장적張迪의 아내가
잠시 친정에 다니러 간 사이 잠을 자던 장적이 피살된 것이다. 점원
들은 그날 밤 객잔에 머물렀던 세 사람이 수상하다고 생각했다. 세
사람은 장적이 피살되고 난 뒤 쫓기듯 객잔을 떠났기 때문이었다.
그래서 점원들은 황급히 세 사람을 쫓아가 그들의 봇짐을 뒤졌다.
과연 세 사람은 모두 칼을 가지고 있었고 그 중 위삼韋三이라는 자의
칼에는 혈흔이 있었다. 점원들은 곧장 그들을 잡아 관아로 데려갔
다. 처음에는 혐의를 완강히 부인하던 셋은 모진 고문을 당한 후 자
신들이 범인이라는 사실을 자백했다. 판관은 범인들에게 수결을 쓰
게 한 다음 명령을 내렸다. "형 집행 때까지 범인들을 감옥에 가두도
록 하라."

　이 사건을 전해들은 당 태종 이세민李世民은 뭔가 미심쩍은 느낌
을 지울 수가 없었다. 그도 그럴 것이 세 사람과 객잔 주인 사이에
는 아무런 원한관계가 없었기 때문이었다. 이세민은 어사 장항蔣恒
을 불러 말했다. "가서 이 사건을 다시 조사하도록 하라. 반드시 조
사 중 빠뜨린 부분이 있을 것이다."

　형양에 도착한 장항은 관아에 당분간 세 사람의 사형 집행을 늦

출 것을 명령했다. 그리고 그는 직접 세 사람을 만나 심문을 시작했다. "그날 너희는 왜 늦은 밤에 객잔을 떠났느냐?" 그러자 위삼이 말했다. "저희 셋은 이 지역 사람이 아닙니다. 장사 때문에 이곳에 왔습죠. 그런데 다음 날 60리 떨어진 곳에서 물건을 팔아야 했기에 어두운 밤중부터 몸을 움직인 것입니다. 또 그때 점원들이 모두 곤히 잠들어 있었기 때문에 일부러 깨우지 않고 객잔을 빠져나온 것입니다." 장항이 또다시 물었다. "위삼! 어째서 네 칼에 피가 묻어 있었던 것이냐? 사실대로 고하거라!" "어째서 칼에 피가 묻었는지 소인은 정말 모르는 일입니다. 잠을 자기 전에 분명 칼을 닦았는데 그 다음 날 피가 묻어 있었습니다. 만약 제 말이 거짓이라면 천벌을 받아도 좋습니다."

이 말을 들은 장항은 세 사람이 범인이 아니라고 확신을 하게 되었다. 그는 즉시 이세민에게 자신의 생각을 담은 편지를 보냈다. 얼마 후 이세민의 답장이 왔다. "경이 이 사건을 그토록 자세히 조사했다니 짐은 매우 기쁘오. 내 보아하니 진짜 흉수를 잡으려면 '타초경사'의 계책을 써야 할 것 같소." 하지만 도대체 어떤 방법을 써야 하는지 이세민은 자세한 내용을 알려주지는 않았다. 장항은 당 태종이 이 기회를 빌려 자신의 능력을 시험해 보려는 것임을 알고 꼬박 하루 동안을 고민한 결과, 마침내 한 가지 기발한 계책을 생각해냈다.

다음 날, 장항은 객잔의 점원들을 모두 관아로 불러들였다. 하지만 웬일인지 그는 이런저런 핑계를 대며 점원들에게 다음 날 다시 모일 것을 명령했다. 장항은 점원들 중 80세의 노파만을 남게 한 후 별로 대수롭지 않은 얘기를 주고받으며 늦은 밤이 되어서야 그녀를 돌려보냈다. 노파가 막 관아를 나설 때 장항이 한 옥졸에게 명령했다. "조심스럽게 노파를 따라가서 누가 먼저 노파와 이야기를 나누려 하는지 살펴보아라." 옥졸이 몰래 노파를 따라가 보니 과연 한 남자가 노파에게 다가와 말했다. "관아에게 무엇을 물었소?" 노파는 있는 그대로를 얘기해 주었다. 장항은 다음 날에도 두 번이나 점원들을 관아로 불러들였고 그때마다 늦게까지 노파를 잡아 두었다. 그리고 그 남자 역시 매번 노파에게 관아에서 있었던 일을 물었다.

장항은 즉시 사람들을 시켜 그 남자와 객잔 주인의 관계를 알아보게 했다. 과연 객잔 주인은 자신의 아내와 이 사내의 관계를 의심해 항상 이 남자와 으르렁대고 있었다. 어느 정도 증거를 확보한 장항은 즉시 이 남자를 붙잡아 심문했고 남자는 자신이 장적을 죽인 흉수라는 사실을 모두 털어놓았다.

원래 이 남자와 장적의 아내는 오랫동안 불륜관계를 맺고 있었다. 그는 장적의 재산을 가로채고 그의 아내와 함께 살기 위해 줄곧 장적을 죽일 계획을 하고 있었는데 때마침 칼을 든 세 손님이 객잔에 묵게 된 것이다. 남자는 그들의 칼을 빌려 살인을 하고 죄를 몽땅 그들에게 덮어 씌워야겠다고 생각했다. 그래서 그는 우선 장적의 아내를 친정으로 보낸 다음 늦은 밤 세 사람이 잠들기를 기다려 몰래 방으로 들어가 위삼의 칼을 훔쳤다. 그리고 위삼의 칼로 장적을 죽인 남자는 피 묻은 칼을 다시 제자리에 꽂아 두고는 태연하게 잠을 청했던 것이다.

장항은 당 태종 이세민이 말한 타초경사의 방법을 이용해 마침내 사건의 진실을 파헤칠 수 있었다. 이세민은 장항에게 비단 200필을 하사하고 그의 관직을 시어사侍御使로 높여 주었다.

⑤ 금비녀 절도사건

송 영종寧宗, 태홍현泰興縣 현령으로 부임한 유재劉宰는 의심스러운 사건들을 여러 번 해결했고 이 때문에 고을 사람들은 그를 '명판관'이라 불렀다.

어느 날, 고을의 한 부자가 비싼 금비녀를 잃어버렸다며 현령을 찾아왔다. 유재는 금비녀가 방 안에서 감쪽같이 없어졌고 당시 그 방안에는 여종 두 명이 함께 있었다는 사실을 알아냈다. 하지만 두 여종은 모두 금비녀를 가져가지 않았다고 딱 잡아뗐다. 유재는 더 이상 아무 말도 하지 않고 두 여종을 관아에 딸린 조그만 방으로 밀어 넣었다. 사람들은 모두 유재의 알 수 없는 행동에 고개를 갸웃거렸지만 유재만은 아무렇지 않다는 듯 평소와 다름없이 술을 마시고 산보를 하며 사람들과 한담을 나누었다.

날이 어두워지자 유재는 갈대 두 개를 가지고 여종들을 가둬둔 방으로 갔다. 그리고 여종들에게 각각 갈대 한 개씩을 쥐어 준 다음 엄숙한 표정으로 말했다. "너희들은 이 갈대를 잘 들고 있어라. 내일 이 갈대를 보고 사건을 해결할 것이다. 누구든지 비녀를 훔친 자의 갈대가 두 치 길어져 있을 것이다." 말을 마친 그는 곧 밖에서 문을 잠가 버렸다.

다음 날 아침 두 여종이 유재 앞으로 불려왔다. 유재는 잠시 갈대를 살피더니 한 여종에게 큰 소리로 꾸짖으며 말했다. "간악한 것 같으니라고. 어찌 감히 주인의 비녀를 훔쳤단 말이냐? 바른대로 고하지 못할까?" 여종은 두려움에 벌벌 떨면서 무릎을 꿇고 더듬거리며 말했다. "제가 잠시 정신이 돌아 주인의 비녀를 훔쳤습니다. 하지만 대인께서는 어찌 범인이 저인 줄 아셨습니까?" 그러자 유재가 웃으며 말했다. "나는 너희 둘에게 같은 길이의 갈대를 주었다. 만약 네게 다른 꿍꿍이가 없었다면 어찌 네 갈대가 딱 두 치만큼 짧아졌단 말이냐?" 사실을 안 여종은 그제야 땅을 치며 후회했지만 이미 때는 늦어버렸다.

유재는 '타초경사'의 계책을 이용해 금비녀를 훔친 여종이 스스로 그 모습을 드러내도록 했다. 비녀를 훔친 자의 갈대가 저절로 길어질 것이라는 말을 곧이곧대로 믿은 여종은 결국 유재가 파 놓은 함정에 스스로 걸려들고 말았던 것이다.

6 도둑이 제 발 저린 법

요간지姚柬之는 허난河南성 임장臨鸛현의
지현知縣으로 있으면서 살인사건을 해결한 적이 있었다.

피살자는 요씨 성을 가진 여자였는데 사건 당시 그녀의 남편은
집을 비운 상태였다. 살인사건은 아주 잔인했을 뿐 아니라 범인은
사건 현장에 어떤 흔적도 남기지 않았다. 관아의 관리들은 계속해
서 이 사건을 조사했지만 어떤 증거도 찾아낼 수 없었다. 결국 사람
들은 이 사건이 떠돌이의 소행이라 생각하게 되었고 범인이 이미
멀리 떠났을 테니 다시 조사해도 아무 소용이 없을 거라며 수군거
렸다.

하지만 뭔가 석연치 않았던 요간지는 사건 발생 현장을 다시 찾
아가 사건 당일 이웃들의 상황을 재조사하기 시작했다. 요간지는
사건이 발생한 날이 마침 현에서 열리는 과거의 2차시험 전날이었
으며 시험 당일 양 모라는 사람이 병을 핑계로 시험장에 나타나지
않았다는 사실과 그가 바로 요씨의 이웃이라는 새로운 사실을 알아

냈다. 요간지는 즉시 사람을 시켜 양씨를 불러들여 심문을 시작했다. 비록 양씨의 진술에서 어떤 혐의점도 찾아낼 수 없었지만 대답을 하는 그의 눈빛에는 당황하는 기색이 역력했다. 요간지는 밤늦도록 양씨를 심문한 후 겨우 그를 집으로 돌려보냈다.

양씨의 집으로 가는 길에는 서낭당이 하나 있었는데 심문을 마친 그가 이 서낭당을 지날 때 주위는 너무 어두워 한 치 앞도 내다볼 수 없었고 바람에 잎들이 부딪치는 소리만 들려왔다. 마침 저지른 일이 있었던지라 양씨는 잔뜩 겁을 집어 먹고는 발걸음을 재촉해 집으로 향했다. 그런데 갑자기 서낭당 안쪽에서 사람의 그림자가 튀어나왔다. 자세히 살펴보니 그것은 얼굴에 피범벅을 하고 긴 머리를 늘어뜨린 요씨였다. 양씨는 죽은 요씨의 원혼이 복수를 위해 자신을 찾아온 것이라는 생각에 순간 다리가 풀려 버렸다. 바닥에 주저앉은 양씨는 머리를 조아리고 몸을 사시나무 떨 듯하며 그제야 자신의 죄를 빌기 시작했다.

그러자 갑자기 서낭당 주위에 불이 환희 밝혀지더니 한 무리의 병졸들이 양씨를 에워쌌다. 그리고 그 중 우두머리가 쇠고랑을 들고 다가와 양씨에게 말했다. "요 대인이 아까부터 여기에서 너를 기다리고 계셨다." 양씨는 그제야 자신이 요간지의 함정에 빠졌다는 것을 알게 되었다. 사람의 탈을 쓴 금수 같은 양씨는 마침내 응당한 처벌을 받게 되었다.

옛말에 나쁜 짓을 저지르면 반드시 귀신이 찾아와 문 밖에서 부른다는 말이 있다. 극악무도한 짓을 저지른 양씨 역시 요씨의 원혼이 자신을 찾아와 앙갚음을 할까 봐 내심 겁을 먹고 있었다. 이를 잘 알고 있던 요간지는 요씨의 원혼으로 변장한 사람을 이용해 '풀' 속에 있던 '뱀'이 놀라도록 해 사건의 진상을 밝혀낼 수 있었다. 가짜 귀신을 이용해 사건을 해결한 요간지의 방법은 이제 옛말이 되었지만 사건 해결 과정에서 보여주었던 그의 지혜는 오늘날을 사는 우리들이 배울 만한 것이다.

 ## 공산당을 구한 루한

　　　　　해방을 앞둔 어느 날, 국민당의 세력이 이미 기운 것을 깨달은 국민당 윈난雲南성 주석 루한盧漢은 몰래 공산당 지하조직과 관계를 맺고 윈난의 평화해방을 위한 계획을 의논했다.

이때 장제스는 이미 루한의 변심을 의심하고 있었지만 딱히 물증이 없었기에 그에게 손을 쓰지 못하고 있었다. 그래서 그는 직접 윈난으로 가서 루한을 떠보기로 했다.

루한을 만난 자리에서 장제스는 그를 호되게 질책하며 말했다.

"내가 보기에 윈난은 이미 공산당의 온상이 된 데다 인심도 동요되고 있는 듯하오, 학생들이 하루 종일 민주니 자유니를 외치고 다니는 것도 모두 공산당이 선동한 것이 아니오? 그러니 즉시 윈난 성 공산당 지하조직을 없애버리시오. 혹시 계획을 수행하는 데 무슨 문제라도 있는 건 아니겠지요?"

"아닙니다. 총재님의 명령에 따라 하루속히 윈난지역의 공산당을 일망타진하겠습니다." 루한이 시원스럽게 대답했다.

장제스를 배웅하면서 루한은 생각했다. '지금 당장 행동을 취하지 않으면 분명 국민당의 의심을 사게 되겠지. 그런데 어떻게 하면 장 총재의 명령에 응하면서 동시에 공산당 지하조직도 손실을 입히지 않을 수 있을까?' 심사숙고 하던 끝에 루한은 마침내 좋은 계책을 하나 생각해 냈다.

그는 우선 대대적으로 성 의회를 해산시키고 모든 업무를 중단시켰는데 일부러 조사를 늦게 진행시켰다. 그의 행동은 즉시 공산당 우파인사에게 전해졌고 순식간에 공산당 지하조직의 귀에까지 들어갔다. 그리고 막상 루한이 수색을 시작했을 때 윈난성에서 공산당은 그림자도 찾아볼 수 없게 되었다.

여기서 루한이 이용한 것이 바로 '타초경사'의 계책이었다. 그는 이 계책을 아주 적절하게 이용한 덕분에 자신에 대한 장제스의 의심을 없앴을 뿐 아니라 윈난성 공산당 지하조직도 안전하게 보호할 수 있었다.

8 숙부의 근심을 해결한 소년

청나라 때 일이었다. 절동浙東에 15, 16세 정도 되는 영리한 소년이 있었는데 어렸을 때 부모를 여읜 소년은 숙부의 집에서 자랐다. 어느 날 소년은 숙부가 우울해 하는 것을 보고 그 이유를 물었다. 그러자 숙부는 슬하에 자식이 없어 첩을 하나 얻으려 하는데 아내가 허락하지 않는다며 한탄했다.

잠시 생각에 잠겼던 소년은 이윽고 입을 열었다. "숙부님 걱정하지 하세요. 제게 좋은 방법이 하나 있습니다."

다음 날 새벽, 소년은 자를 하나 들고 숙부의 방 주위를 이리저리 쟀다. 이를 궁금하게 여긴 숙모가 그에게 물었다. "여기서 뭘 하는 게냐?"

"땅을 재고 있습니다." "땅을 잰다고? 그래서 뭘 하려고?" 그러자 소년이 진지하게 말했다. "숙모님이 그렇게 물으시니 사실대로 말씀드리겠습니다. 저는 지금 제 장래를 위해 준비를 하고 있는 것입니다. 두 분은 이미 연세가 많으신 데다 아들도 없으시니 이 집은 분명 제 것이 될 것입니다. 그러니 지금 면적을 잘 재어 놓았다가 나중에 사람을 시켜 다시 짓는 게 좋지 않겠습니까?"

이 말을 들은 숙모는 노여운 기색을 감추지 못하며 휑하니 방으로 들어가 버렸다. 그리고는 그날부터 그녀는 남편에게 하루 빨리 첩을 들이자며 애원했다.

소년이 태연하게 집의 가산이 모두 자신의 것이 될 것이라고 말한 것은 바로 '타초'라 할 수 있고, 놀란 뱀은 바로 재산이 남의 손에 들어가는 것을 두려워한 숙모가 남편에게 첩을 들이라 종용하는 것이라 할 수 있다.

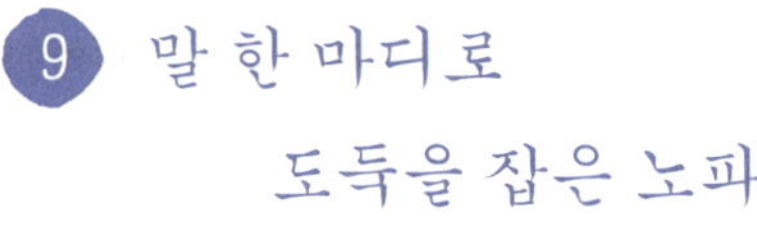

9 말 한 마디로
도둑을 잡은 노파

인도 케랄라 주의 농촌 마을에 한 노파가 아들과 딸을 데리고 살고 있었다. 세 사람은 열심히 농사를 지은 덕분에 넉넉지는 않아도 별 어려움 없이 생활할 수 있었다. 한편 이 마을에는 교활한 도둑이 하나 있었는데 그는 늦은 밤이면 항상 다른 사람 집으로 숨어 들어가 물건을 훔쳤다. 하지만 이 도둑은 절대 잡히는 법이 없었다.

어느 날 밤, 드디어 도둑이 물건을 훔치기 위해 노파의 집으로 왔다. 그는 노파의 집 지붕에 기어 올라가 종려나무 잎사귀로 엮어 놓은 천장으로 난 창문을 몰래 뜯어냈다.

평소 조심성이 많은 노파는 지붕에서 수상한 소리가 들리자 금방

도둑이 들었다는 것을 알아챘다. 노파는 두려운 마음을 진정시키고 냉정을 찾은 다음 도둑을 꿇려줄 방법을 하나 생각해 냈다.

그리고 그녀는 마침 잠을 자고 있던 아들에게 태연하게 큰 소리로 말했다. "애야 대들보 위에다 숨겨둔 금고는 아무 일 없겠지?" 이 말을 들은 도둑은 속으로 쾌재를 불렀다. 당연히 노파가 돈을 땅 속에 묻어 두었을 것이라 생각했는데 예상보다 쉽게 돈을 훔쳐낼 수 있었기 때문이다. 그저 창문을 통해 대들보로 뛰어내려 돈을 가져가기만 하면 된다는 생각에 도둑은 조금도 주저하지 않고 천장에서 뛰어내렸다. 잠시 후 '쿵' 소리와 함께 '아야' 하는 비명소리가 들렸다. 사실 이 집에는 대들보가 없었다. 그래서 도둑은 곧장 땅바닥으로 떨어졌고 다리가 부러졌는지 몸을 제대로 가눌 수도 없었다. 노파는 도둑이 몸을 움직이지 못하는 틈을 타 아들을 깨웠고 도둑을 꽁꽁 묶어 관아로 데려갔다.

도둑이 재물에 욕심만 많았지 조심성이 없다는 사실을 잘 알았던 노파는 '타초경사'의 방법을 써서 도둑을 속여 스스로 함정에 걸려들도록 했다. 이렇게 노파는 힘 하나들이지 않고 쉽게 도둑을 잡을 수 있었다.

10 물에 빠진
병사를 구한 나폴레옹

어느 날 말을 타고 숲을 지나가던 나폴레옹의 귀에 어디선가 살려달라는 목소리가 들려왔다. 그는 급히 말을 몰아 소리가 나는 호숫가 쪽으로 달려갔다. 그러자 그의 눈에는 연안에서 30미터 떨어진 호수에서 물에 빠진 한 병사가 발버둥을 치고 있는 모습이 보였다. 호숫가에는 몇 명의 병사들이 당황해하며 살려달라는 소리만 치고 있었는데 그 모습을 보니 모두 수영을 못하는 듯했다.

나폴레옹이 말에서 내려 그들에게 다가가 물었다. "저 사람은 수영을 할 줄 압니까?" 그러자 한 병사가 대답했다. "그저 흉내만 좀 낼 줄 아는데 저렇게 깊은 물속에서는 아마 못할 겁니다." 병사의 말을 들은 나폴레옹은 잠시 생각에 잠겼다. 그리고는 갑자기 호신용 총을 꺼내들고 물에 빠진 병사를 겨누며 소리쳤다. "지금 호수 가운데서 뭘 하고 있는 건가? 빨리 이쪽으로 헤엄쳐 오지 않으면 당장 쏴버리겠다." 그리고는 정말로 물에 빠진 병사를 향해 총을 쏘았다.

병사는 나폴레옹의 말을 들었는지 아니면 자신을 향해 물속으로 날아든 총알을 보았는지는 몰라도 힘차게 몸을 돌리더니 죽을힘을 다해 호숫가까지 헤엄을 쳐 왔다.

물에 빠진 병사는 결국 목숨을 건졌고 동료들은 기쁨에 환호성을 질렀다. 그제야 그들은 자신들 옆에 서 있는 사람이 나폴레옹 황제라는 사실을 알아챘다. 이윽고 목숨을 건진 병사가 알 수 없다는 듯 물었다. "폐하, 저는 실수로 물에 빠져 그렇지 않아도 곧 죽을 목숨이었습니다. 그런 저에게 왜 또 총을 쏘신 겁니까?"

나폴레옹이 웃으며 말했다. "어리석은 사람 같으니라고! 만약 내가 총을 쏴서 자네를 위협하지 않았다면 호숫가로 헤엄쳐 올 수 있었겠나?" 자네가 겁을 먹었기 때문에 억지로 수영을 해 목숨을 구한 게 아닌가?

나폴레옹의 이야기를 들은 병사들은 그제야 알았다는 듯 고개를 끄덕였다.

총을 쏨으로써 물에 빠진 병사를 위협한 일은 기지 넘치고 과단성 있는 나폴레옹의 성격을 잘 보여준다 할 수 있다.

11 가짜 공수부대

1956년 7월 26일, 이집트 나세르 대통령은 영국 자본으로 관리되던 수에즈운하를 국유제로 바꾸고 운하의

수입을 아스완댐 재건에 쓰겠다고 공표했다. 이집트 대통령의 이런 행동으로 중동에서의 영국과 프랑스의 이익은 막중한 손실을 입게 되었다. 그러자 이에 보복하기 위해 영국과 프랑스 양국은 이집트에 무장 간섭을 실시하기로 결정했다.

영국과 프랑스 연합군은 상륙작전을 성공적으로 수행하기 위해 우선 이집트의 군사 방어 체제를 정확히 알아 둘 필요가 있었다. 이를 위해 양국은 '타초경사'의 전략을 쓰기로 했다.

11월 5일 새벽, 막 해가 뜰 무렵 연합군 비행기의 검은 그림자가 조심스럽게 이집트 포트사이드 영공으로 들어왔다. 이집트 군대는 이미 전쟁 준비를 끝내 놓고 있었다. 잠시 후 한 무리의 공수부대가 낙하했고, 낙하산이 하나씩 천천히 펴졌다. 잠시도 긴장의 끈을 놓지 않고 있던 이집트 군대는 곧바로 낙하산을 향해 발포했고 그 순간 포트사이드의 군사방어 체제가 전부 그 모습을 드러냈다.

사실 이 공수부대는 이집트 군대의 방어력을 알아보기 위해 나무와 고무로 만든 가짜 공수부대였다. 이집트가 온 힘을 다해 인형을 향해 사격을 가하고 있는 동안 연합군의 폭격기는 이미 모습을 드러낸 방어기지에 정확히 투하되었다. 포트사이드의 방어기지가 어이없이 무너지는 바람에 영국과 프랑스 연합군의 상륙부대와 공수부대는 신속하게 포트사이드를 점령할 수 있었다. 이 전쟁 중 연합군은 155명만이 죽거나 부상을 당했지만 이집트는 1,000여 명이 사망하고 2만여 명이 부상을 당했다.

두 나라가 전쟁을 할 때 한 가지 교묘한 계책은 천군만마보다 낫다는 말이 있다. 이 말처럼 영·프 연합군은 '타초경사'의 전략을 이용해 적은 대가를 치르고 포트사이드 상륙 작전을 성공적으로 마칠 수 있었다.

12 월드컵의 다크호스 세네갈

병법에서는 지휘자에게 이렇게 충고한다. '험준한 곳에 닿았을 때는 경계심을 늦춰서는 안 된다. 만약 조금이라도 경거망동하면 '타초경사' 하여 적의 함정에 걸려들 수 있기 때문이다. 축구경기에서도 이러한 예는 얼마든지 있다. 2002년 한일 월드컵 개막전에서 세네갈이 '타초경사'를 이용해 전 대회 우승국인 프랑스를 이기고 8강 진입을 위한 기초를 확실히 다졌던 경기가 바로 그 중 하나다.

세네갈은 처음으로 월드컵 본선에 진출했기 때문에 그들의 실력을 확실히 알기 전까지는 어떤 팀도 마음 놓고 그들을 공격할 수는 없었다. 세네갈의 감독 메추 역시도 이 점을 잘 알고 있었다.

그래서 전반전 20분간 세네갈 팀은 모두 수비에만 치중했다. 프랑스 팀 역시 공격을 통해 세네갈의 실력을 알아보는 전략을 취했다. 하지만 수비 일변도로 나오는 세네갈을 본 프랑스 팀은 결국 적의 실력을 얕잡아 보게 되었다. 이것은 세네갈이 원하던 것이기도 했다. 프랑스가 공격에만 치중하자 메추 감독은 속으로 쾌재를 불렀다. 그리고 때가 되었다고 생각한 메추는 선수들에게 미리 짜놓은 전술을 쓰도록 했다. 감독의 사인을 받은 세네갈 선수들은 즉시 프랑스에 반격을 시작했다. 전반 29분 세네갈 팀의 화려한 세트 플레이가 시작되었고 등 번호 19번 디오프가 마침내 개막 골을 터트려 2002년 월드컵 최고의 센세이션을 예고했다.

그리고 후반전, 세네갈 팀은 더욱 강한 모습을 보여주었다. 이미 풀을 건드렸으니 이제 남은 것은 뱀을 놀라게 할 준비를 확실히 하는 것이었다. 제대로 준비를 하지 않으면 '뱀'에게 오히려 물릴 것이 분명했기 때문이었다. 프랑스 팀은 후반전에서 거의 득점 기회를 얻지 모했다. 전원 공격에 가담하자니 세네갈이 파 놓은 함정에 걸려들까 겁이 났고, 그렇다고 수비에 치중하자니 이미 한 점을 뒤지고 있던 터라 로메르 감독도 여간 난처한 것이 아니었다. 프랑스 팀이 이러지도 저러지도 못하고 있을 때 세네갈은 이미 2002년 월드컵의 다크호스로 떠오르고 있었다.

경기가 끝난 후 세네갈의 메추 감동은 흥분된 목소리로 기자들에게 이렇게 말했다. "'타초경사'의 전략을 이용해 강팀 프랑스를 꺾을 수 있었습니다. 나는 그들이 우리에 대해 거의 아는 것이 없다는 사실을 알고 있었습니다. 그래서 일부러 경기 초반에 선수들 전원을 수비에 가담시킴으로써 상대방이 경계심을 풀도록 했습니다. 이런 상황은 바로 우리가 몹시도 원하던 것이었죠. 그리고 우리는 마침내 승리할 수 있었습니다. 이것은 세네갈의 축구에 있어 매우 중요한 사건입니다.”

한편 처음 세네갈의 전략에 말려들어 정신을 차리지 못한 프랑스 팀은 강력한 우승후보였음에도 불구하고 끝까지 전력을 회복하지 못한 채 예선 탈락의 고배를 마셔야 했다.

제 14 기

차시환혼(借尸還魂)

패배했을 때 승리할
준비를 하라

이 계책은 중국 고대 민간에서 떠도는 이야기에서 유래되었다. 옛날 이현李玄이라는 사람이 태상노군太上老君(노자)을 만나 그를 스승으로 삼고 불로장생의 방법을 배웠다.

이 계책은 중국 고대 민간에서 떠도는 이야기에서 유래되었다. 옛날 이현 李玄이라는 사람이 태상노군太上老君(노자)을 만나 그를 스승으로 삼고 불로장생의 방법을 배웠다. 어느 날 그는 제자를 시켜 자신의 육신을 돌보도록 한 후 7일 후에 돌아오겠다는 말을 남기고는 태상노군을 따라 하늘나라로 올라 갔다. 하지만 6일째 되던 날 제자는 어머니가 위급하다는 전갈을 받고 급히 이현의 시신을 화장해 버렸다. 지상으로 돌아온 이현의 혼백은 돌아갈 육신이 없어졌다는 것을 알고 어쩔 수 없이 막 숨을 거둔 길가의 거지 몸속으로 들어 갔다. 이렇게 해서 이현은 헝클어진 머리에 때가 낀 절름발이 형상의 '철괴리 鐵拐李'로 변해 버렸다.

일종의 전략으로서의 '차시환혼'이 가리키는 것은 이미 쇄락하거나 명을 다한 사물이 다른 형식을 빌려 새롭게 다시 나타나는 것을 말한다. 그러던 것이 지금은 그 의미가 매우 광범위해져 수동적인 입장에 처해 있거나 실패가 눈앞에 다가왔을 때 모든 유리한 조건을 이용해 상황을 반전시키고 주도적인 입장을 취해 원래의 의도를 실현하는 것을 모두 '차시환혼'으로 본다.

큰 실패를 겪고 나면 대개 사람은 두 가지 부류로 나눌 수 있다. 한 부류는 단 한 번의 실패로 다시는 일어서지 못하고 자포자기하는 사람, 또 한 부류는 영원히 패배를 인정하지 않고 기회를 엿본 뒤 다시 일어나는 사람이다. '차시환혼'은 바로 후자에 속한다 할 수 있다. 이 계책은 정치, 경제, 군사, 외교 등 분야에서 폭넓게 이용될 수 있다. 특히 왕조가 바뀌는 역사적 시기에는 망국 군왕에 뿌리를 둔 후대가 이전 왕조의 기치를 받들어 천하를 호령하는 일을 자주 볼 수 있는데 이 역시 '차시환혼'이라 할 수 있다.

이 계책의 방법은 '시체를 빌리는 것'이고, 목적은 '다시 살아나는 것'이다. 보통 빌릴 시체가 있고 영혼도 아직 살아 있을 때 이 계책을 이용한다.

시신을 빌리는 방법은 다음의 네 가지로 나눌 수 있다.

(1) 줍는다. 다른 사람이 쓰지 않아 버리는 것, 쓸모없는 것을 주워 유용하게 이용할 수 있다면 그것은 온전히 내 것이 된다.

(2) 훔친다. 다른 사람에게 유용한 물건을 훔쳐와 내가 사용한다.

(3) 빼앗는다. 다른 사람의 것을 훔칠 기회가 없지만 꼭 필요할 때는 훔칠 수 있다.

(4) 바꾼다. 다른 이익을 줌으로써 시신을 나에게 넘겨주게 만든다.

 하찮은 일로써
　　자신의 덕을 알리는 군왕

　　　　　　민심을 얻기 위해, 그리고 지위를 공고히
하기 위해 통치자는 종종 작은 일을 크게 부풀린다.

　어느 날 상탕商湯이 교외에서 한 사냥꾼을 만났다. 마침 사냥꾼은
동서남북에 그물을 치고 하늘에 이렇게 빌고 있었다. "하늘에서 떨
어지는 것들, 땅에서 솟아나는 것들, 그리고 동서남북에서 오는 모
든 것들아 전부 내 그물에 걸려다오." 이를 본 상탕이 사냥꾼에게
말했다. "그렇게 했다간 짐승들이 모두 남아나지 않을 것이다. 그대
가 폭군 하 걸왕과 무엇이 다르단 말인가?" 그리고는 사냥꾼에게
세 면의 그물을 걷고 단 한 쪽만을 남겨 두도록 했다. 이 이야기를
듣게 된 사람들은 저마다, "상탕이 금수에게도 저렇게 자애로운 마
음씨를 가졌는데 하물며 사람에게는 어떠하랴!"며 앞 다투어 상탕
에게 몸을 의탁했다.

　주周 문왕文王의 명령으로 연못을 파던 사람들은 땅속에서 해골을
발견했다. 이 일을 전해들은 문왕은 해골을 편히 안장시켜 주라고
명령했다. 그러자 아랫사람이 물었다. "주인 없는 해골일 뿐인데 어
찌 안장하라 하십니까?" 그러자 문왕은 오히려 "천하를 가진 사람
은 천하의 주인이고 백성을 가진 자는 나라의 주인이다. 그러니 지
금 내가 그의 주인이 아니더냐?"라며 반문했다. 그리고 문왕은 사

람을 시켜 해골에 옷을 입히고 관에 넣어 좋은 땅을 골라 잘 묻어주었다. 이 이야기를 들은 사람들은 저마다 감동하며 이렇게 말했다. "문왕은 실로 어질고 현명한 군주로다! 시체조차도 왕의 은택을 받는데 살아 있는 사람이야 더 말할 필요가 있겠는가?"

군사를 이끌고 행군을 하던 월왕越王 구천勾踐 앞으로 청개구리 한 마리가 폴짝 뛰어왔다. 눈이 아주 크고 배가 불뚝한 청개구리를 본 구천은 무슨 생각에선지 청개구리 앞에서 서서는 엄숙한 얼굴로 경례를 했다. 그리고 의아해하는 신하들에게 그는 이렇게 대답했다. "그저 청개구리가 용맹한 전사와 같아 보여 그에게 경의를 표한 것뿐이다." 이 이야기는 금세 군중에 사병들 사이에 퍼졌고 병사들은 저마다 주먹을 불끈 쥐었다. "우리가 대왕의 교화를 받은 지 벌써 여러 해인데 설마 청개구리만 못해서야 되겠는가?" 그 후 병사들은 모두 죽을 각오로 전쟁에 임했고 오나라 군사들은 그들 앞에서 힘없이 무너져 갈 수밖에 없었다.

2 천자의 자리에 오른 양치기 소년

진秦나라 말년, 진승陳勝과 오광吳廣이 대

택향大澤鄕에서 반란을 일으켜 부패한 진 왕조에 반기를 들자 그 뒤를 이어 각지에서 의병들이 이에 들고 일어났다.

진승이 전사한 후 초나라 명장의 아들 항량項梁이 설성薛城에서 회의를 소집한 뒤 초楚왕을 옹립하는 문제에 대해 의논을 했다. 항량은 스스로 초왕이 되려고 했지만 모사 범증范增이 그를 말리며 말했다. "초의 회왕懷王은 88년 전 꾐에 빠져 진으로 갔다가 무참히 살해당했습니다. 비록 오래전 일이지만 세인들은 이를 두고두고 가슴에 새겨두었지요. 그러니 초왕의 후손을 찾아 왕의 자리에 앉히시면 민심을 구슬릴 수 있을 뿐만 아니라 각지의 의병들 역시 자연히 우리를 따르게 될 것입니다."

범증의 말을 들은 항량은 전국을 이 잡듯 뒤지며 초왕의 핏줄을 찾기 시작했다. 그리고 마침내 양치기 소년이었던 초 왕의 13살 난 손자를 찾아냈다. 소년은 얼마 후 초왕의 자리에 올랐고 할아버지와 같은 회왕으로 불리게 되었다.

새로운 초 회왕이 나타나자 진의 통치자에 대한 백성들의 반감은 더욱 커졌고, 각지의 의병들은 더욱 굳게 뭉쳐 진을 멸망시키기 위한 거대한 세력을 형성해 나갔다.

범증이 초왕의 후손을 왕위에 앉힌 것은 사실 '차시환혼'의 계책이라 할 수 있다. 초는 이미 진 나라에 의해 멸망당했기에 '더 이상 사용할 수 없는 것'에 속한다. 하지만 초나라는 당시 백성들에게 강한 호소력을 가지고 있었다. 그렇기 때문에 초나라를 앞세운 것은 천하를 호령하는 데 큰 도움이 되었던 것이다. 항량은 역사로 사라져 버린 초나라라는 '시체'를 빌려 진 왕조를 멸망시키려는 사신의 목적을 이룰 수 있었다.

3 천자를 이용해 제후를 호령한 조조

　　　　　　동한東漢 말년, 군웅들이 저마다 정권 쟁탈을 벌이자 천하는 매우 어지러워졌다. 이때 조조 역시도 천하 통일의 원대한 뜻을 품었다.

　옛 성현은 이런 말을 한 적이 있었다. '명분이 옳지 못하면 말들이 이치에 맞지 않고, 말이 이치에 맞지 않으면 일이 이루어지기 힘들다.' 이 말처럼 조조 역시 전쟁의 명분을 두고 고뇌에 빠지게 되었다. 그때 순욱荀彧이 조조에게 말했다. "역사를 돌이켜 보십시오. 진晋 문제文帝가 주周 양왕襄王을 잇자 각지의 제후들이 그에게 의탁하지 않았습니까? 한 고조 역시 의제義帝를 위해 동쪽을 정벌했고 이로써 천하의 민심을 얻어낼 수 있었습니다. 천자께서 어려움에 빠지신 후 승상께서는 제일 먼저 의병을 일으키시어 잠시라도 한실을 잊어보신 적이 없습니다. 지금 천자는 이미 낙양에 닿으셨으니 지금이야말로 승상께서 대업을 이루실 적기입니다. 만약 이때를 놓치지 않고 천자를 허도許都로 모셔온다면 최소한 3가지의 이득을 볼 수 있을 것입니다. 첫째, 민심을 거스르지 않아 백성들의 마음을 얻을 수 있습니다. 둘째, 천자를 보좌한다는 기회를 빌려 각지 제후들을 끌어들일 수 있습니다. 셋째 천하의 의를 취할 수 있어 영웅들이 모이도록 할 수 있습니다. 일이 이렇게만 된다면 감히 어느 누가 승상과 비교가 되겠습니까?

이 말을 들은 조조는 크게 기뻐하며 직접 낙양으로 가서 헌제獻帝를 허도로 영접했다. 말이 '영접'이지 사실 황제는 볼모로 잡힌 것이나 다름없었다. 이때부터 조조는 헌제를 등에 업고 제후들을 호령했으며 막강한 세력을 거머쥐게 되었다.

천자를 맞아들여 제후를 호령하는 것은 확실히 조조에게는 득이 되는 일이었다. 조조는 이미 쇠락한 왕조의 '시체'를 빌려 중원의 패왕으로 환생할 수 있었다. 조조의 이런 계책은 이후 그의 발전에 아주 중요한 역할을 했다.

4 형주의 인심을 얻은 유비

　　　　　일찍이 제갈량이 형주荊州를 근거지로 삼
아야 한다고 주장했을 때부터 유비는 이곳을 차지하려고 마음먹게
되었다. 그래서 유비는 손권과 연합하여 적벽赤壁에서 조조를 크게
물리친 후 곧장 형주를 점령했던 것이다.

　하지만 유비가 처음 유표劉表의 속지였던 형주에 발을 들여놓았
을 때 그곳의 상황은 혼란스럽기 그지없었다. 난감해 하는 유비에
게 모사 마량馬良이 말했다. "만약 주공께서 유표의 아들인 유기劉琦
를 형주 자사로 천거하시면 이곳의 민심은 반드시 주공을 따르게
될 것입니다. 유표는 형주의 옛 주인이고, 유기는 그런 유표의 아들
이기 때문입니다. 아들이 아버지의 대업을 잇는 것은 명분이 있고
이치에 맞는 일입니다. 또 이렇게 하면 손권은 형주를 차지할 명분
이 없어지게 됩니다." 마량의 말에 일리가 있다고 생각한 유비는 서
둘러 유기를 형주 자사로 임명했다. 그러자 형주의 민심은 빠르게
안정되었고 손권 역시 감히 형주를 넘볼 수 없게 되었다. 이후 유기
가 죽고 나자 유비는 자연히 형주목荊州牧이 되어 오랫동안 이곳을
다스릴 수 있었다.

　처음 형주의 주인이 된 유비에게 입지가 부족했던 것은 어쩌면
당연한 일 일지도 모른다. 하지만 그는 유표의 아들 유기를 이용해

민심을 자신의 편으로 만들 수 있었다. 유비가 빌려 사용한 것은 단지 유기의 이름에 불과했지만 그는 이로 인해 오랫동안 형주를 다스리는 자신의 목적을 달성할 수 있었다. 일단 유비가 형주에서 입지를 다지자 그가 빌려 썼던 것은 더 이상의 사용가치를 잃게 되었음은 물론이다.

5 돌 인형을 묻은 한산동과 유복통

원나라 말년, 전국적으로 백련교白蓮敎가 백성들의 사랑을 받으며 널리 퍼지기 시작했다. 이런 상황에서 백련교의 세력을 더욱더 확장하기 위해 한산동韓山童과 유복통劉福通은 '차시환혼'의 계를 이용해 민심을 자극하기로 했다.

당시 원 왕조는 백성을 20만이나 동원해 황하의 제방 수리를 하고 있었는데 황릉강黃陵崗이라는 곳에 수로가 지나가게 되었다. 이를 알게 된 한산동과 유복통은 돌로 인형을 만들어 한쪽 눈만 판 다음 그 등에 '莫道石人一只眼, 此物一出天下反(돌사람의 눈이 하나라 말하지 마라, 이것이 나타나면 천하가 뒤집힐 터이니)'이라는 글씨를 새긴 후 황릉강 지하에 묻어 두었다.

이와 동시에 그들은 인형에 새긴 내용을 노래로 만들어 백련교도들에게 가르친 후 일부러 공사에 동원된 백성들 사이에 퍼뜨리도록 했다. 이 노래 중의 '天下反'이라는 세 글자에는 부패한 원 왕조가 뒤집히기를 바라는 핍박받는 백성들의 염원이 고스란히 담겨 있었다. 때문에 이 노래는 백성들 사이에 급속도로 번져갔다.

얼마 후, 공사를 위해 땅을 파던 사람들이 문제의 외눈박이 돌 인형을 발견했고 인형의 등에 노래의 내용과 똑같은 글귀가 쓰여 있는 것을 본 백성들은 동요하기 시작했다. "과연 예사 노래가 아니었어. 이는 분명 천하가 뒤집힐 것을 예고한 거라고!!" 이렇게 한산동과 유복통은 별 힘 들이지 않고 3천의 교도를 모을 수 있었고 원에 대항하기 위한 힘을 서서히 축적해 갔다.

⑥ 강유위의 탁고개제

　　　　　19세기 말, 중국을 나눠 갖기 위한 제국주의 열강들의 침략의 광풍이 다시금 몰아쳤고 중화민족은 유례없던 위기를 맞이하게 되었다. 이런 상황에서 강유위康有爲(캉유웨이)와 양계초梁啓超 등 뜻있는 이들은 변법유신만이 살 길이며 그렇지

않으면 나라가 멸망하는 것은 시간문제라고 경고했다.

하지만 청나라가 오랫동안 우민정책을 펼쳐온 까닭으로 변법유신의 필요성에 대해 아는 백성들은 거의 없었다. 특히 청 정부 내부의 완고파는 '天不變, 道亦不變(하늘이 변하지 않는 것처럼 도 역시 도 변하지 않는다)'은 진부한 논리를 내세우며 봉건전제제도에 대해 어떠한 변화도 용납하려 들지 않았다. 심지어 어떤 골수 완고파는 '나라가 망할지언정 변법은 절대 있을 수 없다'고 말하기도 했다. 이렇게 강유위 등 지식인들이 주장한 변법유신은 강한 정치적 압력과 사회적 무지라는 방해에 부딪히고 말았다.

이런 어려움을 극복하기 위해 강유위는 '차시환혼'의 계책을 하기로 했다. 좀 더 구체적으로 말하자면 탁고개제托古改制(옛것에 기대어 제도를 고친다)가 바로 그것이다. 강유위는 《공자개제고孔子改制考》라는 책을 썼는데 그 내용은 요지는 다음과 같았다. '상고시대에는 문자나 책이 없었기 때문에 지금 그 시대의 상황을 정확히 알 수 없다. 하지만 중국인들에게는 '옛것은 무조건 뛰어나고 귀한 것'이라는 일종의 심리가 있다. 그래서 춘추시대 예약이 붕괴되고 사회가 혼란스러울 때 공자를 비롯한 제자백가들이 이런 심리를 이용해 자신들이 세운 정치적 이상을 상고시대에 이미 실행한 적이 있다고 주장하며 이를 이용해 자신의 정치 학설에 대한 지지와 인정을 이끌어 냈던 것이다. 그러니 중국 역사에 반드시 요堯, 순舜, 문왕文王, 무왕武王 등 성군이 존재했던 것이 아니며 그들은 단지 공자

가 탁고의 대상으로 삼기 위해 만든 인물일 뿐이다. 이렇게 보면 공자 역시 개혁자라 할 수 있다.'

또 강유위는 《공자개제고》를 쓴 의도에 대해 이렇게 말했다. "일개 평민으로서 함부로 변법을 주장하고 다니면 화를 입을 것은 뻔하다. 하지만 고대 성인의 입을 빌려 이를 주장하면 세인의 질시를 피할 수 있고 화를 면할 수도 있다."

이렇게 강유위는 역대 통치자들이 우러러 마지않는 공자를 개혁의 선구자로 만들었을 뿐 아니라 자신의 주장을 관철시키기 위해 또 청의 역대 황제들을 이용하기도 했다. "세조 장황제도 태종 문황제의 법을 바꾸지 않았던가? 만약 구닥다리 법으로 다스렸다면 청의 황제들이 어떻게 오랫동안 안정적으로 나라를 다스릴 수 있었겠는가?"

강유위의 피나는 노력으로 광서황제는 마침내 중국에서 유례없던 유신변법을 단행하기로 결정했다. 비록 이 무술변법은 자희慈禧를 대표로 하는 완고파에 의해 좌절당하긴 했지만 이 과정에서 강유위가 이용했던 '차시환혼'의 계책은 감탄을 자아내기에 충분했다.

예전에 사람들은 시험에 대신 참가해 글을 써주는 사람을 '창수槍手'라고 불렀다. 양계초 역시 일찍이 청 정부가 입헌군주제를 조사하기 위해 보낸 신하들의 '창수'로 자원한 적이 있었다.

무술변법이 실패로 끝난 후 국내에서 입지를 잃은 강유위와 양계초 등은 해외로 도피했지만 변법에 대한 의지는 결코 굽히지 않았다.

1905년 청 정부는 나날이 거세지고 있는 혁명의 물결을 잠재우기 위해 재택載澤, 단방端方 등 다섯 명의 신하를 서양으로 보내 입헌군주제에 대해 알아보도록 했다. 하지만 입헌군주제에 대해 별로 아는 것이 없었던 재택과 단방 등은 어쩔 수 없이 서양학문에 능한 이들을 찾아 자신들을 대신해 보고서를 쓰도록 시켰다.

이때 해외에 있던 양계초는 갖은 수단을 동원해 겨우 청의 대신들과 비밀스러운 관계를 맺었고 그들의 '창수'가 되기를 자청했다. 훗날 양계초가 말한 바에 따르면 그가 그들을 대신해 쓴 글은 모두 2만여 자에 달했다고 한다. 여하튼 청으로 돌아간 대신들은 즉시 입헌군주제 채택을 호소하는 상세하고 완벽한 내용의 보고서를 조정에 올렸다. 그리고 얼마 지나지 않아 청은 입헌군주제를 채택할 것을 공표했다. 마침내 청에서 혁명이 실현되었던 것이다. 하지만 이 역사적 사건 뒤에 양계초의 노력이 있었다는 것을 아는 사람은 거의 없었다.

사실 입헌군주제는 강유위, 양계초 등 유신파 지도자들이 이미 수년 전에 주장한 것으로 당시 무술변법이 실패로 끝나버리자 실현되지 못했었다. 하지만 청의 대신들이 입헌군주제를 조사하기 위해 외국으로 오자 양계초는 이를 이용해 자진해서 '창수'가 되었고 대신들의 입을 통해 자신의 주장을 마음껏 펼쳤던 것이다. 다른 사람의 입을 빌려 자신의 하고 싶은 바를 대신 말한 것 역시 '차시환혼'의 계에 속한다 할 수 있다.

⑧ 쓰레기 발전소 붐의 뒷사정

1990년대 말 이후, 중국의 도시 인구가 늘어남과 동시에 쓰레기의 양도 평균 6.5% 정도로 계속해서 늘어났다. 그러자 인구밀도가 높은 대도시의 일부 기업은 상업적인 방법을 이용해 쓰레기 소각 발전發電을 시행했다. 쓰레기를 소각하면 쓰레기의 양을 줄일 수 있을 뿐만 아니라 이를 전기에너지로 바꿀 수 있기 때문에 많은 도시는 앞 다투어 쓰레기 소각 발전소를 지으려 했다.

하지만 일부 지역에서는 쓰레기 소각장 건설을 다른 발전소와 같다고 생각하고는 환경을 전혀 고려하지 않은 채 소각장을 계획 건설했다. 또 어떤 지역은 소각될 수 있는 쓰레기의 양이 많지 않음에도 불구하고 쓰레기 소각장 건설을 명분으로 국가에서 이미 건설이 금지된 소규모 화력발전소를 짓기도 했다.

이런 발전소들은 단편적인 경제이익만을 좇다보니 자연스럽게 쓰레기 발전소의 애초 취지가 무색할 정도로 더욱 심각한 2차 오염을 야기하게 되었다.

중국의 환경보호 전문가들과 학자들은 경제가 비교적 발달된 도시의 대다수는 대기오염 현상이 심각하다고 지적하고 있다. 그런데 만약 여기에다 쓰레기 소각 발전소가 무분별하게 지어진다면 그 결과가 얼마나 심각할지 보지 않아도 뻔하다. 중국에서 '서전동송西電東送(서부지역의 전기를 동쪽으로 송전)' 사업이 끊임없이 추진됨에 따라 광둥廣東과 같은 연해의 일부 경제가 발달한 지역의 전기가격은 계속해서 하향 조정되고 있다. 수많은 쓰레기 처리 방법 중 쓰레기 소각은 가장 돈이 많이 드는 방법이라 할 수 있다.

일부 전문가는 쓰레기 발전소의 중점은 쓰레기 처리이지 발전發電이 아니며, 일부 지역에서 쓰레기 발전소를 짓는다는 명목으로 무분별하게 쓰레기 연료의 화력발전소를 건설해 쓰레기 처리의 산업

화가 잘못된 길로 가는 것을 막아야 한다고 지적하고 있다.

쓰레기 발전소 붐 중 나타나는 '차시환혼' 현상은 반드시 엄격하게 막아야 할 것이다.

9 러시아의 가짜 황제

17세기 초, 폴란드와 러시아는 숙적관계였다. 당시 국력이 매우 강했던 폴란드는 끊임없이 러시아의 동정을 살피면서 영토를 빼앗을 기회를 엿보고 있었다.

1603년, 폴란드령 우크라이나에 자신이 제정 러시아의 황제였던 이반 4세의 아들 드미트리라고 주장하는 사람이 나타났다. 러시아 측은 그를 두고 '가짜 황제 드미트리 1세'라 불렀다. 그도 그럴 것이 진짜 드미트리는 어렸을 때 현재의 러시아 제정황제 고두노프에 의해 살해당했기 때문이었다. 하지만 어찌된 일인지 가짜 드미트리는 폴란드로 도망쳐 온 러시아 영주들의 열렬한 추대를 받았다.

이 소식을 들은 폴란드 국왕은 기쁨을 감출 수 없었다. 어쩌면 가짜 드미트리를 이용해 러시아를 제압하고 차지하려는 자신의 목적을 달성할 수도 있을 것이란 생각 때문이었다. 그래서 폴란드의 국왕은 가짜 드미트리에게 경제적 원조와 군사적 지원을 아끼지 않으며 그가 황제의 자리에 오를 수 있도록 물심양면으로 도와주었다.

얼마 후 드미트리는 폴란드 정예병 4,000명을 이끌고 러시아를 공격했다. 그러자 평소 고두노프 황제에게 불만을 품고 있던 수많은 러시아인이 그에게 투항했고, 농노들은 그가 진짜 제정황제라고 믿어 의심치 않았다. 폴란드의 엄청난 재정 지원에 힘입어 가짜 드미트리는 가는 곳마다 승리를 거듭했고 1605년 2월, 마침내 모스크바를 점령했다. 이때부터 그는 가짜 드미트리가 아닌 진짜 러시아의 황제가 되었다.

비록 가짜 드미트리는 러시아 귀족들의 손에 죽임을 당했지만 폴란드는 '차시환혼'의 계책을 이용해 숙적 러시아의 힘을 약화시킬 수 있었다.

⑩ 제3제국의 히틀러

1933년 1월 힌덴부르크 독일 대통령이 히틀러를 내각 총리로 임명했다. 이때부터 히틀러는 역사의 무대로 올랐으며 그의 독재정치도 시작되었다.

하지만 히틀러는 총리 자리에 오른 뒤부터 지식인들의 심한 질타와 반대에 부딪혔다. 이런 상황에서 민심을 수습하고 나치즘에 더 큰 설득력을 불어넣기 위해 히틀러는 '도이치 제3제국'의 기치를 내걸었다.

독일은 역사상 두 번의 제국을 수립했다. '제1 제국'은 신성로마제국으로 962년 오토1세에 의해 세워진 후 작센 왕조, 호엔슈타우펜 왕조, 합스부르크 왕조를 거쳐 1806년 나폴레옹에 의해 그 막을 내렸다. 그리고 비스마르크의 독일 통일 후 프로이센 국왕 빌헬름 1세가 1871년 1월 18일 베르사유 궁전에서 황제 즉위식을 올림으로써 '제2 제국'이 수립되었다. 이 제국은 수립된 지 겨우 47년 만에 1차 세계대전 중 멸망하고 말았다.

히틀러는 이제 멋대로 '제3 제국'을 수립하고 이것이 1, 2 제국의 연장이며 천년이 지나도 사라지지 않은 영원한 대제국이라고 주장했다.

매년 9월이면 나치는 뉘른베르크에서 전당대회를 가졌는데 이 기간 동안 독일의 거리 곳곳에 있는 소형 좌판에서는 프레드리히 대제, 비스마르크, 힌덴부르크 그리고 히틀러의 초상이 인쇄된 엽서들을 심심치 않게 볼 수 있었다. 그 엽서에는 '국왕이 정복한 것을 친왕이 수립하고 원사가 지켜낸 것을 사병(히틀러를 가리킴)이 구하고 통일시킨다'라고 적혀 있었다. 히틀러라는 '사병'은 독일의 구원자이자 통일을 이루는 인물이 되는 것뿐 아니라 독일 역사상 가장 위대한 인물들의 계승자가 되는 셈이었다. 앞선 두 제국이 독일에 엄청난 번영을 가져다주었기에 히틀러로서는 충분히 이를 이용할 만했던 것이다.

당시 독일인들의 대부분은 여전히 군사정벌 시절을 그리워하고 있었다. 더 이상 군복과 군사훈련을 볼 수 없고 군대 음악과 구호를 들을 수도 없는 평화시대에 살면서 그들은 왠지 모를 아쉬움과 허전함을 느끼고 있었다. 그런 때에 히틀러가 등장했고 오랫동안 잠들어 있던 독일 국민의 민족 우월주의를 이끌어 냈던 것이다.

독일인들은 마치 광기처럼 히틀러를 숭배했고 '제3 제국'의 부흥을 위해 끓는 물과 타는 불도 마다하지 않고 힘을 보태기를 자처했다.

교활한 전쟁광 히틀러는 독일제국의 '시체'를 빌려 나치즘을 확대시키는 '혼'을 살릴 수 있었다.

⑪ 비밀에 쌓인 영국인 조종사

　　　　2차 세계대전 중, 파쇼 독일의 점령 하에 있던 네덜란드 북부에 매우 영향력 있는 비밀저항조직이 출현했다.

이 조직의 지도자는 조니라는 영국의 조종사였는데 전쟁에서 공로가 높은 영웅이 이끄는 이 조직은 대단한 흡인력을 가지게 되었다. 그의 이름은 사람들의 입을 타고 널리 퍼졌지만 아무도 그를 직접 봤다는 이는 없었다. 그의 모든 계획과 명령은 전부 애니 남매 두 사람을 통해 전해졌는데 전쟁이 끝나도록 아무도 이 전설적인 영웅을 보지 못했다. 그는 왜 모습을 드러내지 않은 것일까? 그 궁금증은 연합군의 조사를 거친 후 비로소 풀리게 되었다. 사실 독일군에 큰 타격을 입힌 이 비밀저항조직의 우두머리는 영국 황실 조종사가 아닌 바로 앤 남매였다.

이야기의 전말을 이러했다. 전쟁 중 독일군에 의해 가족 모두를 잃은 앤 남매는 독일군에 대한 복수심에 하루하루를 살아가고 있었다. 어느 날 밤 그들은 자신의 집 앞에 쓰러져 있던 한 영국인을 발견했다. 조니라는 이름을 가진 그는 낙하산을 타고 하강하다 부상을 입게 된 것이었다. 남매는 조니를 자신의 집으로 데려온 뒤 몰래 의사를 불러와 그를 치료하도록 했다. 하지만 피를 너무 많이 흘린 조니는 며칠 후 저 세상으로 떠나고 말았다. 슬픔에 잠긴 남매는 이 사실이 새어 나가지 않도록 하기 위해 조니의 시신을 평범한 옷으로 바꿔 입힌 뒤 묻어 주었다. 장례 후 조니의 유품을 정리하던 남매에게 갑자기 좋은 계획이 하나 떠올랐다. 바로 그의 신분을 이용해 독일에 저항하는 비밀조직을 만드는 것이었다. 쇠뿔도 단김에 빼랬다고 남매는 즉시 영국의 조종사 조니의 이름으로 비밀저항조직을 구성했고 얼마 지나지 않아 소문을 들은 이들이 앞 다투어 이 조직에 가담했다. 그 후 조니의 지령은 항상 앤 남매를 통해 네덜란드 북부에 전달되었고 조니의 탁월한 지도로 이 조직은 계속해서 독일에 크고 작은 타격을 주었다.

독일 파쇼는 세계 각국에서 조직된 반대 세력에 의해 나날이 쇄락해져 갔다. 그러자 남매는 곧 전쟁이 끝날 것이고 그러면 반드시 누군가는 조니에 대해 조사할 것이라는 데 생각이 미쳤다. 얼마 후 그들은 영원히 이 사실을 묻어두기 위해 조니가 불행한 사고로 목숨을 잃었다고 소문을 퍼뜨렸다.

물론 네덜란드 해방 이후 이 일은 연합군에 의해 모두 밝혀졌고 남매는 연합군으로부터 표창을 받았다.

앤 남매는 이미 죽은 조종사의 이름을 이용해 저항조직을 만들어 독일 파쇼와 피투성이가 되는 싸움을 마다하지 않았는데 이것이 바로 '차시환혼'의 성공적인 운용이라 할 수 있다.

제 15 기

조호이산(調虎離山)

호랑이와 싸울 때는
평지로 불러내라

이 계책은 적을 원래 있던 근거지에서 이동시켜 쉽게 무너뜨리도록 하기 위한 것이다.
여기서 '調(이동시키다)'는 가장 중요하면서도 가장 어려운 부분이라 할 수 있다.

→ 해설 ←

　　동물의 왕 사자가 큰 산에 떡하고 버티고 앉아 있다면 사자를 잡는 것은 아무래도 훨씬 어려워진다. 하지만 사자를 산 밖으로 유인해 올 수 있다면 근거지를 잃은 맹수를 잡는 것은 쉬워질 것이다. 소위 말하는 '호랑이도 평지에서는 개들에게 물린다'라는 말이 바로 '조호이산'의 원뜻이라 할 수 있다.

　　넓은 의미에서 보자면 '호랑이'는 적을, 그리고 '산'은 적이 근거로 삼고 있는 유리한 지형이나 조건을 가리킨다. 적으로 하여금 유리한 지형에서 떠나게 하거나 유리한 조건을 잃게 만든 후 습격하거나 포위하는 것은 모두 '조호이산'의 계로 볼 수 있다.

　　《십일가주손자十一家注孫子》에는 '兵得地者昌, 失地者亡. 地者, 要害之地. 병가에서 땅을 얻으면 흥하지만 그것을 잃으면 망한다. 땅은 바로 중요한 지역을 말한다'라는 말이 있다. 양 군이 대치하고 있을 때 유리한 지형을 점하고 있으면 비록 한 사람이 지키고 있어도 천군만마는 이를 쉽게 뚫지 못한다. 그러니 상대방이 유리한 곳에 떡하니 버티고 있을 때에는 억지로 맞서려 하지 말고 적을 유인해 불리한 환경에 놓이도록 한 다음 다시 공격하면 쉽게 물리칠 수 있다.

이 계책은 적을 원래 있던 근거지에서 이동시켜 쉽게 무너뜨리도록 하기 위한 것이다. 여기서 '調(이동시키다)'는 가장 중요하면서도 가장 어려운 부분이라 할 수 있다. 적을 이동시키기 위해서는 반드시 그 시기를 잘 살펴야 하며 교묘하고 융통성 있게 이를 실행해야 한다. 적을 이동시키는 데는 여러 가지 방법이 있다.

(1) 허虛로써 적을 혼란스럽게 만든다. 허허실실의 방법을 이용해 적을 현혹시켜 판단 착오를 일으키게 한 다음 갈팡질팡하게 만든다. 그리고 기회를 엿본 뒤 적을 다른 불리한 곳으로 유인한다.

(2) 지첩智로써 적을 자극한다. 지략을 이용해 적을 화나게 만듦으로써 이성을 상실한 적이 경거망동하도록 유인한다. 이것은 바로 병법에서 말하는 '怒而撓之(상대방을 화나게 하여 마음을 흐트러뜨리는 전술)'이라 할 수 있다.

(3) 이利로써 적을 꾀어낸다. 작은 선심을 쓰거나 큰 이익을 제시함으로써 적이 스스로 근거지를 떠나도록 꾀어낸다.

(4) 해害로써 적을 쫓아낸다. 해로운 것을 피하는 것은 이익을 좇는 것과 마찬가지로 인간의 본성이라 할 수 있다. 만약 적의 내부 혹은 외부에 문젯거리를 만든다면 적은 자신을 보호하기 위해 분명 스스로 근거지에서 뛰쳐나올 것이다.

(5) 이理로써 적이 스스로 알아채도록 일깨워 준다. 만약 상대가 머리가 좋은 편이라면 이해관계를 정확히 알려주어 스스로 물러나게끔 한다. 창과 방패를 사용하지 않는 것이야말로 상책 중 상책이라 할 수 있다.

 오 료왕을 없앤 공자광

　　　　　　　　오吳나라의 공자광은 일찍부터 료왕의 자
리를 탐냈다. 하지만 료왕僚王 곁에는 무예가 출중한 아들 셋이 항상
그림자처럼 따르고 있어 도저히 손을 쓸 수가 없었다.

　공자광公子光은 슬슬 초조해지기 시작했다. 이런 그를 지켜보던
오자서伍子胥는 그를 돕기로 하고 한 가지 계책을 내놓았다. "지금
서胥나라는 어지럽고 불안하기 짝이 없습니다. 그러니 료왕에게 이
기회를 이용해 나라를 공격하자는 의견을 내신다면 반드시 따를 것
입니다. 그런 다음 다리를 다쳤다는 핑계를 대고 오왕의 아들 엄여
掩余와 촉용燭庸을 대신 서나라로 보내도록 하는 겁니다. 이와 동시
에 지원군 파견 요청을 명분으로 오왕의 남은 아들을 정나라와 위
나라로 보내도록 하십시오. 이렇게 료왕의 세 날개를 없애면 혼자
남은 료왕을 처리하는 것은 식은 죽 먹기보다 쉬울 것입니다."

　과연 료왕은 아무런 의심 없이 공자광의 의견을 따라 세 왕자를
각각 다른 나라로 떠나보냈다. 공자광은 이 기회를 놓치지 않고 즉
시 자객을 보내 홀로 남은 료왕을 죽이고는 스스로 오나라의 왕이
되었다. 나라에 변고가 난 것을 안 료왕의 세 아들 역시 감히 돌아
오지 못하고 이웃의 다른 나라에 몸을 의탁했다.

　료왕의 세 아들은 마치 세 마리의 호랑이처럼 공자광이 료왕을

처치하는 데 가장 큰 걸림돌이 되었다. 하지만 공자광은 오자서의 계책을 이용해 세 마리 호랑이를 산에서 떠나게 함으로써 오왕을 고립시켰다. 그리고 그는 혼자 남은 료왕을 손쉽게 처리 할 수 있었다.

② 장평관을 빠져나간 조괄

전국시대, 진秦나라가 군대를 일으켜 조趙나라를 공격하자 조의 명장 염파廉頗는 수비는 쉽고 공격하기는 어려운 장평관長平關의 지세를 바탕으로 수차례에 걸쳐 진의 군대를 쳐부수었다.

하지만 염파를 눈엣가시로 여기던 진나라의 '반간계'로 인해 결국 조나라 왕은 염파를 자리에서 내친다음 실전 경험이 전혀 없는 조괄趙括을 보내 그의 자리를 대신하도록 했다.

진나라 장군 백기白起는 조괄을 장평관에서 끌어내기 위해 일부러 싸움에서 지고 후퇴하기를 반복했다. 그러자 공을 세우고 싶어 안달이 난 조괄은 앞뒤 재지 않고 무작정 장평관을 나가 진의 군대를 추격했고 결국 진의 매복에 걸려들고 말았다. 백기는 조괄의 40

만 대군을 둘로 나누어 각각 공격했다. 그러자 조괄은 보루를 쌓고 지원군이 오기를 하염없이 기다릴 수밖에 없었다. 하지만 지원군 역시 이미 백기에 의해 전멸을 당한 터라 보루에서 40여 일을 버틴 조괄은 뜨거운 솥 안의 개미처럼 초초하기가 이루 말 할 수 없을 정도였다. 그러자 기다렸다는 듯 진나라군은 일부러 길 한쪽을 터 주어 조괄이 포위를 뚫고 나가도록 유도했다. 과연 조괄은 손쉽게 보루에서 빠져나왔고 다시금 진나라군의 매복에 걸려들게 되었다. 진의 함정에 빠진 조괄과 그의 군대는 이번에는 전멸하고 말았다.

이 전투에서 진 나라 군대는 '조호이산'의 계를 모두 세 번에 걸쳐 이용했다. 첫째는 반간계를 써서 염파라는 호랑이를 떠나게 만든 것이고, 두 번째는 조괄이 장평관을 제 발로 나가게 만든 것, 그리고 마지막은 조괄을 유인해 보루를 빠져나가게 만든 것이다. 정말 대단한 것은 진나라 군은 이 계책을 쓸 때마다 성공하며 번번이 조괄이 매복에 걸려들도록 했다는 점이다.

3 강동을 차지한 손책

건안建安 4년, 강동江東의 호걸 손책孫策은

창장長江 이남의 여러 군을 평정한 후 또다시 강북의 여강군廬江郡을 공격하기로 했다. 당시 여강군 태수 유훈劉勳은 뜻은 크지만 재능이 없고 재물에만 눈이 어두운 인물이었다. 이를 알게 된 손책은 재물로 유훈을 꾀어 산에서 떠나게 한 다음 그 틈을 빌려 여강군을 공격하기로 결정했다.

계획이 정해지자 손책은 즉시 사신에게 서신과 함께 후한 선물을 주어 유훈을 만나도록 했다. 유훈을 만난 자리에서 손책의 사신이 말했다. "우리는 태수님을 매우 존경하고 있으며 사이좋게 지내기를 원하고 있습니다. 지금 상료上繚가 강남의 각국을 어지럽게 하고 있는 것은 태수님도 잘 아시리라 믿습니다. 하지만 우리는 이를 막을 힘이 없으니 태수께서 출병하여 토벌하여 주시기를 바랍니다." 말을 마친 사신은 서신과 함께 후한 선물을 올렸고 이를 본 유훈은 매우 기뻐했다.

유훈은 재물이 풍부한 상료를 차지하면 엄청난 재물과 병력을 가질 수 있다는 것을 이미 알고 있었기에 흔쾌히 손책의 요청을 받아들였다. 하지만 곁에 있던 부하 유엽劉曄이 유훈을 말리고 나섰다. "상료가 세력은 비록 크지 않으나 그 성이 견고하고 연못이 깊어 지키기는 쉽지만 공격하기는 어렵습니다. 그러니 한 번에 공격하는 것은 무리입니다. 제가 보건대 손책은 지금 우리에게 '조호이산'의 계책을 쓰고 있는 듯합니다. 그들은 우리 군사가 밖으로 나가 피로해지기를 기다렸다가 그 기회를 틈타 우리의 허점을 노리고 맹공을 퍼부을 것이 뻔합니다. 그렇게 되면 여강군의 안녕은 더 이상 바랄 수 없게 됩니다.”

하지만 고집이 센 유훈은 유엽의 충고를 귀담아 듣지 않고 여강군에 늙고 약한 병사만을 남겨둔 채 상료를 토벌하러 나섰다. 유훈의 주력부대가 길을 떠난 것을 본 손책은 직접 대군을 이끌고 여강군을 공격했다. 상료를 토벌하지 못한 데다 여강군을 빼앗겼다는 소식을 들은 유훈은 더 이상 싸울 마음이 들지 않았다. 어쩔 수 없이 집 잃은 ‘호랑이’는 병사들을 이끌고 조조에게 몸을 의지할 수밖에 없었다. 이때부터 손책은 강동 전체를 차지하고 오나라를 세우기 위한 기초를 착실히 다지기 시작했다.

④ 유충을 토벌한 한세충

남송 초년, 유충劉忠이 수만의 병사를 이끌고 기양蘄陽 백면산白面山에 자리를 잡은 뒤 조정에 대항했다. 그러자 한세충韓世忠은 조정의 명령을 받들어 유충을 토벌하기 위해 길을 떠났다.

백면산 아래에 도착한 한세충의 군대는 유충의 수비가 매우 견고

한 것을 보고는 병사들을 시켜 병영을 세우고 수비에만 전념했다. 이렇게 양군이 대치하기를 며칠, 매일 장기를 두고 술을 마시며 한가롭게 보내는 한세충을 보며 병사들은 의아한 마음이 들기 시작했다. 그러나 한세충은 이미 몰래 적의 진영에 첩자를 보내 그곳의 상황을 꿰뚫고 있었고 속으로 상대를 이길 방법을 강구하고 있던 터였다. 아직 적의 상황을 충분히 알지 못했다고 생각한 그는 어느 날 밤 장수 한 명을 이끌고 몰래 적의 진영 근처를 순찰했다. 이리저리 살피던 한세충은 장수에게 이렇게 말했다. "하늘이 나를 돕는구나. 나는 이미 적을 물리칠 계책을 세웠다!"

병영으로 돌아온 후 한세충은 어두운 밤을 틈타 정예병 2,000명을 백면산 아래에 매복시켰다. 그리고 그는 직접 근대를 이끌고 병영을 빠져나와 유충을 습격했다. 야습을 당한 유충은 자신의 병력이 부족하다는 것을 느끼고 산 위에 있던 병마를 모두 불러 내렸다. 그러자 한세충이 미리 배치해 둔 정예병들은 산 위에 있던 적의 병력이 줄어든 것을 틈타 중군의 파수대를 점령했다. 한세충과 치열한 싸움을 벌이고 있던 유충의 군사들은 파수대에 관군의 깃발이 가득 꽂혀 있는 것을 보자 사기를 잃고는 앞 다투어 한세충에게 투항했다. 결국 유충 역시 싸움에서 목숨을 잃고 말았다. 한세충은 '조호이산'의 계책을 먼저 세우고 이를 행동으로 옮김으로써 적의 후방을 차지한 후 앞뒤로 적을 공격해 적의 견고한 방어선을 뚫을 수 있었다.

5 친구의 집을
되 찾아준 가수재

전당현錢塘縣에 이 아무개라는 젊은이가 살고 있었는데 그는 서호西湖의 소경사昭慶寺 왼쪽 편에 300냥짜리 집을 가지고 있었다. 이 아무개는 소경사의 혜공慧空이라는 스님에게서 은자 50냥을 빌린 적이 있었는데 3년 후 혜공 스님은 그에게 이자까지 합쳐 모두 100냥을 갚으라고 했다. 빚 독촉을 받게 된 이 아무개는 어쩔 수 없이 집을 담보로 잡고는 겨우 은자 30냥을 받았다. 얼마 후 혜공이 이 아무개의 집으로 들어왔고 이생과 그의 모친은 방을 얻어 집을 나와야만 했다.

어느 날, 이 일을 알게 된 이생의 친구 가수재賈秀才가 12냥은 집세로 내고 130냥은 혜공에게 갚아 집을 되찾으라며 모두 은자 142냥을 빌려 주었다. 하지만 혜공은 집수리를 했다는 핑계를 대며 돈을 더 내놓으라고 요구했다. 사실 혜공은 집을 돌려줄 마음이 없었던 것이다. 이렇게 교활한 혜공을 보며 가수재는 그를 골려 줄 방법을 궁리했다.

어느 날, 점심을 먹고 난 후 가수재는 혜공이 살고 있는 집으로 갔다. 마침 집을 지키고 있던 작은 스님은 사부님이 지금 안방에서 낮잠을 자고 있다고 전해 주었지만 가수재는 혜공과 이미 약속이 되어 있었다고 거짓말을 하고는 안방으로 갔다. 과연 혜공은 옷을 모두 벗고는 침상에서 한참 달게 낮잠을 즐기고 있었다. 방으로 들어선 가수재가 열려 있는 문틈으로 옆집을 살펴보니 마침 대부호의 며느리인 듯한 젊은 부인이 맞은편 집 창가에 앉아 바느질을 하고 있었다. 이를 본 가수재에게 순간 번뜩하고 한 가지 계책이 떠올랐다. 그는 갑자기 혜공이 벗어놓은 옷을 입고는 헤죽거리며 젊은 여인을 희롱하기 시작했다. 그러자 여인은 화가 난 나머지 바느질거리를 팽개치고 방을 나가 버렸다. 여인이 방에서 나간 것을 본 가수재는 재빨리 혜공의 옷을 벗어 제 자리에 두고는 몰래 방을 빠져나왔다.

아무것도 모르는 혜공은 여전히 잠에 취해 있는 사이 갑자기 장정 열댓이 욕을 해대며 혜공의 방으로 들이닥쳤다. "네 이놈! 어디서 굴러먹던 땡추가 벌건 대낮에 양가집 부녀자를 희롱하려 드느냐!" 장정들은 혜공의 옷을 갈가리 찢고 그의 물건들을 닥치는 대로 부순 후 하루 빨리 떠나지 않으면 관아에 고발하겠다고 협박했다. 혜공은 상대가 대단한 권세가라는 것을 알고 눈물을 머금고 이사를 떠나겠다고 약속하고 말았다. 그리고 그때, 기다렸다는 듯 이 아무개가 혜공을 찾아왔고 그는 130냥을 주고 쉽게 집을 되찾을 수 있었다.

혜공의 옷을 입고 이웃집 여인을 희롱한 가수재는 남의 손을 빌려 혜공이라는 '악랄한 호랑이'를 이생의 집에서 떠나도록 만들었다.

 ## 6 마오쩌둥의 중로군

  1936년 3월, 마오쩌둥은 중앙 총부 기관을 이끌고 옌안延安에서 진시晉西로 이동해 왔다. 홍군의 주력부대는 병력을 반으로 나누어 각각 남하와 북상을 감행했다. 그래서 총부에는 특무단特務團과 소수의 참모, 그리고 경호원을 비롯한 500여 명만이 남아 있었다.

  이후 이 작은 부대는 마오쩌둥의 지휘 아래 거의 매일 행군했으며 가는 곳마다 군중들이 지방의 부호들을 공격하게 만들었으며 이로써 홍군의 세력을 확대해 나갈 수 있었다. 어느 날 마오쩌둥은 모두 모아 놓고 회의를 열었다. "좌우 양로군은 이미 승리를 거듭하며 나아가고 있다. 우리 '중로군'은 비록 규모는 작지만 큰일을 해야만 한다. 우리는 잠시 산베이陝北로 돌아갈 준비를 하지 않고 진시 일대를 돌 것이다. 그러니 모두 최대한 많은 길을 걸을 것을 각오하도록!" 말을 마친 마오쩌둥은 의미심장하게 웃었다.

  얼마 후 '중로군'은 적과 교전을 펼쳤다. 이 작은 부대는 적의 코를 꿰어 샤오이孝義, 링스靈石이서, 중양中陽이남, 스로우石樓, 시시엔隰縣 이동으로 끌고 다녔다. 그리고 적의 추격부대가 황허까지 왔을 때 마오쩌둥은 '중로군'을 이끌고 적의 틈 속에서 맹렬히 동쪽으로 돌격해 꼬박 하루 반나절을 행군한 결과, 단박에 적을 멀찌감치 따돌릴 수 있었다.

이때 전방에서는 홍군이 승리했다는 소식이 끊임없이 들려왔고 북상하던 홍군의 주력부대 15군단은 홍 28군과 합류해 캉닝전康寧鎭, 진뤄전金羅鎭에서 옌시산閻錫山이 이끄는 수십 개의 연대를 격파했다. 1군단은 통푸로同蒲路를 따라 남하하여 허우마侯馬로 가면서 많은 적을 물리쳤고 홍군의 부대는 계속해서 그 세력을 확장해 갈 수 있었다.

그제야 마오쩌둥의 부하들은 그의 '조호이산' 계책을 알아챌 수 있었다. 마오쩌둥은 이 계책에 따라 '중로군'을 이용해 적을 이동시켰고 이로써 전방에 있는 홍군의 부담을 덜어주어 좌우 양로군의 순조롭게 나아갈 수 있도록 해 준 것이다.

 적의 계책을 역 이용한 녜룽전

1941년 봄, 중국을 침략한 일본군의 오카무라 총사령관은 일위군日僞軍 수만을 이끌고 진차지晉察冀 지역에서 대규모 소탕작전을 벌였다. 진차지 군구 사령관 녜룽전聶榮臻은 군구 직속 기관을 중심지역에 남겨 두어 적을 견제하고 상대하도록 한 다

음 주력부대는 포위선을 뛰어넘어 적을 공격해 적의 대 소탕을 산산 조각 내기로 결정했다.

이런 계획에 따라 녜룽전은 군구 직속기관을 이끌고 안전한 지역으로 이동시켰다. 이동 도중 녜룽전의 행렬은 적의 비행기 폭격을 맞았고, 도처에 있던 적군은 비행기의 인도를 받고 그들을 추격해 왔다. 군구기관은 이 과정에서 수차례나 방향을 바꾸었지만 상황은 달라지지 않았다. 그러자 모두들 이상한 생각이 들기 시작했다. '군구기관이 어디를 가든 항상 적의 비행기가 나타나는 것일까?'

반복된 분석을 거친 후 녜룽전은 적이 군구기관의 신속한 이동에 항상 반응을 보일 수 있었던 것은 모두 적들이 아군의 무선신호를 장악하고 있기 때문이란 사실을 알 수 있었다. 그래서 그는 이를 역 이용하기로 했다. 우선 그는 작은 부대에 무선 통신기를 주고 군구기관에서 60리 정도 떨어진 타이로台路로 이동하도록 하고 군구의 신호로 계속 무전을 치도록 시켰다. 과연 얼마 지나지 않아 적의 비행기가 태로 상공에 나타나 무차별 폭격을 퍼부었고 적의 군대 역시 타이로를 향해 진격해 왔다. 녜룽전은 적이 적시에 자신의 부대에 공격을 가할 수 있었던 원인을 알아낸 후 이를 역 이용해 '호랑이'를 산에서 떠나게 만든 다음 적의 공격을 막아 낼 수 있었다.

⑧ 십자군을 물리친 살라딘

　　　　　　　살라딘은 12세기 후반, 유럽의 십자군 원정에 저항한 아랍의 유명한 장군이다.

　1187년 7월, 아랍 연합군을 이끌고 티베리아스 호에 도착한 살라딘은 십자군이 팔레스타인에서 지원하고 있는 4개의 라틴 왕국(예루살렘, 안티오크, 에데사, 트리폴리)을 공격할 준비를 했다.

　그러자 예수살렘 국왕 구이데 루시난은 레이먼드 등 십자군 기사들과 함께 병력 1만을 동원해 이에 저항했다.

　살라딘의 군대는 당시 등 뒤로 티베리아스 호를 접하고 있었는데 만약 전쟁에서 진다면 죽음밖에는 더 이상 길이 없었다. 하지만 십자군은 전쟁에서 패한다 하더라도 티베리아스 성으로 후퇴하면 그만이었다. 티베리아스 호의 푸른 물결을 보면서 살라딘은 고뇌에 잠겼고 마침내 '조호이산'의 계책을 떠올리게 된다.

　팔레스타인의 중요 도시이자 십자군의 거점이기도 한 티베리아스 서쪽은 물이 없는 건조한 지역이었다. 살라딘은 우선 티베리아스 성을 공격해서 적이 예루살렘을 빠져나와 지원하도록 유도한 다음 그 퇴로를 차단하기로 했다. 그렇게 되면 십자군은 황무지에서 갈증으로 괴로워하며 죽을 터였다.

　아랍 연합군은 우선 티베리아스에 맹공격을 퍼붓기 시작했다. 그러자 레이먼드는 성을 지키며 살라딘의 군대를 오랫동안 성 밖에서 기다리도록 만들어 오지도 가지도 못하게 해야 한다고 주장했다. 하지만 고집 센 예루살렘 국왕은 직접 군대를 이끌고 티베리아스 성으로 향했다.

날이 저물자 피곤에 지친 구이데 루시난과 십자군은 경사진 언덕에서 잠시 쉬게 되었다. 그들의 입 안은 바짝 말라버렸고 너무 피곤해 더 이상 걸을 수도 없었다. 하지만 그들이 쉬고 있던 곳은 바로 살라딘의 매복이 있던 곳이었다. 늦은 밤, 갑자기 동서남북 네 면에서 아랍 연합군의 함성이 들려왔고 곧 주위는 자욱한 연기로 뒤덮였다. 날이 밝자 예루살렘 국왕은 살라딘과 결전을 벌이려 했지만 살라딘은 활을 쏘고 불을 놓아 연기를 만들 뿐 싸움에 응하지 않았다. 다음 날 밤, 살라딘은 또다시 병사들을 시켜 예루살렘 군 진영 주위에 불을 놓았다. 하지만 구이데 루시난의 십자군들은 이미 연기에 그을리고 큰 불이 이는 것을 보고는 승리는 어렵다고 판단하고는 모두 손을 들어 투항했다. 살라딘이 지휘한 이 전쟁은 십자군 침략자들에게 돌이킬 수 없는 타격을 주었다.

보물단지를 잃게 된 밴더빌트

1840년대 말, 미국 캘리포니아 주에서 금광이 발견되었다. 이 소식이 전해지자 미국에는 골드러시가 일었고 수많은 유럽인들 역시 금맥을 찾아 고향을 떠나 미국으로 건너왔다. 당시에는 미국을 횡단하는 철도가 없었기 때문에 캘리포니아로 떠나는 사람들은 배를 타고 미국의 최남단을 돌아가야만 했다. 이렇게 하면 길도 훨씬 멀어지고 시간과 돈이 엄청나게 낭비되었다.

밴더빌트라는 한 상인은 이것이 돈을 벌 수 있는 절호의 찬스라고 생각했다. 그는 직접 니카라과로 가서 그곳의 대통령과 협상을 벌였고 마침내 협의서에 대통령의 서명을 받아낼 수 있었다. 이 협의서는 밴더빌트가 니카라과를 횡단하는 항로를 개척하는 대신 이곳을 지나는 배들의 '통과비'는 모두 그가 받는다는 내용을 담고 있었다. 항로가 개통된 후 밴더빌트는 몇 년간의 노력을 수백만 달러로 고스란히 보상받을 수 있었고 이 항로는 그의 '보물상자'가 되었다.

한편 밴더빌트가 큰돈을 벌어들이는 것을 본 또 다른 상인 워커는 배가 아파 견딜 수 없었다. 그래서 그는 이 항로를 빼앗아 자신의 것으로 만들리라 결심했다. 그는 밴더빌트가 수십년간 비즈니스계에 몸 담아온 노련한 사업가라는 것을 잘 알고 있었기에 그와 겨루기 위해서는 머리를 잘 써야 한다고 생각했다. 그래서 워커는 일단 온갖 방법을 동원해 밴더빌트를 외국으로 보낸 다음 방비하지 못한 틈을 타 손을 쓰는 '조호이산'의 방법을 생각해 냈다.

우선 워커는 거금을 들여 밴더빌트의 주치의를 매수해 일을 꾸몄다. 어느 날 주치의가 밴더빌트에게 말했다. "최근 심장이 점점 나빠지고 있습니다. 그러니 해외로 나가 반년간 요양을 하도록 하십시오. 그렇지 않으면 생활하는 데 큰 지장이 생길 겁니다." 평소에 건강에 각별히 신경을 쓰던 밴더빌트는 주치의의 말을 철석같이 믿고는 요양을 위해 서둘러 파리로 떠났다.

밴더빌트가 떠나자 워커는 즉시 행동을 시작했다. 그는 무장한 수백 명의 군인들을 이끌고 니카라과에 상륙해 내부 협력자와 함께 니카라과 총통부를 점거했다. 놀란 니카라과 대통령은 심장발작으로 숨을 거뒀다. 워커는 민족의 변절자를 대통령으로 추대하고 자신은 스스로 니카라과 군의 총 사령자리에 올랐다. 얼마 후 니카라과 신정부는 항로에 대한 밴더빌트의 모든 특권을 취소한다고 발표했다. 이로써 원래 밴더빌트의 것이었던 '보물 상자'가 워커의 손으로 넘어가 버린 것이다.

10 시실리를 해방시킨
'붉은 셔츠 부대'

1860년 4월, 시실리 섬에서 자유주의자들에 의한 반란이 일어나자 나폴리 왕국은 즉시 왕국 군대를 보내 무자비하게 반란군을 진압했다.

이 소식을 들은 가리발디 장군은 시실리 반란군의 애국심과 투쟁 정신에 깊은 감동을 받고 그들을 지원하기 위해 1,000여 명으로 이루어진 '붉은 셔츠부대'를 조직해 시실리 섬으로 향했다.

5월 5일 늦은 밤, '붉은 셔츠 부대'는 제노아를 떠났다. 자신의 강한 적수가 순양함을 가지고 있다는 것을 알고 있었던 가리발디는 적의 병력을 분산시키기 위해 한 가지 교묘한 계책을 쓰기로 했다. 그는 우선 소규모 분대로 하여금 교황 영지를 공격하게 만들고 '붉은 셔츠 부대'가 교황을 공격하려 한다는 소문을 퍼뜨렸다. 그 사이 아프리카로 향하던 도중 튀니지에 상륙하여 휴식을 취하던 그의 함대는 갑자기 항로를 바꾸어 전속력으로 시실리의 마르살라 항으로 향하고 있었다.

멀리 시실리가 어렴풋이 보일 때쯤 가리발디는 나폴리 군대가 예상대로 '조호이산'의 계책에 걸려들었다는 소식을 듣게 되었다. 나폴리의 군대는 교황을 보호하기 위해 줄곧 마르살라 항에 정박해 있던 순양함들을 교황의 영지로 출항시켰던 것이다. 이 소식을 들은 가리발디는 '붉은 셔츠부대'를 이끌고 직접 마르살라 성을 공격했다. 나폴리 군대는 '붉은 셔츠부대'를 향해 포탄을 발사했지만 적의 행동이 워낙 빨라 큰 피해를 입힐 수 없었다. 이렇게 첫 전투에서 승리를 거둔 '붉은 셔츠부대는 시실리에 거점을 마련한 뒤 계속해서 싸움에 이겼고 마침내는 시실리를 해방시킬 수 있었다.

⑪ 가짜 편지로 적을 속인 볼리바르

시몬 볼리바르는 라틴 아메리카에서 가장 유명한 독립운동 지도자로서 조국 베네수엘라의 독립과 자유를 위해 위대한 업적을 남긴 인물이다.

1812년, 베네수엘라 제1 공화국이 와해되자 볼리바르는 망명길에 올랐다.

그리고 1813년 2월, 그는 400명의 군대를 이끌고 베네수엘라로 돌아와 수도 카라카스를 공격했다. 하지만 스페인 식민군은 코레아 장군의 지휘 아래 안데스 산에서 휴식을 취하며 볼리바르 군대를 막을 준비를 하고 있었다.

볼리바르는 강한 적이 막고 서 있는 것을 보고는 '조호이산'의 계책을 써서 이 위기를 극복하고자 했다. 그는 우선 근처에 있는 애국 부대의 사령관 카스틸리오에게 편지를 한 장 써서 후방에서 적을 공격해 달라고 요청했다. 그리고 일부러 스페인 진영에 이 편지를 유출시켰다. 코레아 장군은 이 편지를 보고 화들짝 놀라며 즉시 군대를 이끌고 안데스 산에서 철수했다. 사실 그것은 코레아라는 '호랑이'를 안데스 산에서 떠나게 하기 위해 볼리바르가 꾸며낸 거짓 정보였다.

이렇게 볼리바르는 순조롭게 안데스 산을 넘을 수 있었고 수많은 국민의 지지를 받으며 계속해서 스페인 식민군을 무찔렀다. 그해 8월, 마침내 그는 카라카스를 해방시키고서 베네수엘라 제 2 공화국을 수립할 수 있었다.

제 16 기

욕금고종(欲擒故縱)

잡고 싶으면 먼저
풀어 줘라

이 계책은 일찍이 《노자老子》 제36장 '將欲歙之, 必固張之(접고 싶으면 반드시 펴주어라); 將欲弱之, 必固强之(약하게 하고 싶으면 반드시 강하게 해주어라); 將欲廢之, 必固興之(폐하고 싶으면 반드시 흥하게 해주어라); 將欲奪之, 必固興之(빼앗고 싶으면 반드시 주어라)'에서 나타났다.

→ 해설 ←

　이 계책은 일찍이 《노자老子》 제36장 '將欲歙之, 必固張之(접고 싶으면 반드시 펴주어라); 將欲弱之, 必固強之(약하게 하고 싶으면 반드시 강하게 해주어라); 將欲廢之, 必固興之(폐하고 싶으면 반드시 흥하게 해주어라); 將欲奪之, 必固與之(빼앗고 싶으면 반드시 주어라)'에서 나타났다. 노자의 이 문장은 그의 탁월한 변증사상을 잘 나타내어 주고 있다. 이후에도 이는 많은 곳에서 쓰였다. 《귀곡자鬼谷子》에서는 '去之者縱之, 縱之者乘之(가고자 하는 자는 풀어주라. 풀어 주는 자는 기회를 얻는다)'가'라 했고 《태평천국太平天國. 문서文書》에서는 '欲擒先縱, 欲急姑緩, 待其懈而擊之, 無不勝者(갖고자 하면 놓아주고 급하면 일부러 천천히 가라. 기회를 기다려 다시 공격하면 승리하지 못할 자가 없다'란 말이 있는데 '欲擒故縱'은 '欲擒姑縱'으로도 쓸 수 있다. 이는 적을 잡기 위해서는 먼저 적을 풀어 주어야 함을 가리킨다. 이것은 낚싯줄을 길게 늘여 큰 물고기를 잡는 계책과 같다.

일반적으로 적을 풀어 주는 것은 두고두고 해가 될 수도 있다. 하지만 특수한 상황에서 적을 풀어 주는 것은 해가 되지 않을 뿐 아니라 오히려 득이 될 수 있다. 적이 패하긴 했지만 아직까지 무시하지 못할 힘이 남아 있을 때 성급히 공격해서는 안 되며 적이 죽기 살기로 덤벼들지 않도록 조심해서 나에게 손실을 입히지 않도록 해야 한다. 병법에서는 종종 '궁지에 몰린 적은 쫓지 말라'는 말을 한다. 이 계책의 정확한 운용은 이러하다. 즉, 먼저 적에게 한 가닥 살 길을 터주어 적이 희망을 가지도록 해서 긴장이 풀어지도록 한 다음 그 기회를 틈타 적을 무너뜨리는 것이다.

제갈량이 맹획孟獲을 일곱 번이나 놓아주었던 이야기가 바로 이 계책의 전형적은 응용이라 할 수 있다. 제갈량이 수없이 맹획을 놓아준 이유는 그렇게 함으로써 맹획이 진심으로 항복하게 만들어 영원히 대항할 수 없게 만들려는 것이었다. 물론 적을 놓아주는 데는 그 방법과 정도가 있다. 홍문연鴻門宴에서 유방劉邦을 놓아준 항우項羽는 훗날 유방 때문에 오강烏江에서 목숨을 끊었고, 연왕燕王 주체朱棣를 놓아준 명의 건문제建文帝는 훗날 그에게 왕위를 빼앗기고 말았다. 이것은 역사적으로 적을 놓아준 것이 결국 나라를 망하게 했던 참혹한 증거이기도 하니 후세 사람들은 이를 반드시 명심해야 한다. 그렇기 때문에 적을 놓아주되 나 몰라라 하거나 호랑이를 놓아주어 산으로 돌아가게 해서는 안 된다는 말이다. 이 계책을 이용할 때, 궁한 쥐가 고양이를 물지 않도록 전략적인 필요에 의해 적을 놓아주어야 한다. 적을 놓아주는 최종적인 목적은 바로 적을 사로잡기 위함이다. 즉, '놓아주는 것'은 수단이요, '사로잡는 것'은 목적인 셈이다. 결국 수단은 목적을 위한 것임을 잊지 말아야 한다.

이 계책을 운용하기 위해서는 반드시 다음을 명심해 두어야 한다.

(1) 적의 힘을 빠지게 한 다음 다시 사로잡는다. 막 도망친 적은 성급히 추격하지 말고 계속해서 도망가도록 한 다음, 적이 피로해져서 더 이상 저항할 힘이 없을 때를 기다렸다가 다시금 손을 써 적을 잡는다. 이렇게 하면 식은 죽 먹듯 일을 처리할 수 있다.

(2) 살을 찌운 다음 죽인다. 사람들은 식용으로 쓰기 위해 돼지를 키운다. 그래서 돼지를 잡기 전에는 온갖 방법을 동원해 살을 찌우는 것이다. 사료 주는 것을 아까워하면 통통한 돼지는 꿈도 꿔서는 안 된다. 또 급하게 잡으면 먹을 살이 하나도 없을 것은 분명하다. 살을 찌운 뒤 돼지를 잡는 것은 상당한 인내력을 필요로 한다. 자신의 숙적이나 잠재적인 적에게 이 방법을 이용할 수 있다.

(3) 크게 부풀린 다음 터뜨린다. 적에게 아첨을 해 죽이는 것은 마치 풍선을 부는 것과 같다. 풍선이 빵빵하게 부풀었을 때 찌르면 엄청나게 큰 소리가 나며 터진다. 이 폭발음과 함께 적은 철저하게 무너지는 것이다. 역사적으로 많은 '두 얼굴'을 가진 사람들이 지위가 높고 권력이 센 정적에게 이 방법을 사용했다.

1 딸을 황후자리에 앉힌 왕망

한 평제平帝 때였다. 권모술수에 능한 왕망王莽은 엄청난 권력을 손에 쥘 수 있었다. 당시 한 평제는 겨우 열 살이 조금 넘은 나이라 아직 왕후를 맞아들이지 않았는데 왕망은 자신의 딸을 평제와 짝지어 주어 더 큰 권력을 누리고자 했다. 그래서 그는 '욕금고종'의 방법을 이용해 자신의 딸을 황후로 만들기 위한 음모를 꾸미기로 했다.

어느 날, 왕망이 태후를 찾아가 은근하게 말했다. "황제께서 즉위하신 지 이미 3년이 지났는데 아직도 황후를 맞이하지 않으셨습니다. 지금이 대사를 준비할 적기입니다." 이 말은 태후의 심중을 정확히 꽤 뚫는 것이었기에 태후는 흔쾌히 응낙했다. 그러자 많은 고관대작들이 앞 다투어 자신의 딸들을 내놓았다. 하지만 왕망은 다른 이들과 달리 태후에게 이렇게 말했다. "제가 덕이 없고 모자란 탓으로 평범한 외모의 제 여식은 다른 이들과 감히 한자리에 서기조차 민망합니다. 그러니 제 여식은 선택하지 말아 주시옵소서." 왕망의 속내를 알 리 없었던 태후는 그의 진실함에 감동하여 그러겠노라 대답했다.

하지만 왕망의 겸손한 태도는 조야에서 큰 반향과 동정을 불러일으켰다. 왕망은 평소에 명예를 위해 온갖 수단을 가리지 않는 사람이었고 자신의 사람을 많이 만들어 둔 터였다. 그래서 이들은 왕망의 의견에 따라 앞 다투어 상소를 올렸다. "안한공安漢公(왕망의 작호)은 덕이 있고 나라를 위해 온 힘을 다하는 사람입니다. 그런데 왜 왕후 간택에서 그의 여식만 빼 둔단 말입니까? 이것이 하늘의 뜻을 따르는 것이란 말입니까? 원하건 데 안한공의 여식을 왕후로 간택하소서." 이미 왕망의 진실함에 감동을 한 태후는 많은 사람이 그의 딸을 간택하기를 원하자 마침내 왕망의 딸을 태후의 자리에 올려 주었다.

자신의 딸을 황후로 만들기 위한 왕망의 술수는 결코 화려하지는 않았다. 그러나 단순한 지략의 각도에서 보자면 이는 '욕금고종' 의 전형적인 예라 할 수 있다.

② 지혜로 도둑을 잡은 소무명

무측천武則天은 태평공주太平公主에게 황금 수천 냥에 달하는 금은보화를 하사했다. 그런데 연말이 되어 이 보물들은 모두 도둑을 맞고 말았다. 태평공주는 이 일을 모두 무측천에게 알렸다. 그러자 무측천은 불같이 화를 내며 낙주洛州 장사長史

를 불러 말했다. "3일 내에 도둑을 잡아들이지 않으면 네 놈의 목숨을 거두겠다."

다급해진 낙주 장사는 총명하고 지혜롭기로 이름난 소무명을 찾아가 이 사건을 해결해 달라고 부탁했다. 그러자 소무명蘇無名이 말했다. "먼저 나를 폐하께로 데려가 주시오. 그때가 되면 내 계책을 말해 주리다."

낙주장사와 소무명은 궁으로 들어갔고 그들을 만난 측천무후가 물었다. "사건을 해결할 방도를 찾았느냐?" 그러자 소무명은 침착한 태도로 말했다. "만약 제가 도둑 잡기를 원하신다면 서두르지 마십시오. 이 일은 인내를 갖고 기다려야만 해결할 수 있습니다. 또 도둑을 잡기 위한 사졸들을 다룰 권한을 모두 제게 주십시오. 그렇게 하면 반드시 도둑을 붙잡아 폐하 앞에 무릎을 꿇리도록 하겠습니다." 소무명의 말을 들은 측천무후는 흔쾌히 이를 허락했다.

하지만 궁에서 돌아온 소무명은 이전의 호언장담하던 모습은 온데간데없이 도둑 잡는 일을 나 몰라라 했다. 얼마 후 한식이 되자 그는 그제야 사졸들을 불러 모아 말했다. "너희는 각각 동문과 서문에 나누어 지키고 있다가 상복을 입은 호인胡人(오랑캐)을 보거든 몰래 따라가 그들이 성묘하는 것을 자세히 지켜 보거라. 만약 그들이 새로 만든 무덤 앞에서 울지도, 무릎을 꿇지도 않거든 그를 잡아 오면 된다."그 후 사졸들은 즉시 이를 행동에 옮겼고 역시 상황은 소무명이 말했던 것과 조금도 다르지 않았다. 그 호인들이 찾았던 무덤 안의 관에는 잃어버린 보물들이 고스란히 담겨 있었다.

이 일을 전해들은 무측천은 소무명에게 칭찬을 아끼지 않았고 자세한 내막을 물었다. "지난번 제가 폐하를 알현하기 위해 성으로 들어왔을 때 호인들이 관을 메고 지나가는 것을 보았습니다. 하지만 그들의 표정은 막 혈육이나 친구를 잃은 사람 같아 보이지 않았기에 혹시 그 관 안에 훔친 보물이 들어 있지 않을까 의심을 했습니다. 저는 그들이 우선 관을 성 밖에 묻은 후 잠잠해지면 보물을 꺼내어 도망 갈 것이라 생각했습니다. 그래서 한식 때까지 기다려 그들이 직접 보물을 파내도록 한 것입니다. 제가 폐하게 이 사건을 해결하시려거든 마음을 급하게 쓰거나 크게 떠벌리지 말라고 한 것은 하루속히 그들을 잡고 싶지 않아서가 아니라 그들이 안심하고 관을 파내도록 하려는 것이었습니다. 그들이 범죄의 증거를 파내도록 기다린 다음 잡아들이는 것이지요."

소무명의 '욕금고종' 계책을 들은 무측천은 그의 지혜에 감탄하며 많은 금은보화와 함께 그의 관직을 두 계급이나 올려 주었다.

 긴 줄로 반란군을 제압한 온조

　　당 헌종憲宗 당시, 융족과 갈족이 중원을 침범하자 헌종은 남량南梁의 군대를 수도로 불러들여 이에 맞서게 했다. 하지만 뜻밖에도 이 군대는 수도로 향하던 도중 반란을 일으켜 오히려 조정에 맞섰고 헌종은 이로 인해 매우 곤란한 상황에 놓이게 되었다.

　이때 경조윤京兆尹 온조가 앞으로 나서며 자신이 이 일을 처리하겠다며 헌종에게 허락을 구했다. 얼마 후 황제의 허락을 받고 남량에 도착한 온조는 그저 황제의 칙서만을 읽어줄 뿐 다른 일은 더 이상 묻지 않았다. 그러자 반란군은 온조溫造를 일개 서생이라고 여기고 더 이상 그를 염두에 두지 않았으며 더 이상 그를 경계하지도 않게 되었다.

　어느 날, 온조와 그의 호위병 몇은 장랑에다 기다란 줄을 늘여 걸어 두고는 반란군들을 위한 연회를 베풀었다. 온조는 반란군들의 무기를 모두 그 줄에 걸어 두도록 한 다음 그들에게 각종 산해진미와 좋은 술을 내왔다. 모두들 배불리 음식을 먹고 있을 때였다. 갑자기 온조와 그의 수하들이 줄 양 끝을 온 힘을 다해 팽팽하게 잡아당기자 걸어두었던 무기들이 멀리 날아가 버렸다. 연회장은 금세 혼란스러워졌고 무기가 없는 반란군들은 온조가 미리 숨겨 두었던 복병들에 의해 제대로 저항 한번 해보지 못하고 목이 달아났다.

여기에서 온조가 이용한 계책이 바로 '욕금고종'이다. 그는 적을 안심시키고 해이해진 틈을 타 갑작스러운 공격을 했고 그로 인해 승리할 수 있었다.

4 솥을 훔친 거지

송나라 때, 추밀부사樞密副史 손면孫沔이 항주杭州 지부知府로 부임했을 때였다. 마을에는 왼쪽 팔이 없고 그나마 있는 오른쪽 팔에도 손가락이 두 개밖에 남아 있지 않은 거지가 있었는데 어느 날 이 거지가 남의 집에서 솥을 몰래 훔치려다 주인에게 붙잡히고 말았다. 하지만 거지는 사실이 아니라고 딱 잡아뗐고 어쩔 수 없이 두 사람은 솥을 들고 손면에게로 갔다.

거지는 손면을 보자마자 통곡을 하며 말했다. "나리, 저는 법 없이도 살 사람입니다. 몸도 성치 않은 저 같은 놈이 어떻게 솥을 훔칠 수 있단 말입니까?" 그러자 손면은 고개를 끄덕이며 주인을 호되게 나무랐다. 그리고는 솥을 거지에게 주며 좋은 말로 그를 위로했다. 거지는 처음에는 거절했지만 손면이 계속해서 권하자 기뻐하

며 솥을 받았다. 솥을 받아 든 거지는 손가락 두 개로 솥을 집더니
천천히 어깨로 메어서는 모자처럼 머리에 뒤집어쓰고는 걸음을 옮
기려 했다. 그때 이 광경을 모두 지켜보고 있던 손면이 갑자기 큰
소리로 꾸짖으며 말했다. "네 이놈! 분명히 남의 솥을 훔치려 했건
만 어째서 한사코 부인하느냐?" 그제야 자신이 손면의 꾀에 걸려들
었음을 안 거지는 두려움에 온 몸을 사시나무 떨 듯했다.

손면이 팔 없는 거지를 심문할 때 썼던 방법이 바로 '욕금고종'
의 계책이다.

5 소를 잡아 사건을 해결한 포청천

송 인종仁宗 때였다. 천장현天長縣의 한 농
부가 어느 날 자신이 키우던 소가 입에서 피를 흘리고 있는 것을 발
견했다. 자세히 살펴보니 소의 혀를 누군가가 잘라가 버렸던 것이었
다. 당황한 그는 급히 지현知縣 포증包拯(포청천)을 찾아가 사건을 고
했다.

포증은 분명 이 농부와 원한관계에 있는 이가 벌인 짓이라 생각
했지만 증거가 없이는 마음대로 사람을 잡아들일 수 없었기에 계책

을 써서 범인을 잡아들이기로 결심했다. 잠시 후 포증이 농민에게 말했다. "혀가 없는 소는 더 이상 살아갈 수 없다. 그러니 너는 집으로 돌아가 소를 잡아 죽여 버리거라!" 그러자 농부가 말했다. "소가 없으면 어찌 농사를 짓는단 말입니까? 나리 부디 불쌍한 저를 위해서 범인을 잡아주십시오." 포증은 짐짓 역정을 내며 말했다. "그까짓 소의 혀가 뭐 그리 대단하단 말이냐? 이런 사소한 일로 나를 찾아오다니. 썩 물러가지 못할까!"

포증이 노발대발 하자 농부는 어쩔 수 없이 눈물을 머금고 소를 잡았다. 그리고 며칠 후 한 사내가 포증을 찾아와 농부가 사사롭게 경우耕牛를 도축했다고 고해 바쳤다. 송나라의 법률에 따르면 개인이 사사롭게 경우를 도살하는 것은 위법이었다. 이 말을 들은 포증은 갑자기 무서운 얼굴을 하며 그를 꾸짖으며 말했다. "너는 어찌해서 남의 소 혀를 몰래 자르고 거기에다 그의 죄를 고자질하느냐?" 사내는 포증이 한눈에 자신이 범인임을 알아본 데 너무도 놀란 나머지 두려움에 벌벌 떨며 자신의 죄를 모두 시인했다.

사실 그 사내의 목적은 소의 혀를 자르는 것이 아니라 그렇게 함으로써 농부가 소를 잡을 때까지 기다렸다가 그 죄를 일러바치려한 것이었다. 포증은 이 사실을 꿰뚫어보고 일부러 범인을 놓아주는 방법을 이용해 범인이 직접 자신을 찾아오도록 했던 것이다.

6 도박을 뿌리 뽑은 황후 마씨

　　　　명 태조 주원장의 황후 마씨는 키와 발이 무척 크고 일을 처리하는 데 거침이 없는 전형적인 여걸이었다. 그녀는 사람을 시켜 특별히 '소요루消遙樓'를 짓도록 했는데 그곳은 여름에는 문을 꼭꼭 닫아걸어 바람 한 점 통하지 않았고, 겨울에는 창문을 모조리 열어 젖혀 찬바람이 뼛속까지 얼어붙는 듯했다. 당시 난징南京에는 도박이 성행하고 있었는데 마씨는 노름꾼들을 붙잡아 소요루에 가두도록 했다. 그녀는 노름꾼을 벌하는 대신 그곳에서 도박을 하도록 했다. 단, 건물 안에는 앉을 곳이 없어 반드시 서서 노름을 해야 했고 음식은 물론 마실 것도 주지 않았다. 만약 도박을 멈추면 지키고 있던 이들은 사정없이 채찍을 휘둘렀다. 그렇게 며칠이 지나자 아무리 노름에 미쳐 있던 이들이라도 배겨날 수가 없었다. 그들은 주린 배를 움켜쥐고 땅 바닥에 쓰러져서는 울며불며 살려 달라고 애원했다. 그제야 마씨는 그들을 풀어 주었다. '소요루'의 '훈련'을 거치고 난 후 난징의 노름꾼들은 그 수가 현저히 줄어들었다. 마씨의 '욕금고종'의 계책에 의해 한때 성행했던 도박은 자취를 감추게 된 것이다.

7 베레지나 강에서
   패배한 나폴레옹

　　　　　1812년 6월, 나폴레옹이 러시아를 공격하자 러시아군은 노장 쿠투조프의 지휘하에 모스크바에서 후퇴한 후 진지를 굳게 지키며 프랑스군이 사용하지 못하도록 건물을 부수고 물자들을 소각했다. 그렇게 그들은 힘을 비축하는 동시에 소규모 부대를 통해 끊임없이 프랑스군을 교란시켰다. 나폴레옹은 모스크바를 점령한 지 얼마가 지난 후 더 이상 버티기가 힘든 것을 느끼고 10월 19일 모스크바에서 철수했다.

　러시아군은 길목마다 진영을 만들고 기다렸다가 후퇴하는 프랑스군을 공격했고 나폴레옹은 어쩔 수 없이 매번 철수 경로를 바꾸어야만 했다. 11월 22일, 나폴레옹은 프랑스의 중요 보급 병참기지 민스크가 러시아 해군 제독 치차코프에게 점령당했다는 소식을 듣고 북쪽으로 방향을 틀었다. 프랑스군은 목적지로 가기 위해서 반드시 베레지나 강의 큰 다리를 건너야만 했다. 하지만 이 다리는 이미 러시아군에 의해 무너져 버렸다. 차가운 베레지나 강을 바라보며 나폴레옹은 새로운 가교를 만들기로 결정했다.

　러시아군은 나폴레옹의 군대가 가교를 세우고 있다는 것을 이미 알고 있었지만 웬일인지 그대로 내버려 두었다. 그리고 11월 25일 마침내 나폴레옹은 베레지나 강에 160야드의 가교 두 개를 만들어

냈다. 프랑스 군사들을 벌떼처럼 달려들어 목숨을 걸고 다리를 건너려 했다. 가교가 무게를 견디지 못할 것을 염려한 나폴레옹은 병사들에게 최대한 짐을 줄이고 말과 마차도 버리라고 명령했다. 이렇게 프랑스 군대가 힘겨운 상황에 빠져 있을 때 갑자기 하늘에서 떨어진 것처럼 러시아 군대가 나타나 다리를 건너고 있는 프랑스 군대를 맹렬하게 공격하기 시작했다. 프랑스군은 이러지도 저러지도 못한 채 차마 저항조차 할 수 없었다. 이 전투로 인해 나폴레옹은 2만이 넘는 병력을 잃게 되었다.

사실, 러시아군은 나폴레옹의 군대가 다리를 다시 지으려 한다는 정보를 이미 입수했었다. 하지만 이를 모르는 것처럼 가장하고 몰래 대규모의 병력을 교량 부근에 배치해 두었던 것이다. 러시아는 적이 다리를 건널 때 공격하기 위해 일부러 프랑스군의 행동을 못 본 척했다. 이렇듯 불리한 위치에 놓여진 적을 공격하면 종종 적은 노력으로 큰 이익을 얻기도 한다.

8 독일 스파이를 일망타진한 영국

1차 세계대전이 일어나기 전, 영국과 프

랑스는 사이가 매우 좋지 않았다. 이런 상황에서 이제 곧 일어날 전쟁에서 우위를 점하기 위해 독일은 영국에 스파이를 보내 군사, 정치 정보를 수집하도록 했다.

당시 영국 정보부 MI5의 책임자는 버논 켈이었다. 그가 지휘하는 이 정보기관은 각종 스파이 사건을 해결한 전력이 많았기 때문에 영국에서 대단한 명성을 얻고 있었다.

어느 날, 켈은 조사를 통해 한 이발관이 독일 스파이의 비밀회합 장소라는 것을 알게 되었다. 켈은 이 이발관에서 해외로 보낸 편지를 압수해 본 결과, 독일의 스파이망이 영국 전역에 퍼져 있다는 것을 알게 되었다. 그러자 그의 부하 중 한 사람이 즉시 이 비밀장소를 없애고 스파이들을 잡아들일 것을 건의했다. 하지만 켈은 역시 노련한 인물이었다. 그는 즉시 스파이들을 잡아들이는 대신 이렇게 말했다. "지금 우리가 얻은 것은 일부 스파이의 이름뿐이며 그들 대부분은 연락책에 지나지 않는다. 만약 우리가 지금 성급하게 그들을 잡아들인다면 풀숲을 건드려 뱀들이 도망가게 하는 것과 같다. 그러니 최선의 방법은 그들이 계속해서 활동을 벌이도록 놔둔 다음 시기가 되었을 때 다시 붙잡는 것이다." 이어서 켈은 작전에 대해 자세한 계획을 짰다. 그들은 우선 이 이발관으로 오가는 서신의 내용을 몰래 빼낸 뒤 거짓 내용을 써서 원래대로 보냈다. 이렇게 함으로써 상대방의 정보가 결정적인 역할을 할 수 없도록 만들 수 있을 뿐 아니라 모습을 드러내지 않고 몰래 적의 스파이 활동을 모두 감시할 수 있었다. 게다가 기회를 틈타 거짓 정보를 이용해 적을 혼란스럽게 할 수도 있었다. 켈을 비롯한 여러 사람들이 빈틈없이 일을 처리했기 때문에 독일의 스파이들은 MI5가 만든 거짓 정보의 충실한 전달자가 되었다.

1914년 8월 4일, 영국이 독일에 선전포고를 하던 그날 켈은 독일 스파이들을 모조리 잡아들이라고 명령했고 이발사를 비롯한 21명의 스파이가 잡혀왔다. 이 일로 인해 영국에서의 독일의 스파이 활동은 거의 모두 실패로 끝났다. 이로써 켈의 '욕금고종' 의 전략이 성공했음을 알 수 있었다.

⑨ 나치 돌격대를 제거한 히틀러

　　　　　　　1933년, 히틀러는 최고 권력의 지위에 올랐다. 외부의 정적을 없앤 후 그는 독재정치를 위한 내부 정리를 시작했다. 당시 나치돌격대를 지휘하고 있던 룀은 히틀러가 진행하는 '대중운동' 의 핵심적인 역할을 담당함으로써 히틀러가 정권을 쥐는 데 큰 공을 세웠다. 하지만 히틀러가 정권을 잡은 뒤 돌격대는 자신들의 주장을 펼치며 히틀러의 말을 듣지 않았다. 이 때문에 히틀러는 룀과 그의 돌격대를 없애기로 결심했다.

하지만 돌격대는 이미 상당한 무장 능력을 갖추고 있었기 때문에 함부로 손을 썼다간 오히려 화를 입을 판국이었다. 교활한 히틀러는 성급히 행동을 하는 대신 룀에게 당근을 주기로 했다. 1933년 12월, 히틀러는 모두의 예상을 깨고 룀을 내각의원의 자리에 앉혔다. 그리고 1934년 새해가 밝아오자 히틀러는 제3제국이 존재하는 것은 모두 돌격대의 힘이며 그 돌격대의 중심에 룀이 있었다며 한껏 그를 찬양하는 편지를 보냈다. 이 편지는 1934년 1월 2일 나치당의 기관지인 《민족의 파수꾼(Volkischer Beobachter)》에 실렸다. 이렇게 룀과 그의 돌격대는 나치의 찬양에 한껏 들떠 점점 히틀러에 대한 경계심을 잊어갔다.

내각의원이 된 룀의 야심은 더욱 커져 갔고, 육군의 전권을 손에 쥐려는 그로 인해 룀과 육군과의 갈등은 더욱더 심각해져 갔다. 히틀러는 육군의 지원을 얻기 위해 돌격대를 없애기로 결정했다.

1934년 6월 30일 새벽, 히틀러는 뮌헨에서 비시로 군대를 보내 달게 자고 있던 돌격대를 모조리 처치하고는 룀을 생포해 뮌헨에 있는 감옥에 가두었다. 이와 동시에 그는 괴링을 시켜 베를린에 있는 돌격대를 말끔히 처리하도록 했는데 이 과정에서 모두 150명의 돌격대원이 목숨을 잃었다. 히틀러를 위해 자그마치 14년이나 힘을 바친 돌격대는 이렇게 소리 없이 자취를 감추게 된 것이다.

히틀러는 돌격대원을 먼저 치켜세운 뒤 급작스럽게 공격하는 전락을 취했다. 이것이 바로 앞서 말했던 '풍선 부풀리기' 의 방법인데 이 방법은 적을 미혹시키기 가장 좋고 또 가장 음험한 방법이라 할 수 있다.

⑩ 미국과 일본의 이오지마 전투

　　　　　　1945년 2월, 2차 세계대전의 종결이 가까워질 무렵, 일본은 이미 몰락의 길을 걷고 있었다. 태평양의 이오지마 섬에 상륙한 미 해군 상륙부대 제5사단과의 3일간의 격전을 거치고 난 일본은 거의 모두가 격퇴당했다. 하지만 살아남은 일본군은 섬에 있는 군용물자와 식품을 전부 동굴 속으로 옮겨 놓고 완강하게 저항했고 미군은 이들을 여러 번 공격했지만 번번이 실패할 뿐이었다.

　얼마 후 미군 지휘관은 계획을 바꾸어 동굴의 봉쇄를 느슨하게 풀어 주었다. 어느 날 밤, 작은 규모의 전투를 끝낸 일본군은 자신들이 계획이 성공했다고 생각하고 동굴을 버리고는 모두 출동했다. 하지만 일본군들은 갑자기 나타난 미군의 공격을 받고 전멸해 버리고 말았다.

일본군에게 포위망을 느슨하게 해준 것은 사실 '욕금고종'의 계책이라 할 수 있다. 이렇게 함으로써 미군은 일본이 죽기 살기로 덤벼들어 불필요한 손실을 야기시키는 것을 막을 수 있었던 것이다. 동굴을 떠난 일본군은 지리적인 이점을 잃게 되었고 쉽게 적에게 무너져 버렸다.

⑪ '황금 쥐'가 나타나는 호텔

4성급 호텔에 투숙한 한 여인이 욕실에서 쥐 한 마리를 발견하고는 놀라 복도로 뛰쳐나와서는 비명을 질러댔다.

호텔에 쥐가 나타났다는 소식이 전해지자 원래 영업실적이 저조했던 호텔 측은 난감한 표정을 감출 수가 없었다. 다급해진 호텔의 사장은 즉시 전 직원들을 불러 모아 방법을 강구했다. 모두 이 일이 이미 퍼질 대로 퍼져버렸으니 숨기기에는 역부족이라며 이 일을 아예 공개적으로 밝히고 역으로 이용하는 게 좋겠다고 입을 모아 말했다.

그래서 직원들은 다음과 같은 내용이 담긴 광고문을 내다 걸었다. "손님 여러분 안녕하십니까? 여러분의 여행에 즐거움을 드리고 자 저희 호텔에서는 행운의 상징으로 황금빛 털을 가진 쥐 두 마리를 키우고 있습니다. 운 좋게도 이 쥐를 발견하시는 손님에게는 상금 1,000달러를 드리며 만약 쥐를 잡으신다면 5,000달러를 드립니다." 그러자 이미 쥐를 보았던 사람들은 돈을 벌 수 있는 기회를 놓친 것을 안타까워했고 다른 투숙객들은 '황금쥐'를 잡기 위해 여념이 없었다.

또 호기심이 많은 사람들이 앞 다투어 이 호텔에 투숙해 호텔은 문전성시를 이루었다. 물론 호텔에는 원래부터 '황금 쥐'라는 것은 없었다. 이렇게 해서 이 호텔은 '쥐가 없는 호텔'이라는 명성도 얻게 되었다.

호텔에 쥐가 나타나는 것은 절대 있어서는 안 될 일이다. 하지만 이 호텔은 이 사실을 숨기기 위해 이를 보기 좋게 꾸며 선전했고 생각지도 못한 효과를 얻을 수 있었다. 이것 역시 '욕금고종'의 계책이라 할 수 있다.

 **‘마일드 세븐’의 경영전략**

현재 국제 시장에서 일본 담배 ‘마일드 세븐’의 매출총량은 세계 2위를 차지하고 있다. 신기한 것은 이 담배는 손실경영을 통해 판로를 확보했다는 것이다.

‘마일드 세븐’의 시범 판매를 위해 생산회사는 우선 전 세계 대도시에 판매 대리점을 물색했고 이를 통해 현지의 유명한 정치가, 작가, 변호사, 예술가들에게 매달 담배를 증정했다. 그리고 부족할 경우 편지를 보내주면 즉시 담배를 더 보내주겠다고 덧붙였다. 그리고 이 대리점은 고객들에게 소정의 양식을 첨부해 ‘마일드 세븐’에 관한 의견을 물었다. 물론 그들이 아낌없이 담배를 제공한 것은 모두 이 담배의 맛에 중독되도록 하기 위해서였다. 고객들이 이 담배에 중독이 되자 대리점들은 더 이상 담배를 무상으로 제공하지 않았다. 이렇게 해서 ‘마일드 세븐’은 빠르게 상류사회에서 입지를 굳힐 수 있었고 각국에서 판로도 모두 좋아 거대한 이윤을 남기게 됐다.

‘마일드 세븐’이 성공할 수 있었던 것은 모두 ‘욕금고종’ 전략을 효과적으로 구사한 데 있었다.

새로운 상품은 시장에서 지명도가 높지 않기에 소비자 역시 적을 수밖에 없다. 그래서 판로를 개척하기 위해 판매가격을 낮추거나 심지어는 공짜로 상품을 제공하는 것이 필요한 것이다. '마일드 세 븐'은 제살을 깎는 무료 증정을 시작으로 해서 결국 거대한 이윤을 남기는 목적을 달성할 수 있었다.

13 미국의 언론통제의
새로운 방법

　　　　　2003년 3월, 미국은 유엔의 동의와 주요 동맹국의 지원이 없는 상황, 그리고 세계 각국에서 반전의 물결이 거세지고 있는 압력을 모두 감당해 내며 한 달반이 채 안 되는 시간 에 이라크를 침공해 후세인 정권을 붕괴시켰다. 이런 수많은 불리한 요소들을 극복하고 전쟁에서 승리하려면 물론 단순히 군사력에만 의존해서는 안 되며 반드시 외교, 여론의 힘 등 여러 가지 요소가 효 과적으로 뭉쳐져야 한다는 것은 당연한 사실이다. 그 중 '욕금고종' 의 여론 통제 전략은 미국이 이라크 전쟁에서 승리할 수 있었던 가 장 중요한 요소였다.

　일찍이 베트남전쟁에서 미군은 기자들의 밀착 취재를 허용했다. 하지만 통제관리가 엄격하지 않았기에 기자들의 취재는 매우 자유 로웠고 이로 인해 베트남전쟁의 비참한 상황은 거의 아무런 제재도 받지 않은 채 낱낱이 세계 여론에 알려졌다. 이런 쓰디쓴 경험을 했던 미 국방부는 그때부터 신문매체의 종군 취재를 엄격하게 통제하기 시작했다.

모두 알다시피 미국의 이라크전쟁 개시는 대중들의 지지를 얻지 못했다. 그래서 미국은 세계 여론에서의 불리한 위치를 벗어나고 언론계의 지지를 얻기 위해 '욕금고종' 전략을 채택, 다시 한 번 종군취재를 허락했다. 어떤 이들은 아마 이렇게 물을 수도 있을 것이다. 미국 정부는 종군기자들이 전쟁의 실상을 파헤쳐 베트남전쟁 때의 전철을 다시 밟는 것이 진정 두렵지 않단 말인가? 하지만 이런 걱정은 기우였음을 우리는 이 사실을 통해서 잘 알 수 있게 되었다. 베트남전쟁 때의 자유취재는 이미 지나간 일이었고 새로운 소위 말하는 종군취재는 상당한 구속과 제한을 받게 되었다. 예를 들어 종군기자는 엄격한 선발 기준을 통과해야 했고 원고를 쓰고 나면 반드시 검열을 받아야만 했다. 이라크전쟁에서 종군기자는 시종일관 미국의 군사기관과 함께 행동해야 했고 함께 전쟁의 불길을 피하며 미군의 보호를 받았다. 시간이 지날수록 기자들은 감정적으로 미군의 편에 서게 되었고 미군에 불리한 상황보도는 거의 찾아볼 수 없게 되었다.

미국은 종군취재라는 수단을 이용해 전 세계 수백 명의 기자들이 자신들도 모르게 미국이 쳐 놓은 그물에 걸려들게 했으며 미국 정부와 군부의 계획에 좌지우지되어 그들의 이익을 위해 일하도록 만들었다.

미국은 또 이라크 국영 방송국을 공격하지 않아 전쟁이 끝날 때까지 정상적인 업무를 가능하게 함으로써 다시 한 번 훌륭하게 '욕금고종'의 전략을 구사했다. 미국이 방송국을 공격하지 않은 것은 그들이 자애로워서도 그것이 전략적으로 중요하지 않아서도 아니라 철저하게 계획된 것이었다.

먼저, 이번 이라크전쟁 중 미국에 대항했던 것은 이라크 국영방송 외에도 알자지라를 대표로 하는 이라크를 동정하는 많은 아랍 방송국들이 있었다. 그렇기에 만약 이라크 언론을 철저하게 파괴한다면 이라크의 목소리를 봉쇄하는 목적을 달성하지 못할 뿐 아니라 국제 여론의 질타를 받을 수도 있었다.

두 번째, 미국은 이라크 언론을 남겨 둠으로써 '이라크 해방'이라는 정의의 이미지를 만드는 데 이용하려 했다.

세 번째, 이라크는 미국에 대해 조직적이고 효과적인 저항을 하기 힘들었으며 수동적인 입장에 놓여 있었다. 이라크 언론이 자국의 사기를 진작시키려 하는 것은 어떠한 실제적인 지장을 줄 수가 없었고 어쩔 수 없는 상황에서 헛된 말만 늘어놓는 것에 불과했다. 미국은 이라크 언론에 손을 대지 않음으로써 말솜씨가 청산유수와 같은 이라크 공보장관 사하프와 같은 사람들이 힘을 다해 '함부로' 떠들게 만들어 이라크 정부와 언론의 신뢰도를 최저로 떨어뜨리게 만들었다.

　이라크전쟁에서 미국이 취했던 '욕금고종'의 언론 통제 전략은 탁월한 효과를 거두었다. 이를 통해 국제적인 반전의 물결을 잠재우고 국내 여론을 안정시키며 미국의 이라크전쟁 개시의 정당성을 부여할 수 있었고 이라크 군의 저항세력을 와해시키는 등의 목표는 모두 어느 정도는 실현되었던 것이다.

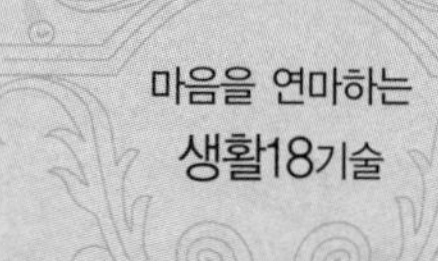

제 **17** 기

포전인옥(抛磚引玉)

도토리를 던져주고
산삼을 얻는다

이 계는 《전등록傳燈錄》의 한 고사에서 유래되었다. 당대 시인 상건常建은 재능이 탁월한 조하趙嘏라는 시인을 매우 존경했다. 어느 날 조하가 소주蘇州의 영암사靈巖寺로 유람을 떠난다는 소식을 들은 상건은 미리 절 앞의 잘 보이는 곳에 미완성의 시구 두 구절을 적어 두었다.

●포전인옥●
「12가지 생활 활용 지혜」

1. 순장을 원한 안능전
2. 말 꼬리로 말을 얻은 탁발승
3. 난정서를 손에 넣은 소익
4. 경성으로 돌아온 조한
5. 마오타이주 병을 깨뜨린 중국 대표
6. 미국을 향한 마오쩌둥의 메세지
7. 수백억 위안이 묻혀 있는 중관춘
8. 싸우지 않고도 전쟁에서 이긴 스위스
9. 몸소 병사들을 이끈 나폴레옹
10. 손님을 끌어들인 동메달
11. 10만 달러를 거져 주는 카지노
12. 하늘에서 떨어진 시계

→ 해설 ←

이 계는 《전등록傳燈錄》의 한 고사에서 유래되었다. 당대 시인 상건常建은 재능이 탁월한 조하趙嘏라는 시인을 매우 존경했다. 어느 날 조하가 소주蘇州의 영암사靈巖寺로 유람을 떠난다는 소식을 들은 상건은 미리 절 앞의 잘 보이는 곳에 미완성의 시구 두 구절을 적어 두었다. 얼마 후 영암사를 찾은 조하는 이 미완성의 시 뒤에 두 구절을 덧붙여 완벽한 절구시를 만들어 냈는데 조하가 덧붙인 두 구절이 상건의 것보다 훨씬 뛰어나자 후대 사람들은 이를 두고 '포전인옥'이라 불렀다.

이 계책을 순조롭게 이용하는 데 가장 중요한 것은 바로 상대방을 '꾀어내는' 데 있다. 마치 《손자병법》 중 '故迂其途, 而誘之以利, 后人發, 先人至(일부러 돌아가 적으로 하여금 유리하다는 판단을 하게 하고, 적보다 나중에 출발해 먼저 도착한다)'는 것처럼 말이다. '포전'은 적을 이용해 쉽게 얻어 낼 수 있는 약점을 말한다. 먼저 적에게 달콤한 미끼를 주어 함정에 걸려들게끔 꼬인 다음 천천히 '옥'을 끌어오는 것이다. 이는 작은 지렁이를 미끼삼아 대어를 낚는 낚시와 비슷하다 할 수 있다. 즉, 비교적 작은 대가를 치르고 큰 이익을 얻는 것, 작은 희생을 통해 큰 승리를 취하는 것을 말한다. 그러므로 '포전인옥'은 먼저 주고 나중에 거둬들이는 전략이라 할 수 있다.

던지는 '벽돌'은 진짜 벽돌(실질적인 이익)일 수도 있고 가짜 벽돌(거짓행동)일 수도 있다. 또 벽돌을 던지는 방법에도 여러 가지가 있다. 공개적으로 혹은 몰래 던지는 것, 가까이 혹은 멀리 던지는 것, 전부 혹은 나누어서 던지는 것. 하지만 가장 중요한 것은 던지는 것이 끌어오는 것보다 가치가 덜 나가는 것이어야 한다는 것이다. 그렇지 않으면 배보다 배꼽이 더 큰 셈이 되니 말이다.

이 계책의 숨은 뜻은 다음과 같다.

(1) 작은 것으로 큰 것을 끌어온다. 나의 비교적 작은 물건으로 상대방을 유혹해 마지막에는 상대방의 큰 물건을 얻어낸다. 그리고 나의 작은 물건을 다시 찾아온다.

(2) 작은 것과 큰 것을 맞바꾼다. 나의 작은 물건을 대가로 하여 상대방의 큰 것과 바꾼다. 즉, 적게 손해 보고 큰 이익을 얻는 것이다.

(3) 작은 것으로 큰 것에 맞선다. 나의 작은 것을 이용해 상대방의 큰 것에 저항한다. 그리고 마지막으로 큰 것과 작은 것 모두 희생시킨다. 이렇게 하면 나에 비해 상대방의 손실이 더욱 커지게 된다.

옛날, 안능전安陵纏이라는 여인이 있었는데 용모가 선녀같이 아름답고 자태가 우아해 초楚 공왕共王의 총애를 한 몸에 받고 있었다.

어느 날 대신 강을江乙이 안능전을 찾아와 말했다. "옛 말에 재물로서 사람을 사귄 자는 그 재물이 다하고 나면 친구들이 모두 그를 떠나고, 미모로서 사랑을 얻은 자는 늙어지고 나면 그 총애도 모두 사라진다고 합니다. 마마께서는 지금은 꽃과 같이 아름다우십니다. 하지만 꽃은 언제고 시드는 법이지요. 그러니 영원히 대왕의 사랑을 받으려면 어떻게 하셔야 하겠습니까?" 이 말을 들은 안능전이 다급히 예를 갖추며 물었다. "제가 아직 어려 아무것도 모르니 저를 위해 조언을 해주십시오." 그러자 강을이 대답했다. "사람은 죽으면 다시 살아날 수 없습니다. 천하에 이만큼 애처로운 일도 없지요. 그러니 대왕을 위해 순장되기를 원하신다 말씀드리면 대왕은 분명 영원히 총애를 거두지 않으실 것입니다."

안능전은 고개를 끄덕이며 대답했다. "경의 말씀을 새겨듣겠습니다."

그러던 어느 날, 공왕은 안능전을 대동하고 사냥길에 올랐다. 사냥감을 포위하려고 켜둔 횃불이 마치 하늘의 구름과 무지개처럼 보였고 여기저기서 범과 이리가 으르렁거리는 소리가 들려왔다. 그때 갑자기 미친 코뿔소 한 마리가 공왕을 향해 돌진해 왔다. 다행히 호위무사들이 활을 쏘아 코뿔소는 그 자리에서 털썩 쓰러지고 말았다. 공왕은 만족스러운 표정으로 말했다. "이번 사냥은 수확이 꽤 좋군!" 그런데 갑자기 왕은 표정이 어두워지며 이렇게 말했다. "인생은 정말 덧없구나. 천수만세 후 또 상황은 어떻게 변할 것이란 말인가?"

이를 보고 있던 안능전은 때가 왔다고 생각하고 재빨리 공왕 앞에 무릎을 꿇고 눈물을 흘리며 말했다. "대왕이 천수만세를 누리신 후 신첩은 대왕과 함께 묻히기를 원합니다."

이 말을 듣고 깊이 감동한 공왕은 안능전에게 영토를 하사했다. 이 이야기에서 안능전이 왕과 함께 순장되겠다고 말한 것은 바로 '벽돌'이라 할 수 있으며, 공왕의 총애와 그가 하사한 영토는 안능전이 끌어온 '옥'이라 할 수 있다. 강을의 지략과 안능전의 눈치로 인해 이 계책은 성공을 거둘 수 있었다.

2 말 꼬리로
말을 얻은 탁발승

옛날, 몽골족 가운데 정처 없이 떠돌아다니는 탁발승 하나가 있었는데 지혜로운 그는 언제나 가난한 유목민들을 도와주었다.

어느 날, 그는 남루한 옷을 입은 한 유목민이 한 손에는 말꼬리를 들고 맥없이 땅바닥에 앉아 있는 것을 보게 되었다. 이 유목민은 유일한 재산인 말을 늑대에게 빼앗기고 남은 말뼈와 꼬리를 붙잡고 서럽게 울고 있었던 것이었다.

동정심이 생긴 탁발승은 그를 도와주어야겠다고 생각하고는 유목민에게서 말뼈와 꼬리를 빼앗아 들고 말했다. "잠시 여기서 기다리시오, 내 왕야의 집으로 가서 말 한 필을 받아오리다." 이 말을 들은 유목민은 의아할 따름이었다.

왕야가 외출했다는 말을 들은 탁발승은 왕야가 갔던 길에서 여우 동굴을 발견하고는 힘껏 말총을 동굴 속으로 쑤셔 넣었다. 그리고 왕야가 저만치 오기를 기다렸다가 힘껏 말꼬리를 잡아당기는 시늉을 했다. 이를 궁금하게 여긴 왕야가 말에서 내려 탁발승에게 물었다. "여기서 뭐하는 게요? 왜 말총을 힘껏 잡아당기고 있소?" 그러자 여전히 말총을 잡아당기며 탁발승이 대답했다. "빨리 와서 좀 도와주시오. 지금 내 말이 동굴 안으로 빨려 들어가고 있습니다." 다시 왕야가 물었다. "말이 어찌 동굴 속으로 끌려 들어간단 말이오?"
"제 말은 세계에서도 몇 마리 안 되는 진귀한 말입니다. 이 말은 커지기도 했다가 작아지기도 하고, 달리기도 했다가 날기도 합니다. 낮에는 천리를 가고 밤에는 팔 백리를 갑니다. 제가 하루 만에 전국 각지를 다닐 수 있는 것도 모두 이 말 덕분입니다. 이 말은 제 생명과도 같지요."

탐욕스럽고 간사한 왕야는 탁발승의 말을 듣고는 침을 석자나 흘리며 말을 자신의 것으로 만들고 싶어졌다. 그는 눈알을 떼구루루 굴리더니 묘책을 하나 생각해 내고는 큰 소리로 탁발승을 꾸짖으며 말했다. "허풍쟁이 땡추 같으니라고 어느 안전이라고 실없는 소리를 지껄이느냐. 썩 꺼지지 못할까!"

왕야가 자신의 꾀에 걸려들었음을 안 탁발승은 애처로운 모습을 하고 말했다. "그럽지요. 하지만 제 말은 어떻게 합니까?" 그러자 왕야는 귀찮다는 듯이 소리쳤다. "말이 많구나. 여봐라. 어서 저 땡추를 쫓아버려라!"

탁발승은 억울하다는 듯이 다시 말했다. "왕야께서 이렇게 화를 내시니 제 말도 포기하겠습니다. 하지만 방금까지 말을 쫓다가 다리를 다쳐 걸을 수가 없습니다. 그러니 좋은 방도를 하나 마련해 주시지요."

"그렇다면 내 말을 타고 가거라. 대신 될 수 있는 한 멀리 가서 다시는 내 눈에 띄지 마라!" 말을 마친 왕야는 다짜고짜로 말고삐를 탁발승에게 넘겨주었다.

"감사합니다. 나리." 몸을 굽혀 말을 탄 탁발승은 바람처럼 사라져 버렸다.

그 시간, 반신반의 하며 기다리고 있던 유목민의 눈에 말을 타고 오는 탁발승이 보였다. 그는 연거푸 고맙다는 말을 하고 어떻게 된 일인지 자초지종을 물었다. 그러자 탁발승은 "너무 많은 것을 알려고 하지 마시오. 어쨌든 이 말은 이제 당신 것이요"라고 말하며 홀연히 사라져 버렸다.

이 이야기에서 탁발승은 왕야의 욕심을 이용해 말 꼬리라는 '벽돌'로 좋은 말 '옥'을 끌고왔다. 탁발승을 만난 탐욕스러운 왕야는 그 꾀에 보기 좋게 당했고 유목민은 뜻하지 않게 새 말을 얻는 행운을 거머쥘 수 있었다.

③ 난정서를 손에 넣은 소익

현장玄奘이 천축天竺에서 불경을 구해 돌아오자 당 태종은 특별히 자은사慈恩寺 안탑을 지어 왕희지체로 불경의 내용을 새기려고 했다. 그래서 태종은 각 지역에 있는 왕희지王羲

之와 왕헌지王獻之의 법첩을 모아들이라는 명령을 내렸다. 얼마 후 전국에서 1300여 첩을 모았지만 유독 왕희지의 《난정서蘭亭序》만은 구할 수 없었다.

그러자 어사 소익蕭翼이 말했다. "난정서의 진본은 원래 왕가에 전해 내려오는 보물이었으나 지금은 변재화상辯才和尚에게 전해져 호남湖南 영흔사永欣寺 처소 들보에 숨겨져 있어 그 모습을 드러낸 적이 없습니다. 만약 폐하께서 이를 원하신다면 신이 방법을 강구해 구해오도록 하겠습니다."

태종은 매우 기뻐하며 말했다. "경이 그렇게 해준다면 짐은 만금을 상으로 내릴 것이요. 하지만 절대로 그것을 강제로 빼앗아서는 안 될 것이오."

소익은 태종에게서 글이 그리 뛰어나지 않은 왕희지와 왕헌지 법체 두세 권 빌려 '옥'을 끌어오기 위한 벽돌로 삼고 평범한 서생으로 변장하고는 작은 배를 타고 상담湘潭의 영흔사로 향했다. 소익과 변재화상은 그저 인사를 나누던 사이에서 점점 흉금을 터놓고 이야기할 만큼 친한 사이로 발전했다. 재주가 많고 예술적 기질이 뛰어난 소익은 거문고, 장기, 서예, 그림 어느 것 하나 뛰어나지 않은 것이 없었다. 육예에 모두 정통한 변재화상 역시 문인들과 교류하기를 좋아하는 인물이었다. 그래서 두 사람은 금세 막역지우가 되었고 늘 함께 술을 마시며 글을 논하고 이 얘기 저 얘기를 나누었다.

어느 날, 두 사람은 서예에 대해서 이야기를 나누게 되었다. 소익이 먼저 입을 열었다. "제게는 선조께서 물려주신 왕희지의 법첩이 있는데 진짜인지 가짜인지 분간할 도리가 없습니다. 그러니 스님께서 좀 봐주시지요." 말을 끝내고 소익은 몸에 지니고 있던 법첩을 변재화상에게 보여주었다. 잠시 법첩을 보던 변재화상이 말했다. "확실히 진짜이기는 합니다. 하지만 왕희지의 글이 원숙한 단계에 접어들었을 때 쓴 것은 아닌 듯합니다. 빈승에게는 왕희지의 난정서가 있습니다." 소익은 물고기가 미끼를 문 것을 보고 일부러 놀라는 척하며 말했다. "그 서첩은 없어진 지 200년이 넘었는데 진짜일 리가 있겠습니까?" 그러자 변재화상은 "솔직히 말해 그것은 지영선사智永先師께서 임종하시기 전 친히 내게 물려주신 것입니다. 그런데 어찌 가짜 일 수 있단 말입니까? 만약 못 믿겠다면 내일 직접 보여드리리다"라고 말했다.

다음 날 소익이 또다시 변재화상을 찾아왔다. 변재화상은 조심스럽게 대들보 위에서 쇠로 된 상자를 가져 와서는 그 속에서 난정서를 꺼내 소익에게 보여주었다. 진품 난정서를 본 소익은 뛸 듯이 기뻤지만 일부러 고개를 가로저으며 말했다. "이 서첩에는 결점이 너무도 많으니 절대 진품이 아닙니다!" 너무나도 단호한 소익의 말에 변재화상 역시 의심이 들기 시작했다. 그래서 그는 소익의 서첩 두 권을 남겨두어 자신의 것과 자세히 비교해 보겠다고 했다. 변재화상은 난정서를 쇠 상자에 넣고는 원래 있는 곳에다 갖다 두었다.

어느 날, 변재화상이 볼일이 있어 절 밖으로 나갔다. 이를 알고 있었던 소익은 몰래 절로 들어가 방을 지키고 있던 제자에게 말했다. "노스님께서 수건을 가지고 가는 걸 잊으셨다고 날 더러 가지고 오라고 하셨네." 평소에 소익을 자주 봐 왔던 제자는 조금도 의심하지 않고 그를 방으로 들여보내 주었다. 방으로 들어간 소익은 재빨리 대들보 위의 난정서와 자신의 법첩을 꺼내서 방을 빠져나왔다. 절을 빠져나온 소익은 물건을 부하에게 전해 주고는 서둘러 장안으로 돌아왔다.

한편 절로 돌아온 변재화상은 난정서를 도둑맞았다는 사실을 알고는 그 자리에서 까무러쳤다가 얼마 후 제 정신을 차릴 수 있었다.

그리고 소익에게서 난정서를 건네받은 태종은 매우 기뻐하며 소익의 관직을 원외랑으로 올려 주었다.

 4 경성으로 돌아온 조한

송 태종 때 일이었다. 대신 조한曹翰이 죄를 짓고 여주汝州로 귀양을 가게 되었다. 지모가 뛰어났던 조한은 여주에 도착한 그날부터 어떻게 하면 경성으로 돌아가 관직을 되찾을 수 있을까를 궁리하기 시작했다.

어느 날 송 태종이 공무처리를 위해 여주에 사자를 보냈다. 그러자 온갖 수단을 동원해 사자를 만난 조한은 눈물을 흘리며 이렇게 말했다. "제 죄가 너무나 커서 죽어도 속죄할 수 없습니다. 어떻게 하면 황상의 은혜에 보답할 수 있을지 정말 모르겠습니다. 제가 지금 여기에서 죄를 뉘우치고 있으니 언젠가는 목숨을 걸고 황상에게 보답할 수 있을 것입니다. 하지만 저 때문에 식솔들은 생계가 막막하여 먹을 것과 입을 것이 부족하기 그지없다고 합니다. 제가 그림 한 폭을 드릴 테니 부디 식솔들에게 전해 주어 그것을 팔아 입에 풀칠이라도 하게 해주십시오."

왕년의 권세가가 이렇듯 자신에게 애원하는 것을 본 사자는 두말없이 허락하며 수도로 돌아와 이 일을 태종에게 그대로 전했다. 송 태조는 조한이 보낸 그림을 펼쳐보았다. 그것은 그가 심혈을 기울여 그린 《하강남도下江南圖》이었는데 내용은 옛날 조한이 송 태종의 명령을 받들어 남당을 평정하던 때를 그린 것이었다. 그림을 본 송 태조는 조한이 새운 공적을 다시 한 번 떠올리게 되었고 측은지심이 들기 시작했다. 그래서 태조는 조한을 다시 경성으로 불러들였다.

조한은 경성으로 돌아오기 위해 '옥'을 끌어오기 위한 '벽돌'로 그림 한 폭을 택했고 마침내 자신이 원하던 바를 이룰 수 있었다.

5 마오타이주 병을 깨뜨린 중국 대표

　　　　　1915년, 파나마 만국박람회는 각국에서 보내온 훌륭한 상품이 너무 많아 다 살펴볼 수도 없을 지경이었다. 하지만 중국의 마오타이주茅台酒는 포장이 낡고 오래되어 긴 시간 동안 아무런 관심도 끌지 못했다. 당시 이를 보고 있던 중국 측 대표의 머릿속에 순간 한 가지 아이디어가 떠올랐다. 그는 마오타이주 한 병을 집어 들고는 박람회장에서 가장 사람이 많은 곳으로 갔다. 그리고 일부러 술병을 바닥에 떨어뜨렸다. 바닥에 떨어진 술병은 산산이 깨졌고 진한 술 향기가 순식간에 박람회장에 퍼져 나갔다. 그러자 사람들은 모두 입을 모아 '좋은 술이군!' 이라고 말하기 시작했다. 이때부터 샴페인이나 브랜디에 길들여져 있던 외국인들은 중국의 마오타이주의 매력에 빠져들게 되었다.

　이 중국 측 대표가 이용했던 '포전인옥'의 전략은 과연 적중했고, 마오타이주는 이 박람회에서 세계의 명주로 선정된 후 점점 더 유명해지기 시작했다.

6 미국을 향한 마오쩌둥의 메세지

　　1970년 10월 1일, 미국의 기자 애드거 스노(항전 직전에 산베이陝北로 들어가 취재를 했으며 그 유명한 《중국의 붉은 별(Red Star Over China)》을 썼다)는 중국 정부의 초청을 받아 톈안먼天安門 성루에서 성대한 중국 국경절 경축 행사를 관람하게 되었다.

　　당시 스노 부부가 톈안먼 성루의 엘리베이터에서 내리자 저우언라이周恩來는 스노와 악수를 하며 이렇게 말했다. "미스터 스노, 당신을 환영합니다. 중·미 관계가 단절된 상황 속에서도 세 번이나 신중국을 방문해 주시고 오늘은 또 톈안먼에서 우리의 국경절 행사에 참석한 것은 한 사람의 미국인으로서 유례가 없는 일 일 것입니다." 말을 마친 저우언라이는 스노 부부를 마오쩌둥에게로 데려갔다. 스노를 본 마오쩌둥은 매우 기뻐하며 "미스터 스노, 하나님이 당신을 보살펴 우리가 다시 만났군요"라고 말하며 친근하게 그의 어깨를 감싸고는 성루의 난간으로 그를 데려갔다.

　　그 다음 날, 마오쩌둥과 스노 부부가 톈안먼에서 열린 국경절 행사에 참석한 사진이 《런민르바오人民日報》 1면에 실렸다. 하지만 마오쩌둥이 보낸 함축적이고 의미심장한 메시지를 닉슨과 키신저는 그저 무시해 버리고 말았다.

일이 있고 난 후 키신저는 그의 회고록에서 이렇게 말했다. "마오쩌둥과 저우언라이는 사물을 세심하게 관찰하는 우리의 능력을 너무 과대평가했다. 그들이 보내온 메시지는 너무 함축적이어서 세심하지 못한 서양인들이 그 참 뜻을 이해하는 것은 역부족이었다. 10월 1일 중국의 국경절 행사가 있던 그날, 저우언라이가 미국의 작가 애드거 스노와 그의 부인을 톈안먼 성루로 데려가 마오쩌둥의 바로 옆에서 일 년에 한 번 있는 국경절 행진을 관람하게 하고 게다가 사진까지 찍은 것은 역사상 전례가 없던 것이었다. 어떤 미국인이 이렇게 큰 영광을 누릴 수 있단 말인가? 이 심오한 뜻을 지닌 주석은 과연 무엇을 전달하고 싶었던 것일까? 스노 자신은 훗날 이 일에 대해 이렇게 말했다. '중국의 지도자들이 공개적으로 하는 일은 모두 목적이 있는 것이다.' 일이 있고 난 후 그제야 비로소 나는 마오쩌둥이 이를 상징적으로 이용해 지금 그가 직접 미국과의 관계를 개선하고 싶어 한다는 것을 알았다. 그 당시로서 그것은 매우 탁월한 식견이었다."

마오쩌둥이 스노를 톈안먼 성루로 초청한 것은 이를 이용해 미국에 일종의 메시지를 보내려 했던 것이다. 하지만 유감스럽게도 당시 닉슨과 키신저는 그의 이러한 뜻을 알아차리지 못했다.

7 수백억 위안이 묻혀 있는 중관춘

베이징北京의 중관춘은 중국의 실리콘밸리라 불린다. 사실 중관춘中關村과 실리콘밸리는 그 발전 공간상에서 매우 큰 차이를 보인다. 미국의 실리콘밸리는 끝이 보이지 않는 과수원 위에 세워진 것인 데 반해 중관춘은 인구밀도가 높고 사회배경이 복잡한 오래된 마을에 세워지기 시작했다. 중관춘에 만약 정부의 강력한 참여와 지원이 없었다면 이 오래된 마을이 국제적으로도 수준 높은 과학기술의 중심지가 되기는 힘들었을 것이다.

1999년 전까지 외부에서 중관춘으로 들어오는 도로는 바이이로白蕙路 하나뿐이었다. 당시의 도로 사정은 중관춘의 발전에 가장 큰 장애 중 하나였다. '중관춘의 교통체증' '중관춘, 한번 들어가면 나올 수 없는 곳'이란 말은 당시 그곳의 기업과 현지 주민들이 가장 민감하게 생각하는 문제였다. 1996년 6월 5일, 국무원이 중관춘에 조속히 과학기술단지를 건설하겠다는 데 회답한 후 하이딩구海淀區는 가장 먼저 단지의 교통환경 개선을 구區위원회, 구區정부의 주요 업무로 정하고 실행에 옮겼다.

1999년에서 2002년 기간 동안 중관춘 과학기술 단지는 통일된 규칙과 정부의 인도 그리고 시장화의 혁신 방법에 따라 다양한 건설업체를 조직, 일류 토지 개발을 담당하도록 했다. 3년 동안 단지

내에 새로 만들거나 개보수를 시행한 도로는 20여 곳으로 모두 120 킬로미터에 달했고, 200킬로미터에 이르는 통신라인을 깔았으며 설치된 천연가스 파이프도 117킬로미터에 달했다. 2002년까지 이미 100억 위안이 넘는 자금이 중관춘 지하에 묻혔다.

이 100억 위안의 자금은 '옥'을 끌어오기 위한 '벽돌'이었으며 중관춘 과학기술단지의 발전을 위한 밑거름이었다.

'세기의 공사'라고도 불리는 중관춘 서구의 공사는 2000년 6월 20일에 시작되었는데 베이징 시에서 최초로 이루어진 가장 많은 규모의 자금을 들인 공사로서 완공 후 첨단기술 기업을 위해 직접 서비스할 선도적인 프로젝트였다. 그 중 가장 중요한 기능은 과학기술 무역, 금융정보, 행정업무이며 비즈니스, 바, 문화, 건강, 엔터테인먼트 등 서비스 시설을 갖추고 있다. 완공된 중관춘은 세계 일류의 과학 기술의 새로운 중심이 될 뿐 아니라 중국 건축의 발전을 여실히 보여주는 대형 박물관이 되었다.

서구의 공사지역을 따라 북쪽과 서쪽으로 가면 베이징대학 과학기술원, 칭화대학과학기술원, 상디上地정보산업기지, 중관춘 소프트웨어파크, 생명과학원, 용펑永豊첨단기술산업기지 등의 건설 공사가 계속해서 진행되고 있어 중관춘의 규모는 지금도 계속 커지고 있다.

8. 싸우지 않고도
전쟁에서 이긴 스위스

14세기 초, 오스트리아의 레오폴드는 군사를 이끌고 아레 강의 스위스 졸로투른 성을 포위했다. 스위스인들은 성을 굳게 지키며 오스트리아군이 어떻게 어르고 달래도 절대 투항하지 않았다.

얼마 후 레오폴드는 아레 강에 교량을 짓게 해 이를 통해 성 안으로 들어가려 했다. 하지만 교량이 튼튼하지가 않아서 다리를 건너던 오스트리아 병사들은 계속해서 물속으로 빠졌다. 이때 스위스군이 뛰어들어 물에 빠진 오스트리아 병사들을 끌고 연안으로 갔다. 오스트리아 병사들이 이제 곧 죽었구나 생각하며 겁에 질렸다. 하지만 스위스 병사들은 적을 죽이기는커녕 오히려 그들에게 먹을 것을 주고 다시 풀어 주었다.

스위스군의 예상외의 행동에 잠시 그들에게 잡혔던 오스트리아 병사들은 매우 감동했다. 얼마 후 이 소식이 오스트리아군의 진영에 퍼지자 병사들은 더 이상 싸우고 싶은 마음이 들지 않았다. 성 공격이 더 이상 가망이 없음을 알게 된 레오폴드는 어쩔 수 없이 군대를 돌릴 수밖에 없었다.

포로들에게 따뜻한 행동을 취했던 스위스군의 행동은 사실 '옥'을 끌어오기 위한 '벽돌'이었다. 그들은 오스트리아군을 분열시키고 적에 대한 적개심을 약화시켜 싸우지 않고도 적을 물러가게 하기 위한 목적을 달성했던 것이다.

9 몸소 병사들을 이끈 나폴레옹

　　　　1796년 4월, 나폴레옹이 이끄는 프랑스군은 알프스 산을 넘어 이탈리아 북부 원정을 시작했다.

오스트리아 합스부르크 왕조는 나폴레옹의 세력 확장을 저지하기 위해 정예부대를 조직했다.

11월 15일, 프랑스군과 오스트리아군이 아르콜에서 만났다. 강한 적을 앞에 두고 나폴레옹은 조금도 두려워하지 않으며 먼저 오스트리아군에 맹렬한 공격을 퍼부었다. 하지만 오스트리아군의 중요 거점인 아르콜 다리를 세 번이나 공격한 프랑스군은 번번이 실패하고 말았다. 이때 프랑스군이 공격당한다면 매우 불리할 것이 분명했다.

이때, 프랑스군 총사령관 나폴레옹은 갑자기 붉은 기를 들더니 대열의 가장 앞으로 나아갔다. 이를 본 프랑스군은 사기를 되찾고 마치 거대한 물결처럼 아르콜 다리를 향해 진격했다. 나폴레옹의 곁을 지키던 부관들과 몇몇 사병들은 이 전투에서 목숨을 잃었다. 3일 밤낮 동안 계속된 이 혈전은 결국 프랑스의 승리로 끝이 났다.

위기상황에서 나폴레옹은 몸소 병사들의 앞에서 최전방에서 공격을 감행했다. 이런 '포전인옥'의 목적은 바로 병사들의 투지를 자극해 적에게 맹렬한 공격을 퍼붓게 함으로써 적을 제압하려는 데 있었다.

10 손님을 끌어들인 동메달

미국의 한 통조림 회사 사장 한스는 1957년 시카고 시에서 열린 전국적인 규모의 박람회에 참석했다. 하지만 박람회에 참가한 상품들이 거의 모두 유명한 것들이어서 한스의 제품은 전시회장에서 가장 구석진 곳에 진열되고 말았다.

박람회가 개막되고 난 후 전시회장을 찾는 사람들의 발길은 끊이지 않았지만 한스의 제품에 관심을 가지는 사람은 거의 없었다. 이 때문에 이틀을 고민하던 한스는 마침내 좋은 아이디어를 하나 생각해 냈다.

3일째 되던 날, 전시회장 바닥에 동메달 여러 개가 굴러다니기 시작했는데 거기에는 다음과 같은 글이 새겨져 있었다. '이 메달을 주우신 분은 전시회장 구석에 있는 부스를 찾아주세요. 메달을 기념품으로 교환해 드립니다.' 메달을 주운 사람들은 앞 다투어 한스의 부스를 찾았고 아무도 관심을 가지지 않던 한스의 부스는 갑자기 문전성시를 이루었다. 시민들은 이 재미있는 얘기를 하느라 여념이 없었고 기자들도 이 일에 관심을 가지기 시작했다. 얼마 후 한스는 이 박람회에서 자그마치 55만 달러를 벌어들일 수 있었다.

아무도 자신의 상품에 관심을 가져주지 않는 상황에서 한스는 밤을 꼴딱 새우며 작은 동메달들을 만들어 이것을 전시장 곳곳에 뿌림으로써 고객들을 자신의 부스로 끌어올 수 있었던 것이다. 한스가 이용한 것은 바로 '포전인옥'의 계라 할 수 있다.

⑪ 10만 달러를
거져 주는 카지노

유명한 도박의 도시 라스베이거스는 해마다 이곳을 찾는 사람들의 발길이 끊이지 않는다. 하지만 이곳에 있는 카지노의 숫자가 너무나 많기 때문에 경쟁 또한 치열한 것도 사실이다.

그래서 더 많은 고객을 끌어오기 위해 한 카지노에서는 이곳에 입장하는 모든 고객에게 10만 달러의 도박 비용을 제공하겠다고 공개적으로 선언했다. 물론 공짜를 마다할 리 없는 사람들은 앞 다투어 이 카지노로 몰려왔다. 손님들은 금세 10만 달러를 잃었지만 아무도 이에 대해 개의치 않았다. 그도 그럴 것이 처음부터 10만 달러는 공짜로 얻은 것이었기 때문이었다. 그리고 10만 달러를 모두 잃은 고객들은 계속해서 도박을 했고 시간이 지날수록 더 많은 돈을 잃었다. 이렇게 이 카지노는 엄청난 돈을 벌어들일 수 있었던 것이다.

이 카지노는 '작은 것을 큰 것으로 바꾸는' 전략을 썼다. 그들은 너무나도 유혹적인 10만 달러를 공짜로 제공했다. 하지만 이렇게 던진 '벽돌'은 마침내 더 많은 '옥'을 끌어올 수 있었다.

12 하늘에서 떨어진 시계

일본의 시티즌 시계는 품질이 매우 뛰어나 세계적인 유명 브랜드에 속한다. 하지만 시티즌이 막 호주시장에 들어섰을 때 호주에서의 인지도가 낮았기 때문에 냉대를 받을 수밖

에 없었다.

시티즌 판매업체는 호주인들에게 자신들의 브랜드를 알리고 지명도를 높이기 위해 한 가지 절묘한 방법을 생각해 냈다. 그들은 먼저 대대적으로 전단지를 뿌리기 시작했다. 'x월 x일, 세계에서 가장 우수한 손목시계를 하늘에서 떨어뜨립니다. 누구든지 이 시계를 주우신 분은 가지셔도 됩니다.' 호사가들은 혹시나 하는 마음에 약속된 날 지정된 장소로 향했다. 예정된 시간이 되자 비행기 한 대가 상공에서 나타났고 이윽고 시계들이 반짝거리며 땅 위로 떨어졌다. 광장에 모인 사람들은 흥분된 마음으로 시계가 떨어진 장소로 향했는데 시티즌 시계는 손상 하나 없이 말짱했다. 이때부터 시티즌은 호주에서 크게 알려지며 광활한 시장을 개척할 수 있게 되었다.

이 이야기에서 시티즌 판매업체가 비행기에서 던진 것은 실제 가치가 있는 '진짜 벽돌'이었다. 이 진짜 벽돌이 끌어온 것은 시티즌에 대한 호주인들의 인정과 이로 인해 따라온 막대한 이윤이었다.

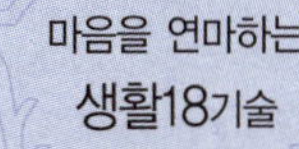

제 18 기

금적금왕(擒賊擒王)

1만 명의 우두머리
1명과 싸워라

이 계는 당대시인 두보杜甫의 《전출새前出塞》라는 시 중 '挽弓當挽强, 用箭當用長. 射人先射馬, 擒賊先擒王(활을 당기려면 강하게 당기고, 화살을 쏘려면 멀리 쏘아야 한다. 사람을 쏘고 싶으면 먼저 그 말을 쏘고, 적을 사로잡으려면 먼저 그 우두머리부터 잡아야 한다)'에서 유래되었다.

이 계는 당대시인 두보杜甫의 《전출새前出塞》라는 시 중 '挽弓當挽强, 用箭當用長. 射人先射馬, 擒賊先擒王(활을 당기려면 강하게 당기고, 화살을 쏘려면 멀리 쏘아야 한다. 사람을 쏘고 싶으면 먼저 그 말을 쏘고, 적을 사로잡으려면 먼저 그 우두머리부터 잡아야 한다)'에서 유래되었다. 이는 전쟁을 할 때는 반드시 핵심을 잡아야 한다는 것을 비유한다. 또 군사적으로는 먼저 적의 주력이나 우두머리를 쓰러뜨리고 이를 통해 적의 투지를 저하시켜 적을 실패로 몰아넣는 것을 가리킨다. 이 계책은 또 우세한 병력을 집중시켜 적의 남아 있는 힘을 없애는 것을 가리키기도 한다.

철학적인 관점에서 보자면 이 계 중의 '왕'은 주요 모순(혹은 모순의 주요한 부분)을 가리킨다. 주요 모순은 많은 모순 중 지도적이거나 지배적인 위치에 있는 모순이다. 그러므로 주요 모순을 해결하고 나면 기타 모순들 역시 저절로 해결된다. 즉, 문제를 처리할 때 결정적인 소수의 역할이 부차적인 다수보다 낫다는 것이다. 그러니까 '금적금왕'의 계는 주요 모순을 해결함으로써 다른 모순의 해결점을 이끌어 내는 전략이라 할 수 있다.

이 계책은 다음과 같이 세 가지로 나눌 수 있다.

(1) 적의 우두머리를 잡는다. 옛말에 '사람은 머리가 없으면 걸을 수 없고, 새는 머리가 없으면 날 수 없다'는 말이 있다. 수령은 한 조직의 두뇌로서 조직을 이끌고 조정하며 힘을 한데 모으는 역할을 한다. 그러므로 수령을 잃게 되면 그 조직은 오합지졸이 되고 만다. 그러니 한 조직을 와해하려면 가장 먼저 그 우두머리를 사로잡으면 되는 것이다.

(2) 적의 급소를 집중 공격한다. 옛 사람들은 '뱀을 잡으려거든 일곱 치가 되는 곳을 때려라'고 말했다. 그 이유는 일곱 치가 되는 곳이 바로 뱀의 심장이 있는 곳이기 때문이다. 뱀의 심장을 때려 못 쓰게 만들면 뱀은 자연스럽게 죽게 된다. 이처럼 어떤 일을 하던지 반드시 적의 급소와 키포인트를 잡아야 한다. 이렇게 하면 적은 힘을 들이고도 큰 효과를 볼 수 있기 때문이다.

(3) 요점을 간략하게 제시한다. 능숙하게 그물을 치는 사람들은 항시 벼릿줄을 잡고 있다. 그리고 노련한 가정주부들은 항상 모피 옷의 옷깃을

잡고 아래위로 턴다. 그렇게 하면 모피가 저절로 정돈이 되기 때문이다. 이처럼 어떤 일을 하던 반드시 그 일의 벼릿줄과 옷깃을 잡아야 한다. 만약 이것저것 가리지 않고 되는 대로 잡아버리면 애만 쓰고 아무런 소득도 올리지 못하게 되기 때문이다.

1 곤양에서
왕망을 물리친 유수

　　기원후 23년 왕망의 십만대군이 곤양昆陽을 포위하자 황제의 명령을 받은 유수劉秀는 포위를 뚫고 성을 빠져나가 각지에서 원군을 소집했다. 유수가 지원군을 이끌고 곤양에 돌아왔을 때 왕망王莽의 대군은 여전히 곤양을 물샐틈없이 포위하고 있었다.

　　유수가 데리고 온 지원군의 수는 많지 않아서 설령 성을 지키고 있는 인원을 합친다 해도 엄청난 수의 왕망의 군대와 비교해 보면 열세에 처해 있는 것이 사실이었다. 이런 상황에서 맹목적으로 왕망과 전쟁을 일으킨다면 나방이 스스로 불에 뛰어드는 것이나 매한가지였다. 오랜 생각을 거친 후 유수는 '금적금왕'의 계책을 쓰기로 했다. 그는 우선 원군 중에서 건장하고 날랜 장병들을 골라 결사대를 만들어 왕망의 지휘부인 중군을 공격하게 했다. 그리고 대군이 그 뒤를 따라 지휘의 중추를 파괴하도록 하여 적이 혼란에 빠지도록 한 다음 성을 지키고 있던 부대도 공격에 가담해 적극적으로 협공을 펼치도록 계획했다.

　　적을 공격할 시간이 점점 다가왔고 마침내 유수는 직접 3,000명의 용맹한 장병으로 구성된 결사대를 이끌고 곤양성 동쪽에서 서쪽을 공격할 계획을 세웠다. 왕망의 중군 근처에 도착한 유수의 군대는 갑작스러운 맹공을 퍼붓기 시작했다. 왕망 군대의 지휘를 맡고 있던 왕읍王邑과 왕심王尋은 갑작스러운 공격에 어리둥절해하며 각 진영에 제멋대로 행동하지 말 것을 명령했다. 잠시 후 군사 1만으로도 충분하다고 판단한 왕읍과 왕심은 군대를 이끌고 유수와 맞섰다. 하지만 유수의 결사대는 마치 바람처럼 달려와 창과 칼을 휘둘렀는데 그 용맹함은 누구도 따를 수가 없었다. 왕망의 다른 부대들은 출격명령을 받지 않았기 때문에 그저 멀쩡하게 두 눈 뜨고 앉아 유수의 결사대와 후원부대가 중군을 산산조각 내는 모습을 지켜봐야만 했다. 혼전 중 왕심은 목숨을 잃었고, 왕읍은 도망쳐 버렸으며 지휘관을 잃은 왕망의 군대는 금세 혼란에 빠졌다.

이때 곤양성을 지키고 있던 군사들은 원군이 승리한 것을 보고 용기를 얻어 즉시 성문을 열고 우레와 같은 함성을 지르며 성 밖으로 나와 원군과 협공을 벌였다. 이미 대세가 기울었음을 직감한 왕망의 군대는 다급히 강쪽으로 도망쳤다. 하지만 급하게 강을 건너던 중 거센 물살을 만나 빠져 죽은 병사만 셀 수 없을 정도였다. 왕읍은 겨우 패잔병 몇 천만을 거느린 채 혼비백산하며 낙양으로 돌아갔다.

 ## 윤자기를 크게 물리친 장순

757년 낙양에서 스스로를 '대연황제大燕皇帝'라 자처하던 안록산이 죽임을 당하자 그의 아들 안경서安慶緒가 대권을 이어 받았다. 왕위에 오른 안경서는 대장 윤자기尹子奇에게 13만 대군을 주어 수양睢陽을 공격하도록 해 강회江淮를 손에 넣어 세력을 확장시키려 했다. 이 소식을 들은 수양을 지키고 있던 장군 허원許遠은 허난河南 절도부사 장순張巡에게 다급히 지원을 요청했다. 이윽고 장순은 병정 3,000명을 이끌고 수양으로 왔지만 양군을 모두 합친다 해도 7,000명을 넘지 않아 반군과 비교해 볼 때 터무니없는 열세였다.

하지만 장순은 타고난 지략가였다. 그는 강한 적에 맞서야 하는 상황에서 반군의 장수 60여 명을 붙잡고 2만을 죽였다. 그러나 첫 전투에서 승리를 거두었음에도 불구하고 적의 수가 워낙 많아 시간이 지날수록 장순의 군대는 더욱 불리해져 갔다.

이때 장순은 오로지 반군의 우두머리 윤자기를 없애 지휘중심을 혼란스럽게 해야만 반란군을 철저하게 뿌리째 뽑을 수 있겠다고 생각했다. 하지만 윤자기에 대해 아는 것이 없었던 장순은 한참을 고심하다 마침내 한 가지 계책을 생각해 냈다. 그는 병사들에게 쑥대로 만든 활을 윤자기의 진영에 쏘도록 했다. 이를 본 반군 교위는 장순 진영의 화살이 이미 바닥이 났다고 생각하고는 몹시 기뻐하며 이 일을 윤자기에게 알렸다. 한편 양군의 진영 앞에서 이 모두를 보고 있던 장순은 즉시 부관 하나를 시켜 윤자기에게 활을 쏘도록 했다. 이 활은 정확히 윤자기의 왼쪽 눈을 관통했고 순식간에 붉은 피가 솟구쳐 올랐다. 그러자 갑자기 장순이 지휘하는 수천의 정예부대가 기습을 시작했고 윤자기는 거의 생포될 뻔했다. 크게 놀란 윤자기는 꽁지가 빠져라 도망쳤고 우두머리가 부상을 입고 도망치자 반군은 금세 혼란에 빠졌다.

장순은 양군의 병력이 현저하게 차이가 나는 상황에서 '금적금왕' 의 계를 써서 적의 우두머리에게 부상을 입힌 뒤 적을 혼란에 빠뜨려 마침내 대승을 거둘 수 있었다.

한세충韓世忠 수하의 대장군 해원解元은 혼자 몸으로 적의 배에 올라 금의 천호千戶(군관)를 생포했다. 그의 용맹함과 지혜로움을 크게 산 한세충은 양주揚州로 진군할 때 그로 하여금 승주를 지키도록 했다.

승주承州는 금군이 침입할 때 꼭 거쳐야 할 관문이었다. 해원은 금나라 선두부대가 이곳에 당도하기 전 성 바깥에 매복을 쳐두었고 이로 인해 금의 선두부대는 거의 모두 해원에 의해 '먹히고' 말았다.

며칠이 지나고 금의 만호萬戶 흑두호黑頭虎가 대군을 이끌고 또다시 이곳으로 왔다. 당시 승주성의 송군이 겨우 3,000명밖에 없다는 것을 안 흑두호는 적을 한껏 깔보며 직접 사람을 보내 투항할 것을 권했다. 이에 해원은 거짓으로 투항하는 척하며 변복을 입고 직접 인마를 거느린 채 성 밖으로 나왔다. 하지만 그는 이미 옷 속 깊이 병기를 감추고 있던 터였다. 피 한방을 흘리지 않고 승주를 손에 넣었다고 생각한 흑두호는 의기양양해 했다. 하지만 금군이 경계를 늦춘 틈을 타 송군은 감춰 두었던 무기를 꺼내 무서운 기세로 적을 공격하기 시작했고 마침내 흑두호를 생포할 수 있었다. 대장을 잃은 금군은 힘을 다해 공격을 할 수 없었고 어쩔 수 없이 뒤로 도망치기 시작했다. 그러자 해원은 직접 군사들을 이끌고 성 북쪽의 강변까지 적을 추격했다. 황급히 강으로 뛰어든 금군 중 물에 빠져 죽은 자만 해도 셀 수가 없을 지경이었다.

금군의 패전 원인은 흑두호가 생포되어 지도자가 없어진 금군이 금세 오합지졸이 되어 버렸기 때문이다. 그렇기 때문에 승리의 공은 모두 해원이 '금적금왕'의 계를 훌륭히 사용한 것으로 돌릴 수 있다.

4 명 영종을 생포한 오이랏

명 영종英宗 재위시절이었다. 대감 왕진王振은 대권을 손에 쥐고 마음대로 권세를 부렸는데 조정의 대신들은 그의 비위를 맞추려 여념이 없었고 아무도 감히 그에게 반기를 들 수 없었다.

그해, 북방 오이랏의 군대가 국경을 넘어왔다. 그러자 왕진은 제멋대로 자신을 지휘관으로 삼고 영종에게도 직접 출전할 것을 종용했다. 명의 군대가 용관庸關에 닿았을 때 양식과 마초는 이미 바닥이 났고 선두부대는 계속해서 고전을 면치 못하고 있다는 소식이 끊임없이 들려왔다. 이때 신하 하나가 영종에게 잠시 가마에서 쉴 것을 권했지만 왕진은 이마저도 허락하지 않고 군대를 재촉해 행군을 계속했다. 양식과 마초가 모자라 병사와 말들은 굶주리다 못해 픽픽 쓰러졌고 길 위에는 굶어 죽은 시체가 수두룩했다. 그리고 벌어진 오이랏과의 전쟁에서 명의 군대는 전멸하다시피 했다.

많은 사람들의 요구에 왕진은 어쩔 수 없이 군대를 돌려 수도로 향했다. 명의 군대가 토목보土木堡에 닿자 갑자기 사면에서 오이랏의 군대가 공격해 왔다. 다급해진 왕진은 황제마저도 나 몰라라 하고 황급히 도망쳤다. 겨우 몇 명의 호위병만을 거느린 영종은 몇 번이나 포위를 뚫어보려 했지만 결국 산 채로 오이랏의 군대에 붙잡히고 말았다.

영종을 생포한 오이랏은 명나라에 황금 1만 냥과 영종을 맞바꾸자고 제안했다. 그러자 명의 사신이 직접 적의 진영으로 와 황금 1만 냥을 바쳤지만 웬일인지 영종은 풀려나지 않았다. 명은 그제야 오이랏이 이미 전날 밤 영종을 데리고 떠나버렸음을 알게 되었고 1만 냥을 헛되게 썼다는 것을 알게 되었다.

이후에도 오이랏은 몇 번이나 국경을 침범했는데 그때마다 영종을 동행시켜 명이 감히 공격하지 못하도록 했다. 그러자 생각 있는 몇몇 대신들은 이것이 명나라에 극히 불리한 것임을 알고는 명에 새로운 군왕을 등극시키고 영종을 태상황으로 봉해야 한다고 주장했다.

그러자 인질이 된 영종의 가치는 크게 떨어졌고 오이랏에 대한 명의 입김은 나날이 강해졌다. 몇 번의 우여곡절을 겪은 후 결국 오이랏은 영조를 명으로 돌려보내 주었다.

오이랏은 '금적금왕' 의 중요성을 잘 알고 있었다. 그래서 영종을 사로잡은 후 계속해서 명나라를 위협했던 것이다. 하지만 명나라에 새로운 왕이 등극하면서 영종이 더 이상 명의 황제가 아니게 되자 오이랏의 계책은 그 실효를 거둘 수 없게 되었다.

 일본 최고의 탁구선수를
무너뜨린 장시에린

　　　　1961년 제26회 세계 탁구선수권대회에서 중국 탁구 남자 대표팀은 세계 탁구 남자 단체전에서 5번이나 금메달을 딴 일본팀을 꺾고 처음으로 세계 남자단체전 금메달을 거머쥐었다.

　하지만 중국 남자 대표팀은 여기에 안주하지 않고 루프드라이브를 제압할 수 있는 기술을 찾아내기 위해 열심히 노력했다. 중국의 속공형 선수들은 일본 선수들의 루프드라이브 기술에 맞설 방법이 없었기 때문이었다.

　당시 중국 남자 탁구팀 선수였던 장시에린張燮林은 커트의 귀재였는데 뼈를 깎는 고통으로 루프드라이브를 제압할 기술을 연마한 뒤 다음 대회에서 실력을 뽐내기 위한 준비를 했다.

　1963년 제27회 세계 탁구선수권대회가 베오그라드에서 열렸다. 일본 선수들은 금메달을 다시 찾아오고 싶어 안달이 나 있었다. 이런 상황 속에서 중국 대표팀의 장시에린이 가장 중요한 게임에 출전하게 되었다. 이때 장시에린의 마음속에는 이미 일본 선수의 루프드라이브를 제압하기 위한 기술이 그려지고 있었다. 일본 선수는 장시에린의 변화무쌍한 수비형 타법과 커트를 도저히 막아낼 수 없었고 얼떨떨한 가운데 게임에서 지고 말았다. 장시에린의 승리는 보통의 그것과는 달랐다. 그가 일본에서 가장 강한 선수에게 이기고 난 후 중국 선수들은 모두 승리에 대한 자신감이 생기기 시작했던 것이다. 과연 중국팀은 눈부신 성적으로 다시 한 번 세계 남자단체 금메달을 목에 걸 수 있었다.

장칙동庄则棟은 자신의 회고록《틈여창闖與創》에서 앞에서 말 한 이야기를 인용해 탁구와 '금적금왕' 계의 관계에 대해 설명했다. 그는 일본 최강의 탁구 선수를 '왕'으로 보고 장시에린이 온 힘을 다해 그를 쓰러뜨림으로써 일본 전체 선수, 즉 '적'에게 치명적인 타격을 주었다고 말했다.

6 어린황제小皇帝의
말 한 마디

　　일요일, 한 젊은 부부가 귀여운 아이를 데리고 쇼핑을 나갔다. 아이는 상점 가득한 물건들을 손으로 가리키면서 연방 즐거워했다.

　그들이 완구 판매대로 갔을 때 매장 직원이 다가와 친절하게 인사를 하며 말했다. "무엇을 도와드릴까요? 혹시 아이를 위한 장난감을 고르고 계세요?" 부부는 장난감의 가격표를 보더니 고개를 저으며 아이를 안고 나가려고 했다. 그러자 갑자기 아이가 울기 시작했다. "장난감! 장난감!" 부부는 어쩔 수 없이 겸연쩍은 듯 웃으며 아이를 어르고 달랬지만 아이는 막무가내였다. 그러자 직원은 갑자기 무언가가 떠오른 듯 최신식 전자완구 몇 개를 아이 앞에 가져다 놓았다. 잠시 후 직원은 장난감의 전원을 켜주며 친절하게 아이에게 물었다. "아가야, 뭘 갖고 싶니? 누나가 갖다 줄게." 그러자 아이는 신기하게도 울음을 뚝 그치고는 말했다. "장난감 강아지!" 이때 직원이 부부를 쳐다보았다. 부부는 잠시 망설이더니 결국은 아이에게 장난감 강아지를 사 주었다.

　직원은 처음에 아이 부모에게 공을 들여 물건을 팔려고 했다. 하지만 결과는 실패였다. 직원이 이 가족 중에서 누구의 말이 가장 영향력이 있는지 몰랐기 때문이었다. 후에 그는 이 어린 아이가 가족

중 '왕'이라는 것을 깨닫고 아이를 꾈 방법을 생각해 냈던 것이고 결국 물건을 팔 수 있었다. 급소를 정확히 찔렀던 셈이다.

7 어느 세일즈맨의 헛수고

대만의 모 건축회사의 세일즈맨은 임 선생이라는 돈 많은 사람이 곧 주택을 개축할 것이라는 정보를 입수했다. 그래서 그는 즉시 임 선생의 집을 방문했다. 하지만 공교롭게도 임 선생은 집에 없었고 그의 부인이 친절하게 그를 맞아 주었다. 빨리 임 선생을 만나 계약을 따내고 싶었던 세일즈맨은 임 선생의 부인과 몇 마디를 가볍게 나누고 곧 그 자리를 떠났다.

결국 세일즈맨은 임 선생의 사무실로 찾아갔다. 임 선생은 아주 점잖고 친절한 사람이었다. 그는 세일즈맨의 이야기를 귀찮아 하지 않고 모두 들어주었다. 하지만 그는 주택 개축에 관해서는 얼버무리기만 할 뿐 확답을 하지 않았다. 세일즈맨은 임 선생이 아직 결정을 내리지 못했다 생각하고 점점 더 임 선생에게 공을 들이기 시작했다.

하지만 며칠 후, 세일즈맨은 자신이 따내기 위해 매일 고생을 마다하지 않았던 일이 이미 다른 건축회사로 넘어갔다는 사실을 알게 되었다. 그 며칠 동안 세일즈맨은 줄곧 임 선생을 쫓아다녔지만 다른 회사에서 임 선생을 찾아온 일은 전혀 없었다. 도대체 어떻게 된 일일까? 나중에서야 그는 이 일의 전말을 알게 되었다. 사실 임 선생은 데릴사위였다. 그의 부인은 엄청난 유산을 물려받았을 뿐 아니라 연봉이 임 선생보다 훨씬 많았다. 이렇게 집안일의 결정권은 모두 임 선생의 부인 손에 있었던 것이다. 그래서 한 건축회사는 '금적금왕'의 전략을 이용해 임 선생의 부인을 먼저 설득했고 일을 따낼 수 있었던 것이다. 이 세일즈맨은 설득 대상을 잘못 짚었기에 괜한 헛수고를 할 수밖에 없었다.

8 사형선고를 받은
동 투르케스탄의 우두머리

9·11 테러 후 세계 각국은 반테러를 위한 투쟁에 힘썼는데 중국 역시 테러의 위협에 처해 있었다. '동 투르케스탄' 테러조직은 오랫동안 탈레반과 '알카에다'의 훈련 및 무장 지원, 그리고 금전적인 원조를 받으며 끊임없이 중국 일부 지역의 버스, 극장, 백화점, 시장, 호텔에 폭발물을 설치하거나 암살, 방화 활동을 벌여 테러를 일으켰다.

'동 투르케스탄'의 의식이나 목표는 다른 이슬람의 극단조직과 비슷했다. 이 조직은 신장新疆을 중국에서 분리시킬 것을 선언하고 이 지역의 기타 이슬람 조직과 연락을 취하며 극단적인 이슬람교 조직을 수립하려 했다.

이런 '동 투르케스탄'에 맞서는 것은 국제적인 반테러 활동의 중요한 부분이었다. 2002년 9월 12일, 미국이 테러리스트들의 습격을 받은 지 1년 하고도 하루가 지난 날 유엔은 '동 투르케스탄 이슬람운동'을 테러조직 및 그 지원세력의 명단에 올렸다. 유엔의 이런 행동은 아프가니스탄, 키르키스스탄, 중국 정부 그리고 미국 정부의 강력한 요구에 의해 이루어진 것이었다.

2003년 10월, 동 투르케스탄 자하드의 우두머리격인 아바스가 신장新疆 최고인민법원에서 사형을 언도받고 모든 정치 권리를 박탈

당했다.

법원은 아바스의 조직이 국가 분열을 일으키는 범죄활동을 했으며 그 행동이 국가 분열죄, 테러조직 구성 및 지도죄, 총기·폭발물 불법 제조 보관죄에 해당되며 상황이 심각하고 그 위해성이 크다고 판단, 법에 따라 엄중히 처벌했다.

이는 테러를 근절하기 위한 중국의 중요한 발걸음이며 '금적금왕' 전략의 구체적인 운용이라 할 수 있다.

9 미얀마 왕세자를 죽인 태국 왕

1569년, 미얀마에 의해 태국이 멸망한 지 15년, 성인이 된 태국 왕자는 스스로를 태국의 왕이라 칭했다. 이 소식을 들은 미얀마의 왕은 자국의 왕세자를 보내 태국의 왕을 치도록 했다.

태국의 왕은 군사회의를 소집해 자신의 의견을 말했다. "미얀마의 왕세자는 그 나라의 왕위 계승자이다. 왕이 굳이 직접 그를 보내는 것은 자신들의 군신 앞에서 위신을 세워 훗날 왕위 계승을 쉽게 하기 위함이다. 우리는 '금적금왕'의 계책을 이용해 왕세자를 인질로 잡고 적의 군대가 우리 땅에서 물러나도록 종용해야 한다." 그러자 모두들 그의 의견에 고개를 끄덕이며 찬성했다.

태국왕은 미얀마의 왕세자가 반드시 거쳐야 하는 길에 매복을 하고 기다렸다. 얼마 후 미얀마의 군대가 매복이 있는 곳으로 왔을 때 갑자기 태국의 복병들이 사면에서 뛰어나왔고 미얀마군의 진영은 금세 어지러워졌다. 하지만 공교롭게도 마침 태국왕이 탔던 코끼리가 발정기라 미얀마군의 코끼리를 보고는 이리저리 날뛰었다. 사태가 조금 진정 된 후 태국왕은 자신이 홀로 적의 진영에 남아 있다는 것을 알게 되었다. 그리고 미얀마의 왕세자는 군사를 이끌고 큰 나무 아래에서 자신을 바라보고 있었다. 이때 태국왕은 생각했다. '적의 왕세자를 사로잡는다는 계획은 실패로 끝나고 오히려 내가 인질이 되게 생겼구나!' 하지만 이렇게 다급한 상황에서도 그는 냉정을 잃지 않았다. 그리고 그는 큰 소리로 왕세자에게 말했다. "황형! 왜 나무 아래 숨어 있는 게요? 혹시 내가 무서운 거요? 어떻소? 나와 1대1로 함께 겨뤄보시겠소?" 미얀마의 왕세자는 원래 부하들을 시켜 태국왕을 죽이거나 아니면 생포할 생각이었다. 하지만 왕세자의 신분이 무척 신경 쓰였던 그는 어쩔 수 없이 태국왕의 싸움에 응했다. 미얀마의 왕세자는 코끼리를 재촉해 그대로 돌진해 와서는 상대방의 코끼리 투구에 칼을 내리꽂았다. 태국왕의 코끼리가 놀라 날뛰자 미얀마의 코끼리가 몸을 틀었다. 마침 미얀마 왕세자가 탄 코끼리의 옆구리를 마주하게 된 태국왕은 그때를 놓치지 않고 적의 오른쪽 어깨를 정확하게 내리꽂았다. 피가 분수처럼 솟구친 왕세자는 그대로 코끼리의 목 쪽으로 쓰러졌다. 지휘관이 죽은 것을 본 미얀마의 군대는 더 이상 싸울 마음이 없어져 그대로 달아났다.

태국왕에게 왕세자를 잃은 미얀마의 왕은 그제야 땅을 치며 후회했다. 그 후 150년간 미얀마는 다시는 태국을 침략하지 않았다.

10 개구쟁이들에게 본때를 보여준 나폴레옹

1779년 봄, 채 10살이 되지 않은 소년 나폴레옹은 프랑스 동부에 있는 브리엔 군사학교에 입학하게 되었다.

나폴레옹은 비록 귀족신분이었지만 그의 친구들은 이 코르시카에서 온 가난한 아이를 언제나 얕잡아 봤다. 아이들은 나폴레옹의 신분을 비웃었으며 심지어는 그의 사투리와 이름까지도 놀려댔다.

하지만 어린 나폴레옹은 무엇도 두려워하지 않는 성격을 가졌다. 그는 어떻게 하면 다른 사람을 놀리는 것을 낙으로 삼는 부잣집 자제들에게 복수를 할 수 있을까 생각하고는 무리 중에서 가장 힘센 아이를 때려주어 다른 아이들에게 겁주기로 결심했다.

그리고 드디어 기회가 왔다. 어느 날 점심을 먹고 난 후 산책을 하고 있는 나폴레옹에게 몇몇 아이들이 다가왔다. 그 중에는 항상 나폴레옹을 업신여기는 아이가 하나 있었는데 나폴레옹보다 키가 훨씬 큰 그 아이는 길을 막아서며 한껏 거들먹거렸다. "야 촌뜨기! 코르시카 사투리나 좀 해보지 그래?" 그리고 그는 평소와 마찬가지로 나폴레옹의 멱살을 잡았다. 그러자 눈 깜짝할 사이에 나폴레옹은 주먹을 불끈 쥐고 상대방의 배를 힘껏 쳤다. '아야' 하는 비명소리와 함께 아이는 바닥으로 쓰러졌다. 나폴레옹은 계속해서 바닥에 쓰러진 녀석을 향해 주먹을 휘둘렀다. 그리고 녀석이 울면서 애원을 하자 그제야 주먹질을 멈췄다.

나폴레옹은 이 일로 인해 학교로부터 처벌을 받았다. 하지만 그 후부터 아무도 나폴레옹을 괴롭히지 않았다. 이 일을 통해 나폴레옹은 ‘금적금왕’의 이치에 대해 알게 되었다. 즉, 자신의 온 힘을 모아 적의 우두머리를 공격하면 다른 적들은 공격하지 않아도 스스로 무너진다는 것이다. 이것은 훗날 그가 많은 전쟁에서 승리를 거두는 데 큰 도움이 되었다.

 물고기 밥이 된 마카로프

　　1905년, 대청제국과 한반도에 대한 통치권을 차지하기 위한 러·일전쟁이 바다와 육지에서 동시에 시작되었다. 해전 중 일본 연합함대를 이끄는 도고 헤이하치로 사령관과 러시아 함대를 이끄는 마카로프는 시종일관 지혜와 용맹을 겨루었고 결국 마카로프가 물고기 밥이 됨으로써 싸움은 끝이 났다.

　마카로프는 세계 제일의 전술가라 할 수 있는 인물로 그의 '해전론'은 여러 언어로 번역되었다. 당시에는 해군이 되고 싶거든 반드시 마카로프의 '해전론'을 읽어야 한다는 말이 나돌 정도였다. 도고 헤이하치로도 마카로프의 해전론 출판 초기에 어찌나 책을 열심히 읽었는지 아예 달달 외울 정도였다. 하지만 그는 해전의 바이블이라 할 수 있는 '해전론'에도 결함이 있다는 것을 발견했다. 만약 마카로프의 지휘가 실책을 범할 때 손을 쓴다면 강한 러시아를 이기는 것은 결코 어려운 것이 아니었다.

　도고는 맹장 마카로프가 도전을 받으면 반드시 폭발하여 냉정을 잃을 것이라 생각했다. 그래서 그는 늦은 밤 마카로프가 점거하고 있는 여순군항旅順軍港 근처에 수뢰를 장치했다. 그리고 날이 밝자 그는 전투력이 약한 전함 한 척을 보내 도발했다. 앞 선 전투에서 계속해서 실패의 쓴 맛을 봤던 마카로프는 일본 전함이 홀로 있는 것을 보고는 냉정을 잃고 직접 항구 바깥으로 함대를 추격했다. 이 함대는 한편으로는 응전하면서 또 한편으로는 후퇴하며 마카로프를 수뢰가 장치된 곳으로 유인했다. 이때 일본의 주력함대가 전방에 출현했다. 자신이 함정에 걸려든 것을 깨달은 마카로프는 급히 방향을 돌려 후퇴하라고 명령했다. 하지만 러시아의 함대가 선회하는 순간 수뢰가 터졌고 배는 침몰해 버렸다. 이로 인해 마카로프 역시 물고기 먹이가 되어 버렸다. 주 함대가 침몰하고 지휘관이 죽자 러시아 해군의 사기에도 큰 영향을 미쳤다. 이때부터 러시아군은 재기불능의 상태에 빠져버렸다. 러·일 해전은 러시아 극동함대와 후에 증원된 발틱함대의 전멸로 막을 내렸다.

도고는 적의 전술상 특징을 자세히 분석하고 난 후 '금적금왕'의 전략을 써서 러시아 해군의 주력 함대를 격파, 러시아의 지휘관을 죽임으로써 적을 동요시켰다. 마침내 그는 해전에서 전승을 거두었고 세계 해전의 역사에 찬란한 페이지를 남길 수 있었던 것이다.

현대를 살아가는 지혜와 모략의 기술 **지모**

지모

(智謀 2)

추이원량·우흥수 지음
김인지 옮김

무한

중화민족은 지혜의 민족이라 할 수 있으며 그들의 지모는 세계 문명사의 찬란한 한 페이지를 장식했다. 스위스의 중국학자 셍거Harro Von Senger는 이렇게 말한 적이 있다. "지모학智謀學은 중국인으로부터 시작되었는데 그들의 지모는 매우 심오하고 광활한 천지라 할 수 있다. 이 천지 속에는 '지식의 즐거움'이 가득하다. 서양인인 나는 비록 그 중의 약간을 맛보았지만 그 무한함에 도취되어 이제는 그만두려 해도 그만둘 수가 없을 정도다." 1970년대 타이완과 도쿄, 베이징에서 각각 유학을 한 적이 있는 셍거는 특히 중국의 지모학 연구에 힘을 쏟았다. 귀국한 후 그는 거작 《지모-일상과 비상시의 묘계36Strategeme für Manager》를 통해 중국의 유명한 36계에 관해 소개하고 자신의 의견을 밝혔다. 이 책은 출판되고 난 후 서양의 언론계를 뒤흔들었고 '문화, 사상, 의식상에서 중국과 서양이 서로 이해하고 교류하는 도구'로 평가되기도 했으며 사람들의 주목을 끄는 '기적의 책'으로 불리기도 했다.

당시의 이 책을 읽은 독일 연방의 헬무트 콜 총리는 셍거에게 보낸 편지에서 이 책을 서양인들이 중국의 과거와 현재를 이해하는 데 도움이 되는 작품이라 평가했으며 자신의 정치생활에서 36계가 큰 도움이 되었다고 말하기도 했다.

사람이 동물과 가장 다른 점은 바로 머리를 써서 사고할 수 있다는 점이다. 그러므로 지모는 사람의 전체적인 변증적 사고라 할 수 있으며 특수한 상황에서 특정한 목적에 도달하기 위해 사용하는 교묘한 방법이라고도 할 수 있다. 이런 의미에서 볼 때 지모는 인류의 사고에 있어 가장 화려하고 아름다운 꽃이라 할 수 있다.

우리는 36계를 그저 '편법'으로만 보는 관점이 올바르지 않다는 것을 잘 알고 있다. 물론 36계의 많은 제목들, 예를 들면 소리장도笑裏藏刀나 혼수모어混水摸魚 등이 겉으로 보기에는 악랄하고 위선적인 인상을 주는 것도 사실이다. 하지만 우리는 36계를 '군자의 계책'이나 '소인배의 계략'으로 양분해서는 안 될 것이다.

지모는 중성적인 것이며 어떤 지모에 관한 평가는 어떤 사람이 그

것을 썼느냐와 그것이 도달하고자 했던 목적이 올바른가 아닌가를 근거로 이루어져야 한다. 칼은 사람이 살아가는 데 없어서는 안 될 도구이지만 특수한 상황에서는 범죄의 도구가 될 수도 있다. 하지만 칼이 사람을 찌를 수 있다고 해서 그것을 사용하지 못하게 할 수는 없는 노릇이다. 마찬가지로 일부 소인배가 36계를 이용한 적이 있다고 해서 그 자체의 역할을 부정할 수는 없다.

오늘날 36계를 연구할 때는 반드시 다음의 두 가지 원칙을 염두에 둬야 한다. 즉 '옛것을 오늘에 이용하고, 병법을 민간에 적용한다'는 점이다. 모두 다 알다시피 2차 세계대전 후 서구에서는 정치, 군사, 외교, 경제, 과학기술 등을 모두 아우르는 '싱크탱크'들이 나타나기 시작했다. 이른바 미국의 랜드 연구소, 일본의 노무라 종합연구소, 영국의 런던국제전략 연구소 등이 그들이다.

이를 볼 때 '지모학'은 생산력이 발전하고 과학기술이 진보함에 따라 이미 하나의 '교차학문'이 되었다고 할 수 있다.

이 책은 중국에서 1996년 2월 출판된 이후부터 그 독특하고 새로운 발상과 풍부하고 다채로운 내용으로 독자들의 폭넓은 사랑을 받아왔으며 지금까지 13번이나 재판되었다.

이 책에서는 지략에 관한 이야기들을 많이 넣도록 노력했고 이와 함께 독자들이 더욱 읽기 쉽고 흥미를 느낄 수 있도록 보다 다양한 역사 속의 지략을 소개했다.

이 책이 독자 여러분이 지혜를 개발하고 역사를 이해하는 데 도움

이 되며 생활속에서 혹은 사회관계 속에서 처세술로서 적절히 활용되
길 바란다.

현대사회는 '관계와 경쟁'의 사회이다. 한 편에서는 사회, 조직 속
에서 사람과의 관계를 어떻게 맺는가가 중요하지만, 다른 한 편에서
는 어쩔 수 없이 다른 사람과 경쟁을 치뤄나가야 한다.

중국의 지모학에서 배우는 처세 18기술을 통해 그들의 역사속에
서 '현재의 나'를 발견하고 '미래의 나'를 구상하는 계기가 되길 바
란다.

베이징에서

추이원량·우훙수

3부. 역전의 기술

제 1 기

부저추신(釜底抽薪)

앞이 가로 막혀 있다면,
나뭇가지를 치지 말고 뿌리를 뽑아내라

이 계책은 북제의 위수가 쓴 양조문(梁朝文) 중 '장작을 빼 물이 끓어오르는 것을 멈추고, 뿌리를 베어 풀을 없애라(抽薪止沸, 剪草除根)'에서 유래되었다. '부저추신'은 솥 아래에서 장작을 빼내어 솥 안의 물을 식게 함을 가리키는데 문제를 근본적으로 해결하는 것을 비유한다.

이 계는 북제의 위수가 쓴 양조문(梁朝文) 중 '장작을 빼 물이 끓어오르는 것을 멈추고, 뿌리를 베어 풀을 없애라(抽薪止沸, 剪草除根)'에서 유래되었다. '부저추신'은 솥 아래에서 장작을 빼내어 솥 안의 물을 식게 함을 가리키는데 문제를 근본적으로 해결하는 것을 비유한다.

군사적으로 이 계책은 적의 공급 원천을 끊어버려 적이 기대고 있던 모든 유리한 조건을 없앰으로써 적을 원천 없는 물과 뿌리 없는 나무로 만들어 승리하는 것을 가리킨다. 특히 강한 적에 맞설 때는 반드시 부드러움으로 강한 것을 이기는 방법을 이용해 적의 예봉을 피하고 그 기세를 누그러뜨려야 한다. 고대 전쟁 중 이 계책은 적의 양식과 마초에 많이 이용되었다. 병법에는 '양식이 없는 군대는 곧 망한다'라는 말이 있다. 삼국시대, 조조는 오소에 있는 원소의 보급창을 습격함으로써 관도전투에서 승리할 수 있었다. 현대에 들어 '부저추신'이 가리키는 '신(薪, 땔감)'의 범위는 더욱 넓어졌다.

이 계책은 비즈니스, 연애, 정치무대에서 모두 이용할 수 있다. 즉, 큰 곳에 사용하면 큰 효과를, 작은 곳에 사용하면 작은 효과를 볼 수 있는 것이다.

이 계책은 다음의 네 가지로 나눌 수 있다.

(1) 먼저 그 근본을 해결한다. 사물은 모두 '표(標, 표면)'와 '본(本, 근본)'으로 나눌 수 있다. 문제를 확실하게 해결하려면 반드시 그 '본'을 치료한 다음 '표'를 처리해야 한다.

(2) 의지하는 것을 없앤다. 어떤 사물이든 모두 상호 관련을 맺으며 존재하고 서로 의존하며 발전한다. 한 사물의 존재와 발전이 다른 사물에 의지해 이루어지는 것이라면 후자는 전자의 필요조건이 된다. 그래서 후자를 없애면 전자 역시도 자연히 사라지게 되는 것이다.

(3) 심리전으로 적의 투지를 꺾는다. 옛 사람은 '무릇 싸움은 용기이다!'라는 말을 했다. 이렇듯 전쟁을 하는 것은 모두 사기에 의해 이루어진다고 할 수 있다. 사기는 본래의 실력이 아니지만 실력을 더 크게 하거나 축소시키는 데 지대한 역할을 한다. 적과 실력을 다툴 수 없거나 그러고 싶지 않을 때 그 사기를 공격해 적이 힘을 잃고 마음이 산란해지며 의지가 사라지게 하면 된다. 이것은 바로 심리적인 와해 전술이라 할 수 있다.

(4) 부드러움으로 강한 것을 꺾는다. '눈에는 눈' 작전은 두 범이 싸우는 것과 같아서 결국 둘 다 부상을 입게 된다. 이럴 때는 부드러운 방법을 사용해 적의 강함을 제압할 수 있다. 이렇게 하면 종종 뜻하지 않았던 수확을 얻을 수도 있다.

1 공자를 떠나게 한 제 경공

　　노나라가 공자를 등용한 후 국정이 바로 잡히고 백성들은 살기가 편해졌다. 제나라 경공은 이를 매우 걱정하며 여미에게 이 일을 의논했다. "공자가 노나라에서 등용된 후 노나라는 나날이 강대해져 우리를 위협하고 있소. 이 어찌하면 좋단 말이오?"

　　잠시 생각에 잠긴 여미가 이윽고 입을 열었다. "걱정하실 필요 없습니다. 공자를 노나라에서 떠나게 하면 됩니다. 그리되면 공자를 잃은 노나라는 필시 처음처럼 약해질 것입니다. 이것이 바로 '부저추신' 이지요."

　　경공이 다시 물었다. "공자는 이미 노나라에서 두터운 신임을 받고 있는데 어떻게 노나라를 떠나게 한단 말이오?" 그러자 여미가 빙긋이 웃으며 자신의 계책을 말해 주었다. "옛말에 '배가 부르면 탐욕스러워지고 가난해지면 도둑질하고 싶은 마음이 생긴다' 고 했습니다. 지금 노나라가 태평성대니 노 정공은 반드시 여색에 빠져 있을 것입니다. 이때 미녀들을 선발해 노나라에 보내 노 정공이 매일 여인들의 품에서 헤어나오지 못하게 한다면 강직한 공자가 어떻게 성심껏 군왕을 보좌할 수 있겠습니까? 또 어찌 군신의 관계가 전처럼 좋을 수 있겠습니까? 이렇게 하면 공자는 분명 노 정공을 떠날 것이며 대왕은 전처럼 두 다리 쭉 뻗고 주무실 수 있을 겁니다.”

제 경공은 여미의 계책을 매우 마음에 들어 하며 즉시 미녀 80명을 뽑아 가무를 가르치고 아름답게 단장시켜 말 120필과 금은보화와 함께 노나라로 보냈다.

제나라의 사신은 노 정공을 알현하고 자신이 온 연유를 밝힌 뒤 미녀들에게 춤을 선보이게 했다. 미녀들의 두 팔과 엉덩이는 마치 바람에 흔들리는 작약처럼 하늘거렸고 웃는 자태와 아름다운 얼굴은 별빛처럼 반짝였으며 고운 목소리는 꾀꼬리가 산에서 날아온 듯했다. 노 정공은 매우 흡족해하며 넋을 잃고 미녀들을 바라보았다. “대왕, 제가 가져온 좋은 말을 보시겠습니까?” 사신이 물었다. 하지만 이미 미녀들에게 마음을 뺏겨버린 노 정공은 귀찮다는 듯이 말했다. “필요 없다. 아직 미녀들도 다 보지 못했거늘, 말은 무슨 말이더냐!”

그날부터 노 정공은 규방에서 좀처럼 나오지 않았고 걸핏하면 조정의 회의에도 참석하지 않았다.

노 정공이 주색에 빠져 정사를 돌보지 않는 것을 본 공자는 여러 차례 노 정공을 설득했지만 아무런 소용이 없었다. 공자는 노나라에서는 더 이상 자신의 이상을 실현할 수 없음을 느끼고 제자들을 이끌고 노나라를 떠나 이곳저곳을 떠돌게 되었다.

② 제나라 군사를 물러가게 한 좀도둑

전국시대, 제나라가 초나라를 공격했다. 초나라의 자발은 군사를 이끌고 이에 대항했지만 번번이 제나라에 패해 이제 남은 것은 백기를 들고 투항하는 일밖에 없어 보였다. 자발은 온갖 방법을 동원해 보았지만 제의 군대는 조금도 영향을 받지 않았고 그 세력은 여전히 강했다. 자발이 수심에 가득 찬 얼굴로 생각에 잠겨 있을 때 갑자기 좀도둑 하나가 그를 만나기를 청했다. 좀도둑은 진지하게 말했다. "국가가 흥하고 망한 데는 모두 개개인의 책임이 있습니다. 저는 '신도神盜'라는 별명을 가지고 있습니다. 오늘 밤 몰래 적의 진영에 침입하도록 해 주십시오. 어쩌면 상황을 역전시킬 수도 있을 것입니다." 달리 뾰족한 수가 없던 자발은 어쩔 수 없이 그의 의견을 따르도록 했다.

좀도둑은 깊은 밤을 틈타 제나라군의 진영에 잠입해 제나라군의 장막을 걷어왔다. 다음 날 자발은 사람을 보내 이 장막을 적의 지휘부에 넘겨주었다. 다음 날 밤, 도둑은 또 제나라군의 장군이 쓰던 베개를 훔쳐왔다. 그리고 자발은 또다시 공개적으로 제나라군 진영에 베개를 돌려보냈다. 3일째 되던 날, 도둑이 이번에는 적장의 머리 장식을 훔쳐왔고 자발은 여느 때와 마찬가지로 그것을 다시 적의 진영으로 돌려보냈다. 이쯤 되자 적의 우두머리는 새파랗게 겁에 질렸다. 이렇게 가다보면 자신의 머리도 온전하지 못할 것 같았기 때문이다. 잔뜩 겁에 질린 적은 그날로 병사들을 데리고 제나라로 가버렸다.

양군이 대치하고 있으면 일반적으로는 무력에 의해 그 승부가 판가름 난다. 하지만 이 좀도둑은 자신의 기술을 이용해 적장으로 하여금 자신의 안전을 걱정하게 했다. 즉, '부드러운 것으로 강한 것을 다스리는 방법', 바로 '부저추신'의 응용이라 할 수 있다.

 ## ❸ 찐 곡식을 돌려준 월왕 구천

월왕 구천은 나라로 돌아온 후 이를 갈며 오나라에 대한 복수를 다짐했다. 그는 대신들을 이끌고 농사일을 두루 돌보며 부역과 세금을 가볍게 하는 정책을 취했다. 이로 인해 백성들은 먹고 입는 것을 걱정하지 않았으며 집집마다 양식이 남아돌았다. 하지만 오나라를 방심하게 하기 위해 구천은 월나라에 흉년이 들었다며 오나라에게서 곡식 1만 섬을 빌리고는 다음 해에 갚기로 했다. 월왕 구천은 대신 문종을 불러 이 일을 의논했다. "만약 곡식을 갚지 않으면 오왕은 반드시 이를 핑계 삼아 우리를 치려들 것이오. 하지만 곡식을 갚는 것은 또 적에게는 유리하지만 우리에게는 불리한 것이오. 그러니 어떻게 하면 이 상황을 잘 극복할 수

있겠소?"

잠시 생각에 잠긴 문종이 천천히 입을 열었다. "빌린 곡식을 갚으시는 게 좋을 듯합니다. 하지만 거기에 우리가 손을 쓸 수는 있지요. 곡식 중 좋은 것을 골라 쪄서 돌려주는 것입니다. 그러면 아주 재미있는 일이 생기겠지요."

오나라 왕은 월이 갚은 통통한 곡식의 낱알들을 보고는(사실 이 모두는 이미 쪄진 후였다) 더 이상 월에게 시비를 걸지 않았다. 그리고 다음 해 봄에 이 종자를 땅에 뿌렸다. 하지만 이미 알다시피 싹이 틀 리가 없었고 가을이 되어 단 한 톨의 곡식도 거둬들일 수 없었다. 이로 인해 오나라는 대 기근이 발생했고 국력은 크게 약해졌다.

나라는 백성을 근본으로 하고 백성들은 먹을 것을 하늘과 같이 여긴다는 말이 있다. 구천은 쪄진 씨를 돌려줌으로써 오나라에 흉작이 들게 했는데 이것이 바로 '부저추신'이라 할 수 있다. 이로 인해 오나라의 국력은 휘청거리게 되었고 이로써 월왕은 오를 멸망시키기 위한 유리한 조건 하나를 마련한 셈이 되었다.

4 유기의 삶은 콩 계책

　　　　타고난 지략가인 남송의 명장 유기는 전쟁에서 수많은 공을 세웠다.

　어느 날 그는 병사들 중 몇몇에게 삶은 콩이 가득 든 죽통을 짊어지도록 명령했다. 병사들은 영문을 몰라 어리둥절했지만 장군이 뛰어난 지략가라는 것을 잘 알고 있었기에 두말 없이 명령에 따랐다. 출정 전 유기가 병사들에게 말했다. "오늘의 출정은 이전과는 다르다. 절대 성급히 공격해 승리하려고 하지 마라. 싸우고 후퇴하기를 반복해 적의 힘을 소모시켜야 한다. 그리고 적의 힘이 빠졌을 때 죽통을 바닥에 던져라. 그리고 기회를 엿보다가 적을 치면 쉽게 승리할 수 있을 것이다."

　적병과 맞닥뜨린 병사들은 명령에 따라 싸우고 후퇴하기를 반복했는데 그러다 보니 어느 새 정오가 되었다. 유기가 일러준 대로 병사들이 죽통을 바닥에 내던지자 삶은 콩이 온 바닥을 뒤덮어 버렸다. 마침 무척이나 허기졌던 적병의 말들은 게걸스럽게 땅에 떨어진 콩을 먹기 시작했다. 적병들은 채찍질을 하며 대오를 바로잡으려 했지만 이미 음식 냄새를 맡은 말들은 명령에 따르지 않았고 죽통과 함께 엉켜 적의 대오는 금세 어지러워졌다. 유기의 부장은 때가 왔다고 생각하고는 화살을 쏠 것을 명령했고 적병들은 삽시간에 '고슴도치' 가 되어 버렸다.

말은 사람을 태우는 것이다. 그렇기에 말이 명령을 듣지 않으면 사람은 전투력을 잃게 되는 것이다. 이로 볼 때 유기의 '삶은 콩 계책'은 '부저추신'과 비슷하다 할 수 있다. 그저 평범해 보이는 계책이 사실은 매우 절묘했던 것이다.

 ## 5 말 한 마디로 로건을 이긴 링컨

미국의 대통령 링컨은 백악관에 들어가기 전 변호사로 이름을 날리고 있었다. 어느 날 한 부농이 가난한 농부가 자신의 말을 훔쳐 갔다고 고소한 사건이 발생했고 부농은 말솜씨가 뛰어난 변호사 로건에게 이 사건을 맡겼다. 하지만 변호사를 살 돈이 없었던 가난한 농부는 벙어리 냉가슴 앓듯 아무 말도 할 수 없었다. 이 일을 알게 된 링컨은 보수를 받지 않고 농부의 변호를 맡겠다고 자청했다.

재판이 열리던 날, 날씨가 갑자기 무더워졌고 사람들은 모두 셔츠를 입고 법정으로 왔다. 원고의 변호를 맡은 로건은 성격이 매우 급한 사람이라 바쁘게 서두르던 와중에 셔츠를 뒤집어 입고 왔다. 개정 후 로건이 먼저 발언했다. 로건은 말에 대한 해박한 지식과 거침없는 웅변 솜씨를 유감없이 뽐냈다. 이번에는 링컨이 피고를 위해 변론을 할 차례였다. 법정 앞에 선 링컨이 입을 열었다. "로건 씨는 방금 장장 1시간 동안이나 말에 대해 이야기를 하셨습니다. 물론 이 농부에게 수의학 서적에 있는 말에 대한 지식을 일깨워 주기 위해서였겠지요. 하지만 우리가 어떻게 당신의 말을 믿을 수 있겠습니까? 당신은 셔츠조차도 똑바로 입을 수 없는 사람인데요!" 그러자 갑자기 법정은 웃음바다로 변했고 결국 원고는 패소하고 말았다.

링컨은 로건이 셔츠를 뒤집어 입은 이 시각적 정보를 이용해 사람들이 법정에서 하는 그의 모든 변론을 믿지 못하도록 만들었다. 그는 단지 몇 마디로 로건의 장황하고 화려한 변론을 제압할 수 있었던 것이다. 이렇게 문제의 가장 중요한 부분을 정확히 짚은 링컨 역시 '부저추신' 전략을 이용했다 할 수 있다.

 ⑥ 누명을 벗은 더프 암스트롱

어느 날, 신문을 보던 링컨은 자신의 절친한 친구의 아들인 더프 암스트롱이 살인죄로 기소되었다는 기사를 보게 되었다. 더프의 사람됨을 잘 알고 있었던 링컨은 그가 절대 살인을 했을 리 없다고 확신하고는 그를 위한 변호를 자처했다. 링컨은 사건과 관련된 모든 자료를 꼼꼼히 살피면서 마음속으로 한 가지 계책을 세우기 시작했다.

드디어 재판이 시작되었다. 이 사건의 열쇠는 찰스라는 원고 측 증인이 쥐고 있었다. 찰스는 사건이 일어난 밤 달빛 아래에서 암스트롱이 총으로 피해자를 살해하는 광경을 똑똑히 보았다고 증언했다.

법정에서 링컨이 찰스에게 물었다. "말씀하신 바에 따르면 당시 암스트롱과 증인은 20, 30미터 정도 떨어져 있었습니다. 그런데도 정확히 피고를 보셨단 말입니까? 증인은 풀숲 뒤에 있었고 피고는 큰 나무 뒤에 있었는데도 말입니다."

그러자 찰스가 말했다. "그날 밤은 달이 너무 밝아서 거리가 좀 떨어져 있긴 했지만 정확하게 모든 걸 볼 수 있었습니다."

링컨이 다시 물었다. "증인께서는 분명 그때 더프의 얼굴을 정확히 봤다고 하셨는데 맞습니까?"

"그렇습니다."

"그때가 밤 11시 맞습니까?"

"틀림없습니다."

링컨의 계속된 질문에 찰스가 단호하게 대답했다.

이어서 링컨의 놀라운 변론이 시작되었다. "신사, 숙녀 여러분. 이 증인은 처음부터 끝까지 우리를 속이고 있습니다. 그는 분명 사건이 발생했던 10월 18일 밤 11시에 달빛 아래에서 똑똑히 피고의 얼굴을 봤다고 했습니다. 하지만 상식적으로 볼 때 10월 18일은 보름달이 아니라 상현달이 뜨고 더구나 11시면 이미 달이 기운 뒤입니다. 그런데 어떻게 달빛이 있을 수 있단 말입니까? 백보 양보해서 그날 밤 달이 있었다고 칩시다. 하지만 달은 서쪽에 있고 풀숲은 동쪽, 그리고 나무는 서쪽에 있었습니다. 만약 피고의 얼굴이 풀숲을 향해 있었다면 달빛이 얼굴을 비추는 것은 근본적으로 불가능합니다. 그런데 어떻게 증인이 20, 30미터 떨어진 곳에 있는 풀숲에서 피고의 얼굴을 똑똑히 볼 수 있단 말입니까?"

갑자기 법정은 소란스러워지기 시작했고 모두들 링컨의 날카로운 분석에 탄복해 마지않았다. 원고와 찰스 역시 아무 말도 할 수 없었다. 법정은 최종적으로 더프의 무죄를 선고했다. 이 일로 인해 링컨이 미국에서 가장 유명한 변호사가 되었음은 두말할 필요도 없었다.

이 사건의 핵심은 증인의 증언에 있었고, 증언의 관건은 증인이 피고의 얼굴을 정확히 보았느냐 아니냐에 달려 있었다. 링컨은 풍부한 상식으로 증인이 피고의 얼굴을 목격한다는 게 근본적으로 불가능한 것임을 밝혀냈는데 이는 '부저추신'과 비슷하다 할 수 있다. 이렇게 증인의 증언을 완전히 뒤엎어 버림으로써 링컨은 더프 암스트롱의 무죄를 입증할 수 있었다.

# 7 독일의 징병 계획을 방해한 영국

2차 세계대전이 발발하고 얼마 후 독일은 수십 척의 잠수정을 제작해 신형무기로 사용함으로써 연합군의 해군과 승부를 겨루려 했다. 이 잠수정에는 수천 명의 수군이 필요했다. 이를 위해 독일 해군은 전쟁의 광기로 똘똘 뭉친 독일 청년들에게 동참을 호소하며 그들이 전쟁에서 큰 공을 세워주기를 바랐다.

당시 많은 독일 청년들은 잠수정의 수병이 되는 것이 새롭고 또한 숭고한 일이라 생각했고 많은 사람들이 앞다투어 여기에 지원했다.

하지만 독일의 징병 계획을 무너뜨리기 위해 영국 해군 정보부는 독일 청년들의 순진하고 나약한 심리를 겨냥한 전단을 만들어 독일에 뿌렸다. 전단에는 잠수정의 해군이 되는 것이 얼마나 위험한 일인가가 자세하게 기록되어 있었다. 영국은 또 방송을 통해 어떻게 하면 병을 핑계로 잠수정 수병이 되는 것을 피할 수 있는가를 알려주었다.

이런 선전활동은 독일 청년들에게 커다란 영향을 끼쳤다. 공포심이 생긴 독일 청년들은 앞 다투어 지원을 포기했다. 그리고 독일은 그 후로 아주 오랜 시간 동안 잠수정에 탈 수군을 모집하지 못했다.

양국이 대치하고 있을 때 분명 서로의 병력은 차이가 나게 마련이다. 이런 상황에서 상대방의 병력의 원천을 봉쇄해 버리는 것은 바로 전형적인 '부저추신' 이라 할 수 있다.

8 맥아더의 전략

　　5성 장군 맥아더는 2차 세계대전 동안 서남태평양 지역의 연합군 사령관을 맡았다. 그가 항상 쓰던 전략이 바로 적의 보급로를 끊는 것, 즉 '부저추신' 이었다.

　1943년 2월 28일, 일본군은 뉴기니 섬 북부와 뉴브리튼 섬 그리고 북 솔로몬 제도의 새로운 전선 중 전략적 요지인 라에와 사라모아의 방어를 강화하기 위해 대규모의 운송함대를 보내 지원하게 했다. 이 운송함대는 모두 8척의 운송선으로 구성되었는데 대량의 군사물자와 7,000명의 병사가 실려 있었다.

　이 정보를 입수한 맥아더 장군은 즉시 연합군의 전투기를 모아 파푸아뉴기니와 호주 동북부에서 명령을 기다리도록 했다. 그는 유리한 시기를 선택해 폭격기 29대를 보내 일본의 운송선 4척을 침몰시켰다. 이어서 비행기 4,000대를 보내 남은 함대에 무차별 공격을 퍼부었다.

　이 해전에서 일본의 운송함대는 거의 파괴되어 실려 있던 물자들은 모두 바다에 잠기고 일본 군사들도 거의 다 물고기 밥 신세가 되어 버렸다. 식량 보급이 끊긴 일본군의 사기는 눈에 띄게 저하되었고 얼마 후 라에와 사라모아를 모두 잃게 되었다.

9 독일의 원자폭탄 제조의 꿈이 부서진 까닭

　　　　　노르웨이의 베목은 비록 작은 도시이지만 1940년대 대량의 중수를 생산할 수 있는 몇 안 되는 지역 중 하나였다. 중수는 원자로의 중성자 감속재로 쓰이기 때문에 이 중수가 있으면 원자로를 제어할 수 있고 원자폭탄을 만들 수도 있었다.

　1942년 여름, 영국 정보부는 나치스 독일이 1940년에 노르웨이를 점령한 후 매년 베목의 경수로 생산공장에서 경수로를 가져간다는 사실을 알게 되었다. 이것은 독일이 지금 원자폭탄 연구에 열중하고 있음을 잘 설명해 주는 것이었다. 독일의 야심이 실현되지 않도록 하기 위해 글라이더를 이용해 2개의 특수부대를 노르웨이로 보내 중수 공장 파괴 임무를 주었다. 하지만 불행히도 이 부대는 항공사고를 당해 전멸하고 말았다.

　하지만 영국은 결코 포기하지 않았다. 그들은 또다시 6명으로 이루어진 정예팀을 조직해 2차 행동에 돌입했다. 1943년 2월 17일 밤, 무사히 노르웨이에 착륙한 특수대원들은 폭우를 뚫고 목적지에 도착했다. 특수부대는 두 개조로 나누어 서로 엄호하면서 어둠을 틈타 조심스럽게 독일의 초소를 지나 중수 공장으로 향했다. 공장에 들어선 특수부대원들은 요란한 기계소리 틈으로 조심스럽게 폭탄을 설치했다. 이윽고 중수 생산시설은 산산조각이 났다. 한편 기계소리에 묻혀 폭발음을 듣지 못한 독일군들은 빠르게 대처할 수 없었고 덕분에 특수부대원들은 안전하게 현장을 떠날 수 있었다. 그리고 독일군이 이 사실을 알아챘을 때 이미 중수는 모조리 흘러버렸고 설비들은 심각하게 훼손되어 있었다.

영국군의 이번 작전은 독일의 계획에 심각한 영향을 미쳤다. 이로 인해 네덜란드 중수 공장은 1년이 넘게 가동되지 못했으며 한 방울의 중수도 생산해 내지 못했던 것이다. 원자로 건설에 없어서는 안 될 중수를 잃게 된 나치스 독일은 전쟁에 무조건 항복하기 전까지 원자폭탄을 만들어 낼 수 없었다.

고대 병법가들은 적의 양식과 마초를 공격하거나 그 보급로를 차단하는 것을 병법의 으뜸이라고 여겼다. 하지만 현대의 전쟁은 후방보급에 대한 의존도가 더욱 크기 때문에 '부저추신'이 내포하는 뜻의 범위는 더 넓어졌다고 할 수 있다.

영국의 특수부대는 적의 진영 깊숙이 침입해 적의 중수 생산시설을 파괴함으로써 원자폭탄을 개발해 내려는 독일의 계획을 좌절시켰다. 이것은 바로 '부저추신'을 훌륭하게 이용한 작전이라 할 수 있다.

10 미국의 스파이기를 격추시킨 소련

　　　　　　1960년 5월 1일, 미국 U-2 스파이기 한 대가 소련의 공업도시 스베르들로프스크 상공을 날며 그곳에 설치되어 있는 대형 로켓을 정탐했다. 그때 갑자기 소련 미그기 3대가 날아왔다. 폭발음과 함께 미국의 스파이기는 격추당했고 낙하산으로 비상탈출을 한 조종사는 포로로 잡히고 말았다. 이 소식이 전해지자 CIA 간부들은 도무지 이해가 되지 않았다. 겨우 수천 미터 상공을 나는 미그기는 근본적으로 2만 미터 상공을 나는 U-2형 스파이기를 격추시킬 수 없기 때문이다.

　사실 이것은 전 소련 KGB의 음모로 가능한 일이었다. 사건이 발생하기 얼마 전 KGB는 무하마드라는 스파이를 파키스탄에 있는 미국 군용 비행장 근처에 잠입시켰다. 무하마드는 몸이 아파 출근하지 않은 청소부로 위장하고 비행장으로 들어갔다. 하지만 경비가 워낙 삼엄해 비행기 근처로 가는 것은 무척이나 힘들었다. 며칠이 지나고 겨우 비행기 계류장 잠입에 성공한 무하마드는 적외선 망원경을 이용해 정탐을 하던 중 마침내 방범상의 허점을 발견했다. 그것은 매번 보초 근무 교대가 비행기의 우현에서 이루어지고 비행기의 문에서 조금 떨어진 곳이라는 점이었다.

　어느 날 밤, 무하마드는 예정된 계획을 실행에 옮겼다. 새벽 두 시, 군기라고는 전혀 없어 보이는 보초병들이 근무교대를 하고는 서로 모여 앉아 잡담을 주고받았다. 오랫동안 그곳에 숨어 있던 무하마드는 그 틈을 타 비행기 조종실로 숨어 들어갔다. 그는 조종실의 계기판 중 고도기의 덮개를 벗기고 재빨리 오른쪽의 나사를 풀고는 자신이 가지고 있던 특수한 나사를 끼워 넣었다. 그리고 무하마드는 아무도 모르게 조종실을 빠져나왔다.

무하마드가 몰래 끼워 넣은 볼트는 KGB가 특수 제작한 매우 강한 자성을 가진 볼트였다. 비행기가 수천 미터 상공까지 올라갔을 때 고도기의 바늘이 이 볼트에 의해 끌려와 2만 미터 상공까지 상승한 것처럼 보였던 것이다. 이것이 바로 미그기가 미국의 U-2 스파이기를 격추시킬 수 있었던 원인이었다.

이 이야기에서 조그마한 볼트는 바로 '땔감'에 해당한다. 소련인들은 '부저추신'의 전략을 이용해 몰래 적의 비행기의 볼트를 바꿔 미국의 스파이기를 격추시킬 수 있었던 것이다.

제2기

혼수모어(混水摸魚)

날뛰는 말발굽 밑에 놓인
황금일수록 주워 담기가 더 쉽다

이 계책은 《삼국지三國志, 촉지蜀志, 선주전先主傳》에서 유래하였다. 동한 말년, 유비는 군사를 일으켜 황건적의 난을 진압하고 제후들의 패권다툼에 참여했는데 훗날 제갈량을 만나면서 그의 세력은 점점 더 강대해졌다. 적벽대전 후 유비는 형주와 서천을 차지하게 되었는데 이는 모두 '혼수모어'의 계라 할 수 있다.

●혼수모어●
「10가지 처세 활용 지혜」

1. 3일 만에 화살 10만 개를 마련한 제갈량
2. 거란을 평정한 장수규
3. '오리 병사'를 이용한 다케다 노부요시
4. 정적을 제거한 조선의 개화파
5. 탐험가로 가장한 후쿠시마의 숨은 뜻
6. 롬멜의 의병계
7. 돈 강의 다리를 점령한 소련의 탱크부대
8. 이스라엘에 간첩을 보낸 구소련
9. KGB가 연출한 자동차 사고
10. 미국 공장측이 제시한 견적서

이 계책은 《삼국지三國志, 촉지蜀志, 선주전先主傳》에서 유래하였다. 동한 말년, 유비는 군사를 일으켜 황건적의 난을 진압하고 제후들의 패권다툼에 참여했는데 훗날 제갈량을 만나면서 그의 세력은 점점 더 강대해졌다. 적벽대전 후 유비는 형주와 서천을 차지하게 되었는데 이는 모두 '혼수모어'의 계라 할 수 있다. '혼수모어'의 원래 뜻은 물을 흐리게 만들어 물고기를 잡는 것이었는데, 훗날 물이 흐린 것을 틈타 원래 내 것이 아닌 이익을 얻는 것으로 그 의미가 확대되었다. 이것은 바로 혼란 중에 승리를 취하는 계책이라 할 수 있다.

전쟁이나 비즈니스 경쟁, 정치무대에서 승리하는 방법은 여러 가지인데 그 중 비교적 괜찮은 방법 가운데 하나가 바로 '혼수모어'이다. 이 계를 이용하면 적은 대가를 들여 비교적 쉽게 목적을 달성할 수 있기 때문이다. 혼란스러운 상황은 자주 나타나는 것이 아니다. 그러므로 이런 상황을 마주하게 되면 때를 놓치지 않고 반드시 그것을 이용해야 한다.

'혼수'는 이 계를 사용하기 위한 필요조건이다. 물이 흐려지는 것은 대략 두 가지 상황으로 나눌 수 있는데 첫째, 원래부터 물이 흐린 것이다. 이럴 때는 기회를 놓치지 말고 '상대방이 혼란에 빠졌을 때 공격을 해 취해야 한다(亂而取之《손자병법孫子兵法》)'. 두 번째, 원래 맑은 물을 휘저어 흐리게 만든 다음 '물고기'를 잡는 것이다. 후자는 전자에 비해 난이도가 있다. 계책을 쓰려할 때는 무조건 앉아 기다릴 수만은 없다. 그렇기 때문에 후자가 어렵긴 하지만 더 많이 사용되는 것이다.

움직임이 매우 빠른 물고기는 그래서 빨리 손을 쓰지 않으면 반드시 잃게 되는 것을 의미한다.

구체적으로 보자면 '물고기'는 ① 제압할 수 있는 적 ② 얻어 낼 수 있는 이익 ③ 뺏을 수 있는 힘 ④ 이용할 수 있는 기회 ⑤ 기댈 수 있는 조건 등을 가리킨다.

1 3일 만에 화살 10만 개를 마련한 제갈량

주유는 동오 손권의 장수로 지략이 뛰어났지만 도량이 넓지 못한 인물이었다. 제갈량의 재능을 시기한 그는 제갈량이 유비를 보좌하고 있다면 머지않아 동오에 큰 화를 미칠 것이라 생각하고 호시탐탐 그를 없앨 기회를 엿보았다. 어느 날 주유는 손권과 유비가 함께 조조를 친다는 명분을 이용해 제갈량에게 3일 내에 화살 10만 개를 만들어 오라는 터무니없는 주문을 했다. 그는 도저히 완성할 수 없는 임무를 주고는 그것을 빌미로 제갈량을 죽이려 했던 것이다. 하지만 뜻밖에도 제갈량은 자신 있게 그의 요구에 응낙하고 군령장까지 썼다.

사람됨이 어진 노숙은 주유가 제갈량을 해치려 한다는 것을 알고는 몰래 그를 만나러 갔다. 하지만 제갈량은 너무도 태연했다. "걱정하지 마십시오. 그저 20척의 배를 마련해 병사 30명씩을 태운 뒤 허수아비 1,000개를 만들어 배 양쪽에 세워 주십시오. 그렇게 하면 제 목숨을 구할 수 있습니다." 노숙은 어리둥절했지만 제갈량을 구하기 위해 흔쾌히 그러겠노라 대답했다.

노숙은 제갈량의 요구대로 배와 병사 그리고 허수아비를 마련해 주었다. 하지만 제갈량은 마치 약속을 잊은 것처럼 어떤 움직임도 보이지 않았다. 그리고 3일이 되던 날, 날이 저물자 제갈량은 노숙을 자신의 처소로 불러들였다. 노숙이 물었다. "무슨 일입니까?" "저와 함께 화살을 가지러 가시자고 특별히 모셨습니다." 노숙은 더욱더 아리송해졌다. 3일 동안 단 한 개의 화살도 만들어 내지 못했는데 갑자기 어디로 화살을 가지러 간다는 말인가? 제갈량은 노숙의 마음을 꿰뚫어 본 듯 말했다. "더 이상 묻지 마시고 저를 따라 나서십시오." 그리고 제갈량은 20척의 배를 서로 연결하도록 한 다음 배에 올라 장강의 북쪽으로 갔다. 마침 강에는 안개가 자욱해 한치 앞도 내다보기가 힘들었다. 이윽고 노숙이 불안한 듯 말했다. "우리는 지금 병력도 제대로 갖추지 않았는데 조조의 군사들이 갑자기 덮치기라도 하면 어쩌려고 이러십니까?" 그러자 제갈량이 답했다. "이렇게 안개가 자욱하니 조조도 감히 병사들을 보내지는 못할 겁니다. 우리는 그저 술이나 마십시다."

역시 제갈량의 말대로였다. 조조는 겨우 몇 척의 함대가 안개를 뚫고 오는 것을 보고는 반드시 뒤에 매복이 있을 것이라 생각하고는 병사들에게 섣불리 출격하지 말고 활을 쏘도록 명령했다. 조조의 군사들이 쏜 화살은 동오의 배에 미리 세워둔 허수아비에 꽂혔다. 날이 밝고 안개가 걷힌 후 20척의 배에는 화살이 가득했다. 화살은 배 한 척당 5,000개가 넘었고 모두 10만여 개였다. 제갈량은 배를 돌리라고 명령하고는 병사들에게 이렇게 소리치도록 시켰다. "승상어른, 화살은 고맙게 받겠습니다!"

배가 남쪽 연안에 닿자 제갈량이 노숙에게 말했다. "주유는 제게 화살 10만 개를 만들어내라고 하면서도 연장이나 재료를 마련해 주지 않았습니다. 이를 빌미로 저를 죽이려는 의도가 분명하지요. 그래서 저는 오늘 밤 안개가 짙게 깔릴 것을 알고 일부러 허수아비를 실은 배를 타고 조조에게로 가 화살을 구해온 것입니다. 저를 죽이고 싶다면 주유는 아마 더욱 견고한 계획을 세워야 할 겁니다.”

노숙은 그제야 제갈량의 계획을 알아차리고는 감탄해마지 않았다. 한편 이 소식을 들은 주유 역시 탄식하며 말했다. “제갈량의 지략은 신기에 가까워 나는 도저히 그의 적수가 될 수 없구나.”

허수아비가 실린 배를 이용해 화살을 얻은 제갈량의 계책이 바로 ‘혼수모어’의 계라 할 수 있다. 강에 자욱했던 안개는 ‘흐린 물’이요, 비 오듯 쏟아진 화살 10만 개는 ‘물고기’인 것이다. 이 ‘물고기’ 덕분에 제갈량은 목숨을 보전하고 안전하게 동오를 떠날 수 있었다.

 **2 거란을 평정한 장수규**

당 나라 개원 17년, 거란 장수 가돌우가 당나라의 영토를 침범하자 당 현종은 장수규를 유주 절도사로 봉하

고 거란을 물리치도록 했다. 장수규는 병마를 정돈하고 병사들을 훈련시키는 데 힘을 쏟는 한편, 보루를 높이 쌓고 성벽을 두껍게 쌓아 유주성의 수비를 강화했다. 덕분에 가돌우는 수차례나 유주성을 공격했지만 그때마다 성과 없이 물러설 수밖에 없었다.

적의 수비를 약화시키기 위해 가돌우는 장수규에게 사신을 보냈다. 장수규는 성을 지키는 군사들에게 경계를 한층 더 강화하라고 명령하고는 성 문을 열어 주었다. 성으로 들어온 가돌우의 사신은 투항할 뜻을 내비쳤지만, 자신들을 염탐하기 위한 적의 의도를 미리 눈치 채고 있던 장수규는 이를 역이용하기로 했다. "우리와 화해하기 위해 사신을 보냈으니 우리 역시도 사신을 보내야 하겠지?"

장수규는 즉시 왕회를 사신으로 보내 거란을 위로하도록 했다. 왕회는 가돌우를 만난 후 자신이 온 연유를 설명했고, 가돌우는 일부러 성대한 연회를 베풀어 왕회를 초대했다. 왕회는 연회에 초대된 다른 거란 장수들을 자세히 관찰하기 시작했다. 그 가운데 진심으로 술을 권하는 이들도 있었고 또 어떤 이들은 속으로는 이를 앙다물고 마지못해 잔을 들고 의례적으로 응대하고 있었다. 마침 그 자리에 있던 거란의 병졸 중 왕회가 알고 지내던 인물이 있었는데, 그는 병마를 나누어 관리하는 이과절이라는 벼슬아치가 가돌우와 사이가 좋지 않다는 사실을 넌지시 전해 주었다. 이 말을 들은 왕회는 이과절과 가돌우 사이의 분열을 이용해 거란군의 내부를 혼란시키고 그 기회를 빌려 원흉을 없애기로 결심했다.

왕회는 온갖 방법을 동원해 이과절을 만나 친분을 쌓았다. 하지만 그는 일부러 이과절 앞에서 가돌우의 재능에 대해 침이 마르도록 칭찬하면서 그의 질투심을 자극했다. 이과절은 과연 크게 성을 냈다. "가돌우가 이번 전쟁을 일으킨 덕분에 백성들이 도탄에 빠졌는데 어떻게 이 일이 성공할 수 있단 말이오?" 왕회가 이 기회를 놓칠 리 없었다. "이 장군은 일세의 영웅이시며 그 재능은 누구와도 비길 바가 못 됩니다. 만약 가돌우를 없애 주신다면 제가 당 황제에게 아뢰어 적어도 왕작의 지위 정도는 얻으실 수 있게 해드리겠습니다." 왕회의 말은 이과절의 생각과 딱 맞아떨어졌다. 그래서 두 사람은 거사를 치르기 위한 계획을 세우기 시작했다. 계획을 모두 세운 왕회는 가돌우가 이미 돌궐에 사람을 보내 지원병을 요청한 것을 알고는 총총히 유주로 돌아갔다.

왕회가 돌아간 지 이틀째 되던 날 밤 이과절은 병사들을 이끌고 가돌우의 진영에 야습을 감행했다. 술에 취해 곯아 떨어져 있던 가돌우는 영문도 모른 채 이과절에게 머리를 내줄 수밖에 없었다.

하지만 병사들이 평소 거만하고 제멋대로던 이과절을 따를 리 만무했다. 이과절이 가돌우를 죽이자 가돌우의 친인척들과 부장들은 분노했다. 이때 가돌우의 잔당이었던 니례가 병마를 모아 이과절을 공격했고 이과절은 얼마 후 니례에게 죽임을 당했다.

거란군이 혼란에 빠지자 장수규는 이때를 놓치지 않고 거란의 진영에 맹공을 가했고 마침내 니례를 산 채로 사로잡을 수 있었다.

장수규가 거란을 평정할 수 있었던 가장 중요한 요인은 우선 적
의 '맑은 물'을 저어 흐리게 한 다음 그때를 놓치지 않고 '물고기'
를 잡은 데 있었다.

 **❸ '오리 병사'를 이용한 다케다 노부요시**

미나모토노 요리모토는 이즈에서 거병한
후 충분한 준비도 없이 적과 맞서 싸웠기 때문에 이시바시 산 전투
에서 철저하게 패배하고 말았다. 그는 이를 교훈 삼아 '전략은 철저
하게, 전술은 빠르게, 그리고 성급히 공격하지 않으며 일단 공격하
면 반드시 승리한다'는 전략전술을 원칙으로 삼고 부지런히 힘을 모
았다.

1180년 음력 10월 미나모토노는 다이라노 기요모리와 후지가
와에서 결전을 벌이게 되었다. 그의 병력은 적에 비해 우세했지만
다이라노 군대의 전투력은 강한 편이어서 결코 쉬운 적수가 아니
었다. 그는 적에 맞서 정면 공격을 펼칠 준비를 갖추는 동시에 다
케다 노부요시에게 한밤중에 적의 후방을 포위하라는 명령을 내
렸다.

미나모토노의 명령에 따라 적의 후방으로 향하던 다케다는 도중

에 연못에서 놀고 있는 오리 떼를 보게 되었다. 갑자기 찾아온 불청객들 때문에 깜짝 놀란 오리 떼는 꽥꽥거리며 어지럽게 도망가 버렸다. 이 광경을 본 다케다에게 갑자기 좋은 생각이 하나 떠올랐다. 그는 병사들을 시켜 오리 떼를 몰고 가서는 마치 엄청난 대군이 맹렬하게 돌진하는 것인 양 적의 진영으로 날려 보냈다. 후방에서 갑자기 요란한 소리가 나는 것을 들은 다이라노는 혼비백산하며 스스로 진영을 포기하고 황급히 도망쳤다.

이렇게 '오리 병사'들을 이용해 적으로 하여금 착각을 일으키게 하여 물을 흐린 다음 물고기를 잡은 다케다 노부요시는 싸우지 않고도 전쟁에서 이길 수 있었다.

 **4 정적을 제거한 조선의 개화파**

1884년 12월 4일 밤, 조선의 개화파는 우정국에서 연회를 열고 수구파의 우두머리들을 제거할 준비를 했다. 하지만 의외의 상황으로 인해 수구파들은 줄행랑을 놓고 말았다.

개화파의 우두머리 김옥균은 '소리장도笑裏藏刀'의 계가 실패하자 이번에는 '혼수모어'의 계를 쓰기로 했다. 어두운 밤을 틈타 궁에 잠입한 그는 변란이 일어나 우정국에 불이 났으니 국왕에게 잠시 경우궁에 몸을 피할 것을 권했다. 국왕이 망설이고 있을 때 마침 근처에서 폭발음이 들려왔고 불길이 궁에서도 보였다. 이를 본 왕은 매우 두려워하며 김옥균의 말대로 얌전히 경우궁으로 몸을 숨겼다. 이어서 김옥균이 일본군들에게 왕의 호위를 맡길 것을 권하자 겁에 질려 있던 왕은 그의 의견을 따르고 칙서를 써주었다. 김옥균은 이 칙서를 심복에게 주어 일본사관에 도움을 요청하도록 했다. 이때 수구파의 대표 인물인 한규직, 심상훈, 윤태준 그리고 환관 유재현이 함께 왕을 찾아왔다. 유재현은 왕에게 밖에서 일어난 일은 변란이 아니라고 말했다. 이렇게 김옥균의 거짓말이 들통이 나려는 찰나에 갑자기 인정전쪽에서 두 번의 폭발음이 들려왔다. 김옥균은 이 기회를 놓치지 않고 노발대발하며 유재현이 임금을 속이고 있으니 참수함이 마땅하다고 말했다. 그러자 수구파의 우두머리들은 아무 말도 하지 못한 채 왕을 모시고 경우궁으로 갈 수밖에 없었다.

국왕의 일행이 무사히 경우궁에 도착하자마자 일본공사 다케조가 일본군 200여 명을 이끌고 궁 안팎을 물샐틈없이 에워쌌다. 이윽고 김옥균이 수구파들에게 다급하게 말했다. "지금 상황이 매우 위급하게 돌아가고 있기에 일본의 병력을 빌려 임금을 보호하려는 것입니다. 그러니 세 분은 국가의 안위를 위해서 궁을 나가 병사를 이끌고 폐하를 보호하는 것이 이치에 맞을 것입니다." 김옥균의 말을 철썩같이 믿은 세 명의 수구파 우두머리들은 황급히 경우궁을 나갔다. 하지만 궁 입구에 도착했을 때 그들은 미리 기다리고 있던 개화파 자객에 의해 목숨을 잃고 말았다.

그 후 김옥균은 왕명을 빌미로 의논할 것이 있다며 또 다른 수구파 민영목, 조영하, 민태호를 경우궁으로 불러들였다. 하지만 이들 역시 경우궁으로 오던 도중 개화파에 의해 죽임을 당하고 말았다.

다음 날 새벽, 무한한 권력을 누리던 환관 유재현 역시 개화파의 손에 목숨을 잃었다. 이렇게 수구파의 주요 인물들은 모두 개화파에 의해 제거되었고 정적을 없앤 개화파의 정변은 성공적으로 끝났다.

개화파는 나라에 변고가 생겼다는 거짓말을 해 국왕을 경우궁으로 옮겼는데 이렇게 해서 그들은 맑은 물을 흐리게 만들었던 것이다. 그 후 왕명을 빌미로 수구파 우두머리라는 '물고기' 하나하나의 목을 쳤다. 개화파의 이런 계책들이 성공을 거둔 것은 역사적으로도 매우 의의가 크다 할 수 있다. 이로 인해 조선에 자본주의 개혁을 실행할 수 있는 길이 열렸기 때문이다.

 **5 탐험가로 가장한 후쿠시마의 숨은 뜻**

1892년 어느 날, 주 베를린 일본 육군 무관 후쿠시마와 독일 군관들이 술판을 벌이고 있었다. 술잔이 어느

정도 돌았을 때 후쿠시마는 취기를 빌려 이렇게 말했다. "여러분! 저는 어렸을 때부터 탐험을 좋아했습니다. 그래서 지금 말을 타고 베를린에서 블라디보스토크까지 갈 준비를 하고 있습니다."

그의 이 말에 모두들 놀라며 한 마디씩 거들었다.

"하하, 후쿠시마, 그건 절대 불가능한 일이오. 베를린에서 블라디보스토크까지 가려면 유럽과 아시아 두 대륙을 횡단해야 하오. 게다가 도중에 도사리고 있는 험한 산과 물, 그리고 변화무쌍한 기후는 더 말할 필요도 없지요."

"후쿠시마는 정말 대단한 허풍쟁이로군! 그렇게 먼 길은 탐험가라도 섣불리 나서지 못할걸세. 만약 말대로 된다면 그야말로 신화라 할 수 있지, 암!"

"정말 터무니없는 소리군. 그저 술김에 한 소리라고 생각합시다!"

그러자 후쿠시마는 진지한 표정으로 내기를 걸어도 좋다고 했고 독일 군관들은 당연히 후쿠시마가 질 것이라는 생각에 많은 돈을 내기에 걸었다.

후쿠시마와 독일 군관들의 내기는 즉시 각국 신문 지상에서 뉴스거리가 되었으며 수많은 사람들이 흥미롭게 이를 지켜보게 되었다. 독일 정부와 러시아 정부 역시 이를 시시한 내기로 치부하지 않고 후쿠시마를 위해 각종 편의를 제공하고 그를 지원하겠다고 밝혔다.

이렇게 후쿠시마는 자신의 여윈 말을 타고 멀고도 먼 여정을 시작했다. 독일 국경 내에서 후쿠시마는 모험심 강한 영웅 대접을 받으며 가는 곳마다 따뜻한 환영과 융숭한 대접을 받았다. 러시아 국경에 들어선 후부터 그의 여행은 더욱더 순조롭게 진행되었다. 러시아 국민은 호기심 어린 눈빛으로 그가 지나가는 길목에 기다리고 서서 후쿠시마가 오는 것을 지켜보았다. 러시아의 군과 정계 인사들 역시 그를 위해 성대한 의식과 연회를 베풀며 그에게 남 다른 친절을 베풀었다. 그리고는 조금의 망설임도 없이 그에게 정치, 경제, 군사 다방면에 걸친 상황에 대해 자세하게 소개했다. 후쿠시마는 러시아어에 정통했기 때문에 러시아의 각계 인사들과 폭넓게 접촉할 수 있었다.

여행도중 후쿠시마는 가는 곳마다 주요 인사들을 만났으며 특별한 예우를 받으며 진귀한 음식들을 대접받았다. 그리고 1년하고 3개월이 지나 그는 마침내 블라디보스토크에 도착했다.

도쿄 각 분야의 실력자들이 후쿠시마의 성공을 축하하고 독일 군관들이 내기에 진 것을 속 쓰려 하고 있을 때 후쿠시마는 독일과 러시아의 대량의 군사정보를 일본의 참모 총부에 전달했다.

사실 후쿠시마는 독일과 러시아의 정보를 빼내기 위해 모험을 가장하고 동서남북을 종횡한 것이었다. 그가 물을 흐려 물고기를 잡으려 했던 것을 감쪽같이 몰랐던 사람들은 후쿠시마에게 속아 그의 스파이 활동에 각종 편의를 제공하고야 말았다.

　　　　롬멜은 히틀러 수하의 유능한 장군으로 사막지역의 전쟁에 특히 뛰어나 '사막의 여우'라 불렸다.

　북아프리가 전투 중 부대의 연료가 바닥이 나자 롬멜은 영국과 프랑스 장갑부대의 연료를 빼앗아오기로 했다. 하지만 영·프 연합군의 세력이 워낙 강했기 때문에 정면 돌파를 감행한다면 병력의 손실을 입을 것이 분명했다. 그래서 롬멜은 잠시 생각한 후에 한 가지 계획을 생각해 냈다. 그는 탱크 몇 대를 둥글게 배치시켜 종횡무진 돌진하게 만들어 사막에 모래바람이 가득 일도록 한 다음 연합군의 진영으로 돌진했다. 멀리서 모래바람이 가득 이는 것을 본 영·프 연합군은 엄청난 규모의 군대가 공격하는 것으로 오인하고 다급한 나머지 감히 이에 맞서지 못한 채 무기와 장비를 버리고 황급히 후퇴했다. 덕분에 롬멜 장군은 총알 하나 쓰지 않고 대량의 연료와 기타 군용 물자를 손에 넣을 수 있었다.

　롬멜은 '의병계疑兵計(적의 눈을 속이는 가짜 군사를 쓰는 계책)'를 써서 세력을 부풀린 다음 자신의 목적을 달성할 수 있었다. 이런 의병계의 실질은 바로 '혼수모어'였다.

7 돈 강의 다리를 점령한 소련의 탱크부대

스탈린 그라드 전쟁 중, 소련 홍군 제26 탱크 군단은 명령을 받고 돌격 임무를 수행했다. 군단장 로젠 소장이 병사들에게 말했다. "지금 독일군은 돈 강 방향으로 후퇴하고 있다. 그러니 우리는 반드시 먼저 돈 강의 교량을 점거해 적의 퇴로를 차단해 독일군을 전멸시킬 수 있는 기회를 만들어야 한다." 그러자 부장 하나가 그에게 물었다. "전면의 수십 킬로미터가 적의 방어진영인데 어떻게 이 방어선을 뚫는단 말입니까?" 로젠이 대답했다. "이미 다 생각해 둔 것이 있다. 지금 독일의 전장은 매우 혼란하기 때문에 대놓고 탱크 부대를 보내 적의 방어선을 뚫어도 적의 주의를 끌지 못할 것이다. 가장 위험한 곳이 때로는 가장 안전한 법이지."

1942년 11월 22일 새벽 3시, 로젠 소장은 먼저 선견부대에 수 백 대의 탱크에 전조등을 환히 밝히고 정상적인 행군 종대를 유지하며 전진하면서 독일군의 방어선을 뚫을 것을 명령했다. 새벽 4시, 소련의 탱크는 이미 독일군의 3개의 방어선을 뚫고 돈 강에서 겨우 5킬로미터 떨어진 곳에 도착할 수 있었다.

이때 전방의 독일군 초소 병사들이 깃발을 흔들며 소련 탱크부대의 행군을 멈추게 했다. 앞서가던 수하로프 연대장은 여유롭게 탱크에서 나와 독일군의 헬맷을 흔들어 보이며 손가락으로 길게 늘어선 탱크 부대를 가리키며 독일어로 크게 외쳤다. "전진! 전진!" 초소

를 지키고 있던 독일 군사들은 대열을 제대로 갖추고 전조등까지
켠 탱크부대를 틀림없이 아군의 것이라 생각하고는 이들을 통과시
켜 주었다.

날이 밝을 때쯤 소련의 탱크 부대는 돈 강의 교량을 점령함으로
써 적의 퇴로를 막고 포위하여 섬멸할 수 있는 또 하나의 유리한 조
건을 만들어 냈다.

 8 이스라엘에 간첩을 보낸 구소련

20세기 초, 구소련은 이스라엘과 아랍국
가 간의 충돌을 이용해 중동지역에서 자신들의 영향력을 최대한으
로 키우려 했다. 특히 1948년 이스라엘이 국가를 수립한 이후 구소
련은 최대한 많이 이스라엘의 정치, 경제 및 군사 방면의 정보를 빼
내려 했다.

2차 세계대전 이후, 구소련의 많은 유태인이 이스라엘로 이주할
것을 요청했다. 그러자 KGB는 그 기회를 이용해 이스라엘에 간첩
을 보냈다. KGB는 다음의 두 가지가 '혼수모어'의 전략을 실현하
는 데 도움이 될 것이라 생각했다. 첫째, 구소련의 유태인 이민자
중 스파이를 물색해 이스라엘 당국의 의심을 받지 않도록 하는 것,

둘째, 구소련의 유태인들이 급히 이스라엘로 이민하고 싶어하는 절박한 심정을 이용해 그들의 친지들을 인질로 잡아 스파이 행위를 강요하는 것이었다. 이를 위해 구소련 정부는 모든 이민 가정마다 적어도 한 명 정도는 소련에 남아 있도록 강요했다.

이민자들 중 자원하거나 아니면 강제로 스파이가 된 사람들은 우선 KGB의 전면적인 훈련을 거친 후 이스라엘로 옮겨가 소련을 위해 몇 년간 스파이 활동을 진행했다. 물론 그들의 가족은 소련에 인질로 잡혀 있었다. 이런 방법으로 KGB가 이스라엘에 보낸 스파이들은 이스라엘의 정치, 경제, 군사 방면의 많은 정보를 소련으로 보내왔다. 이스라엘 군관학교의 빌 교수 등도 소련의 스파이였는데, 그는 이스라엘 국방부 장관과 벤 구리온 이스라엘 총리의 고문을 맡기도 한 인물이었다. 그는 이스라엘과 관련된 중요한 국가 기밀을 구소련에 넘겨주었다. 빌의 간첩사건으로 인해 이스라엘의 명예는 실추되고 큰 치욕을 당하게 되었다.

⑨ KGB가 연출한 자동차 사고

가을이 한창이던 어느 날, 모스크바의 교외에서 외교번호판을 단 승용차 한 대가 공항에서 시내로 돌진해

왔다. 자동차에 타고 있던 중년 남자는 서구 한 나라의 주 소련 대사관의 고급관원이었는데 그의 옆에 놓여 있던 서류가방 안에는 기밀문서가 들어 있었다. 빨리 대사관에 도착해 기밀문서를 넘겨주고 싶은 마음에 외교관은 자신도 모르게 액셀러레이터를 더욱 깊숙이 밟았다.

그런데 갑자기 이 외교관이 타고 있던 승용차의 오른쪽에서 자동차 한 대가 튀어나왔고 두 대의 승용차는 '쾅' 하고 부딪히고 말았다. 두 사람은 중상을 입고 정신을 잃었다. 잠시 후 경찰들이 사고 장소에 도착해 그들을 병원으로 후송했다. 얼마 후 정신을 차린 외교관은 자신의 서류가방이 보이지 않는다는 것을 알았다. 경찰은 혼란한 틈을 타 그의 가방을 누군가 가져간 것 같다고 말했다. 며칠이 지나고 경찰은 잃어버렸던 그의 서류가방을 돌려주며 가방을 훔쳐간 사람을 잡았다고 알려왔다. 뭔가 석연치 않다는 것을 느낀 외교관은 분명 다른 흑막이 있을 것이라 생각했지만 물증이 없었기에 아무 말도 할 수 없었다.

사실 이번 사고는 모두 KGB가 꾸민 일이었고 외교관의 서류가방 역시 그들이 훔쳐 간 것이었다. 서류가방은 비록 주인에게 돌아갔지만 그 속에 있던 비밀 서류는 이미 모두 복사된 후였다.

일부러 사고를 만들어 '맑은 물'을 '탁한 물'로 만들어 물고기를 잡는 것은 자신의 목적을 이룰 수 있을 뿐 아니라 어떤 흔적도 남기지 않는 매우 절묘한 방법이라 할 수 있다.

# ⑩ 미국 공장측이 제시한 견적서

중국의 한 기업이 미국 공장으로부터 자동화된 생산라인 설비를 들여오려 했다. 이를 위해 중국측이 미국에 가격을 물어보자 미국 공장은 중국의 경험이 부족한 것을 빌미로 일부러 너무나도 자세한 견적서를 보여주었다. 이 견적서에는 주 기계, 보조 기계, 부품, 성능 테스트, 시험가동, 운송비, 포장비 등이 쭉 열거되어 있었다. 이 항목을 늘리기 위해서 심지어 주 기계의 주요 부품도 나누어 단독으로 계산했다. 이렇게 그들은 빽빽하게 수십 장이 넘는 견적서를 뽑아왔다. 미국 공장측은 '허허실실'을 이용해 모든 항목의 가격을 교묘하게 조금씩 올려 기재했다. 비록 각 항목의 가격 변동은 크지 않아 그다지 주의를 끌지 않았지만 모두 합쳐 놓고 보니 정말 놀라 자빠질 만큼 엄청난 가격이 산출되었다. 게다가 미국 공장측은 별로 필요하지도 않은 부품들도 교묘하게 끼워 넣어 자신들의 목적을 달성하려 했다.

하지만 중국 기업측은 상대방의 속셈을 간파하고는 전면적인 점검과 자세한 계산을 요구했고 이성적인 협상을 펼쳤다. 그러자 미국측은 어쩔 수 없이 양보를 해 원래 제시한 견적보다 40%나 낮은 가격으로 계약서에 서명을 할 수밖에 없었다.

미국 공장측은 협상에서 '혼수모어'의 계를 이용하려 했고 일부러 견적서를 불필요할 정도로 세세하게 작성해 상대방을 어지럽게 한 다음 몰래 가격을 올린 자신들의 목적을 달성시키려 했다.

이 이야기를 통해 비즈니스 협상 중 항상 머리를 맑게 해 외국 기업들의 간계에 말려들지 않아야 하는 것이 얼마나 중요한지를 잘 알 수 있다. 이렇게 하면 속지 않을 수 있고 국가에 중대한 경제적 손실을 끼치는 것을 막을 수 있다.

제3기

금선탈각(金蟬脫殼)

움직이지만, 그 움직임을 겉으로
드러내지는 말라

이 계책은 《원곡선元曲選, 주사담朱砂擔》 제1절에 나온다. 원뜻은 금빛 매미가 성충이 될 때는 반드시 유충의 허물을 벗어야 한다는 것이다. 그리고 표면적인 현상은 그대로 남겨 두고 실제로는 몸을 빼내 도망가는 것을 비유한다.

이 계책은 《원곡선元曲選, 주사담朱砂擔》 제1절에 나온다.

원뜻은 금빛 매미가 성충이 될 때는 반드시 유충의 허물을 벗어야 한다는 것이다. 그리고 표면적인 현상은 그대로 남겨두고 실제로는 몸을 빼내 도망가는 것을 비유한다. 군사적으로는 가짜 외형으로 적을 움직이지 못하게 한 다음 자신은 몰래 몸을 빼 도망을 가 곤경에서 벗어나는 것을 가리킨다. 즉, 움직이지만 움직이지 않는 것처럼 보이게 하는 전략이다.

이 계책의 가장 핵심은 '탈(脫, 벗어나다)'에 있다. 맞이하는 적이 다르듯이 '탈'의 방법도 그때그때 다르다. '탈'은 일반적으로 ① 곤경에서 벗어나는 것 ② 위험에서 도망치는 것 ③ 위험을 피하는 것 ④ 곤란한 상황에서 필사적으로 벗어나는 것 ⑤ 책임에서 벗어나는 것 등을 가리킨다.

이 계책을 이용하기 위해서는 반드시 시기를 잘 잡아야 한다. '허물을 벗는 것'은 너무 일러서는 안 된다. 승리의 가능성이 있을 때만 계속해서 진행하다가 꼭 필요한 상황이 되면 그때 '허물'을 벗어야 한다. 역시 너무 늦게 허물을 벗어서도 안 된다. 패국이 정해진 상황에서 1분을 지체하면 1분만큼의 위험이 더욱 가중되며 살아날 수 있는 1분만큼의 희망이 줄어들기 때문이다.

'금선탈각'은 적극적이고 능동적인 후퇴와 이동의 방법이라 할 수 있다. 이런 후퇴와 이동은 상황이 매우 위험하게 돌아갈 때 이용할 수 있으며, 조금이라도 신중하지 못해 실수를 하게 되면 치명적인 재난을 당할 수 있다. 그러므로 반드시 상황을 냉정하게 관찰하고 분석한 뒤 과감하게 행동에 돌입해야 한다.

자고로 계책은 비밀로 지켜지면 성공하지만 새어나가면 실패하고 마는 법이다. 그러므로 '금선탈각'의 모든 과정은 적이 알아채지 못하는 상황에서 진행되어야 하며 조금이라도 새어나가 일을 그르쳐서는 안 된다.

이 계책은 다음의 두 가지로 나누어 볼 수 있다.

(1) 몸을 빼낸다. 곤경에서 벗어나기 위해 먼저 '껍질'을 적에게 남겨두고 자신은 몸을 빼 도망가는 것이다.

(2) 몸을 나눈다. 서로 다른 두 적을 맞이하게 되었을 때 앞뒤로 적을 맞는 상황을 피하기 위해 원래의 적에게 허장성세를 부려 감히 경거망동하지 못하게 만든 다음 몰래 주력을 빼내 다른 적을 공격한다. 그리고 그 다른 적을 소멸시키고 난 후 원래의 적을 다시 공격한다.

# 1 짙은 연기로 적을 속인 전예

　　　　　위나라 문제는 전예에게 명령을 내려 선비족을 진무케 했다. 당시 선비족은 수십 개의 부족으로 나뉘어 서로 공격하고 있었지만, 그들이 힘을 모으게 될 것을 염려한 전예는 병사들을 이끌고 깊이 침투해 선비족 중에서 병력이 제일 강한 부족을 정벌하려 했다. 하지만 적의 숫자가 워낙 많아 전예의 군대는 후퇴하지도 못한 채 매우 위태로운 상황에 처하게 되었다.

　그러자 전예는 적의 진영에서 멀지 않은 곳에 진지를 세우고 장작과 건초 그리고 소와 말의 분뇨를 모아와 불을 붙이도록 명령했다. 곧 자욱한 연기가 사방을 메우고 공중으로 퍼져나갔다. 이를 본 선비족은 이미 오랫동안 적이 그곳에 있었다는 생각에 아무런 의심을 하지 않았다. 하지만 그들이 연기를 헤치고 전예의 진영에 도착했을 때 적의 병사와 말들은 그림자도 보이지 않았다.

　사실 전예는 후퇴를 위해 '금선탈각'의 계를 썼다. 그는 장작과 건초 그리고 소와 말의 배설물에 불을 붙인 다음 군사를 이끌고 황급히 후퇴했던 것이다. 그리고 선비족이 일의 전말을 알았을 때 전예의 대군은 이미 수십 리 밖에 있었다.

２ 당나귀 보초병

915년 진나라 왕 이존욱은 대군을 소집해 유심을 공격했다.

유심은 진양이 비었다는 것을 알고 진의 시선에서 벗어나 부대를 비밀스럽게 이동시켜 진양을 기습하기 위해 '금선탈각'의 계를 생각해 냈다.

유심이 머무른 곳은 사방이 벽으로 둘러싸여 있었고 항상 보초병들이 깃발을 들고 성벽 위에서 순찰을 돌고 있어 진의 병사들은 멀리서도 성벽 위의 보초병들을 볼 수 있었다. 그래서 유심은 당나귀를 성벽 위로 끌어올린 다음 당나귀가 성벽 위를 왔다 갔다 하도록 훈련시켰다. 그리고 허수아비를 만들어 당나귀의 등에 묶고는 허수아비에 깃발을 꽂아 두었다. 이렇게 당나귀는 멈추지 않고 성벽 위를 왔다 갔다 했고 '보초병'과 깃발도 쉴 새 없이 움직였다.

이틀째 되던 날, 진나라 군대는 성 안이 이상하리만치 조용한 것을 수상쩍게 여기고 이존욱에게 이 사실을 알렸다. 이존욱 역시 이를 이상하게 생각하고 병사들에게 말했다. "유심은 계략이 많은 인물이라 이번에도 반드시 무언가 꿍꿍이가 있을 것이다!" 그리고 그는 서둘러 정탐병을 보내고 나서야 성 안에는 '당나귀 보초병'만이 있을 뿐 유심은 벌써 종적을 감추었다는 것을 알게 되었다.

3 양에게 북을 치게 한 필재우

　　1206년, 남송의 장군 필재우는 병사들을 이끌고 금군과 한바탕 전쟁을 벌였다. 금군의 지원부대가 계속해서 늘어났기 때문에 필재우는 더 이상 감당하지 못하고 후퇴를 결정했다.

　　금군과의 전투 중 필재우는 항상 쉬지 않고 북을 치도록 명령했다. 이렇게 하면 적을 위협할 수 있을 뿐 아니라 송군의 사기를 북돋울 수 있을 것이라 생각했기 때문이다.

　　수하의 장수들과 후퇴에 관한 일을 의논하는 자리에서 필재우가 말했다. "지금 적의 수는 아군에 비해 훨씬 많아 더 이상 대적하기 힘드오. 그러니 아군의 힘을 지키기 위해서는 퇴각밖에는 방법이 없소. 물론 후퇴는 조용히 이루어져야 하오. 하지만 아군의 진영에서 북소리가 들리지 않으면 반드시 적들은 눈치 챌 것이오. 나에게 한 가지 계책이 있는데 그걸 쓴다면 아군은 안전하게 후퇴할 수 있을 것이오."

　　그리고 필재우는 병사들을 시켜 양을 여러 마리 구해오도록 한 다음 잡아온 양을 나무 위에 거꾸로 매달고 앞 다리를 북에 닿도록 했다. 졸지에 거꾸로 매달리게 된 양은 온 힘을 다해 발버둥을 쳤는데 이렇게 하니 송 진영의 북이 계속해서 울려댔다. 송군은 진지를 그대로 둔 채 간단한 행장만을 꾸려 몰래 진영을 빠져나갔다.

계속되는 송의 북 소리를 들은 금군은 적이 아직도 진영에 있다고 생각하고 이전과 마찬가지로 대규모의 공격을 준비했다.

며칠이 지나고, 송군의 진영에서는 북소리만 들릴 뿐 사람의 움직임은 찾아볼 수 없었다. 이를 의심하기 시작한 금군은 서둘러 사람을 보내 적의 동향을 살피도록 하고 나서야 북을 친 것은 양들이고 송군은 이미 멀리 달아난 후임을 알게 되었다.

금의 장군은 무릎을 치며 탄식했다. "우리가 필재우의 '금선탈각'의 계에 걸려들었구나!"

 ## 4 시를 남겨 화를 면한 왕수인

명 무종 정덕년, 권력을 독점한 환관 유근은 안으로는 충신들을 해하고 밖으로는 백성들을 기만했지만 조정의 중신들은 아무도 감히 그에게 바른말을 하지 못했다. 하지만 어사 대선은 못된 짓만 골라하는 유근의 행동을 참지 못하고 상소를 올려 그를 탄핵했다. 그러나 대선은 오히려 유근의 모함을 받아 관직을 삭탈당하고 변경지역으로 쫓겨났다. 이를 알게 된 병부주사 왕수인은 노발대발하며 대선을 구하기 위해 상소를 올렸지만 이 역시도 유근이 먼저 가로채 버렸다. 왕수인은 억울하게 곤장 50대를 맞

고 귀주 용장의 역승으로 좌천되었다.

용장은 수도에서 만 리나 떨어진 곳으로 인적이 드문 산속이었다. 왕수인이 전당錢塘에 당도했을 때 갑자기 그의 하인이 은밀하게 유근이 자객을 보낸 사실을 알려 주었다. 하지만 왕수인은 태연했다. "걱정할 필요 없다. 내 이미 짐작하고 있던 터였다." 왕수인은 비록 이렇게 말했지만 이미 마음속으로 이를 해결할 방법을 미리 준비해 두고 있었다.

다음 날 아침, 잠에서 깬 왕수인의 종은 주인이 감쪽같이 사라진 것을 발견했다. 왕수인의 베개맡에는 그가 쓴 듯한 시 구절이 남겨져 있었다. "백년 신하된 도리로 그 슬픔을 가눌 수가 없구나. 한밤의 강물도 눈물을 흘리네百年臣子悲何極, 夜夜江濤泣子胥."

이를 본 종은 주인이 강에 투신한 것이라 생각하고 서둘러 강으로 달려갔다. 마침 강 위에는 관모와 신발이 떠 있었는데 건져보니 왕수인의 것이 틀림없었다. 왕수인에 강물에 투신했다는 소식은 재빠르게 퍼져 나갔고 왕수인을 쫓고 있던 자객의 귀에도 들어가게 되었다. 그는 어쩔 수 없이 왕수인의 관모와 신발을 들고 수도로 돌아갔다.

사실 이것은 왕수인이 쓴 '금선탈각'의 계였다. 그는 교묘하게 함정을 파고 사람들을 속여 자신이 강물에 뛰어든 것처럼 믿도록 했다. 그의 친척과 친구들이 그를 위해 강가에서 제사를 지내고 있을 때 왕수인은 옷을 갈아입고 오이산으로 몸을 숨겼다.

5 여덟 대신을 죽인 의귀비

1861년 영·프 연합군이 베이징으로 밀고 들어왔을 때 청의 함풍제는 병든 몸을 이끌고 열하로 도망갔다. 이때 효치황후(훗날의 동태후)와 의귀비(훗날의 서태후)가 함풍제를 따랐다. 황후가 아들을 낳지 못했기에 이미 황자를 낳은 의귀비의 야심은 대단했다. 그녀는 조정의 대신들을 끌어들여 정권을 장악하려 했다. 의귀비의 야심을 알아차린 함풍제는 그녀에게 사약을 내리려 했지만 황후의 애원으로 마음을 돌렸다. 함풍제는 병상에서 유서를 써서 황후에게 주며 이렇게 말했다. "의귀비는 믿을 수 없는 사람이오. 만약 후에 그녀가 황자를 낳은 것으로 태후가 된다면 반드시 규율에 따라 행동해야 할 것입니다. 혹여나 행동에 신중을 기하지 않는다면 군신들을 모아 이 유서를 읽어 내려 의귀비를 죽이고 후환을 없애도록 하시오." 함풍제는 겨우 열 살이 조금 넘은 황제를 대신해 재원, 단화, 숙순 등 여덟 대신들에게 조정의 일을 돌보도록 직접 지시했다.

영·프 연합군이 베이징 성에서 물러난 후 함풍제는 베이징으로 돌아가지 못하고 그만 열하에서 병으로 죽고 말았다. 그러자 숙순은 거짓으로 왕의 유조를 전하며 황자로 하여금 왕위를 잇게 하고 황후에게 옥쇄를 내놓을 것을 종용했다. 하지만 황후는 응낙하지 않으려 했다.

수도로 돌아가던 중 숙순 등 여덟 대신들은 후비를 보호한다는 명목 하에 병사들을 늘려 의귀비 모자를 살해하려 했다. 하지만 이를 미리 짐작하고 있었던 의귀비는 먼저 비밀스럽게 사람을 보내 영록에게 군대를 이끌고 자신을 맞으러 오도록 했다. 함풍제의 관이 막 열하를 떠났을 때 영록의 군대는 이미 의귀비를 맞으러 왔고 이 때문에 조순은 아무런 손을 쓸 수가 없었다.

베이징을 눈앞에 두고 의귀비와 효치황후는 의논을 거친 후 궁녀 둘을 후비의 모습으로 변장시킨 후 자신들의 가마 속에 들어 앉혔다. 그리고 의귀비와 황후, 황자는 평민으로 변장하고 가볍고 빠른 마차를 타고 재빠르게 베이징으로 향했다. 성에 도착한 의귀비는 즉시 문무 대신들을 궁으로 불러들이고 황제의 옥쇄를 보여주며 자신의 아들을 청나라의 황제인 동치황제로 옹립시켰다. 그녀는 또 병마를 성 바깥에 배치시켜 황제의 관을 맞도록 했다.

3일째 되던 날, 먼저 수도에 도착한 재원과 단화는 성에 들어서자마자 곧장 사로잡혔다. 이어서 의귀비는 병력을 동원해 숙순을 수도로 잡아들인 다음 모반을 꾀했다는 죄명으로 그를 참수했다.

의귀비가 일으킨 정변은 '금선탈각'의 계로 인해 성공을 이룰 수 있었다. 그녀는 베이징으로 돌아오는 길에 궁녀를 후비로 변장시킨 뒤 숙순 등의 감시망을 벗어나 도망칠 수 있었고, 재빨리 도읍으로 돌아가 시기가 무르익기를 기다려 마침내는 숙순 등 여덟 대신을 단두대로 보낼 수 있었다.

 **6 적의 미행을 따돌린 천원**

　　　　　　　1927년 4월 12일, 장제스는 반혁명 정변을 일으키고 제멋대로 공산당과 애국인사들을 붙잡거나 살해했는데 이 때문에 각 지역의 공산당 조직은 크고 작은 피해를 입었다.

　당시 천원이 맡고 있던 상하이 칭푸 지구의 농민운동 역시 심한 피해를 입게 되자 혁명의 힘을 남겨두기 위해서 공산당 조직은 천원과 또 다른 두 명의 지하당원들에게 잠시 그 지역을 떠날 것을 명령했다. 세 사람은 도피길에서 청년 두 명이 몰래 자신들을 따라오고 있는 것을 알게 되었다. 그들이 펑징에 도착했을 때 청년들은 아직도 그들을 따라오고 있었다. 천원은 그들이 분명 적의 정탐병이라 생각하고 이 상황에서 벗어날 방법을 궁리하기 시작했다.

　한참 길을 걷다가 한 음식점을 발견한 천원에게 곧 좋은 생각이 떠올랐다. 이윽고 세 사람이 음식점에 들어가 자리에 앉자마자 두 청년이 뒤따라 음식점으로 들어왔다. 하지만 천원은 짐짓 아무것도 모르는 척 테이블에 같이 앉은 사람들과 즐겁게 웃으며 이야기를 나누었다. 세 사람은 음식을 먹으면서 연신 맛이 좋다며 떠들어댔다. 그들을 지켜보던 두 명의 정탐꾼들은 오랫동안 굶은 터라 자신들도 모르게 침을 꼴깍 삼켰다. 이때 천원이 사람 좋게 웃으며 그들을 향해 손을 흔들고는 말했다. "여보시오. 보아하니 배가 많이 고픈 듯한데 빨리 와서 이것 좀 드셔보시오!" 그러자 두 정탐꾼

들은 '굳이 사양할 필요가 없다'는 생각에 한 걸음에 달려와서는
게 눈 감추듯 음식을 먹어댔다. 그때 천원은 눈빛으로 두 지하당원
들에게 먼저 자리를 뜨라고 말했다. 이윽고 자리를 떠난 두 사람이
한참을 지나도 돌아오지 않자 천원은 성가시다는 듯이 말했다. "그
치들은 정말 못 말린다니까. 또 어디에서 시시덕거리고 있는지 말
이야. 음식이 벌써 다 식었는데." 말을 마친 그는 벌떡 일어나더니
맛있게 음식을 먹고 있는 두 청년에게 말했다. "내 가서 그 두 사
람을 찾아오리다. 그러니 여기서 내 짐을 좀 지켜 주시오. 곧 돌아
올 테니."

천원이 자리를 뜬 후 두 정탐꾼은 꽤 오랜 시간을 기다렸지만 그
는 돌아오지 않았다. 그리고 그들은 마침내 자신들이 함정에 빠졌
다는 것을 알게 되었다. "큰일이다! 우리가 그의 꾀에 걸린 거야. 그
들은 이미 멀리 도망쳤다고!" 그들은 서둘러 천원이 남기고 간 짐을
풀어보았다. 그러자 그 속에는 종이 한 묶음과 돌멩이 몇 개 그리고
이런 글이 써진 종이가 한 장 들어있을 뿐이었다. '거친 바다는 끝
이 없고 고개를 들면 바로 연안이네. 끝까지 고집을 부린다면 죽는
길밖에 더 있으랴.' 화가 난 두 정탐꾼은 종이를 갈가리 찢어버리고
서로 멀뚱히 쳐다만 보다가 결국은 바람 빠진 공 마냥 의자에 주저
앉아 버리고 말았다.

천원은 위기상황에서도 기지를 발휘해 '금선탈각'의 계를 생각
해 냈고 이를 이용해 교묘하게 미행자들을 따돌릴 수 있었다. 조건

이 자신에게 불리하게 돌아가는 상황에서 지략을 이용해 수동적인 입장을 능동적으로 바꾸고 승리할 수 있다는 것은 남다른 지략과 비범한 담력이 있음을 잘 설명해 준다 할 수 있다.

 ## 7 몰래 베이핑을 떠난 바이충시

1929년은 바이충시에게 있어 무척이나 재수가 없는 해였다. 연초에 장쉐량이 양위팅을 총살해 단번에 그의 '봉계합작奉桂合作' 계획을 물거품으로 만들어 버린 데다 장제스는 국민당 혁명군 총사령관이라는 신분으로 바이충시의 군권을 줄이려 했다. 당시 그의 부대 대부분은 탕성즈를 토벌하고 나서 얻은 것으로 조그마한 입김에도 쉽게 그를 배신을 할 수 있는 상황이었다. 실제로 바이충시의 부하 몇몇은 그를 잡아 장제스에게 바치려는 계획을 세우고 있었다.

'작은 제갈량' 이라는 별명을 가지고 있던 바이충시가 이런 위험 속에서 손을 놓고 있을 리 만무했다. 그는 꾀를 써서 몰래 베이핑에서 도망치기로 마음을 먹었다.

어느 날 그는 자신의 차를 독일인이 운영하는 병원 앞에 세워두고 호위병과 수행원들의 부축을 받으며 병원 입원실로 들어섰다.

얼마 후 호위병들과 수행원들은 병원을 빠져나와 바이충시의 차를 타고 가버렸다. 이를 본 사람들은 당연히 바이충시가 입원했겠거니 생각하게 되었다.

하지만 바이충시의 자동차가 병원을 떠날 때 병원 후문에는 또 다른 자동차가 황급히 시동을 걸고 있었다. 이 차에 타고 있던 사람은 비록 옷을 바꾸어 입고 선글라스를 썼으며 가짜 수염을 달고 있긴 했지만 틀림없는 바이충시였다.

그날 밤, 바이충시의 참모장 왕쩌민은 생일 파티를 명분삼아 둥라이순이라는 오래된 음식점에서 연회를 열고 바이충시의 제4사단 소속의 관군들을 모두 초대했다. 파티가 시작되어도 바이충시가 모습을 드러내지 않자 모두들 그가 지휘관으로서의 체면 때문에 일부러 늦게 오는 것이라고 생각했다. 하지만 술잔이 어느 정도 돌았는데도 그가 여전히 모습을 드러내지 않자 사람들은 술렁거리기 시작했다. 그러자 왕쩌민이 대답했다. "건생(바이충시)은 다리 병이 도져서 지금 병원에 입원했기 때문에 오늘 파티에 참석하실 수 없는 것이오."

군관들이 술에 거나하게 취했을 무렵 바이충시는 몰래 베이핑을 떠나 칠흑같이 어두운 밤을 틈타 동쪽으로 이동하고 있었다.

바이충시는 '금선탈각'의 계를 이용해 안전하게 몸을 빼낼 수 있었고, 그를 잡아 장제스에게 바쳐 공을 세우려는 군관들은 닭 쫓던 개 신세가 되어버리고 말았던 것이다.

8 빈 관을 이용한 류사오치

1941년 무더운 여름, 신4군 정치위원을 맡고 있던 류사오치는 통신원을 대동하고 외부 회의에 참석했다. 이때 류사오치의 행방을 파악한 일본 침략군이 보낸 특수부대가 대규모의 일위군을 보내 그를 생포하겠다고 호언장담했다.

어느 날, 젠양현의 한 마을에 도착한 류사오치가 한 농민의 집 대문을 두드렸다. 문을 연 중년 남자는 류사오치를 스윽 훑어보더니 깜짝 놀라며 말했다. "후푸(류사오치의 가명) 동지 아니오?" 그러자 류사오치도 상대방을 알아보고 말했다. "아니, 마위푸 동지!" 류사오치는 옌성에서 일할 당시 항일 민주정부의 대표였던 마위푸와 안면을 튼 적이 있었다.

두 사람이 이야기를 나누고 있을 때 멀리서 요란한 발소리와 함께 왕왕대는 개 짖는 소리가 들려왔다. 누군가가 일위군이 이쪽으로 오고 있음을 알려왔다. 그러자 류사오치가 다급하게 말했다. "마 동지, 빨리 좋은 방법을 생각해 보시오. 내가 가지고 있는 이 서류들을 숨겨야 합니다. 혹시 집 안에 빈 관 같은 게 없습니까?" 마위푸는 잠시 영문을 모르겠다는 듯 류사오치를 쳐다보았고 그는 재빨리 자신의 계획을 설명했다. "이 서류를 관 속에 넣어두면 안전하지 않을까 해서 드리는 말씀입니다." 그러자 마위푸는 그제야 알겠다는 듯 황급히 말했다. "관을 다시 잘 봉한 다음 상복을 입고 장사를 지내는 것처럼 가장하면 분명 안전하게 몸을 빼낼 수 있을 겁니다.”
“그렇지요. 그것이 바로 빈 관을 이용한 계입니다!” 류사오치가 무릎을 탁 치며 말했다.

그들은 서둘러 관을 내오고 상복을 입었다. 그리고 얼마 후 ‘장례’를 치르기 위한 행렬이 만들어졌고 류사오치와 그 부하들은 상복을 입고 서둘러 배에 관을 실었다. 배가 막 출발하려 할 때 일위군이 쫓아와 그들을 막아섰다. 그러자 류사오치가 침착하게 말했다. “집안에 사람이 죽었는데 뭘 조사한단 말입니까? 게다가 관 속에는 전염병에 걸려 죽은 시체가 있어 감염의 위험이 있습니다.” 말을 마친 류사오치는 웩웩거리며 구토하는 시늉을 했다. 그러자 겁에 질린 일위군은 황급히 코를 쥐어 싸며 배를 떠나도록 했다.

이렇게 류사오치는 빈 관을 이용해 적을 속이고 무사히 위험에서 벗어날 수 있었다.

 ## 9 위기에서 벗어난 스파르타쿠스

스파르타쿠스는 2천 년 전 고대 로마에서 있었던 최대 노예봉기의 우두머리였다. 지략이 매우 뛰어난 그는 노예부대를 이끌고 로마에 대항했다.

스파르타쿠스는 바다를 등 뒤로 한 험준한 베수비우스 산에서 반란군을 모았는데 로마제국은 클로디우스를 시켜 그들을 진압하도록 했다. 클로디우스는 베수비우스 산의 유일한 길목을 굳게 지키며 무수하게 많은 장애물을 설치해 노예부대를 산 속에 고립시키려 했다. 하지만 산 속 곳곳에서 자라는 머루덩굴을 보면서 스파르타쿠스는 한 가지 계책을 마련했다. 그는 부하들을 시켜 머루덩굴로 긴 줄사다리를 만들게 한 다음 그것을 타고 몰래 벼랑을 건너 적의 등 뒤로 갔다. 노예부대의 갑작스러운 공격에 로마 관병들은 어쩔 줄 몰라하며 이리저리로 도망가기에 바빴다.

클로디우스가 처절하게 패배한 후 바리누스는 또다시 2개의 군단을 이끌고 노예반란군을 진압하러 나섰다. 거듭되는 싸움에 노예들의 식량은 바닥이 났고 전염병에 걸린 이도 많아 매우 힘든 지경에 이르렀다. 로마 병사들의 포위망을 뚫기 위해 스파르타쿠스는 죽은 병사들의 시신을 아군의 진영 앞에 묶어 보초병처럼 보이게 한 다음 나팔수 몇을 남겨두어 시간에 맞추어 나팔을 불도록 했다. 그렇게 보니 진영 전체가 평소와 다름없어 보였다. 하지만 바로 그 시간에 스파르타쿠스는 대군을 이끌고 적들은 도저히 통과하지 못할 것이라고 생각하는 험한 길을 통해 몰래 포위를 벗어날 수 있었다.

이 소식을 들은 로마 통치자는 분을 삭이지 못하고 또다시 크라수스를 보내 노예부대를 섬멸하도록 했다. 크라수스는 노예반란군들이 항상 다니는 반도의 좁은 길에 기다란 참호를 파고 그 옆에 높은 방어벽을 세우고는 병사들을 시켜 그곳을 지키게 함으로써 반란 군들의 발을 묶으려 했다. 눈이 몹시도 많이 내리던 밤, 스파르타쿠스는 병사들을 참호 가까이로 접근하게 한 다음 횃불을 붙이고 피리를 불고 북을 치며 춤까지 추도록 했다. 그 당시의 관습으로 볼 때 노예는 죽기 전에 춤을 추며 즐기게 되어 있었다. 노예반란군들의 이런 행동으로 인해 로마 군사들은 경계심을 풀게 되었다. 이렇게 적이 피곤을 느낄 무렵 스파르타쿠스는 병사들에게 몸에 지니고 있던 나무와 언 흙으로 참호를 메우게 한 다음 번개처럼 방어벽을 뚫어버렸다.

스파르타쿠스는 여러 번 '금선탈각'의 계를 이용해 위기에서 벗어날 수 있었다. 이를 볼 때 '금선탈각'은 적에게서 벗어나거나 이동, 후퇴하는 전술이라는 것을 잘 알 수 있다. 군사지휘관의 입장에서 볼 때는 공격뿐 아니라 후퇴에도 반드시 전술이 있어야 한다. 그렇기 때문에 '금선탈각'이 매우 중요하다는 것이다.

10 형을 죽게 한 오사사기노미코토

일본의 오진천황은 말년에 태자 오사사기노미코토에게 정권을 물려주고, 오야마에게는 산과 바다를 관리하도록 결정했다. 하지만 변덕이 심한 천황은 또다시 황위를 막내아들 우지노와키이라츠코에게 넘길 준비를 했다.

천황이 붕어한 후 태자 오사사기노미코토는 선왕의 뜻에 따라 천하를 동생에게 넘겨주었다. 하지만 형 오야마는 선왕의 뜻을 거스르고 천하를 손에 넣기 위해 비밀리에 거병을 준비했다.

이 소식을 듣고 깜짝 놀란 오사사기노미코토는 즉시 병사들을 강가에 매복시키고 형 오야마의 공격에 맞설 채비를 갖추었다.

만일의 사태에 대비하기 위해 오사사기노미코토는 자신과 비슷하게 꾸민 심복을 교의에 앉힌 다음 대신들에게 시중을 들도록 했다. 그리고 그는 또 오미자 뿌리를 짓이겨 만든 매끄러운 액체를 갑판에 칠해두도록 했다. 그리고 마지막으로 자신은 평민의 옷을 입고 뱃사공으로 변장했다.

군사를 이끌고 강변에 도착한 오야마는 멀리 보이는 배 위에 태자가 앉아 있는 것을 보고는 강변의 작은 배를 끌어와 좀 더 자세히 살펴보기로 했다. 배가 강 중간쯤에 닿았을 때, 사공이 갑자기 배를 기울어지게 하는 바람에 중심을 잃은 오야마는 물에 빠지고 말았다. 물 위로 고개를 내민 오야마는 살려달라고 소리쳤지만 사공은 어쩐 일인지 들은 척도 하지 않았다. 사실 이 사공이 오사사기노미코토였던 것이다.

이때 강변에 매복하고 있던 병사들이 좌우에서 뛰쳐나왔고 오야마의 병사들은 이리저리 흩어져 도망가느라 정신이 없었다. 이 전쟁은 오사사기노미코토가 형을 죽게 함으로써 끝을 맺었다.

여기에서 일본의 태자는 심복을 자신으로, 자신은 뱃사공으로 변장했는데, 이것이 바로 '금선탈각'의 계이다. 이 계책은 일반적으로 후퇴하는 상황에서 쓰지만 오사사기노미코토는 양군이 대치하고 있는 상황에서 이 계책을 이용했다. 이렇게 보면 특수한 상황에서 '금선탈각'은 공전계攻戰計에 속하기도 한다.

⑪ 체포를 모면한 베나지르 부토

1978년, 파키스탄 육군참모총장 지아 울 하크가 군사 쿠데타를 일으켜 부토 정권을 뒤엎고 군사정권을 수립했다. 하지만 아버지가 사형당한 후에도 베나지르 부토는 조금도 두려워하거나 물러서지 않았고 오히려 파키스탄 국민당 대표가 되었다.

1986년 8월 14일은 파키스탄의 독립기념일이다. 베나지르 부토의 제창으로 파키스탄 국민당과 그외 당파들은 시위활동을 벌이기로 결정했다. 그날 오후 1시, 시위대는 마치 물결처럼 시내로 향했고 대규모 경찰 병력은 시위대를 향해 최루탄을 마구 쏘아댔다. 경찰은 차 안에 있던 베나지르 부토를 체포하려 준비하고 있었고 시위대가 몸으로 벽을 만들어 차를 보호하고 있었다. 이런 일촉즉발의 상황에서 빠져나갈 방법을 생각해 내지 못한다면 베나지르 자신뿐만 아니라 차 안에 있던 다른 당원들 역시 잡혀갈 수밖에 없었다. 마침 그녀의 눈에 길가에 세워진 노란색 택시가 들어왔고 그녀의 머릿속에 갑자기 좋은 생각이 떠올랐다. 당원들과 함께 신속하게 택시에 올라탄 베나지르는 기사에게 차를 빨리 몰아 자신이 원래 타고 있던 차보다 먼저 가도록 부탁했다. 택시가 교차로에 도착했을 때 대규모의 경찰 병력이 그곳을 지키고 있었다. 이 광경을 본 기사는 차를 돌리려고 했지만 베나지르가 그를 말렸다. 그들이 교차로를 통과할 때 경찰은 두말 않고 그들을 통과시켜 주었다. 그리고 뒤따라오던 차를 막아서고는 차 문을 열었지만 베나지르가 그곳에 있을 리 없었다.

베나지르 부토가 경찰들과의 대결에서 이길 수 있었던 원인은 '금선탈각'의 계에 있었다. 그녀는 과감하게 택시에 올라 타 몸을 피했고, 원래 자신이 탔던 차는 경찰을 속이는 '껍질'로 만들어버린 것이다.

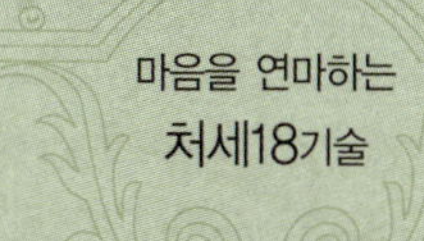

제4기

관문착적(關門捉賊)

손바닥 안으로 완전히 들어온
다음에 움켜쥐어라

이 계책의 원뜻은 도둑이 물건을 훔치려 할 때 문을 닫아걸어 가둔 다음 잡는다는 것이다. '관문착적'은 내가 주도권을 잡고 있다는 전제하에, 교활하여 막기 힘든 데다 목숨 걸고 덤벼드는 적을 대할 때는 우선 퇴로를 차단한 뒤 물샐틈없이 포위해 단번에 섬멸해야 한다는 뜻으로 발전했다.

이 계책의 원뜻은 도둑이 물건을 훔치려 할 때 문을 닫아 걸어 가둔 다음 잡는다는 것이다. '관문착적'은 내가 주도권을 잡고 있다는 전제하에, 교활하여 막기 힘든 데다 목숨 걸고 덤벼드는 적을 대할 때는 우선 퇴로를 차단한 뒤 물샐틈없이 포위해 단번에 섬멸해야 한다는 뜻으로 발전했다.

이 계 중의 '적(賊, 도둑)'은 일반적으로 수가 많지 않지만 행동이 매우 기민한 적을 가리킨다. 그렇기 때문에 끝까지 추격한다면 적은 종적을 감추거나 목숨 걸고 덤벼들 수도 있다. 만약 '도둑'을 유혹해 깊이 들인 다음 '문' 안에 가둔다면 적은 독 안에 든 쥐가 될 것이고, 나는 곧 승리를 이룰 수 있게 된다.

고대병법에서는 이 계책을 매우 중요하게 다루었다. 《손자병법, 모공謀攻》에는 '용병의 방법이란 아군이 적의 10배면 적을 포위하고, 5배면 적을 공격하며, 2배면 병력을 나누어 공격한다(敵用兵之法, 十則圍之, 五則攻之, 倍則分之)'라는 말이 있다. 《위료자慰繚子, 제담制談》에는 '목숨을 내건 도둑이 시장으로 뛰어들면 모든 사람들은 그를 피한다. 그것은 그 도둑이 용감해서도 아니고 사람들이 그만 못해서도 아니다. 그러면 왜 그런단 말인가? 살기를 포기하는 것과 꼭 살아야겠다고 희망하는 것은 본시 다르기 때문이다(一夫伏劍于市, 萬人無不避之者. 臣謂非一人之獨勇, 萬人皆不有也, 何則? 必死與必生固不侔也)'라는 말이 있다. 손자가 말한 '十則圍之'와 '小敵困之'의 기본적인 뜻은 같다. 또 위료자가 말한 '많은 사람이 목숨을 내놓은 도둑을 쫓지 않는다'는 것은 적을 무리하게 쫓거나 핍박하지 않고 포위한 후 섬멸하면 승리할 수 있다는 이치를 설명해 주고 있다.

이 계책을 성공적으로 이용하기 위해서는 먼저 '닫은' 후 '잡아야' 한다. '닫는' 방법에는 여러 가지가 있고, '잡는' 법 또한 셀 수 없이 많다. '닫는' 것에는 일찍 닫는 것과 늦게 닫는 법, 서둘러 닫는 것과 천천히 닫는 것, 공개적으로 닫는 것과 비밀리에 닫는 것이 있다. 또 '잡는' 법 역시 놀라게 하여 잡는 것, 지치게 한 후 잡는 것, 유혹해 잡는 것, 괴롭힌 후 잡는 것, 싸워서 잡는 것이 있다. 하지만 가장 중요한 것은 반드시 적의 상황과 구체적인 환경에 맞추어 '닫고' '잡는' 방법을 정해야 한다는 것이다.

이 계책을 이용하기 위해서는 다음의 세 가지 사항을 유념해야 한다.
(1) 약한 적을 가둔다. 문을 닫아 잡는 '도둑'은 일반적으로 약한 적을 의미한다. 만약 강한 '도둑'을 방 안에 가두어 둔다면 벽이 무너지고 문이 부서지는 등 반드시 한바탕 난리가 날 것이기 때문이다.

(2) 반드시 대문을 굳게 닫아건다. '방'에 갇힌 '도둑'은 반드시 목숨을 걸고 저항할 것이며 대문은 도둑의 주된 타깃이 될 것이다. 만약 대문이 굳게 닫혀 있지 않다면 도둑은 그 문을 열고 도망가 버릴 수도 있다. 이렇게 되면 그 동안의 공은 모두 수포로 돌아가 버리는 게 아닌가?

(3) 시기를 정확하게 잡아야 한다. 문을 닫아걸든 도둑을 잡든 모두 시기가 중요하다. 마치 《병법원기兵法圓機》에서 말했던 '너무 빨리 공격하면 적은 편해지고 늦게 공격하면 시기를 잃게 된다(盖早發敵逸, 猶遲發失時)'라는 말처럼 말이다. 이렇게 '문을 닫고' 또 '도둑을 잡는' 시기를 반드시 정확하게 잡아야 한다. 이것이 바로 승리할 수 있는 중요한 요소 중 하나이다.

1 장안을 다시 차지한 황소

880년, 농민반란군의 수령이 된 황소가 동도 낙양을 함락시키자 당나라의 수도 장안은 매우 위태로운 상황에 처하게 되었다. 이 때문에 당 희종은 문무 대신들을 대동하고 장안을 벗어나 산서 흥원으로 피신했고 반란군은 쉽게 장안을 점령할 수 있었다.

장안을 차지한 황소는 스스로 대제황제라 칭하고 궁정생활을 즐겼고 이 때문에 성도에 도착한 당 희종은 한숨 돌리고 힘을 갖출 시간을 벌게 되었다. 희종은 병사들을 훈련시키고 군대를 소집해 황소를 공격할 준비를 갖추었고 다음 해 봉상에서 대승을 거두었다.

승리감에 도취된 당군은 공을 더 세우고 싶어 안달이 났다. 하지만 황소는 현재의 군사 상황에 맞추어 '관문착적'의 계책을 세웠다. 5월 엿새, 황소는 갑자기 반란군들을 이끌고 장안성을 빠져나와 패상에다 진영을 만들었다. 그러자 당군은 무서운 기세로 돌진해 성을 차지해 버렸다. 성 안에 반란군이 하나도 없는 것을 본 당군은 저절로 해이해졌고 마음대로 물건을 약탈하고 아녀자를 희롱하며 장안성을 난장판으로 만들어 놓았다.

이를 지켜보던 황소의 반란군들은 그때를 틈타 다시 장안으로 돌아와 성을 물샐틈없이 포위했다. 주머니 하나 가득 금은보화를 담은 당군들에게 싸울 마음이 들지 않는 것은 뻔했고 사기가 충천한 반란군들은 관군들을 닥치는 대로 죽였다. 그리고 장안성은 다시 황소의 손에 들어가게 되었다.

 **2** 적을 포위해 섬멸한 유대유

명 가정嘉靖 33년, 왜구는 무사 2만 명을 조직해 송강 탁림에 주둔하며 중국 연해 일대를 따라 약탈행위를 일삼았다. 왜구가 굳이 탁림을 근거지로 삼은 까닭은 그곳은 물이 가까이에 있고 지세가 험하며 배가 드나들기에 편리한 데다 육지 곳곳으로 이어져 있었기 때문이었다.

이 소식을 들은 명 세종은 우도어사 장경을 연해로 보내 왜구를 소탕하도록 했다. 이때 소송부총병 유대유가 장경에게 말했다. "왜구는 그 수가 많은 데다 지금 자신들에게 유리한 지형을 차지하고 있습니다. 이 때문에 강하게 공격하면 분명 적은 배를 타고 멀리 내빼버릴 것입니다. 게다가 아군은 소집한 지 얼마 되지 않았기에 제대로 힘을 낼 수 없을 것입니다. 바로 이럴 때 '관문착적'이라는 좋은 계책을 써야 하는 겁니다. 먼저 병사들을 보내 왜구들이 자주 다니는 길목을 지키게 한 다음 몰래 한 개 부대를 적의 후방으로 보내 수로를 차단하십시오. 그리고 왜구가 덫에 걸려 들기를 기다렸다가 앞뒤에서 공격한다면 반드시 그들을 물리칠 수 있을 겁니다." 유대유의 계책을 들은 장경은 매우 만족스러워하며 유대유, 추계방, 탕극관에게 병력을 셋으로 나누어 금산위, 민항 그리고 사포를 지키며 잠시 병사를 움직이지 못하게 했고 영순, 보정에게 격문을 보내 양군이 연합해서 토벌작전을 펼치도록 했다.

얼마 후 시간에 맞춰 도착한 영순군과 보정군이 함성을 지르자 각 곳에 배치되어 있던 군마가 닥치는 대로 적을 공격했고 유대유가 앞장서자 적은 힘없이 그대로 무너지고 말았다. 이 전투에서 왜구 2,000명이 목숨을 잃었고 용케 살아남은 자들은 뿔뿔이 도망쳐 버렸다.

 **3** 아극살 전쟁

제정 러시아가 억지로 중국 흑룡강성의 작은 성 아극살을 차지해 버리자 삼번의 난을 평정하고 대만을 되찾은 강희황제는 잃어버린 땅을 되찾기 위해 두 번의 아극살 전쟁을 조직해 제정 러시아의 침략 야욕을 철저히 부수고 국가의 영토주권

을 수호했다.

청나라 군대는 첫 번째 전쟁 후 스스로 아극살에서 후퇴했다. 하지만 러시아는 패배를 인정하지 않고 다시 한 번 700명의 부대를 보내 이곳을 차지해 버렸다. 1686년, 이를 본 강희황제는 또다시 수천 명의 병사를 아극살로 보냈고 병력이 우세한 청의 군대는 성을 포위하고 러시아군에게 철수할 것을 최후 통첩했다. 하지만 신식무기를 갖춘 러시아는 오히려 청의 군대를 향해 반격을 시작했다.

나흘 동안의 전투로 러시아는 100여 명이 넘는 병사들이 목숨을 잃었다.

하지만 러시아는 견고한 수비와 충분한 화약으로 완강히 버텼다. 그러자 더 이상의 피해를 막기 위해 청은 무차별 공격을 중지하고 '관문착적'의 전략으로 적에게 응대하기로 결정했다. 청의 군대는 아극살 성 주위에 참호를 파서 성과 외부를 단절시켜 버렸다. 얼마 후 성 안의 물과 식량은 바닥이 났고 굶주림은 러시아 군사들의 생명을 위협해 왔으며 부상을 당한 병사들은 목숨을 잃었다. 그리고 연말이 되자 성 안에는 겨우 150명의 러시아 군사만이 남아 있었다. 마침내 제정 러시아는 사자를 보내 성의 포위를 풀어 줄 것을 애원하며 평화협상을 제안해 왔다. 그리고 1686년, 중국과 러시아는 오랜 협상 끝에 그 유명한 '네르친스크 조약'을 맺었다.

4 삼하 수호 전

천경사변 이후 태평천국이 큰 타격을 입고 일시적으로 휘청거리자 청나라 군대는 이런 천재일우의 기회를 놓치지 않고 반격을 가했다. 1858년 증국번 상군의 주력부대인 이속빈의 부대는 구강을 공격한 후 그 기세를 몰아 태호, 동성, 서성 등지를 함락하며 삼하까지 진격해 나갔다. 삼하는 당시 안휘의 성도인 여주로 통하는 중요한 길목이었기 때문에 이곳을 잃게 되면 여주 역시 지켜낼 수 없었다. 그래서 태평천국은 안휘에서 자리를 잡기 위해서 죽을힘을 다해 삼하를 지키기로 했다.

태평천국의 청년장군 진옥성은 삼하가 위기에 빠졌다는 소식을 듣고는 본부의 군대를 이끌고 밤낮을 달려 삼하로 향했다. 그는 긴장된 행군 속에서도 이 난관을 뚫을 수 있는 '관문착적'의 계를 생각해 냈다. 진옥성은 군사들을 이끌고 먼저 관군의 후방을 포위함과 동시에 여주의 수장 오여효에게 염군(청대 일어났던 농민 폭동군)과 회합해 남하하여 이속빈과 수성에 있는 관군의 연락망을 끊어버릴 것을 명령했다. 이때 이수성은 홍수전의 명령을 받고 군사를 이끌고 지원군으로 나섰다. 이렇게 태평군은 상군에 대해 포위망을 형성하면서 이속빈의 부대를 독안에 든 쥐로 만들어 버렸다.

삼하에 도착한 상군은 계속해서 강을 끼고 세운 태평군의 방어벽을 공격했는데 그 기세가 자못 날카로웠다. 11월 14일 진옥성과 이

수성이 이속빈의 진영을 협공함으로써 격렬한 전쟁이 시작되었다. 다음 날 이속빈은 반격부대를 조직해 단번에 진옥성의 진영으로 쳐들어갔다. 하지만 갑자기 짙은 안개가 깔리고 한 치 앞도 내다볼 수 없게 되자 이속빈의 부대는 태평군에게 전멸당하고 말았다. 그러자 진, 이 두 사람은 병력을 합쳐 상군의 진영을 공격함과 동시에 삼하의 수장 오정규 역시 성 밖으로 나와 공격에 가담해 상군을 포위해 버렸다. 20, 30리나 이어진 전선에 화약연기와 함성이 가득했고 7개의 진영을 잃은 상군은 태평군에게 참패하고 말았다.

이 전투에서 태평군은 6,000명의 상군을 죽였고 증국번의 동생 증국화를 비롯한 문무관원 400명의 목숨을 빼앗았다. 그리고 도망갈 곳이 없었던 이속빈은 목 매달아 자살했다. 이 소식을 들은 증국번은 큰 충격을 받고는 맥이 빠진 목소리로 말했다. "삼하에서의 패배로 상군을 6,000명이나 잃었으니 조정이 위태롭게 되었을 뿐 아니라 아군의 사기도 엄청나게 저하되었다." 이와는 반대로 삼하전투에서의 승리로 내리막길을 걷고 있던 태평군은 그 기세를 다시금 드높일 수 있었다. 진옥성, 이수성은 여세를 몰아 도망치는 관군을 추격하면서 서성, 동성, 태호를 되찾아 그동안 수동적이기만 하던 태평군의 위치를 단박에 바꾸어 놓았다.

5 승격림심을 죽인 뇌문광

1864년 7월, 태평천국의 수도 천경이 함락된 후 준왕 뇌문광을 중심으로 하는 태평천국군의 잔여 세력과 장종우, 임화방이 지휘하는 염군이 연합하게 되었다. 이때부터 염군은 태평천국군의 병제와 기율을 따르게 되었는데 이로써 염군은 과거의 분산된 게릴라 활동에서 벗어나 통일된 단체의 모습을 갖추게 되었다. 염군은 또 보병의 수를 줄이고 기병을 늘려 전투력을 대대적으로 보강했다.

이렇게 동에 번쩍 서에 번쩍하는 염군의 반청 봉기에 늘 골머리를 앓고 있던 조정은 승격림심에게 몽골 기병을 주어 이들을 섬멸하도록 했다. 하지만 1864년 12월에 벌어진 정주전쟁에서 승격림심의 군대는 무참하게 패배하고 말았다. 그러나 청 조정은 또다시 그에게 엄청난 규모의 군사를 주었고 염군은 '피실격허避實擊虛'의 전략을 취하여 일부러 산동으로 진격했다. 승격림심은 염군이 식량이 부족해 산동으로 가는 것이라 생각하고는 끝까지 그들을 추격해 일망타진하리라 마음먹었다.

하지만 노서남까지 3, 4천 리가 되는 길을 추격해 간 승격림심의 부대는 먹고 자는 게 제대로 될 리가 없었고 결국 많은 사병들이 피로로 쓰러져 갔다. 심지어 기마에 능한 승격림심조차도 더 이상 말을 몰 수 없을 지경이었다.

1865년 5월 18일, 주력부대를 산동 조주의 북서쪽 숲속에 매복시켜 둔 염군은 소규모의 병력을 보내 승격림심의 부대와 전투를 벌인 뒤 거짓으로 패하여 숲속까지 도망쳐 오도록 했다. 승격림심은 손자병법 중 '적이 북으로 도망가면 필시 그 진위를 가려야 한다'는 원칙을 무시하고 경솔하게 염군의 매복 속으로 스스로 들어갔다. 그는 몇 번이나 적의 포위를 뚫으려 했지만 모두 실패했고 결국 목숨을 잃고 말았다. 그의 남은 병력 6천도 고스란히 목숨을 내놓아야 했음은 물론이다.

이 이야기에서 염군은 유동작전에 능한 장점을 이용해 적과 대치하면서 그들을 피로하게 했다. 그리고 속임수를 써서 적을 유인해 '문을 닫고 도둑을 잡음'으로써 마침내 자신들의 약점을 극복하고 강해질 수 있었던 것이다.

 **6 장후이잔을 사로잡은 홍군**

1930년 10월, 장제스는 옌시산과 펑위샹에 대한 전쟁을 종결하고 즉시 난창으로 가서 '토벌' 회의를 열었다. 얼마 후 장시성 주석 루디핑을 사령관으로 하고 18사단장 장후이잔을 전방 총 지휘관으로 하는, 10만여 명에 해당하는 11개 사단

이 중앙혁명 근거지를 향해 제1차 대규모 군사토벌을 시작했다.

홍군은 마오쩌둥과 주더의 지휘 하에 적을 깊숙이 유인하는 방법을 이용하기로 했다. 그들은 일부러 퇴각하면서 적을 굶주리고 피로하게 함으로써 적의 사기를 떨어뜨렸다. 그리고 12월 말이 되자 상황은 변화하기 시작했다. 홍군이 반격을 시작했던 것이다. 12월 28일 루디핑은 이미 혁명 근거지에 깊숙이 들어가 있던 5개 사단에 황피, 샤오부 일대의 홍군을 포위, 공격할 것을 명령했다. 장후이잔은 28사단이 둥구에서 위에시로 전진할 것을 재촉하는 한편 18사단의 1개 여단을 둥구에 남겨두고 자신은 직접 두 개 여단을 이끌고 룽강으로 진격했다. 이러한 상황에서 마오쩌둥은 '관문착적'의 방법을 이용해 적의 18사단을 섬멸하기로 결정했다. 그래서 그는 홍군의 주력부대를 29일 밤 몰래 룽강으로 향하도록 명령하고 홍군 중의 일부를 이용해 장후이잔을 이곳으로 깊숙이 유인했다.

적의 18사단이 모두 룽강의 포위망 안으로 들어오자 마오쩌둥은 총 공격 명령을 내렸고 4만 홍군은 엄청난 기세로 적을 향해 돌진했다. 수 시간의 전투가 끝나고 적의 18사단은 전멸했으며 장후이잔은 홍군에 의해 생포되었다. 18사단이 전멸했다는 소식을 들은 적의 부대는 간담이 서늘해져 모두 뿔뿔이 흩어지고 말았다. 홍군은 이때를 놓치지 않고 적을 추격해 5일 동안 두 번의 승리를 거두었고 제1차 '토벌' 작전에서 승리를 거둘 수 있었다.

7 랴오선전투에서의 절묘한 전략

　　1948년 가을, 해방전쟁이 3년째로 접어들자 전략적 결전의 조건은 이미 마련되고 있었다. 중앙군사위원회와 마오쩌둥은 동북을 전략적 결전의 최초 전투지로 결정했다.

　당시, 동북의 국민당군은 각각 창춘, 선양 그리고 진저우 3개 지역을 독립적으로 사수하고 있었는데 그들은 마침 완강한 저항이냐 후퇴냐의 두 가지를 놓고 고심하고 있던 중이었다. 이런 상황에서 동북 야전군 사령관 린뱌오는 먼저 창춘을 공격해야 한다고 주장했다. 하지만 그렇게 한다면 베이닝 전선에 있는 국민당군을 놓치게 될 것이고 중국의 해방은 더욱 어려워질 것이 뻔했다.

　깊은 고심에 빠진 마오쩌둥은 마침내 '관문착적'의 전략을 이용하기로 결정했다. 그는 동북야전군으로 하여금 직접 베이닝 전선에 있는 진저우를 차지하도록 명령했다. 진저우는 동북의 대문 같은 곳으로 이곳을 차지하게 되면 동북과 관내의 연락망을 모두 차단하게 되어 결과적으로는 동북의 대문을 닫게 되는 셈이었다. 마오쩌둥의 군대의 진저우 공격 정보를 입수한 국민당 군대는 급히 지원병력을 구성했지만 그마저도 마오쩌둥에 의해 저지되었다. 10월 15일 밤 동북야전군은 진저우를 공격하기 시작했고 퇴로를 차단당한 창춘, 선양의 수십만 국민당군은 '문안에 갇힌 도둑', '독안에 든 쥐' 꼴이 되어 버렸다.

이어서 동북야전군이 선양을 차지하게 됨에 따라 랴오선전투는 끝나게 되었고 동북의 모든 지역은 해방되었다.

52일간의 랴오선전투로 인해 국민당은 무려 47만의 병력을 잃었다. 하지만 이 전투에서 승리한 해방군은 든든한 전략적 후방을 얻을 수 있게 되었을 뿐 아니라 국공 양측의 군사력에 대한 차이를 근본적으로 바꾸어 놓을 수 있었다. 또 이로써 중국을 해방시키기 위한 튼튼한 기초를 닦았음은 물론이다.

 8 말문이 막혀버린 지점장

중국은행의 모 지역 지점장이 사리사욕에 눈이 어두운 나머지 자그마치 570만 달러를 홍콩으로 빼돌렸다. 지역주민들의 신고를 받은 조사기관은 이 돈의 행방이 불분명하다는 사실을 알게 되었다. 큰돈의 행방이 묘연하건만 대출 협의도 없었고 매매 계약도 없었으며 심지어 돈을 빌려 주었다는 차용증서도 없었기 때문이었다. 조사기관이 지점장에게 돈의 행방에 대해 묻자 처음에는 다른 사람에게 빌려 주었다고 하던 지점장은 나중에는 자신도 어떻게 된 일인지 모르겠다며 발뺌을 했다. 분명 뭔가 심상치 않은 일이 벌어지고 있다고 생각한 조사기관은 즉시 지점장을 구류

해 조사함으로써 그가 도피하거나 다른 사람과 내통하지 못하도록
했다.

하지만 실제로 자신에 대한 조사가 이루어지자 지점장은 오히려
화를 내며 사실이 밝혀지기 전 자신에게 가해지는 구류와 심문은
모두 위법이라며 법원에 소송을 제기했다. 그러자 법원 측은 그의
주장에 대해 조목조목 반박했다. "만약 그 돈이 당신 주머니에 들어
갔다거나 사사롭게 남에게 빌려 주었다면 공금횡령에 해당됩니다.
또 만약 다른 사람에게 속아 돈을 빌려 주었다면 이것은 독직죄에
해당됩니다. 공금횡령이든 독직이든 모두 범죄행위에 해당되니 구
류, 조사는 불법이 아닙니다."

말문이 막혀버린 지점장은 더 이상 버티는 것이 자신에게 불리하
다고 판단하고는 몰래 현금을 빼돌려 외국으로 도피하려고 했던 사
실을 자백했다.

이 사건에서 조사기관은 지점장에 대해 모두 두 번의 '관문착적'
계를 사용했다. 첫 번째는 혐의점을 발견한 후 즉시 그를 구류해 조
사를 벌인 것인데, 이렇게 함으로써 그가 도망치거나 다른 사람과
내통하지 못하도록 했다. 그리고 두 번째는 지점장의 소송에 조목
조목 논리적으로 반박함으로써 구류에서 풀려날 희망이 없다는 것
을 정확히 그에게 알려 준 것이었다.

9 갈 곳을 잃은 부패관리

2001년 1월, 중국의 신화사新華社의 잠정적 통계에 따르면 중국에는 이미 4천 명이 넘는 경제사범이 있으며 그들이 해외로 빼돌린 돈은 50억 위안이 넘는데 그 중 대부분은 부패관리라고 한다. 중국 정부가 중요한 개혁방안을 내놓거나 부패 근절조치를 취할 때마다 대다수의 부패관리들은 겁에 질린 나머지 해외로 도피하는 것이 유행처럼 번졌다.

부패관리들이 가장 선호하는 도피처는 서구 선진국, 특히 미국, 캐나다, 호주 등 이민 국가이며 비교적 적은 금액을 횡령한 직급이 낮은 관리들은 태국이나 미얀마, 말레이시아, 몽골, 러시아 주변가로 몸을 숨겼다. 이렇게 외국으로 피신한 부패관리들은 횡령한 돈으로 사치스러운 생활을 누리는데, 허난성 레이허 시위원회 서기를 맡고 있었던 청싼창 역시 뉴질랜드로 도피한 후 호화로운 집과 차를 구입해 현지인들보다 훨씬 더 호사스러운 생활을 누렸다고 한다.

중국 정부가 해외로 도피한 부패관리들을 잡는 데 어려움을 겪는 중요한 이유는 바로 관련된 국제조약이 부족하고 일부 국가가 비협조적인 태도를 보이기 때문이었다.

이런 상황에서 2003년 9월 29일, 유엔의 '국제조직범죄방지 협약'이 발효되었고 모두 140여 개국이 이 협약에 서명했다. 같은 날, 유엔의 관련 부문이 정한 '유엔반부패협약' 최후 문건이 유엔 총회에서 통과되었다. 이 두 가지 협약이 각각 발효되고 확정되자 전 세계적으로 해외로 도피한 부패관리를 체포하려는 움직임이 일기 시작했고 중국을 포함한 각국의 부패관리들이 이 법망에 걸려들게 되었다.

이 두 협약에 따르면 해외로 도피한 부패관리들은 두 가지 법률적 제재를 받게 된다. 첫 번째는 본국으로 송환되어 본국의 법률에 근거해 처벌을 받게 되는 것이며, 나머지 하나는 도피처로 삼은 국가가 직접 그들을 붙잡아 불법 재산을 몰수할 수 있다는 것이다. 이렇게 해외로 도피한 부패관리들 역시 법의 심판을 벗어나지 못하게 되자 해외는 더 이상 그들의 천국이 아니라 문을 닫아건 '감옥'이 되어 버렸다.

 ## 10 '대문'을 닫아건 주코프

1943년, 소련의 최고 통치자 스탈린은 케르손지역에서 독일군을 섬멸할 것을 명령했다.

당시 케르손지역을 점령하고 있던 독일군 12개 사단은 북, 동, 남쪽의 삼면에 걸쳐 소련군에 의해 포위를 당하고 있었다. 하지만 다행히도 서쪽은 여전히 우크라이나에 주둔하고 있는 수십만 독일군 주력부대와 연결되어 있었다.

스탈린의 명령으로 이 전투를 지휘하게 된 전쟁의 귀재 주코프 장군은 전쟁에서 이기기 위해 부하들과 함께 진지한 연구를 거친 후 최종적으로 '관문착적'의 전략을 쓰기로 결정했다. 계획의 구체적인 내용은 이랬다. 우크라이나의 2개 방면군이 남, 북 두 개 방향에서 케르손지역의 배후인 즈베니고로드카를 정면 공격함으로써 독일군과 서쪽의 우크라이나 주력군과의 연락망을 차단하는 것이다. 이렇게 하면 이 지역의 독일군이 서쪽으로 도망칠 수 있는 대문을 닫은 후 적을 섬멸할 수 있었다.

하지만 소련군이 이 '대문'을 닫는 것은 결코 쉬운 일이 아니었다. 그도 그럴 것이 '대문'의 너비가 장장 130킬로미터에 이르렀기 때문이다. 게다가 독일군은 이 '문' 입구에 견고한 방어장치를 갖추고 대규모의 병력을 동원해 이곳을 지키고 있었고 '문' 안의 독일군은 수개 사단의 정예부대였으며 그 밖은 전투력이 강한 독일의 주력군이 지키고 있었다.

하지만 주코프는 조금도 동요하지 않고 전투를 감행하기로 결심했다. 1944년 1월 24일, 소련은 먼저 거짓 공격을 시작했다. 그러자 소련의 주력부대가 공격을 시작했다고 생각한 독일군은 황급히 케르손의 병력 대부분을 동원해 방어에 가담하도록 했다. 이 기회를 놓치지 않고 주코프는 그의 부대에 즉시 즈베니고로드카로 진격할 것을 명령했지만 독일군의 완강한 저항에 부딪히고 말았다. 독일군은 즉시 병력을 증강시켜 '문'을 닫으려는 소련의 계획을 무산시키려 했던 것이다.

그러나 주코프는 이런 위기 상황에서도 냉정을 잃지 않고 적의 방어 상의 허점을 정확히 파악했다. 그의 명령을 받은 제6 탱크부대는 적의 후방에 진격하여 우회전술을 써 즈베니고로드카로 신속하게 이동했으며 이 지역의 소련 돌격부대는 케르손의 독일군과 주력부대의 연락망을 끊어버렸다. 이어서 소련의 주력부대는 신속하게 돌파구로 진입해 적을 분할한 다음 포위망을 좁혀가기 시작했다.

독일군 통치부는 겹겹의 포위망에 갇혀버린 10만여 병력을 구해내기 위해 긴급히 10여 개 사단을 동원해 포위를 풀도록 했고 포위된 독일군 역시 안쪽에서 '문'을 열기 위해 안간힘을 썼다. 이때 주코프는 또다시 신속하게 탱크부대를 동원해 적의 반격을 저지했다. 양국의 군대는 장장 7일간이나 전투를 벌였고 소련군은 마침내 포위망을 푼 독일군을 그들이 원래 갇혀 있던 12킬로미터 밖에서 다시 막아냈다. 이렇게 그들은 '문'을 굳게 닫아걸었다.

주코프의 '관문착적' 전략이 성공을 거두게 됨에 따라 소련은 당초 계획대로 2월 17일에 순조롭게 총 공격을 시작할 수 있었으며 포위당한 독일군은 전부 섬멸당했다.

11 어느 배심원의 배짱

미국 서부의 한 작은 도시에서 12명의 농민이 배심원단으로 뽑혔다. 현지의 법률에 따르면 이 배심원단은 범죄의 당사자가 유죄인지 무죄인지를 판결할 권리가 있지만 그들의 의견이 모두 같아야 한다는 전제조건이 있었다. 만약 단 한 사람이라도 의견이 다르다면 이 배심원단은 최후판결을 내릴 수 없었다.

어느 날 이 배심원단이 한 사건을 심리하게 되었다. 배심원단 12명 중 11명은 범인이 유죄라고 생각했지만 유독 한 사람이 무죄를 주장하고 나섰다. 나머지 11명은 인내심을 가지고 그를 설득했지만 그는 끝끝내 자신의 고집을 꺾지 않았다.

몇 시간 후, 하늘에 먹구름이 잔뜩 끼고 바람이 제법 세게 불기 시작하더니 곧 큰 비가 내릴 것 같았다. 모두 농사를 짓고 있었던 배심원단은 마침 마당에 널어 둔 곡식이 걱정되어 죽을 판이었다. 빨리 가서 곡식을 집으로 들여놓지 않으면 1년 농사가 모두 허탕을 칠 판이었기 때문이었다. 하지만 최후판결을 내리기 전까지 배심원들은 절대 흩어질 수 없었기 때문에 11명의 배심원은 속이 바짝 타들어가기 시작했다. 이런 상황에도 불구하고 나머지 한 명의 배심원은 더욱더 자신의 주장을 고집했다. 그는 오히려 여유 있게 웃으며 11명의 배심원에게 말했다. "당신들이 내 의견에 동의하지 않으면 우리들 중 누구도 집에 갈 수 없을 거요." 마침내 또 다른 한 명의 배심원이 더 이상 참을 수 없다는 듯 소리를 질렀다. "당신이 생각을 바꾸지 않겠다면 내가 바꾸겠소!" 그러자 나머지 배심원들도 한시바삐 집으로 돌아가야 한다는 생각에 법인이 무죄라는 의견에 동의했다.

일반적으로 한 사람이 여러 사람을 설득시키는 것은 매우 어렵다. 하지만 고집이 대단한 이 배심원은 큰 비가 올 것이라는 상황을 심리적인 '문'으로 삼아 그것을 꼭꼭 닫아걸었다. 그리고 마침내 나머지 배심원들이 자신의 의견에 동의하도록 만들었다. 이것으로 보아 '관문착적'은 공간적인 포위뿐만 아니라 심리적인 '포위'도 가리킴을 알 수 있다.

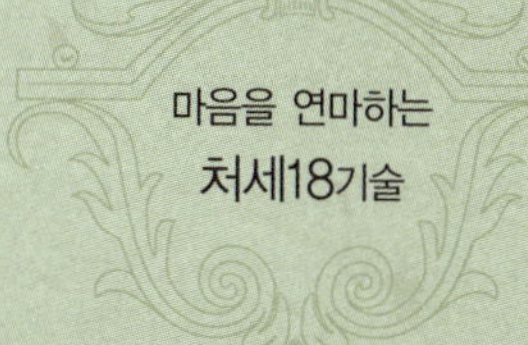

제5기

원교근공(遠交近攻)

먼저, 상대방의 주변을
내 편으로 만들어 놓고 상대방을 쳐라

'원교근공' 은 전국시대의 범수가 진나라를 위해 마련한 외교정책이었는데, 적을 갈라놓거나 적끼리의 동맹을 막아 '각개격파' 의 목적을 달성함을 가리켰다.

●원교근공●
「11가지 처세 활용 지혜」

1. 범수의 계책
2. 구겸위의 저종 산업
3. 지우롱창을 차지한 바오위강
4. 메소포타미아를 통일한 함무라비
5. 구엔 왕조를 공격한 타이손군
6. 러시아를 같은 편으로 끌어들인 나폴레옹
7. 영국의 이미지를 회복시킨 캐닝
8. 외국 세력을 몰아낸 레자 팔레비
9. 소련과 독일의 라팔로 조약
10. 소련과 손을 잡은 히틀러
11. 제너럴모터스와 도요타의 합작

‘**원교근공**’**은** 전국시대의 범수가 진나라를 위해 마련한 외교정책이었는데, 적을 갈라놓거나 적끼리의 동맹을 막아 ‘각개격파’의 목적을 달성함을 가리켰다. 둘이나 혹은 둘 이상의 적을 대할 때 멀리 있는 적을 먼저 공격한다면 갈 길이 너무도 멀어 행군이 힘들 것이기에 적게 승리하고 많이 패할 것이 뻔한 이치다. 그러니 먼저 멀리 있는 적과 손을 잡고 거짓으로 화친을 맺은 다음 힘을 모아 가까이 있는 적을 공격한 후 멀리 있는 적을 치는 것이 훨씬 낫다.

역사적으로 국가와 국가 간의 관계를 처리하는 데는 지리적 위치와 이익 관계에 따라 서로 다른 외교정책을 취해야 한다. 지리적으로 멀고 이해충돌이 비교적 적은 국가에 대해서는 ‘원교’의 정책을 취하고, 지리적으로 가깝고 이해관계가 복잡하게 얽혀 있는 국가에 대해서는 ‘근공’의 정책을 취하는 것이 좋다. 이렇게 하면 쉽게 성공할 수 있을 뿐 아니라 먼 곳의 적을 없애기 위한 유리한 조건을 마련할 수 있다.

이 계책 중 ‘원교’라 하여 장기적으로 화친을 맺을 필요는 없다. 멀리 있더라도 적은 적이기에 언젠가는 화근이 될 것이기 때문이다. 그러니 '원교'는 적이 너무 많아지는 것을 피하기 위해 채택하는 단기적인 외교기술에 불과하다. 일단 가까운 적을 제압하고 나면 '원교'의 사명은 다하게 된다.

왜 '원교근공'을 해야 하는 걸까? 원공遠攻, 원교遠交, 근공近攻, 근교近交의 네 가지 상황으로 나누어 예를 들어보면 그 답을 명확하게 알 수 있다.

원공의 나쁜 점 : ① 멀리 있는 적을 공격하는 것은 위험부담이 매우 크다. 《손자병법》에서는 '백 리 이상의 먼 거리를 갈 수 있지만 모든 장군이 포로로 잡힌다(百里而爭利, 則擒三將軍)'라고 했다.

② 가까운 것을 버리고 먼 것만을 구하면 사람은 피로해지고 재물도 잃게 된다. 《손자병법》에서는 '오랫동안 군대를 전쟁터에 놓아두면 나라의 재정이 어렵게 된다(久暴師則國用不定)'라고 했다.

③ 설령 싸움에서 이겨 토지를 획득한다 해도 본국과 멀리 떨어져 있어 보전하기 힘들 뿐만 아니라 오히려 골칫거리가 될 수도 있다.

원교의 좋은 점 : ① 적의 동맹을 끊어 놓아 가까운 적이 도움을 받지 못하게 손을 묶어 둔 다음 사로잡을 수 있다. ② 먼 곳의 적과 화친을 맺으면 적의 경계심을 늦추게 되어 훗날 전쟁에서 승리하는 데 유리하다.

근교의 나쁜 점 : ① 자신의 침대 곁에서 다른 사람이 코 골며 자게 내버려 두는 꼴이 된다. 가까운 적과 화친을 맺으면 잠시는 편할지 몰라도 언제든지 배신당할 수 있는 가능성이 있다. ② 가까이 있는 적은 누에고치나 뱀 허

물처럼 내가 밖으로 뻗어나갈 수 있는 기회를 차단할 수 있다. 그러므로 계속해서 커 가기 위해서는 이 장애물을 반드시 없애야만 한다.

근공의 좋은 점 : ① 가까운 적을 공격하면 나의 근거지나 세력 범위를 넓힐 수 있다. 새로 공격해서 얻은 땅이 나의 근거지와 가깝게 연결되어 있기 때문에 지키거나 이용하기가 쉽다. ② 가까운 거리에 있으므로 힘을 모아 공격할 수 있고 승리를 얻기 쉽다. ③ 가까운 곳의 적을 공격하면 사람이나 물자를 적게 써도 되고 이렇게 하면 국가의 재정에 큰 영향을 미치지 않는다.

이 외에 '원'과 '근'의 개념을 정확히 하는 것도 이 계책을 운용하는 데 매우 중요하다. 대략적으로 가깝고 먼 것은 다음과 같이 나눌 수 있다.

(1) 지리적인 위치로 볼 때 '원'은 먼 곳, '근'은 가까운 곳을 가리킨다.

(2) 이익관계로 볼 때 '원'은 간접적으로 얻어지고 비교적 오랜 시간 후 얻을 수 있는 이익을 가리키며, '근'은 짧은 시간 내에 직접적으로 얻을 수 있는 이익을 말한다.

(3) 조직관계에서 볼 때 '원'은 조직의 외부를, '근'은 조직의 내부를 가리킨다.

(4) 영향범위에서의 '원'은 직접적으로 제어할 수 없는 사람이나 일을 가리키며, '근'은 직접적으로 영향력을 미칠 수 있는 사람이나 일을 지칭한다.

1 범수의 계책

　　　　위나라 사람인 범수는 진으로 갔다가 진나라 소왕을 만나게 되었다. 진 소왕이 범수에게 부국강병에 대해 묻자 그는 막힘없이 차분하게 자신의 의견을 말했다. "지금 일곱 나라 중 가장 강한 것이 바로 진 나라입니다. 진은 그 영토가 천 리를 넘으며 용감한 병사들도 백만이나 됩니다. 들어가려고 하면 공격할 수 있고 후퇴하려고 하면 능히 지켜낼 수 있기에 천하를 통일하는 것도 힘들지 않을 것입니다. 하지만 근래에 대왕께서 승상 위염의 말만 들으시고 함부로 제나라를 치려고 하는 것은 제가 볼 때에 진의 창창한 앞길을 가로막는 것과 같습니다."

　　그러자 진 소왕이 도무지 알 수 없다는 듯 물었다. "제나라를 치는 것이 어째서 틀렸단 말이오?"

　　범수가 대답했다. "한, 위 양국을 넘어 제나라를 치는 것은 매우 큰 잘못입니다. 다행히 승리한다고 해도 대왕께서는 어떻게 전쟁에서 얻은 영토를 다스리실 수 있겠습니까? 제나라 왕 역시 한, 위 양국을 넘어 초나라를 공격해 천 리가 넘는 영토를 손에 넣은 적이 있었습니다. 하지만 결과적으로 제나라는 단 한 치의 땅도 얻지 못한 채 한, 위 두 나라가 이를 모두 나누어 가졌습니다. 그 원인은 바로 제는 초에서 너무 멀리 떨어져 있는 반면 한, 위 두 나라는 초에서 가까웠기 때문이었습니다. 그러니 제 생각으로 볼 때 대왕께서는 마땅히 '원교근공' 정책을 쓰시는 것이 옳을 듯합니다."

범수의 대답을 들은 진의 소왕은 더욱더 모르겠다는 듯 물었다. "도대체 무엇을 '원교근공'이라 하는 것이오?"

범수가 또다시 대답했다. "원교근공이라 함은 멀리 있는 나라와는 손을 잡고 화친함으로써 적국의 수를 줄이는 한편 가까이 있는 나라는 힘을 다해 공격하는 것을 가리킵니다. 이렇게 하면 대왕이 한 치의 땅을 얻으시면 그것은 바로 대왕의 것이 되고, 한 척의 땅을 얻으셔도 그 한 척의 땅이 곧 대왕의 것이 됩니다. 먼저 한, 위 두 나라를 공격한 후 다시 연, 조를 치십시오. 또 연, 조 양국을 손에 넣고 난 후 다시 제와 초를 공격하는 것입니다. 대왕께서 이 계책을 실행에만 옮기신다면 많은 시간을 들이지 않더라도 나머지 여섯 나라를 손에 넣음으로써 천하를 통일하실 수 있습니다."

범수의 시원스러운 대답에 그동안의 모든 의심을 거둔 소왕이 기뻐하며 말했다. "과인은 반드시 선생의 계책을 따를 것이오!" 진 소왕은 즉시 범수를 객경으로 임명하고 그의 '원교근공' 책략에 따라 제나라를 공격하고 있던 군대를 모두 철수시키고 이웃의 위나라를 공격하기 시작했다. 이후 진나라는 이웃 국가들의 광활한 토지를 차지하게 됨으로써 훗날 진시황이 천하를 통일하는 데 든든한 발판을 마련해 주었다.

2 구정위의 저종 산업

중화전국공상업연합회의 구정위 부회장은 자신이 가장 존경하는 인물로 전국시대의 상인 바이구이를 꼽는다. 한 세미나 석상에서 구정위 부회장은 이렇게 말한 적이 있었다. "바이구이는 장사란 반드시 시기를 잘 잡아 적절한 지략을 써야 한다고 생각했습니다. 마치 손자의 병법이나 상앙의 행법처럼 말입니다."

사실 이미 50년 전 구정위 부회장은 바이구이의 이런 장사에 대한 철학을 응용한 적이 있었다. 당시 중국의 대외무역은 모두 매판 자본에 의해 제어되고 있었다. 저종猪鬃을 주로 취급하는 구정위의 '구칭지' 잡화상사는 민족자본에 속해 있었기 때문에 만만치 않은 차별을 받았고 외국인 상사들과는 싸움이 되지 않았다.

이때 구정위는 곰곰이 생각했다. '가까운 것을 공격해 성공하지 못한다면 먼 것과 친하게 지내는 것은 어떨까?' 그는 각고의 노력 끝에 마침내 '저종대왕'이라 불리던 미국의 홀(Hole) 사와 손을 잡게 되었다. 홀 사의 사장 잭은 '구칭지'에 100만 달러를 신용대출해 주었다. 이 100만 달러를 이용해 품질 좋은 저종을 싼 값에 수출할 수 있었던 '구칭지'는 외국상사들과의 경쟁에서 우위를 점했고 마침내는 중국의 저종 수출 무역의 주요 업체가 될 수 있었다.

하지만 시장에는 영원한 친구란 있을 수 없었다. 몇 년이 지난 후 미국의 홀 사는 '구칭지'를 밟고 일어서 세계 저종시장의 독점권을 쥐려 했다. 이에 대응하기 위해 구경위는 직접 미국으로 건너가 홀 사와 1대 1의 '근공'을 시작했다. 그는 자사 상품의 우수한 품질을 바탕으로 미국의 또 다른 회사와 새로운 파트너십을 맺어 합작회사를 설립했다.

이 회사를 통해 미국 금융계로부터 더 싼 이자의 대출을 받을 수 있었던 '구칭지'의 미국 시장점유율은 매년 큰 폭으로 성장했다. 이를 본 홀 사는 뒤늦은 후회를 하며 한숨을 쉴 수밖에 없었다.

여기에서 구경위가 저종 장사를 위해 쓴 것이 바로 '원교근공'의 계라 할 수 있다. 그는 중국 국내의 외국상사를 '근공'하고, 미국의 홀 사와는 '원교' 했다. 이 원교의 성공으로 그는 외국상사의 경쟁 위협을 없애 가까운 적을 제거할 수 있었던 것이다. 하지만 '먼 곳의 적'이었던 홀 사가 자신의 가장 큰 적이 되자 그는 또다시 원교 근공의 계책을 써서 홀 사를 제압하였고 후에 세계 저종 시장에 우뚝 설 수 있었다.

3 지우롱창을 차지한 바오위강

지우롱창은 홍콩에서 가장 큰 부두이다. 그래서 사람들은 누구든지 지우롱창을 손에 넣기만 한다면 홍콩에서 이루어지는 대부분의 화물선적과 운송업무를 모두 독점할 수 있을 것이라고 말했다. 이 때문에 선박왕 바오위강은 외국자본계인 이허재단으로부터 지우롱창을 뺏어 오기로 결심했다.

당시 10대 재벌그룹 중 최고라 할 수 있는 리쟈청 역시도 지우롱창에 눈독을 들이고 있었다. 하지만 리쟈청은 또 '허지황푸'의 인수권을 두고 다투고 있었기 때문에 두 가지 모두에 신경을 쓸 수 없는 상황이었다. 그래서 그는 '허지황푸'에 대해서는 강한 공격을, 그리고 '지우롱창'에 대해서는 느슨한 공격을 하는 전략을 쓰기로 했다.

바오위강은 자신과 이허재단 그리고 리쟈청으로 이루어진 삼각구도를 찬찬히 분석하기 시작했다. 그리고 그는 셋이서 케이크를 나눈다면 누구도 우위를 점할 수가 없다는 결론을 내리게 되었다. 만약 셋 중 둘이 손을 잡는다면 나머지 하나는 분명 경쟁에서 밀릴 수밖에 없었다. 이것은 삼각형 중 임의의 두 변의 길이를 합하면 나머지 한 변의 길이보다 크다는 이치와 같은 것이었다. 그렇다면 누구와 손을 잡아야 할까? 바오위강은 지우롱창에 대해 느슨한 공격을 취하고 있는 리쟈청이 자신과 이익충돌이 비교적 적은 반면 기세등등한 이허재단은 분명한 자신의 '강적'이 틀림없다는 결론을 내렸다. 그래서 그는 리쟈청과 손을 잡고 이허재단에 맞서기 시작했다.

바오위강은 먼저 리쟈청에게 '올리브나무 가지'를 내밀었다. 그는 스스로 '허지황푸'의 주식 9천만 주를 리쟈청에게 넘김으로써 그가 '허지황푸'를 차지하는 데 힘을 실어 주었다. 리쟈청은 은혜를 입으면 반드시 갚을 줄 아는 인물이었다. 그는 즉시 자신이 가진 지우롱창의 주식 2천만 주를 바오위강에게 넘겨주었다. 이로써 바오위강과 리쟈청 두 사람이 손을 잡고 이허재단에 맞서게 된 것이었다. 바오위강은 유리한 조건을 바탕으로 비밀리에 지우롱창의 주식 2천만 주를 또다시 사들였고 마침내 원하던 것을 손에 넣을 수 있게 되었다.

바오위강은 시기와 형세를 잘 판단하여 멀리 있는 리쟈청과 손을 잡고 가까이에 있는 이허재단에 맞섰다. 그는 한쪽과 힘을 합쳐 또 다른 한쪽을 공격함으로써 마침내 지우롱창이라는 홍콩 제일의 부두를 차지할 수 있었던 것이다.

4 메소포타미아를 통일한 함무라비

기원전 1792년, 왕위를 이은 함무라비는 고대 바빌로니아 왕조의 제6대 왕이 되었다. 당시 영토가 작고 국력이 매우 약했던 바빌로니아 주위에는 많은 강국들이 수풀처럼 둘러싸고 있었다. 서북쪽의 마리, 동북의 에쉬눈나, 남쪽의 이신과 우르크, 동남의 라르사, 북쪽의 앗시리아, 그리고 동쪽에는 전쟁에 능한 엘랍인이 바로 그들이었다.

이러한 상황에서 바빌로니아를 강대국으로 만들기 위해 함무라비는 경제발전에 무엇보다 힘을 쏟았고 몇 년 후 바빌로니아의 재정과 물자는 매우 풍부해졌다. 뛰어난 재능과 함께 가슴에는 큰 뜻을 품은 함무라비는 이에 만족하지 않고 메소포타미아 일대를 통일하려는 원대한 뜻을 품게 되었다. 그는 이를 위해 '원교근공'의 전략을 쓰기로 했다.

함부라비는 남쪽의 이웃나라 이신을 침략의 제1목표로 삼았다. 이 목표를 달성하기 위해 그는 우선 강대한 앗시리아에 신하의 예를 갖추는 한편 라르사와는 밀접한 우호관계를 맺었다. 얼마 후 함무라비는 라르사와 함께 이신을 멸망시키고 우르크까지 얻을 수 있었다.

그 후 함무라비는 앗시리아로부터 억압받고 있던 마리와 손을 잡기로 했다. 기원전 1783년 앗시리아의 샴시아다드 1세가 세상을 떠나자 함무라비는 그 기회를 이용해 마리의 짐리림이 왕위에 복귀하는 데 힘을 보태 주었다. 그리고 두 나라는 힘을 합쳐 앗시리아의 남부를 점령했는데 이때부터 앗시리아의 국력은 점점 쇠약해지기 시작했다.

마리를 자신의 편으로 단단히 잡아두기 위해 함무라비는 그들이 서쪽의 유목민족과 동쪽의 에쉬눈나를 공격하는 데 병력을 빌려 주었다. 이 때문의 마리의 짐리림왕은 함무라비의 둘도 없는 이웃이 되었다.

바빌로니아의 북부에 더 이상의 강적이 없다는 것을 알게 된 함무라비는 이번에는 공격의 창끝을 이미 동맹관계를 맺고 있었던 라르사로 돌렸다. 기원전 1763년, 함무라비는 마리와 손을 잡고 라르사를 함락시켰다.

그제야 짐리림왕은 자신이 호랑이를 키웠음을 알게 되었지만 함무라비의 군대는 이미 마리의 성 아래 진을 치고 있었다. 함무라비와 '형제' 관계에 있던 짐리림왕은 이제 어쩔 수 없이 그에게 신하의 예를 갖추어야 했다. 2년 후, 짐리림왕은 반란을 일으켰지만 결국 함무라비의 손에 목숨을 잃고 말았다.

기원전 1755년, 함무라비는 마지막으로 남은 에쉬눈나를 공격했다. 이렇게 30년 동안의 정복전쟁을 거친 후 함무라비는 마침내 메소포타미아 지역을 통일할 수 있었다.

함무라비는 '원교근공'의 전략을 이용해 차례로 이웃나라들을 정복해 갔다. 그는 항상 모든 힘을 모아 단 하나의 목표를 공격하고 시기가 무르익지 않았다고 생각되면 결코 어떤 동맹국도 소홀히 대하지 않았다. 이것이 바로 그가 통일의 대업을 이룰 수 있었던 가장 중요한 비결이었다.

5 구엔 왕조를 공격한 타이손군

　　　　　　1771년 베트남 빈딘성에 구엔 반약, 구엔 반후이 형제가 이끄는 농민봉기가 일어났는데 이들을 두고 타이손군이라 했다. 당시의 베트남 북방은 친씨가, 그리고 남쪽은 구엔씨가 집정하고 있었다. 1년간의 격전이 지나고 타이손군은 구엔군의 주력을 모두 섬멸하자 북방의 친씨 정권은 이 기회를 이용해 구엔 왕조의 수도인 푸쑤안을 차지해 버렸다. 후에 타이손군은 친씨 정권에 맞서 싸웠지만 적에 비해 병력이 너무나도 모자란 터라 어쩔 수 없이 후퇴하고 말았다.

　타이손군은 앞뒤로 적과 맞서게 되는 상황을 피하기 위해 친과 구엔씨 정권 사이의 다툼을 이용하기로 했다. 타이손군은 먼저 친씨 정권과 강화를 맺을 것을 제안했다. 마침 그때 군 내부에 전염병이 돌아 전력이 매우 약해져 있었던 친씨 정권은 흔쾌히 그들의 제안을 받아들였다. 이렇게 구엔 반약과 구엔 반후이 형제는 친씨 정권 휘하의 장군이 되었지만 절대 투항을 하거나 군 지휘권을 넘겨주지는 않았다. 타이손군과 친의 군대가 손을 잡은 후 상황은 빠르게 회복되었고 형제는 안정적으로 자리잡을 수 있었다. 이렇게 북방의 적이 없어지자 타이손군은 안심하고 온 힘을 동원해 남쪽의 구엔 정권을 공격하기 시작했다.

　1776년과 1778년, 타이손군은 두 번에 걸쳐 구엔 정권을 공격했고 결과는 모두 승리였다. 이런 상황 속에서 구엔 반약은 스스로를 타이손의 왕이라 칭하고 완전한 독립을 주장하며 친씨 정권이 내린 각종 봉호를 취소했다.

친과 구엔, 두 적과 대치하는 상황에서 타이손군은 친씨 정권을 '멀리 있는 적' 으로 판단하여 잠시 그들과 동맹을 맺은 한편 '가까운 적' 구엔 정권에 대해서는 즉시 공격을 감행했다. 이렇게 먼저 구엔 정권을 무너뜨린 타이손군은 이후 친씨 정권에도 맞서기 시작했다. 이쯤에서 한번 생각해 보자. 만약 타이손군이 '원교근공' 의 계책을 쓰지 않고 친, 구엔 두 정권에 한꺼번에 도전했다면 타이손군에 대한 역사의 평가는 훨씬 냉정해지지 않았을까?

 ## 6 러시아를 같은 편으로 끌어들인 나폴레옹

길고긴 전쟁의 역사를 거치면서 나폴레옹은 줄곧 이웃나라 영국이 언젠가는 프랑스에 있어 치명적인 화근이 될 것이라 우려했다. 이런 영국을 제압하기 위해 그는 온갖 방법을 동원해 멀리 있는 러시아를 한편으로 끌어들였다. 그는 러시아를 두고 자신의 외교정책에 있어 가장 중요한 부분이라 생각했던 것이다.

　나폴레옹은 황제의 자리에 오른 후부터 영국과 러시아 간의 충돌을 주시하면서 러시아와 가까워질 수 있는 방법을 찾기 위해 노력했다. 그는 몰타를 사이에 두고 벌어지는 영국과 러시아의 다툼이 그들을 한편으로 끌어들일 수 있는 좋은 기회라고 생각했다. 1800년 7월, 나폴레옹은 프랑스의 외교부장관을 통해 러시아에 한 통의 편지를 전달했다. 편지에는 프랑스가 즉시 6,000명의 러시아 포로를 석방할 것이며 포로들에게 무기와 군복을 제공할 것이라는 내용이 담겨 있었다. 그는 또 제정 러시아의 황제 파벨 1세에게 두 번째 편지를 보내 러시아가 몰타를 차지하는 데 지원을 아끼지 않겠다고 밝혔다.

　일찍이 프랑스를 두고 '전쟁에 미친 프랑스 공화국'이라고 독설을 퍼부었던 파벨 1세는 이제 나폴레옹이 러시아의 포로들을 모두 석방하고 몰타 문제에 있어 자신들을 지지하겠다고 나서자 금세 그에 대한 태도를 바꾸어 버렸다. 파벨 1세는 나폴레옹과 우호관계를 맺기로 결정하고 프랑스에 대한 정책 간섭을 모두 그만 두었다. 그리고 프랑스의 지원을 받은 제정 러시아의 황제는 영국의 모든 선박에 대한 봉쇄령을 선포하고 프랑스와 손잡고 인도에서 영국인을 몰아낼 계획을 세울 것을 제안했다. 얼마 후 제정 러시아 황제가 보낸 사자가 파리에 도착했고 프랑스와 러시아 양국 간의 평화협약이 맺어졌다. 이로써 프랑스와 러시아의 비밀스러운 동맹이 시작되었던 것이다.

나폴레옹은 러시아와 영국 간의 충돌점인 몰타 문제를 건드려 멀리 있는 러시아와 평화관계를 맺고, 가까이에 있는 영국을 공격했는데 이는 아주 탁월한 선택이라 할 수 있었다.

 **7 영국의 이미지를 회복시킨 캐닝**

나폴레옹 제국이 붕괴된 후 유럽의 봉건 국가들은 신성동맹을 맺고 국가의 안정을 되찾기 위해 노력을 아끼지 않았다. 하지만 일찍이 자산계급의 혁명이 발생했던 영국은 그 정치 경향이 다른 유럽 국가들과 달라 배척을 당할 수밖에 없었다.

1822년, 영국 외상의 자리에 오른 캐닝은 자산계급과 노동자계급의 요구를 수용하여 신성동맹으로 통일되어 있는 유럽의 모든 상황을 타파하고 유럽에서 자국의 주도적인 역할을 회복하기로 결심했다.

18세기 말부터 남미에서는 종주국의 식민통치에 반대하는 독립운동이 활발하게 일고 있었는데 캐닝은 새롭게 독립한 남미 국가들과 '원교'를 맺어 신성동맹으로 이익을 받는 유럽의 가까운 국가들을 공격하기로 했다. 1823년, 신성동맹이 군대를 보내 남미의 신독립국가를 진압하기로 결정하자 캐닝은 즉시 이를 반대하고 나섰다. 그는 성명을 통해 이들 국가를 인정하면서 어떠한 무장 간섭에도 반대한다는 뜻을 밝혔다. 캐닝은 또 미국에 도움을 호소하며 두 나라가 함께 신성동맹의 다른 나라에 대한 간섭을 막을 것을 요구했다. 그와 동시에 그는 영국 함대를 대서양으로 보내 유럽의 함대가 미주로 가는 것을 막았다.

세계 여론의 압력이 거세지자 신성동맹의 핵심 인물이었던 메테르니히가 라틴아메리카 문제에 관한 유럽회의를 열었다. 하지만 캐닝은 절대 이 회의에 참가하지 않을 것과 회의에서 통과되는 어떠한 결정사안도 받아들일 수 없다고 거듭 밝혔다.

1825년, 캐닝의 노력으로 영국은 아르헨티나, 콜롬비아, 멕시코 등 라틴아메리카의 새로운 국가를 인정했고 이 나라들과 우호협력 관계를 맺었다. 캐닝이 보여주었던 일련의 행동으로 인해 유럽의 신성동맹은 타격을 입었고 라틴아메리카 국가들은 영국에 대해 호감을 가지게 되었다. 이로써 영국이 과거 유럽에서 떨치던 위용을 다시 찾을 수 있게 되었음은 물론이다.

 **8** 외국 세력을 몰아낸 레자 팔레비

20세기 초, 제국주의 국가들 사이에서 이란 왕조를 나눠 갖기 위한 거센 물결이 일기 시작했고 1915년이 되

자 이란은 영국, 러시아 두 국가에 의해 완전한 지배를 받게 되었다.

러시아가 이란에 세운 군대 코사크 여단의 단장이었던 레자 팔레비는 이란이 언젠가는 터키처럼 외국 세력의 지배에서 벗어나 민족 독립의 길을 걸을 수 있게 될 것이라고 항상 생각해 왔다. 팔레비는 이란에서 가까운 러시아가 언젠가는 이란에 큰 위협이 될 것인 반면 멀리 떨어져 있는 영국의 위협은 그리 크지 않을 것이라 판단했다. 당시 이란을 손에 쥐고 있던 영국과 러시아 사이의 충돌은 꽤 심각했다. 이런 상황에서 영국과 먼저 손을 잡고 러시아를 물러가게 한 다음 다시 영국인들에게 대항한다면 두 적과 동시에 맞서는 상황을 피할 수 있는 셈이었다. 이 '원교근공' 의 전략을 실현시키기 위해 팔레비는 이란에서 비밀행동에 돌입했다.

당시 이란에서 러시아를 쫓아낼 임무를 맡을 사람을 물색하고 있던 영국으로서도 팔레비는 꽤 적합한 인물임에 틀림없었다. 이렇게 손을 잡은 영국과 팔레비는 함께 힘을 모아 러시아 세력을 이란에서 몰아내기로 했다.

1921년 2월 정변 후, 레자 팔레비는 코사크 여단의 여단장과 무장부대 사령관을 맡게 되었다. 비록 친영파 출신의 인물이 총리의 자리에 오르긴 했지만 이란의 대권은 모두 팔레비의 손 안에 있었다. 팔레비는 독재의 수단을 이용해 혁명을 진행했고 이로써 이란의 국력은 점점 강해졌다.

어느 정도 기반을 다진 팔레비는 동맹관계였던 영국에 대한 태도를 바꾸었다. 먼저 군대 내부에 있던 영국인과 친영파들을 축출한 팔레비는 총리의 직위를 박탈하고 스스로 그 자리에 올랐다. 이렇게 이란에서 영국의 세력은 점점 약해졌다.

1925년 10월, 팔레비의 지도하에 이란 국회는 팔레비 왕조의 수립을 결정했고 이로써 이란은 외국 세력의 제약에서 벗어나 진정한 독립국가가 될 수 있었다.

 **9 소련과 독일의 라팔로 조약**

1922년 4월, 서구 몇몇 주요 국가들이 이탈리아 제노바에서 국제회의를 열었다. 회의가 열리기 전 이탈리아 정부는 소비에트정부에 이 회의에 참석해 줄 것을 요청했다.

레닌은 이 기회를 이용해 소비에트정부를 국제 정치와 경제에 들어가게 함으로써 자신들의 국제 무대에서의 지위를 개선하기로 했다. 소비에트정부의 대표단이 이탈리아로 가기 전 레닌은 대표단의 책임자이자 소비에트정부의 외상 치체린에게 각국 대표단과 광범위하게 접촉하되 이데올로기 상의 접촉은 절대 피하면서 서로의 공통점을 찾을 것을 신신당부했다. 당시 1차 세계대전의 패전국인 독일과 연합국인 영국, 미국, 프랑스 사이에는 메울 수 없는 틈이 존재하고 있었다. 그렇기 때문에 독일과 관계를 맺으면 이를 빌미로 소비에트 정부에 대한 영국, 프랑스, 미국의 압력을 줄일 수 있었다.

치체린은 제노바에서 열린 회의석상에서 각국이 평등호혜의 원칙 하에 소비에트 정부와 경제 무역 관계를 맺어줄 것을 호소했고 각국 대표단은 모두 이에 환영의 뜻을 표했다. 하지만 영, 미 등은 1개월 전 런던회의에서 확정된 '전문가 양해각서'의 내용을 근거로 소비에트 정부와의 회담을 진행했다. 이 양해각서의 내용은 소비에트 정부의 주권을 심각하게 훼손하는 것이었다. 이런 난처한 상황 속에서 치체린은 독일 대표와 비밀리에 접촉을 가졌고 4월 16일 양국 간의 회의가 열렸다. 레닌이 예상했던 것처럼 독일 역시 연합국을 견제하기 위해서 소련과 우호관계를 맺어야 한다는 필요성을 절실히 느끼고 있었다. 이 때문에 회의는 매우 순조롭게 진행되었고 양국은 아무런 이견 없이 '라팔로 조약'에 서명했다. 이 조약은 양국의 외교관계는 물론 군사 상의 상호협력 관계를 정식으로 확정한 것이었다.

독일과 함께 라팔로 조약을 조인한 것은 소비에트 정부가 외교 분야에서 이룬 크나큰 승리라 할 수 있었다. 제국주의 간의 충돌을 이용한 이 조약으로 인해 레닌은 제국주의 국가들이 소련에 대해 가하는 압박을 풀 수 있을 뿐 아니라 막대한 경제적, 정치적 이익을 가져올 수 있게 되었기 때문이다. 이 조약은 '원교근공'의 원칙을 그대로 지키고 있다고 할 수 있다. 조약은 독일을 '멀리 있는 적'으로 보고 영국, 미국 등 국가를 '가까이 있는 적으로 보았다. 이런 상황 속에서 소비에트 연방은 각각 다른 태도를 취해 상대를 대함으로써 적의 수가 불필요하게 많아지는 것을 막을 수 있었고 국제무대에서 드디어 숨통을 틔울 수 있었던 것이다.

 ## 10 소련과 손을 잡은 히틀러

전쟁광 히틀러는 2차 세계대전이 막 시작될 무렵 '원교근공'의 전략을 적절히 사용한 덕분에 늘 성공적으로 자신의 목적을 달성할 수 있었고 이로써 세계 제패의 야망을 키울 수 있었다.

당시 독일의 가장 큰 적수는 서쪽으로는 군사대국 영국과 프랑스, 동쪽으로는 신생 사회주의 국가 소련이라 할 수 있었다. 동·서쪽 전선 모두에서 전쟁을 일으킬 힘을 갖추지 못했던 독일은 각개격파의 방법을 쓰기로 했다. 히틀러는 사회주의 국가 소련과 나치스 독일의 관계가 마치 물과 기름과 같다고 판단하고는 언젠가는 그들을 공격해야 할 것이라 생각했다. 하지만 소련은 독일과 너무 멀리 떨어져 있는 데다 땅덩어리도 넓은 인구대국이었기에 이곳을 공격한다면 대부분의 병력을 들여야만 했다. 이런 이유로 독일은 소련을 '멀리 있는 적'으로 간주하고 공격을 미룬 채 잠시 평화전략을 쓰기로 했다. 반면 영국과 프랑스는 독일에서 가까운 데다 땅덩어리가 크지 않아 그들로서는 공격하기 쉬운 대상이었다. 이를 볼 때 영국과 프랑스를 포함한 기타 유럽 국가는 분명 '가까운 적'임에 분명했다.

히틀러는 우선 폴란드부터 손을 쓰기로 하고 전쟁준비에 착수했다. 그는 '가까운 적'을 공격할 계획을 세우는 동시에 소련과의 '원교' 활동도 적극적으로 전개해 나갔다. 1939년 새해, 원수 신분으로 독일에 있는 각국 대사들을 만난 히틀러는 일부러 소련 대사와 오랜 시간 이야기를 나눔으로써 양국의 관계가 좋아지고 있음을 암시적으로 나타냈다. 8월 15일 독일의 외무성 장관 리벤도르프는 소련 방문을 요청하며 스탈린에게 양국 간의 상호불가침 조약을 맺기를 원한다는 히틀러의 의견을 전했다. 소련의 승낙을 받은 리벤도르프는 8월 23일 모스크바를 방문했고, 긴박한 협상을 거친 양국은 마침내 독소불가침 조약을 맺었다. 이때가 바로 독일이 폴란드를 기습 공격하기 불과 일주일 전이었다. 독일이 소련과 '원교'에 성공하자 히틀러는 대담하게 주변국가에 대한 '근공' 계획을 실시했다. 독일은 이제 더 이상 소련의 간섭을 걱정하지 않아도 되게 된 것이다.

1939년 9월 1일, 독일은 폴란드 침략을 시작으로 하여 1940년 4월 9일에는 덴마크와 노르웨이를 공격했다. 그리고 5월 10일 독일은 또다시 브뤼셀, 네덜란드, 룩셈부르크, 프랑스를 공격했다. 6월 22일 프랑스로부터 항복을 받아내기까지 독일은 불과 1년이 채 안 되는 시간에 주변국들을 모두 정복했다. 독일이 서부전선에 투입한 병력은 모두 136개 사단이었지만 동부의 소련과 독일 국경에는 겨우 10개의 사단만을 배치했다. 만약 소련이 독일과 조약을 맺지 않고 유럽을 구하기 위해 병력을 지원했다면 히틀러는 분명 자신의 뜻대로 전쟁 계획을 펼쳐 나갈 수 없었을 것이다.

모두 알다시피 전쟁의 승리는 결코 한두 개의 훌륭한 계획으로 얻어지는 것은 아니다. 하지만 히틀러가 이용한 '원교근공'의 전략은 잠시나마 그의 목적을 성공적으로 달성하도록 해 주었고 이로 인해 세계인들은 엄청난 재난을 겪어야만 했다.

 **11 제너럴모터스와 도요타의 합작**

미국의 자동차 왕국이라 불리는 디트로이트 시에 있는 제너럴모터스 사는 세계에서 가장 큰 자동차 생산업체이다. 하지만 1980년대부터 연비가 좋고 가격이 낮으며 품질이 우수한 일본의 소형차가 미국에서 유행하기 시작하면서 중대형차를 경제 기반으로 삼던 제너럴모터스의 판매량은 눈에 띄게 줄기 시작

했으며 엄청난 손해가 발생했다.

이때 최고 경영자 자리에 오른 로저 스미스는 이 위기를 극복할 임무를 맡게 되었다. 미국의 자동차노조는 그 힘이 막강했기 때문에 임금 수준을 낮추는 것은 근본적으로 불가능한 방법이었다. 그래서 스미스는 6명으로 구성된 싱크탱크를 조직하고 '원교근공'의 전략을 계획하기 시작했다.

스미스가 제너럴모터스를 맡기 전 전임 경영자들은 모두 일본 자동차 회사들을 적으로 간주했었다. 하지만 스미스는 이 관례를 깨고 합작의 태도를 취했다. 1983년 초, 제너럴모터스와 도요타는 합작을 정식으로 선언하고 '누미(NUMMI, New United Motor Manufacturing)'라는 합작회사를 설립했다. 2년 후 누미는 시보레 노바스를 성공적으로 생산해 냈는데 이 자동차의 실제 비용은 제너럴모터스에서 자체 생산한 자동차보다 훨씬 적었기 때문에 시장에서 큰 환영을 받을 수 있었다.

제너럴모터스는 또 휴즈일렉트로닉스를 인수하고 테네시 주의 토지를 매입한 뒤 대규모의 자동차 생산 기지를 구축했다. 제너럴모터스는 자동차 생산의 새로운 기술 연구에 힘쓰면서 일본의 자동차와 승부를 겨룰 수 있는 제품을 생산해 내기로 결심한다.

스미스의 '원교근공' 전략은 3년이라는 짧은 시간 안에 즉시 효과를 나타내었고 이로써 제너럴모터스는 경영 손실로부터 벗어날 수 있었을 뿐 아니라 자그마치 50억 달러를 벌어들일 수 있었다.

제6기

가도벌괵(假道伐虢)

한 개의 화살로
두 개의 사과를 맞춘다

이 계책은 《좌전左傳》에서 유래하였다. 춘추시대, 진나라는 우나라와 괵나라를 삼킬 준비를 하고 있었다. 하지만 우와 괵의 사이가 너무도 좋았기 때문에 진은 두 나라의 동맹을 깨지 않고서는 절대 목적한 바를 이룰 수가 없는 상황이었다.

이 계책은 《좌전左傳》에서 유래하였다. 춘추시대, 진나라는 우나라와 괵나라를 삼킬 준비를 하고 있었다. 하지만 우와 괵의 사이가 너무도 좋았기 때문에 진은 두 나라의 동맹을 깨지 않고서는 절대 목적한 바를 이룰 수가 없는 상황이었다. 그래서 진은 좋은 말과 아름다운 옥을 우공에게 바쳤다. 재물에 욕심이 많은 우공은 진의 군대가 자신의 나라를 거쳐 괵나라를 공격하러 가는 것을 허락했다. 얼마 후 괵나라를 멸망시키고 돌아가던 진나라 군대는 그 길로 또다시 우나라를 공격해 버렸다. 후에 사람들은 길(사물 혹은 기회)을 빌린다는 명분을 이용해 상대방을 멸망시키는 계책을 '가도벌괵'이라 했다.

이 계책에는 다음의 세 가지 숨은 뜻이 있다.

(1) 물을 빌려 배를 띄운다. 어떤 일을 하든지 간에 반드시 일정한 조건이 제반되어야 한다. 만약 어떤 일을 준비할 때 조건이 완전히 갖추어지지

않았다면 가장 빠르고 효과적인 방법은 아마도 '빌리기'일 것이다. 더 직접적으로 말하자면 남의 물을 빌려 내 배를 띄운다 할 수 있다.

(2) 기회를 빌려 침투한다. 평상시에 나의 세력을 상대방의 내부에 침투시키는 것은 매우 어려운 일이다. 이럴 때 가장 좋은 방법은 일정한 기회를 빌리는 것이다. 상대방의 이익을 침범하지 않는다는 것을 내세우며 자신의 세력을 교묘하게 확대시켜 상대방의 내부로 침투시키면 상대방을 제어하려는 목적에 도달할 수 있다.

(3) 하나를 이용해 둘을 얻는다. 진은 거짓으로 우 나라의 길을 빌려 괵을 손에 넣은 후 회군하는 도중 우나라 역시 공격해 멸망시켰다. 다시 말하자면 진나라는 단 한 번 군사를 일으켜 두 나라를 멸망시킬 수 있었던 것이다. 마치 화살 하나로 두 개의 목표물을 맞힌 것처럼 말이다.

1 주유를 죽게 한 제갈량

삼국시대, 형주 자사 유기가 병으로 죽자 유비는 백성들의 추대를 받아 목수牧守가 되어 형주의 각 군을 다스리게 되었다. 이런 상황에서 손권과 유비의 관계를 이간시키기 위해 조조는 한 헌제에게 상소문을 올려 주유를 남군을 총 관장하는 태수로 임명하도록 했다. 남군의 태수는 그저 이름뿐인 직책이었다. 그도 그럴 것이 형주는 계속해서 유비가 차지하고 있었기 때문이었다. 과연 조조의 간계에 걸려든 주유는 노숙에게 유비를 만나 형주를 되찾아 오도록 명령했다.

노숙이 형주를 돌려받기 위해 온다는 소식을 들은 유비는 당황하여 어쩔 줄 몰랐다. 그러자 제갈량이 유비에게 말했다. "제게 좋은 계책이 있으니 주공께서는 너무 염려하지 않으셔도 됩니다. 노숙이 형주에 관한 일을 꺼내면 주공께서는 대성통곡을 하십시오. 그 다음은 제가 다 알아서 하겠습니다."

유비를 만난 노숙은 과연 다짜고짜 형주 얘기부터 꺼내려 들었다. 그러자 유비는 제갈량이 시킨 대로 목 놓아 울기 시작했고 그의 갑작스러운 행동에 노숙은 어리둥절해졌다. 그때 옆에 있던 제갈량이 무겁게 입을 열었다. "제 주인께서는 오후로부터 형주를 빌릴 당시 서천을 얻으면 반드시 돌려 줄 것이라 약속하셨습니다. 하지만 곰곰이 생각해 보십시오. 익주의 유장은 주인의 먼 친척 동생이며 피를 나눈 사이인데 만약 군대를 일으켜 그를 친다면 세상 사람들은 모두 이를 두고 욕을 할 것입니다. 하지만 서천을 취하지 않고 형주를 돌려준다면 어디에 몸을 의탁한단 말입니까? 만약 형주를 돌려주지 않는다면 그 또한 오후를 볼 낯이 없게 됩니다. 이런 연유로 진퇴양난에 빠진 제 주인이 목 놓아 우는 것입니다." 원래 사람이 좋은 노숙은 유비가 매우 상심하는 것을 직접 보고 난 후 제갈량의 형주 반환 연기 요청을 받아들일 수밖에 없었다.

하지만 노숙의 보고를 받은 주유는 버럭 성을 냈다. 그는 자신의 꾀가 먹히지 않자 다른 방도를 강구해 노숙을 또다시 형주로 보냈다.

"오후께서도 황숙이 처한 상황에 대해 매우 애석하게 생각하고 계십니다. 그래서 수하의 장수들과 이 일을 의논한 결과, 황숙을 대신해 서천을 치기로 결정하셨습니다. 서천을 차지한 후 형주를 돌려받는 것입니다. 이렇게 하면 서천은 동오가 유황숙에게 드리는 선물에 지나지 않게 됩니다. 그러니 유황숙께서는 동오의 군마가 이곳을 지날 때 양식과 마초만 제공해 주시면 됩니다."

노숙의 제안을 들은 유비가 망설이자 옆에 있던 제갈량이 얼른 고개를 끄덕이며 말했다. "과연 오후십니다! 귀국의 영웅들이 이곳에 도착하면 반드시 달려 나가 융숭한 대접을 하도록 할 것입니다." 제갈량이 말을 들은 노숙도 크게 기뻐하며 자리를 떴다. 노숙이 돌아간 후 유비는 제갈량에게 동오의 진짜 의도가 무엇인지를 물었다. "이것은 주유의 '가도벌괵' 계책이 분명합니다. 명분상으로는 서천을 친다고 하지만 실제로는 형주를 취하려 함이지요. 하지만 다른 사람은 다 속여도 제 눈은 속일 수 없는 법입니다. 주유가 이번에 형주로 오면 무덤 없는 귀신 신세를 면하지 못할 것입니다."

얼마 후 주유는 군사 5만을 이끌고 기세등등하게 형주로 향했다. 형주성에 아래에 도착한 주유는 곧 유비가 성문을 열고 자신들을 대접할 것이고 그 틈을 타 공격을 시작하려고 생각했다. 하지만 예상과 달리 딱따기 소리와 함께 성 위에 수많은 병사들이 나타나더니 주유의 군대를 향해 활을 쏘고 창을 던져대기 시작했다. 잠시 후 동오군의 등 뒤에서도 '주유를 생포하라!' 는 함성과 함께 병사들이 몰려들기 시작했다. 그제야 제갈량의 꾐에 빠진 것을 눈치 챈 주유는 분한 마음을 삭이지 못하고 화살에 맞은 상처가 덧나 말에서 떨어져 그대로 땅에 꼬꾸라져 죽고 말았다.

형주를 차지하기 위한 손권과 유비의 싸움은 오랫동안 계속되어 왔다. 그렇기 때문에 주유가 오로지 형주를 차지하기 위해 혈안이 되어 있다는 것은 누구나 다 아는 사실이었다. 이런 상황에서 주유가 형주를 빌려 서천을 치겠다고 하니 제갈량의 의심을 피하기는 어려운 일 아니었을까?

'가도벌괵' 은 교묘한 계책이긴 하지만 일단 상대방에게 들켜버리고 나면 큰 화를 불러올 수도 있음을 알아야 한다.

❷ 먼저 연을 구하고 다시 공격한 진

　　　　　기원후 339년, 환온이 군대를 일으켜 연나라를 공격하자 연왕 모용위는 진나라에 사신을 보내 호뢰관 서쪽 지역을 주는 대가로 지원군을 요청했다.

　진왕 부견은 군신들과 함께 이 일을 의논했다. 신하들의 대부분은 당초 환온이 진을 공격할 때 연이 손을 놓고 있었다는 것을 이유로 지원병을 보내는 것을 반대했다. 하지만 왕맹의 생각은 달랐다. "만약 환온이 연을 차지한다면 그 힘은 분명 더욱 강해질 것입니다. 이것은 진에게 매우 불리한 것이지요. 하지만 우리가 연과 힘을 합쳐 환온을 친다면 그는 더 이상 우리의 적수가 될 수 없습니다. 전쟁이 끝나고 나면 연의 힘은 분명 크게 줄어 들 것이니 이때를 기다렸다가 연을 공격하는 것이 좋을 듯합니다." 왕맹의 계책을 들은 부견은 병사 2만을 보내 연 나라를 돕기로 했다.

　과연 환온은 연과 진의 합공을 견디지 못하고 연 나라에서 물러났다. 이렇게 전쟁이 끝나고 진의 군대는 연을 떠나기 전 약속했던 대로 호뢰관 서쪽지역을 요구했다. 하지만 연왕은 우물쭈물 거리며 발뺌을 하기 시작했다. 부견은 상황이 자신의 의도했던 대로 진행되자 마침내 연나라를 집어 삼키고 말았다.

　부견은 사실 '가도벌괵'의 계책을 마음속에 품고 연을 구하러 간 것이었다. 이런 상황에서 연나라가 당초의 약속을 어김으로써 진에게 연을 칠 구실을 제공한 셈이 되었다. 생각지도 못한 공격을 받은 연나라 왕은 도마 위의 물고기 신세가 되어 진이 마음대로 땅을 나누어 갖는 것을 그저 바라볼 수밖에 없었다.

 ## ❸ 안록산의 난

양국충은 안록산이 모반을 꾀하려 한다는 낌새가 나타나기 시작할 무렵 가장 먼저 이를 알아차린 인물이었다. 그는 황급히 상소문을 올려 이 사실을 황제에게 알렸고 당 현종 역시 마음을 놓지 못하고 환관 보구림을 시켜 이 일을 조사하도록 했다.

보구림이 자신을 찾아온 의도를 알게 된 안록산은 온갖 뇌물을 갖다 바치며 그의 환심을 사려 애썼다. 이런 안록산의 계획은 성공을 거두었고 그에게 매수된 보구림은 갖가지 이유를 들어가며 안록산이 조정에 충성하고 있다고 알려왔다.

그러자 양국충이 현종에게 말했다. "반역을 꾀하는 자는 무릇 속이는 데 일가견이 있는 인물입니다. 보구림은 안록산에게 극진한 대접을 받았기 때문에 그에 대해 좋은 말만 하는 것입니다. 안록산이 조정에 불충하고 있다는 것은 단 한 가지 방법만으로 알 수 있습니다." 현종은 궁금한 듯 양국충을 재촉하며 그 방법을 물었다. "지금 성지를 내려 안록산에게 수도로 오라고 하는 것입니다. 만약 그가 모반의 뜻을 품고 있다면 반드시 오지 않으려 들 것입니다. 바로 도둑이 제 발 저리는 법이라 할 수 있지요. 반대로 그가 선뜻 명령에 응한다면 두 마음을 품지 않았다는 것이 증명되는 셈입니다." 양국충의 말을 들은 현종은 즉시 성지를 내려 안록산을 불러들였다.

하지만 현종과 양국충의 의도를 모두 알아차린 안록산은 의심으로부터 벗어나기 위해 모든 위험을 무릅쓰고 수도로 향했다. 그날 밤, 왕궁에서 벌어진 연회에서 안록산은 무릎을 꿇고 눈물을 흘리며 말했다. "많은 이들이 신이 오랑캐 출신임을 두고 헐뜯고 핍박하지만 황상께서는 저를 버리지 않으셨습니다. 황상의 은혜는 이 생이 다하여도 갚을 수 없을 것입니다. 양국충이 도대체 신의 어떤 부분을 밉게 보았는지는 모르겠지만 항시 저를 죽이려 혈안이 되어 있습니다. 부디 황상께서 이 일을 공정하게 처리하여 주십시오." 안록산의 눈물 연기에 깜빡 속은 현종은 더욱더 그를 불쌍히 여기고 믿게 되어 그에게 좌부사의 관직을 하사했다.

서둘러 자신의 근거지인 범양으로 돌아간 안록산은 관직을 하사받긴 했지만 자칫하면 큰 화를 당할 뻔했기에 놀란 가슴을 쓸어내려야 했다. 그리고 더 이상 모반을 미루면 시기를 잃어 후회할 일이 생길 것이라 생각한 그는 775년 11월, 역적 양국충을 벌한다는 명분을 내걸고 반역을 일으켰다. 그가 이끄는 15만 군사는 매일 60리를 행군하며 당 왕조의 수도 장안으로 진격했고 이로써 안록산의 난이 시작되었던 것이다.

안록산의 난은 당 왕조가 몰락의 길을 가고 있음을 나타내고 있었다. 이때부터 당의 국력은 계속해서 쇄락해져 갔다. 안록산의 반란이 성공을 거둘 수 있었던 까닭은 그의 '가도벌괵'의 계와 밀접한 관계가 있다. 그가 표면적으로 내세웠던 양국충을 무찌른다는 명분은 당시 많은 사람을 속이기에 충분했다. 그도 그럴 것이 양국충은 당시 사사롭게 당을 조직해 충신을 마구 해쳤기에 정의를 아는 사람이라면 누구나 그에게 원한을 갖고 있었기 때문이다.

이런 상황에서 양국충을 벌하려 한다는 안록산의 명분은 많은 이들의 지지를 이끌어 냈다. 하지만 이는 모두 모반을 꾀하려는 안록산의 핑곗거리에 지나지 않았다. 이 이야기에서 양국충은 '괵나라'에 해당하고, 당 조정은 '우나라'를 가리킨다 할 수 있다. 그래서 '괵나라'가 멸망한 후 '우나라' 역시 안전을 보장할 수 없게 된 것이다.

 **4 기우제를 지낸 임칙서**

임칙서는 중국 근대사에 있어 유명한 애국자일 뿐 아니라 백성들의 고충을 세심하게 살피는 청렴한 관리이기도 했다.

그가 호광의 총독으로 있을 때 호북 지역에 100년 만의 가뭄이 찾아왔다. 가뭄으로 인해 식물은 바싹 말라죽었고 식량 값은 폭등했으며 많은 농민들은 살 곳을 잃고 심지어 굶어 죽기까지 했다. 그러자 임칙서는 각급 관리들에게 얼마씩 돈을 내어 다른 지역에서 식량을 사들임으로써 곡식의 가격을 낮출 것을 주장했다. 하지만 며칠이 지나고 그의 계획에 응해오는 사람은 하나도 없었다. 임칙서는 무척이나 화가 났지만 겉으로는 아무렇지 않은 척하며 명령을 내렸다. "백성들의 기근을 해결하기 위해 3일 후 제단을 쌓고 기우제를 지낼 것이다. 그러니 모든 관리는 관직의 높고 낮음을 불문하고 제사의 법도에 따라 3일 동안 고기나 술을 입에 대지 말라!"

3일 후 임칙서는 직접 많은 관리들을 이끌고 제단에 올라 향을 피우고 예를 올렸다. 모든 의식이 끝난 후 임칙서는 관리들을 모아 둔 자리에서 이렇게 말했다. "우리와 같은 관리들은 평소 높은 지위에서 부유한 생활을 누려왔소. 그러니 오늘 뜨거운 태양 아래 앉아 농사를 지어 봄으로써 농민들의 고충을 한번 느껴보는 것이 어떻겠소?" 그러자 관리들은 감히 임칙서의 명령을 거스르지 못하고 그의 말을 따랐다. 향 세 개가 다 탈 때쯤 되자 관리들의 등에서는 땀이 비 오는 듯했고 모두들 더 이상은 못하겠다며 고통을 호소했다. 그러자 임칙서는 갑자기 생각이 난 듯 말했다. "날씨가 너무 더우니 차라도 한 잔 마시도록 합시다." 이윽고 차가 날라졌고 임칙서와 관리들은 모두 차 한 잔씩을 단숨에 비워냈다. 그런데 잠시 후 차를 마신 관리들이 저마다 먹은 것을 토해 내기 시작했다. 이를 기다렸다는 듯 임칙서는 단박에 웃음을 거두고는 큰 소리로 말했다. "누구도 자신이 토한 것을 감춰서는 안 될 것이오. 내 조사관을 시켜 누가 진정 하늘에 충성을 바쳤는지 알아볼 것이외다." 조사결과 오로지 임칙서가 토한 것에서만 야채와 거친 곡식들이 나왔고 나머지 관리들의 토사물에서는 모두 고기와 함께 술 냄새가 진동을 했다.

임칙서는 무서운 얼굴을 하고 말했다. "금식을 하고 기우제를 지내는 것이 얼마나 중요한 일인지 몰라서 감히 이를 어긴단 말이오! 하늘이 비를 내리지 않는 것은 모두 그대들이 하늘을 노하게 했기 때문이오. 다들 입이 열 개라도 할 말이 없을 것이오." 임칙서의 말을 들은 관리들은 부끄러운 나머지 서로 얼굴만 쳐다볼 뿐 아무 말도 할 수 없었다. 그리고 모두들 재산을 털어 백성들을 돕겠다고 나섰다. 그러자 임칙서는 금방 엄청난 양의 돈을 모을 수 있었고 이를 이용해 식량가격을 낮추어 백성들의 숨통을 틔워 주었다.

이 이야기에서 임칙서가 이용한 것이 바로 '가도벌괵'의 계라 할 수 있다. 그는 기우제를 지낸다는 명목으로 관리들의 돈을 걷을 수 있었다. 그는 먼저 사람을 시켜 차 속에 약을 탄 다음 관리들이 먹은 음식을 토하게 했고 이를 통해 그들이 자신의 명령을 따르지 않았음을 증명했다. 그리고 이를 핑계로 가뭄을 극복할 돈을 걷을 수 있게 된 것이다. 지략을 이용해 관리들로 하여금 눈물을 머금고 돈을 내게 한 임칙서는 실로 대단한 인물임에 틀림이 없었다.

 **5 영국 영사를 굴복시킨 허룽**

1925년, 허룽이 후난성 펑저우의 진수사로 임명되었다. 당시 중국에는 군벌과 결탁한 불법 외국 판매상들이 몰래 아편과 무기를 몰래 들여오는 일이 빈번하게 발생하고 있었는데 허룽은 뼛속 깊이 그들을 증오하고 있었다.

어느 날, 당직 근무를 서던 부하 하나가 영국 상선 한 척에서 무기와 아편이 발견되었다고 보고해 왔고 허룽은 즉시 명령을 내려 상선을 잡아두도록 했다. 그러자 이 배의 선주는 창사로 가서 영국 영사를 찾아가 도움을 요청했고 영사는 즉시 후난성 정부에 전화를 걸어 불만을 표시했다. 후난성 정부는 관리 하나를 보내 영국 영사와 함께 펑저우로 가서 이 일을 처리하도록 했다.

허룽을 만난 자리에서 영국의 영사는 거만한 태도로 말했다. "허 진수사, 우리 대영제국의 국민이 중국에서 장사를 하려는 것이 어찌 죄가 된단 말이오?"

허룽이 대답했다. "정당한 사업이라면 결코 죄라 할 수 없지요."

"그러면 왜 우리 상선을 붙잡아 두는 것이오?" 영사는 거칠게 탁자를 치며 격앙된 목소리로 말했다.

영사가 불같이 성을 내는 것을 본 성 정부의 관리는 난처한 표정으로 그를 만류하며 말했다. "영사님, 잠시 화를 삭이십시오. 이 일은 제가 처리하겠습니다." 그리고 그는 짐짓 화난 목소리로 말했다. "허 진수사. 괜히 일을 크게 만들지 말고 어서 상선을 풀어 주시오."

하지만 허룽은 꿈쩍도 하지 않고 태연하게 입을 열었다. "영사께서 배에 있는 물건을 모두 서류로 작성해 주십시오. 그러면 조사를 하여 불법적인 물건이 없는 것을 확인하고 풀어 드리겠습니다."

영사는 허룽의 태도가 너무도 완강한 것을 보고는 어쩔 수 없이 그의 뜻에 따라 물품목록을 작성해 주었다. 물론 그 어디에도 무기나 화약 그리고 아편은 찾아볼 수 없었다. 목록을 꼼꼼히 살핀 후 허룽이 미소를 지으며 말했다. "영사님께서 무슨 착오가 있으신 것 같습니다. 방금 우리는 이 배에서 화약과 무기 그리고 아편을 발견했는데 영사님이 작성하신 목록에는 그것이 빠져 있군요. 이로 볼 때 이 배는 귀국의 것이 아닌 듯합니다. 그러니 이제 창사로 돌아가셔도 됩니다."

허룽의 말을 듣고 속으로 적지 않게 놀란 영사가 짐짓 웃음을 띠고 말했다. "그 배는 우리 대영제국의 것이 확실하오. 아편은 모두 선원들의 것이며 무기와 화약은 해적에 대항하기 위한 것이오."

영사의 말을 듣고 있던 허룽은 목록에 아편과 무기를 다시 기입해 넣도록 했다. 이 역시 그저 형식적인 것이라 생각한 영사는 그의 말에 순순히 응했고 성 정부의 관리 역시 증인이 되어 주었다.

그러자 새로 작성한 목록을 받아 든 허룽은 갑자기 태도를 바꾸어 엄숙한 얼굴을 하고 낮은 목소리로 말했다. "영사님, 국제법의 규정에 따르면 사사롭게 무기나 마약을 운반하는 것은 위법에 해당합니다. 귀국의 상선은 국제법을 어기고 우리 중국의 주권과 존엄성을 침해했으니 반드시 그에 해당하는 처벌을 받아야 합니다!"

그제야 자신이 허룽의 꾀에 걸려들었다는 것을 알아챈 영사는 바람 빠진 공처럼 의자에 풀썩 주저앉고 말았고 성 정부의 관리 역시 고개를 숙이고 아무 말도 하지 못했다.

영국의 영사는 허룽이 자신을 도와줄 것이라 생각하고 상선의 밀매품을 직접 작성했다. 하지만 이 모두가 허룽이 쳐 놓은 덫이었음을 알지 못했던 그는 결과적으로 스스로 불법 밀매의 사실을 시인한 것이 되어 버렸다. 여기에서 허룽이 사용했던 것이 바로 '가도벌괵'의 계라는 것을 알 수 있다.

 ## 6 잘생긴 남자친구를 얻는 방법

짝사랑 하는 사람이 연예인처럼 잘생겼다면 어떻게 그의 마음을 얻을 수 있을까? 우한의 한 통신회사에 근

무하는 미스 장은 잘생긴 남자를 자기 사람으로 만드는 노하우를 가지고 있었다.

2002년 7월, 미스 장은 외국계 회사에서 엔지니어로 근무하는 미스터 간을 알게 되었는데 그만 그에게 첫눈에 반해 버리고 말았다.

잘생기고 스타일 좋은 미스터 간이었지만 어찌나 신중한 성격인지 미스 장은 좀처럼 그에게 접근할 수 없었다.

얼마 후 그녀는 미스터 간이 2년 전에 자신과 헤어지고 미국으로 떠나버린 여자친구를 아직도 기다리고 있다는 사실을 알게 되었다.

그가 과거에 집착할수록 그에 대한 그녀의 마음도 쉽사리 접을 수가 없었다. 어느 날 그녀는 미스터 간의 룸메이트인 미스터 무가 커피를 좋아한다는 정보를 입수하고는 자주 그에게 커피를 대접하기 시작했다. 그녀는 미스터 무가 오해하지 않도록 하기 위해 자신의 진심을 털어놓았고 마침내 그는 그녀에게 '길을 빌려' 주기로 했다.

어느 날 미스터 간이 업무상의 실수로 상관에게 호되게 질책을 당했다는 소식을 들은 그녀는 그의 집에 한 상 가득 맛있는 음식을 차려 놓아 그를 위로했다. 그리고 크리스마스 날 그녀는 룸메이트로부터 미리 빌려 놓은 열쇠를 이용해 그의 집으로 들어가 방안 가득 풍선을 불어 놓고 그를 위해 우유를 따뜻하게 데워 탁자 위에 올려 두었다. 이렇게 모든 준비를 끝내놓고 그녀는 그의 집을 빠져 나왔다. 퇴근 후 집으로 돌아온 미스터 간은 전과 달리 가정의 온기가 느껴지는 듯한 집을 보고는 마음 한쪽이 따뜻해지는 것을 느꼈다.

미스 장의 끈질긴 구애에 미스터 간도 점점 2년 전 실연의 상처에서 벗어났고 그녀와 만나는 횟수가 늘어나기 시작했다. 어느 날 친구들과 함께한 모임에서 두 사람은 커플로 노래를 불러 친구들의 뜨거운 박수를 받았다. 그들이 부른 노래에는 두 사람의 사랑의 마음이 그대로 묻어나 있었고 마침내 그녀는 그렇게도 원하던 사랑을 얻을 수 있었다.

# 7 폴란드를 차지한 러시아

1700년, 북유럽의 패권을 거머쥐기 위해 제정 러시아와 스웨덴은 전쟁을 일으켰다. 이런 상황에서 러시아와 스웨덴 사이에 위치해 있는 폴란드의 입장은 양국에 있어 무엇보다 중요한 의미를 가지고 있었다.

러시아는 온갖 수단을 동원해 폴란드를 자신의 편으로 끌어들여 스웨덴과의 전쟁에 가담하도록 하려 했다. 러시아의 이런 계획은 훗날 폴란드마저도 삼키려는 준비작업으로 모두 철저히 계산된 것이었다. 끊임없는 러시아의 회유와 강요에 폴란드는 동맹을 허락했다.

얼마 후 폴란드로 출동한 러시아 군대는 스웨덴과 격전을 벌였다. 러시아라는 늑대를 집으로 끌어들인 폴란드는 어쩔 수없이 전쟁의 피해를 고스란히 당해야 했고 이로 인해 입은 경제적 손실도 어마어마했다. 15년 후, 제정 러시아는 마침내 폴란드의 영토 내에서 스웨덴을 물리쳤다. 하지만 러시아 군대는 폴란드에서 물러날 기미를 전혀 보이지 않았다. 15년간의 전쟁 동안 러시아군은 폴란드의 군사 요충지와 주요 도시를 모두 점령했기에 쫓아낼 수 없는 '손님'이 되었던 것이다. 그러자 폴란드의 국왕은 어쩔 수 없이 폴란드에 러시아의 군대를 주둔시키겠다는 무리한 요구를 받아들였다. 사실 이 주둔부대는 훗날 폴란드를 멸망시키려는 '선견부대'였다.

러시아 황제는 폴란드의 영토를 빌려 스웨덴과 싸운다는 명목을 내걸고 전쟁에서 이긴 후에도 폴란드에서 떠나지 않음으로써 훗날 이곳을 차지하려는 준비를 했다. 이 이야기에서 폴란드는 '우나라'에, 스웨덴은 '꾁나라'에 해당한다 할 수 있다. 러시아는 '가도벌꾁'의 계를 이용해 스웨덴을 공격한 후 그곳을 떠나지 않음으로써 세계를 차지하려는 야심을 여실히 드러냈다.

 # 8 칭다오를 점령한 일본군

1차 세계대전 당시 일본은 연합국의 편에 서서 독일에 선전포고를 했지만 유럽으로 군대를 보내지 않고 오히

려 중국의 칭다오에 있던 독일군을 공격했다. 당시 칭다오에 주둔하고 있던 독일군의 병력은 2,000명이었는데 일본은 포위전술을 이용해 웨이현의 서쪽으로부터 독일군의 후방으로 밀고 들어와 협공을 펼쳤다.

일본군의 이러한 행동은 사실 그 속이 빤히 들여다보이는 것이었다. 일본 측은 이번 전투를 두고 이렇게 말했다. "칭다오 공격은 중국이 잃어버린 땅을 되찾아 주기 위한 것이다. 그러므로 우리는 칭다오를 얻어낸 뒤 반드시 중국에 반환할 것이다." 하지만 사실 일본은 이 기회를 빌려 칭다오를 차지한 뒤 중국 침략의 야심을 실현하려고 한 것이었다. 중국의 군벌정부는 일본의 '가도벌괵'의 계를 분명히 알고 있었지만 이에 맞설 힘이 없었기 때문에 어쩔 수 없이 일본 군대가 칭다오에 남는 것을 허락하고 말았다. 이로써 칭다오는 금세 일본인의 손아귀로 들어가고 말았다.

당시 서양의 열강들은 모두 세계대전에 정신을 쏟고 있던 터라 이를 주의 깊게 살필 틈이 없었다. 일본은 이런 혼란한 틈을 이용해 칭다오를 중국에 돌려주지 않고 오히려 무리하게 '21조'를 요구하고 나섰다. '21조'는 사실상 중국의 주권을 포기하고 일본의 보호국이 되라고 하는 것이나 다름없었다. 일본은 48시간 내에 조약에 서명하지 않을 경우 무력을 사용할 것이라고 중국에 최후통첩을 내렸다. 일본의 압력으로 인해 중국의 군벌정부는 어쩔 수 없이 중국을 멸망으로 몰고 가는 '21조'를 받아들일 수밖에 없었다.

일본의 최후통첩 중에는 이런 구절이 있었다. “자오저우만은 동북아의 무역이나 군사상의 요지이다. 일본의 황제는 이곳을 차지하기 위해 엄청난 양의 재물을 쓰고 희생을 감당했기에 일본이 이를 손에 넣은 후 중국에 돌려줄 의무는 전혀 없다.” 굴욕적인 ‘21조’를 받아들인 중국의 군벌정부는 백성에게는 ‘양국이 평화조약을 맺음으로써 동북아의 번영에 기원했다’고 멋대로 떠들었다.

1차 세계대전이 종결된 후, 파리 평화회의는 일본의 중국 칭다오 점령권을 확인했다. 중국의 국민은 국제사회가 전후에 공평하게 칭다오 문제를 처리해 줄 것을 기대했지만 서양의 열강은 자신들의 세력을 믿고 중국을 거들떠보지도 않았으며 군벌정부 역시 이에 맞서기에는 너무도 힘이 약했다. 그러자 중국의 애국청년들은 직접 나서 ‘5·4’운동을 전개했다. 강한 압력을 받은 중국 군벌은 파리회의에서 서명을 하지 않았고 이로써 일본의 ‘가도벌괵’의 계획은 무산되고 말았다.

 **9 연합군의 페네뮌데 섬 공격작전**

1943년, 연합군은 깜짝 놀랄 만한 정보를 입수했다. 그것은 바로 독일이 엄청난 위력을 가진 신무기를 개발하

고 있다는 것이었다. 그 신무기가 무엇인지 알 수는 없었지만 만약 그것이 개발되어 전쟁에 사용된다면 영국의 도시들은 엄청난 재난을 당하게 될 것이고 연합군의 대규모 상륙작전 역시 실패로 끝날 것이 분명했다. 그래서 연합군은 신무기 개발과 관련된 지역을 초토화시키기로 결정했는데 그 중 페네뮌데 섬 폭격은 가장 성공적인 작전이라 할 수 있었다.

발트해 연안에 자리잡은 페네뮌데 섬은 독일의 신무기 개발의 중요 기지라 할 수 있었다. 연합군은 이 섬을 초토화시키기 위해 '가도벌괵'의 전략을 쓰기로 했다.

이전부터 연합군은 항상 베를린에 폭격기를 보내 야간 습격을 벌였는데 연합군 폭격기의 베를린 항로와 페네뮌데 섬은 매우 가까웠다. 그래서 매번 공중 폭격 경보가 울릴 때마다 페네뮌데 섬의 독일 과학자들과 연구원들은 대피호 안으로 피신을 했다. 연합군은 바로 이 점을 작전에 이용하기로 했다.

8월 17일 밤, 연합군의 폭격기가 이전의 베를린 공격의 항로를 따라 비행을 하고 있었다. 이들 폭격기는 레이더 추격을 피하기 위해 매우 낮게 날고 있었다. 베를린을 폭격할 당시 연합군의 비행기는 유도 레이더를 이용해 적을 교란시켜 독일 공군의 주력을 베를린 상공으로 집중시켰다. 온 힘을 다해 베를린을 사수하던 독일인은 연합군의 주력이 갑자기 페네뮌데 상공에 나타나리라고는 상상조차 하지 못했다. 물론 기지 안에 있던 독일인들은 연합군의 목표가 베를린이라 생각하고 어떤 방어조치도 취하지 않았다. 하지만 연합군의 비행기는 페네뮌데 상공에서 1,593톤의 고성능 폭약과 281톤의 폭탄을 투하했고, 이 폭격으로 인해 신무기 연구에 관련된 독일인 730명이 목숨을 잃었다. 그 중에는 연구의 핵심인물 2명도 포함되어 있었다. 페네뮌데 공중폭격으로 인해 히틀러는 거의 이성을 잃을 지경이 되었고, 독일 공군의 참모장 한스 예쇼넥은 자살로써 생을 마감하고 말았다. 연합군은 베를린 폭격을 위해 항상 페네뮌데의 '길'을 빌렸었다. 이 일이 오래 지속되자 페네뮌데에 있던 독일인들은 연합군이 베를린만을 폭격할 것이라고 착각하게 되었고, 이는 연합군의 페네뮌데 공격에 매우 유리한 조건이 되었다. 이 이야기에서 페네뮌데는 '우나라'를 베를린은 '꿕나라'를 가리킨다 할 수 있다. 연합군의 베를린 폭격은 하나의 가상에 지나지 않았고 그들이 항로를 돌려 페네뮌데를 공격한 것이 바로 실제 그들의 의도라 할 수 있다.

10 길을 빌려 체코슬로바키아를 점령한 소련

　　　　　1968년 8월 20일 깊은 밤, 체코슬로바키아 프라하 공항의 한 당직자의 귀에 긴급한 구조 요청이 들려왔다.

“우리는 소련의 운송기다. 지금 비행기에 결함이 발생했으니 잠시 그곳에 착륙을 요청하는 바이다.”

비행기의 기기 고장이 발생하면 근처에 있는 공항에서는 착륙을 허락하는 것이 국제 관례였다. 아무리 그것이 소련의 비행기라 하더라도 말이다. 그래서 당직자는 일말의 망설임도 없이 이 비행기의 착륙을 허락했다.

하지만 착륙을 마친 소련의 운송기 안에서 갑자기 완전무장한 100명의 군인이 쏟아져 나왔고 그들은 신속하게 비행장의 중요지역을 점령해 버렸다. 이어서 벨로루시에 주둔하고 있던 낙하산 사단이 프라하 공항에 착륙했고 소련의 지상부대도 북·동·남쪽의 세 곳으로부터 체코슬로바키아로 진격해 왔다. 22시간 후 체코슬로바키아는 모두 소련의 점령 하에 들게 되었다.

소련의 체코슬로바키아 공격은 사실 철저한 계획에 의한 것이었다. 체코슬로바키아는 알렉산더 두부체크가 정권을 잡은 후부터 소련의 제어권에서 벗어나려 하고 있었다. 이런 상황에서 소련은 무력을 사용해 체코슬로바키아 중앙 지도층 내의 반소련파를 제거하려 했던 것이다. 6월 하순, 소련은 자국과 폴란드, 헝가리, 체코슬로바키아 그리고 동독을 중심으로 '보헤미아 삼림'이라는 이름의 군사훈련을 제안했다. 이 군사훈련이 이루어지는 지점은 바로 체코슬로바키아였는데 여기에는 체코슬로바키아의 지형을 속속들이 알아 두려는 소련의 의도가 숨어 있었다. 체코슬로바키아 침공의 선견부대가 바로 이 군사 훈련에 투입되었던 부대였던 것도 이를 잘 증명해 주고 있다.

비록 소련의 이런 행동들이 정의에 어긋나기는 하지만 이것은 세계 전쟁 역사에서 볼 수 있는 전형적인 '가도벌괵' 전략이라 할 수 있다.

 ## 11 머리 좋은 강도

한 중년 신사가 샌프란시스코의 어두운 골목길을 지나고 있었다. 그때 갑자기 어디에선가 당황한 기색이 역력한 한 사내가 나타나 그에게 물었다. "실례합니다. 혹시 이 근처에서 경찰을 보셨나요?" 그러자 중년 남자가 말했다. "아니요. 여기까지 오는 길에 경찰을 보지는 못했습니다. 무슨 일이 있나요? 제가 도와드릴까요?" 신사의 말을 들은 사내는 갑자기 느긋한 태도를 보이며 품속에서 총을 꺼내 그를 겨누면서 말했다. "그거 잘됐군. 지갑이랑 시계를 내놓으시지. 근처에 경찰이 없다는 걸 이미 알고 있으니 그 다음은 어떻게 해야 하는지 잘 알겠지?"

이 이야기에서 강도가 사용한 것이 바로 '가도벌괵'의 수법이다. 즉, 경찰은 '괵나라'에, 그리고 중년 신사는 '우나라'에 해당된다

할 수 있다. 이 강도는 마치 도움이 필요한 것처럼 근처에 경찰이
없는지를 물었고, 경찰이 없다는 것을 알게 된 후 자신의 진짜 모습
을 드러냈던 것이다.

제 7 기

투량환주(偸梁換柱)

기둥이 빠지면 거대한 성(城)도
일순간에 무너진다

이 계책은 반드시 상대방이 미처 준비하지 못한 상황에서 사용해야 한다. 이것이 만약 상대방에게 발각된다면 자신의 노력은 모두 허사로 돌아갈 뿐 아니라 오히려 본전도 못 찾는 일이 발생할 수도 있기 때문이다.

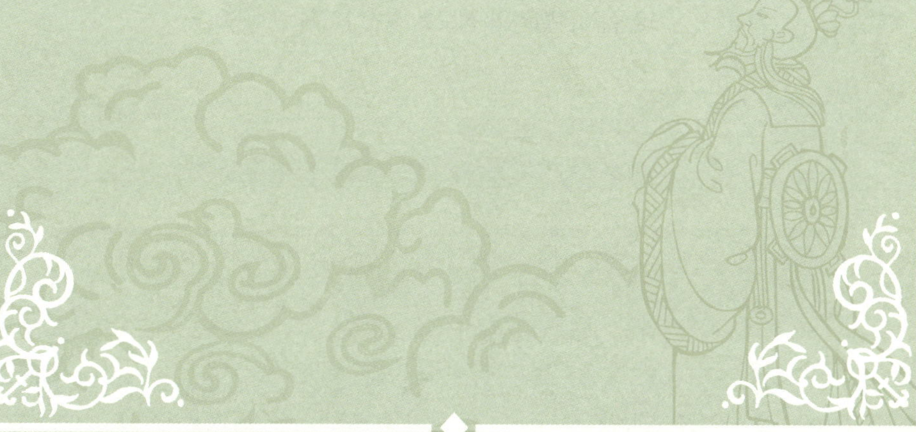

●투량환주●
「12가지 처세 활용 지혜」

옛날에는 전쟁을 할 때면 일반적으로 반드시 진지를 세웠다. '천형天衡'과 '지축地軸'은 각각 진지의 대들보와 기둥에 해당하며 이들은 정예병과 주력이 있는 곳이기도 하다. 양군이 대진하고 있을 때 몰래 적의 주력을 움직이도록 하여 적의 힘을 분산시키거나 약화시키는 것을 두고 '투량환주'라 한다. 이 계책은 자신의 주력을 계속해서 변화시킴으로써 효과적으로 적을 제어하거나 속인 후 그 기회를 빌려 자신의 힘을 키우고 열세에 놓여 있던 것을 우세한 상황으로 변화시키는 것을 뜻한다.

건물의 대들보와 기둥을 훔쳐버리면 그 건물은 쓰러지고 만다. 또 한 군데의 주력을 빼내버리면 이 군대는 곧 와해되어 버리고 말 것이다. 대들보와 기둥은 어떤 사물의 핵심이나 급소를 가리킨다. 그러므로 계책을 세울 때는 반드시 사물의 대들보와 기둥을 먼저 고려해야 하는데 이것은 문제의 핵심을 정확히 짚어내는 것과 같다. 이렇게 하면 손쉽게 가장 적절한 해결방법을 찾아낼 수 있다.

이 계책은 반드시 상대방이 미처 준비하지 못한 상황에서 사용해야 한다.

이것이 만약 상대방에게 발각된다면 자신의 노력은 모두 허사로 돌아갈 뿐 아니라 오히려 본전도 못 찾는 일이 발생할 수도 있기 때문이다.

'투량환주'는 두 번째로 중요한 것을 이용해 가장 중요한 것과 바꾸고, 가짜를 이용해 진짜로 바꾸며, 나쁜 것을 이용해 좋은 것과 바꾸는 것을 뜻한다. 이렇게 하면 바꿔진 물건은 상응하는 역할을 하지 못할 뿐 아니라 오히려 파괴와 와해작용을 할 수 있다. 이렇게 적의 힘에 손상을 입힌 후에는 힘을 들이지 않고도 적을 물리칠 수 있다.

이 계책은 많은 상황 속에서 몰래 바꾸어 놓는 것, 위험을 무릅쓰고 훔쳐내는 것을 가리키며 이로써 상대방을 속일 수 있고 그 중에서 이익을 얻을 수 있다.

1 신방에 숨어 들어간 도둑

명나라 때 일이었다. 한 도둑이 부잣집을 털기로 했다. 마침 그날이 새로 며느리가 들어오는 날이라 온 집안은 떠들썩했고 도둑은 그 틈을 타 몰래 신방에 숨어 들어갔다. 침대 밑에 숨은 그는 날이 어두워지기를 기다렸다 물건을 훔치기로 마음먹었다. 하지만 누가 알았으랴! 이 부잣집은 자그마치 3일 동안이나 불을 밝혀 두었고 신혼부부는 잠시도 쉬지 않고 소곤소곤 얘기를 나누는 터라 도저히 손을 쓸 수가 없었다. 도저히 배고픔을 참지 못한 도둑은 기회를 엿보다가 마침내 방을 빠져나왔지만 운이 나쁘게도 사람들에게 들키고 말았다. 하지만 배짱 좋은 도둑은 자신이 의원이며 신부의 지병이 도질까 봐 염려가 되어 그곳까지 따라간 것이라고 거짓말을 해댔다. 고을의 현령은 즉시 신부를 데려와 도둑과 대질을 시키려 했지만 부자는 자칫 집안의 망신이 될까 신부를 불러오지 않았다.

현령은 이러지도 저러지도 못하고 고민에 빠져버렸다. 이때 그 곁에 있던 나이 지긋한 하급관리가 말했다. "저자는 몰래 신방에 들어가 또 갑자기 도망쳐 나왔기 때문에 분명 신부의 얼굴을 모를 것입니다. 그러니 다른 여인을 데려와 대질을 시켜보시지요. 분명 함정에 걸려들 것입니다." 그 말을 들은 현령은 즉시 기녀 하나를 데려와 신부의 모습으로 꾸며 데려오게 했다. 다음 날, 현령이 수하들에게 큰 소리로 명령했다. "신부를 데려오라!" 잠시 후 신부로 변장한 기녀가 사뿐사뿐 걸어 나왔다. 이 모습을 본 도둑은 황급히 그녀에게로 달려가 말했다. "아가씨, 아가씨께서는 분명 저에게 시댁까지 따라와 병을 돌봐달라고 하셨으면서 왜 이제와 저에게 도둑 누명을 씌우시는 겁니까? 빨리 누명을 벗겨 주십시오." 그러자 현령이 물었다. "이 여인을 아느냐?" "어떻게 모를 수가 있겠습니까. 아주 어렸을 때부터 알았습죠." 도둑이 자신만만하게 대답했다. 그러자 갑자기 주위에 있던 사람들이 모두 웃기 시작했다. 그제야 사실을 모두 알고 난 도둑은 어쩔 수 없이 자신의 죄를 모두 시인했다.

3일 동안 침대에 아래에 숨어 있던 도둑은 신부에게 병이 있다는 소리를 듣고 의원 행세를 하여 위기를 넘기려 했다. 하지만 현령은 오히려 이를 역이용해 '투량환주'의 계를 이용했고 도둑의 거짓말은 들통이 나고 말았다.

 **2 글자를 바꾸어 황제가 된 네 번째 황자**

윤정은 청나라 강희제의 네 번째 아들이었다. 타고난 자질이 뛰어난 그는 글과 무예에 모두 능했지만 천성

이 차갑고 몰인정했으며 의리가 없는 인물이었다. 강희제는 이런 윤정을 매우 못마땅해하며 그가 큰 인물이 되지 못할 것이라 생각했다. 태자가 폐위된 후 강희제는 14번째 황자 윤제에게 왕위를 물려주려 마음을 먹었다. 황제는 윤제에게 병사를 내주어 청해에서 일어난 반란을 평정하도록 했다. 그렇게 함으로써 훗날 그가 왕이 되는 데 공을 세워주려는 생각에서였다.

14번째 황자가 떠난 지 얼마 지나지 않아 68세의 강희제는 병으로 몸져눕게 되었다. 그러자 윤정은 심복 융과다와 연갱요의 도움을 받아 황위를 빼앗기 위한 행동에 돌입했다.

어느 날, 자신의 죽음을 직감한 강희제는 융과다와 연갱요를 궁으로 불러들여 후사에 대해 의논했다. 황제는 황금빛 비단을 꺼내 그 위에 마지막 힘을 다해 글자를 써 내려갔다. 이윽고 황제가 쓴 글을 본 융과다의 얼굴색이 싹 바뀌어 버렸다. 황금빛 비단 위에는 '황위를 14황자에게 물려주노라傳位十四皇子' 라고 쓰여 있었기 때문이다. 황제는 비단을 접어 자신의 베개맡에 놓아두고는 융과다와 연갱요를 물러가도록 했다.

융과다와 연갱요는 황급히 이 사실을 윤정에게 알렸다. 자신의 꿈이 자칫하면 물거품이 될 지경에 놓인 윤정은 초조하기 이를 데가 없었다. 그러자 교활하고 간사한 연갱요가 말했다. "비단 위의 '十' 이라는 글자를 '于' 로 바꾸기만 한다면 '황위를 네 번째 황자에게 준다' 는 뜻이 되지 않습니까?" 이 계책을 들은 윤정은 감탄하지 않을 수가 없었다.

이윽고 세 사람은 몰래 궁으로 들어갔다. 이때 강희황제는 이미 죽음의 문턱을 넘고 있었다. 황제는 곧 숨이 끊어질 듯하며 눈을 감고 있었고 윤정은 방안에 있던 대신들을 모두 나가게 한 후 손을 뻗어 황제의 베개맡에 있던 비단을 꺼냈다. 그때 갑자기 눈을 뜬 황제가 노한 목소리로 말했다. "누가 너를 이곳에 들였느냐!" 그러자 윤정이 무릎을 꿇으며 말했다. "아버님을 모시기 위해 특별히 온 것입니다." 뭔가 수상한 생각이 든 황제는 황급히 베개맡을 뒤졌지만 비단은 보이지 않았다. 윤정이 나쁜 짓을 꾸미려 한다는 것을 알게 된 황제는 화가 난 나머지 윤정을 향해 들고 있던 염주를 던졌다. 자신을 향해 날아오는 염주를 잡은 윤정은 짐짓 감격한 표정을 지으며 이렇게 말했다. "저에게 이 귀한 염주를 주셔서 황위를 물려주시다니…… 성은이 망극하옵니다." 이 말을 들은 강희제는 기가 막힌 나머지 그대로 쓰러져서 다시는 일어나지 못했다.

잠시 후 이미 비단에 적힌 황제의 유언을 바꾸어 놓은 융과다는 밖에서 기다리고 있던 여러 대신들을 향해 유언의 내용을 읽어준 다음 위엄 있는 목소리로 선포했다. "선황의 뜻이 이러하니 네 번째 황자가 황위를 이음이 마땅하다. 이 염주가 그 증거이다!"

이렇게 윤정은 '투량환주'의 방법을 이용해 황제로 즉위할 수 있었다. 그가 바로 옹정황제이다.

3 혼인을 맺게 해준 원자재

청나라의 유명한 문장가 원자재가 강녕 지현으로 부임했을 때였다. 고을에는 진씨 성을 가진 여인 하나가 있었는데 그녀에게는 이미 이 아무개라는 정혼자가 있었다. 하지만 안타깝게도 이 아무개의 집이 너무나 가난해 결혼비용을 마련할 수 없었기 때문에 둘은 부부의 연을 맺지 못하고 있었다. 그러던 어느 날 여인은 한 방탕한 중에게 정절을 빼앗겼고 협박과 회유에 못 이겨 그만 그의 정부가 되고 말았다. 마침 이 소식은 마을의 몇몇 무뢰배들의 귀에까지 들어갔고 어느 날 밤 그들은 중과 진씨 여인을 잡아 관아로 끌고 왔다.

일의 전후사정을 모두 듣고 난 원자재는 진씨 여인의 사정이 너무도 딱한 것을 알고는 여인이 중에게서 벗어나 이 아무개와 혼인할 수 있도록 도와주기로 했다.

밤늦게까지 중을 심문한 원자재는 그를 크게 꾸짖고는 강제로 은자 200냥짜리 차용증서를 쓰게 했다. 그리고 중이 입고 있던 옷을 벗게 한 뒤 그를 멀리 내쫓아 버렸다. 이어서 원자재는 관아에서 막노동을 하는 여종을 불러다가 머리를 밀게 한 다음 중이 벗어놓은 옷을 입힌 후 감옥에 가두어 두었다.

다음 날, 재판장에 나온 원자재가 먼저 진씨 여인에게 질문을 했지만 그녀는 아무 말도 하지 못한 채 고개를 숙이고 흐느껴 울기만 했다. 그러자 원자재는 들고 있던 경당목을 치며 변장한 여종에게 큰 소리로 말했다. "간악한 땡추 같으니! 출가한 몸이 어찌 감히 처녀와 동거를 한단 말이냐. 도저히 용납할 수 없다. 여봐라. 저 자에게 곤장 80대를 쳐라!" 원자재의 명령을 받은 졸개들은 황급히 '땡추'의 바지를 벗겼다. 하지만 그 다음 벌어진 광경에 모두들 입을 다물 수가 없었다. 땡추가 바로 여자였던 것이다! 그러자 원자재 역시 짐짓 놀란 표정을 하고 말했다. "이 어떻게 된 일이더냐! 감히 본관을 가지고 장난을 치다니. 여봐라. 어서 피고를 풀어 주어라!"

며칠 후 원자재는 이 아무개를 관아로 불러와 진씨 여인의 억울한 사정을 찬찬히 설명해 주며 그에게 은자 200냥을 주었다. 원자재의 마음 씀씀이에 감동한 이 아무개는 뜨거운 눈물을 흘렸고 집으로 돌아가자마자 진씨 여인의 집에 예물을 보냈다. 그리고 얼마 후 두 사람은 마침내 혼인을 할 수 있었다.

원자재는 '투량환주'의 계책을 이용해 진씨 여인의 명예를 찾아 주었고 두 사람을 맺어 주었다. 그리고 이 아무개는 중이 남긴 '위자료'를 예물로 삼아 마침내 사랑하는 사람과 함께 살 수 있었다.

4 변장을 해 부호들을 사로잡은 팡즈메이

1929년 11월, 팡즈메이는 신장에서 '토호들을 없애고 토지를 나누자'라고 외치며 농민들을 이끌고 투쟁을 시작했다. 일부 지방 유지와 지주들은 국민당의 무장 세력과 결탁하여 농민들을 핍박했기에 팡즈메이는 지략을 이용해 오만하기 이를 데 없는 지방 유지들을 공격하기로 했다.

어느 날 해질 무렵이었다. 백군의 군관으로 변장을 한 팡즈메이는 말을 타고 몇몇의 '호위병'들을 거느린 채 마을로 들어갔다. 그러자 마을의 부호들은 그의 비위를 맞추기 위해 '장관'을 위한 성대한 연회를 열었다. 팡즈메이는 한껏 거들먹거리며 부호들에게 말했다. "그대들이 팡 아무개란 인물을 두려워한다고 들었소. 그까짓 게 뭐라고 그리 두려워하는 거요? 내일 내가 직접 대군을 보내 그놈의 목을 베어버려 그대들이 발 뻗고 자게 하리다." 그는 아무런 의심 없이 자신을 대하는 부호들을 보고 계속해서 다시 말을 이어나갔다. "대군의 행동에 협력하기 위해 오늘 밤 8시에 사당에서 계획을 짤 것이오. 그러니 즉시 마을의 요인들에게 이를 알려 시간에 맞추어 참석하도록 하시오."

그날 밤 8시, 과연 마을의 부호들이 모두 사당으로 모여들었다. 그러자 갑자기 함성소리와 함께 사당 안으로 손에 창을 쥔 적위대가 물밀듯이 밀고 들어왔다. 갑작스러운 상황에 넋이 빠져버린 부호들 앞에 팡즈메이가 나타났다. 그는 준엄한 목소리로 말했다. "네 놈들의 죄는 실로 극악무도하다 할 수 있다. 백성들이 공개적으로 너희들의 죄를 묻고자 하니 우리와 함께 가자!" 그제야 부호들은 백군의 군관이 바로 자신들이 그토록 두려워하던 팡즈메이였다는 사실을 알게 되었다.

팡즈메이는 '투량환주'의 계책을 이용하여 호랑이 굴에 깊이 들어간 다음 단박에 37개 마을의 77명의 부호를 사로잡을 수 있었다.

 ## 5 청년에게 속은 왕씨 아주머니

다롄시의 한 공장의 노동자였던 왕씨 아주머니는 퇴직 후 조그마한 잡화점을 하나 열었다. 어느 날 밤 한 청년이 그녀의 가게로 들어와 매우 예의바르게 말했다. "아주머니 '홍다산' 두 갑을 사고 싶은데요." 이윽고 담배를 받아 든 청년은 한참이나 주머니를 뒤지다가 난처한 표정으로 말했다. "아주머니 죄송하지만 돈이 모자라네요." 그러자 그녀는 "괜찮아요. 다음에 와서 사시구려"라고 아무렇지 않게 말했다. 청년은 곧장 집으로 가서 돈을 가져오겠다며 어둠 속으로 사라져 버렸다.

하지만 두 시간이 지나도 청년은 나타나지 않았고 그녀는 점점 의심이 들기 시작했다. 청년이 돌려준 담배를 이리저리 살펴 본 그녀는 무언가 이상하다는 느낌이 들었다. 이윽고 담뱃갑을 열어본 왕씨 아주머니는 황당한 표정을 감출 수가 없었다. 그 속에는 값비싸고 유명한 '홍다산' 대신 싸구려 담배가 들어 있었기 때문이었다. 아주머니는 그제야 자신이 청년의 '투량환주'에 속았음을 알게 되었다.

 ## 6 WHO 가입을 꾀하는 타이완

1993년부터 유엔으로의 복귀를 추진했지만 해마다 실패로 끝나고 말았던 타이완은 1997년부터 전략을 바꾸어 세계보건기구(WHO) 가입에 힘썼다. 비록 그들은 유엔 산하 기구인 보건기구 WHO가 정치적으로 민감하지 않기 때문이라고 발표했지만 그들의 속셈은 누구나 다 알고 있던 터였다. 그들은 WHO에 가입함으로써 타이완이 주권을 가진 독립적인 정치 실체라는 것을 보여주어 '하나의 중국, 하나의 대만'을 이루려 한 것이었다.

타이완은 '보건과 질병은 국경이 없다'는 것을 핑계 삼아 인도주의를 부르짖었다. 그들은 타이완이 WHO에 가입되지 않으면 타이완인들의 의료, 보건의 권리에 막대한 영향을 주게 될 것이며 이렇게 되면 관련된 정보와 기술을 습득할 수 없을 뿐 아니라 더 나아가 타이완의 선진적인 기술과 경험을 국제 사회와 나눌 수 없어 국제 사회에 기여할 수도 없게 된다고 주장했다. 그들의 주장은 그럴듯했다.

천수이볜이 말했던 것처럼 타이완의 의료보건 수준이 매우 높은 것은 사실이었지만 WHO에 가입하지 못하는 것이 타이완인 의료 권익에 영향을 준다는 것은 아무래도 억지가 있었다. 현대사회는 이미 정보화 시대에 진입했다. 우리 주위에는 각종 매체가 넘쳐나고 있는 데다 타이완의 교육 보급률과 정보의 발전 속도를 감안해 볼 때 WHO에 가입해야만 관련된 정보나 기술을 얻을 수 있다는 것은 다소 무리가 있었다. 타이완과 국제사회의 의료 보건 분야의 교류 역시 반드시 WHO에 가입해야만 이루어지는 것도 아니었다. 국제적십자위원회나 비정부 성격을 띤 국제의학학회, 협회 및 타이완이 전 세계 90여 곳에 설립한 연락사무소를 통해서도 정보나 기술 교류의 목적을 충분히 달성할 수 있기 때문이다. 과거 '중화민국재대만中華民國在臺灣'의 이름으로 WHO에 가입하려던 것이 계속해서 실패하자 일부러 '대만금마공공위생실체臺灣金馬公共衛生實體(TPJM)의 이름으로 바꾸어 가입을 시도했다.

타이완이 전략을 바꾼 것은 그들의 WTO와 APEC 가입 모델을 거울로 삼은 것이었다.

모두 다 알고 있다시피 WHO는 WTO와 APEC과는 그 성격이 완전히 다르다. WHO는 유엔 산하의 기구로서 주권이 있는 국가만이 참여할 수 있다. 하지만 WTO와 APEC은 경제체이거나 단독으로 관세를 가지고 있으면 참가할 수 있는 국제조직이기 때문에 같이 다룰 수 없는 문제이다.

타이완이 이용한 이 방법은 사실은 '투량환주' 라 할 수 있다. 그들은 이렇게 세상의 이목을 속이면서 자신들의 목적을 달성하려 했던 것이다. 이로 볼 때 타이완이 WHO에 가입하려는 것은 그 정치적인 고려가 실제적인 수요나 객관적인 수요보다 훨씬 컸다 할 수 있다. 그들에게 있어 실질적인 목적은 '점진적인 타이완 독립' 을 추진하는 것이며 타이완인들의 의료보건의 권익을 보호한다는 것은 말뿐이었던 것이다.

7 가짜 깃발로 터키를 속인 러시아 함정

1853년 크림전쟁이 시작되자 영국, 프랑스, 이집트 그리고 투르크는 동맹을 맺어 러시아에 대한 공격을 시작했다. 11월 중순, 동맹군의 해군 주력부대는 흑해에 보스포러스 해협으로 철수한 다음 투르크 해군 원사 오스만의 혼합 주대를 남겨두어 식량과 폭약을 운반해 코카서스 서쪽 해안에 있는 바투미로 향하도록 했다. 바투미로 향하던 투르크의 함대는 러시아 함대에 포위당해 어쩔 수 없이 잠시 시노프만으로 후퇴한 뒤 지원군을 기다리기로 했다.

11월 30일, 새벽부터 안개가 자욱하게 낀 날이었다. 러시아군의 습격에 대비하기 위해 오스만은 함대를 최대한 해안 가까이에 정박시키도록 했다. 이렇게 함으로써 해안에 있는 포화의 엄호를 받으려는 의도였다. 정오가 되고 안개가 점차 걷히자 갑자기 6척의 전투함과 2척의 순항함이 돛을 활짝 펴고 항구로 향해 왔다. 이 함정에는 모두 영국군의 깃발이 휘날리고 있었다. 오스만은 이들이 아군이라 생각하고 기뻐하며 드디어 한숨을 놓았다.

그런데 갑자기 6척의 전투함이 선체를 틀었고 빽빽한 포문이 투르크의 함대를 조준하는 것이 아닌가? 눈 깜짝 할 새에 영국 깃발이 내려지고 그 자리에 러시아의 깃발이 걸렸다. 오스만은 그제야 전투 준비를 명령했지만 이미 늦은 터였다.

투르크의 16척의 함정에는 모두 510개의 작은 포문이 있었는데 그들의 포화가 제대로 자리를 잡기도 전에 러시아 함정의 720개의 큰 포문은 벌써 대포를 발사하고 있었다. 곧 주위는 자욱한 연기로 뒤덮였고 포탄소리가 천지를 뒤흔들었다. 3겹으로 둘러싼 호갑과 우수한 화력을 앞장세운 러시아 함대는 마침 불어오는 순풍 덕에 손쉽게 적을 공격할 수 있었다. 격렬한 해전으로 바다 위는 금세 나뭇조각과 시체로 뒤덮였다. 해안에 있던 투르크의 포화는 황급하게 적을 향해 발포했지만 빠르게 사정거리의 사각지대 안으로 들어간 러시아 함정은 전혀 피해를 입지 않았다. 이 전쟁은 러시아의 완벽한 승리로 끝났다. 투르크 군은 모두 15척의 함정이 파괴되는 손실을 입었으며 3천여 명이 목숨을 잃었지만 러시아는 겨우 37명이 사망했으며 부상자는 235명 그리고 몇 척의 함대가 조금 파손되는 것으로 끝을 맺었다.

러시아 함대가 승리할 수 있었던 핵심은 바로 '투량환주'에 있었는데 그들은 먼저 영국의 국기를 걸어 투르크의 함대를 안심시켰다. 이것은 바로 병서에서 자주 볼 수 있는 '병불염사兵不厭詐(전쟁에서는 서로를 속이는 것도 꺼리지 않는다)'라고 할 수 있다.

8 '초야권'을 포기한 백작

세계적으로도 유명한 오페라 '피가로의 결혼'에 나오는 재미있는 장면 하나를 지략의 관점에서 살펴보도록 하자.

피가로는 백작부인의 하녀 수잔나와의 결혼을 준비하고 있었다. 하지만 수잔나를 좋아하고 있었던 백작은 노비가 시집을 가기 전 주인과 하룻밤을 보내야 하는 '초야권'을 주장하고 나섰다.

당황한 수잔나는 백작부인에게 도움을 청했고, 남편의 부끄러운 행동을 막기 위해 백작부인은 한 가지 꾀를 생각해 냈다.

그날 밤, 날이 어두워지자 수잔나는 백작과의 약속장소였던 숲으로 갔다. 백작은 뛸 듯이 기뻐하며 갖가지 달콤한 말로 그녀를 어르고 달래며 그녀의 마음을 얻으려 했다. 그리고는 수잔나에게 사랑의 정표로 반지를 건넸다.

잠시 후 갑자기 피가로가 나타났고 백작은 황급히 숨어 버렸다. 이때 횃불을 든 하인 몇몇이 저쪽에서 나타났고 불이 밝혀지자 백작은 방금 자신과 있었던 여인이 수잔나가 아니라 그녀처럼 변장을 한 자신의 부인이라는 사실을 알게 되었다. 그제야 자신이 꾀에 걸려들었음을 알게 된 백작은 체념한 듯 걸어 나와 부인에게 사죄했고 백작부인은 결국 남편을 용서했다. 백작이 수잔나에 대한 초야권을 포기했음은 물론이다.

 ## 9 전보를 바꾼 비스마르크

1866년 오스트리아와의 전쟁에서 승리한 후 프로이센의 '철혈재상' 비스마르크는 독일 통일의 마지막 장애물을 제거하기 위해 프랑스에 대한 전쟁준비를 철저하게 하기 시작

했다. 그는 '투량환주'의 전략을 써서 엠스전보사건을 조작했고 그
로써 자신의 목적을 달성할 수 있었다.

당시 에스파냐의 왕위가 비어 있었는데 프로이센과 프랑스 사이
에 분쟁을 일으키기 위해 비스마르크는 막후에서 에스파냐가 프로
이센 호엔촐러른 가문의 레오폴드 친왕을 맞아들여 왕위를 계승하
도록 조종했다.

자신의 실력을 높게만 평가하고 있었던 프랑스의 나폴레옹 3세
는 이에 대해 강한 불만을 표시했다. 그는 주 베를린 프랑스대사 베
네데티를 시켜 독일 서부의 온천 휴양지인 엠스를 방문해 프로이센
의 국왕 빌헬름 1세를 만나도록 했다. 프로이센의 외교장관은 전보
를 통해 다음과 같은 내용을 전했다. "1870년 7월 13일 오후 3시40
분 엠스에 있는 국왕폐하께서 다음과 같이 전하라고 하심. 프랑스
국왕이 자신에게 권한을 부여해 즉시 이런 내용의 전보를 파리에
보낼 수 있게 해 달라고 국왕에게 절박하게 요구함. 그 내용은 만약
호엔촐러른 가문이 또다시 에스파냐의 왕위를 계속한다면 국왕은
향후 어떠한 상황에서도 다시는 동의하지 않을 것임을 보장한다는
것임. 국왕은 이런 정당하지 못하고 불가능한 요구는 받아들일 수
없다며 정중하게 거절하는 동시에 프로이센 정부는 이 일에 대해
아무런 이해관계가 없다고 밝힘. 나의 건의를 받아들여 국왕폐하는
위의 요구를 언급할 때 다시는 베네데티 백작을 만나지 않을 것이
라고 결정하고 부관을 시켜 이미 친왕의 서신을 받았음. 베네데티

가 파리로부터 얻은 정보가 사실임을 확인함. 이외에는 더 이상 말할 것이 없다고 전하도록 함. 국왕폐하는 베네데티의 새로운 요구 및 그 거절사항을 즉시 프로이센의 외교사절 및 언론계에 알려야 할지는 각하의 결정으로 남겨두심."

그날 밤, 자신의 집에서 프로이센의 총 참모장 몰트게 등과 함께 저녁식사를 하고 있던 비스마르크에게 전보가 도착했다. 전보를 다 읽은 비스마르크는 잠시 생각을 하더니 대부분의 내용을 생략하고 전체적인 내용을 교묘하게 바꾸어 버렸다.

'에스파냐 국왕 정부가 정식으로 프랑스 국왕 정부에 호엔촐러른 가문의 황세자 퇴위 소식을 설명한 후 프랑스대사는 엠스에 있는 국왕폐하를 찾아와 그로 하여금 프랑스에 전보로 통지하도록 요구함. 그 내용은 국왕폐하는 향후 어떤 상황에서도 호엔촐러른 가문이 에스파냐 국왕의 후보가 되는 것에 동의하지 않을 것을 보장한다는 내용임. 국왕폐하는 이후에 다시는 프랑스의 대신을 만나지 않을 것을 전했으며 당일 부관을 시켜 이 내용을 프랑스 대사에게 전하도록 함. 폐하는 이에 대해 더 할 말이 없다고 하심.'

비스마르크가 자리에 모인 손님들에게 이미 내용을 바꾼 전보를 읽어주자 몰트케가 말했다. "앞서의 전보는 퇴각을 요구해 달라고 부탁하는 것 같았는데 바뀐 내용은 흡사 진군을 하겠다는 신호처럼 들립니다."

얼마 후 비스마르크는 프랑스의 혁명 기념일(7월 14일)에 이미 바꾼 내용의 엠스 전보를 발표했다. 이후 사태는 모두 비스마르크가 예상했던 대로 발전했다. 1870년 7월 20일, 고집불통 나폴레옹 3세는 국가의 명예를 훼손했다는 이유로 프로이센에 선전포고를 했다. 그러나 결과는 프랑스군의 대패였다. 프랑스는 눈물을 머금고 프로이센에 50억 프랑의 배상금을 물어줘야 했고, 알사스와 로렌 지방을 넘겨줄 수밖에 없었다. 이로써 비스마르크는 마침내 독일 통일의 역사적인 임무를 완성할 수 있었다.

 ## 10 검열관들을 속인 사서

10월혁명 전, 제정 러시아는 모든 진보적인 사상을 억압했다. 제정 정부는 엄격한 출판물 검열제도를 세우고 정부의 것이 아닌 모든 사상 서적의 출판과 선전을 금지했다. 러시아의 진보 사상가 체르니쉐프스키, 도브롤류보프, 프레하노프, 피사레프 등의 인물의 작품은 절대 세상 밖으로 나올 수가 없었다.

당시 러시아의 제국도서관에서 일하던 한 사서는 제정 러시아의 전제통치를 증오하고 있었으며 피사레프를 무척이나 존경했다. 그는 피사레프의 책이 계속해서 서가에 꽂혀 있을 수 있도록 하기 위해 한 가지 꾀를 쓰기로 했다. 그는 《피사레프 문집》의 표지에 있는 작가의 이름 중 'c'와 'a' 중간에 자모 'io'를 써 넣었다. 이렇게 러시아 제정 황제의 감시를 받던 피사레프는 졸지에 '피시아오레프'가 되어 버렸다. 이를 눈치 채지 못한 검열관들 역시 깜빡 속았고 피사레프 문집은 버젓이 도서관에 진열되어 있었다.

사람들은 종종 사물의 명칭만을 중요시하고 내용은 자세하게 살펴보지 않는다. 이 사서는 바로 이런 사람들의 심리를 이용해 '투량환주'의 계책을 썼던 것이다.

 ## 11 가짜 몽고메리 장군

1944년 봄, 연합군은 노르망디에서 상륙 작전을 펼침으로써 독일군에게 치명타를 안기기로 결정했다. 독일인들을 속이기 위해 연합군 정보부는 '투량환주'의 전략을 짜는 데 심혈을 기울였다. 그들은 상륙부대의 사령관 몽고메리 장군이 시찰을 위해 이미 영국 본토를 떠나 지브롤터와 알제로 갔다는 거짓정보를 독일군에 뿌리기로 했다. 이를 위해 연합군 정보부는 몽고메리 장군을 대신할 사람을 물색했고 제임스 중위를 찾아냈다.

제임스 중위는 생김새가 몽고메리 장군과 놀랄 정도로 흡사했다. 런던의 한 신문에서는 일찍이 그의 사진을 싣고 이렇게 덧붙였다.

"놀랍도록 닮은 두 사람. 이 사람은 몽고메리가 아닌 제임스 중위이다!" 전쟁이 일어나기 전 25년 동안이나 직업 배우 생활을 했던 것이 그가 임무를 수행하는 데 큰 도움이 되었다. 그는 비교적 짧은 시간 내에 몽고메리 장군의 생활습관을 익히기 위해 장군과 함께 생활했다. 그리고 얼마가 지나자 사람들은 도대체 누가 진자 몽고메리 장군인지 분간할 수조차 없게 되었다.

5월 15일, 몽고메리 장군으로 변장한 제임스는 고위 장교들의 환송을 받으며 수상전용기를 타고 지브롤터와 알제로 날아갔다. 이와 동시에 연합군 정보부는 '몽고메리 장군'의 이번 방문 목적은 바로 프랑스 남부에 상륙작전을 펼치기 위한 준비작업이라는 소문을 퍼뜨렸다. 정보의 진위를 판단하기 위해 독일의 게슈타포는 특별히 엄격한 훈련을 받은 두 명의 스파이를 각각 지브롤터와 알제로 보내 정탐을 하도록 했다. '몽고메리 장군'은 일부러 이들이 숨어 있는 자리에 나타나 정보가 사실인 것처럼 믿도록 했다.

연합군의 '투량환주'의 전략은 예상하지 못했던 엄청난 효과를 가져왔다. 독일 총사령부는 마침내 연합군이 프랑스의 남부 칼레지역에서 상륙작전을 펼칠 것이라 오판하고 노르망디를 방어하고 있던 2개의 탱크부대와 6개의 보병사단을 칼레지역으로 옮겨왔던 것이다. 이렇게 노르망디 상륙작전 중 엄청난 부담을 줄인 연합군은 이 중요한 전쟁에서 크게 승리할 수 있었다.

# 12 실리콘밸리의 정보를 훔친 KGB

미국 서해안 캘리포니아 주에 위치한 실리콘밸리는 현재 세계에서 가장 중요한 전자산업의 중심지라 할 수 있다. 최근 10여 년간 전 세계 전자 분야의 신상품은 거의 모두가 이곳에서 탄생한 것이라 해도 과언이 아니다. 이 때문에 실리콘밸리는 세계인들의 주목을 받고 있었고 KGB 역시 예외는 아니었다.

KGB의 네크라소프 소장은 미국에 있던 고정 스파이 A, B, C에게 어떠한 대가를 치르더라도 신속하게 실리콘밸리의 기술과 최신 정보 및 설비를 빼내 올 것을 지시했다.

스파이 B는 임무를 부여받은 후 온 힘을 다해 활동을 전개했다. 하지만 운이 없었던 그는 하는 일마다 번번이 장애에 부딪히고 말았다. 어느 날 산책을 하던 도중 그는 자신과 비슷하게 생긴 사람을 발견했고 온갖 방법을 동원해 그에게 접근했다. 얼마 후 B는 상대방이 실리콘밸리의 한 회사의 비밀 창고 기사라는 사실을 알게 되었다. B는 그의 환심을 사려 아낌없이 돈을 썼고 마침내 그 기사와 친구가 될 수 있었다. B는 이 기사의 회사와 가정 상황 그리고 창고로 가는 모든 노선을 자세하게 익혔다.

얼마 후, 기사가 감쪽같이 사라져 버렸다. 하지만 다른 사람들은 이 사실을 전혀 눈치 채지 못했다. 그도 그럴 것이 B가 그 자리를 대신하고 있었기 때문이다. B는 차를 몰고 마음대로 비밀창고를 출입할 수 있었지만 아무도 그가 가짜라는 사실을 알아채지 못했다.
B는 아무도 모르게 KGB가 원하는 모든 정보를 모스크바로 보냈다.

　물건을 바꿔치기 할 수 있듯 사람 역시도 몰래 바꿀 수 있다. B는
기사와 생김새가 비슷하다는 점을 이용해 자신을 그와 바꾸어 금지
구역에 몰래 숨어 들어갔고 일급 기밀을 쉽게 빼낼 수 있었다.

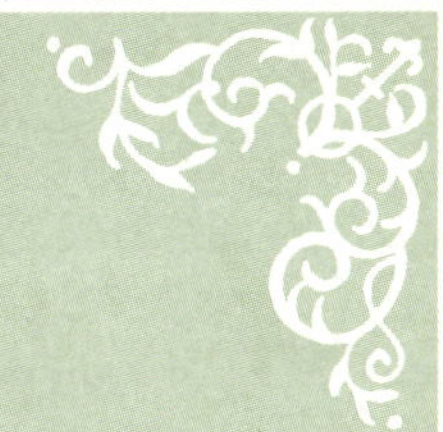

제 8 기

지상매괴(指桑罵槐)

뽕나무를 가리키며
홰나무를 꾸짖는다

이것은 상대방의 면전에 대고 충동질을 하는 것이 아니라 비평과 심한 욕설 사이를 오가며 그 태도나 분위기를 간접적으로 나타내는 것을 말한다. '지상매괴'는 교묘하고 이성적으로 상대방을 꾸짖거나 욕함으로써 상대방을 난처하게 만들고 반격할 기회를 얻지 못하도록 하는 방법이다.

이 계책의 원뜻은 '겉으로는 뽕나무를 가리키면서 실제로는 홰나무를 꾸짖는다'이다. 노신의 그 유명한 《광인일기狂人日記》에 이런 구절이 있다. "어제 길거리에서 만난 여인은 자신의 아들을 때리며 이렇게 말했다. '어이구 내 팔자야! 이런 물어 죽여도 시원찮을 놈 같으니!' 그러나 그녀의 눈빛은 나를 향하고 있었다." 이 여인이야말로 바로 '지상매괴'를 몸소 실천했다 할 수 있다.

다른 이를 욕하는 것은 폭력적인 것과 부드러운 것 두 가지로 나눌 수 있다. 탁자를 치거나 발을 구르는 것, 눈썹을 곤두세우고 눈을 추켜올리는 것은 전자에 해당한다 할 수 있다. 이로 볼 때 '지상매괴'는 바로 후자에 속함을 알 수 있다. 이것은 상대방의 면전에 대고 충동질을 하는 것이 아니라 비평과 심한 욕설 사이를 오가며 그 태도나 분위기를 간접적으로 나타내는 것을 말한다. '지상매괴'는 교묘하고 이성적으로 상대방을 꾸짖거나 욕함으로써 상대방을 난처하게 만들고 반격할 기회를 얻지 못하도록 하는 방법이다.

'지상매괴'는 다음과 같은 뜻을 내포하고 있다.

(1) 닭을 잡아 원숭이를 타이른다. 원숭이는 피를 가장 무서워한다고 한다. 그래서 원숭이를 길들이고자 하는 사람은 원숭이가 말을 안 들을 때 그 앞에서 닭을 잡는다. 이렇게 붉은 피가 철철 흐르는 참상을 보여주어 원숭이를 위협하려는 것이다. 즉, 다수의 사람들을 법으로 다스리기가 어려울 때는 단 한 사람을 엄히 다스림으로써 나머지 사람들을 경계시킬 수 있다.

(2) 산을 두드려 범을 놀라게 한다. 산과 바위를 두드려 놀라게 함으로써 범에게 강경한 태도를 보여준다.

(3) 기둥을 쳐서 대들보를 울리게 만든다. 직접적으로 문제를 지적하지 않고 에둘러서 불만을 표시한다. 어떤 대상에게 욕을 먹을 만한 점이 있다고 해서 공개적으로 질책하는 것은 종종 불편할 수 있다. 그래서 감추고 에둘러 욕하는 방법을 취하는 것이다.

이 계책 중 '뽕나무'가 가리키는 것은 일반적으로 a.법을 알면서도 고의로 그것을 어긴 제일 첫 번째 사람 b.그 성격이 가장 악질적인 일 c.가장 대표적인 일 등을 가리킨다.

(4) 일부러 만든 사건. '홰나무'는 일반적으로 a.질책을 받아 마땅하지만 감히 그렇게 하기 어려운 대상 b.욕을 해야 하지만 그렇게 하기 편하지 않은 일 c.비판을 해야 하지만 수적으로 너무 우세한 단체를 뜻한다.

이 계책은 하나의 '지(指, 가리키다)'와 하나의 '매(罵, 꾸짖다)'로 이루어져 있다. 대상이 명확한지의 여부에 따라 가리키고 꾸짖는 것은 4종류로 나눌 수 있다.

첫 번째, 실제로 가리키고 실제로 꾸짖는다. 가리키는 '뽕나무'와 '홰나무'는 모두 명확하다. 게다가 이들에 대해서는 실제적인 다스림의 조치를 취한다.

두 번째, 실제로 가리키고 거짓으로 꾸짖는다. 가리키는 '뽕나무'는 구체적이나 꾸짖는 '홰나무'는 명확한 것이 아니다.

세 번째, 거짓으로 가리키고 실제로 꾸짖는다. 표면적으로 가리키는 '뽕나무'는 명확하지 않지만 이를 통해 에둘러 꾸짖으려고 하는 '홰나무'는 명확한 대상이다.

네 번째, 거짓으로 가리키고 거짓으로 꾸짖는다. 어떻게 해서 '뽕나무'가 되고 또 어떻게 해서 '홰나무'가 되는지 모두 구체적으로 가리키지는 않지만 한 가지 사건을 핑계 삼아 이를 시행함으로써 다른 사람들을 경계시킨다.

1 손숙오로 변장한 우맹

춘추시대의 유명한 배우였던 우맹은 골계희滑稽戲(희극의 일종)로 좌중을 웃기는 데 뛰어나 초 장왕의 총애를 한 몸에 받고 있었다.

초나라의 현명한 재상 손숙오가 죽고 얼마 후 성 밖으로 나간 우맹은 손숙오의 아들이 산에서 나무를 하는 광경을 보게 되었다. 우맹은 그제야 손숙오가 죽고 난 뒤 가세가 기운 까닭에 그의 아들이 어쩔 수 없이 땔감을 주워 하루하루를 연명해 가고 있다는 사실을 알게 되었다.

이를 안타깝게 여긴 우맹은 그를 도와주리라 결심하고 좋은 방법을 궁리하기 시작했다. 얼마 후 그는 평소 손숙오가 하고 다니던 그대로 의관을 갖추고 매일 손숙오의 행동 하나하나를 따라 하기 시작했다.

어느 날, 초 장왕이 베푼 연회자리에 손숙오의 의관을 갖춘 우맹이 걸어 들어왔다. 장왕은 멀리에서 이를 보고 손숙오가 살아 돌아왔다고 착각하고는 하마터면 놀라 소리를 지를 뻔했다. 하지만 잠시 후 장왕은 그가 우맹이라는 것을 알게 되었다. 장왕은 손숙오의 생전의 공로를 떠올리며 감개무량한 얼굴로 우맹에게 말했다. "만약 그대에게 손숙오만큼의 재능이 있다면 내 그대를 재상으로 임명하고 싶은데 어떠한가?" 그러자 우맹은 황급히 무릎을 꿇고 감사해

하기는커녕 오히려 내키지 않는다는 태도로 입을 열었다. "승상이 되는 것이 무엇이 그리 좋단 말입니까? 죽고 나면 식솔들의 생계도 책임질 수 없는데 말입니다." 그리고 그는 손숙오가 죽은 뒤 그의 집안 형편에 대해 하나도 빠짐없이 장왕에게 고했다. 그제야 자신의 무심함을 뉘우친 장왕은 서둘러 손숙오의 아들을 궁으로 불러들여 관직과 함께 토지를 하사했다. 이로써 손숙오의 아들은 편한 생활을 누릴 수 있게 되었다.

우맹은 직접 초 장왕에게 간언을 하기보다는 손숙오의 모습으로 꾸며 왕을 놀라게 하는 방법을 택했다. 이로써 장왕에게 자신의 무심함이 얼마나 잘못된 것인지를 일깨워 주고 왕이 손숙오의 아들을 보살피도록 도와주었던 것이다. 우맹이 적절히 사용한 '지상매괴'의 계는 좋은 결과를 가져올 수 있었다.

2 유모를 구한 동방삭

서한 시대였다. 어른으로 성장한 한 무제는 자신의 유모가 많은 일에 간섭하고 나서는 것이 점점 못마땅해지기 시작했다. 그래서 그는 유모를 궁 밖으로 쫓아내려 했다.

하지만 이미 황궁에서 수십 년이나 생활한 유모는 이 편안한 환경에서 떠나고 싶지 않았다. 그녀는 계속 궁에 남아 있기 위해 한 무제의 신임을 받고 있는 동방삭을 찾아갔다. 동방삭은 그녀를 위로하며 이렇게 말했다. "황상께 작별인사를 고할 때 계속해서 고개를 돌려 황상을 바라보면 원하는 대로 될 것이오."

드디어 유모가 황궁을 떠나는 날이 되었다. 그녀는 한 무제에게 작별인사를 고한 뒤에도 두 눈에 눈물이 가득 고인 채로 계속해서 고개를 돌려 황제를 바라보았다. 그러자 옆에 서 있던 동방삭이 큰 소리로 말했다. "빨리 길을 떠나시오. 황상은 이제 더 이상 그대의 젖이 필요한 나이가 아니시오. 그런데 계속 궁에 남아서 무얼 하겠단 말이오?"

이 말을 들은 한 무제는 갑자기 마음이 동요하기 시작했고 자신의 방법이 틀렸음을 깨닫게 되었다. 황제는 즉시 명령을 거두고 유모가 계속해서 궁에 남아 있도록 했다.

 ## ③ 탁자의 모서리를 쪼갠 손권

기원 후 208년, 조조의 대군이 강릉으로 진군해 손권을 치려했다. 조조는 손권에게 다음과 같은 내용의 선전 포고서를 보냈다. "나는 황제의 명을 받들어 불충한 신하들을 토벌

하려 한다. 유종은 이미 투항했으며 유비 역시 전쟁에서 패한 뒤 도주했다. 나는 친히 80만 수군을 이끌고 장수들과 함께 자웅을 가리려 하니 만약 투항한다면 피를 흘리지 않아도 될 것이다."

이런 긴급한 상황에서 손권은 서둘러 신하들을 모아 이 일을 의논했다. 그러자 어떤 이들은 조조에게 투항할 것을 주장하고 나섰고, 또 어떤 이들은 마땅히 저항해야 한다며 손권이 정신을 차릴 수 없게 만들었다. 이때 제갈량이 앞으로 나와 신하들과 설전을 벌였고 노숙과 주유가 상황에 대해서 정확하게 분석을 내리자 손권은 동오의 병사들을 이용해 조조에게 반격하기로 최종 결정을 내렸다. 손권은 진지한 얼굴로 모두에게 말했다. "나와 늙은 도적 조조는 절대 함께 할 수 없다. 그러니 동오는 조조와 함께 끝까지 피를 흘리며 싸워야 한다." 그리고 그는 칼을 꺼내 탁자 모서리를 내리 찍고는 더욱 목소리를 높여 말했다. "지금부터 누구라도 조조에게 투항할 것을 언급할 경우 이 탁자처럼 두 동강이가 날 것이다." 상황이 이렇게 되자 조조에게 투항할 것을 권했던 이들은 저마다 침을 꼴깍 삼키며 침묵을 지킬 수밖에 없었다.

손권이 칼로 탁자 모서리를 잘라낸 것은 항복을 주장하는 자들에게 경고하기 위함이었다. 이렇게 산을 쳐서 호랑이를 놀라게 하는 방법은 서로 다른 의견을 강경하게 제압하고 효과적으로 내부의 의견을 통일시키는 데 큰 역할을 한다.

4 친구의 청을 거절한 소철

　　　북송 중엽, 소식과 소철 형제가 높은 관직에 오르자 그들의 집에는 '뒷문'으로 들어가기 위해 청탁을 하러 오는 사람들의 행렬이 끊이질 않았다.

　어느 날, 소철의 한 친구가 차사자리를 청탁하기 위해 그를 찾아왔다. 하지만 소철이 숨어 나오지 않자 친구는 이 일을 소식에게 부탁하려 했다.

　그러자 더욱 난감해진 소철은 어쩔 수 없이 친구를 방안으로 들어오게 했다. 소철은 친구의 청을 모른 척한 채 그에게 한 가지 옛날이야기를 들려주었다. "옛날에 찢어지게 가난한 이가 어쩔 수 없이 무덤을 도굴하게 되었다네. 그가 첫 번째 무덤을 파자 그 안에는 실오라기 하나 걸치지 않은 시신이 있었는데 그가 이렇게 말했다지. '한조의 양왕자는 재물을 하찮게 여기고 교만하여 장례를 치를 때 옷조차도 입히지 않았다는 소리를 듣지 못했는가? 나도 이렇게 헐벗은 몸인데 무엇으로 그대를 도와줄 수 있단 말인가?'"

　자신의 이야기를 흥미진진하게 듣는 친구를 보며 소철은 이야기를 계속 이어나갔다. "어쩔 수 없이 그 사람은 두 번째 무덤을 파냈다네. 이 무덤의 주인은 제왕이었는데 그는 부드러운 목소리로 이렇게 말했지. '나는 한 문제이다. 나는 이미 무덤에 금은보화를 함께 넣지 말 것을 유서로 남겨 놓았으니 다른 곳을 찾아보거라.'" 여기까지 이야기한 소철은 허허하고 크게 웃었다. 그러자 그의 친구 역시 소철의 이 이야기를 자신에게 들려준 진짜 의도를 조금씩 눈치 채고는 자신도 모르게 얼굴이 붉어지고 말았다.

소철은 계속해서 이야기를 이어나갔다. "그 가난한 이는 이번에는 나란히 있는 두 개의 무덤 중 왼쪽 무덤을 먼저 파냈다네. 그러자 야윈 그림자 하나가 그에게 다가와서는 이렇게 말했다네. '나는 수양산에서 굶어죽은 백이다. 내 어떻게 너의 요구를 만족시킬 수 있겠느냐?' 그래서 그는 어쩔 수 없이 다시 오른쪽 무덤을 파려고 했다네. 그러자 백이가 말했지 '그곳에는 나의 형제 숙제가 잠들어 있다. 그의 상황도 나와 별반 다를 것이 없으니 공연히 헛수고 하지 말게나.'"

이야기를 여기까지 들은 친구는 그제야 소철의 의도를 정확히 알고는 바쁜 일이 있다는 핑계로 서둘러 자리를 떠나버렸다. 우리는 여기에서 소철의 옛날이야기는 '뽕나무'이며, 그의 친구는 '홰나무'라는 사실을 알 수 있다. 소철은 겉으로는 가볍게 옛날이야기를 하는 것처럼 하며 실제로는 자신의 '뒷문'을 열어 줄 수 없다는 뜻을 내비쳤던 것이다. 그리고 그의 마지막 몇 마디는 친구에게 자신의 동생을 찾아가도 별 소용이 없음을 간접적으로 알려주었다.

5 남편을 일깨운 아내

송나라 시절 동주의 옥리 왕조는 집으로 돌아올 때면 늘 얼마간의 돈을 가지고 왔다. 그의 부인은 그가 '진화타겁趁火打劫'을 이용해 범인들에게서 돈을 강제로 빼앗아 온 것이라 생각하고 이 일이 사실인지 알아보기 위해 '지상매괴'의 계를 쓰기로 했다.

어느 날 아침, 그녀는 계집종을 시켜 남편에게 돼지족발을 한 광주리 보냈다. 그리고 저녁에 남편이 집으로 돌아오자 그녀가 물었다. "오늘 내가 하녀 아이를 시켜 족발 13개를 보냈는데 모두 드셨습니까?"

그러자 왕조가 놀라며 말했다. "아니오. 족발은 10개뿐이었소. 계집종이 3개를 먹어 치운 것이 틀림없구려!" 왕조는 불같이 성을 내며 계집종을 불러와 크게 꾸짖었다. "네 년이 간덩이가 부었구나. 어디서 감히 주인의 음식을 훔쳐 먹느냐! 도저히 용서할 수 없다."

하지만 계집종은 억울하다는 듯이 말했다. "아닙니다요. 족발은 분명 10개밖에 없었습니다. 제가 어찌 주인님의 것을 탐낼 수 있겠습니까?"

"네 이년! 이제 거짓말까지 하려 드느냐!" 화가 머리 꼭대기까지 오른 왕조는 채찍을 들어 계집종을 사정없이 때렸다.

그러자 처음에는 부인하던 여종은 끝내 모진 매를 견디지 못하고 어쩔 수 없이 자신이 족발 3개를 먹었노라고 시인하고 말았다.

그제야 왕조는 만족한 듯 웃으며 말했다. "네 년이 맞지 않았다면 끝까지 죄를 부인 했으렷다!" 그때 방안에서 뛰쳐나온 왕조의 부인이 계집종을 부축하며 눈물이 그렁그렁한 얼굴로 남편에게 말했다. "이 아이는 억울합니다. 저는 애초에 당신에게 족발 10개만을 보냈어요."

"뭐라고 했소?" 갑자기 얼이 빠진 왕조가 말했다. "당신…… 당신 왜 그런 장난을 친 거요?"

그러자 그의 아내가 말했다. "당신이 매일 집에 오실 때 적지 않은 돈을 가져오시는 것을 보고 저는 혹시 당신이 범인들을 엄한 형벌로 다스려 거짓으로 자백을 강요하게 하고 재물을 갈취하는 것은 아닌지 의심했습니다. 오늘의 일을 보니 제 의심이 다 사실이었던 같습니다. 그러니 오늘부터는 양심을 속이고 얻은 돈은 절대 집으로 가져오지 마십시오."

아내의 말을 들은 왕조는 자신의 행동이 부끄럽기 그지없었다. 그리고 다음 날, 그는 옥리를 그만두고 아내를 데리고는 아주 먼 시골마을로 들어가 버렸다.

6 현관을 구한 경신마

　　사냥을 무척이나 좋아한 후당 황제 장종은 어느 날 한 무리의 인마를 거느리고 중모현으로 사냥을 하러 갔다. 황제의 사냥 행렬이 부상을 입은 멧돼지를 쫓으며 밭을 짓밟아 놓는 바람에 중모현의 농작물들은 모두 못 쓰게 되어 버리고 말았다.

　　이 광경을 본 현관은 간곡하게 다시는 멧돼지를 쫓지 말 것을 부탁했다. 하지만 이를 들은 장종은 불같이 성을 내며 현관을 잡아들여 목을 베도록 명령했다. 절대 권력을 가진 황제가 죽이라고 하는데 감히 누가 이를 막을 수가 있었겠는가?

　　이때 장종을 위해 연극을 하는 경신마가 갑자기 앞으로 나서더니 꽁꽁 묶인 현관을 손가락으로 가리키며 욕을 해대기 시작했다. "이런 어리석은 자 같으니라고! 너는 황상께서 사냥을 좋아하시는 것을 몰랐단 말이더냐?"

　　경신마의 말을 들은 장종은 고개를 끄덕이며 흐뭇한 표정을 지었다. 경신마는 계속해서 말을 이어갔다. "어리석은 사람아. 진즉에 이곳을 공터로 만들어 황제께서 사냥을 하시도록 하지 않고 어찌해서 경작지를 만들었단 말이냐? 황상의 사냥은 큰일이요 백성들이 굶는 것은 작은 일이며, 황상을 기쁘게 하는 것은 중대사이지만 국가가 세금을 걷지 못하는 것은 하찮은 일이다. 너는 이런 이치조차 몰랐단 말이냐?”

하지만 경신마의 이야기를 들을수록 마음이 점점 불편해지기 시작한 장종은 속으로 이렇게 생각했다. ‘실로 교묘한 경신마로구나! 저것이 어디로 봐서 현관을 욕하는 것이라 할 수 있겠는가? 오히려 나를 꾸짖고 있지 않은가?’ 장종은 그제야 냉정을 찾고는 이런 작은 일로 현관을 죽이는 것이 타당하지 못하다고 생각하고는 부하들에게 말했다. “이번 한 번만은 용서해 주겠다. 어서 현관을 풀어 주어라!”

여기에서 경신마가 사용한 것이 바로 전형적인 ‘지상매괴’의 계라 할 수 있다. 더욱이 이것은 ‘실제로 가리키며 실제로 욕하는 것’에 해당한다. 그의 지략과 용기는 실로 감탄하지 않을 수가 없을 정도다.

 ## 7 서달의 목을 배려한 주원장

1367년 주원장은 홍건군을 이끌고 집경을 함락시킨 후 진강을 공격할 준비에 들어갔다. 진강 공격이 시작되던 새벽, 이번 전투를 책임지게 된 서달 장군이 어찌된 일인지 모습을 드러내지 않았다. 얼마 후 깜짝 놀랄 만한 소식이 대군이 집합

해 있던 교련장에 전달되었다. 바로 서달 장군이 잡혀가서 곧 목이
달아날 것이라는 소식이었다.

많은 장수들과 병사들은 영문을 알 수가 없었다. 서달은 주원장
을 따라 거병을 한 이래로 동에 번쩍 서에 번쩍하며 많은 공로를 세
운 장군이었다. 그런 서달 장군이 도대체 무슨 죄를 지었기에 참수
를 당한단 말인가?

잠시 후 결박을 당한 서달 장군이 끌려왔고 날카로운 칼을 든 두
망나니가 살기등등하게 그 뒤를 따랐다.

이윽고 집행관이 낭랑한 목소리로 말했다. "대군의 통솔자인 장
군 서달은 자신의 부하 장수들을 올바로 거두지 못하여 군중에서
백성을 억압하는 일이 누차 발생하도록 방치하였고 이로써 홍건군
의 명예를 더럽혔다. 이에 군의 엄격한 기율에 따라 서달을 많은 이
들 앞에서 참수형에 처하노라!"

집형관의 선언문을 들은 장수들은 두려움에 낯빛마저 하얗게 질
려버렸다. 잠시 후 주원장이 실제로 사형을 집행하려 하자 사부도
사 이선장이 머리를 찧으며 주원장에게 말했다. "서달 장군은 전쟁
의 영웅이시며 그 공도 적지 않습니다. 지금은 이런 훌륭한 장수가
필요할 때입니다. 그러니 부디 노여움을 푸소서!" 그러자 다른 장수
들 역시 무릎을 꿇고는 주원장에게 간청했다. "군중에서 백성들을
괴롭힌 일은 모두 서달 장군의 잘못만은 아닙니다. 우리에도 책임
이 있으니 부디 원사께서는 화를 거두십시오."

주원장은 의자에 앉아 미동도 하지 않았다. 잠시 후 드디어 자리에서 일어난 주원장이 강경한 어조로 말했다. "우리가 거병한 이유가 무엇이더냐." 그러자 장수들이 모두 이구동성으로 대답했다. "하늘을 대신해 도를 행하고 화를 제거해 백성들을 구제하기 위함입니다."

"그래 모두의 말이 맞다." 주원장이 고개를 끄덕였다. "우리가 거병해 원에 반기를 든 것은 모두 백성을 괴롭히고 억압하는 원의 관리들에게 저항하기 위해서다. 그런데 만약 우리가 원을 무너뜨린 후 또다시 백성들을 억압한다면 우리가 원의 관병들과 다를 게 무엇이겠느냐? 그렇게 되면 얼마 지나지 않아 또 다른 이들이 하늘을 대신해 도를 행하고 병사들을 일으켜 우리를 없애려 할 것이다!"

이선장은 주원장의 노기가 조금 누그러진 것을 보고는 그 기회를 놓치지 않고 다시 한 번 그에게 간청했다. "서달 장군은 원사와 함께 이미 오랜 시간을 같이하며 많은 공을 세웠습니다. 그러니 제발 한 번만 그를 용서해 주십시오."

이 말을 들은 주원장은 잠시 생각에 잠기는 듯 하더니 서달을 가리키며 입을 열었다. "여러 장수들의 체면을 봐서 이번에는 잠시 너를 용서해 주겠다. 허나 만약 다시 한 번 이와 같은 일이 발생하면 결단코 너를 용서하지 않겠다."

말을 마친 주원장은 노기가 가시지 않은 듯 소매를 털며 자리를 떠났다.

이윽고 결박에서 풀려나 장군으로서의 위엄을 찾은 서달 장군이 말했다. "진강을 함락한 후 꼭 다음을 명심해야 할 것이다. 첫째, 절대 집들을 불태우지 말 것이며 둘째, 약탈하지 말 것이며 셋째, 백성들을 괴롭히지 말 것이며 넷째, 부녀자를 희롱하지 말 것이다. 이를 위반하는 이는 가차 없이 목을 칠 것이다!" 서달 장군은 엄격한 기율을 바탕으로 대군을 이끌고 진강을 공격했고 쉽게 그곳을 점령할 수 있었다. 성으로 들어간 후 대군은 기율에 따라서만 행동했으며 백성들 역시 손뼉을 치며 그들을 반겼다.

이 광경을 지켜보던 주원장이 흐뭇한 미소를 지으며 곁에 있던 서달을 자신 쪽으로 끌면서 낮은 목소리로 말했다. "그때 교련장에서의 일은 미안했네!" 그러자 서달이 웃으며 말했다. "아닙니다. 만약 그 일을 하지 않았다면 어떻게 군기를 잡을 수 있었겠습니까?"

사실, 남경을 함락한 이후 홍건군의 기율은 해이해질 대로 해이해져 약탈과 강간 같은 일이 수도 없이 발생했다. 이를 두고 고심하던 주원장은 죄를 범한 병사들을 붙잡아 벌하는 것은 별 다른 효과를 거두지 못할 것이라 생각하고 서달 장군을 참수하겠다는 연극을 꾸몄던 것이다.

《한서漢書, 윤옹귀전尹翁歸傳》에는 '한 사람을 징계하여 여러 사람을 복종하게 만들면 두려운 마음에 자신의 행동을 고치게 된다以一儆百, 吏民皆服, 恐懼改行自新'라는 구절이 있다.

주원장은 거짓으로 서달의 목을 치겠다고 함으로써 병사들이 군의 기율을 반드시 지켜야 함을 간접적으로 경고했다. 닭을 잡아 원숭이를 혼내는 이 계략은 과연 큰 효과를 거둘 수 있었다.

8 연극으로 황제에게 간언한 아추

명나라 헌종 시절 태감 왕직은 온갖 세도를 부리며 그 행동이 오만방자하기 이를 데 없었다. 그의 수하 왕월과 진월 역시 각각 문무 요직에 앉아 패를 지어 나쁜 일을 일삼아 조정을 어지럽혔다. 하지만 아무것도 모르는 헌종은 왕직, 왕월, 진월 세 사람이 충신이라 믿고 그들에 대한 총애를 아끼지 않았다.

당시 궁중에는 아추라 불리는 소태감이 있었는데 재미있고 익살스러운 그는 자주 헌종을 위해 연극을 하여 그의 기분을 풀어 주곤 했다. 그는 왕직 일당이 권력을 등에 업고 안하무인으로 구는 것에 불만을 가졌고 연극을 통해 이를 헌종에게 간언하기로 했다.

그날, 술주정뱅이로 변장하고 무대에 올라간 아추는 한참을 비틀거리다가 바닥으로 쓰러졌다. 그러자 관리로 분한 소태감이 아추에게 말했다. "대관나리께서 납신다. 어서 빨리 일어나지 못할까!" 하지만 주정뱅이 아추는 뉘 집 개가 짖느냐는 듯 꿈쩍도 하지 않았고 관리는 더 큰 소리로 외쳤다. "왕 태감께서 납신다. 모두 물렀거라!" 그러자 미동도 하지 않던 아추는 잽싸게 일어나 황급히 그 자리를 떠나버렸다. 옆에서 이를 보고 있던 이가 알 수 없다는 듯 아추에게 물었다. "황상도 두려워하지 않는 당신이 왜 왕 태감은 그렇게 무서워하는 거요?" 그러자 아추가 말했다. "입 함부로 놀리지 마슈. 괜히 그 자를 건드려봤자 좋을 게 없을 테니 말이오."

연극을 보고 있던 헌종의 얼굴이 미세하게 떨리기 시작했다.

다음 날, 헌종이 또다시 연극을 관람하러 왔다. 아추는 이번에는 왕직의 의복을 입고 양손에 각각 도끼를 들고 무대에 올라서는 우쭐거리며 말했다. "나는 영웅 왕 모라는 사람이다. 나의 권세는 하늘을 지르며 감히 나에게 대적할 이는 아무도 없다. 이 모두는 전부 두 도끼 때문이지! 오른 손을 휘두르면 해와 달이 빛을 잃고, 왼손을 휘저으면 사람의 머리가 땅에 떨어진다." 그러자 옆에 있던 이가 물었다. "왕 용사, 그토록 귀중한 도끼의 이름이 도대체 무엇입니까?" 그러자 아추가 대답했다. "이런 머저리 같은 놈, 어찌 왕월과 진월도 모른단 말이냐?"

여기까지 본 헌종은 그제야 아추의 진짜 의도를 파악할 수 있었다. 얼마 후 헌종은 민심을 얻기 위해 왕직과 왕월 그리고 진월의 관직을 빼앗고 그들을 멀리로 귀양 보내 버렸다.

9 옷을 벗어 잘못을 일깨운 여인

아주 오랜 옛날, 남첨부주의 파라내국波羅奈國 국왕은 엄청난 호색한이었다. 이미 많은 후궁을 거느린 그였지만 이에 만족하지 못하고 전국의 모든 처녀가 시집을 가기 전에 반드시 자신과 하룻밤을 보내야 한다는 어처구니없는 내용의 명령을 내렸다. 백성들은 국왕의 말도 안 되는 억지에 불만을 품었지만 아무도 나서지는 못했다.

어느 날, 한 아낙이 사람 많은 시장에서 옷을 벗은 채 돌아다니고 있었다. 사람들은 그녀가 부끄러움과 수치도 모른다며 저마다 욕을 해댔다. 그러자 아낙이 말했다. "당신들 모두 여인네들인데 그 앞에서 옷을 벗는 게 뭐 그리 부끄럽단 말입니까?" 그러자 옆에 있던 한 남자가 씩씩거리며 말했다. "이보시오. 나는 분명히 남자인데 어찌 우리 모두가 여자라 하는 거요?" 다시 아낙이 답했다. "이 나라에 남성은 오로지 국왕뿐이며 나머지는 모두 여자요. 만약 당신들이 사내라면 어째서 국왕이 당신들의 아내와 누이들을 욕보이려 하는 것을 가만히 내버려 둘 수 있단 말이요?"

아낙의 따끔한 충고는 금세 사람들의 입소문을 타고 전국으로 퍼져 나갔다. 이윽고 큰 자극을 받은 사내들은 무리를 이루어 왕궁으로 몰려가 국왕을 그 자리에서 죽여 버렸다.

총명한 아낙은 먼저 사람들을 놀라게 하여 주목을 끈 다음 이를 기회로 자신의 하고자 하는 말을 에둘러 표현했다. 이로써 자신들의 행동을 부끄럽게 여긴 남성들이 함께 들고 일어나 파렴치한 국왕을 엄중하게 처벌할 수 있었던 것이다.

 **10 영리한 시골 상인**

옛날, 시골에 사는 한 장사치가 서울에서 장사를 하기 위해 쟁기 500개를 서울에 있는 장사꾼에게 맡겼다. 하지만 시간이 지나자 점점 돈 욕심이 생긴 서울 장사꾼은 쟁기를 자신의 것으로 만들고 싶어졌다. 그래서 그는 쟁기를 팔아 엄청난 돈을 챙긴 다음 원래 쟁기를 묻어 두었던 곳에 쥐똥을 잔뜩 뿌려두었다. 얼마 후 서울로 온 시골 상인이 자신의 쟁기를 돌려달라고 했다. 그러자 서울 상인은 아무렇지 않게 쟁기를 묻어 둔 곳을 파기 시작했다. 잠시 후 쟁기는 온데간데없고 쥐똥만 가득한 광경을 본 서울 상인은 짐짓 놀라는 체하며 말했다. "이런! 망할 놈의 쥐새끼들 같으니. 쟁기 500개를 감쪽같이 다 갉아먹어 버리다니!"

하지만 시골 상인은 서울 상인이 자신의 쟁기를 가로채어 버렸다는 것을 직감했다. 그는 이마를 잔뜩 찌푸리며 곰곰이 생각을 한 후 아무렇지도 않다는 표정으로 말했다. "쥐가 갉아먹어 버렸다는데 방법이 없지요 뭐." 말을 마친 상인은 서울 상인의 아들을 데리고 냇가에 가서 멱이라도 감아야겠다며 그곳을 떠났다. 잠시 후 시골 상인은 서울 상인의 아들을 친구 집에 맡긴 후 목욕을 마치고 돌아 왔다.

"내 아들은 어째서 보이지 않는 거요?" 서울 상인이 묻자 시골 상 인이 상심한 얼굴로 말했다. "아마 말해도 믿지 않을 거요. 내가 냇 가에서 멱을 감고 있는데 갑자기 독수리가 나타나 당신 아들을 채 가버렸지 뭐요." 그러자 서울 상인이 다급한 목소리로 말했다. "말 도 안 되는 소리는 집어치우시오. 어떻게 독수리가 내 아들을 채어 갈 수 있단 말이오. 바른대로 말하지 않으면 관아에 고발해 버리겠 소."

서울 상인은 시골 상인의 멱살을 잡고 관아로 가서는 이 일에 대 해 낱낱이 고해바쳤다. 이 말을 들은 판관은 노한 목소리로 시골 상 인에게 말했다. "독수리가 아이를 채어 가다니. 어찌 그리 터무니없 는 거짓말을 할 수 있단 말이냐?" 그러자 때가 왔다고 생각한 시골 상인이 천천히 입을 열었다. "대인어른, 독수리가 아이를 채어갈 수 없다면 쥐가 쟁기를 갉아먹었다는 것은 말이 된단 말입니까?" 판관 이 어리둥절한 표정으로 다시 물었다. "그게 무슨 말이더냐?" 그러 자 시골 상인은 그동안에 있었던 일을 하나도 빼놓지 않고 판관에 게 고했다. 판관은 공정한 태도를 취해 서울 상인에게 죄가 있다 판 단하고는 시골 상인에게 쟁기 값을 물어 줄 것을 명령했다.

시골 상인은 직접적으로 서울 상인에게 맞서게 되면, 영악한 상인이 반드시 발뺌을 할 것이라는 점을 잘 알고 있었다. 그래서 그는 '뽕나무(일부러 만든 사건)'를 가리키며 '홰나무(서울 상인이 쟁기를 빼돌린 사건)'를 욕하는 방법을 택했던 것이다. 그는 우선 판관을 어리둥절하게 한 다음 자세한 설명을 했다. 결국 이 방법은 그를 소송에서 이길 수 있도록 해 주었다.

 ## 11 원자폭탄 제조를 결정한 루스벨트

1937년 10월 11일, 미국 대통령 루스벨트의 개인고문 알렉산더 삭스는 과학자 아인슈타인의 부탁을 받고 루스벨트를 만나 미국이 핵폭탄 연구에 관심을 가져 나치스 독일보다 먼저 핵폭탄을 만들어야 한다고 주장했다. 그러나 루스벨트는 이에 대해 관심을 갖기는커녕 매우 냉담한 태도로 삭스에게 말했다. "도대체 핵분열 이론이라는 게 뭔지도 모르겠소. 게다가 지금 정부에는 그런 새로운 폭탄을 만드는 데 투입할 자금 여력도 없소. 그러니 괜히 아인슈타인 같은 사람들 때문에 헛수고 하지 마시오."

얼마 후 삭스에게 너무했다 싶었던 루스벨트는 미안한 마음을 전하기 위해 그를 조찬에 초대했다. 이 기회를 이용해야겠다고 생각했던 삭스는 밤을 꼴딱 새워 공원을 배회하며 좋은 방법을 궁리했다.

다음 날 아침, 삭스와 루스벨트가 함께 조찬장으로 들어섰다. 그리고 자리에 앉으면서 루스벨트가 입을 열었다. "그때는 내가 너무했던 것 같소. 미안하오. 과학자들이란 뜬구름이나 잡는 자들이라오. 그러니 오늘 이 자리에서는 다시는 물리학이니 원자폭탄이니 하는 말은 하지 맙시다."

"그러면 역사 이야기를 좀 해도 괜찮겠습니까. 각하?" 삭스는 결코 낙담하지 않고 온화한 목소리로 이야기를 시작했다. "당시 세계를 주름잡던 나폴레옹도 지상전에는 항상 승리했지만 해전에서는 실력을 발휘할 수 없었습니다. 그런 그에게 어느 날 풀턴이라는 미국인이 찾아왔죠. 그는 프랑스 전함에 돛대를 없애고 증기기관을 설치하며 갑판을 강철로 바꾸도록 건의했습니다. 이렇게 하면 감히 누구도 프랑스 함대에 대적할 수 없게 될 것이며 쉽게 영국을 점령할 수 있다는 것의 그의 주장이었죠. 하지만 나폴레옹의 반응은 냉담하기 그지없었습니다. 돛이 없는 함대는 앞으로 나갈 수 없고 강철로 만든 배는 꼼짝없이 가라앉게 되리라는 게 그의 생각이었기 때문이지요. 결국 나폴레옹은 풀턴을 미치광이라 생각하고는 그를 멀찌감치 쫓아 버리고 말았답니다. 훗날 역사학자들은 이를 두고 이렇게 말했습니다. '만약 나폴레옹이 풀턴의 제안을 받아들였다면 유럽의 모든 역사는 다시 쓰였을 것이다' 라고 말입니다."

삭스의 이야기를 모두 들은 루스벨트의 얼굴이 점점 굳어지기 시작했다. 이윽고 한참을 생각에 잠겨 있던 루스벨트가 입을 열었다.

"당신이 이겼소. 지금 당장 원자폭탄 제조에 착수하도록 합시다!"

감격한 삭스의 두 눈에 눈물이 그렁그렁하게 맺혔다. 그는 반드시 연합국이 전쟁에서 승리할 것을 확신했다.

삭스는 직접 원자폭탄에 대해 언급하지 않고 이와 비슷한 역사적 사건을 얘기해줌으로써 물리학에 대해 아무것도 모르는 루스벨트 대통령이 과학자들의 건의를 받아들이는 데 큰 기여를 했다. 여기에서 삭스가 이용한 것이 바로 '지상매괴'의 계라 할 수 있다.

 ## 12 넌지시 닉슨을 욕한 흐루시초프

흐루시초프는 '지상매괴'의 계를 이용하는 데 있어 가히 고수라 할 만했는데 닉슨 역시 흐루시초프에게서 몇 차례나 호된 가르침을 받은 적이 있었다.

1959년 9월, 소련의 지도자 흐루시초프는 아이젠하워 미국 대통령의 요청을 받아 워싱턴을 방문했다. 데이비트 캠프에서 열린 회담에는 부통령 닉슨도 참석해 있었다.

흐루시초프는 반공산주이자 닉슨이 자신의 이번 미국 방문을 강하게 반대하고 나왔다는 것을 잘 알고 있었다. 하지만 공식적인 외교석상에서 평소처럼 그를 욕하고 나설 수는 없는 일이었기에 그는 짐짓 아무렇지 않은 표정으로 아이젠하워를 향해 말했다. "미국 정부의 많은 사람들은 미국과 소련의 관계 개선을 바라고 있다지요. 하지만 적지 않은 사람들이 이를 반대하고 있습니다. 이런 사람들은 실로 졸렬하고 우둔하기 그지없는 인물들이지요!" 이 말을 하는 흐루시초프의 눈은 닉슨을 향하고 있었고, 자리에 모인 사람들은 모두 흐루시초프가 가리키는 사람이 바로 닉슨이라는 것을 알게 되었다. 닉슨 역시 이를 잘 알고 있었지만 흐루시초프가 직접적으로 자신을 언급한 것이 아니었기 때문에 화나고 부끄러운 마음을 그대로 삼킬 수밖에 없었다.

제 9 기

가치부전(假痴不癲)

어리석은 체하지만
미치지는 않는다

이 계책은 때를 기다리며 힘을 모으고 있는 상황에서 난관에 봉착했을 때 쓸 수 있다.
이를 사용하는 데 있어 가장 중요한 것은 바로 '어리석은 체' 하는 것이다.

'**가치부전**'은 적을 속여 기회를 기다렸다가 행동하는 계략을 말한다. 《손자병법, 구지九地》에서는 이에 대해 따로 설명을 해 놓았다. '사졸의 이목을 속여 그들이 군사 계획에 대해 아무것도 모르게 하라. 임무를 바꾸고 계획을 변화시켜 사람들이 그 중의 오묘함을 알아채지 못하게 하라. 주둔지를 바꾸고 길을 돌아가 사람들이 그 진짜 뜻을 눈치 채지 못하게 하라.'

이 계책은 때를 기다리며 힘을 모으고 있는 상황에서 난관에 봉착했을 때 쓸 수 있다. 이를 사용하는 데 있어 가장 중요한 것은 바로 '어리석은 체'하는 것이다. 여기에는 다음과 같은 여러 가지 방법이 있을 수 있다. (1) 모르는 척한다. (2) 하지 않는 척한다 (3) 이해하지 못한 척한다. (4) 관심이 없는 척한다. (5) 할 수 없는 척한다. 하지만 '어리석은 체'하는 것만으로는 부족하다. 즉, 이와 동시에 '미치지 않아야' 한다는 것이다. 그렇지 않으면 '어리석은 체'하는 것이 실제가 되어 버릴 수도 있다. 그러니 바보처럼 행동하는 데도 정도가 있어야지 너무 과하면 안 된다는 것이다.

이 계책이 내포한 뜻은 다음과 같다.

(1) 상황이 나에게 불리할 때 적과의 충돌을 피하고 자신을 보호하기 위해 미친 척을 하거나 벙어리나 귀머거리처럼 행동하여 그 상황을 빠져나간다. 이렇게 하면 겉으로는 세상사에 관심이 없는 듯 상대방에게 나약한 인상을 심어주게 된다. 하지만 이는 실로 대단한 지략이라 할 수 있다. 여기에서 볼 때 '가치부전'은 '도회지술(韜晦之術, 자신의 재간을 감추는 전술)'에 속한다 할 수 있다.

(2) 마음속에 품고 있는 생각을 꽁꽁 감추고 아무것도 없는 것처럼 행동한다. 시기가 무르익지 않았을 때 자신의 의도를 드러내면 반드시 실패하게 되어 있다. 소위 말하는 '계략은 지혜에서 나오고, 성공은 그것을 지키는 데서 나오며, 실패는 그것을 드러내는 데서 비롯된다(謀出于知, 成于密, 敗于露)' 역시 이를 잘 설명해 주고 있다.

(3) 전쟁 중, 온갖 방법을 동원하여 적의 눈과 귀를 막아 적이 나의 의도를 알아채지 못하게 한다. 이렇게 하면 반드시 승리할 수 있다.

1 초 장왕의 너그러운 태도

어느 날 연회에서 초나라 장왕은 자신이 총애하는 빈을 시켜 군신들과 무장들에게 술을 따르도록 했다. 해질 무렵, 갑자기 몰아닥친 광풍에 촛불이 꺼졌고 연회장은 순식간에 칠흑같이 어두워졌다. 그러자 어둠을 틈타 누군가가 빈의 옷깃을 자신 쪽으로 잡아 당겼다. 그녀는 순간 기지를 발휘해 그 사람의 모자 끈을 잘라버렸다. 그리고는 장왕 곁으로 달려가서는 울면서 방금 있었던 일을 낱낱이 고해바치며 촛불을 켜 모자 끈이 잘려나간 사람만 밝혀내면 된다며 야무지게 말했다.

하지만 장왕은 몇 마디 말로 빈을 위로하며 연회장에 모인 사람들을 향해 크게 소리쳤다. "오늘은 진탕 취해 보도록 합시다. 모자 끈이 끊어지지 않은 사람은 취하도록 마시지 않은 사람이오!" 그러자 군신들과 무장들은 모두 장왕에 잘 보이기 위해 서둘러 모자의 끈을 잘라버리고는 코가 비뚤어지도록 술을 마셨다. 얼마 후 촛불을 다시 켜자 모두들 모자 끈이 잘려 있었고 빈을 희롱하려 했던 범인도 찾을 수가 없게 되었다.

3년 후 초와 진나라가 전쟁을 벌이게 되었다. 이 전쟁에서 초나라의 한 장군은 목숨을 아까워하지 않고 언제나 선두에서 군사들을 이끌었다. 장왕은 이를 매우 기이하게 여기며 그에게 어째서 그렇게 온 힘을 다해 전투에 임하는지를 물었다. 그러자 장군이 대답했다. "소신은 이미 죽어야 할 목숨이었습니다. 3년 전 연회에서 술에 취한 나머지 실수를 한 사람이 바로 저였습니다. 하지만 대왕께서는 저를 벌하시기는커녕 제 실수를 조용히 덮어 주셨습니다. 그때부터 저는 제 목숨을 다해 대왕께 은혜를 갚으리라 마음먹었습니다."

장왕은 누군가가 자신의 빈을 희롱하려 했다는 말을 들었지만 술에 취해 잠시 실수한 것이라 생각하고 '일부러 모르는 척' 하며 다른 이들에게도 모자 끈을 자르도록 했다. 초 장왕의 이런 너그러운 태도는 훗날 더 큰 보상으로 되돌아왔던 것이다.

 ## ② 미친 척하여 위기에서 벗어난 손빈

전국시대 초기, 제나라 사람 손빈과 위나라 사람 방연은 귀곡자의 문하에서 함께 병법을 공부했다. 방연은 자신의 공부가 어느 정도 마무리되었다고 생각하고는 하산하여 출세를 위해 자신을 써 줄 곳을 찾았다. 하지만 손빈은 계속해서 스승의 곁에 남아 있었다. 귀곡자는 손빈의 순박함과 성실함을 높게 사 자신이 가지고 있던 《손자병법》을 물려주었다.

한편 방연은 위나라에서 중요한 관직에 오르게 되었고 방연의 동학 손빈의 재능이 뛰어남을 알게 된 위 혜왕은 방연을 시켜 손빈을 위나라로 데려오게끔 했다.

혜왕 앞으로 불려온 손빈은 거침없이 병법에 대해 논했고, 혜왕 역시 손빈의 재능에 감탄을 금할 수가 없었다. 하지만 이를 본 방연은 슬슬 질투가 나기 시작했다. 그래서 그는 혜왕에게 손빈에 대한 험담을 끝없이 늘어놓았고, 귀가 얇은 혜왕은 손빈의 정강이뼈를 파내는 형벌을 내렸다. 이때부터 손빈의 이름이 빈賓에서 빈臏(정강이 뼈)으로 바뀌었던 것이다.

방연은 겉으로는 손빈을 위로하며 더없이 그를 위하는 척했고 손빈 역시 친구의 마음 씀씀이에 무척이나 감동을 받았다. 방연의 시커먼 속을 알 리 없는 손빈은 마침내 《손자병법》의 내용을 목간木簡에 써 주겠다고 약속했다. 하지만 손빈의 시중을 들기 위해 방연이 보낸 동복 하나는 아무것도 모르는 손빈이 안쓰러워 견딜 수 없었다. 그래서 동복은 모든 사실을 손빈에게 말해 주었다. 그제야 모든 사실을 알게 된 손빈은 위기상황에서 벗어나기 위해 미친 사람 노릇을 하기로 했다. 그는 울다가 웃기를 반복하며 끊임없이 알 수 없는 말을 중얼거렸다. 방연은 손빈이 정말 정신을 놓았는지 시험해 보기 위해 그를 똥구덩이에 빠뜨렸다. 정신없이 똥을 주워 먹는 손빈을 보고 방연은 그제야 그가 정말로 미쳐버렸다고 생각했다.

얼마 후, 제나라 위왕은 순우곤을 보내 손빈을 구해오도록 했고 손빈은 위나라에서 높은 관직에 오르게 되었다. 훗날 손빈은 병사

들을 이끌고 위나라를 공격해 대승을 거두었고, 방연은 자살로써
생을 마감하고 말았다.

 **3 일부러 무능하게 보인 유목**

　　　　　동한 명제의 조카 유목은 어렸을 때부터
학문에 관심이 많았으며 도덕적 수양을 갖춘 학자들과 교류하기를
좋아했다. 어른이 된 후 북해경왕에 봉해진 그는 자애로운 정치를
펼치며 예를 다해 선비들을 대했기 때문에 많은 백성들의 사랑을 받
았다.

　어느 해 연말이었다. 유목은 사자를 수도 낙양으로 보내 임금에
게 하례를 드리도록 했다. 길을 떠나기 전 그가 사자에게 말했다.
"만약 황제께서 나에 대해 물으신다면 어떻게 대답할 것이냐?" 그
러자 사자가 말했다. "군왕께서 덕성과 명망이 높고 충심이 지극하
시어 백성들은 모두 군왕을 아버지와 같이 여기고 있습니다. 소신
이 아무리 재능이 없다고 하나 어찌 감히 이 사실을 알리지 않을 수
있겠습니까?" 사자의 말을 귀 기울여 듣던 유목이 고개를 가로저으
며 말했다. "만약 네가 황제께 그렇게 아뢴다면 내 목숨을 보장하기
힘들 것이다!" 그러자 사자가 알 수 없다는 표정을 지었다. 유목은

계속해서 말을 이어나갔다. "너는 황제를 만난 자리에서 내가 북해 경왕으로 봉해진 후 의지가 약해졌으며 행동도 느려진 데다 허구한 날 먹고 마시고 놀기에만 여념이 없어 국사에는 전혀 신경을 쓰지 않는다고 아뢰거라."

유목은 황제가 자신이 얼마나 뛰어난 재능을 가진 사람인지 알게 하고 싶지 않았다. 그도 그럴 것이 당시 종실에서 조금이라도 재능을 가진 자는 곧바로 사람들의 질투의 대상이 되기 일쑤였고 자칫하면 목숨을 보전하기조차 힘들었기 때문이다. 이렇게 유목은 일부러 자신을 무능하고 게으른 사람처럼 보이도록 했지만 이는 실제로 자신을 보호하기 위한 뛰어난 지략이었다.

 **4 영웅에 대해 논한 유비와 조조**

유비, 동승, 마등 등 7명의 충의지사는 조조의 무리를 없애라는 헌제의 혈서를 옥대 속에 감춘 후 하얀 비단 위에 자신들의 이름을 써서는 나라를 위해 화근을 없애기로 결의했다.

유비는 자신의 원대한 뜻을 감추기 위해 정사에는 관심이 없는 척하며 매일 텃밭에서 야채나 가꾸며 하루하루를 보냈다. 어느 날 유비의 속뜻을 알아보기 위해 특별히 조조가 그를 찾아왔고. 유비는 조조를 맞이하기 위해 정원에 술자리를 마련했다.

한창 흥이 무르익을 때쯤 조조가 갑작스럽게 말을 꺼냈다. "유공은 그동안 많은 곳을 돌아다니며 견문을 넓혔을 것이오. 그런 유공이 보기에 누가 이 시대의 진정한 영웅이라 할 수 있소?" 잠시 생각에 잠겼던 유비가 입을 열었다. "회남의 원술이 병마와 식량이 풍부하니 영웅이라 할 만하지 않겠습니까?" 그러자 조조가 웃으며 말했다. "그는 나약한 인물이라 거론할 가치조차 없소." "그렇다면 기주를 차지하고 있는 원소는 어떻습니까?" 유비의 말을 들은 조조가 웃으며 반박했다. "그는 겉으로는 매서워 보이지만 속으로는 심약하지 그지없소. 큰일을 할 때 위험을 두려워하고 눈앞의 작은 이익을 쫓는 데만 급급한 이를 어찌 영웅이라 할 수 있단 말이오?" "형주의 유표는 어떻습니까?" 그러나 조조는 또다시 고개를 가로 저었다. "유표는 그저 껍데기에 불과하오." "강동의 손책은 영웅이라 할 만하지 않습니까?" 계속되는 유비의 대답에 조조는 또다시 고개를 저으며 말했다. "손책은 부친 손견의 명망을 이은 것뿐이니 영웅이라 할 수 없소." "그렇다면 익주의 유장, 한중의 장노, 서량의 한수 같은 이들은 어떻습니까?" 유비의 대답에 조조는 이번에도 고개를 가로 저었다. "그들은 모두 소인배에 불과하니 언급할 가치조차 없소." 그러자 유비는 두 손을 내저으며 말했다. "그들이 전부 영웅이 아니라면 저는 정말 어떤 이가 진정한 영웅인지 모르겠습니다.”

그때 조조는 예리한 눈빛을 번뜩이며 크고 낭랑한 목소리로 말했다. “소위 말하는 영웅이란 가슴 속에는 큰 뜻이 자라고 뱃속에는 지혜로운 책략을 품고 있는 자요.” 조조는 손가락으로 유비의 머리와 자신의 가슴을 가리키며 계속 이야기를 이어나갔다. “지금 영웅이라 할 수 있는 자는 오로지 그대와 나뿐일 테요.” 조조의 갑작스러운 말에 깜짝 놀란 유비는 들고 있던 젓가락을 바닥에 떨어뜨렸다. 그런데 마침 그때 ‘우르르 쾅’ 하고 천둥 번개가 쳤다. 유비는 이 기회를 놓치지 않고 짐짓 놀란 표정을 지으며 말했다. “천둥소리가 어찌나 크던지 젓가락을 다 떨어뜨렸지 뭡니까?” 이를 본 조조는 유비가 생각했던 것보다 담이 작다고 여기고는 다시는 그의 원대한 의지를 의심하지 않았다.

 **5 황제가 된 조광윤**

959년, 주나라의 세종이 병으로 세상을 떠나자 그의 7살 된 아들 공제가 즉위했다. 나이 어린 공제가 조정을 제대로 이끌어 갈 리 만무했기 때문에 나라는 점점 불안해져 갔다.

오랫동안 세종과 함께 남정북벌을 주도해 온 대장군 조광윤은 일찍부터 세종의 신임을 얻고 있었다. 그는 이미 전전도점검, 검교태위, 귀덕절도사의 자리에 있었으며 금군의 통치권도 쥐고 있었기에 조정에서 매우 중요한 인물임에 틀림없었다. 이런 조광윤은 조나라를 손에 넣고 스스로 천자의 자리에 올라 자신의 봉건왕조를 세우고 싶어 했다.

960년 정월, 조광윤은 진주와 정주 두 주로 하여금 거란이 북한北漢과 손을 잡고 남쪽을 침범했으니 서둘러 도움을 청하도록 시켰고 재상 범질과 왕부 등은 사실 여부를 알아보지도 않은 채 조광윤에게 대군을 주어 그들을 돕도록 했다. 출정을 하기 전 수도인 개봉에는 '도점검이 태자가 된다' 라는 말이 떠돌았다. 어느덧 개봉에서 40리 떨어진 진교역에 도착한 조광윤은 부대에 진영을 세우고 휴식을 취하도록 명령했다.

해가 뉘엿뉘엿 질 무렵 군교 묘훈이 기묘한 표정을 지으며 하늘을 바라보자 옆에 섰던 이가 그 연유를 물었다. 그러자 묘훈이 하늘을 가리키며 말했다. "저기 태양 아래 또 하나의 태양이 보이지 않습니까? 아래의 태양이 곧 위의 것을 대신하게 될 것입니다. 이것이 천명이지요. 앞의 태양은 분명 주나라이며 뒤의 태양은 도점검일 것입니다." 이 이야기는 금세 사병들 사이로 퍼져 나갔고 진영 안에는 지금의 황제가 너무 어려 나라가 위기에 처해 있으니 차라리 먼저 도점검을 천자로 세운 뒤 북벌을 해도 늦지 않다는 이야기가 나오기 시작했다. 그래서 귀덕의 장서기인 조보와 조광윤의 동생 조광의 등은 조광윤을 천자로 '옹립할 일을 구체적으로 의논하면서 개봉에 있는 전전도 지휘사 석수신과 도우후 왕심기에게도 도움을 청했다. 이들은 모두 조광윤의 심복들이었다.

사실 개봉에서 떠돌았던 소문이나 묘훈의 이야기, 그리고 심복들이 황제 옹립에 관해 의논한 것은 모두 조광윤이 미리 손을 써 둔 것이었다. 그날 밤 조광윤은 아무것도 모르는 것처럼 거하게 술을 마신 후 잠자리에 들었다. 다음 날 새벽, 장수들은 황제만이 입을 수 있는 곤룡포를 들고 조광윤의 막사로 찾아와서는 말했다. "지금 장수들에게는 주인이 없습니다. 그러니 도점검께서 부디 황제가 되어 주시옵소서." 그러나 조광윤은 짐짓 내키지 않는다는 듯 입을 열었다. "그대들이 내 명령을 따르지 않는다면 나는 황제가 될 수 없소." 그러자 장수들은 모두 무릎을 꿇고 조광윤에게 충성을 맹세했다.

얼마 후 조광윤은 대군을 이끌고 개봉으로 돌아갔다. 마침 아침 어전회의를 열고 있던 조정에 이 소식이 전해지자 대신들은 허겁지겁 대책을 마련하고는 겨우 시위군 부도지휘사 한통을 보내 이들에게 맞서도록 했다. 하지만 한통은 조광윤의 전부교 왕언승에게 목숨을 잃고 말았다. 그러자 재상 범질은 어쩔 수 없이 백관들을 이끌고 나가 조광윤을 맞을 수밖에 없었다. 조광윤은 백관들을 향해 눈물을 흘리며 말했다. "세종께서 내게 베풀어 주신 은혜는 하해와 같소. 나는 장수들의 바람 때문에 어쩔 수 없이 이리 할 수밖에 없었다오." 이에 범질이 한 마디를 던지려 하자 조광윤의 부장 나언환이 사납게 소리쳤다. "모두 한마음 한뜻으로 도점검을 천자로 옹립하려 하는데 감히 누가 이를 반대하고 나선단 말이냐! 내 이 칼로 그런 자들을 살려두지 않으리라!" 그러자 얼굴이 하얗게 질려 버린 범질을 비롯한 백관들은 서둘러 무릎을 꿇을 수밖에 없었다. 잠시 후 한림학사 도곡이 이미 써 두었던 조서를 읽으며 공제를 폐위하고 조광윤을 황제로 옹립시키게 되었음을 선포했다. 이렇게 정식으로 황제의 자리에 오른 조광윤은 국호를 송으로 바꾸고 송의 태조가 되었다.

누구보다도 황제가 되고 싶어 했던 조광윤이었지만, 그는 만약 스스로 이런 야심을 드러내고 정변을 꾀한다면 역적이라는 죄명을 쓰게 될 것임을 잘 알고 있었다. 그래서 그는 치밀하게 모든 준비를 갖추어 놓은 뒤 자신은 아무것도 모르는 척하며 다른 사람을 통해 순조롭게 왕의 자리에 오를 수 있었던 것이다.

6 술에 취한 척한 송 태종

어느 날 공수정과 왕영이 북원에서 송나라 태종과 함께 술을 마시고 있었다. 자신도 모르게 거나하게 취해 버린 공수정은 자신이 변강에서 세운 공로를 자랑하기 시작했다. 하지만 이미 취할 대로 취한 왕영에게 이 말이 기분 좋게 들릴 리 만무했다. 이를 고깝게 여긴 왕영은 공수정에게 삿대질을 하며 "변강 방어의 공로로 따지자면 그대는 말할 가치도 없소!"라며 사납게 몰아붙였다. 그러다 보니 둘은 황제의 앞이라는 것도 잊은 채 얼굴을 붉히며 크게 싸우게 되었다.

이를 보고 있던 대신들은 즉시 그 둘을 잡아들여 그 죄를 엄중히 다스려야 한다고 주장했지만 태종은 두 사람을 집으로 돌려보내도록 했다. 다음 날 아침, 술에서 깬 공수정과 왕영은 자신들이 황제 앞에서 엄청난 실수를 했다는 것을 깨닫고는 서둘러 금란전으로 달려가 황제에게 잘못을 빌었다. 그러나 황제는 짐짓 아무렇지 않은 얼굴로 "어제는 짐도 많이 취한 탓에 아무것도 기억이 나질 않소"라고 대답했다. 두 사람은 황제의 배려에 큰 감동을 받고는 다시는 이런 실수를 하지 않겠다고 마음속으로 굳게 다짐했다.

송 태종은 아무것도 모르는 척 가장하여 두 사람의 실수를 너그럽게 용서해 주었다. 사람은 본래 술을 마시면 하지 않던 실수도 하게끔 되어 있다. 이를 잘 아는 송 태종은 두 사람의 실수를 눈 감아주어 조정 대신으로서의 체면을 살려주었을 뿐 아니라 두 사람이 진심으로 반성할 수 있도록 했다.

7 태후에게 절인 청어를 바친 진회

남송 고종 때 일이었다. 재상 진회는 권력을 마음대로 휘두르며 각 지방에서 올라오는 공물 중 좋은 것은 모두 자신이 가로채고 그 나머지를 궁으로 들여와 황제께 바쳤다. 하지만 황제는 이 일에 대해 아무것도 몰랐고 이를 알고 있던 대신들도 진회의 보복이 두려워 아무 말도 하지 못했다.

어느 날, 진회의 아내 왕씨가 고종의 어머니 현인태후를 알현했다. 왕씨를 만난 자리에서 현인태후는 원망 섞인 목소리로 이렇게 말했다. "요즘은 생선 먹는 날이 거의 없구나. 커다란 생선 한 번 먹어 봤으면……." 왕씨는 이것이 태후에게 잘 보일 수 있는 절호의 기회라 생각하고는 황급히 말했다. "저희 집에 좋은 생선이 있습니다. 내일 제가 생선 100마리를 태후께 바치겠습니다." 그리고 집에 돌아간 왕씨는 신이 나서 남편 진회에게 그날 있었던 일을 모두 말해 주었다. 그러자 진회는 기뻐하기는커녕 오히려 왕씨를 크게 나무랐다. "잘 생각해 보시오. 황궁에도 없는 물건이 우리 집에 있다고 하면 황상께서 우리를 의심하지 않으시겠소? 그렇게 되면 큰 화를 당할 수도 있단 말이오." 그러자 두려움에 안색이 굳어진 왕씨가 남편에게 어찌하면 좋을지를 물었다. 잠시 생각에 잠긴 진회가 이윽고 귓속말로 왕씨에게 무언가를 속닥거렸다. 다음 날, 왕씨는 사람을 시켜 황궁에 절인 청어 100마리를 보냈다. 왕씨가 보낸 물건을 본 태후는 손뼉을 치고 웃으며 말했다. "도대체 어떤 좋은 생선을 보낼까 했더니만 그 아낙에게는 절인 청어가 좋은 생선이었구나!"

이미 생선 100마리를 보내겠다고 약속을 한 왕씨로서는 약속을 깰 수도 그렇다고 지킬 수도 없는 상황이었다. 그도 그럴 것이 생선을 보내지 않으면 태후의 노여움을 살 테고, 보내면 더 큰 화를 당할 판국이었기 때문이다. 하지만 진회는 어리숙함을 가장하여 태후에게 절인 청어를 보냄으로써 모든 화를 피할 수 있었다.

 ## 8 화를 면한 당백호

백호伯虎 당인唐寅은 서화에 재능이 뛰어났을 뿐 아니라 지식이 넓고 깊었기에 향시에서 장원급제하여 그 이름을 날리게 되었다. 그의 재능을 흠모하던 영왕寧王 주신호는 많은 재물을 들여 당백호를 자신의 속지로 불러들여 관직에 오르도록 했다.

당백호가 관직에 오른 후 주신호는 그에게 최고의 대우를 해 주었다. 하지만 얼마간의 시간이 흐른 후 당백호는 주신호가 모반을 꾀하기 위해 병력과 재물을 모으고 있다는 사실을 알게 되었다. 그는 속으로 깊은 한숨을 내쉬며 말했다. "이곳은 실로 불구덩이와 같으니 오래 있을 수 없겠구나.” 하지만 자신이 관직을 버리고 고향으로 가겠다고 말하면 의심을 받게 될 것이 뻔했고 자칫하면 목숨을 잃을 수도 있는 판국이었다. 그래서 그는 전국시대의 손빈이 했던 것처럼 미친 사람 행세를 하기 시작했다. 당백호가 울다가 웃으며 알 수 없는 말을 끊임없이 되풀이한다는 소식을 들은 주신호는 그의 집으로 사람을 보내 그 말이 사실인지를 알아보도록 했다. 주신호가 보낸 사람이 찾아온 것을 눈치 챈 당백호는 실오라기 하나 걸치지 않은 채 길거리에서 오줌을 갈기는가 하면 자신의 배설물을 미친 듯이 먹어대기도 했다.

이 소식을 전해들은 주신호는 당백호가 정말로 정신을 놓은 것이 틀림없다고 생각하고는 그를 고향으로 보내주었다. 훗날 주신호의 반란이 실패로 끝나자 주신호는 물론 그의 잔당들 역시 화를 면하지 못했다. 하지만 일찌감치 몸을 피한 당백호는 자신의 목숨을 지킬 수 있었다.

 ## ⑨ 호아내를 벌한 해서

명나라 시절, 간신 엄숭은 조정의 모든 실권을 장악하고 전국 각지에 자신의 세력을 넓혀갔다. 절강의 총감

인 호종헌 역시 그의 심복 중 하나였는데 그의 아들 호아내는 부친의 권력을 등에 업고 온갖 나쁜 짓을 일삼으며 백성들을 괴롭혔다. 하지만 사람들은 분노를 속으로만 삭일 뿐 감히 입 밖으로 내지 못했다.

그해 가을, 호아내는 몇몇 졸개들을 이끌고 항주를 떠나서 부춘강을 거슬러 올라가 절서로 유람을 떠났다. 그들의 일행이 지나는 곳의 관리들은 호종헌의 권세를 두려워하며 저마다 그의 아들 호아내에게 융숭한 대접을 했다.

얼마 후, 호아내 일행이 순안현에 당도하게 되었다. 하지만 그곳에는 다른 곳과 달리 어느 누구도 그들을 맞이하러 나오지 않았고 역관에 여장을 풀고 난 후에도 지현은 코빼기도 보이지 않았다. 그러자 화가 머리끝까지 오른 호아내는 역리를 꽁꽁 묶어 채찍으로 때리며 소리쳤다. "이 몸이 항주에서 여기까지 오는데 들르는 곳마다 백성들이 나를 환영하고 지부대인은 직접 나를 위해 말 머리를 끌어주기도 했다. 그런데 촌구석에 박힌 순안현 지현만이 나를 만나러 오지 않았으니 내 오늘 너희들을 모두 살려두지 않겠다!"

역리는 즉시 이 사실을 지현에게 보고했다. 이곳의 지현은 청렴하기로 이름이 높은 해서라는 인물이었다. 소식을 들은 해서는 화가 머리끝까지 올라 당장 호아내를 잡아들이려 했지만 잠시 마음을 가다듬고 찬찬히 생각하기 시작했다. '그의 부친은 어쨌든 나의 상관이 아닌가? 이런 때에 공개적으로 그의 아들을 잡아들인다면 화를 면하기 어려울 것이다.' 그래서 그는 '가치부전'의 계를 쓰기로 했다.

잠시 후 포졸들을 이끌고 역관으로 들어선 해서가 호아내를 가리키며 명령했다. "여봐라. 저기 저 악당을 당장 포박하라!" 그러자 호아내는 코웃음을 치며 대꾸했다. "나는 절강성 호 총감의 아들 되는 몸이다. 네깐 놈이 감히 어디서 나를 잡아들이라 마라 하는 게냐?" 하지만 해서는 차갑게 웃으며 말했다. "도대체 어디서 온 도적놈이기에 감히 호 총감의 아들을 사칭하느냐? 호 총감은 국가의 일품 대신이시며 백성들을 위해 몸을 아끼지 않는 분이시다. 그런 그분의 아들 역시 글재주가 뛰어난 인재인데 어찌 네까짓 놈이 그분을 따를 수 있단 말이냐. 여봐라! 당장 저 놈을 잡아들여 먼저 따귀 50대를 때려라!"

명령을 받은 포졸들이 호아내를 잡아들여 뺨을 때리기 시작하자 호아내의 뺨은 금세 퉁퉁 부어올랐고 입가에는 피가 가득 고였다.

"여봐라. 저자의 짐을 뒤져 혹시 훔친 물건이 없나 살펴 보거라!" 잠시 후 해서가 또다시 큰 목소리로 명령을 내렸다. 포졸들은 호아내의 짐을 뒤져 많은 은자와 귀중품을 찾아냈다. 이를 본 해서가 근엄한 표정을 지으며 물었다. "이 물건들은 어디서 난 것이냐?" "모두 오는 길에 들렀던 마을의 관리들이 준 것이다." 호아내의 대답에 해서는 또다시 웃으며 말했다. "그렇게 말하는 것을 보니 네놈은 필시 사기꾼이 틀림없구나. 만약 호 공자께서 유람을 떠난 것이라면 반드시 고적을 살펴보시고 수양을 하셨을 것이지 네놈처럼 금은보화를 탐하지는 않으셨을 것이다. 너는 다른 곳의 지현들을 속이고 나까지도 속이려 하였다. 게다가 호 공자를 사칭하며 총감 어른의 이름에 먹칠을 하였으니 실로 죽어 마땅하다!"

일이 이렇게 되자 호아내 역시 더 이상 할 말이 없어 두려움에 온몸을 덜덜 떨 수밖에 없었다. 며칠 후 해서는 편지 한 장과 함께 호아내를 총독부로 압송했다.

편지에는 이런 내용이 담겨 있었다.

"최근 속현에 총감 공자를 사칭하는 사기꾼이 나타났습니다. 이 사기꾼은 호 공자인 척 가장하고 도처를 돌아다니며 사기 행각을 일삼았으며 수천 냥의 은자와 금은보화를 갈취했습니다. 그러나 속현은 이미 대인어른께서 학식이 넓고 공자 역시 매일 학문에 전념하시느라 바쁘시기에 유람을 떠날 수 없다는 것을 잘 알고 있었습니다. 만약 진짜 공자께서 유람을 떠나셨다면 옛 선인들의 고적을 살펴보시고 견문을 넓혔을 것이지 어찌 금은보화를 갈취했겠습니까? 이런 연고로 속현은 사기꾼의 거짓말을 꿰뚫어 보고 그가 사사롭게 취한 물건을 모두 국고로 회수했습니다. 그리고 범인은 특별히 총감부로 압송하니 대인께서 엄벌에 처하도록 하시옵소서."

호종헌은 해서의 편지와 형편없는 몰골로 잡혀온 아들을 번갈아 쳐다보며 기가 막혀 아무 말도 할 수가 없었다. 자신의 아들이 잘못을 하여 벌어진 일이니 그는 그저 하고 싶은 말을 꾹 누른 채 아들을 탓할 수밖에 없었다.

# ⑩ 동문서답을 한 나폴레옹

　　　　　1797년, 젊은 나폴레옹 장군은 이탈리아 전투에서 대승을 거두고 의기양양하게 프랑스로 돌아왔다. 이때부터 파리 사교계에서 그의 몸값은 배로 뛰었으며 그는 많은 귀부인들의 흠모의 대상이 되었다.

　하지만 나폴레옹은 이런 상황을 좋아하기는커녕 오히려 염증을 느끼고 있었다. 당시 뛰어난 재능을 가진 여류 문학가 스타엘 부인은 몇 개월에 걸쳐 나폴레옹에게 편지를 보내며 그와 사귀고 싶어 했다. 어느 날 밤, 한 파티장에서 스타엘 부인은 월계수 가지로 나폴레옹을 가리키며 자신에게 오도록 했다. 더 이상 피할 수가 없게 된 나폴레옹은 그녀에게 재치 있게 말했다. "아무래도 그 월계수 가지는 뮤즈(예술의 신)에게 주어야 할 것 같군요." 드디어 나폴레옹이 입을 여는 것을 본 스타엘 부인은 호기심 가득한 얼굴로 물었다. "장군의 이상형은 어떤 여인이죠?" 그러자 나폴레옹이 웃으며 대답했다. "제 이상형은 바로 제 아내입니다." "대답이 너무 간단하군요. 그러면 장군께서 가장 중요하게 생각하는 여인은 누구죠?" 스타엘 부인은 나폴레옹의 대답이 성에 차지 않는다는 듯 또다시 물었다.

　"집안일과 요리를 잘하는 여인입니다."

　"그건 나도 예상했던 바에요. 그렇다면 어떤 여인이 호걸이라고 생각하죠?"

"아이를 가장 많이 낳은 여인입니다."

나폴레옹의 재미없는 대답에 흥미를 잃은 스타엘 부인은 결국 질문을 관두고 그 자리를 떠나버렸다.

사실 나폴레옹은 남들이 그에게 이것저것 묻는 게 싫었다. 하지만 면전에다 대고 면박을 줄 수도 없었기 때문에 그는 '가치부전'의 방법을 이용해 동문서답함으로써 질문한 사람이 흥미를 잃도록 만들었던 것이다. 비록 생활 속에서 일어난 작은 일이었지만 우리는 여기에서 나폴레옹의 지혜를 잘 볼 수 있었다.

 **11** 디킨스의 임기응변

어느 날, 영국의 작가 찰스 디킨스가 모처럼 만에 짬을 내 강가로 낚시를 하러 갔다. 고기를 많이 잡아 기분이 좋았던 디킨스는 그 다음 날도 같은 곳으로 낚시를 하러 갔다. 한껏 들떠 있던 그는 옆에서 자신을 쳐다보고 있던 한 남자에게 기분 좋게 웃으며 말했다. "어이! 내가 어제 얼마나 운이 좋았는지 아시오? 아, 물고기들을 서로 미끼를 먹겠다고 아우성치는 바람에 하루만에 한 광주리가 넘는 고기를 낚았다오."

곁에 있던 사내는 디킨스의 말을 잠자코 다 듣고 난 후 딱딱한 표정으로 말했다 "이보시오 선생, 나는 세무조사원이오. 당신은 어제 물고기를 많이 낚았으니 규정에 따라 세금을 내야 하오."

이 말을 듣고 깜짝 놀란 디킨스는 금세 안정을 되찾고는 히죽 웃으며 말했다. "선생. 당신의 직업은 세무조사원이니 세금을 걷는 것은 당신의 일일 겁니다. 나 역시 작가이며 내 일은 이야기를 만들어 내는 것이지요. 내가 방금 했던 얘기는 모두 내가 꾸며낸 이야기일 뿐이오. 그런데 당신이 내 말을 진짜라고 여기는 것을 보니 내 솜씨가 아주 형편없지는 않은 것 같구려."

디킨스의 말에 반박할 수 없었던 세금조사원은 결국 그에게서 한 푼도 받아내지 못했다.

 ## 12 스탈린의 포커페이스

1945년 7월 17일에서 8월 2일까지 소련, 미국, 영국 세 나라 지도자가 베를린 근처에서 만나 포츠담회의를 열었다. 회의 전날 미국은 뉴멕시코에서 인류 역사상 처음으로 원자폭탄 실험을 진행했다. 새롭게 대통령 자리에 오른 트루먼 대통령은 기쁨에 들떠 의기양양해하며 회의장으로 들어섰다. 그의 모습은 불

과 며칠 전과는 완전히 딴판이었다.

트루먼은 미국이 원자폭탄을 갖게 된 이상 미국 대통령은 최고의 자리가 될 것이라 생각했다. 하지만 상황이 그렇게 간단하지만은 않았다. 트루먼은 회의장에서 스탈린의 반응과 함께 미국의 위력을 시험해 보았다. 그렇다면 결과는 어땠을까? 트루먼의 기억을 바탕으로 보면 7월 24일 그날, 그는 스탈린에게 파괴력이 엄청난 신무기에 대해 언급했다. 그런 다음 그와 영국의 처칠 총리는 스탈린의 표정을 주위 깊게 살펴보기 시작했다. 하지만 그들의 예상과는 달리 스탈린은 여전히 의자에 꼿꼿하게 앉은 채로 아무것도 듣지 못한 것처럼 어떤 반응도 보이지 않았다.

사실 당시 스탈린은 누구보다도 정확하게 트루먼의 목소리를 들었으며 속으로는 엄청난 충격을 받았다. 그래서 그는 회의장을 떠난 후 하루빨리 소련 국내에서도 원자폭탄을 제조할 것을 지시했던 것이다. 그리고 4년 후 소련 역시 이 '신무기'를 만들어 낼 수 있었다. 여기서 한번 생각해 보자. 만약 스탈린이 '가치부전'의 계를 쓰지 않고 놀람과 공포를 그대로 드러냈다면 트루먼은 심리적으로 크나큰 만족을 얻었을 것이고, 비밀스럽게 진행되었던 소련의 원자폭탄 제조에도 매우 불리했을 것이다.

제 **10** 기

상옥추제(上屋抽梯)

지붕 위로 유인한 뒤
사다리를 치우다

이 계책의 원뜻은 상대방을 높은 곳으로 유인한 뒤 사다리를 치워버려 도망갈 곳이 없도록 만드는 것을 가리킨다. 군사적으로는 적을 아군의 함정으로 유인한 다음 퇴로를 차단하고 원군을 막음으로써 적을 섬멸하는 것을 말한다.

●상옥추제●
「14가지 처세 활용 지혜」

1. 코가 잘린 미녀
2. 태자를 폐위시킨 황후
3. 밀고자를 처벌한 어사
4. 아버지를 협박해 모반을 꾀한 이세민
5. 남의 말을 빼앗은 도곡
6. 진짜 범인을 가려낸 진술고
7. 서하의 군대를 크게 물리친 조위
8. 주인에게 돌아간 보석함
9. 증권으로 떼돈을 번 네이선
10. 록펠러의 함정
11. 히틀러와 괴링의 중매
12. 북아프리카에서 패한 롬멜
13. 간첩을 밝혀낸 핀토
14. 스캔들을 만든 KGB

이 계책은 《삼국지, 제갈량전》에서 유래되었다. 천성이 심약한 유표는 아내의 말을 듣고는 작은 아들 유종을 편애하며 유기를 멀리했다. 이런 위기 상황에 놓인 유기는 몇 번이나 제갈량에게 도움을 청했지만 번번이 거절당하고 말았다. 어느 날 유기는 제갈량을 높은 다락방으로 유인한 후 몰래 사다리를 치우고는 제갈량에게 말했다. "이제는 하늘도 그리고 땅도 우리의 말을 듣지 못합니다. 선생께서 하시는 말씀은 오로지 제 귀에만 들어갈 것이니 이제 저에게 가르침을 주시지요." 어쩔 수 없게 된 제갈량은 유기에게 한 가지 계책을 알려주었다.

얼마 후 제갈량의 말대로 유기는 부친에게 강하의 태수 자리를 맡겠다고 하고는 집을 떠난 덕분에 화를 면할 수 있었다.

여기에서 알 수 있듯 이 계책의 원뜻은 상대방을 높은 곳으로 유인한 뒤 사다리를 치워버려 도망갈 곳이 없도록 만드는 것을 가리킨다. 군사적으로는 적을 아군의 함정으로 유인한 다음 퇴로를 차단하고 원군을 막음으로써 적을 섬멸하는 것을 말한다.

'상옥추제'는 적은 물론 나에게도 쓸 수 있는 계책이다. 《손자병법, 구지》에서는 '장군이 사졸들에게 임무를 줄 때는 높은 곳에 오르게 한 후 사다리를 치우는 것처럼 앞으로만 나가게 하고 후퇴하지 못하도록 해야 한다. 장군이 사졸들을 이끌고 제후들의 땅으로 깊숙이 들어갈 때는 마치 활시위를 떠난 화살처럼 오로지 앞으로만 나가게 하고 돌아오지 못하도록 해야 한다(師與之期, 如登高而去其梯. 師與之深入諸侯之地, 而發其機)'라는 말이 있다.

적을 유인해 '지붕 위로 오르게' 하는 것이 바로 이 계를 운용하는 데 있어 가장 핵심이라 할 수 있다. 일반적으로 속일 수 있는 대상은 네 종류로 나눌 수 있다. (1) 욕심이 많고 그 위해성을 모르는 자 (2) 우둔하고 그 실체를 모르는 자 (3) 조급하고 경거망동하는 자 (4) 교만하여 적을 우습게 아는 자.

'사다리를 치우기' 전에는 반드시 사다리를 '곧게' 놓아두어야 한다. 이에는 두 가지 방법이 있다.

(1) 이익을 보여준다. 상대방이 얻고자 하는 이익으로 적을 유혹한다. (2) 약한 모습을 보여준다. 강자에겐 약하고 약자에겐 강한 것이 사람의 본성이다. 만약 나의 세력이 약해 보인다면 적은 조금도 주저하지 않고 공격을 시작해 내가 미리 열어 둔 '주머니' 속으로 들어오게 된다.

'사다리를 치울 때'는 반드시 행동이 빨라야 하며 기교가 있어야 한다. 서로 다른 각도에서 보자면 '치우는' 방법은 세 가지로 나눌 수 있다. (1) 몰래

치우는 것과 떳떳하게 치우는 것 (2) 서둘러 치우는 것과 느긋하게 치우는 것

(3) 실제로 치우는 것과 치우는 척만 하는 것. 하지만 가장 중요한 것은 어떤

방법을 택하든지 반드시 자신이 처한 상황에 근거, 결정해야 한다는 것이다.

1 코가 잘린 미녀

위나라 왕으로부터 미녀를 하사받은 초나라 왕은 기쁘기 그지없었다. 그러나 초왕의 왕비 정씨는 질투심에 불타 미녀를 없앨 궁리를 하기 시작했다.

정씨는 미녀에게 부담스러울 만치 관심을 베풀면서 온갖 좋은 물건이며 옷들을 그녀에게 주었다. 아무것도 모르는 초왕은 왕비의 마음 씀씀이에 감동하여 이렇게 말했다. "부인이 남편의 또 다른 여인을 질투하는 것은 인지상정이거늘 왕비는 오히려 새로 온 미녀에게 이렇게 잘해 주니 이는 나에 대한 무한한 충성심이라 볼 수 있을 것이오!"

어느 날 정씨가 새로 온 미녀에게 말했다. "대왕께서는 너의 모든 것이 다 좋다고 하시지만 단지 너의 그 코가 마음에 들지 않는다고 하시더구나. 그러니 이후에 대왕을 뵙는 자리에서는 코를 가리도록 해라. 그러면 더욱 좋아하실게야." 미녀는 정씨의 말을 믿고 초왕을 만나는 자리에서는 항상 자신의 코를 가렸다.

이를 이상하다 여긴 초왕이 어느 날 왕비에게 물었다. "미녀가 나를 만날 때 항상 코를 가리는 연유를 아시오?" 그러자 정씨가 대답했다. "그것은 대왕의 몸에서 나는 악취 때문이라고 하더이다." 이를 들은 초왕은 화가 머리끝까지 올라 미녀의 코를 베어 버리도록 했다. 이때부터 미녀는 더 이상 왕의 사랑을 받을 수 없게 되었다.

　정씨는 새로 궁에 들어온 미녀를 견제하기 위해 우선 그녀에게 좋은 얼굴로 접근해 자신에 대한 경계심을 없애도록 한 다음 그녀를 '지붕' 위로 유혹했다. 아무것도 모르는 미녀는 정씨의 계책에 걸려들었고 정씨는 그 기회를 놓치지 않고 왕에게 미녀를 모함했던 것이다. 이렇게 갑자기 '사다리'가 사라진 후 미녀는 코가 잘린 채 쓸쓸히 사라져야만 했다.

 ## ② 태자를 폐위시킨 황후

　　　　　진나라 혜제惠帝 사마충은 즉위 후 사마휼을 태자로 봉했다. 사마휼은 사마충이 왕위에 오르기 전 궁중의 재인 사매와의 사이에서 낳은 아들이었다. 사마휼이 태자가 된 후 그의 어머니 역시 재인에서 숙애(빈비의 칭호)로 신분이 상승되었다.

　아들을 낳지 못한 데다 질투가 심한 황후 가남풍의 눈에 태자가 곱게 보일 리 만무했고, 그녀는 심복들의 도움을 받아 '상옥추제'의 계책을 써서 태자를 폐위시키기로 했다.

　어느 날, 황후는 몸이 불편하다는 핑계로 태자를 궁으로 불러들였다. 궁으로 들어온 태자는 황제를 알현하기도 전에 엉겁결에 측실로 끌려갔다. 잠시 후 한 궁녀가 술 3되와 함께 대추를 한 접시 가득 담아 들고 방으로 들어왔다. 그리고는 이 모두가 황제께서 하사하신 것이라 하며 태자에게 술과 대추를 모두 먹도록 했다. 그러자 태자가 말했다. "폐하의 하사품을 내 어찌 거절할 수 있겠느냐? 하지만 나는 평소에도 이렇게 많은 술을 다 마셔보지 못했다. 게다가 지금은 공복이라 더욱더 마실 수가 없구나!" 태자의 말을 듣고 있던 궁녀는 미리 황후가 시킨 대로 태자를 나무라기 시작했다. "정말로 불효라고밖에 할 수 없습니다! 황상께서 내린 술에 독이라도 탔을까 의심하는 것입니까?" 이쯤 되자 더 이상 사양할 수 없게 된 태자는 억지로 술 3되를 모두 마셨다.

태자가 술에 취해 몸을 가눌 수 없게 되자 또 다른 궁녀가 글 하나를 들고 와서는 태자에게 말했다. "황상께서 태자께 이 글을 그대로 옮겨 쓰라고 하셨습니다." 이미 거나하게 취한 태자는 아무렇게나 글을 옮겨 쓰고는 집으로 돌아가 그대로 뻗어 잠이 들어버렸다.

다음 날 아침, 혜제는 태자가 써 놓은 글을 보게 되었다. 종이에는 '황상은 마땅히 스스로 목숨을 끊어야 할 것이다. 그렇지 않으면 내가 입궁하여 직접 그 목숨을 거둘 것이다. 황후 역시 스스로 저세상으로 가야 할 것이다. 그렇지 않으면 내 친히 수장들을 이끌고 그 목숨을 끝내리라' 라고 쓰여 있었다. 이를 본 혜제는 얼굴빛이 변하며 신하들과 함께 태자를 어떻게 처리할까를 두고 의논하기 시작했다. 그러자 황후는 흥분을 감추지 못하며 격앙된 목소리로 말했다. "태자는 역모를 꾀하고 있음이 분명합니다. 마땅히 엄벌에 처해야 합니다." 하지만 마음씨 약한 황제는 차마 태자를 죽이지 못하고 그를 폐위시켜 버렸다. 얼마 후 태자는 금용성金墉城에 유폐되었고 그의 모친 사매는 죽임을 당하고 말았다.

사실 그 글은 태후가 사람을 시켜 미리 써 둔 것이었다. 그리고 술에 취한 태자가 다 옮겨 쓰지 못하자 태후는 다른 사람을 시켜 태자의 글씨를 모방하게 하여 글을 완성했던 것이다. 이렇게 아무것도 모르는 태자는 황후의 덫에 걸려들어 감금당하는 신세가 되어 버리고 말았다.

 ## ❸ 밀고자를 처벌한 어사

당나라 초년, 한 사람이 당 고조에게 기주의 차사 이정이 모반을 꾀하려 한다고 밀고했다. 고조는 기주에 어사를 파견해 이 사건을 조사하도록 했다.

이정이 모반을 할 리 없다고 생각한 어사는 한 가지 꾀를 내어 소문의 진위를 알아보기로 했다. 그는 밀고자를 불러 함께 기주로 가기를 청했다. 기주로 향하던 도중 어사는 난처한 표정을 짓고는 투서를 잃어버렸다고 말했다. 어사는 옆에 있던 전리典吏를 심하게 매질하고는 밀고자에게 다시 한 번 투서를 써 줄 것을 부탁했다. 새로운 투서가 완성되자 어사는 두 문서를 꼼꼼하게 비교해 보았고 둘 사이의 내용이 크게 차이가 남을 발견했다. 어사는 즉시 밀고자를 잡아 수도로 보내고는 당 고종에게 이 사실을 보고했다. 고종 역시 크게 놀라며 무고한 사람을 해하려 했던 밀고자를 당장 죽이라고 명령했다.

여기에서 어사가 사용한 것이 바로 '상옥추제'의 계이다. 그는 투서를 잃어버렸다고 거짓말을 한 후 밀고자에게 다시 이를 쓰게 했는데 이것이 바로 그가 심혈을 기울여 생각한 계책이었던 것이다. 이에 밀고자는 아무런 의심 없이 '지붕' 위로 올라갔고 어사가 사다리를 치운 후 그의 목 역시도 달아나 버리고 말았다.

 ## 4 아버지를 협박해 모반을 꾀한 이세민

수나라 말엽, 양제의 폭정으로 인해 백성들의 불만은 극에 달했고 곳곳에서 백성들의 봉기가 일어났다. 이렇게 어지러운 상황 속에서 이세민은 수나라가 이미 기울었음을 느끼고 당시 당나라 국공이었던 아버지 이연을 설득해 거병을 도모하려

했다. 하지만 이연은 이에 따르지 않았을 뿐 아니라 오히려 아들 세민을 붙잡아 엄히 다스리려 했다. 한참 동안 생각에 잠긴 이세민은 황제가 이연에 대해 가진 의심을 이용하고 '상옥추제'의 계책을 사용해 이연을 자신의 편으로 끌어들이기로 했다.

이세민에게는 배적이라는 심복이 있었는데 그는 황제의 행궁을 담당하는 관리였다. 어느 날, 배적은 일부러 궁을 떠나 있는 빈을 시켜 이연의 시중을 들도록 했다. 수나라의 법률에 따르면 이는 대역무도에 해당했다. 이 일로 인해 이연은 커다란 마음의 부담을 떠안게 되었다. 어느 날 배적은 연회에서 술 취한 척 가장하여 이연 부자가 모반을 꾀하고 있음을 넌지시 말했고 이로 인해 이연은 두려움에 떨게 되었다. 이세민은 그 기회를 놓치지 않고 이연을 달래듯 말했다. "일이 이렇게 된 이상 거병을 하지 않는다면 황제는 우리를 살려두지 않을 것입니다. 거병을 하면 목숨을 보전할 수 있을 뿐 아니라 천하를 손에 넣을 수 있지 않겠습니까?" 더 이상 갈 곳이 없음을 느낀 이연은 마침내 모반에 가담하겠노라고 답하고야 말았다.

여기에서 이세민은 '핍박'의 방법을 통해 아버지 이연이 '지붕'으로 올라가도록 만들었다. 이연은 후궁을 유린한 것이나 모반을 꾀한 것 모두 멸족지화를 당할 죄임을 잘 알고 있었다. 이렇게 지붕에서 내려갈 사다리가 치워지자 더 이상 도망갈 곳이 없게 된 이연은 어쩔 수 없이 수나라에 반기를 드는 거병에 참여할 수밖에 없게 되었다.

5 남의 말을 빼앗은 도곡

　　　　도곡과 권대인은 함께 한림원에서 일하고 있었다. 권대인에게는 구름과 안개를 헤치고 하루 안에 몇백 리를 갈 수 있는 귀한 말 한 필이 있었는데 이 말이 무척이나 탐이 났던 도곡은 말을 자신에게 줄 수 없겠느냐고 권대인에게 넌지시 말을 꺼냈다가 일언지하에 거절당하고 말았다. 무척이나 무안하고 기분이 나빠진 도곡은 기회가 되면 꼭 그 말을 자신의 것으로 만들어야겠다고 굳게 마음을 먹었다.

　얼마간의 시간이 지난 후 황제는 한림원에 밀지를 쓸 것을 명령했고 권대인이 그 밀지를 완성했다. 도곡이 권대인에게 넌지시 말했다. "방금 밀지에 쓴 글자체가 무척 마음에 듭니다. 제게도 하나 써 주시면 매일매일 꺼내보고 싶군요." 권대인은 조금도 의심하지 않고 원본과 똑같은 모사본을 도곡에게 써주었다. 밀지를 받아든 도곡은 금세 웃음을 거두고는 근엄한 목소리로 입을 열었다. "황제의 밀지는 국가의 기밀이라 할 수 있소. 밀지를 황제에게 바치기도 전에 감히 모사본을 만드는 것은 다른 마음이 있어서가 아니겠소? 만약 국가의 기밀이 새어 나가게 되면 그대의 목숨도 보전하기 힘들 것이오." 그제야 도곡의 꾀에 걸려들었음을 알게 된 권대인은 어쩔 수 없이 이 일이 새어 나가지 않도록 도곡에게 간청할 수밖에 없었다. 그러자 도곡이 말했다. "이 일을 비밀로 묻어두고 싶다면 그

귀한 말을 내게 주시오." 어쩔 도리가 없게 된 권대인은 눈물을 머금고 자신이 아끼던 말을 도곡에게 내주고 말았다.

한림으로써 '상옥추제'의 계책을 이용해 다른 남의 것을 빼앗은 도곡을 보면 그의 품덕이 얼마나 보잘것없으며 그의 신분에 얼마나 부합하지 않는가를 잘 알 수 있다.

 ## ❻ 진짜 범인을 가려낸 진술고

송나라 시절 진술고가 건주 포성현의 지현으로 가게 되었다. 당시 한 부호가 집에 도둑을 맞고는 범인으로 의심되는 자들을 잡아왔지만 누가 진짜 범인인지 알 길이 없었다.

진술고는 사람을 시켜 사당에서 종을 떼어오도록 한 다음 후원에 있는 누각에 놓아두었다. 그리고 혐의범들을 종이 있는 곳으로 불러들인 다음 큰 소리로 말했다. "이 종은 영험한 능력이 있어 범인을 식별할 수 있다. 범인이 아닌 자가 종을 만지면 아무 소리도 들리지 않지만 범인은 종을 건드리기만 해도 소리가 날 것이다." 말을 마친 진술고는 직접 수하들을 이끌고 진지한 표정으로 종에 제사를 올렸다. 모든 의식이 끝난 후 진술고는 장막으로 종의 주위를 감싸게 한 뒤 몰래 종 위에 먹칠을 해두었다. 얼마 후 혐의범들이 하나하나 장막 속으로 들어갔다 나왔다. 그리고 그들의 손바닥을 조사해 보니 단 한 사람을 제외한 모두의 손에 검게 먹물이 묻어 있었다. 진술고는 손바닥에 먹물을 묻히지 않은 자가 범인이라 단정했다. 제발이 저린 도둑이 행여 종소리가 날 것이 두려워 종을 만지지 않았다는 게 그의 생각이었기 때문이다. 그제야 진술고의 꾀에 걸려들었다는 것을 알게 된 도둑은 자신의 죄를 모두 자백했다.

진술고는 당시 사람들의 미신을 이용해 분위기를 한껏 조성해 놓은 다음 '도둑이 제 발 저리다'는 말을 근거로 하여 '상옥추제'의 계책을 썼고 마침내 진짜 범인을 가려낼 수 있었다.

 ## 7 서하의 군대를 크게 물리친 조위

북송 초년, 서하인은 걸핏하면 변강지역을 침범해 왔다. 어느 날 서하의 군대가 또다시 국경을 넘어오자 위주의 지주 조위가 병사들을 이끌고 나가 적을 크게 물리쳤다. 서하의 군대가 멀리 꽁무니를 빼는 것을 본 조위는 병사들을 시켜 적이 버리고 간 가축과 군수품을 천천히 주워 올 것을 명령했다. 한편 수십리 밖으로 달아난 서하군은 송의 군대가 전리품을 챙기느라 정신

이 없다는 보고를 듣고는 조위가 재물에 눈이 어두워 행동이 분명 느려졌을 것이며 대오도 흩어졌을 것이라 생각했다. 이 기회에 송의 군대를 습격하면 반드시 승리할 수 있으리라는 생각에 서하는 다시 조위를 공격하기 위해 오던 길을 돌아갔다.

서하의 군대가 다시 쳐들어오고 있다는 소식을 전해들은 조위는 병사들에게 계속해서 느리게 행군할 것을 명령했다. 그러자 그의 부하가 사뭇 걱정이 된다는 듯 말했다. "가축과 군수품을 모두 버리는 게 어떻겠습니까? 이렇게 무거운 것을 들고 가면 전투에 지장이 클 것입니다." 하지만 조위는 전혀 개의치 않는 표정을 짓고는 지형이 유리한 곳으로 가서는 병사들에게 휴식을 취하도록 했다.

얼마 후 서하의 군대가 가까워지자 조위는 적의 대오에 사람을 보내 말했다. "너희들은 먼 길을 달려왔으니 반드시 피로할 것이다. 우리는 위기를 이용해 승리를 얻고 싶지 않으니 일단 사람과 말을 먼저 쉬게 한 다음 싸우도록 하자." 이미 지칠 대로 지친 서하의 군대는 조위의 말을 듣고는 매우 기뻐하며 곧바로 휴식을 취했다. 얼마 후 양군은 싸움을 시작하였고 조위는 힘 하나도 들이지 않은 채 대승을 거둘 수 있었다.

조위의 부하는 이해가 되지 않는다는 듯 그 이유를 물었다. "내가 아군에게 가축을 끌어오게 하고 군수품을 줍도록 하여 대오를 흐트러트린 것은 모두 적을 꾀어오기 위한 것이었소. 그들은 거의 백 리가 넘는 길을 다시 달려 온 것이니 어찌 피곤하지 않겠소. 이런 때에 바로 전쟁을 개시하면 비록 적들이 지치기는 하였으나 사기는 여전히 드높아 결과를 장담하기가 어려웠을 것이오. 하지만 우리는 먼저 그들에게 휴식을 취하게 하였소. 이렇게 일단 쉬게 되면 다리는 부어오르고 정신도 해이해질 것이 뻔해 싸울 마음이 없어지는 것은 당연하지 않겠소? 결국 우리는 '상옥추제'의 계책을 이용해 적을 크게 물리칠 수 있었던 것이오."

 ## 8 주인에게 돌아간 보석함

인도의 한 도시에 락샨과 모디라라는 사이좋은 친구가 살고 있었다. 어느 해, 갠지스 강으로 성지 순례를 떠나기로 한 모디라는 집안에 도둑이 들까 걱정이 된 나머지 귀중품을 상자에 넣어 버드나무 아래에서 친구 락샨에게 건네주며 대신 보관해 줄 것을 부탁했다. 반년 후 성지순례를 마치고 돌아온 모디라는 친구에게 자신이 맡긴 것을 돌려달라고 했지만 락샨은 그런 물건을 받은 적이 없다며 딱 잡아뗐다. 어쩔 수 없이 모디라는 락샨을 끌고 판관을 찾아갔다.

현지에서 명판관으로 이름이 높았던 그는 락샨이 분명 거짓말을 하고 있다고 생각했다. 하지만 아무런 증거가 없는 상황에서 그에게 죄가 있다고 단정지을 수는 없었기에 그는 한 가지 꾀를 쓰기로 했다.

잠시 후 판관은 그럴듯한 표정으로 부하에게 명령을 내렸다. "너는 빨리 그 버드나무에게 가서 증인자격으로 법정에 서 달라고 말하고 오너라." 판관의 엉뚱한 명령을 들은 모두는 웃음을 참을 수가 없었다. 하지만 당사자의 얼굴은 너무도 진지했다. 잠시 후 판관은 짐짓 노한 목소리로 말했다. "버드나무에게 말을 전하러 간 이는 아직 오지 않았느냐, 에잇! 락샨, 여기서 나무까지 얼마나 걸리지? 관리가 그쪽에 도착했겠느냐?" 그러자 락샨이 엉겁결에 대답했다. "아직 도착하지 않았을 것입니다, 나리. 여기서 5리나 떨어져 있으니 벌써 도착할 리 없지요."

락샨이 이미 반쯤은 자신의 계책에 걸려들었다고 생각한 판관은 마노와 진주, 보석 등이 기재되어 있는, 모디라가 작성한 잃어버린 물건의 명단을 살펴보았다. 잠시 후 락샨을 바라보며 물었다. "모디라가 작성한 명단을 살펴보면 상자 안에는 마노와 진주, 보석 그리고 네 폭이 넘는 은으로 만든 장신구가 있었다고 하는데 그 말이 맞느냐?" 그러자 락샨이 손을 내저으며 말했다. "나리, 한 척도 안 되는 상자에 어떻게 네 폭짜리 장신구가 들어갈 수 있단 말입니까? 전부 거짓말입니다."

순간 모든 일이 자신의 뜻대로 되었다고 생각한 판관이 말했다. "방금 락샨이 한 말로 미루어 볼 때 그는 분명 보물을 받았던 나무가 어디 있는지 알고 있었고, 또 보물이 담겨 있던 상자의 크기와 그 안에 무엇이 들어있는지도 정확하게 알고 있었다. 이 모든 것은 네가 분명히 모디라로부터 상자를 건네받았음을 증명해 주는 것이다. 그러니 락샨은 상자를 당장 본래 주인에게 돌려주도록 하라. 그렇지 않으면 감옥에 가두어 버리겠다."

더 이상 발뺌을 할 수 없게 된 락샨은 모든 죄를 시인하고 판관에게 선처를 빌 수밖에 없었다.

# 9 증권으로 떼돈을 번 네이선

1815년에 일어난 워털루 전쟁은 대영제국과 나폴레옹 간의 목숨을 건 전쟁이라 할 수 있었다. 전쟁이 계속되고 있던 중 런던의 증권거래소에서는 이상한 긴장이 감돌고 있었다.

당시 런던의 금융가 네이선 로스차일드는 '투자의 귀재'로 이름이 높은 인물이었는데 그가 공채를 사거나 파는 것은 모든 이의 관심의 대상이 되기에 충분했다.

6월 19일의 전쟁에서 영국은 대승을 거두었고 이는 나폴레옹의 몰락을 의미하고 있었다. 하지만 그 다음 날 런던 증권거래소를 찾은 네이선은 자신의 공채를 마구 매각하기 시작했다. 상식적으로 생각해 볼 때 영국군이 전쟁에서 이긴다면 공채의 가격은 오를 것이 분명했기에 사는 것이 이치에 맞았다. 그런데 네이선은 왜 정반대의 행동을 했던 것일까?

사실 네이선은 전쟁의 상황을 누구보다 빨리 알아내기 위해 발빠른 정보원과 함께 속력이 빠른 범선도 준비해 두었다. 6월 19일 밤, 나폴레옹의 패배가 거의 확정되자 네이선의 정보원은 이 소식을 재빨리 그에게 전해 주었다. 당시 영국 정부조차도 승전 소식을 전해 듣지 못했는데 말이다. 이 소식을 들은 네이선은 나는 듯이 증권거래소로 뛰어갔다. 얼마 전 영국군이 카드라브라 전투에서 진여파로 인해 거래소의 공채 가격은 점점 떨어지고 있었다. 그런데 이런 상황에서 네이선이 공채를 사들인다면 사람들은 영국이 전쟁에서 이기게 되었다고 생각하고는 앞 다투어 공채를 사들일 게 뻔했다. 이것은 네이선이 바라던 상황은 절대 아니었다. 그래서 그는 거래소로 달려가 마치 영국군이 전쟁에서 졌다는 소식을 먼저 들은 것처럼 서둘러 공채를 팔아치웠던 것이다. 이를 본 사람들 역시 영국이 전쟁에서 졌다고 오해하고는 네이선을 따라 마구 공채를 팔아대기 시작했다.

그리고 공채의 가격이 바닥을 치자 네이선은 매각을 멈추고 대량으로 공채를 사들이기 시작했다. 얼마 후 영국군의 승전 소식이 전해지자 사람들은 그제야 자신들이 네이선의 농간에 걸려들었음을

알게 되었다. 네이선의 공채는 큰 폭으로 올랐고 그는 엄청난 돈을
벌어들일 수 있었다.

비즈니스 전쟁에서 정보는 바로 재산이라 할 수 있다. 네이선은
자신만의 정보를 바탕으로 '상옥추제'의 전략을 썼다. 그는 먼저 공
채를 매각하고 다시 사들이는 방법을 사용해 엄청난 돈을 벌 수 있
었던 것이다. 그의 일화는 분명 비즈니스 전쟁의 성공적인 예라 할
수 있다.

 ## 10 록펠러의 함정

　　　　　독일 출신의 메리트 형제는 미국으로 이
민을 온 후 메사비에 정착했다. 어느 날 우연히 그곳이 우수한 철광
산지라는 곳을 알게 된 형제는 돈을 모아 철강회사를 차리고는 메사
비의 철광석을 전문적으로 채굴했다.

메사비의 철광에 눈독을 들이고 있었던 록펠러는 한 발 늦은 까
닭에 그저 침이나 닦으며 기회를 기다릴 수밖에 없었다.

1873년, 미국에 경제 위기가 발생하자 유통자금이 부족해졌고
메리트 형제 역시 심각한 자금난으로 곤경에 처하게 되었다. 그러
던 어느 날 그 지역의 목사 로이드 씨가 메리트 형제를 찾아왔다.

형제는 예의를 갖추어 목사를 집안으로 들어오게 한 다음 정성스럽게 대접했다. 그리고 이야기를 나누던 도중 형제가 매우 곤란한 상황에 놓여 있다는 사실을 알게 된 목사는 온화한 목소리로 이렇게 말했다. "제 친구 중에 돈 많은 사업가가 하나 있는데 내가 부탁한다면 반드시 당신들에게 큰돈을 빌려 줄 겁니다." 형제는 연방 고맙다는 말을 되뇌며 목사의 친구로부터 콜론(call loan)으로 600만 달러를 빌린 뒤 차용증서를 썼다.

반년이 지난 어느 날 갑자기 로이드 목사가 형제를 찾아와서는 딱딱한 목소리로 말했다. "내가 말했던 친구는 바로 록펠러 씨였소. 그가 지금 당장 600만 달러를 갚으라고 하고 있소."

이미 빌린 돈을 광산개발에 투자한 형제에게 그렇게 큰돈이 있을 리 만무했다. 어쩔 수 없는 상황에 놓인 형제는 결국 법정에 불려가게 되었다. 법정에서 원고 측 변호사는 다음과 같이 말했다. "차용증서에는 분명 메리트 형제가 콜론으로 돈을 빌렸음이 명시되어 있었습니다. 콜론이 무엇입니까? 그것은 바로 대출을 해준 쪽이 언제든 대출금을 회수할 수 있다는 것입니다. 그러니까 이율이 일반적인 대출보다 낮은 것이지요. 법률의 규정에 따르면 대출을 한 쪽은 당장 돈을 갚거나 아니면 파산을 하거나 양자택일을 해야 합니다."

영어가 서툴렀던 형제가 어떻게 콜론이니 뭐니를 알 수 있었을까? 일이 이렇게 되자 형제는 파산신고를 하고 광산을 700만 달러에 록펠러에게 넘길 수밖에 없었다. 몇 년 후 철강산업의 경쟁이 치열해지자 록펠러는 2,700만 달러를 받고 광산을 모건에 넘겼다.

록펠러는 실로 간사한 영웅임에 틀림없었다. 그는 경제 위기가 닥쳤을 때 '미끼'를 던졌고 그 미끼 속에는 날카로운 낚싯바늘을 감추어 두었다. 그는 콜론을 이용하여 메리트 형제를 지붕으로 오르게 한 다음 사다리가 없는 상황에서 형제들의 광산을 집어삼킬 수 있었다.

 ## 11 히틀러와 괴링의 중매

1935년 스스로 독일의 '총통 및 총리'를 자처한 후 히틀러는 더욱더 독단적으로 바뀌어 갔으며 다른 어떤 이의 의견도 귀담아 들으려 하지 않았다.

당시 독일 국방부 장관과 군 총사령관직을 겸하고 있었던 블롬베르크는 경력과 자격이 풍부한 인물이었다. 그는 1936년 3월 히틀러가 라인란트 지방을 공격할 것을 명령하자 이를 반대하고 나섰다. 그리고 1937년 히틀러가 오스트리아, 체코슬로바키아 공격 계획을 선포하자 영국의 간섭을 초래하게 될 것이라며 또다시 이를 반대했다. 히틀러는 번번이 자신의 의견에 반기를 드는 블롬베르크에게 매우 화가 났지만 가까스로 화를 억누르고 대신 조용히 이 얄미운 국방부 장관을 없애기로 했다.

히틀러의 심복이자 독일 공군사령관이었던 괴링은 블롬베르크의 부하였다. 그는 겉으로는 블롬베르크에게 잘 보이기 위해 노력했지만 실제로는 히틀러를 도와 블롬베르크를 함정에 빠뜨릴 준비를 하고 있었다.

당시 59세였던 블롬베르크는 아직 결혼을 하지 않은 몸이었다. 블롬베르크가 출신이 천한 여인과 만나고 있다는 것을 알게 된 괴링은 적극적으로 두 사람의 결혼을 추진했다. 당시 독일 제3제국의 고위급 군관들은 배우자를 고르는 데에도 엄격한 기준이 있었는데 천한 출신의 여자들은 고위급 군관들의 배우자가 될 수 없었다. 하지만 괴링은 '구습은 타파되어야 하는 것'이며 블롬베르크와 같이 경력이 두터운 장군은 결혼문제에 있어서는 규정의 제한을 받지 않아도 된다며 온갖 감언이설로 그를 설득했다. 괴링의 끝없는 설득에 블롬베르크는 결국 결혼을 결정했다.

결혼식이 끝나고 얼마 후 괴링의 입을 통해 블롬베르크 부인의 출신 성분이 폭로되었다. 소문은 빠르게 퍼져나갔고 순식간에 눈덩이처럼 불어났다. 이때부터 블롬베르크에 대한 히틀러의 보이지 않는 압력이 시작되었다. 히틀러는 블롬베르크가 부하들의 귀감이 되기에 부족하다고 지적하며 이 일이 조용히 잘 처리되기를 바란다며 넌지시 말했다. 일이 이쯤 되자 블롬베르크로서도 더 이상 선택의 여지가 없이 장군직을 그만 두고 말았다. 이렇게 히틀러는 괴링과

손을 잡고 '상옥추제'의 계를 이용해 자신의 의견에 늘상 반박하고
나서는 눈엣가시를 간단하게 제거할 수 있었다.

 **12 북아프리카에서 패한 롬멜**

1942년 8월 초, 북아프리카의 독일군 사
령관 롬멜 장군은 영국에 대한 공격을 계획했다. 그는 주 공격 방향
을 엘 알라마인 전선의 남단으로 잡았다. 이 지역의 영국군 병력이
제일 약해 공격이 가장 손쉽고 효과적일 것이라는 생각 때문이었다.
8월 중순 롬멜은 병력의 배치를 시작하고 독일군 장갑주대를 비밀
리에 남쪽으로 이동시켰다.

라길지역은 모래층이 두텁고 바람이 심하게 불어 기갑부대에는
매우 불리했다. 그래서 영국 사령관 몽고메리 장군은 롬멜의 기갑
부대를 라길지역으로 유인해 섬멸하기로 결정했다. 적이 함정에 걸
려들도록 하기 위해 영국군은 거짓 정보를 흘리는 한편 지도를 특
별 제작해 일부러 이곳이 단단한 흙으로 이루어진 지역이라는 설명
을 붙여 놓았다. 그리고 영국군은 교묘한 수법을 이용해 이 지도가
롬멜 장군의 손에 들어가도록 했다. 지도를 얻게 된 롬멜은 사실 여
부를 알아보지도 않고 매우 기뻐했다.

9월 1일 새벽, 롬멜은 라길지역에 대한 공격을 개시했고 몽고메리는 진지를 단단히 지키며 적이 한 발자국씩 함정으로 걸어오기를 기다렸다. 얼마 후, 사막지역으로 들어온 롬멜의 탱크부대는 당황하며 어쩔 줄 몰라 했고 이를 틈타 영국군의 전투기가 이곳에 폭격을 시작했다. 모래 위에는 순식간에 독일군 탱크의 잔해가 나뒹굴게 되었고 어쩔 수 없게 된 롬멜은 9월 4일, 마침내 라길지역에서 후퇴하고 말았다. 이렇게 '사막의 여우'라 불리던 롬멜이 어이없이 패배하고 말았다.

'위험한 지형에서의 용병'은 병법의 금기 중 하나이다. 즉, 유리한 지형을 선택해 전쟁에 임해야만 승리를 얻을 수 있다는 말이다. 적을 유인해 불리한 지형으로 끌어들인 다음 포위해 공격하면 적은 반드시 패할 수밖에 없다.

 **13 간첩을 밝혀낸 핀토**

2차 세계대전이 막바지에 다다를 무렵, 연합군은 벨기에를 공격하던 도중 독일 스파이로 의심되는 한 남자를 잡아들였다. 얼마 후 네덜란드의 유명한 간첩 전문가 핀토 상교가 이 남자를 심문하게 되었다.

핀토는 우선 남자가 구사하는 언어를 통해 그가 간첩인지 아닌지를 판단하기로 했다. 이 지역의 벨기에인들은 모두 프랑스어를 쓰는데 만약 그가 실제 독일 간첩이라면 아무리 오랜 시간 숙련을 했다 하더라도 모국어인 독일어가 무의식중에 튀어나올 것이 분명했기 때문이다.

먼저 핀토는 남자에게 콩 한 접시를 세도록 했다. 현지 사람들은 '72'를 발음할 때 독특한 발음이 있었기 때문에 이 방법을 이용해 그가 현지 사람이 아닌지를 판단하기 위해서였다. 하지만 실망스럽게도 남자는 '72'를 셀 때 현지 주민들과 똑같은 발음을 정확하게 구사했다. 그의 첫 번째 테스트는 실패로 끝나버렸다.

곧이어 핀토의 두 번째 테스트가 시작되었다. 밤이 되어 남자가 잠자리에 든 것을 확인한 핀토는 사람을 시켜 문 밖에서 독일어로 '불이야!' 라고 외치도록 했다. 하지만 남자는 아무런 반응도 보이지 않았다. 잠시 후 이번에는 프랑스어로 똑같은 실험을 했고 남자는 황급히 잠자리에서 일어났다. 이렇게 두 번째 테스트도 실패로 끝나고 말았다.

세 번째 테스트는 취조과정에서 이루어졌다. 핀토는 남자에게 심문을 하고 난 후 옆에 있던 동료에게 독일어로 내일 이 남자를 처형할 것이라고 말했다. 하지만 남자는 아무런 반응도 보이지 않았다.

마침내 핀도는 마지막 테스트를 하기로 했다. 만약 이번마저 실패로 끝난다면 남자를 놓아줄 수밖에 없었다.

다음 날 새벽, 남자가 핀토의 사무실로 불려왔다. 핀토는 아무렇지도 않게 독일어로 말했다. "좋다! 이제 모든 게 명확해졌으니 너를 풀어 주겠다. 너는 이제 자유다!"

그러자 남자는 안도의 한숨을 쉬고 얼굴에 미소를 머금은 채 가벼운 발걸음으로 사무실을 걸어 나갔다. 그리고 자신의 실수를 깨달았을 때는 이미 늦어버린 후였다.

사람에게는 모두 감정이 있다. 독일 간첩은 자신이 석방된다는 말을 듣고는 자신도 모르게 기쁜 마음을 겉으로 드러낸 것이다. 핀토는 무려 네 번이나 '상옥추제'의 계책을 썼고 마지막에야 겨우 성공을 거둘 수 있었다.

 ## 14 스캔들을 만든 KGB

영국의 하원의원 앤서니 코튼은 소련에 대해 줄곧 강경한 입장을 취해 왔으며 소련의 확장정책을 반대했다. 1965년 7월, 하원에서 그는 소련 및 그 위성국가가 외교 특권에 힘입어 벌이고 있는 스파이 활동을 엄중히 조사해야 한다고 주장했다.

그의 발표가 있고 얼마 지나지 않아 한 의원이 코튼에게 중요한 일이 있다며 전화를 걸어왔다. 잠시 후 약속장소에 도착한 그에게 동료 의원이 종이 한 장을 내밀었다. 거기에는 코튼과 한 여인이 침실에서 은밀한 포즈를 취하고 있는 사진과 함께 저속한 제목이 쓰여 있었다.

코튼은 그제야 그 사진의 일이 떠올랐다. 1961년 그가 모스크바를 방문한 날 밤 소련 국제 여행사의 한 여자 가이드가 자신의 방을 찾아왔고 두 사람은 몇 시간을 함께 보냈다. 그리고 까맣게 잊고 지냈던 일이 KGB의 치밀한 계획이었다는 것을 그는 비로소 알게 되었다.

며칠 후 사진이 담긴 종이는 KGB에 의해 영국의 각 신문사와 영국 의회의 모든 당, 그리고 그의 아내와 친구들에게 보내졌다. 이로 인해 그의 명성은 심각하게 훼손되었다. 코튼은 이 일을 해명하기 위해 갖은 애를 썼지만 1966년의 선거에서 378표 차이로 떨어지고 말았다.

KGB는 '상옥추제'의 계책을 이용해 소련에 불리한 외국의 정치가를 성공적으로 제거할 수 있었다. 그들이 코튼을 지붕 위로 올려 사다리를 치우는 데는 무려 4년의 시간이 걸렸다.

제 11 기

수상개화(樹上開花)

썩은 나무 위에
꽃이 피게 한다

이 계책은 원래 꽃이 피지 않은 나무 위에 사람이 일부러 아름다운 색깔의 꽃을 달아놓음으로써 아름다운 가짜 꽃과 진짜 나무가 서로 두드러지게 보이도록 하여 전혀 새로운 국면을 만들어 내는 것을 가리킨다. 군사적으로는 다른 이의 힘을 빌려 자신의 세력을 크게 보이도록 하고 이로써 적을 제압하는 지략이라 할 수 있다.

●수상개화●
「11가지 처세 활용 지혜」

1. 황제를 사칭한 한량
2. 원숭이 병사
3. 거짓으로 쿤밍을 공격한 마오쩌둥
4. 샤를마뉴를 황제로 추대한 교황
5. 하루 만에 2,000만 달러를 벌어들인 굴드
6. 대통령에 당선된 태프트
7. 국왕이 후원한 앙드레의 북극탐험
8. 터크를 물리친 앨런
9. 든든한 조력자를 찾은 HSBC
10. 미국인을 취하게 한 브랜디
11. 영리한 출판업자

이 계책은 원래 꽃이 피지 않은 나무 위에 사람이 일부러 아름다운 색깔의 꽃을 달아놓음으로써 아름다운 가짜 꽃과 진짜 나무가 서로 두드러지게 보이도록 하여 전혀 새로운 국면을 만들어 내는 것을 가리킨다. 군사적으로는 다른 이의 힘을 빌려 자신의 세력을 크게 보이도록 하고 이로써 적을 제압하는 지략이라 할 수 있다.

이 계책 중에서 '나무'는 빌려 올 수 있는 것을 가리키는데 이는 다른 사람의 세력, 힘, 객관적인 정세일 수도 있다. 그러므로 나의 '꽃'이 떨어지지 않았다면 '나무'를 빌려올 수 있다. '나무'와 '꽃'은 서로 의존관계에 있으므로 먼저 '나무'를 잘 선택한 다음 세심하게 '꽃'을 달아야 한다. 이렇게 위장이 끝나면 강함으로 약함을 감추려는 목표를 이룰 수 있다.

이 계책은 다음과 같이 나눌 수 있다.

(1) 상대방의 국면을 빌려 나의 진용에 포진한다. 자신의 힘이 약해 독자적

으로 강한 세력을 형성할 수 없을 때 다른 사람의 힘을 빌려 나의 진용을 포진할 수 있다.

(2) 있는 척한다. 거짓 형상을 만들어내 적을 속여 자신의 약한 곳을 감춘다. (1)은 다른 사람의 역량을 빌리는 것이지만, 이것은 거짓 형상을 만들어 내기만 하면 된다.

(3) 객관적인 상황에서 승리를 찾는다. 객관적인 환경에만 의존하고 이미 갖추어진 조건을 충분히 이용한다. 정세에 따라 나에게 유리한 대로 행동하면 상황을 나에게 유리한 방향으로 발전시킬 수 있다.

마치 《손자병법》에서 말하는 '고로 싸움에 능한 장수는 형세에서 승리를 찾고 부하들에게 책임을 묻지 않는다. 그리고 유능한 인물을 선택하여 적재적소에 배치하여 전쟁에서 유리한 형세를 만들어 낸다(故善戰者, 求之于勢, 不責于人, 故能擇人而任勢)'라는 말처럼 말이다.

1 황제를 사칭한 한량

      평복을 하고 궁 밖을 나가기를 좋아하는 당나라 의종은 특히 사원 둘러보기를 좋아했다. 그래서 마을의 한량 하나가 이를 이용해 사기를 치기로 했다.

    어느 날, 현지 관리가 대안국사에 수천 필이 넘는 소주산 능라비단을 맡겨두었다는 소식을 들은 한량은 재빨리 머리를 굴려 이를 빼앗을 계획을 짜기 시작했다. 그는 황제와 생김새가 비슷한 사람을 하나 구해서는 평소 황제가 궁 밖으로 나올 때 즐겨 입는 복장을 갖추게 한 뒤 시종 몇 명을 딸려서는 잔뜩 거드름을 피우며 대안국사로 향했다. 마침 절 안에는 거지 둘이 있었는데 가짜 황제는 마음씨 좋게도 그들에게 얼마간의 돈을 주면서 그곳을 떠나도록 했다. 그러자 거지들이 삼삼오오 몰려와 그에게 구걸을 했고 곧 가짜 황제는 빈털터리가 되어 버렸다. 그는 곁에 섰던 스님을 향해 "혹시 절 안에 내게 빌려줄 물건이 있소?"라고 물었고 상대가 평복을 한 황제라는 것을 눈치 챈 스님은 황급히 무릎을 꿇으며 공손하게 말했다. "창고 안에 어떤 이가 맡겨둔 비단 1,000필이 있습니다. 분부만 내려 주십시오." 이윽고 화상이 창고문을 열어 비단을 모두 내어 주자 '황제'의 시종들이 재빠르게 그것을 날랐다. 그리고 절을 나서기 전 시종 하나가 스님에게 말했다. "내일 아침 조문朝門으로 나를 찾아오면 내 당신을 데리고 입궁할 것이오. 황제께서는 아마 후한 상을 내리실 것이오."

다음 날 조문으로 나간 스님은 아무도 자신을 데리러 오지 않자 그제야 사기꾼의 함정에 걸려들었다는 것을 알게 되었다.

황제로 가장해 갖은 위세를 부리며 사원의 비단을 빼낸 한량의 사기수법은 전형적인 '수상개화'에 속한다 할 수 있다. 여기에서 황제는 바로 사기꾼이 그 힘을 빌린 '나무'에 해당하며, 비단을 가져간 행위는 '꽃을 피운 것'으로 볼 수 있다.

 ## 2 원숭이 병사

남송 초년 때 안주 소수민족의 우두머리 복루가 반란을 일으키자 조정에서는 조휼을 초토사로 삼아 이들을 제압하도록 했다.

복루의 진영은 산속에 있어 사방이 모두 빽빽한 숲으로 둘러싸여 있었고 숲 바깥에는 목책과 함정이 가득했다.

지형을 자세히 관찰한 조휼은 산 뒤쪽 절벽을 통하면 곧바로 복루의 진영에 도달할 수 있다는 사실을 발견했다. 그곳의 지형이 워낙 험해 아무도 이곳을 통해 공격해 오지 않으리라는 생각에 복루는 그곳에 어떤 방비도 하지 않고 있었다. 그래서 조휼은 이 험지를 공격의 돌파구로 삼기로 했다.

잠시 후 조휼은 병사들에게 원숭이를 잡아오라고 명령했다. 그곳은 유난히 원숭이가 많아 그들을 잡아오는 것은 일도 아니었다. 이윽고 조휼은 잡아 온 원숭이의 등에 기름칠을 잔뜩 한 나뭇가지를 매달았다. 불붙은 나뭇가지를 등에 맨 '원숭이 부대'가 절벽을 오르자 조휼의 부대도 조용히 그 뒤를 따라 절벽을 탔다.

한편 조휼의 또 다른 부대는 적의 부대에 대한 정면 공격을 실시했다.

복로가 병력을 정비해 수비를 하려고 하는 찰나 갑자기 진영 뒤쪽에서 등에 불을 붙인 원숭이 수천 마리가 나타났고, 진영은 삽시간에 불바다로 변해버렸다. 복로는 병사들에게 서둘러 불을 끌 것을 명령했지만 이미 너무 놀라버린 병사들이 이리 뛰고 저리 뛰는 통에 진영은 더욱 어지러워질 뿐이었다. 이 기회를 놓치지 않고 조휼의 군대가 공격해 오자 잔뜩 겁에 질린 적은 불에 뛰어드는가 하면 절벽으로 뛰어내리는 수도 적지 않았다. 아수라장 속에서 복로 역시 목숨을 잃고 말았다.

'원숭이 부대'를 이용해 적의 진영에 불을 낸 조휼은 바로 '수상개화'의 계책 덕분에 쉽게 적을 섬멸할 수 있었다.

# ❸ 거짓으로 쿤밍을 공격한 마오쩌둥

홍군이 윈난성 경내로 진입하자 이 지역의 군벌 룽윈은 쿤밍성 방어사령부를 조직해 수비를 시작했다. 사실 마오쩌둥은 쿤밍을 점령하려는 생각이 없었다. 그는 거짓으로 이곳을 공격하는 척하여 적의 배치를 바꾸려 했던 것이었다.

마오쩌둥의 지휘 하에 홍일군단과 홍오군단은 먼저 쿤밍에서 고작 100리 정도 떨어진 양린을 점령했다. 양린에서 홍군은 마치 쿤밍을 공격할 것처럼 여론을 조작했고 곳곳에 '쿤밍 공격! 룽윈 생포!' 라는 문구 걸어두었다. 그리고 좀 더 확실하게 적을 속이기 위해 병사들에게 성을 오를 수 있는 사다리를 만들도록 했다.

쿤밍에서 30리 정도 떨어진 다반교에 도착한 마오쩌둥이 이끄는 홍군은 더욱더 목소리를 높여 '룽윈을 붙잡자!' 라고 외쳐댔다. 이를 보고 잔뜩 겁을 집어먹은 룽윈은 쏜두로 하여금 쿤밍을 수비하도록 하는 한편 뎬위에로는 물론 각 지역을 지키고 있던 병력을 모두 동원해 쿤밍을 사수하려 했다.

마오쩌둥의 계획은 생각대로 진행되었다. 적이 모든 병력을 쿤밍에 집중해 놓음으로써 홍군의 북진은 아무런 방해를 받지 않게 된 것이었다. 쿤밍 공격의 '연극' 이 클라이맥스에 달했을 무렵 홍군의 주력부대는 이미 북진을 시작해 진사강으로 향해가고 있었다.

4 샤를마뉴를 황제로 추대한 교황

799년 4월, 천주교 교황 레오 3세는 귀족들과의 싸움에서 지고 난 후 감옥에 갇히는 신세가 되어 버렸다. 교황이 하루하루 굴욕적인 대우를 받으며 위기 상황에 처해 있을 때 프랑크 국왕 샤를마뉴는 사람을 보내 교황 레오 3세를 구출해 냈다. 그리고는 직접 군사를 이끌고 교황의 지위를 회복시켜주는 한편 교황을 반대했던 귀족을 중형으로 다스렸다.

교황은 이런 샤를마뉴의 행동에 무척이나 감격하며 언젠가는 그 은혜를 갚으리라 다짐했다. 교황은 끊임없이 전쟁에 참여하며 큰 공을 세운 샤를마뉴에게 더 이상 국왕이라는 칭호는 어울리지 않는다 생각하고는 그에게 더 큰 권력을 주기로 했다. 하지만 프랑크왕국은 로마가 아닌 이민족이 세운 정권이었기에 이민족의 국왕이 황제가 되는 것은 당시로서는 불가능한 일이었다. 그러나 교황은 옛 관습을 깨고 불가능을 가능으로 만들기로 결심했다.

800년, 크리스마스 날 성 베드로 성당을 찾은 샤를마뉴가 미사를 드리고 있을 때 교황은 갑자기 미리 준비해 둔 황금 관을 그의 머리에 씌워 주었다. 그리고는 엄숙한 목소리로 말했다. "성부께서 샤를마뉴를 황제로 임명하시니 평화를 가져오는 이 위대한 로마인 황제는 천수를 누릴 것이다!" 그러자 자리에 있던 모든 사람은 저마다 환호하며 샤를마뉴를 '로마인 황제' 라 불렀다. 이렇게 국왕에서 대제가 된 샤를마뉴는 고대 로마 황제의 합법적인 계승자이며 기독교 세계의 수호자가 되었다.

이렇게 교황 레오 3세는 성부의 권위를 빌려 샤를마뉴를 황제의 자리에 올릴 수 있었고 서유럽에 교황과 황제의 공동통치라는 새로운 장을 열 수 있었다.

 **5 하루 만에 2,000만 달러를 벌어들인 굴드**

1871년, 미국의 대 자본가 굴드는 국고 외의 미국 시장의 모든 황금을 거의 전부 사들임으로써 황금 가격을 조정할 수 있게 되었다. 하지만 당시 국고에는 적지 않은 황금이 있었기 때문에 정부에서 황금을 푼다면 금값은 떨어질 것이 분명했다.

그는 미 정부가 황금을 내놓지 못하도록 하기 위해 머리를 굴리고 또 굴렸다.

당시 대통령의 여동생은 커핀이라는 한 군인과 결혼했는데 그는 그리 부유한 편이 아니었다. 그래서 굴드는 커핀을 찾아가 갖은 친절을 베풀며 주식을 사도록 설득했다. 커핀이 주식 살 돈이 없다고 말하자 굴드가 말했다. "걱정하지 마십시오. 상교께서는 직접 돈을 내실 필요가 없습니다. 저는 오래전부터 상교의 인덕과 재능을 흠모해 왔으며 친분을 맺고 싶었습니다. 그러니 제 성의라 생각하고 받아 주십시오.” 그리고 두 사람은 다음과 같은 협의서를 썼다. ‘커핀은 굴드로부터 200만 달러의 황금 주식을 사들였으며 황금의 가격이 오르면 매주 오른 만큼의 가격을 받아갈 수 있다. 단, 황금의 가격이 떨어지면 커핀은 상응하는 배상을 해야 한다.’

굴드의 당부가 없이도 커핀은 금 가격이 하락하는 것을 막기 위해서 부인을 시켜 대통령에게 황금을 풀지 않도록 권하게 했다.

얼마가 지난 후 시장에서 황금은 점점 줄어들었고 가격은 크게 오르기 시작했다. 9월 22일, 마침내 시장에서의 황금 공급이 중단되었고 이로 인해 전 미국 국민은 동요하기 시작했다. 여론의 압력을 이기지 못한 그랜트 대통령은 국고의 황금을 풀기로 했다. 하지만 커핀의 권유로 대통령은 이를 하루 연기했고 이 소식을 전해들은 굴드는 단 하루 만에 보유하고 있던 황금을 모두 팔아 자그마치 2,000만 달러를 챙길 수 있었다.

굴드는 결정적인 인물을 자신의 편으로 끌어들여 상황을 자신에게 유리한 방향으로 끌고 갈 수 있었다. 이것은 비즈니스 중 가장 전형적인 ‘수상개화’라 할 수 있다.

6 대통령에 당선된 태프트

　　　　루스벨트의 임기가 끝나갈 무렵, 태프트는 어딜 가나 루스벨트를 치켜세우기에 바빴다. 그는 누구든지 만나기만 하면 "나는 루스벨트 내각에게 가장 충실한 사람입니다. 나는 누구보다 대통령을 존경하며 그의 지혜와 지도력에 매번 감동한답니다. 사실 나는 대통령을 만나기 전부터 그와 같은 정치적 견해를 가지고 있었죠." 태프트는 심지어 루스벨트에게도 닭살 돋는 멘트를 잊지 않았다. "역사적으로 단지 두 대통령만이 각하와 비교가 될 것입니다. 바로 워싱턴과 링컨 대통령이 그들입니다. 각하의 공적은 두 대통령과 비교했을 때 전혀 손색이 없습니다."

　미국의 관례에 따르면 대통령이 임기가 끝날 때에는 1명의 대통령 후보를 추천할 수 있었다. 태프트의 아첨에 잔뜩 기가 산 루스벨트는 자연히 그를 대통령 후보로 추천했다.

　루스벨트의 전폭적인 지원을 등에 업은 태프트는 쉽게 민주당 후보 브라이언을 제치고 미국의 27대 대통령이 될 수 있었다.

　태프트는 대통령의 꿈을 이루기 위해 '아첨'의 방법을 써서 루스벨트를 미혹시킨 다음 자신에 대한 대통령의 신임도를 높였다. 만약 루스벨트의 도움이 없었다면 태프트는 아마 대통령의 자리에 오르기 힘들었을지도 모른다. 이 이야기를 보면 '수상개화'가 정치무대에서도 이용될 수 있음을 잘 알 수 있다.

7 국왕이 후원한 앙드레의 북극탐험

1895년, 스웨덴의 탐험가 앙드레는 스웨덴과학원에 기구를 타고 북극을 탐험할 것이라는 계획을 발표했다. 하지만 많은 사람들은 그의 계획에 관심조차 보이지 않았으며 언론 역시 무성의한 태도로 단 몇 줄만을 신문에 싣는 것이 고작이었다.

대중의 무관심 때문에 앙드레는 탐험 경비를 모으는 데 어려움을 겪게 되었다. 아무리 발품을 팔고 돌아다녀도 그를 도와주겠다는 기업이나 사업가는 없었다. 그로 그럴 것이 한 번도 성공해 본 적이 없는 무모한 일에 누가 거금을 투자하고 싶겠는가.

오랫동안 방법을 궁리하던 앙드레는 자신의 탐험 계획을 보고서로 작성한 다음 진보적인 사업가에게 주어 스웨덴 국왕에게 전달했다. 이 계획에 대단한 흥미를 보인 국왕은 앙드레를 불러 자세한 이야기를 나누었다. 마지막으로 앙드레는 국왕에게 상징적인 의미로 약간의 경비를 부탁했고 국왕 역시 흔쾌히 이를 승낙했다.

이때부터 상황은 180도 달라지기 시작했다. 언론계는 그의 탐험 계획을 연속해서 보도했고 수많은 유명 인사들과 부호들이 앞 다투어 그를 돕겠다고 나섰다. 그의 자금 조달 계획은 마침내 성공을 이룬 것이다.

다른 사람의 명예와 힘을 이용해 자신의 목적을 달성하는 것, 이것이 바로 '수상개화' 이다.

8 터크를 물리친 앨런

　　미국의 국회의원 존 앨런은 유머가 뛰어난 인물이었다. 그는 몇 마디 재치 있는 말 때문에 국회의원으로 당선될 수 있었다.

　당시 앨런의 경쟁상대는 남북전쟁 당시 북군의 장교 출신으로 이미 수차례나 국회의원을 위임한 적이 있는 그 이름도 유명한 터크였다.

　선거 유세에서 터크는 자신의 장점을 유감없이 발휘했다. "여러분도 아마 기억하고 계시겠지요. 17년 전 어느 날 밤 저는 병사들을 이끌고 한바탕 혈전을 치렀습니다. 만약 여러분이 그날의 전투를 기억하신다면 그리고 국가의 평화를 위해 제 한 몸 다 바친 한 장교를 기억하신다면 꼭 저에게 한 표를 던져주십시오!"

　그의 연설에 감동을 받은 유권자들은 저마다 "터크에게 한 표를!"이라고 외쳐대기 시작했다. 그리고 터크가 자신의 승리를 확신하고 있을 때 앨런이 무대에 올랐다. "신사숙녀 여러분 터크 장군은 전쟁에서 공로를 세웠습니다. 하지만 승리는 전사들의 피로 이루어진 것이었습니다. 당시 터크 장군 수하의 일개 병사였던 저는 그를 대신해 목숨을 내던져 싸웠습니다. 그가 막사에서 편히 잠자리에 들었을 때 저는 무기를 가지고 그를 보호했습니다. 그러니 여러분이 터크 장군을 동정하신다면 그에게 한 표를 던지시고 저를 동정하신다면 저에게 한 표를 던져 주십시오. 저는 절대 여러분을 실망시키지 않을 겁니다."

순식간의 경쟁자의 연설을 뒤집어 버린 앨런은 마침내 국회의원으로 당선될 수 있었다.

앨런의 작전은 바로 '수상개화'였고 그 '나무'는 바로 터크였다. 그는 경쟁자의 공을 빌려 자신의 공이 그의 것보다 더 크다는 것을 강조했다. 이것이 그가 승리할 수 있었던 가장 큰 이유였던 것이다.

 **⑨ 든든한 조력자를 찾은 HSBC**

1960년대 초 미국의 몇몇 기업은 '홍콩 금융계 점령'이라는 경영전략을 짜기 시작했다. 그들은 HSBC(홍콩 상하이은행)를 타깃으로 삼았다. HSBC는 실제로 홍콩 중앙은행의 역할을 하고 있었기 때문에 이곳을 손에 넣는 것은 홍콩 금융계의 패권을 거머쥐는 것이나 다름없었다.

미국 금융계의 한 전문가는 먼저 HSBC의 주식을 대량으로 사들이기 시작했다. 그러자 HSBC의 주식은 순식간에 그 값이 수배로 뛰어올라 황금알을 낳는 거위가 되어 버렸다. 이어서 그 미국인은 단시간 내에 사들인 주식을 전부 매각함과 동시에 HSBC의 경영 상태가 좋지 않다는 루머를 퍼뜨렸다. 그러자 정말 눈 깜짝 할 사이에 주식은 폭락해 버렸다. 만약 산더미처럼 쌓인 주식을 다시 사들이지 않는다면 HSBC는 파산할 수도 있는 상황에 봉착하게 된 것이다. 위험에 빠진 HSBC는 이곳저곳 문을 두드리며 대출을 부탁했고 심지어 폭력조직에게도 도움을 요청했다. 하지만 누구도 곧 망할 위험에 놓인 그들을 도와주려는 사람은 없었다.

이때 HSBC는 홍콩의 든든한 후원자인 중국 대륙을 떠올렸다. 미국의 금융가가 홍콩에서 장난을 쳤다는 소식을 들은 중국 인민은행은 즉시 HSBC를 도와주기로 했고 이 소식은 재빨리 홍콩 언론계를 통해 홍콩 전역으로 퍼져 나갔다.

미국과 홍콩의 금융전쟁은 인민은행의 개입으로 상황이 180도 변하기 시작했다. 주주들은 인민은행의 도움이 있다면 HSBC의 자금 신용은 아무 문제가 없을 것이라고 믿게 되었다. 그리고 얼마 후 HSBC의 주식 가격은 다시 오르기 시작했고 예금액도 대폭 증가했다.

HSBC를 삼키기 위해 홍콩으로 들어온 미국 자본가는 오히려 자기가 쳐 놓은 덫에 걸리게 된 꼴이 되고 말았다. 미국 측의 한 고위급 금융 관계자는 훗날 이런 말을 했다. "HSBC가 중국 인민은행에 도움을 요청한 것은 정말 너무한 일이었습니다. 우리는 하마터면 전멸할 뻔 했으니까요."

10 미국인을 취하게 한 브랜디

프랑스의 브랜디는 자국이나 유럽에서 인기가 좋았지만 어떻게 된 일인지 미국에서는 그 반응이 신통치가 않았다. 거대한 미국 시장을 점령하기 위해 브랜디 생산회사는 거액을 들여 미국인들의 음주 습관을 조사한 뒤 갖가지의 마케팅 전략을 짰다. 하지만 판촉방법이 너무나 단조로웠기에 결과는 여전히 실패로 돌아갔다.

그러던 어느 날 크린스라는 한 판촉 전문가가 브랜디 회사의 문을 두드렸다. 그는 미국의 아이젠하워 대통령의 67세 생일을 맞아 브랜디를 선물함으로써 미국 시장에서의 영향력을 키운다는 내용의 계획을 내놓았다. 바로 '수상개화'의 방법이었다.

브랜디 회사는 곧바로 그의 의견을 받아들였다. 먼저 회사 측은 미국의 국무장관에게 다음과 같은 내용을 담은 선물 리스트를 보냈다. '존경하는 국무장관님, 미국 대통령에 대한 프랑스 국민의 경의를 표하기 위해 아이젠하워 대통령 각하의 67번째 생신 날 67년 동안 숙성한 고급 브랜디 두 병을 보내고자 합니다. 부디 우리의 마음을 받아 주십시오.' 이윽고 그들은 이 소식을 프랑스와 미국의 언론 매체에 알리기 시작했고 얼마 후 이 이야기는 미국의 거의 모든 사람들이 알게 되었다.

드디어 대통령에게 브랜디를 증정하던 날, 백악관 앞은 사람들로 인산인해를 이루었다. 프랑스 궁정 시위대의 복장을 갖춘 잘 생긴 청년 4명이 선물을 들고 천천히 들어오자 사람들은 박수를 치며 환호성을 질러댔다. 미국 대통령의 생일이 바로 프랑스 브랜디의 환영 의식이 되어 버리는 순간이었다.

그날 이후 미국 전역에서는 브랜디를 사려는 사람들이 줄을 섰고 국가 연회는 물론 집집마다 브랜디를 쉽게 볼 수 있었다. 브랜디가 미국 시장에 성공적으로 진입한 후 회사의 수익은 대폭 상승했고 사장은 계속해서 행복한 비명을 질러댔다. 만세! 만세!

 ## 11 영리한 출판업자

미국의 한 출판업자는 대통령을 이용해 처치 곤란이던 책을 모두 팔았을 뿐 아니라 엄청난 돈을 벌 수 있었다.

어느 날, 창고에 가득 쌓여 있던 재고 책 때문에 골머리를 앓고 있던 이 출판사의 사장에게 좋은 생각이 하나 떠올랐다. 그는 친구를 통해 대통령에게 샘플 서적 한 권을 보냈다.

시간이 지나고 드디어 이 책을 보게 된 대통령은 그저 쭉 한 번 훑어보고는 무심코 "괜찮은 책이군"이라고 말했다. 그러자 출판사

사장은 대통령의 말 한마디를 이용해 광고를 만들었고 단 한 달 만에 그 많던 재고를 모두 처분할 수 있었다.

얼마 후 창고에는 또 다른 재고가 쌓이기 시작했다. 앞에서 이미 재미를 본 적이 있었던 사장은 또다시 책 한 권을 대통령에게 보냈다. 하지만 한 차례 당한 경험이 있던 대통령은 이번에는 책을 펼쳐 보지도 않고 "정말 형편없는 책이야!"라고 말했다. 그러자 출판사의 사장은 또다시 이를 이용해 책 광고를 시작했다. '대통령이 쓰레기라고 비평한 책!' 얼마 후 책은 남김없이 팔려 버렸다.

그리고 또 몇 달 후 출판사 사장은 다시 한 번 재고로 쌓인 책 한 권을 대통령에게 보냈다. 하지만 결코 호락호락하지 않았던 대통령은 이번에는 책에 대해 한 마디도 언급하지 않았다. 그러자 출판사에서는 이런 광고문구가 실려 나왔다. '대통령도 한 마디로 평가할 수 없었던 바로 그 책!' 책이 모두 팔려나갔음은 두말할 필요도 없었다.

제 12 기

반객위주(反客爲主)

먼저 주인의 옷을
입으면 내가 주인이 된다

'반객위주'의 원뜻은 주인이 손님을 접대하지 않고 오히려 손님이 주인을 접대하는 것을 가리켰다. 그러던 것이, 수동적인 위치에 있을 때 여러 가지 방법을 동원해 주도권을 빼앗고 수동을 능동으로 바꾸는 것을 뜻하는 말로 그 의미가 확대되었다.

'반객위주'의 원뜻은 주인이 손님을 접대하지 않고 오히려 손님이 주인을 접대하는 것을 가리켰다. 그러던 것이, 수동적인 위치에 있을 때 여러 가지 방법을 동원해 주도권을 빼앗고 수동을 능동으로 바꾸는 것을 뜻하는 말로 그 의미가 확대되었다. 군사적으로 주도권을 빼앗는 것은 용병 최고의 원칙이라 할 수 있다. 수동은 얻어맞는 것을 의미하며 손님의 위치에 있다는 것은 지배를 받음을 가리킨다. 그러니 수동적인 위치에서 벗어나 능동적인 위치에 앉을 때만이 비로소 상대방을 제어하고 안정적으로 승리할 수 있는 것이다.

옛 선인들은 '반객위주'의 계를 매우 중요하게 생각했다. 《십일가주손자十一家注孫子》에서는 '내가 먼저 군사를 일으키면 나는 객이 되고 상대방은 주가 된다. 객은 먹어도 배가 고프고, 주는 배가 부르고도 남는다. 만약 주인의 것을 빼앗아 축적하고 그 논과 밭을 빼앗으면 식량과 곡식이 적의 것이기에 나는 배가 부르고 상대방은 굶주리게 된다. 이것이 바로 손님이 주인이 되는 것이다(我先擧兵, 則我爲客, 彼爲主, 爲客則食不足, 爲主則飽有余. 若奪其蓄積,

掠其田野, 因糧于敵, 館谷于敵, 則我反飽, 彼反饑矣, 則是變客爲主也'라고 말하였다. '점지진야', 즉 순서에 맞게 일을 처리하는 것은 이 계책의 핵심이라 할 수 있다. 먼저 '손님'의 자리에 만족하면서 기회를 찾아야 한다. 그 다음이 바로 비집고 들어가는 것, 즉 자신의 힘을 점진적으로 밖으로 드러내는 것을 말한다. 이 모든 것이 끝나면 마지막으로 과감하게 행동에 돌입해 '손님'의 자리를 '주인'의 그것으로 바꾼다.

이 계의 숨은 뜻은 다음과 같다.

(1) 주객전도. 자신이 지배당하는 위치에 있을 때 상대방이 미리 방어하지 못한 틈을 타 한 발자국을 비집고 들어간다. 그리고 자신의 위치가 어느 정도 공고해졌을 때 적을 밀어내버림으로써 주인의 자리를 대신하는 것이다.

(2) 선제공격. 양 군이 대치하고 있을 때 먼저 공격하면 상대를 제어할 수 있지만 조금이라도 늦으면 제어당할 수밖에 없다. 그러니 먼저 행동을 취해 주도권을 쥐어야 한다. 비록 내 힘이 약하더라도 점차 약함을 강함으로 바꾸고 패배를 승리로 변화시키면 된다.

(3) 수비위주. 일반적으로 공격을 하는 자는 '객'에 해당하며 진영에서 그를 맞는 자는 '주'에 해당한다. 적의 대군이 국경을 넘어 먼 곳에서부터 오고 있다면 아군은 적극적으로 방어하면서 유리한 지형을 이용해 적을 막기만 해도 된다. 그러면 최종적인 승리는 반드시 나의 것이 된다.

1 하후연을 죽인 황충

　　삼국시대, 노장 황충은 조군의 장수 하후연을 치기 위해 길을 떠났다. 하후연이 자리잡고 있는 지역은 수비에 유리한 지형이었고 먼 길을 달려온 황충의 군대는 피로하기 그지없었다. 이런 이유로 황충은 몇 번의 싸움에서 번번이 하후연에게 지고 말았다.

　이때 모사 법정이 황충에게 진언했다. "하우연은 용맹한 장수이기는 하나 성격이 매우 급하고 지략도 모자랍니다. 그러니 전군의 전진 속도를 늦추고 수비를 강화하여 하우연이 먼저 우리를 치도록 하는 것이 어떻습니까? 그렇게 하면 우리는 유리한 시기를 찾을 수 있을 것이고, 또 유리한 지형을 선택해 그들을 물리칠 수 있습니다." 법정의 계책을 따르기로 한 황충은 군중의 모든 식량과 물건을 삼군 장수들에게 하사했다. 그러자 감동을 받은 장수들과 병졸들은 목숨을 다해 싸울 것을 다짐했다.

　한편 법정의 예상대로 애가 탈 대로 탄 하후연은 먼저 군사를 이끌고 나가 황충을 치려했다. 그때 대장 장합이 그를 말리고 나섰다. "이것은 분명 황충의 '반객위주'의 계책입니다. 만약 우리가 섣불리 공격에 나선다면 큰 화를 당할 것이 분명합니다." 하지만 장합의 간청에도 불구하고 하후연은 살기등등한 모습으로 황충에게로 갔다. 결과는 하후연의 대패였다. 황충의 매복에 걸려든 조군은 모두 섬멸당했고 하후연 역시 목숨을 잃었다.

전쟁이 시작될 때에 황충은 하후연을 공격했는데 그 관계에 따라 보면 황충은 '손님'에 속했고, 자신의 진영에서 적을 맞은 하후연은 '주인'임에 틀림없었다. 하지만 황충은 싸움을 멈추고 하후연을 유인해 자신을 공격하러 오도록 만듦으로써 주인의 자리를 꿰어 찰 수 있었다. 이렇게 손님과 주인의 자리가 바뀌자 황충은 주도권을 쥘 수 있었고 승리를 위한 확실한 주춧돌을 마련할 수 있었던 것이다.

 ## 2 왕륜과 싸운 임충

《수호전》의 인물 중 조개와 오용은 '생신 강生辰綱'을 털다가 석갈촌에서 관군에게 대패한 후 양산박으로 들어가게 되었다.

하지만 양산박의 우두머리 '백의수사白衣秀士' 왕륜은 질투가 많고 속이 좁은 인물이었다. 그는 영웅호걸들이 양산박으로 들어와 자신의 자리를 위협하게 되는 것을 원치 않았기에 조개와 오용을 받아들이려 하지 않았다. 그러자 양산박 내의 영웅 임충은 내심 왕륜에게 불만을 품게 되었다. 이를 눈치 챈 오용은 임충을 이용해 왕륜에게 분풀이를 하기로 했다.

다음 날, 오용은 임충과 마지막 인사를 나누었다. "우리를 받아 줄 수가 없다면 다른 곳으로 갈 수밖에 없지요." 그리고는 그는 새로운 '형제' 때문에 더 이상 왕륜과 얼굴을 붉히지 말 것을 부탁했다. 하지만 강직한 성품의 사내대장부 임충은 오용의 말에 더욱 자극을 받고 불같이 성을 냈다.

그날, 왕륜은 먹을 것과 잘 곳이 모자라 더 이상 사람들을 들일 수 없다는 이유로 조개와 오용에게 당장 양산박을 떠날 것을 명령했다. 그러자 임충은 더 이상 참지 못하고 왕륜에게 직언을 퍼부었다. 곁에서 보고 있던 오용은 임충을 말리면서 사람을 시켜 산채의 다른 두령들을 감시하도록 했다. 얼마 후 화가 머리끝까지 오른 임충은 단칼에 왕륜을 베어버렸고 즉시 조개를 산채의 우두머리로 세웠다. 조개는 손님된 입장으로 주인의 자리를 넘볼 수 없다며 극구 사양했지만 여러 두령들의 권유에 마침내 산채에서 가장 높은 자리에 앉게 되었다.

오용은 지략을 이용해 임충의 손으로 왕륜을 죽이고 조개의 위치를 손님에서 산채의 주인으로 바꾸어 주었다. 이는 바로 전형적인 '반객위주'의 계라 할 수 있다.

❸ 선제공격으로 황제의 자리를 도모한 주신호

영왕 주신호의 반란 움직임이 드러나자 명나라 무종은 즉시 사람을 시켜 수도 안의 영왕의 잔당을 조사하도록 하는 한편 남창으로 대신을 파견해 영왕의 속지를 모두 거두어들이도록 했다. 이 소식은 영왕이 수도에 심어둔 첩자에 의해 즉시 남창으로 전해졌다.

자신의 생일잔치를 한껏 즐기고 있던 주신호는 이 소식을 듣자 황급히 모사 유양정 등을 불러들여 이를 의논하기 시작했다. 유양정은 일이 이왕 이렇게 되었으니 차라리 생일을 기회로 강서의 관원을 일망타진하고 거병하여 황권을 찬탈할 것을 주장했다.

다음 날, 많은 관리들이 생일을 축하하기 위해 영왕부로 찾아왔다. 그런데 하례가 끝나기 무섭게 무장을 한 병사들이 달려 나왔고 깜짝 놀란 관리들이 어쩔 줄 몰라 하고 있는 사이 영왕 주신호는 태후의 밀서를 받들어 거병을 준비할 것을 선포했다. 일이 이렇게 되자 관리들은 서로 얼굴만 쳐다볼 뿐 아무런 말을 할 수 없었다. 이때 유일하게 반박을 했던 손수와 허규는 그 자리에서 목이 달아나고 말았다.

잠시 후 주신호는 유양정을 우승상으로, 이사실을 좌승상으로 삼고 격문을 작성한 다음 이를 사방에 선포했다. 영왕의 군대는 강을 따라 구강, 남강을 공격했고 눈 깜짝 할 사이에 수많은 성을 차지할 수 있었다. 이 소식을 들은 명 조정은 잔뜩 겁을 먹고는 서둘러 관군을 보내 반란을 평정하도록 했다.

영왕 주신호는 자신의 음모가 드러나자 재빨리 선제공격의 방법을 이용해 강서의 관리들을 일망타진하고 그 기회를 틈타 거병을 도모했다. 이렇게 갑작스러운 공격을 당해 허둥거리게 된 명 왕조는 수동적인 입장에 놓일 수밖에 없었다.

 ## ４ 말 한 마디로 위기에서 벗어나게 한 소송대리인

절강성의 한 지현은 사제지간인 이 성의 순무(명·청나라 지방 장관)와는 사이가 매우 각별했지만 이 지역을 지키는 장군과는 사이가 별로 좋지 않았다. 장군은 일개 지현이 자신의 말을 듣지 않은 것을 내심 기분 나쁘게 여기고는 호시탐탐 그를 없애기 위한 기회를 엿보았다.

그해 설날, 절강성의 문무관원들이 성에 보여 황제가 있는 황궁을 향해 하례를 드리게 되었다. 장군은 이 기회를 놓치지 않고 하례 의식에서 지현이 예의를 갖추지 않았다는 내용의 상소문을 몰래 황제에게 올렸다.

얼마 후 청의 황제는 순무에게 명령을 내려 지현이 하례의식에서 불경한 행동을 한 죄를 묻도록 하고 부하의 잘못을 엄히 다스리지 않은 순무를 질책했다. 순무는 이것이 모두 장군의 농간임을 잘 알고 있었지만 황제의 명령이라 어쩔 도리가 없었다.

이때 꾀 많은 소송대리인이 순무에게 사람을 보내 자신에게 좋은 계책이 하나 있음을 알려왔다. 그는 이 방법을 쓰면 순무와 지현의 목숨을 보전할 수 있을 뿐 아니라 장군을 그 자리에서 물러나게 할 수도 있다고 말하며 은화 3,000냥을 요구했다. 반신반의하던 순무는 만일의 사태에 대비해 일이 끝나고 나면 약속한 돈을 주겠다고 했다. 순무의 약속을 받은 대리인은 빙긋 웃으며 입을 열었다 "순무 대인, 대인께서는 그저 황상께 올릴 보고서에 '하례를 드릴 때 가장 앞줄에 있어 고개를 들어 살필 수가 없었다' 라고만 쓰시면 됩니다. 이렇게 하면 대인은 죄를 면하게 될 뿐 아니라 오히려 장군이 큰 벌을 받게 되겠지요."

순무는 그제야 무릎을 치고 감탄하며 대리인의 말대로 황제에게 보고서를 올렸다.

사실 원단에 하례의식을 행할 때 가장 관직이 높은 순무와 장군은 가장 앞줄에 서며 그보다 관직이 낮은 지현은 뒷줄에 서도록 되어 있었다. 하례를 올릴 때 각 관원들은 고개를 들어서는 안 되며 뒤를 돌아봐서는 더욱더 안 되게 되어 있었다. 그러므로 만약 지현이 예의에 맞지 않은 행동을 했다 해도 순무와 장군은 이를 볼 수 없는 것이 당연했다. 그리고 순무가 그 행동을 보지 못했다는 것은 그의 잘못이 아니라 오히려 그가 예를 다해 의식에 참여했음을 설명 것이었다. 그러나 자신보다 뒷줄에 있던 지현의 행동을 모두 본 장군은 오히려 예의에 어긋나는 행동을 한 셈이 된 것이다. 일은 과연 대리인의 예상대로 흘러갔다. 얼마 후 황제는 또다시 명령을 내려 장군의 관직을 빼앗았고 순무와 지현은 목숨을 보전할 수 있었다.

소송대리인은 다른 사람이 규정해 놓은 범위에서 벗어나 장군이 앞자리에 있어 뒤를 돌아볼 수 없다는 점에 착안해 수동적이던 입장을 주동적으로 바꾸었다. 이렇게 함으로써 순무와 지현을 이 싸움에서 이기도록 해주었던 것이다.

5 함정을 역 이용한 사내

옛날, 한 가난한 사람이 진주를 캐기 위해 페르시아만으로 왔다. 온갖 고생을 한 그는 위험을 무릅쓰고 바다에 뛰어들어 꽤 많은 양의 진주를 캐냈다. 사내는 진주를 모두 황금으로 바꾸어 봇짐 속에 넣고는 길을 떠났다. 도중에 한 여관에 묵게 된 사내는 설레는 마음에 그만 금화를 꺼내어 세어 보았다. 하지만 사내는 자신의 행동을 여관 주인이 몰래 훔쳐보고 있다는 사실을 결코 알지 못했다. 아이가 여럿 딸린 과부였던 여관주인은 금화를 보자 슬슬 욕심이 생기기 시작했다.

다음 날 사내가 길을 떠나려 하자 갑자기 여관 주인이 그의 바짓가랑이를 붙잡으며 늘어지는 게 아닌가? "여보, 안 돼요. 집안에 있던 돈을 다 가져 가시면 저와 아이들은 어떻게 살란 말입니까?"

당황한 사내는 화를 내며 여인을 뿌리치려 했지만 그녀는 바짓가랑이를 꼭 붙들고 놓아주지 않았다. 마침 길을 가던 사람들은 두 사람의 이야기가 서로 다른 것을 보고 어쩔 수 없이 둘을 법정으로 데리고 갔다.

판관 앞에 서게 된 여인은 눈 하나 깜빡하지 않고 남편이 자신과 아이들을 버려둔 채 가산을 모두 가지고 집을 나가려 한다고 말했다. 그러자 사내는 억울하다는 표정으로 여인이 거짓말을 하고 있다며 아이들을 증인으로 세워줄 것을 요청했다. 하지만 사내를 본 아이들은 '아버지'라고 부르며 울고불고 난리 법석을 떠는 것이 아닌가? 결국 판관은 사내가 여인의 남편이라는 것을 인정하고 엄숙한 목소리로 말했다. "네가 집을 나가지 않는다면 아내와 아이들과 함께 편히 살 수 있을 것이다. 그러나 굳이 떠나야겠다면 돈을 가져갈 수는 없다!"

몇 년간 갖은 고생을 하고 모든 돈을 고스란히 잃게 된 사내는 눈앞이 캄캄해지는 것 같았다.

이러지도 저러지도 못하고 저잣거리를 배회하던 사내는 어느 날 길에서 한 노인을 만나게 되었다. 사내의 딱한 사정을 들은 노인은 한 가지 방법을 이야기해 주었다. "지금 판관을 찾아가 집을 떠나겠다고 말하게. 그리고 아이 둘을 데려가려고 하는데 아내가 허락하지 않는다며 판결을 부탁하게나."

잠시 후 판관을 찾아간 사내는 노인이 시킨 대로 아이를 데려가겠다며 판결을 요구했고 판관은 사내에게 이를 허락했다. 여인은 무척이나 당황했지만 사내가 아이들의 아버지가 아니라고 말할 수도 없는 상황이었다.

법정에서 나온 여인은 돈을 돌려 줄 테니 아이들을 데려가지 말아달라고 사내에게 애원했다. 바로 사내가 바라던 대로였다.

노인의 이야기를 들은 사내는 오히려 여인의 꾀를 역 이용해 수동적이던 자신의 입장을 주동적으로 바꾸어 놓았다. 즉, '남편'이라는 신분으로 욕심 많은 과부에게 보기 좋게 한 방 날린 것이다.

 **6 네덜란드를 자극한 영국**

17세기 중엽, 해상 패권을 거머쥐기 위한 막바지 노력에 한창이었던 영국은 또다시 네덜란드라는 새로운 적

수를 맞게 되었다. 당시 자본주의 발전의 황금기에 있었던 네덜란드는 2만 척의 상선을 가지고 있어 새로운 해상강국으로 떠올랐다. 대영제국은 네덜란드가 해상무역으로 국고를 불리는 것과 영국의 해상패권에 도전하는 것을 용납할 수 없었다. 자신들의 지위를 더욱 공고히 하고 네덜란드의 이익을 빼앗아 오기 위해 영국은 네덜란드와의 일대 결전을 준비했다. 하지만 네덜란드인의 해상운송과 무역은 모두 합법적인 것이라 영국의 이익을 침해하는 행위는 거의 없었기 때문에 영국으로서는 전쟁을 일으킬 구실이 없었다.

궁리 끝에 영국은 마침내 네덜란드인들을 자극할 수 있는 계획을 마련했다. 1651년 10월 9일, 영국은 제멋대로 '항해조례'를 발표했다. 영국으로 수입되는 상품은 반드시 영국 선박이나 산지국 선박으로 운송할 것, 수출상품은 반드시 영국 선박으로만 운송할 것이 그 주된 내용이었다. 해상에서의 네덜란드인의 경영권을 박탈하려는 이 조약이 발표되자 네덜란드는 분노로 들끓었다. 양국은 한 치의 양보도 하지 않으려 들었고 전쟁은 눈앞으로 다가왔다. 영국이 원하던 상황이 온 것이었다. 영국은 오랫동안 전쟁에서 경험을 쌓아왔기 때문에 충분한 준비를 해 상태였지만 네덜란드는 그렇지 않았다. 이런 이유로 영국과 네덜란드의 제1차 전쟁은 네덜란드의 패배로 끝이 났고 네덜란드인은 어쩔 수 없이 '항해조례'를 인정할 수밖에 없었다. 이때부터 네덜란드는 해상무역의 지배적인 위치를 잃었고 영국은 해상패권을 더욱 공고히 할 수 있었다.

7 담뱃불을 빌린 비스마르크

　　　　　　　1851년 5월 11일, 프랑크푸르트 연방회의
에 새로운 대표가 나타났다. 그는 겨우 36살인 비스마르크였다. 각
연방 대표들로 구성된 프랑크푸르트 연방회의는 겉으로는 평화스러
워 보였지만 주도권을 잡기 위한 각 대표들의 알력다툼이 끊이지 않
고 있었다.

　당시 각 연방국 중 오스트리아의 세력이 가장 강했으며 비스마르
크가 대표로 있는 프로이센의 세력은 상대적으로 약했다. 연방회의
중 오스트리아인의 오만한 태도가 마음에 들지 않았던 비스마르크
는 그들의 코를 납작하게 해주기로 마음먹었다.

　회의에는 한 가지 불문율이 있었는데 그것은 바로 의장을 맡은
오스트리아인만이 담배를 피울 권리가 있다는 것이었다. 이런 관례
가 마음에 들지 않았던 비스마르크는 회의에서 의장이 담배를 꺼내
자 자신도 서둘러 담배 한 개비를 꺼내 들었다. 그리고는 의장에게
서 불을 빌려서는 아무렇지 않게 담배를 물었다. 이로써 프로이센
이 오스트리아와 동등하다는 것을 보여준 것이다. 물론 양국의 국
력은 상당한 차이가 있었기에 진정한 평등을 이루기는 어려웠다.
하지만 비스마르크의 이런 행동으로 인해 의장은 물론 각 대표들
역시 프로이센을 다시 보게 되었다.

　외교상의 예절은 단지 형식적인 것뿐만이 아니라 그 뒤에 매우

심오한 뜻이 숨어 있는 경우가 많다. 외교활동을 펼칠 때 이런 예절의 작용을 경시해서는 안 되며 작은 것일지라도 포착해 주동적인 위치를 얻도록 해야 한다.

 8 대통령을 취재한 여기자의 비결

미국의 6대 대통령 애덤스는 아침운동을 매우 좋아했다. 그는 새벽이면 잠자리에서 일어나 승마나 산책을 하기도 했고 어떤 날은 포트맥강에서 나체로 수영을 즐기기도 했다.

애니 로열이라는 한 여기자는 은행문제에 대한 대통령의 의견을 알고 싶었지만 몇 번의 취재 요청을 모두 거절당하고 말았다.

어느 날, 애니는 아침운동을 나서는 대통령을 미행해 강변까지 가게 되었다. 우선 나무 뒤에 몸을 숨긴 애니는 대통령이 물속으로 들어가자 그가 벗어놓은 옷을 걷어 와서는 소리쳤다. "각하, 이리로 좀 오시죠."

당황한 기색이 역력한 대통령은 애니에게 원하는 것이 무엇이냐고 물었다. "저는 기자입니다. 몇 달 전부터 각하를 취재하고 싶었는데 백악관에서 계속해서 거절하더군요. 그래서 각하를 미행해 여기까지 오게 된 것입니다. 자, 제 취재 요청을 받아주시겠어요? 아니면 평생 물속에 계시겠어요?"

그러자 애니를 따돌려야겠다는 생각에 대통령이 다급하게 말했다. "우선 내가 그쪽으로 가서 옷을 입도록 해 주시오. 그러면 반드시 취재를 허락하겠소." 하지만 애니는 고개를 가로저었다. "안 돼요. 그냥 물속에서 제 질문에 대답해 주시죠. 만약 각하께서 물 밖으로 나오신다면 소리를 지를 거예요. 저기 어부들이 보이시죠?" 그러자 어쩔 수 없게 된 대통령은 얌전히 물속에서 애니의 질문에 대답을 해줄 수밖에 없었다.

이렇게 영리한 애니는 대통령의 생활 패턴을 정확하게 꿰뚫고 기회를 기다렸다가 주도권을 쥐었고 자신의 목적을 달성할 수 있었다.

9 마크 트웨인의 연극

1890년 미국의 작가 마크 트웨인이 한 귀족부인의 초청을 받아 파티에 참석하게 되었는데 워낙 여러 사람이 모이다 보니 파티는 소란하기 그지없었다. 마크 트웨인은 음식을 먹으며 시끄럽게 떠드는 사람들이 고상하지 못하다고 생각하고 이것이 파티 분위기에도 좋지 않은 영향을 준다고 생각했다. 하지만 자신이 직접 나서서 질책을 하면 사람들이 기분 나빠할 것이 분명했고 심지어 화가 나 파티장을 떠나려고 하는 사람도 있을지 몰랐다.

이때 불현듯 좋은 생각이 떠오른 마크 트웨인이 옆 자리에 앉은 한 부인에게 나지막이 말했다. "파티를 조용하게 만들고 싶은데 좀 도와주시겠습니까?" 부인의 승낙을 얻은 마크가 계속해서 말했다. "고개를 제 쪽으로 향하도록 하고 무언가 중요한 이야기를 하는 것처럼 제 귀에다 대고 속삭여 주세요. 이렇게 하면 사람들은 우리 이야기가 궁금한 나머지 저절로 조용해지겠지요?"

그러자 부인은 감탄을 하며 말했다. "정말 좋은 생각이군요!"

부인은 곧 트웨인이 시킨 대로 그의 귀에 무언가 중요한 말을 속삭이는 것처럼 보이도록 했고 트웨인 역시 목소리를 낮추어 무언가를 말했다. 두 사람이 비밀스러운 이야기를 나누는 것을 본 주위 사람들은 그들의 이야기를 듣기 위해 저마다 목소리를 낮추기 시작했고 파티장은 점점 조용해졌다. 잠시 후 마크 트웨인이 자리에서 일어나며 말했다. "신사숙녀 여러분, 방금 이 부인과 제가 연극을 하나 했습니다. 소란스러운 분위기를 가라앉히기 위해서였지요. 파티에서 말을 하지 말라는 것은 아닙니다만 조금 더 품격을 지켜 큰 소리로 떠들지 않으면 좋지 않을까요? 여러분도 제 의견에 동의하시리라 생각합니다."

마크 트웨인의 말에 일리가 있다고 생각한 사람들은 저마다 목소리를 줄이는 데 신경을 썼고 파티는 조용하고 유쾌한 분위기 속에서 진행되었다.

마크 트웨인은 지혜와 재치로 연극을 꾸민 덕에 사람들의 주의를 끌 수 있었고 시끄럽고 고상하지 못한 사람들을 효과적으로 조용히 시킬 수 있었다.

 **10 몸값을 올린 축구선수**

이탈리아 밀란 클럽의 한 유명한 프로 축구선수는 더 높은 연봉을 받고 싶어졌다. 그래서 그는 구단주에게 몇 차례나 이를 요구했지만 번번이 거절당하고 말았다. 선수는 자신이 구단주와의 싸움에서 이길 수 없다는 것을 잘 알고 있었다. 왜냐하면 구단주와 계약을 맺을 때 다른 구단으로 함부로 이적할 수 없다는 '보류조항'에 합의를 했기 때문이었다.

그렇다면 어떻게 구단주로부터 긍정적인 답을 얻어 낼 수 있을까? 오랜 생각을 거친 후 선수는 '보류조항'에서는 자신이 다른 구단으로 이적할 수 없다고 규정했을 뿐 자신이 스포츠계를 완전히 떠나지 못하게 하는 것은 아니라는 점을 생각해 냈다. 이 축구선수는 외모도 잘 생긴 데다 인기도 꽤 높은 편이었기에 많은 사람들은 그를 스크린이나 브라운관에서 보고 싶어 했다. 그래서 그는 한 영화제작사와 협상을 거쳐 5년간의 계약을 맺었고 이 소식은 금세 언론계로 퍼져 나갔다. 신문과 텔레비전은 연일 이 소식을 톱 기사거리로 삼았다.

이렇게 되자 클럽의 구단주는 엄청난 압력에 시달리게 되었다. 만약 이 선수가 연예계로 진출해 버리면 팀의 전력에 큰 손실이 올 것이 분명하기에 축구팬들이 이를 거세게 항의하고 나섰기 때문이었다. 그래서 구단주는 자신의 사업을 지키기 위해 눈물을 머금고 선수의 연봉을 올려줄 수밖에 없었다.

축구선수는 구단주에 대한 외부의 압력을 이용해 수동적이던 입장을 주동적으로 바꾸었고 결국 자신의 목적을 이룰 수 있었다.

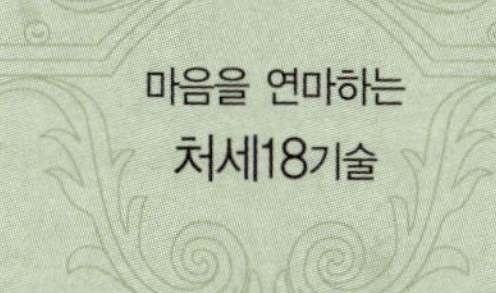

제 13 기

미인계(美人計)

감정의 올가미로
상대방을 묶어 놓는다

《한비자韓非子, 내저설內儲說》 하편에서는 '진헌공이 우나라와 괵나라를 치려 할 때 우선 아름다운 여인을 바쳐 그 정치를 어지럽게 했다'는 말이 나온다. 미인계는 미색으로 적을 현혹하여 적으로 하여금 안일한 삶에 빠지도록 하여 의지를 약화시키고 이를 이용해 승리를 취하는 계라 할 수 있다.

옛 선인들은 미인계를 두고 여러 가지 말을 남겼다. 《한비자韓非子, 내저설內儲說》 하편에서는 '진헌공이 우나라와 괵나라를 치려 할 때 우선 아름다운 여인을 바쳐 그 정치를 어지럽게 했다'는 말이 나온다.

이를 볼 때 미인계는 미색으로 적을 현혹하여 적으로 하여금 안일한 삶에 빠지도록 하여 의지를 약화시키고 이를 이용해 승리를 취하는 계라 할 수 있다.

용병에서 가장 중요한 것은 바로 심리적으로 적의 기를 꺾는 것이라 할 수 있다. 미인계를 사용함으로써 의지를 약하게 하면 약한 것으로 강한 것을 이길 수 있다. 아름다운 것을 좋아하는 것은 모든 사람이나 똑같다. 남자가 일단 여색에 빠지고 나면 유약해지고 무력해지게 마련이며 아무것도 하기 싫게 된다.

양군이 대치하고 있을 때, 실오라기 하나 걸치지 않은 미인은 갑옷으로 무장한 장수를 이길 수 있는 법이다. 이렇게 아름다운 여인을 이용해 적의 장수를 유혹하면 적의 진영이 아무리 튼튼하고 견고하다고 해도 여인의 손놀림

하나 표정 하나에 적들은 그만 사지에 힘이 풀린 나머지 무기를 버리고 투항하게 된다.

예부터 영웅들은 미인을 좋아했으며 많은 영웅이 여인들의 붉은 치마에 휘둘려 자신을 파멸로 몰고 가기도 했다. 영웅이 미인을 마다하기는 매우 어렵다. 이것이 바로 미인계가 널리 사용되는 이유인 것이다.

미인계를 이용하는 순서는 다음과 같다.

첫 번째, 비위를 맞춘다. 사람의 기호는 제각각인 법이다. 사람들이 저마다 다른 옷을 입는 것도 다 이 때문이다. 그러니 먼저 상대방이 좋아하는 것을 정확히 파악한 다음 처방을 내려야 한다.

두 번째, 감정을 공격해 적에게 손해를 입힌다. 겉으로는 아름답지만 속으로는 독기를 품고 있는 미인을 택하면 반드시 의지를 잃게 되고 원대한 이상과 포부를 버리게 될 수밖에 없다.

세 번째, 기회를 틈타 일을 도모한다. 미인을 이용해 적의 의지를 약하게 하는 목적은 바로 기회를 잡아 적을 없애기 위함이다. 최후의 일격은 반드시 신중을 기해야 한다. 그렇지 않으면 모든 것이 허사가 될 수 있기 때문이다.

미인계를 이용할 때는 시간과 공간의 제약을 받지 않는다. 그들이 앉은 곳은 바로 전쟁터가 되고 아름다운 화장은 갑옷이며 웃음과 손짓 하나는 모두 무기가 될 수 있다. 아름다운 여인은 신의 작품이며 미인계의 주인공이다. 하지만 특수한 상황에서는 미남 역시 꿀을 바른 폭탄이 될 수도 있다.

세상은 넓고 사람도 많기 때문에 미인계에 걸려들지 않도록 조심하고 또 조심해야 한다. 미인 자체는 결코 두려워할 대상이 아니다. 하지만 두려운 것은 그들 배후에 도사리고 있는 음모라는 것을 명심해 두자. 탐해서는 안 되는 것을 가지려 하면 국가의 이익은 물론 자신의 앞날 모두 망칠 수 있다.

 # 1 미인을 바쳐 아버지를 구한 홍덕

　　　　　　주나라 유왕 시절, 당시 대부 포향은 왕에게 직언을 올리기로 유명했는데 이로 인해 왕의 눈 밖에 난 나머지 옥에 갇히게 되었다. 포향의 가족들은 갖은 방법을 동원해 그를 감옥에서 빼내려 했지만 번번이 실패하고 말았다.

　어느 날 세금을 걷기 위해 마을로 갔던 포향의 아들 홍덕은 물을 긷고 있던 포사라는 여인을 보고 터져 나오는 탄성을 막을 수가 없었다. "이런 시골구석에 저렇게 아름다운 여인이 있었다니!" 홍덕은 마을 사람들에게 물어 포사의 사정을 알게 되었다. 원래 궁녀의 소생이었던 그녀는 태어나자 궁 밖으로 버려졌고 마음씨 좋은 마을 사람이 그녀를 데려다 길렀다는 것이다.

　집으로 돌아간 홍덕은 급히 어머니를 찾았다. "주색잡기에 빠져 있는 천자는 전국의 미녀들을 뽑아 후궁으로 들이고 있습니다. 저는 오늘 포사라는 이름의 여인을 만났는데 실로 절세가인이라 할 만했습니다. 만약 그 아이를 데려다 유왕에게 바치면 아버님은 분명 무사히 돌아오실 수 있을 겁니다." 다시 시골 마을로 간 홍덕은 비단 7필을 주고 포사를 데려왔고 그녀를 깨끗이 목욕시키고 맛있는 음식을 먹인 다음 아름다운 옷으로 단장을 시켜 궁으로 데려갔다. 궁으로 간 그는 높은 관리 하나를 매수해 유왕에게 자신이 아비의 죄를 대신해 미녀 포사를 바치겠노라고 전하도록 했다. 이윽고 관리의 말을 전해들은 유왕은 서둘러 포사를 궁으로 들이도록 했고 절세가인을 얻은 기쁨에 포향을 풀어 주고 관직까지 복직시켜 주었다.

바로 이 포사 때문에 왕은 매일 같이 향락에 젖어 조정의 일까지 팽개쳐 버리게 되었다. 그녀를 웃게 하기 위해 유왕은 일부러 봉화를 피워 제후들이 도성으로 몰려오도록 했다. 이런 일이 계속 반복되자 정작 서융족이 쳐들어 왔을 때는 아무도 왕을 구하기 위해 달려오지 않았고 결국 유왕은 목숨을 잃고 서주 역시 멸망하고 말았다.

 ## ② 나라를 망하게 한 절세가인 서시

월나라의 왕 구천은 오나라 왕 부차에게 일부러 수많은 보물과 미인을 바쳤다. 이렇게 부차가 주색에 빠져 앞일을 돌보지 않게 하고 그의 투지를 약화시키기 위함이었다. 서시와 정단은 미녀들 중에서도 최고의 아름다움을 자랑하는 여인들이었다. 원래 강변에서 빨래를 하고 있던 두 여인은 구천의 명령을 받은 범려의 눈에 들게 되었고 3년 동안 춤과 노래를 배워 오왕에게 바쳐졌던 것이었다.

　이런 미인들을 보며 오자서가 걱정스러운 듯 오왕에게 말했다.
"하나라는 매희로 인해 멸망했고, 은나라는 달기 때문에 기울었습
니다. 주나라의 포사 역시 다름 아니지요. 자고로 미녀는 나라를 망
하게 하는 요물입니다. 그러니 대왕께서는 절대로 저들을 받아들이
셔서는 안 됩니다." 하지만 그런 말이 귀에 들어올 리 없는 오왕은
서시와 정단을 궁으로 들였다. 얼마되지 않아 미모와 총명함을 모
두 갖춘 서시는 오왕의 총애를 한 몸에 받았다. 이때부터 오왕은 그
녀의 침소가 있는 고소대를 잠시도 떠나지 않고 매일을 주색잡기에
빠져 지냈다.

　이렇게 국사를 돌보지 않고, 나날이 강대해지는 월나라에 대해
아무런 방비도 않은 오나라 왕 부차는 결국 월에 나라를 빼앗기고
자살하고 말았다.

　훗날 당나라의 시인인 나은은 서시를 옹호하는 시를 남기기도
했다.

"國家興亡自有時	국가의 흥망은 모두 때가 있어서인데
世人何苦咎西施	사람들은 어째서 서시를 원망하는 것인가
西施若解亡吳國	서시가 오나라를 무너뜨렸다면
越王亡來又是誰	월나라의 멸망은 누구 때문이란 말인가"

　한 국가가 멸망하는 데는 반드시 가장 근본적인 정치적 이유가

있기 때문이며 결코 한 사람이 그것을 결정할 수 없다는 것을 알아야 한다. 그러니 대충 싸잡아서 '여인이 바로 망국의 화근'이라고 하는 것은 편협한 생각일 뿐이다. 하지만 일종의 모략으로서 나라의 최고 통치자에게 미인계를 쓴다면 상당히 큰 효과를 거둘 수 있는 것 또한 사실이다.

❸ 미인을 이용해 포위를 푼 진평

기원전 200년, 한 고조 유방이 대군을 이끌고 흉노와 전쟁을 벌였다. 승리를 거두기에 급급했던 유방은 소규모의 기병들을 이끌고 흉노들을 추격했다가 오히려 그들의 매복에 걸려 백등산에 꼼짝없이 갇혀버리고 말았다. 이때 한의 후속부대들 역시 흉노들에게 가로막혀 포위를 풀지 못해 상황은 더욱더 위태로워져 갔다.

나흘째가 되자 갇혀버린 한군의 식량이 점점 바닥을 드러내기 시작했고 유방의 부하들은 안절부절못하고 어쩔 줄 몰라 했다. 이때 모사 진평이 흉노 단우(흉노의 우두머리)의 부인인 연씨를 이용한 계책을 하나 내놓았다.

유방의 허락을 얻은 진평은 사자에게 진귀한 보석과 그림 한 폭을 주어 연씨와 몰래 만나도록 했다. 연씨를 만난 사자가 조심스럽게 입을 열었다. "이 보석들은 대한의 황제께서 주시는 것입니다. 한의 황제는 흉노와 화친을 맺기를 원하고 있기에 특별히 저를 보내 이 진귀한 것들을 드리는 것입니다. 그러니 우리의 성의를 거절하지 마시고 부디 단우께 몇 마디 해주십시오." 그리고 사자는 가지고 간 미인도를 펼쳐 보이며 계속 말을 이어갔다. "대한의 황제는 단우께서 화친 요구를 받아들이지 않으실까 걱정하시며 중원의 제일가는 미녀를 바치기 위해 준비하고 계십니다. 제가 그림을 가져왔으니 부인께서 먼저 보시지요."

그림 속의 여인은 마치 선녀처럼 아름다웠다. 초봄의 수양버들잎 같은 눈썹에 3월의 복숭아 꽃 같은 얼굴의 여인이 팔다리를 하늘거리면 나비 떼와 벌 떼가 저절로 날아들 것 같았고 촉촉한 두 눈망울을 보면 사람이든 귀신이든 단박에 녹아버릴 것 같았다. 그림을 본 연씨는 속으로 걱정이 되기 시작했다. 남편이 저런 절세가인을 얻게 되면 자신은 안중에도 없을 게 뻔하기기 때문이었다. 그녀는 조금도 망설이지 않고 말했다. "보석들은 받겠지만 미녀는 필요 없을 것 같습니다. 제가 단우께 군사를 물리시도록 간청하지요."

사자가 떠난 후 연씨는 서둘러 단우를 찾아갔다. "듣자하니 한의 지원군이 곧 도착한다고 합니다. 그때가 되면 상황이 우리에게 불리해질 것이 뻔하지요. 그러니 차라리 한의 황제에게 강화를 제안하시고 금은보화를 달라고 하시는 것이 나을 듯싶습니다." 한참 생각에 잠긴 단우는 부인의 말을 듣기로 했다.

　양국의 사자는 여러 번의 담판을 거쳐 마침내 평화협정을 맺었다. 이윽고 만족할 만한 재물을 챙긴 단우는 유방의 군사들을 포위에서 풀어 주었다. 그리고 진평은 그 공로를 인정받아 후에 유방에 의해 곡역후로 봉해졌다.

　진평은 연씨의 질투심을 이용해 거짓으로 미인을 바치겠다고 하여 흉노와의 화친이라는 목적을 달성할 수 있었다. 있지도 않은 미인을 이용한 미인계였지만 좋은 결과를 가져온 것은 모두 진평의 지혜 덕분이었다.

4 청춘을 바친 초선

　　　　동한 소녕昭寧 원년, 군사를 이끌고 낙양을 점령한 동탁은 어린 황제를 폐위시키고 헌제를 황제로 옹립시킨 뒤 조정의 대권을 마음대로 유린했다. 이윽고 조조와 원소의 저항에 부딪친 동탁은 황제를 데리고 장안으로 가서는 스스로 태사의 자리에 올랐다.

　동탁의 폭정에 불만을 품은 사도 왕윤은 그를 없애고 백성들의 숨통을 틔워주고자 했지만 도무지 좋은 방법이 떠오르질 않았다.

왕윤의 집에는 초선이라는 가기家妓가 있었는데 용모는 선녀와 같이 아름다웠고 춤과 노래 모두 뛰어났다. 초선은 평소 자신을 딸과 같이 여기던 왕윤에게 언젠가는 보답을 하리라고 늘 마음을 먹고 있었다. 그래서 왕윤과 초선은 머리를 맞대고 동탁을 없앨 계획을 세우기 시작했다.

다음 날, 왕윤은 동탁의 양자 여포에게 집안에 있던 진귀한 보물을 보냈고, 여포는 매우 기뻐하며 감사를 표하기 위해 직접 왕윤의 집을 방문했다. 여포를 맞아 술자리를 마련한 왕윤은 술이 거하게 돌자 초선을 불러와 여포에게 술을 따르도록 했다. 아름다운 초선을 본 여포는 그녀에게서 좀처럼 눈을 뗄 수가 없었다. 여포의 마음을 꿰뚫어본 왕윤이 입을 열었다. "이 아이는 내 양녀 초선이라고 합니다. 장군께서 싫지 않으시다면 이 아이를 첩으로 드리고 싶은데 장군의 뜻은 어떠신지요?" 왕윤의 말이 떨어지기가 무섭게 여포는 무릎을 꿇고 두 손을 모으며 말했다. "장인께서는 자리에 앉으셔서 제 인사를 받으십시오." 그러자 왕윤은 황급히 여포를 일으켜 세웠다. "조만간 길일을 택해서 이 아이를 장군에게 보내도록 하지요." 여포는 두 번 세 번 고개를 숙이며 감사를 표했고 기분 좋게 집으로 돌아갔다.

이틀 후 이번에는 동탁을 자신의 집으로 초대한 왕윤은 연회에서 초선을 불러 춤을 추도록 했다. 늙은 호색한 동탁 역시 넋을 잃고 초선이 춤추는 것을 바라보았다. 이때 왕윤이 넌지시 말을 꺼냈다.

"저 아이가 밉지 않으시다면 데려가서 몸종으로라도 쓰십시오." 이 말을 들은 동탁은 매우 기뻐하며 그날 밤 당장 초선을 데리고 가버렸다.

얼마 후, 이 소식을 전해들은 여포는 화가 머리끝까지 올라 왕윤을 찾아갔다. 그러자 왕윤은 잔뜩 상심한 얼굴로 여포에게 하소연을 했다. "태사께서 사람을 보내 초선이를 데려가시며 곧 장군과 짝을 맺어줄 것이라 하셨습니다. 그러니 부디 제 탓을 하지 말아 주십시오."

다음 날, 태사의 저택 후원에서 여포와 마주치게 된 초선이 눈물을 훔치며 말했다. "저는 살아서도 장군의 사람이며 죽어서도 장군의 것입니다. 그러니 장군께서는 하루 빨리 저를 이 호랑이 굴에서 구해 주시어요." 두 사람이 서로 부둥켜안고 울고 있을 때 동탁이 나타났다. 그러자 놀란 여포가 초선을 내팽개치고 줄행랑을 쳤고 화가 난 동탁은 여포를 향해 창을 던졌다. 하지만 창을 막아낸 여포는 나는 듯이 후원을 빠져나갔다. 잠시 후 초선이 동탁의 품에 안기며 또다시 눈물을 흘렸다. "제가 화원에서 꽃을 보고 있는데 여포라는 작자가 갑자기 나타나 저를 희롱하려 하지 뭐예요. 제 주인은 오로지 태사님뿐이신데 말입니다." 이때부터 동탁은 여포에게 앙심을 품게 되었다.

한편 동탁에게 모욕을 당한 여포는 좀처럼 분을 삭일 수가 없었다. 그러자 이 기회를 놓치지 않고 왕윤이 넌지시 말을 꺼냈다. "천하에 어찌 이렇게 부끄러움을 모르는 자가 있을 수 있단 말입니까? 동탁은 제 딸을 빼앗아 갔고 장군의 아내를 욕보인 것입니다. 저는 문관이라 어쩔 수 없이 참아 넘긴다고는 하나 천하제일의 영웅이신 장군은 어째서 이 일을 그냥 보고만 계시는 겁니까?" 그러자 여포가 한숨을 내쉬며 말했다. "나와 그는 부자 사이인데 만약 아비를 죽인다면 세상 사람이 모두 저를 두고 욕할 것이 아닙니까?" "장군은 여씨이고 그 자는 동씨, 원래 한 핏줄이 아니지 않았습니까? 게다가 세상에 어떤 아비가 아들을 향해 창을 던진단 말입니까?" 이렇게 여포는 하늘에 맹세를 하며 왕윤의 말을 듣기로 했다.

이날 궁으로 들어가던 동탁은 왕윤이 보낸 자객에 의해 부상을 입고 말았다. "내 아들 여포는 어디 있느냐?" 동탁이 다급한 목소리로 도움을 요청하자 곧이어 여포가 나타났다. 하지만 그는 동탁을 구해 주기는커녕 오히려 동탁의 목을 뚫어버리고는 말했다. "황제께서 간신 동탁을 없애라고 하셨으니 앞으로 이에 대해 아무것도 묻지 마라."

이렇게 왕윤은 미인계를 이용해 동탁과 여포의 사이를 틀어놓고 여포의 손을 빌려 동탁을 제거할 수 있었다.

5 미인계로 우문찬을 쫓아버린 양견

581년 주나라의 선제는 방탕한 생활을 즐기다 그만 병으로 죽고 말았다. 얼마 후 선제의 9살 난 아들 우문연이 황제에 즉위해 정제가 되었다. 하지만 정제가 어리고 아무것도 모른다는 핑계로 조정의 대권은 대사마 양견이 모두 쥐고 있었다.

이런 양견이 우씨 가문의 눈에 곱게 비칠 리가 없었다. 선제의 동생 우문찬은 일찍부터 황제의 자리를 노리고 있었다. 그래서 그는 선제가 세상을 떠난 뒤 궁중으로 거처를 옮기는가 하면 조정에서 정사를 의논할 때도 일부러 양견과 같은 장막에 앉았다. 양견은 이런 우문찬의 행동이 내심 불쾌했지만 겉으로는 아무 말도 하지 않았다. 대신 양견은 다른 방법으로 우문찬을 없애기로 했다. 술과 여자를 꽤나 밝히는 우문찬은 미인을 보면 그냥 지나치는 법이 없었다. 이런 그의 성격을 잘 알고 있던 양견은 심복 유방을 시켜 미녀 몇 명을 선발해 우문찬에게 보내도록 했다. 양견의 속셈을 알 리 없는 우문찬은 매우 기뻐하며 미녀들을 받아주었다. 미녀들에게 빠진 그는 그때부터 정사에 흥미를 잃게 되었고 양견과 한 장막에 앉는 일도 거의 없었다.

어느 날 양견의 명령을 받은 유방이 우문찬을 찾아왔다. "대왕은 선황의 동생이시며 대통을 이어갈 몸이십니다. 황제가 붕어하신 지 얼마 되지 않아 모든 이들의 정서가 아직은 불안정하니 잠시 왕부王

府로 돌아가십시오. 그때를 기다려 다시 입궁하셔도 늦지 않을 것입니다.” 그러자 겨우 16살이었던 우문찬은 너무도 가볍게 유방의 말을 믿고 왕부로 돌아갔다. 이때부터 그는 매일을 여색에 빠져 다시는 정사를 묻지도 않았다.

두 달 후, 양견은 정변을 일으켰고 새로운 왕조 수나라를 세웠다.

6 오랑캐를 위로한 종세형

북송의 종세형은 변강 지역을 지키는 명장이었다. 그는 오랑캐들을 위로하기 위해 직접 그들의 부락을 방문해 그들의 수령을 만나기도 했다. 당시 한족 출신의 관리들은 모두 오랑캐들을 업신여겼기 때문에 종세형의 이런 행동은 오랑캐들을 감동시키기에 충분했다.

그는 가장 세력이 강한 오랑캐 부락의 수령 소모은을 자주 자신의 집으로 초대해 술자리를 마련해 주었고 그에게 선물을 안기기도 했는데 이런 종세형의 행동에 감동을 받은 소모은은 그에게 충성을 맹세했다. 하지만 종세형은 그런 그를 더욱더 확실하게 자신의 편으로 만들기 위해 미인계를 쓰기로 했다.

어느 날 밤, 종세형은 여느 때와 마찬가지로 소모은을 자신의 집

으로 초대하고는 미녀 하나를 불러 술을 따르도록 했다. 잠시 후 소
모은이 어느 정도 술에 취하자 그는 갑자기 급한 일이 생겼다며 서
둘러 자리를 떠났다. 하지만 그는 그곳을 떠나지 않고 문틈으로 몰
래 방안에서 벌어지는 일을 엿보고 있었다. 아무도 없는 틈을 타 소
모은은 미인을 희롱하려고 했고 종세형이 이를 놓치지 않고 나타나
서는 엄한 목소리로 그를 꾸짖었다. 그러자 자신의 행동을 부끄럽
게 여긴 소모은은 무릎을 꿇고 자신의 죄를 빌었다. 종세형은 웃으
며 "저 아이가 마음에 드시오?"라고 물은 뒤 미녀를 소모은에게 주
었다. 이때부터 소모은은 종세형에게 더욱더 충성을 다짐했고 오랑
캐가 국경을 침범할 때마다 항상 그들을 막아 주었다.

　종세형은 미인계를 이용하여 오랑캐를 자신의 편으로 끌어들였
다. 아름다운 여인 하나가 천군만마를 이긴다는 말이 사실임이 여
실히 드러나는 순간이었다.

7 홍승주를 투항하게 한 황후

　　　　　명조 말년, 금주에서 명군을 대파한 청의
군대는 명의 장수 홍승주를 포로로 잡았다. 이미 오래 전부터 중원
을 차지하기 위한 야심을 갖고 있었던 청의 태종은 홍승주를 이용해

그 꿈을 이루기 위해 사람을 보내 그에게 청나라에 투항하도록 권했다. 하지만 누구보다 의를 중시했던 홍승주는 태종의 청을 일언지하에 거절하고 식음을 전폐해 버렸다.

그러자 신하 중 하나가 태종에게 말했다. "홍승주는 성격이 강직하여 핍박을 받으면 더욱 강해지는 인물입니다. 그러니 미인을 이용해 그를 설득하게 한다면 분명 성공할 수 있을 것입니다." 이 말을 들은 태종은 그때부터 수많은 미인들을 홍승주에게 보냈지만 그는 눈 하나 깜짝하지 않고 여전히 음식과 물을 입에 대지도 않았다. 잔뜩 풀이 죽은 태종이 궁으로 오자 황후가 그 이유를 물었다. 태종의 자세한 설명을 들은 황후는 잠시 생각에 잠기더니 잠시 후 두 뺨을 붉히며 말했다. "청나라를 위해서 제가 직접 홍승주를 설득해 보겠습니다." 처음에는 이를 말리던 태종도 결국은 마음을 바꾸었고 이 일이 밖으로 새어 나가지 않도록 철저히 입막음을 했다.

잠시 후, 정성들여 단장을 한 황후는 '술' 한 병을 들고 몰래 궁을 빠져 나갔다. 이윽고 홍승주가 갇혀 있는 옥사에 도착한 황후가 속삭이는 듯한 목소리로 물었다. "홍 장군님 맞으십니까?" 그러자 자신도 모르게 아름답고 기품 있는 황후의 목소리에 빠져든 홍승주가 고개를 들고 입을 열었다. "누구시오? 무슨 일로 여기에 온 것이오?"

"저는 장군을 구하러 왔습니다." 황후의 목소리에는 진심이 묻어났다. "장군께서는 지금 식음을 전폐하시고 죽음을 기다리시고 있다 들었습니다. 하지만 음식을 먹지 않는다고 해도 열흘 후에나 숨이 끊어지는 법입니다. 게다가 죽기 전에는 아귀가 뱃속을 뛰어다니며 눈앞이 어지럽고 목을 매달거나 강에 투신할 정도로 괴롭다고 합니다. 저는 불문신도로서 장군께서 그런 고통을 당하실 것을 차마 볼 수 없어 독을 탄 술을 준비해 왔으니 어서 드십시오." 그러자 홍승주가 말했다. "죽는 것도 두렵지 않는데 그까짓 독주가 어찌 두렵겠단 말이오!" 말을 마친 그는 단숨에 황후가 내미는 '독주'를 들이켰다. 이를 가만히 지켜보던 황후는 손수건으로 홍승주의 옷에 묻은 '독주'의 거품을 닦아내며 은근한 목소리로 말했다. "장군께서는 명나라를 위해 목숨을 버리시고 이름뿐인 명예를 얻으셨습니다. 하지만 만약 저라면 잠시의 굴욕을 참아내어 군왕에게 은혜를 갚을 기회를 기다리며 명의 황제와 백성들의 바람을 저버리지 않았을 것입니다." 황후의 말에 홍승주의 마음은 크게 동요했다. 하지만 이미 독주를 마신 터라 죽음이 얼마 남지 않았다고 생각한 그는 눈물을 참지 못하고 울기 시작했다. 그렇지만 이상하게도 독약은 아무런 반응을 보이지 않았고 오히려 심장이 쿵쾅쿵쾅 뛰기 시작한 홍승주는 고개를 들어 황후의 모습을 바라보았다. 그는 끝내 뛰는 가슴을 억누르지 못하고 황후의 어깨를 붙잡고 말했다. "독약이 반응을 보이려면 조금 더 걸릴 것 같소. 이왕 죽는 것 그대의 품 안에서 생을 마감하고 싶구려!"

이윽고 두 사람은 푸른 이끼가 낀 옥사의 바닥을 비취빛 침대로 삼고 비단 옷을 휘장으로 친 다음 한데 엉켜 마음껏 운우지정을 나누었다.

다음 날 아침, 돈과 힘에도 끄떡하지 않던 영웅호걸 홍승주는 웃음을 머금은 황후의 손에 이끌려 조정으로 들어가 청의 태종을 알현했다.

사실 홍승주가 마신 것은 독주가 아니라 장백산의 인삼으로 만든 술이었는데 그 속에는 최음제가 섞여 있었다.

 ## **8** 세기의 스파이 마타하리

세계 스파이의 역사상 가장 뛰어났던 마타하리는 '스파이계의 여왕'이라 불릴 정도로 유명했다. 영국의 탱크 제작 기밀을 빼돌린 사건은 그녀의 '작품' 중 하나였다.

1차 세계대전 당시, 영국의 탱크 설계도가 프랑스 총사령부 모건 장군 집의 비밀금고에 있다는 정보를 입수한 독일의 정보부는 마타하리를 시켜 이 설계도를 입수하도록 명령했다.

파리에 있던 그녀는 임무를 부여받은 후 곧바로 행동 계획을 세웠다.

네덜란드와 자바인의 혼혈이었던 그녀는 타고난 미인이었으며 파리의 유명한 댄서였다. 그래서 그녀는 댄스파티를 준비해 모건을 초대했다. 파티에서 그녀는 적극적으로 모건과 안면을 트기 위해 노력했다. 이후 마타하리는 개인적인 이유로 모건을 두 번이나 찾아갔고 그 이후로 두 사람은 뜨거운 사이로 발전했다. 얼마 후 마타하리에게서 사랑을 고백받은 모건은 기쁘기도 하고 한편으로는 당황스럽기도 했다. 모건의 부인이 세상을 떠난 지 오래되었다는 것을 알고 있었던 그녀는 모건에게 서로 의지하며 함께 살자고 말했고 두 사람은 곧 동거를 시작했다. 충실하게 가정주부의 역할을 해내던 그녀는 마침내 집안을 청소하던 중 비밀금고를 발견했지만 비밀번호로 잠겨 있어 도무지 열 수가 없었다.

이때 베를린에서 24시간 내에 정보를 빼낼 것을 명령하는 전화가 왔으며 그들은 비밀번호가 6자리일 것이라는 정보를 주었다.

밤이 되자, 마타하리는 모건에게 수면제를 탄 술을 먹이고는 다시 금고를 열려고 했다. 아무리 해도 금고가 꿈쩍도 하지 않자 절망에 빠진 마타하리의 눈에 갑자기 맞은편에 걸려있는 구식 괘종시계가 들어왔다. 왜 저 괘종시계는 항상 9시 35분 15초에 멈춰 있는 것일까? 혹시 저것이 비밀번호가 아닐까? 9시는 오후 21시를 가리키니 6자리 비밀번호는 213512임에 틀림없었다. 마침내 금고를 연 그녀는 소형 카메라로 탱크에 관한 자료를 찍었고 그 필름을 그날 밤 당장 독일로 보냈다.

자신의 미모로 모건을 유혹한 마타하리는 그의 집으로 들어가 비밀금고를 발견했고 기지를 발휘해 금고를 열 수 있었다. 이로써 그녀는 스파이 역사상의 한 페이지를 장식할 수 있었다.

 ## ⑨ 남편의 선거를 도운 이멜다

마르코스는 자신의 부인 이멜다가 정치에 있어서도 그의 반려자가 되어 권력에 오르는 과정에서 느끼는 기쁨과 근심을 함께 나누기를 바랐다.

1964년 4월, 마르코스는 국민당의 대통령 후보 신분으로 다음 해에 있을 대선에 참가하기로 결정했다. 이멜다는 자신의 인생이 남편의 정치생활과 떼려야 뗄 수 없다는 것을 잘 알고 있었기에 남편을 위해서, 그리고 자신을 위해서 함께 싸우기로 했다.

이때부터 그들의 집은 마르크스의 선거를 위한 총 본부가 되었다. 이멜다는 이 본부의 책임자가 되어 자신의 독특한 여성적인 매력으로 사람들의 마음을 사로잡기 시작했다. 그녀는 매번 대표들의 집을 방문할 때마다 그들의 가정상황이나 취미, 가족들의 생일 등을 몰래 외워 두었다. 그리고 그들의 생일이 되면 꽃과 축하카드, 선물 등을 보냈고 직접 그들을 찾아가기도 했다.

마르코스가 국민당의 대통령 후보자격을 얻은 후 그녀는 더욱더 바쁘게 움직이기 시작했다. 그녀는 필리핀의 거의 모든 지역을 돌아다니며 연설을 했다. 방문한 곳의 사람들은 항상 그녀에게 노래를 청했는데 그녀는 결코 마다하는 법이 없었고 넘치는 정력으로 직업가수조차도 감당하기 힘든 노래 유세를 펼치기도 했다. 그녀는 또 '푸른 옷의 여성 선거단'을 조직했는데 이 조직의 회원들은 모두 푸른 옷을 입고 가가호호를 방문하며 유권자들에게 전단지를 돌리거나 볼펜이나 칫솔 같은 기념품을 나누어 주기도 했다.

이멜다는 자신의 미모와 노래솜씨 그리고 뛰어난 언변으로 남편을 위해 적지 않은 표를 끌어 모을 수 있었고 마르코스가 대통령이 되는 데 큰 공을 세울 수 있었다. 마르코스는 자신의 '미인계'에 매우 만족해했으며 이멜다를 자신의 '비밀무기'라 생각했다. 그는 자신의 부인이 적어도 100만 표를 자신에게 가져다주었다고 말했다.

 ## 10 어쩔 수 없이 스파이가 된 미국 엔지니어

1966년 여름, 미국 공군에서 일하는 한 엔지니어가 휴가를 보내기 위해 소련을 방문했다.

모스크바와 레닌그라드에서 그는 뜻하지 않게 후한 대접을 받게 되었다.

어느 날, 하리코프의 한 식당을 찾은 그는 종업원에 의해 미모의 금발 미녀와 합석을 하게 되었다. 영어를 꽤 유창하게 구사하는 그녀 덕분에 두 사람은 시간이 가는 줄도 모르게 대화에 빠져들었다. 그리고 두 사람은 다음 날도 함께 저녁을 먹기로 하고 헤어졌다.

다음 날 저녁, 야외식당에서 저녁식사를 마친 두 사람은 전차 위에서 뜨거운 포옹을 나누었다. 엔지니어가 달콤한 기분에서 헤어나지 못하고 있을 때 갑자기 금발 여인이 러시아어로 소리치기 시작했다. 그러자 어디에선가 사람들이 뛰쳐나와 끊임없이 카메라 플래시를 터뜨렸다. 이 미국의 엔지니어는 자신도 모르는 사이 어느 새 강간 미수범으로 체포되어 버렸다.

잠시 후 레닌그라드의 한 사무실에서 군관이 엔지니어에게 말했다. "만약 죄를 시인하지 않으면 6년에서 10년 정도는 감옥에서 썩어야 할 거요. 하지만 죄를 시인하고 우리를 도와주겠다고 말만하면 즉시 풀어 주겠소." 강요와 협박에 이기지 못한 엔지니어는 결국 그들과의 '협력'을 승낙하고 말았다. 이윽고 그는 KGB의 전문가에게 미국 공군의 비밀 연구 계획에 대해 자세하게 털어 놓았다. KGB로부터 스파이가 될 것을 강요받은 그는 어쩔 수 없이 다음 해 12월에 멕시코에서 그들과 다시 접촉하기로 했다.

이 엔지니어는 꼼짝없이 KGB의 함정에 걸려들었던 것이다. 그 아름다운 여인은 바로 KGB가 미리 배치해 둔 그들의 요원 중 하나였다.

 **11 사랑의 노예가 되어버린 노처녀**

1985년, 서독 정부는 최근 들어 발각된 스파이 활동 중 수가 가장 많았던 것이 바로 '성性'과 관련된 것이라고 털어놓았다. 연방 정부에서만 하더라도 10명이 넘는 여성 비서관이 '미남'들에 의해 함정에 빠져들고 말았다. 그래서 연방 정부 내에서는 이러한 경고문이 붙기도 했다. '잘 생긴 얼굴로 접근해 오는 사람을 경계하라. 달콤한 말은 비밀금고를 열 수도 있다.'

서독 외교부의 비서관이자 서른 다섯 먹은 노처녀 하인즈는 남자에게 관심을 받아본 적이 언제였는지 까마득할 정도였다. 어느 주말, 약속도 없이 집 안에 틀어박혀 있는 그녀의 집에 갑자기 초인종이 울렸다. 문을 여니 말쑥하게 생긴 한 신사가 장미꽃 한 다발을 들고 서 있는 게 아닌가?

"안녕하십니까? 미스 고트프리드!" 남자는 다정한 목소리로 하인즈에게 인사를 건네 왔다. 난처해하는 그녀의 모습을 보고 남자는 미안해하며 말을 꺼냈다. "고트프리드 양이 아니세요? 보아하니 제가 누군가의 장난에 단단히 걸려든 것 같네요." 그리고 남자는 그녀에게 불쑥 장미꽃을 내밀었다. "정말 죄송했어요. 실례를 사과하는 의미로 장미꽃을 드리고 싶습니다."

이런 일은 당해 본 적이 없던 하인즈는 호기심에 남자를 집으로 들어오게 했다. 이윽고 그는 예의바른 태도로 자신의 명함을 주며 말했다. "저는 세트린이라고 합니다. 정말 우연히 이곳에 오게 됐지요." 세트린은 자신의 직업이 영화 촬영기사이며 직업 때문에 이곳저곳을 떠돌아다니는 40대의 독신남이라고 소개했다. "얼마 전에 신문에 공개 구혼을 한 적이 있었는데 답장이 왔지 뭡니까? 그때 그녀가 제게 자신의 주소를 적어 주었는데 그 주소를 따라 여기로 찾아오게 된 겁니다. 하지만 그게 장난일 줄은 꿈에도 생각하지 못했죠. 도대체 어떤 사람이 나같이 불행한 남자를 갖고 논 건지 모르겠네요."

두 고독한 독신 남녀는 로맨틱한 만남 때문이었는지 몰라도 이상할 정도로 서로에게 친밀감을 느끼게 되었다. 오랫동안 이야기를 나누던 두 사람은 상대방이 바로 자신들이 오랫동안 기다리던 짝이라 생각하게 되었고 함께 영화를 보고 음악을 들으며 식사를 했다. 얼마 지나지 않아 두 사람은 결혼을 약속하게 되었다.

결혼 후 세트린은 하인즈가 비밀문서를 집으로 가져오도록 암묵적으로 지시했다. 늦게 찾아온 사랑에 눈이 멀어버린 그녀는 매일같이 외교기밀 문서를 몰래 집으로 가져왔다. 이렇게 6년 동안 그녀는 남편을 위해 자그마치 3,000건의 비밀문서를 빼돌렸고 그 중에는 북대서양조약기구(NATO)의 두 번에 걸친 군사훈련 계획과 1963년 이 기구의 캐나다 회의상의 비망록도 포함되어 있었다.

'미인계'가 있으면 반드시 '미남계'도 있게 마련이다. 여인이 감정에 있어 매우 절박한 상황일 때 '미남계'를 사용하면 쉽게 목적을 이룰 수 있다.

제 **14** 기

공성계(空城計)

의심의 함정에
빠뜨려 위기를 벗어난다

이것은 아주 급박한 상황에서 발등에 떨어진 불을 끄기 위해 사용하는 위험한 계책이다. 그렇기 때문에 대개 부득이한 상황에서 '원군이 올 때까지 사용하는 임시적인 방책(援兵之計)'으로만 사용해야 한다.

●공성계●
「9가지 처세 활용 지혜」

1. 교묘하게 적을 속인 이광
2. 거문고를 타 위의 군사를 물리친 제갈량
3. 스스로 물러난 변방의 도적들
4. 지혜로 동족산민을 물리친 공용
5. 산 사람을 위한 추도회
6. 글 한 편으로 적을 물리친 마오쩌둥
7. 지혜로 성을 지킨 도쿠가와 이에야스
8. 도로에 지뢰를 설치한 소련군
9. 위기를 극복한 마쓰시타

이것은 아주 급박한 상황에서 발등에 떨어진 불을 끄기 위해 사용하는 위험한 계책이다. 그렇기 때문에 대개 부득이한 상황에서 '원군이 올 때까지 사용하는 임시적인 방책(援兵之計)'으로만 사용해야 한다. '병불염사(兵不厭詐)'란 속담이 있다. 전투에서는 적을 속이는 간사한 꾀도 꺼리지 않는다는 뜻이다. 바로 공성계야말로 적을 꺾기 위한 심리적 속임수의 일종이다. 적의 심리를 깊이 꿰뚫고 있어야 하며 그런 다음에도 신중하게 사용해야 한다. 그러면 기대 이상의 성과를 거둘 수 있다.

이 계책은 위험하긴 하지만 역사적으로 그 예를 찾기는 어렵지 않다. 특히 제갈량의 공성계는 널리 전해져 모르는 사람이 없을 정도다. 그 후 동서양을 막론하고 그의 공성계를 본받은 사람이 적지 않았다.

《손자병법, 허실편虛實篇》에서는 '군의 형태의 극치는 남의 눈에 띄지 않는 무형의 것이다. 무형의 것이 되면 잠입한 간첩도 정상을 탐지하지 못하며 지모가 있는 자도 전략을 꾸밀 수 없다(故形兵之極, 至于無形, 無形, 則深間不能窺, 智者不能謀)'라고 하였다. 《초려경략草廬經略, 허실虛實》에서는 '허실이 내게 달려 있어 능히 적을 속일 수 있는 데 장점이 있다. 본디 실한 것을 허하게 보여 주거나, 본디 허한 것을 더 허하게 보여 적으로 하여금 내가 실하다고 믿게 만든다(虛實在我, 貴我能誤敵. 或實而示之以虛, 或虛而虛之, 使敵轉疑以我爲實)'라고 했다. 공성계의 핵심은 허허실실(虛虛實實) 하여 제대로 볼 수 없게 만드는 데 있다. 이것은 허실의 변화를 통해 적의 착각을 불러일으켜 허실의 분간과 진짜 상황 판단을 어렵게 해 상대를 제압하는 데 목적이 있다.

이 계책은 다음과 같은 두 가지 숨은 뜻이 있다.

(1) 본래 아무것도 없는 상태에서 더욱 아무것도 없는 것처럼 보이게 한다. 이런 과장된 방법과 공개적인 태도는 종종 적으로 하여금 '의심에 의심을 더하게' 만들어 정반대의 판단을 유도할 수 있다.

(2) 본래 충분한 실력이 있으나 고의로 텅 빈 것처럼 꾸며 상대방을 덫에 걸려들게 한 다음, 이를 섬멸한다. 이것은 도광양회(韜光養晦, 빛이 새어나가지 않도록 가린 뒤 은밀히 힘을 기른다) 전술 중의 하나에 속한다. 앞날을 위해 잠깐 자신의 실력이나 재주를 숨기고 힘을 쌓는 것이다. 일단 때가 오면 갑자기 공격을 감행함으로써 적이 미처 대응하지 못하게 만든다.

1 교묘하게 적을 속인 이광

비장군飛將軍이란 별명을 가진 한 무제 때의 유명한 장군 이광은 흉노족들이 그 이름만 들어도 벌벌 떨 정도였다.

한 번은 이광의 군대가 상군에서 흉노와 싸운 적이 있었는데 그때 전쟁에 따라 나온 환관이 수십 명의 기마병을 거느리고 초원에서 말을 풀어놓고 쉬고 있던 중 공교롭게도 활솜씨가 뛰어난 흉노 병사 셋과 마주치고 말았다. 얼마 후, 대부분의 군사들이 화살에 맞고 부상을 입어 처참한 꼴로 군영으로 돌아왔다. 이를 본 이광은 기마병 100명을 뽑아 나는 듯이 말에 몸을 싣고 군영을 빠져 나갔고 곧 흉노 둘을 사살하고 하나는 포로로 잡을 수 있었다.

이광 일행이 득의양양하게 돌아오려는 찰나, 흉노의 기마병 대대가 그들을 추격해 왔는데 새까맣게 땅을 뒤덮고 몰려오는 것이 족히 수천 명은 되어 보였다. 하지만 그는 조금도 당황하지 않고 병사들에게 말했다. "본진까지는 수십 리나 떨어져 있다. 만약 되돌아가려 한다면 흉노의 손에 죽고 말 것이다. 모두들 침착하게 맞서서 앞으로 나간다면 저들은 우리가 자신들을 유인하려는 줄로 여기고 감히 공격해 오지 못할 것이다." 이광은 병사들을 이끌고 적을 향해 달려가 적으로부터 2리쯤 떨어진 곳에 이르러 말을 세웠다.

과연 상황은 이광의 예상을 빗나가지 않았다. 고작 100명 정도인

이광의 기병대를 맞이한 흉노 대대는 그들이 도대체 무엇을 하려는 것인지 알 수 없어 당혹감을 느꼈다. 한나라 병사들이 놀라서 도망가기는커녕 되레 적을 향해 달려오는 것을 본 흉노 장군은 이광이 틀림없이 유인책을 쓰고 있다고 판단하고는 일단 진격을 중단하고 함부로 출동하지 못하게 했다. 이윽고 그는 이광을 떠보기 위해 부하 장수에게 소대를 끌고 충동하라고 명했다. 그러자 이광은 활로 단번에 이 장수를 죽여 버렸고 장수를 잃은 병사들은 놀라서 도망치기에 급급했다.

이것을 본 흉노 장군은 자신의 판단이 옳았다고 더욱 믿게 되었다. 밤이 되자 흉노 장군의 마음이 더 흔들리기 시작했고 이전에 한나라 병사들의 덫에 걸려 죽다가 살아난 일을 떠올린 그는 등골이 오싹해져 마침내 전군에 철수 명령을 내렸다.

흉노인들의 의심 많은 성격을 잘 알고 있었던 이광은 수천 명의 흉노 기병과 마주친 위기상황에서도 조금도 당황하지 않고 공성계를 사용해 교묘하게 적을 속일 수 있었던 것이다. 흉노 기병과 장시간 대치하는 상황에서 이광은 적이 퇴각할 때까지 조금도 당황한 기색을 드러내지 않았다. 이렇듯 공성계에서 무엇보다 중요한 것은 적에게 어떤 허점도 들키지 않을 수 있는 침착함과 태연함이다.

2 거문고를 타 위의 군사를 물리친 제갈량

삼국시대, 양평에 주둔한 지 얼마 지나지 않아 제갈량은 대장군 위연에게 대군을 이끌고 동쪽으로 내려가도록 한 후, 자신은 1만의 군사로 양평성을 지키고 있었다. 이때 위나라 원사 사마의가 20만 대군을 이끌고 양평성 근처까지 다가왔다. 제갈량은 위연을 회군시키기에는 이미 때가 늦었으며 성을 버리고 도망간다고 하더라도 금방 위군에게 잡힐 것이라 판단했다. 고심 끝에 그는 모든 병사들을 숨기고 성문을 사방으로 활짝 열어 놓은 다음, 20명 정도의 늙은 병사를 민간인으로 꾸며 길에 물을 뿌리고 바닥을 쓸도록 하라는 대담한 방책을 내놓았다.

양평성에 도착하여 이 같은 정경을 본 위군 선두부대는 즉각 행군을 멈추고 감히 공격해 들어가지 못했다. 사마의가 성안의 풍경을 보니 20명 남짓한 백성들만 머리를 숙이고 땅을 쓸고 있을 뿐 적군이 코앞에 와 있다는 당황스러운 분위기가 전혀 느껴지지 않았다. 다시 성 위를 보니 제갈량이 도포를 입고 태연자약하게 앉아 거문고를 타고 있었다. 고운 거문고 가락이 공중에 흩어지는 가운데 두 명의 소년이 제갈량 옆에 서 있었다. 하나는 왼쪽에서 보검을 받치고 있었고 하나는 오른쪽에서 총채를 흔들며 벌레를 쫓고 있었다.

사마의는 갈수록 의심이 커지고 무서운 생각이 들어서 즉각 퇴각을 명했다. 결국 군대의 앞뒤가 바뀌면서 꽁지가 빠지게 달아났던 것이다. 이때 아들 사마소가 진언했다. "어쩌면 성 안에는 군사가 전혀 없을지도 모릅니다. 제갈량이 허세를 부려 우리를 속이려 하는 것인지도 모릅니다." 하지만 사마의는 자신에 찬 얼굴로 말했다. "제갈량은 아주 신중한 인물이다. 오늘 사방으로 문을 열어 놓은 것을 보면 성 안에 매복된 군사가 있는 것이 틀림없다. 우리가 무턱대고 성안으로 들어간다면 그의 계략에 걸려드는 것이다. 꾸물대지 말고 즉각 철수하자!"

얼마 후 사마의는 양평성이 실제로 텅 비어 있었다는 것을 알게 되지만 이때는 이미 제갈량이 모든 방비를 끝낸 후였다. 사마의는 이 일을 두고두고 후회하였다.

 **③ 스스로 물러난 변방의 도적들**

북송 진종 때, 마지절은 연주를 다스리고 있었다. 어느 정월 대보름날 정찰을 나갔던 병사들이 변방의 도적들이 연주로 쳐들어오고 있다는 보고를 올렸다. 마지절은 성내 병사와 백성들이 모두 명절을 쇨 준비를 하고 있는데 이 소식을 들으면 틀림없이 큰 혼란이 빚어질 것이라 생각했다. 게다가 자신의 병력이 턱없이 모자랐기 때문에 저항을 하기에도 어려움이 있었다.

어찌 해야 할지 고심에 고심을 거듭하던 그에게 갑자기 좋은 생각이 떠올랐다.

마지절은 우선 성문을 활짝 열어 놓고 오색 등으로 치장하게 한 다음 잔칫상을 준비하고 전군이 지위 고하를 막론하고 백성들과 함께 즐기며 명절을 보낼 것을 명령했다. 장군이 이처럼 태연자약한 것을 본 병사들은 틀림없이 적을 물리칠 방책이 마련되어 있다고 굳게 믿게 되었고 군심은 저절로 안정이 되었으며 질서가 잡혀갔다. 성 안의 백성들도 이런 분위기를 보고 안심하고 명절을 지내게 되었다.

한편 성 아래에 도착한 변방의 도적들이 보니 성문은 열려 있고 백성들은 명절 분위기에 한껏 들떠 있었다. 이 모습을 보고 성 안에 틀림없이 대군이 매복해 있을 것이라고 판단한 적들은 공격할 때가 아니라고 판단하고는 그대로 물러가 버리고 말았다.

 ## 4 지혜로 동족산민을 물리친 공용

명나라 효종 때, 공용이 전주 부지사로 부임했다. 그가 부임한 지 3일째 되던 날, 현지 군대는 임무 수행을 위해 타지로 출동하고 성은 텅 비어 있었는데 이를 틈타 현지의 동족산민들이 칼과 창으로 무장하고 몰려와 전주성을 포위했다.

당황한 백성들이 성문을 굳게 걸고 며칠이라도 성을 사수하려고 했지만 공용은 어찌된 영문인지 오히려 성문을 활짝 열 것을 명령했다. 그러자 한 신하가 영문을 알 수 없다는 듯 말했다. "대인, 동족산민은 미개인이라 공성계가 무엇인지 알 턱이 없습니다. 문을 열기만 하면 그 즉시 밀고 들어와 우리 모두를 죽일 것입니다." 그러나 공용은 조금도 당황하는 기색이 없었다. "문을 열고 내가 나가서 그들과 담판을 지을 것이오. 황제의 은덕과 공맹의 도리로 그들을 감화시킬 참이오." 이 말을 들은 사람들은 이러지도 저러지도 못하고 속으로 세상물정 모르는 이 나리 덕에 꼼짝없이 죽게 되었다고 생각했다.

성문이 열리자 공용은 말을 타고 몇 명의 수행원들만을 거느린 채 밖으로 나갔다. 그러자 동족 수령이 잔뜩 거들먹거리며 소리를 질렀다. "뭐 하는 놈이기에 말에서 내려오지 않는 게냐. 죽고 싶은 게냐!" 그러자 공용은 침착하면서도 위엄 있게 말했다. "나는 신임 지사다. 마침 너희들이 사는 곳을 둘러보러 나서는 참이었다. 어서 앞장서거라."

이전에 부임한 관리들은 그들의 어려움에 전혀 관심이 없었으며 그들이 사는 곳을 방문한 적은 더더욱 없었기에 동족 수령은 순순히 공용의 말을 따랐다.

이윽고 마을에 도착한 공용이 한가운데 자리를 차지하고 앉으며 준엄한 목소리로 꾸짖었다. "예를 모르는 자들이군. 어서 무릎을 꿇지 못하겠느냐?” 그러자 수령이 볼멘 목소리로 대꾸했다. “겨우 부지사 따위가 우리한테 명령이냐?” “나는 바로 너희들을 다스리는 공지사로 너희들을 바로 가르쳐야 할 책임이 있다.” 그때 누군가 물었다. “혹시 성인 공자의 후예이십니까?” “그렇다. 내가 바로 공자의 자손이다.” 공용이 대답했다. 이 말을 들은 사람들은 즉시 존경스러운 눈으로 그를 바라보기 시작했다. “너희들은 본시 양민이었으나 굶주림 때문에 도적으로 변했다는 것을 알고 있다. 이제 내가 너희들을 잘 보살펴 양식과 포목을 나눠 줄 것이다. 하지만 내 말을 듣지 않고 계속 제멋대로 할 경우 관군을 보내 죄를 물을 것이다!”

본래 양식과 포목을 얻기 위해 성을 치려고 했던 그들은 공용의 말을 듣고는 다시는 관에 대항하지 않을 것을 맹세했다. 그날 동족의 마을에서 하룻밤을 보낸 공용은 다음 날 이들을 산에서 데리고 내려와 성 안의 식량과 포목을 가져가게 했다. 동족산민들은 양식과 포목을 짊어지고 콧노래를 부르며 산으로 돌아갔다.

 **5** 산 사람을 위한 추도회

1941년 10월, 일본군은 산시성 신위안 지구를 철통같이 에워싸고 대토벌작전에 들어갔다. 이틀 밤낮으로 벌

어진 전투에서 중국 공산당 타이위에군 지구 사령부는 포위망을 뚫기 위한 작전에 들어갔다. 하지만 '결사대'였던 제59단의 단장 후자오치와 100여 명의 군사가 일본군에 포로로 잡히고 말았다.

일본군은 명성이 자자한 '거물급 공산당' 후자오치를 잡았다는 사실을 알고 승리감에 도취되었지만 누가 후자오치인지는 알아낼 길이 없었다. 이 거물을 가려내기 위해 일본군들은 포로들을 일일이 심문했지만 혹독한 고문에도 불구하고 아무도 입을 열지 않았다. 고문이 실패로 끝나자 일본군은 한밤중에 갑자기 감옥 대문을 열고 "후자오치, 나와. 석방이다" 하고 외쳐도 보았지만 아무도 그 속임수에 넘어가지 않았던 것은 물론이다.

아군 정보요원으로부터 이 사실을 듣게 된 타이위에군 지구 정치위원회의 보이보는 군 지구 당위원회 서기 안즈원과 의논해 후자오치가 잠시 위험에서 벗어날 수 있도록 '공성계'를 쓰기로 결정했다.

이날 보이보는 후자오치를 비롯한 전사들을 위한 대규모 추도회를 마련했다. 추도회가 끝난 후 보이보와 안즈원은 팔에 검은 완장을 두르고 가슴에는 하얀 꽃을 꽂고는 장례행렬 선두에 섰다. 회색 군복을 입은 결사대 전사들이 검은 관을 지고 몇 명의 여인들이 비통하게 우는 후자오치의 아내를 부축하며 행렬 뒤를 따랐다. 장례식을 마친 후, 그들은 후자오치와 전몰 전사들을 위한 기념비까지 세웠다.

이 소식은 일본군 첩자에 의해 즉시 일본군 지휘관에게 전해졌고 후자오치가 죽었다고 확신한 그들은 즉시 심문을 멈추었다. 훗날 일본군 경비가 약간 허술해진 틈을 타 후자오치는 아군에 의해 구출되었다.

 **6 글 한 편으로 적을 물리친 마오쩌둥**

1948년 10월, 화베이 지역의 위급한 정세를 만회하기 위해 장제스는 직접 베이핑과 화베이 '토벌대 본부'로 왔고 사령관 푸주오이와 함께 중국 공산당에게 빼앗긴 화베이 지역의 요충지 스자좡을 기습하기로 비밀리에 작전을 수립했다. 이를 위해 푸주오이는 94군 3개 사단과 신이군의 2개 사단을 스자좡에 투입하기로 결정했다.

당시 당 중앙이 스자좡에서 멀지 않은 시보포로 막 옮겨갔고 아군의 주력부대는 멀리 떨어진 차수이지역에서 작전 중이었기 때문에 스자좡은 사실상 텅 비어 있었다. 만일 적이 기습공격을 가해 온다면 주민들의 생명과 재산은 물론 당 중앙 소재지도 큰 피해를 당할 수밖에 없는 상황이었다.

이런 상황에서 마오쩌둥은 중앙기구 철수준비를 하는 동시에 직접 한 차례 '공성계'를 연출하기로 했다. 다만 그의 공성계에서는 늙은 병사가 땅을 쓸지도 자신이 성루에 앉아 거문고를 타지도 않았다. 그는 단지 몇 백자짜리 신문평론 한 편을 써서 스자좡을 공격하려고 하는 장제스의 그릇된 음모를 밝히고 아군이 이미 적을 섬멸할 만반의 준비를 갖추고 있음을 알렸을 뿐이었다.

《인민일보》에 실린 이 글은 푸주오이를 깜짝 놀라게 만들었다. 그는 중국 공산군이 자신의 계획을 이처럼 속속들이 알고 있으리라고 상상도 하지 못했다. 중공 측에서는 심지어 이번에 작전에 참가하는 부대번호, 병력 배치 그리고 무기장비 상태까지도 낱낱이 파악하고 있었다. 게다가 스자좡 지역의 군민이 이미 모든 준비를 마쳤다고 하니 공격을 감행했다가는 실패할 것이 불을 보듯 뻔했다. 작전이 성공할 가능성이 희박하다고 판단한 푸주오이는 원래의 계획을 포기하고 말았다.

마오쩌둥은 적의 침입을 목전에 두고 아군이 미처 손쓸 틈을 갖지 못하자 대항해 싸우는 대신 자신의 역량을 과장해 보이는 심리전을 펼침으로써 오판한 적이 스스로 물러나게 하였다.

 **7** 지혜로 성을 지킨 도쿠가와 이에야스

일본 에도막부 시대, 도쿠가와 이에야스와 다케다 신겐 사이에 충돌이 일어났고 이는 전쟁으로 번졌다.

1571년, 먼저 군사를 일으킨 다케다 신겐이 도쿠가와 이에야스를 공격했다. 도토미에 이르기까지 양측은 격렬한 전투를 벌였으나 결국 패한 도쿠가와 이에야스군은 하마마쓰성으로 피할 수밖에 없는 지경이 되었다. 다케다 신겐은 승리의 여세를 몰아 일격에 하마마쓰성을 무너뜨릴 준비를 했다.

이때, 성안에 꼼짝없이 갇혀 있던 도쿠가와 이에야스에게 갑자기 공성계가 떠올랐다. 그는 자신의 적수가 병법에 정통하면서도 지나치게 신중한 성격의 소유자임을 알고 있었기에 이 계책에 승산이 있다고 생각했다.

하마마쓰성에 도착한 다케다 신겐의 눈에는 불빛이 환히 켜진 채 활짝 열린 성문밖에는 개미새끼 한 마리도 보이지 않았다. 이 광경을 본 그는 상대방이 공성계를 쓰는 것이라고 생각했다. 하지만 막 군대를 이끌고 진격하려는 순간, 그는 무슨 생각에서였는지 갑자기 회군을 명령했다. "도쿠가와 이에야스는 내가 병법에 일가견이 있다는 것을 잘 알고 있다. 그런 그가 공성계를 펼친 데는 나를 유인하고자 하는 속셈이 있음에 틀림없다." 여기까지 생각이 미친 그는 진격을 멈추고 군대를 성 밖에 주둔시켰다. 공교롭게도 그때 도쿠가와 이에야스의 후방군 3,000명이 하마마쓰성으로 오고 있는 중이었다. 다케다 신겐은 이들을 복병으로 오인해 더더욱 무모한 진격을 감행할 수가 없었다.

8 도로에 지뢰를 설치한 소련군

　　2차 세계대전 당시, 독일군의 보급물자를 운송하던 아주 중요한 도로가 있었는데 한 소련 적군 상위가 통솔하는 돌격소부대가 이 도로에 지뢰를 설치하라는 명령을 받았다. 하지만 당시 부대 내에는 지뢰가 없었다. 만약 당장 지뢰를 설치하지 못한다면 좋은 기회를 놓치고 말 상황이었다.

　　그래서 상위는 병사들에게 작은 나무 판을 여러 개 구해 와서 그 위에 독일어로 '지뢰조심!' 이라는 글자를 적도록 했다. 저녁에 그는 소대원들을 이끌고 독일군의 방위선을 조심스럽게 넘어가 몰래 이 나무판을 길 위에 꽂아두었다. 날이 밝은 후, 독일군 운송차량들이 아주 조심스럽게 팻말로 접근했다. 운전사들이 차에서 내려 두려움에 떨면서 팻말에 쓰인 글을 읽고 있었기 때문에 일순간 도로가 군용물자를 실은 독일군 차량으로 가득 찼다. 이때 한참을 기다리고 있던 소련 적군 포병들이 대포를 쏘며 이들을 공격해 거의 모든 독일군 차량을 파괴시켰다.

　　본래 도로에는 지뢰가 없었지만 팻말을 꽂아 적이 지뢰가 있다고 믿게 만드는 것, 이것이 바로 공성계다. 소련은 가짜 지뢰를 설치해서 독일군을 혼란에 빠뜨렸고 적은 대가로 커다란 승리를 얻을 수 있었다.

9 위기를 극복한 마쓰시타

마쓰시타 사는 마쓰시타 고노스케가 건설한 대형 전자제품 왕국이다. 지난 70여 년간 마쓰시타 사 역시 여러 차례 생사존망의 위기를 겪었고 마쓰시타 회장은 그럴 때마다 자신의 지략을 통해 어려움을 극복해 왔다.

1950년대, 일본 경제가 바닥으로 곤두박질치면서 마쓰시타 사 제품도 대량으로 창고에 쌓이기 시작했다. 회사 관계자들은 마쓰시타에게 직원을 절반으로 감원해서 당장의 어려움을 해결하자고 건의했고 이 소식이 전해지자 전 직원이 시름에 잠겼다.

회사 고위 임원이었던 다케히사와 이우에가 마침 병으로 입원한 마쓰시타를 만나러 병원으로 찾아왔다.

"지금 회사가 겪고 있는 문제를 해결할 무슨 방도가 있는가?" 하고 마쓰시타가 물었다.

"감원말고 무슨 뾰족한 대책이 있겠습니까!" 하고 이우에가 대답했다. 하지만 마쓰시타는 병상에서 몸을 일으키며 단호하게 말했다. "나는 한 사람도 자르지 않기로 결정했네."

이 말을 들은 두 사람은 모두 깜짝 놀랐지만 그는 오히려 침착하게 말을 이어갔다. "우리가 만일 감원을 한다면 다른 사람들은 우리 형편이 여의치 않다고 생각할 거네. 그러면 다른 회사들이 이 기회를 타고 우리에게 여러 가지 조건을 달기 시작할 걸세. 그러면 우리

상황은 더욱 나빠지게 되네. 만일 우리가 감원을 하지 않는다면 밖에서는 우리가 충분한 역량이 된다고 생각할 것이고 경쟁자들도 우리를 얕보지 못하게 될 걸세."

하지만 다케히사가 무거운 얼굴로 물었다.

"일감이 없는데 그게 가능하겠습니까?" "그건 이미 생각을 다 해 두었네. 하루 반나절만 일하게 하고 전과 같이 임금을 지불하게." 회장이 조용히 지시했다.

두 사람은 회사에 돌아와 직원들에게 회장의 결정을 알렸다. 이 소식을 들은 직원들은 환호성을 질렀으며 모든 사람들이 힘을 다해 회사의 어려움을 헤쳐 나가겠다는 의지를 다졌다. 그 후 회사에는 한마음 한뜻으로 난관을 돌파하자는 분위기가 생겨났다.

다른 회사들은 감원 없이 반나절 근무에 전일 임금을 지급하기로 했다는 마쓰시타 사 소식을 듣고 내실 있는 일본 기업답게 틀림없이 상황을 반전시킬 묘책이 마련되어 있다고 생각했다.

그 후 전 직원이 함께 노력한 결과, 마쓰시타 사는 단 두 달 만에 재고 물품을 모두 팔아치울 수 있었다.

마쓰시타 고노스케는 '경영의 신'이란 칭호에 걸맞게 사면초가의 상황에서 비즈니스전에 대담하게 공성계를 이용했다. 그 결과, 불리한 국면을 유리한 국면으로 전환시키면서 회사를 곤경에서 구해 냈던 것이다. 이것이 바로 그가 남보다 한 수 위인 이유이다.

제 15 기

반간계(反間計)

적을 상대방의
내부에 숨겨 놓아라

《손자병법》은 별도의 장에서 간첩 사용법에 대해 서술하고 있다. 그에 따르면 간첩에는 다섯 종류가 있다. 특히 손자는 반간의 쓰임을 중시해서 '적의 사정을 미리 알 수 있는 것은 필히 반간에 달려 있다(知之必在反間)' 라고 말하기도 했다.

《손자병법》은 별도의 장에서 간첩 사용법에 대해 서술하고 있다. 그에 따르면 간첩에는 다음 다섯 종류가 있다. 첫째는 인간(因間)으로 적국의 현지인을 간첩으로 삼는 것이다. 둘째는 내간(內間)으로 상대방의 사람을 매수해 간첩으로 활용하는 것이다. 세 번째는 반간(反間)으로 상대방이 보낸 간첩을 매수하거나 이용해 나에게 유리하게 쓰는 방법이다. 넷째는 사간(死間)으로 상대방이 보낸 간첩에게 일부러 허위정보를 흘려 적이 걸려들게 함으로써 간첩을 사지로 몰아넣는 방법이다. 다섯째는 생간(生間)으로 왕래가 용이한 첩자를 보내 적의 사정을 알아보게 하는 것이다.

특히 손자는 반간의 쓰임을 중시해서 '적의 사정을 미리 알 수 있는 것은 필히 반간에 달려 있다(知之必在反間)'라고 말하기도 했다. 반간계는 '상대방이 했던 방식대로 상대에게 돌려준다(以其人之道, 還治其人之身)'라는 방법의 일종이라 할 수 있다. 적이 간첩을 보내 정탐하거나 방해하는 것을 발견했을 때 이를 눈치 채지 못한 척하고 고의로 허위정보를 유출시키거나, 두둑한 대가로 매수해 자신을 위해 이용할 수 있다. 이렇게 하면 아군은 전혀 피해를 당하지 않고 적을 물리칠 수 있다.

이 계책은 두 가지 내용을 담고 있다.

(1) 적의 간첩을 이용하는 법. 적이 심어놓은 첩자를 거꾸로 다시 이용해 상대방을 홀리는 방법으로 적이 제 손으로 제 입을 때리게 만드는 것이다. 적의 간첩을 이용하는 데는 두 가지 방식이 있다. a. 일부러 거짓 정보를 적에게 흘려 적이 진위를 분간하지 못하게 한 뒤 내가 쳐 놓은 덫에 걸려들게 하는 방법. b. 후한 이익을 제시하는 방법. 손자는 '반간계는 반드시 후해야 한다(反間不可不厚)' 라고 했다. 극진한 대우와 충분한 보상이 있어야만 적의 간첩이 기꺼이 나를 위해 일한다는 것이다.

(2) 이간질하여 적을 분열시키는 법. 일반적으로 군대의 힘은 단결에 있으니 분열되면 힘이 줄어든다고 말한다. 적들을 서로 부추겨 문제를 일으키고 내부의 단결을 약하게 해 적의 역량을 무너뜨리고 아군에게 유리한 조건을 만든다. 이간질하여 분열시키는 방법에는 a. 유언비어를 퍼뜨리는 법 b. 서로 간에 오해를 만드는 법 c. 서로 간의 의견 차이를 확대시키는 법 d. 한쪽은 밀어주고 한쪽은 밟아주는 법이 있다.

옛 사람들은 '재능과 지혜가 뛰어난 사람이 아니고서는 반간계를 제대로 사용할 수 없다' 라고 말했다. 즉, 이 계책은 대담한 계획과 주도면밀한 실천 그리고 과단성이 있어야만 최소의 대가로 최대의 효과를 얻을 수 있는 법이다.

1 적의 수족을 제거한 진평

기원전 205년, 초패왕 항우가 10만 대군을 이끌고 형양을 포위하자 한나라 왕 유방은 모사 진평 등을 불러 대책을 논의했다.

진평은 유방에게 자신만만하게 말했다. "항우 수하에 있는 주요 인물이라야 범증과 종리매 같은 사람입니다. 항우는 도량이 좁고 의심이 많은 인물이지요. 그러니 한왕께서 황금 2만 냥만 주신다면 항우와 그 신하 사이를 갈라놓아 서로 불신하게 만들 수 있습니다. 초나라 군사 내부에 분열이 생기길 기다려 그 틈을 타 공격한다면 반드시 대승할 것입니다." 이에 크게 만족한 유방은 곧 진평에게 황금을 보내어 일에 착수하도록 했다.

진평은 황금으로 초나라 장수 여럿을 매수하였고 이들을 이용해 사방으로 유언비어를 퍼뜨렸다. "대장군 종리매는 항우왕을 위해 목숨을 걸고 싸워 많은 공을 세웠건만 어찌 된 일인지 왕에 봉해지지 않았다. 이제 한나라 왕과 손잡고 항우를 죽여 그의 영토를 나누려 한다." 이 유언비어를 들은 항우는 과연 종리매를 의심하기 시작했고 다시는 그를 중용하지 않았다.

성공적으로 종리매를 제거한 진평은 이제 칼끝을 범증에게 겨누기 시작했다. 항우의 '지낭智囊'인 범증은 온갖 지략에 능통한 인물이었다. 한나라 왕 유방은 홍문 연회에서 하마터면 그의 계략에 말려 목이 달아날 뻔한 적이 있었다. 유방이 형양 서쪽 땅을 떼어 주겠다고 제안했을 때도 범증은 항우에게 반드시 형양을 취해야 한다고 강하게 주장하였다. 이렇게 해서 범증은 유방에게 더욱 눈엣가시 같은 존재가 되고 말았다.

하루는 항우의 사절이 형양성을 찾아왔고 진평은 제후에 준하는 예를 갖춰 극진히 그를 접대했다. 아주 득의양양해진 사절이 연회석에서 한창 술을 마시고 있을 무렵 갑작스레 자리에 나타난 진평은 사절을 한눈으로 힐끗 쳐다본 후, 짐짓 놀라는 척하며 말했다. "이런, 실수가 있나. 알고 보니 항우의 사절이었구먼. 난 또 범증의 사절인 줄 알았지." 말을 마친 그는 연회상을 걷고 아주 형편없는 음식으로 바꿔 내오게 했다. 화가 단단히 난 사절이 군영으로 돌아와 이 사실을 항우에게 고했다. 진평이 바라던 대로 이때부터 항우는 범증을 의심하기 시작했다. 이런 사정을 까맣게 모르는 범증은 항우에게 계속 형양을 공격하라고 건의했다. 범증이 재촉하면 할수록 항우의 의심은 커져만 갔다. 나중에 항우가 자신을 의심하고 있다는 사실을 알고 분노에 떨며 말없이 고향으로 돌아가던 범증은 본시 병약했던 데다 화병까지 더해져 고향에 닿기도 전에 병사하고 말았다.

주변에 모사가 없어진 항우는 더욱 무모해졌고 결국 몇 년 후, 유방에게 쫓겨 오강에서 자결하는 최후를 맞게 되었다.

② 계략에 말려 채모와 장윤을 참수한 조조

　　기원 후 208년, 형주를 점령한 조조는 여세를 몰아 일거에 오나라를 멸할 준비를 했고, 동오의 도독 주유는 조조군을 맞아 싸우던 중 적벽에서 서로 대치하게 되었다. 직접 배를 타고 적의 사정을 살피러간 주유는 조조군이 장강을 따라 24곳의 수문이 있는 수군진지를 구축한 것을 보았다. 형주군의 큰 배들은 마치 성벽을 둘러치듯 바깥으로 열을 지어 있었고 북방군의 작은 배들이 안쪽으로 다니고 있었다. 또 강기슭에는 300리에 걸쳐 육군진지가 구축되어 밝은 불빛이 끝없이 이어졌다. 이를 본 주유는 속으로 탄성을 질렀다. "조조의 수군도독 채모와 장윤은 과연 뛰어나구나. 조조를 이기려면 먼저 이 두 사람을 제거해야만 하겠구나!" 깊은 고민에 빠져 있던 주유에게 장간이 찾아왔다는 기별을 왔고 순간 그에게 묘책이 떠올랐다.

　장간은 주유와 동문수학한 사이였으나 지금은 조조의 수하에 있는 문관이었다. 이번에 주유를 찾은 것 역시 조조를 위해 세객노릇을 하러 온 것이었다. 발걸음을 하면서도 주유가 자신을 거들떠보지 않으면 어찌하나 하는 걱정까지 한 장간은 뜻밖에도 융숭한 대접을 받았다. 주유는 호방한 태도로 옛 친구를 군영 이곳저곳을 데리고 다니며 구경을 시켜주었다. 장간은 기강이 잘 잡힌 군대와 충분한 식량 준비상황을 보고 속으로 감탄하였다. 주유는 장간을 위해 연회를 베풀었는데 술자리에서 일부러 취한 척하며 어릴 때처럼 한방에서 자자고 하였다.

주유가 잠에 곯아떨어진 틈을 이용해 장간은 그의 기밀문서를 훔쳐보았다. 거기서 채모와 장윤이 주유에게 보낸 서신 한 통을 발견한 그는 얼른 첫머리를 훑어보았다. "우리는 본시 형주 사람으로 조조에게 투항한 것은 상황이 급박한 탓이었습니다. 지금 무사히 조조를 속여 조조군이 수군진지에 둘러싸이게 만들었으니 조조의 머리를 장군께 바칠 기회만 엿보고 있습니다." 놀란 장간은 편지를 품 안에 쑤셔 넣고 작별인사도 없이 그 길로 형주로 돌아와 조조에게 편지를 보여주었다.

불같이 분노한 조조는 바로 채모와 장윤을 불러들였고 짐짓 아무 일도 없는 것처럼 두 사람에게 물었다. "나는 자네 둘에게 즉각 출병을 명하려 하네만." 채모가 즉시 이를 만류하며 말했다. "안 됩니다. 병사들이 아직 수전에 익숙지 않으니, 무모하게 덤벼서는 승산이 없습니다." 이 말이 떨어지자 조조는 책상을 치며 일어나 큰소리를 질렀다. "너희들이 병사훈련을 끝내기 전에 내 머리가 먼저 주유한테 가겠구나!" 결국 분을 이기지 못한 조조는 그 즉시 채모와 장윤을 참수하라 명령했다. 그리고 채모와 장윤을 대신해 수전에 대한 지식이 없는 모개와 우금을 수군도독에 임명했다.

주유는 자신의 반간계가 성공했음을 알고 기쁘게 말했다. "내 걱정거리가 바로 이 두 사람이었으니 이제 겁날 게 무엇이냐! 조조가 만일 우리를 침범해 온다면 반드시 패할 것이다."

 **3 꾀로 돌궐족을 물리친 이세민**

서기 624년, 당나라가 중국 통일의 위업
을 거의 달성해 가고 있을 무렵, 이제 내지에 이미 이용할 만한 세
력들이 없다고 판단한 돌궐 귀족들은 전 병력을 동원해 당나라 변
방을 침범해 들어왔다. 힐리칸과 돌리칸이 이끄는 돌궐족 부대가
유주 깊숙이까지 치고 들어와 당의 수도 장안을 위협하자 당고조
이연은 진왕 이세민과 제왕 이원길을 보내 이들을 막도록 했다.

적이 강하고 내가 약한 상황에서 무리하게 싸우는 것보다는 지략
을 쓰는 편이 낫다고 판단한 이세민은 이원길을 설득하여 100여 명
의 기병을 거느리고 직접 돌궐군 진지 앞으로 찾아갔다. 힐리칸과
돌리칸은 100여 명에 불과한 당나라 기병이 접근하는 것을 보고 이
상하게 여겨 혹시 무슨 꿍꿍이가 있는 것이 아닌지 의심하면서 감
히 달려들지 못했다.

진지 앞에선 이세민이 큰 소리로 힐리칸에게 말했다. "나는 대
당나라 진왕이다. 자신이 있다면 나와 단독으로 겨루어 보자." 이윽
고 그는 방향을 돌려 돌리칸에게 아주 친근한 목소리로 말했다. "너

는 일찍이 나와 동맹을 맺어 어려운 일이 있으면 서로 돕자고 하지 않았느냐. 한데 돕기는커녕 군사를 일으켜 공격하다니. 이러고서야 어찌 형제간의 의리를 논하겠느냐?” 어렴풋이 이세민의 입에서 나오는 ‘동맹’이니 ‘형제간의 의리’니 하는 말을 들은 힐리칸은 돌리칸과 이세민 사이에 무슨 암약이라도 있는 게 아닐까 하는 의심이 들어 결국 군사를 돌렸다. 힐리칸이 군사를 돌리자 돌리칸도 뒤따라 군대를 후퇴시켰다.

그 후 10여 일간 계속 비가 내렸다. 이세민은 비를 무릅쓰고 직접 기습작전을 감행해 돌궐의 두 칸에게 자신이 호락호락한 인물이 아님을 보여주는 한편, 거액의 뇌물로 돌리칸을 설득하기 시작했다. 힐리칸이 재공격을 제안해 왔을 때 벌써 마음이 어느 정도 흔들린 돌리칸은 이를 거부했고, 힐리칸은 적과 돌리칸 사이에 비밀협약이 있었을 거라 생각하고는 결국 당나라와의 동맹서약에 동의하고 군사를 돌려 가버렸다.

여기서 이세민이 사용한 것이 바로 반간계이다. 그는 힐리칸과 돌리칸이 비록 한 민족이긴 하나 부락이 다르고 서로 시기하고 있음을 잘 알고 있었다. 그는 바로 이점을 이용해서 돌리칸과 왕래가 있었던 것처럼 꾸며 힐리칸이 의심을 품도록 만든 것이었다. 사령관들이 단합하지 못한 군대가 전투력이 강할 리 없다. 힐리칸은 이세민과 돌리칸이 만든 함정에 자신이 걸려들까 두려워한 나머지 군대를 철수시킨 것이다.

4 싸우지 않고 승리한 왕덕용

북송의 명장 왕덕용은 정주 도총관으로 재직해 있을 당시, 북방 거란인의 기습에 대비하느라 날마다 병사들을 훈련시키기에 여념이 없었다.

한번은 부하들이 이곳 사정을 정탐하러 잠입한 거란인 첩자를 발각해 즉각 잡아들일 것을 건의했다. 하지만 왕덕용은 그들을 말리고 나섰다. "우선은 그냥 두어라. 마침 그 자를 나를 위해 말을 전하는 데 쓸 참이다. 그 자는 돌아가는 즉시 거란인 대장에게 이곳의 사정을 고할 게 아니냐. 결국 거란인들은 그 자의 입에서 나오는 말에 따라 전쟁 여부를 결정지을 것이다. 백전백승도 싸우지 않고 이기는 것만은 못하느니라."

이튿날 왕덕용은 일부러 성대한 군대열병식을 거행해 병사들의 원기왕성함과 사기가 충전한 군대를 과시했다. 게다가 열병식을 마치고 나서는 "군량도 다 채워졌으니 언제라도 명령만 떨어지면 출동이다!"라고 선포했다.

정탐병으로부터 이런 사정을 전해들은 거란인 대장은 군사를 일으켜 송을 치더라도 잃는 것이 얻는 것보다 많을지도 모르겠다고 판단했고 결국은 사절을 보내 송과 강화를 맺었다.

왕덕용은 적이 보낸 첩자를 발견하고 성급히 잡아들이는 대신, 다시 역이용해 정보를 흘림으로써 싸우지 않고도 적이 스스로 머리를 숙이고 강화를 청하게 하는 목적을 달성했던 것이다.

 5 적의 칼을 빌려 적장을 죽인 종세형

북송 때, 원호는 서북지역에 당항족(탕구트족)의 국가인 서하를 세웠다. 원호에게는 야리왕과 천도왕이란 두 장수가 있었는데 그 둘은 자주 군사를 이끌고 송의 영토를 침범해 왔다. 송나라 장군 종세형은 이 두 화근을 잘라버리려고 마음먹었다. 이때 마침 야리왕이 보낸 랑매, 상걸, 미낭 세 사람이 거짓투항을 해왔다. 종세형은 이들이 투항한 진짜 속셈을 파악하고 난 후, 죽이는 것보다 이들을 이용해 반간계를 쓰는 편이 낫겠다고 판단했다. 그래서 짐짓 아무것도 눈치 채지 못한 양, 겉으로는 이들에게 관직을 내리고 융숭하게 대접하는 한편, 뒤로는 몰래 사람을 붙여 엄중하게 감시토록 했다.

하루는 종세형이 그의 절친한 친구인 왕숭에게 말했다. "내가 자네를 서하에 보내 반간계를 쓰게 할 참이네만, 해줄 수 있겠나?" 왕숭은 흔쾌히 이에 응했다. 종세형은 야리왕에게 보내는 편지 한 통을 써 주었는데 그 내용은 이러했다. "야리왕께서 보내신 랑매, 상걸, 미낭 세 사람에게는 이미 관직을 주었습니다. 조정에서도 야리왕이 송에 귀화하고자 함을 아시고 이미 하주의 절도사직을 내리셨습니다. 한시바삐 행동에 옮기십시오!" 종세형은 왕숭에게 야리왕에게 전할 편지와 함께 거북이와 대추가 그려진 그림 한 폭을 가져가게 했다.

야리왕은 편지를 보고 깜짝 놀라 왕숭에게 그림의 의미를 물었다. "이 그림은 빨리(대추를 나타내는 '棗'와 '빨리'를 나타내는 '무'가 동음어인 것을 이용한 것) 돌아오라(거북이를 나타내는 '龜'와 '돌아오다'라는 뜻의 '歸'가 동음어인 것을 이용한 것)는 뜻입니다. 야리왕께서 만약 송에 귀화하시고자 하면 빨리 행동하란 뜻입니다." 왕숭의 설명을 들은 야리왕이 볼멘 목소리로 대답했다. "종세형은 나를 어린아이 취급을 하려 드는군. 나에게 이런 수작을 부리다니." 이윽고 야리왕은 성의를 보이는 척하기 위해 왕숭을 원호의 처소로 데려가 편지와 그림을 보여 주었다. 이를 본 원호는 왕숭을 참수하라 명했다. 그러나 왕숭은 조금도 당황한 기색 없이 웃으며 말했다. "사람들이 모두 서하왕이 의심이 많다고 했으나 본인은 그 말을 믿지 않았더니 오늘에 와서 그것이 사실임을 알았습니다. 야리왕이 먼저 사람을 보내 투항하지 않았다면 종세형 장군께서 어찌 아무 연유 없이 저에게 편지를 보내셨겠습니까. 현재 송나라 조정에서 이미 야리왕에게 하주 절도사직을 내렸는데 야리왕이 갑자기 마음을 바꾸시니, 서하인들은 정말 믿을 수가 없군요!"

원호는 야리왕이 사람을 보내 거짓투항시킨 일을 모르고 있던 터라 왕숭의 말을 듣고는 야리왕에게 의심하는 마음이 생겼다. 사실

을 알아보기 위해 원호는 자신의 심복을 야리왕이 보낸 사람으로
꾸며 종세형에게 보냈다. 종세형은 서하의 포로를 통해 이 사람의
진짜 신분을 알고 있었지만 이전에 야리왕이 보낸 사람들과 마찬가
지로 극진히 접대하고 야리왕이 투항할 날짜까지 잡아주었다. 이
사람이 돌아와 사실을 알리니 원호는 불같이 성을 내며 야리왕을
죽이고 말았다.

종세형은 원호를 이용해 천도왕마저 죽이기로 마음먹고 사람을
시켜 서하 변경지역에 제단을 세우고 목판에 다음과 같은 제문을
새겨 넣었다. "야리왕과 천도왕은 송나라에 귀화하기로 뜻을 모았
으나 뜻을 이루기도 전에 야리왕이 불귀의 객이 되니 이 제단을 세
워 추도하노라." 그런 후, 종세형의 수하들은 서하인들이 다가오자,
급히 지전과 목판에 불을 지르고 달아났다. 그러나 목판에 새긴 글
은 타서 없어지지 않았고 원호의 손에 들어가게 되었다. 이것을 본
원호는 사실로 믿고 천도왕마저 죽이고 말았다.

⑥ 유예를 내쫓을 계략을 세운 악비

1125년, 중국 북방지역에 여진족이 세운
금나라가 남쪽을 침입하여 송의 절반을 차지했다. 민족 간의 충돌을

무마하고 점령지를 안정시키기 위해 금나라는 여러 개의 괴뢰정권
을 세웠다. 유예의 제나라도 그 가운데 하나였다. 유예는 남송 관리
들을 꾀어 투항하게 하고 금나라 군대가 송나라를 칠 때마다 출병하
여 도왔다.

남송의 장군 악비는 변절자 유예를 제거하고자 했다. 그는 금나
라 김올술장군이 유예를 마땅치 않게 여기고 있다는 정보를 입수하
고 김올술의 손을 빌려 유예를 제거하려는 계획을 세웠다.

그러던 참에 마침 부하 하나가 김올술이 보낸 정탐꾼 하나를 잡
아 악비의 막사로 데려왔다. 악비는 짐짓 사람을 잘못 알아본 듯 부
하에게 명했다. "빨리 결박을 풀어라. 이 사람은 내 사람이다." 그런
후 악비가 첩자에게 말했다. "너는 장빈이 아니냐? 내 너를 제나라
유예에게 보내 김올술을 유인하라 시켰거늘 너는 어찌 가더니 소식
이 없었느냐? 내 하는 수 없이 딴 사람을 다시 보내 유예로부터 올
겨울 장강을 협공한다는 명분으로 김올술을 청하까지 유인하기로
답을 이미 받긴 했다만. 너는 오랫동안 밖에 있으면서 자신의 임무
를 저버렸으니 어찌 벌을 면할 수 있겠느냐?" 첩자는 때를 놓칠세
라 죄를 뉘우치는 시늉을 하면서 악비에게 앞으로 공을 세워 죄를
갚을 테니 사면해 달라고 사정했다. 그러자 악비가 말했다. "이번
한 번은 용서하고 다시 기회를 줄 터이니 내 편지를 갖고 유예에게
가서 언제 출병할 것인지 알아보아라." 악비는 서둘러 편지를 써서
첩자의 넓적다리를 베어 그 안에 감춘 다음 상처를 잘 싸맸다. 첩자

는 고통을 참으며 김올술 진영으로 돌아와 편지와 함께 그간 있었던 일을 모두 고해 바쳤다. 이를 보고 노발대발한 김올술은 편지를 황급히 금나라 국왕에게 보냈다. 얼마 있지 않아 유예는 파면당하고 말았다.

36계 중 반간계는 종종 '차도살인借刀殺人' 계와 함께 사용된다. 악비가 적의 간첩을 이용해 시비를 일으킨 것은 반간계에 속하나, 적을 제거한 방법으로 보자면 차도살인계에 속한다 할 수 있다.

 ## 7 도적떼를 소탕한 악비

송나라 고종 때, 도적 떼 두목 조성이 10만이 넘는 사람을 모아 도주와 하주 두 곳을 점령해 도처에 불을 지르고 사람을 죽이고 약탈하는 등 온갖 악행을 저질렀다.

그러자 악비의 군대는 하주에 도착해서 막사를 치고 진지를 구축하는 한편, 지역을 수습하고 그들을 공격할 시기를 기다렸다. 하루는 악비가 막사에서 계책을 궁리하고 있는데 갑자기 조성이 보낸 첩자를 잡았다는 기별이 왔다. 그 순간 악비에게 묘책이 하나 떠올랐다. 사람을 시켜 그 첩자를 자신의 막사 밖에 묶어두라고 시킨 다음, 군량과 사료를 담당하는 관리를 불러들였다. "지금 군량과 말먹이가 충분한가?" "양식이 곧 떨어질 것 같습니다. 어찌 할까요?" 관리의 대답에 악비가 힘없이 말했다. "그렇다면 한시바삐 다릉으로 돌아가는 수밖에 없겠군."

막사 밖에 묶여 있던 첩자는 이 대화를 남김없이 엿들었고 악비는 일부러 병사들의 경계를 해이하게 하여 첩자가 도망치도록 했다. 조성은 첩자의 보고를 듣고 크게 기뻐하며 사람과 말을 쉬게 하여 다음 날 다릉으로 돌아가는 악비의 군대를 도중에 치기로 하였다. 하지만 조성이 깊이 잠든 밤중에 악비의 군대가 갑자기 기습공격을 해왔다. 조성의 수하들은 오합지졸에 불과한 도적 떼인지라 승리를 거두면 서로 빼앗기 바빴고 세가 불리하면 꽁지를 내빼기에 정신이 없었다. 도적들은 기세등등한 악비의 군대가 온다는 소식을 듣고 모두 달아나기에 급급했다. 악비는 아무 어려움 없이 도적 떼들을 평정할 수 있었다.

 ## 8 계략으로 조보승을 제거한 주원장

1357년 겨울, 주원장은 아끼던 장수 유정옥을 진우량 수하의 장수 조보승에게 잃고 말았다. 수족과도 같은 유정옥을 잃은 주원장의 비통함은 말할 수 없을 지경이었다. 어

느 날 그가 군사회의 석상에서 엄숙한 목소리로 말했다. "조보승은 용맹하나 지략이 없고, 진우량은 욕심과 시기심이 많으니 이간계를 사용한다면 진우량의 손을 빌려 조보승을 제거할 수 있을 것이다."

주원장은 세객을 한 명 골라 안흥성에 잠입시킨 다음 조보승의 문객인 조맹과 알고 지내게 했다. 두 사람은 집안 얘기도 나누고 고향에 대한 그리움도 토로하면서 아주 가까운 사이가 되었다. 어느 날 그는 주원장이 조맹에게 쓴 편지를 일부러 조보승이 보도록 만들었다. 편지를 읽은 조보승은 조맹을 의심하기 시작하여 점차 둘 사이가 소원해졌다. 불안에 떨던 조맹은 마침내 세객에게 함께 달아나 주원장에게 몸을 맡길 것을 제안했다. 주원장은 조맹에게 융숭한 대접과 함께 많은 상을 내리면서 그에게 진우량의 진지로 돌아가 "조보승은 난폭하고 시기심이 많은 자로 진우량 따위는 안중에도 없어 모반할 마음을 먹고 있다"라는 유언비어를 퍼뜨리라고 시켰다.

이 유언비어를 듣게 된 진우량은 반신반의하여 사실을 알아보기 위해 조보승 진지에 신하를 보냈다. 원래 오만한 성격인 조보승은 사절에게 무례하게 대했으며 자신의 전공을 떠벌리기만 하고 진우량을 대수롭지 않게 말했다. 신하가 돌아와 이 사실을 보고하자 진우량은 끓어오르는 분노를 이기지 못하고 직접 대군을 이끌고 안흥성으로 달려갔다. 아무것도 모르는 조보승은 급히 마중을 나와 진우량의 배로 올라갔지만 곧 제지당하고 말았다. 조보승은 자신을 변명하려 했으나, 그러기도 전에 진우량의 호위병들에 의해 목이 떨어지고 말았다.

주원장은 진우량과 조보승 사이를 벌어지게 만들어 조보승이 아무것도 모르는 상황에서 죽임을 당하게 만듦으로써 자신이 적을 치는데 가장 큰 우환거리를 제거할 수 있었다.

⑨ 반간계를 쓴 마오쩌둥

1928년 9월 말, 마오쩌둥이 마오핑에 온 지 얼마 되지 않았을 때였다. 하루는 공농병정부위원회의 시에구이산 위원장이 급히 달려와 그에게 보고했다. "어제 마을에서 백군 대대장이 보낸 여성 첩자 두 명을 붙잡았습니다. 마을에 와서 말똥이 없는지 문짝이 떨어지지 않았는지 이런 것을 묻고 다녔다고 합니다." 잠깐 생각에 잠긴 마오쩌둥은 시에구이산에게 대처방법을 지시하고 돌아가서 그 여인들을 풀어 주라고 했다.

마오쩌둥은 미끼를 던져 놓기 위해 여인들을 풀어 주었던 것이다. 그들을 이용해 홍군 대대가 아직 마오핑에 돌아오지 않았다는 소식을 백군 진영에 전하게 해서 적을 아군이 파놓은 함정으로 끌어들이는 데 목적이 있었다.

마오핑 근처에 있는 아오터우룽은 백군주둔지로 통하는 중요한 길목이었다. 마오쩌둥은 바로 이곳에서 매복기습 작전을 펼칠 함정을 파고 홍군 31군단과 28군단을 집중 배치시키기로 했다.

백군 대대장은 첩자들의 보고를 듣고 홍군 대대가 돌아오기 전에 마오핑을 기습하기로 결정하고 이튿날 아침 일찍, 전 병력을 이끌고 마오핑으로 향했다. 그러나 막상 아오터우룽 입구에 도착하자 산세가 험준한 것을 보고 매복이 있을까 의심이 든 백군 대대장은 세 명의 병사를 현지인처럼 꾸며 먼저 정탐하러 내보냈다. 그때 갑자기 홍군이 매복하고 있는 곳에서 나무상자를 짊어진 촌사람 넷이 나타났다. 사실 그들 중 하나가 바로 시에구이산이었다. 그는 나무상자 안에 든 반짝거리는 은화가 바닥에 쏟아지도록 일부러 넘어지는 척했다. 바닥에 쏟아진 은화는 현지인으로 꾸민 병사들의 눈이 번쩍 뜨이게 만들었다. 그때를 놓치지 않고 시에구이산이 이들에게 말했다. "내일모레 마오 위원이 홍군대대를 끌고 오실 거라, 이곳 부자들이 내놓은 돈으로 술과 음식을 사러가는 길이요." 이 말을 들은 세 병사는 홍군 대대가 아직 마오핑에 오지 않았다고 확신하고 마을 입구에 횃불을 걸었다. 백군 대대장은 신호를 확인하고 진격 명령을 내렸다. 기다리고 있던 홍군은 적이 완전히 함정에 빠져 들자 엄청난 기세로 몰려들어 순식간에 백군을 섬멸했다.

마오쩌둥은 우선 적군의 첩자를 이용해 거짓정보를 흘려 적을 산속으로 유인했고, 적군이 매복을 의심하고 머뭇거릴 때 다시 시에

구이산 등을 현지인으로 꾸며 적이 완전히 오판하도록 만들어 이들을 섬멸했다. 이것은 마오쩌둥이 반간계를 쓰는 데 아주 고수였음을 의미한다.

 ## 10 슈발리에의 특이한 경력

프랑스인 슈발리에 드 보몽은 18세기 유럽 스파이사에서 명성이 자자한 인물이었다. 그는 여장기술이 뛰어난 덕분에 항상 매력적인 귀족아가씨의 신분으로 비밀 스파이활동을 해왔다.

당시 영국은 러시아와 급히 동맹을 맺어 신흥 프로이센에 대항하려 했다. 이 동맹이 자신들에게 위협이 되지 않을까 걱정한 프랑스는 슈발리에를 보내 러시아와 영국 사이를 갈라놓게 했다.

슈발리에가 주 영국 프랑스대사의 비서관 신분으로 영국 내에서 스파이활동을 하고 있을 무렵, 뭔가 의혹이 생긴 프랑스 정보부는 그를 소환하여 업무보고를 받고자 했다. 하지만 상황이 좋지 않다고 판단한 슈발리에는 영국에 도움을 요청했다. 영국 측은 과거에 쌓인 원망을 묻어두고 이전의 죄도 불문에 부친 채 그가 영국 정보기관에서 일할 수 있도록 배려해 주었다.

슈발리에가 영국에 도움을 청한 사실에 단단히 화가 난 프랑스는 여러 차례 그를 제거하려 했지만 그는 영국 정보기관의 도움을 받아 매번 위험을 모면할 수 있었다. 이런 프랑스의 보복행위는 그를 분노하게 만들었고 영국에 더 한층 감사하는 마음을 갖게 했다. 그래서 그는 영국을 위해서 공개적으로 글을 써서 프랑스의 행위를 비판하고 프랑스가 영국에 대해 꾸미는 각종 음모를 폭로했다. 심지어 프랑스 국왕이 자신에게 보낸 편지까지 공개해서 프랑스를 한때 외교적으로 수세에 몰아넣기도 했다.

이처럼 넓은 아량으로 한때의 적이었던 슈발리에를 동지로 받아들여 자국을 위해 일하게 한 영국 정보기관은 이로 인해 의외의 수확을 올릴 수 있었다. 반간계의 묘미가 여기에 있다.

 ## 11 전 세계를 경악시킨 '에임즈 사건'

1994년 2월 23일, 미 연방 수사국(FBI) 특수요원들은 알링턴 교외에 있는 한 호화별장을 전격 포위했다. 이윽고 52세의 알드리히 에임즈가 가죽가방을 들고 집에서 나오자 FBI는 조금도 지체 없이 그의 손에 수갑을 채웠다.

1962년부터 미 중앙정보국(CIA)에서 일하기 시작한 그는 1985

년 소련 KGB에 매수당하면서 이중간첩이 되었다.

1985년 이래 적어도 10명의 CIA요원이 특별임무 수행 도중 이유 없이 사라졌으며, 소련에서 활동하던 일부 미국 스파이들이 소련에 의해 알려지지 않은 곳으로 끌려가 살해당했다. 그런가 하면 하워드란 이름으로 미국에서 장기간 활동하며 소련측에 많은 정보를 제공했던 한 소련 스파이는 CIA가 자신에 관한 비밀조사를 시작하자 돌연히 사라졌다가 며칠 뒤 모스크바에 나타났다. 한동안 CIA는 이런 일들이 어떻게 가능했는지 영문을 모르고 있었다. 사실 이런 기이한 사건들은 모두 에임즈의 '작품' 이었다.

에임즈는 한 차례 거짓말 탐지기 조사에서 꼬리가 밟히기 시작했다. 나중에 CIA는 그의 집에 도청장치를 설치하고서야 비로소 그의 범죄사실을 포착했다. 에임즈 자신도 낌새를 알아차리고 모스크바로 도망가려고 했지만 탈출하려던 그 순간 FBI 특수요원들에게 체포되고 말았다.

이 엄청난 스캔들이 터져 나오자 전 미국이 경악했고 빌 클린턴 대통령은 이 사건에 대한 전면조사를 지시했다. 소련은 미국 스파이를 매수해서 자신을 위해 일하도록 한 이 반간계에서 확실히 한 수 앞섰다. CIA도 남을 '요리' 하는 데 일가견이 있는 편이지만 이번에는 톡톡히 당하고 만 셈이다.

12 미국과 프랑스, GATT협상에서 힘 겨루기

2003년 9월 4일자 영국 《가디언》 지는 곧 출판될 한 신간서적에서 현직 프랑스 국가개혁담당 국무장관 헤르베 플라뇰의 비밀스파이 생활이 실려 있다고 보도했다.

1992년 이른 봄, 당시 프랑스 총리실 자문관으로 있던 헤르베 플라뇰은 칵테일파티에 참석했다가 아름다운 미국 아가씨 메리를 알게 되었다. 파티에서 함께 춤을 춘 두 사람은 서로 연락처를 주고받았고, 그 후 메리가 헤르베에게 적극적인 관심을 표하면서 자주 저녁식사를 하게 된 두 사람은 두 달이 채 못 되어서 동거를 하게 되었다. 헤르베는 그녀가 실은 '미녀 스파이' 란 것을 꿈에도 알지 못했다. 그녀는 그를 조금씩 자신이 원하는 곳으로 끌어들이기 시작했다.

CIA스파이였던 메리가 헤르베를 타깃으로 삼은 것은 GATT협상 및 경제정책 등에서 프랑스가 가진 복안腹案을 알아내기 위해서였다.

사랑에 눈이 먼 헤르베는 잠시도 메리와 떨어져 있을 수 없게 되었다. 때가 왔다고 판단한 그녀는 그에게 미국과 프랑스의 관계나 GATT에 대한 프랑스 지도자의 입장 등을 쉴 새 없이 물어보았고, 사정을 꿰뚫고 있는 헤르베는 자신이 아는 것을 몽땅 말해 주었다.

하지만 메리의 감쪽같은 연기도 프랑스측에 의해 들통이 나고 말았다. 프랑스 국토감시국은 '받은 대로 갚아주기'로 결정하고 헤르베를 통해 메리에게 거짓정보를 흘려 미국이 헛다리를 짚도록 유도했다.

1993년 9월, GATT협상이 막바지로 접어들면서 보다 정확한 정보사냥을 위한 메리의 '애정' 공세가 헤르베에게 쏟아지자 그는 메리에게 프랑스의 농산물협상 최저선이나 미국 음반영상물 수입 제한 방법 등 일부 '기밀'을 털어놓았다.

그 결과, 미국은 GATT협상에서 대단히 수세에 몰렸는데 미국인들은 도무지 그 이유를 알 길이 없었다. 반면, 프랑스 측은 GATT협상에서 완승을 거두었다. 마침내 미국인들이 그 내막을 알게 되었을 무렵, 헤르베는 벌써 프랑스 국가개혁담당 국무장관에 올라 있었다.

제 16기

고육계(苦肉計)

마지막 한 가지를 던져주고
한꺼번에 열 가지를 얻어내라

'자기 자신을 해치지 않는 것'은 사람들의 자연스러운 심리상태다. 고육계란 바로 이런 심리상태를 이용하여 거짓으로 박해받는 모습을 연출해 적의 판단을 흐리거나 속이는 것으로 적의 내부로 침투하거나 적들의 분열·와해를 노릴 때 사용한다.

●고육계●
「12가지 처세 활용 지혜」

이 계책은 자신을 해침으로써 적의 신임을 얻어 내는 방법으로, 간첩활동을 벌이기 위한 일종의 모략이다. '자기 자신을 해치지 않는 것'은 사람들의 자연스러운 심리상태다. 고육계란 바로 이런 심리상태를 이용하여 거짓으로 박해받는 모습을 연출해 적의 판단을 흐리거나 속이는 것으로 적의 내부로 침투하거나 적들의 분열·와해를 노릴 때 사용한다.

고육계에는 다음과 같은 것들이 있다.

(1) 속여서 신임을 얻는다. '사람에게는 누구나 측은지심이 있다(惻隱之心, 人皆有之)'라는 말이 있다. 만약 자신을 아주 고통스럽고 가련하게 만들 수 있다면 상대방의 동정을 얻고 믿음을 살 수 있게 된다.

(2) 적을 이간시킨다. 자신을 해치는 방법으로 적의 내부에 침투해 암암리에 이간분열활동을 벌임으로써 상대방이 예상치 못한 방법으로 승리의 목적에 이를 수 있다.

(3) 병사들을 자극한다. 고의로 허점을 노출시켜 적에게 일시적이거나 제한

적인 승리를 거둘 수 있게 해주는 한편, 이에 자극받은 아군 병사들이 있는 힘을 다해 응전하게 만들어 생사를 건 마지막 전투를 치른다. 이 것이 바로 흔히 말하는 '억압받다 일어선 군대는 반드시 승리한다(哀兵必勝)'라는 전법이다.

(4) 얻기 위해서 먼저 준다. 자신이 먼저 어느 정도 희생해 미끼를 던져 놓으면 본전은 물론이고 더 큰 이익을 얻을 수 있다.

(5) 자신을 해친다. 몰래 자신에게 상처를 입히고 위장을 한 후 다른 사람에게 전가시켜 벌을 받게 만드는 것이다.

이 계책을 쓸 때에는 아주 신중해야 한다. 고육계를 쓰려면 자신을 먼저 해쳐야 하는데 이것은 종종 대단히 힘든 일이다. 설령 성공하더라도 그것은 피와 눈물을 대가로 얻은 것이다. 고육계는 '고통'일 뿐 아니라 '위험'하기도 한 계책이다. 만약 상대가 피도 눈물도 없는 자이거나 뛰어난 지모와 정확한 판단의 소유자라면 걸려들지 않을 수도 있다. 또 이 계책을 적이 알아차리게 되면 자신을 다치게 한 고통을 혼자 감수해야 함은 물론이고 자칫하면 생명을 잃을 수도 있다. 그러므로 피치 못할 사정이 아니라면 가능한 한 피하는 것이 좋다.

# 1 목숨을 내걸고 경기를 찌른 요리

춘추시대, 오나라의 공자 희광은 오나라 왕 료를 죽이고 스스로 왕위에 올랐는데 그가 바로 오나라 왕 합려였다. 합려가 왕위에 오르자 해외로 달아난 오나라 왕 료의 아들 경기는 원한을 씻기 위해 제후들을 규합하며 복수를 꿈꾸고 있었다.

하루는 모사 오자서가 요리라는 이름의 용사 한 사람을 데려와 합려에게 인사를 시켰다. 자청해서 경기를 죽이러 가겠다는 요리의 키가 오 척도 채 되지 않는 것을 본 합려는 실망을 감추지 못하며 말했다. "경기는 키 큰 장사로 만 명을 능히 상대할 수 있고, 발걸음은 나는 듯이 빨라서 짐승을 쫓을 때도 뛸 필요가 없으며, 팔만 뻗으면 날 짐승도 잡을 수 있다네. 자네처럼 이렇게 몸집이 작은 사람이 어찌 그의 상대가 되겠는가?" 그러자 요리는 웃으며 말했다. "모살은 힘이 아니라 지혜에 달린 것입니다. 대왕께서 제 왼팔을 자르시고 제 처자를 죽이십시오. 그래야만 제가 경기에게 접근해 그를 죽일 기회를 엿볼 수 있을 것입니다." 처음에는 너무 잔혹한 방법이라며 그 말에 따르지 않던 합려는 요리의 강력한 요구에 못 이겨 결국 고개를 끄덕였다.

다음 날부터 오나라 수도에 합려는 잔인무도하며 아둔한 군주라는 유언비어가 파다하게 나돌기 시작했다. 그 유언비어를 퍼뜨린

자는 바로 요리였다. 합려는 군사를 시켜 사람들이 보는 데서 그의 팔을 자르고 처자까지 잡아 가두었다. 나중에 요리가 탈옥해 도망치자 그의 처자를 죽였다.

줄곧 통곡을 하며 위나라에 도착한 요리는 경기에게 만나기를 청했다. 경기는 일찌감치 요리가 합려에게 팔을 잘리고 처자마저 죽임을 당한 일을 알고 있었기에 조금도 의심을 품지 않고 그를 맞아 자리를 마련해 주었다.

몇 달 뒤, 요리의 부추김으로 경기는 선단을 이끌고 오나라로 진격했다. 경기와 한 배를 타고 있던 요리는 배가 물 가운데에 이르자 마침내 짧은 창으로 경기의 등을 있는 힘을 다해 찔렀다. 경기는 이 갑작스러운 공격을 미처 막아내지 못하고 그 자리에 쓰러져 숨을 거두면서도 죽기 전 "요리는 진정한 용사다"라고 말했다.

경기를 죽인 요리는 경기의 호위병들이 몰려오기 전에 스스로 목숨을 끊었다.

 ## ② 굴욕을 참으며 똥 맛을 본 구천

월나라 왕 구천은 오나라 왕 부차에게 대패하여 회계산으로 물러났다가 결국 화해를 청할 수밖에 없는 처지

가 되었다. 부차는 구천의 요구를 들어주는 대신 오나라에 와서 자신의 하인노릇을 해야 한다는 조건을 달았다. 구천은 순순히 조건을 받아들였다.

오나라에 도착한 구천은 산속 동굴에 살면서 부차가 외출할 때마다 손수 말을 끌었다. 구천을 욕하고 모욕하는 사람도 있었지만 그는 늘 고분고분하고 공손한 태도를 잃지 않았다. 하지만 겉으로 부차에게 지극히 충성스럽게 보인 구천은 속으로 월나라를 재건할 방도를 모색하고 있었다.

한번은 부차가 병이 났는데 구천이 병문안을 와서는 직접 부차의 똥을 찍어 맛을 보고는 말했다. "제가 한때 명의를 따라다니며 의술을 배운 바 있어 환자의 변을 먹어보기만 하면 병의 경중을 가늠할 수 있습니다. 방금 대왕의 변 맛을 보니 시고 쓴 맛이 났습니다. '계절병'의 일종이라 금방 나을 것이니 아무 걱정하실 필요가 없습니다." 이를 보고 크게 감동한 부차는 친 자식보다도 효성스러운 구천에게 모반을 하려는 생각이 있을 리 만무하다고 생각했다. 얼마 있지 않아 구천은 월나라 땅으로 돌아갈 수 있게 되었다.

월나라로 돌아간 구천은 와신상담하며 지난날의 치욕을 새기는 한편, 인재를 예와 겸손으로 대하고 군사력을 길러나갔다. 20년 후, 구천은 마침내 복수를 감행해 지난날의 치욕을 씻고 오나라를 멸망시킬 수 있었다.

❸ 주막을 연 사마상여 부부

　　　　　사마상여는 서한 시대의 유명한 문장가이자 풍류를 아는 인물이었는데 그와 탁문군의 사랑이야기는 오래도록 전해져 오는 낭만적인 한 편의 드라마라 할 수 있었다.

　원래 양왕 유무의 문객이었던 사마상여는 유무가 죽자 고향인 성도로 돌아왔다. 한번은 그가 임공의 재력가 탁왕손의 집에 손님으로 머문 적이 있었는데 우연히 수절과부인 집주인의 딸 탁문군과 마주치게 되었다. 두 사람은 한눈에 서로에게 반하게 되었다. 탁문군은 부친의 반대를 무릅쓰고 밤을 틈타 사마상여와 성도로 사랑의 도피 행각을 벌였고 이를 알게 된 탁왕손은 펄펄 뛰며 노발대발하였다.

　성도에서의 곤궁한 생활을 견디지 못한 두 사람은 하는 수 없이 임공으로 돌아와 염치불구하고 탁왕손에게 손을 벌렸다. 하지만 아직 성이 풀리지 않은 탁왕손이 돈을 줄 턱이 없었다. 사마부부는 의논 끝에 '고육계'를 쓰기로 결정했다.

　두 사람은 갖고 있던 수레, 말, 거문고, 검과 장신구 등을 팔아 돈을 마련해 그 돈으로 탁왕손의 집에서 멀지 않은 곳에 집 한 칸을 빌려 주막을 열었다. 사마상여는 점원 옷을 입고 탁자와 의자를 훔치고 술과 안주를 날랐다. 탁문군 역시 허름한 옷을 걸치고 안팎으로 부지런히 다니며 손님을 맞았다. 주막은 열자마자 손님들로 문전성시를 이루었는데 이것은 주막의 술과 안주가 싸고 푸짐해서가 아니라 근방에 소문이 자자한 두 사람을 구경하고자 사람들이 몰려들었기 때문이었다. 사마부부는 난처하기는커녕 속으로 이런 상황을 대단히 반기고 있었다. 이래야만 자신들이 고집불통인 아버지의 체면을 깎아 원래의 목적을 이룰 수 있을 것이기 때문이었다.

이 일은 금세 임공성 사람들의 입에 오르내리게 되었고 모두 사마부부에게 동정을 표하고 탁왕손의 인색함에 혀를 찼다. 체면을 아주 중시하는 탁왕손은 결국 며칠을 버티지 못하고 손을 들고 말았다. 그는 딸과 사위에게 노비 100명과 돈 100만 관을 보태 주었다. 사마부부는 탁왕손에게 감사하며 주막을 닫고 성도로 돌아가 부호로 생활했다.

몇 년 뒤, 사마상여가 쓴 《자허부子虛賦》를 읽고 크게 만족한 한나라 왕 무제는 그를 불러 관직을 주고 곁에 머무르게 했다. 이처럼 사마상여는 탁문군의 기대를 저버리지 않고 마침내 출세하여 이름을 떨쳤다.

4 황개를 때린 주유

적벽대전을 앞두고 주유와 제갈량은 조조의 군대에 화공작전을 쓰기로 했다. 하지만 불을 놓을 기회를 잡기 위해서는 누군가 거짓투항을 해서 조조의 군함에 접근해야만 했다.

이날 주유는 노장군 황개에게 말했다. "지금 아무도 자청해서 조조에게 투항할 자가 없으니, 이를 어쩌면 좋겠습니까?" 이에 황개는 자신이 가겠다고 답하자 주유가 걱정스러운 듯 말했다. "그러기 위해서는 노장군께서 큰 고초를 겪어야 합니다. 그렇지 않고서야 조조의 신임을 얻을 수 없을 것입니다." "나는 오나라에서 큰 은덕을 입었으나 아직 보답한 바가 없으니 설령 목이 떨어진다 하더라도 아무 여한이 없습니다." 이리하여 주유와 황개의 고육계가 펼쳐지게 되었다.

다음 날, 사령관들이 모인 자리에서 주유가 말했다. "하루 이틀에 조조의 100만 대군을 깰 수는 없을 것 같소. 다들 우선 3개월간의 군량과 사료를 받아가서 장기전에 대비하도록 하시오." 말이 떨어지기가 무섭게 황개가 큰 소리로 외쳤다. "3개월은 고사하고 30개월이 걸려도 조조군을 깨지 못할 것이오. 내가 보기에도 그렇고 장소의 말을 들어봐도 그렇소. 차라리 이참에 조조에게 투항하는 게 어떻겠소." 이 말을 들은 주유가 버럭 성을 내며 외쳤다. "누구든 다시 항복을 입에 올리는 자는 참수하라는 왕의 명이 있었다. 오늘 네가 군심을 흔드는 말을 뱉었으니 기필코 너를 베고 말겠다." 상황이 좋지 않음을 본 여러 사령관들이 다 함께 무릎을 꿇고 황개의 죄를 감해 줄 것을 빌었고 결국 곤장 50대로 사태가 수습되었다. 곤장을 맞아 살이 찢기고 터진 황개는 피를 얼마나 쏟았는지 몇 차례나 혼절했다.

막사로 돌아간 황개는 몇 날 며칠을 자리에서 일어나지 못했다. 절친한 친구 감택이 그 속에 담긴 사정을 알아채고 황개를 대신해 거짓 투항서를 써주었다. 하지만 조조가 그 투항서를 보고서도 경계하는 마음을 완전히 풀지 않자 감택은 기지를 발휘하여 일말의 의혹도 남지 않도록 했다. 조조는 때마침 정탐꾼이 황개가 곤장을 맞은 사실을 보고해 오자 비로소 의심을 풀었다.

약속된 날짜에 황개가 이끄는 수십 척의 배는 돛을 활짝 펼치고 바람을 잔뜩 받으며 북쪽으로 내달리기 시작했다. 그리고 조조의 군함에 접근한 황개는 병사들에게 불을 지르도록 명령을 내렸고 쇠사슬로 서로 묶여 있던 조조의 수군은 달아나지 못하고 순식간에 잿더미로 변하고 말았다.

 ## 5 친 딸을 목 졸라 죽인 무측천

당 태종에 의해 14살에 입궐해 재인에 봉해졌던 무측천은 당 태종 사후, 머리를 깎이고 비구니가 될 뻔 하였으나 절에 왔던 당 고종의 눈에 띄어 다시 소의로 입궐하게 되었다. 내심 황후의 자리를 노리며 황후에게 불리한 정보를 수집하던 그녀

는 자신의 목적을 이루기 위해 마침내 고육계를 쓰기로 했다.

그때 무측천에게는 아직 강보에 쌓인 어린 딸이 있었는데 고종 황제와 황후는 이 아이를 무척 좋아해서 자주 아이를 찾아왔다. 한 번은 황후가 혼자 아이를 보러 왔다. 일부러 몸을 숨기고 있던 무측천은 황후가 혼자 아이를 어르며 놀다가 돌아가자 몰래 들어와 자기 친 딸을 목 졸라 죽이고 원래대로 이불을 덮어놓고 사라졌다. 마침 그때 고종이 아이를 보러 오자 무측천은 웃으면서 황제를 안으로 맞이했다. 이불을 들추던 그녀는 갑자기 소리를 지르며 울기 시작했다. 황제가 들여다보니 어린 공주는 이미 손발이 싸늘하게 식어 있었다. 노한 황제는 태감과 궁녀들을 불러들여 방금 누가 다녀갔는지 물었고 모두 황후가 잠깐 다녀갔다고 말했다. 비통해 하던 무측천은 이 틈을 타 그간 모아왔던 황후의 나쁜 점을 일일이 고해 바쳤다. 고종황제는 처음으로 황후의 폐위를 생각하기 시작했다.

결국 고종은 황후를 폐하고 무측천을 황후로 봉했다. 고종은 몸이 약했기 때문에 황후 무측천은 당이 무너지고 주나라가 들어설 때까지 사실상 조정을 쥐락펴락했다.

6 팔을 잘라 육문룡을 설득한 왕좌

　　남송시대, 금나라 사령관 김올술이 군사를 이끌고 남침하여 악비의 군대과 주선진에서 대치하고 있었는데, 김올술의 양아들 육문룡은 용맹하여 악비군의 여러 장수를 잇달아 패배시켰다.

　악비는 자신의 장수들이 육문룡의 적수가 되지 못함을 알고 정전패를 내걸고 진영 내에 혼자 앉아 고심에 빠져 있었다. 충직한 무관 왕좌는 총사령관의 근심을 덜어주기 위해 '요리가 목숨을 내걸고 경기를 찌른 일'을 생각해 내고는 결연히 자신의 오른팔을 자르고 악비를 만나러 갔다. 왕좌가 한쪽 팔을 자른 것을 보고 깜짝 놀란 악비는 그가 김올술의 진영으로 가서 거짓으로 투항을 하겠다고 하자 감동의 눈물을 흘리며 이를 허락했다.

　악비에게 작별을 고한 왕좌는 즉시 김올술의 진지로 향했다. 김올술과 대면한 왕좌는 자신이 어젯밤 금나라와의 화의를 강력히 권고하다가 악비의 노여움을 사 오른팔이 잘리고 군대에서도 쫓겨났다며 자신의 불행한 사정을 눈물로 호소했다. 그의 말을 믿은 김올술은 그에게 '고인아'라는 이름을 지어주고 각 군영 내를 자유롭게 출입하면서 병사들에게 악비군의 사정을 들려주도록 허락했다.

　어느 날, 왕좌가 육문룡의 막사에 들러 보니 안에는 마침 육문룡의 유모라고 하는 노부인 한 사람밖에 없었다. 원래 중원 출신인 그녀는 왕좌를 보고 대단히 반가워하면서 육문룡의 진짜 신분에 관해 몰래 일러 주었다.

알고 보니 육문룡은 본래 송나라 노안주 절도사 육등의 아들이었다. 13년 전, 김올술이 노안주를 공격해 왔을 때 육등은 군사를 이끌고 최후까지 항전했으나 결국 아내와 함께 자결했다. 김올술은 민심을 수습하기 위해 육문룡을 자신의 양아들로 삼아 유모와 함께 금나라로 데려왔던 것이었다. 지난 13년간 금나라에서 자란 육문룡은 자신의 배경에 대해서는 까맣게 모르고 있었다.

왕좌는 이 이야기를 듣고 크게 반색했다. 바로 이때 육문룡이 막사로 돌아왔고 왕좌를 본 그는 옛 이야기를 들려달라고 청했다. 왕좌는 두 가지 이야기를 들려주었다. 하나는 ‘월조남귀越鳥南歸’로 월나라 서시가 가져온 앵무새는 오나라에 온 후 한 마디도 하지 않더니 서시가 월나라로 돌아가자 비로소 입을 열었다는 이야기였다. 다른 하나는 ‘화류향북驊騮向北’으로 맹량이 요나라에서 준마 한 필을 송나라 수도로 데려왔더니 이 말이 하루 종일 북쪽을 보며 울부짖다가 7일을 먹지도 마시지도 않아 굶어 죽고 말았다는 이야기였다. 물론 육문룡은 왕좌의 이야기에 담긴 숨은 뜻을 알 길이 없었다.

이튿날, 왕좌는 육등부부가 순국한 이야기를 담은 그림 한 폭을 갖고 육문룡을 찾아와서 당시 사정을 하나도 남김없이 들려주었다. 이때 유모가 들어와서 육문룡에게 재차 울며 하소연했다. 육문룡은 그제야 모든 사정을 깨닫고 왕좌에게 감사의 뜻을 전했다. "불효한 몸으로 오늘에야 은공의 가르침 덕에 진실을 깨닫게 되었으니 이 은혜는 결코 잊지 않을 것입니다." 말을 마친 육문룡은 검을 뽑아들고 김올술을 죽이러 가겠다고 나섰다. 그러자 왕좌가 급히 그를 말리고 나섰다. "그의 막사에는 사람도 많고 경비도 삼엄하니 이렇게 충동적으로 나섰다가는 도리어 해를 입습니다. 이런 일은 서둘러서는 안 됩니다."

며칠 뒤, 금나라에서 철부타라는 엄청난 화력을 지닌 화포를 가져온 김올술은 다음 날 송나라 진지를 공격하기로 했다. 그날 밤, 왕좌와 육문룡은 유모를 데리고 금나라 진지를 빠져나와 송나라 진지로 들어갔다. 악비는 왕좌가 육문룡을 설득한 것을 보고 아주 기뻐했다. 이들이 가져온 정보에 따라 송나라군은 진지에 가짜 깃발을 내걸어 놓고 전군을 산속으로 대피시켰다.

다음 날, 금나라 군대는 철부타를 앞세우고 송나라 진지에 공격을 퍼부었다. 삽시간에 천지가 뒤흔들리고 사방에 화약연기가 자욱하게 퍼졌다. 화포를 쏜 금나라 군대는 송나라군이 전멸한 것으로 생각해 화포를 한쪽에 던져놓고 전공을 보고하러 진지로 돌아갔다. 부근에 매복해 있던 송나라 군대는 이때를 놓치지 않고 몰려나와 철부타를 강으로 밀어 넣었다.

왕좌는 고육계로 육문룡을 설득함으로써 악비군에 유능한 장수를 더했을 뿐 아니라 적시에 정보를 주어 악비군이 철부타의 포격

을 피할 수 있게 해 주었다. 한쪽 팔로 60, 70만 명의 목숨을 구한
셈이다.

7 1펀짜리 에어컨

2002년 9월 11일, 광둥에서 '에어컨 판
매 대작전'이 시작되자 중국 유명 에어컨 브랜드인 AUX사는 '1펀
(한화 1원 5전 정도)짜리 에어컨'이란 마케팅 전략을 내놓았다.

소위 '1펀짜리 에어컨' 전략이란 AUX의 소형 스탠드형 에어컨
을 구매한 고객이 1펀만 더 지급하면 분리형 벽걸이 에어컨을 덤으
로 준다는 것이다. 더불어 이 에어컨에도 다른 제품과 동등한 A/S,
무료배송, 설치, 3년간의 전체 품질보장 및 5년간의 압축기 품질보
장을 약속했다.

AUX사는 매번 '에어컨 가격전'의 최고 하이라이트를 장식하며
아주 눈길을 끄는 전략을 내놓았다. 그렇다면 AUX가 이처럼 전혀
이윤이 없는 고육계를 쓰는 이유는 무엇일까? 최근 몇 년간 에어컨
시장이 공급과잉으로 인해 저가로 시장을 공략하지 않고서는 앉아
서 죽음을 기다리는 것과 다를 바 없는 상황이 되었다는 데서 그 원
인을 찾아볼 수 있다. AUX사는 '1펀짜리 에어컨 전략'으로 2003

년 광저우 에어컨시장에서 대략 5억 위안의 판매고를 올릴 것으로
예상되었다. 다시 말해 AUX사는 새롭게 포장된 '1편짜리 에어컨'
이라는 저가전략으로 각종 미디어의 핫이슈가 되는 동시에 대중들
의 눈길을 사로잡는 데 성공한 것이다.

 ## 8 이집트군을 대파한 히타이트인

고대 이집트 왕국의 람세스 2세는 자신의
선조였던 투트모스 3세의 대제국을 부활시키겠다는 야심을 품고 사
방으로 정복전쟁을 벌였다. 시리아 일대의 히타이트인들은 서로 동
맹을 맺어 이집트의 세력 확장에 대항하고자 했고 이 소식을 들은
람세스 2세는 대군을 이끌고 정벌에 나섰다.

히타이트인들은 자신들의 힘이 약해 직접 맞붙어서는 승산이 없
다는 것을 알고 고육계를 쓰기로 작정했다. 그들은 특별히 선발한
사병 두 명을 일부러 이집트의 포로가 되게 한 다음, 고문 끝에 하
는 수 없이 히타이트군대의 주둔지를 발설하도록 꾸몄다. 이 두 사
람은 자신의 몫을 훌륭히 해냈다.

이들 포로의 입에서 나온 히타이트군 주둔지를 사실로 믿은 람세
스 2세는 1개 사단병력을 거느리고 북쪽으로 출발했다. 하지만 카

디슈에 이르러 막사를 치고 쉬고 있던 이들은 일찌감치 매복하고 있던 히타이트인들로부터 기습공격을 받아 대패하고 말았다. 람세스군은 신출귀몰한 히타이트병사들 앞에서 당황한 나머지 뿔뿔이 흩어져 도망치기에 급급했다. 위험한 찰나, 한 무리의 팔레스타인 군대가 히타이트인들에게 포위된 람세스 2세를 구해 주지 않았다면 그도 타향에서 객사하고 말았을지 모른다.

9 뱃속에 숨긴 보석

옛날 우연히 많은 양의 아주 값비싼 보석을 줍게 된 세 사람의 상인이 있었다. 이들은 막상 흥분이 가라앉고 나자, 집으로 돌아가는 길 곳곳에 강도들이 날뛰는데 어떻게 보석을 안전하게 감춰서 돌아갈 수 있을까 하고 슬슬 걱정이 되기 시작했다. 그래서 그들은 보석을 몽땅 삼켜 버렸다.

그런데 정말 공교롭게도 나무 뒤에 숨어 있던 한 강도가 이들이 한 일을 하나도 남김없이 훔쳐보고 말았다. 강도는 상인들의 뒤를 따라가다가 때를 기다려 손을 쓰기로 결정했다. 강도가 상인들에게 말했다. "안녕들 하십니까. 가는 길에 동무나 해도 될까요?" 상인들은 사람이 하나 느는 게 나쁘지 않다고 생각하고 그의 요청을 받아들였다.

그들이 어떤 마을에 도착하자 마을 촌장이 나와서 그들을 맞아 주었다. 그런데 그들이 막 떠나려할 참에 촌장의 앵무새가 그들의 몸에서 보석을 발견하고 "놈들을 붙잡아라! 붙잡아!" 하고 소리를 지르기 시작했다. 그러자 촌장은 네 사람을 막아서며 말했다. "내 앵무새는 보석을 발견하는 특별한 능력이 있는데 여태 한 번도 틀린 적이 없었소. 보아하니 보석은 당신들 뱃속에 있는 것이 틀림없군." 말을 마친 촌장은 그들을 감옥에 가두고 다음 날 배를 갈라 보기로 했다.

이튿날 새벽, 사람을 데리고 감옥에 온 촌장에게 강도는 두 손을 모으고 간곡히 청했다. "도저히 형제들의 배가 갈리는 것을 보고 있을 수가 없습니다. 부디 자비를 베푸셔서 제 배부터 갈라 주십시오." 강도의 청을 받아들인 촌장은 그의 배를 먼저 갈랐다. 그랬더니 과연 그 속에는 보석이 없었다. 촌장은 후회가 되기도 하고 불쌍한 마음도 들어 "제가 욕심에 눈이 멀어 큰 잘못을 저질렀군요. 당신들한테는 정말 보석이 없는 것 같습니다"라며 이들을 모두 풀어 주었다.

세 사람의 상인은 그 강도에게 눈물을 흘리며 고마워했다. 그들은 강도의 상처를 잘 치료해 주고 가는 길에 모든 정성을 아끼지 않고 돌봐주었으며 그를 조금도 경계하지 않았다. 마침내 어느 날 밤, 강도는 상인들이 깊이 잠든 틈을 타 그들을 죽이고 뱃속의 보석을 털어 멀리 달아났다.

이 강도는 대단히 성공적으로 고육계를 썼던 것이다.

 **⑩ 눈밭에서 무릎을 꿇은 하인리히**

중세 유럽은 교황이 왕권을 압도하고 있었고 교황은 각 나라 국왕 위에 군림하는 절대 권력자였다. 국왕의 제임 및 대관도 모두 교황에 의해 이루어졌으며 접견 때 교황은 앉아있고 국왕은 무릎을 굽혀 예를 갖춰야 했음은 물론, 교황은 말을 타고 국왕은 말을 잡고 길을 안내해야 했다.

1076년, 독일 신성로마제국 하인리히왕과 교황 그레고리우스 간에 권력쟁탈이 벌어졌다. 하인리히는 로마교황청의 통제를 벗어나 더 많은 독립성을 누리고자 했고, 교황은 통제를 강화하고 하인리히왕의 권력을 통째로 빼앗아 버리려고 했다. 하인리히는 독일교구의 주교들을 모아 종교회의를 열고 그레고리우스를 교황에서 폐위한다고 선포했다. 이에 화가 난 교황은 로마에서 전 유럽기독교대회를 개최하고 하인리히의 교적을 박탈한다. 교황의 호소력은 대단하여 일순간에 유럽 각국에서 반 하인리히 분위기가 고조되었다. 여기에 독일의 봉건 제후들의 모반까지 겹쳐서 하인리히는 사면초가에 몰리게 되었다.

절체절명의 위기를 맞이한 하인리히는 타협을 하지 않을 수 없게 되었다. 1077년 1월, 하인리히는 교황에게 용서를 빌기 위해 두 명의 수행원과 함께 당나귀에 몸을 싣고 추운 날씨를 무릅쓰고 산을 넘어 로마로 왔다. 하지만 교황은 일부러 이를 모른 체하고 하인리히가 도착하기 직전, 로마에서 멀리 떨어진 카노사성으로 피해 버렸다. 하인리히는 하는 수 없이 다시 교황을 알현하기 위해 카노사로 향했다. 카노사에 도착했을 때 성문은 이미 굳게 닫혀 있었다. 그는 눈바람과 살을 에는 추위를 무릅쓰고 국왕이라는 존귀한 신분에도 불구하고 무릎을 꿇고 모자까지 벗은 채 3일을 버텼다. 마침내 교황은 문을 열고 그를 용서해 주었다.

하인리히는 '카노사의 굴욕'으로 교적은 물론, 왕위까지도 무사히 보존할 수 있었다. 독일로 돌아온 하인리히는 나라 안을 다스리는 데 힘을 집중하여 모반에 가담했던 봉건 제후들을 완전히 제압했다. 나라를 안정시킨 그는 즉각 로마로 진격해서 무릎을 꿇고 용서를 빌어야 했던 과거의 굴욕을 갚아 주었다. 성을 버리고 도망쳤던 교황은 결국 타지에서 객사하고 말았다.

하인리히의 '카노사의 굴욕'은 잠시 교황과 화해함으로써 위기를 벗어나 숨 돌릴 기회를 얻어 재기하기 위한 고육계였던 것이다. 결국 교황은 잠깐의 측은지심으로 인해 큰 실수를 저질러 하인리히가 재기에 성공할 수 있게 만들고 말았다.

# 11 자살시도가 낳은 뜻밖의 행운

1960년대 초, 일본 자동차산업은 미국에 한참 뒤처져 있었다. 자동차산업을 진흥시키기 위해 일본의 한 자동차회사는 고위 직원 중 몇 사람을 선발, 미국에 보내 공부를 하게 했다. 말이 공부였지, 사실상은 기술관련 정보를 뽑아오는 것이 주임무였다.

기무라는 이 사람들 중 하나였다. 미국에서 1년여간 공부했지만 미국 회사는 좀처럼 그에게 핵심설비에 접근할 기회를 주지 않았다. 귀국이 코앞에 닥친 기무라는 마음이 아주 초조해졌다.

이날 기무라는 일본 회사가 보낸 전보 한 통을 받았다. 거기에는 '기무라 씨, 만약 우리가 필요로 하는 것을 구하지 못한다면 회사는 당신을 다시 고용하지 않을 작정입니다' 라고 쓰여 있었다.

이 전보는 가뜩이나 답답한 그의 심정을 한층 더 힘들게 만들었다. 저녁에 혼자 술을 마시다 비틀거리며 거리로 나온 기무라는 자신이 곧 실업자가 될 것이란 생각을 떠올리고 갑자기 자살충동을 느꼈다. 바로 이때 고급자동차 한 대가 달려오는 것을 본 그는 알코올의 힘을 빌려 차 속으로 뛰어들고 말았다. 자동차 운전자는 급히 브레이크를 밟았지만 기무라의 한쪽 다리는 이미 차바퀴 속으로 들어가 버렸다. 정신을 잃은 그가 병원 침대에서 깨어났을 때 몇 명의 미국인이 침대 옆에 서 있었다.

알고 보니 기무라를 친 자동차는 미국의 한 자동차회사 사장의 것이었다. 사장 비서가 몇 번이고 바라는 것을 말해 보라고 물었을 때, 문득 중국인의 고육계를 떠올린 그는 그 회사에서 청소부로 일하게 해 달라고 요청했고 사장은 조금도 망설이지 않고 수락했다.

이때부터 이 미국 회사에는 아주 성실한 일본인 청소부 한 사람이 새로 등장했다. 1년 후 그는 귀국해서 가족들을 만나고 싶다는 뜻을 전했고 회사는 그를 위해 비행기 표를 마련해 주었다.

일본으로 돌아온 기무라는 의족 속에 숨겨온 마이크로필름을 그가 본래 일했던 일본 회사의 사장에게 건네주었다. 2년 후, 이 일본 회사가 생산한 자동차는 선진적인 기술과 뛰어난 성능으로 미국 시장에 진출하여 미국인들을 깜짝 놀라게 했다. 어느 날 협상테이블에 나타난 일본 회사의 수석대표자 기무라 씨를 만나고 나서야 미국 자동차회사 사장은 어찌된 영문인지 알게 되었다. 하지만 때는 이미 늦은 후였다.

12 넘어져 카메라의 시선을 집중시킨 샬리

프랑스인 샬리는 유명작가이자 배우인데다 상당한 미모까지 갖추고 있어 '스타' 라고 해도 과언이 아니었다. 이런 그녀도 처음에는 유명해지기 위해 갖은 노력을 다해야 했다. 그 중에는 고육계도 있었다.

사회 각계 명사가 한자리에 모여든 칸영화제 개막식 날, 사회자가 개막을 선언과 동시에 앞줄의 샬리가 '아야!' 하는 소리와 함께 넘어졌다. 그 순간 모든 카메라가 그녀에게 집중됐다. 그녀가 넘어지는 이 장면은 각 방송국을 통해 방송되었으며 특히 그녀의 치마가 날리는 장면은 프랑스인들이 꼽은 가장 아름다운 순간에 오르기도 했다.

나중에 한 기자가 그녀에게 "그때 어쩌다 넘어지게 되었죠?"라고 물었을 때 그녀는 조금도 숨김없이 말했다. "그거야 미리 계획을 했었죠. 그래서 넘어진 거죠."

몸에 세 군데나 상처를 입었고 하이힐 한 켤레도 망가져 버리는 등 적잖은 대가를 치른 고육계였지만 샬리 자신은 충분한 가치가 있었다고 생각했다.

제 17 기

연환계(連環計)

헤쳐 나갈수록 더 엉키는
거미줄을 준비하라

이 계책은 《병법원기兵法圓機》에 나오는 '계책을 사용함에 있어 한 가지로만 대응할 수 없을 때는 반드시 여러 가지 계책을 써야 이길 수 있다(太凡用計者, 非一計可以孤行, 必有數計以勵之也)'와 같은 의미이다.

연환계는 보통 두 가지로 해석된다. 하나는 '적을 스스로 지치게 만드는 것'으로 적끼리 결탁하여 세력을 키우고 있어 아군이 직접 공격할 힘이 없을 때 적을 약화시키기 위해 허위사실을 만들거나, 여러 가지 수단을 동원해 적을 서로 견제하게 해 힘이 약해졌을 때 공격할 지략을 짜서 무찌르는 것이다. 또 하나는, '교묘한 방법을 이어서 사용하는 것'인데 이는 하나의 계획에 두 가지 또는 두 가지 이상의 계책을 쓰는 것으로서 종적으로, 횡적으로 서로 연관된 관계를 이용해 최대한 효과를 거두는 것이다. 이 계책은 《병법원기兵法圓機》에 나오는 '계책을 사용함에 있어 한 가지로만 대응할 수 없을 때는 반드시 여러 가지 계책을 써야 이길 수 있다(太凡用計者, 非一計可以孤行, 必有數計以勳之也)'와 같은 의미이다.

1 방통의 비밀스런 연환계

황개가 항복한 것이 사실인지 알아보기 위해 장간은 다시 한 번 강을 건너 동오로 갔다. 장간이 지난 번 개인서신을 몰래 훔쳐가 소리 없이 사라진 것에 불만을 가지고 있던 주유는 장간을 서산 뒤쪽 작은 암자에 데려다 놓으라고 명령을 내렸다.

그날 저녁, 장간이 마음이 심란하여 산책을 하고 있을 때 앞쪽의 작은 초가집에서 글 읽는 소리가 낭랑하게 들려왔다. 문틈으로 몰래 들여다 보니 누군가가 《손자병법》을 읽고 있었다. 글을 읽는 이와 친구가 되고 싶었던 장간은 문을 두드렸고 그 사람이 주유의 핍박을 받고 은거하고 있는 그 유명한 방통이라는 것을 알게 되었다. "그대가 조조에게로 가기를 원한다면 내 이끌어 주리다." 방통은 매우 기뻐하며 말하였다. "나 역시 강동을 떠나길 간절히 원하고 있습니다. 만일 그대가 나를 도와줄 생각이 있다면 함께 빨리 여길 떠납시다. 그렇지 않으면 주유에게 발각되어 모함에 빠질 것이 분명합니다."

이윽고 장간과 방통은 밤하늘의 별 빛을 불빛 삼아 작은 배를 힘껏 저어 북안에 다다랐다. 조조는 방통이 되돌아온 것을 보고 매우 기뻐하였고, 전쟁 준비 상황을 알려주면서 함께 군사 진영을 둘러보았다.

이때 방통이 조조에게 간언하였다. "북방사람들이 수상전에 약한 이유는 배가 많이 흔들리기 때문입니다. 만약 큰 배와 작은 배를 모두 쇠사슬로 연결하고 배 위에 나무판자를 깔면 더 이상 흔들리지 않게 될 것입니다. 그렇게 되면, 군사력은 크게 강화될 것이고 승리는 당연히 우리의 것이 되겠지요." 이 말은 들은 조조는 훌륭한 생각이라며 감탄을 했고, 밤을 새워서라도 쇠사슬을 만들라고 바로 명을 내렸다. 며칠 후, 조조의 모든 배들은 쇠사슬을 이용해 하나로 이어졌고, 병사들은 배 위에서도 평지에 있는 것처럼 편안함을 느껴 배 멀미를 하는 사람은 더 이상 생기지 않았다.

한편, 강남에서는 황개가 수십 척의 대선에 장작과 땔감, 기름을 실고 동남풍이 불면 바로 거짓항복을 하러 떠날 준비를 하고 있었다.

208년 겨울 동짓날, 때마침 동남풍이 불어오자 황개는 군대를 이끌고 북안으로 갔다. 조조 군대와 2리 정도 떨어진 곳까지 달했을 때 황개는 불을 지를 것을 명령하였다. 순간, 불은 바람을 타기 시작했고, 바람은 불의 위력을 더욱 거세게 만들었다. 조조의 군선들은 하나씩 화염에 휩싸이기 시작했지만 모든 배들이 쇠고리로 엮어져 있어 움직일 수가 없었다. 화력은 점점 커지면서 조조의 병사 대부분은 불에 타 죽거나 물에 빠져 죽었다. 결국 조조의 수십만 병사는 거의 섬멸되었고 더 이상 남하할 힘이 없었다. 이 틈을 타 유비는 자신의 세력을 키워나갔고, 위, 촉, 오 삼국의 삼국구도가 성립되었다.

적벽대전에서 주유는 조조에게 3가지 계략을 이용했다. 장간이 감쪽같이 속아 방통을 조조에게 보낸 것은 '반간계'에 속한다. 방통이 조조에게 항복하는 것처럼 꾸민 것은 '소리장도' 계책에 속하며, 조조가 방통의 잔꾀에 넘어가 모든 배들을 하나로 엮어 화염에 휩싸이게 만든 것은 '상옥추제' 계책에 속한다 할 수 있다.

 ## 2 마한의 난을 평정한 조조

211년, 마초와 한수가 연합하여 군사를 이끌고 조조를 무찌르기 위해 중원의 중요 군사 요충지인 동관으로 쳐들어왔고 그해 7월, 조조 역시 반란을 평정하기 위해 군사를 이끌고 나섰다.

동관 근처에 군대를 주둔시킨 후 조조는 강공을 퍼부을 자세를 취하면서 몰래 서황과 주령을 파견해 포반진을 건너 서하에 군대를 포진시켰다. 그 후 그는 군사를 데리고 강을 건너 북상해 위구를 점령하여 '가짜병사'를 여러 곳에 심어놓고 진짜 병력은 위지에 집결시켰다. 군사에게 길을 만들고 녹채를 설치하라는 등 수비형태를 취하는 것처럼 보이게 하였다. 여러 차례에 걸친 도전에도 불구하고 성공을 얻지 못한 마초는 쉽게 공격할 수가 없는 상황이 되자 하는 수 없이 영토를 할양하여 화친을 청했고 모사 가후의 진언을 받아들인 조조는 마초의 화친 조건을 받아들이는 척하였다.

이때 한수는 조조를 만나기를 청했다. 한수와 조조는 본래 같은 해에 과거에 급제해 함께 일한 적도 있었다. 한수는 군대를 철수해 줄 것을 부탁하기 위해 조조를 찾은 것이었다. 그러나 조조는 옛 이야기만을 하며 한수의 손을 잡고 웃음을 지을 뿐이었다. 이 사실은 전해들은 마초는 한수에 대해 의심을 품게 되었다. 며칠 후 조조가 여러 군데 고쳐 쓴 편지를 한수에게 보내자 마초의 의구심은 더욱 더 커지게 되었다.

마침 마초가 한수를 대비하고 있을 무렵, 조조가 갑자기 마초에 대대적인 공격을 퍼부었다. 그들은 소수병력으로 먼저 공격을 가한 다음 대군을 이끌고 전후로 협공을 펼쳐 마초와 한수를 크게 물리쳤다.

전투에서 승리한 후 어떤 이가 전투 작전 의도를 물어보자 조조는 이렇게 답하였다. "적이 동관을 지키고 있는 상황에서 내가 만약 하동지역에 진입한다면 적은 분명히 군사를 데리고 모든 나루터를 지킬 것이 틀림없다. 그렇게 되면 서하를 건널 방도가 없지 않느냐, 그래서 먼저 대군을 동관에 집결시켜 적의 모든 병력이 이곳을 방어하도록 유인했던 것이다. 서하의 수비에 허점이 생겨서 서황과 주령은 쉽게 강을 건널 수 있었다. 내가 군사를 이끌고 북쪽으로 가고 있을 때 서황과 주령이 이미 유리한 지형을 점거하고 있었기 때문에 적은 감히 서하를 놓고 나와 대적하지 못하였다. 강을 건넌 후에는 길을 파고 녹채를 만들어 철저한 대비를 하고 있었으나 적을 유인하기 위해 약한 척하였다. 상대방이 화친 요구를 해오길 기다렸다가 거기에 응하는 것처럼 보여 적이 긴장을 늦추도록 하였고, 아무런 준비도 하지 못하고 있는 틈을 타 공격을 가하여 아무런 대항도 하지 못하게 만들었다. 병법은 한 가지 방법만을 고집해서는 안 되며 언제든 변화에 맞게 바꿀 수 있어야 한다."

이 일화를 보면, 조조가 마한의 난을 평정하기 위해 '암도진창暗度陳倉', '반간계', '조호이산調虎離山', '욕금고종欲擒故縱' 등의 계책을 이용하였다는 것을 알 수 있으며, 조조는 그야말로 '연환계'의 고수라고 할 수 있다.

 ## ❸ 지혜로 한중을 얻은 제갈량

촉나라 군대가 한중을 치려할 때 조조는 직접 대군을 이끌고 나섰고, 두 나라 군대는 한수를 사이에 두고 대치하게 되었다. 지세를 살펴본 제갈량은 곧 조운에게 명령을 내렸다. "500명의 군사를 이끌고 북과 호각을 가지고 상류의 구릉지대에 매복해 있으시오. 아군의 대포소리가 들리면 북을 힘껏 치되 절

대 나오지는 마시오." 조운은 명령을 듣고 떠났다.

이튿날, 적에게 대항하기 위해 나온 조조의 군대는 촉나라 군대가 공격해 오지 않자 화가 났지만 어쩔 수 없이 말머리를 돌려야만 했다. 그날 저녁, 조조 군대 진영에 불빛이 하나둘씩 꺼지기 시작하자 제갈량은 대포를 쏘라고 명령했고, 이 소리를 들은 조운은 북과 나팔을 함께 힘껏 불도록 지시를 내렸다. 촉나라 군대가 진영을 침입했다고 여긴 조조의 군사들은 자다가 재빨리 일어나 싸울 준비를 하였으나 군사라고는 하나도 보이지 않았다. 조조 군사들이 다시 잠이 들자 촉나라 군사들은 다른 쪽에서 북을 울렸다. 하지만 역시 사람 그림자라고는 눈을 씻어도 보이지 않았다. 이런 일이 사흘 밤낮이나 계속되자 조조의 군사들은 앉아서도 졸 지경이 되었다. 상황이 이렇게 되자 두려움을 느낀 조조는 30리 밖으로 진영을 후퇴시켰다.

한편 제갈량은 유비에게 한수를 건넌 후 강변에 군 진영을 주둔시키도록 했다. 다음 날, 조조는 군사를 데리고 유비와의 전투에 나섰고 촉나라는 장군 유봉을, 조조는 서황을 내보냈다. 한참을 싸우다가 서황을 이길 수 없게 된 유봉은 말머리를 돌려 후퇴하기 시작했다. 촉나라 군사는 강가로 도망갔으며 무기와 말은 여기저기 흩어져 있었다. 적들을 바짝 추격한 조조 군대의 대오는 병사들이 서로 말과 무기를 줍느라고 아수라장이 되었다. 형세가 불리함을 느낀 조조는 급히 명을 내려 전투를 중지시켰다. 바로 이때, 제갈량의 호기號旗가 휘날리는 것을 본 유비는 군사를 이끌고 공격을 시작했다. 황충과 조운이 양 날개 쪽에서 공격을 퍼붓자 적들은 남정까지 도망을 가게 되었고, 장비와 위연이 이미 남정을 점령한 것을 본 조조는 다시 양평관으로 도망을 갔다.

이 기회를 놓칠 세라 제갈량은 급히 장비와 유연을 시켜 조조 군대의 식량로를 끊게 하고, 황충과 조운에게는 산에 불을 지를 것을 명령했다. 양평관에 있던 조조는 식량로가 끊어지고 산이 모두 불타버렸다는 소식을 접하고는 후방도 더 이상 안전지대가 아니라고 판단하고는 바로 군사를 이끌고 양평관을 빠져나왔다. 그는 단 한 번의 전투로 촉나라 군대를 물리쳐 승리를 거두고자 했고, 촉나라 장군 유봉은 몇 차례의 전투에서 모두 패하고 말았다. 하지만 조조는 적을 추격하다가 매복당할까 두려워 다시 양평관으로 돌아왔다. 이때 촉나라 군대는 다시 한 번 기세를 가다듬고 동문과 남문에는 불을 지르는 한편 서문에서는 함성을 지르고 북문에서는 북을 울렸다. 내심 겁이 난 조조는 황급히 양평관을 포기하고는 포위망을 뚫어 사곡계로 가 진영을 주둔시켰다. 촉나라 군대가 다시 공격을 해오자 조조는 억지로 출전했지만 위연이 쏜 화살 한 방에 앞니 두 개가 적중되자 잔뜩 겁을 집어먹고는 급히 허도를 떠났다. 이로써 한중은 유비의 손으로 넘어가게 되었다.

이 전투에서 제갈량이 쓴 계략은 모두 훌륭했다. 그는 먼저 가짜 병사를 배치시키고 '만천과해瞞天過海' 계책을 써 밤에 북을 울려 적을 녹초로 만들어 조조 군대를 30리 후퇴하게 만들었다. 이어 한수를 건너 강을 뒤로 하여 진을 치고 조조 군대가 공격해 오도록 유인한 후 복병을 심어 두었다가 적을 해치웠다. 조조가 양평관으로 후퇴했을 때 제갈량은 '부저추신' 계책으로 불을 질러 산을 태우고 식량 보급로를 끊어버렸다. 이후 또 '타초경사打草驚蛇' 계책을 써 양평관 사방 성문에 불을 지르거나 함성을 질러 적을 불안에 떨게 했다. 이렇게 함으로써 제갈량은 조조가 양평관을 포기하고 사곡계까지 물러나게 만들었다. 이로써 한중은 유비의 손으로 넘어가게 되었다.

 ## 4 반대파를 제거한 측천무후

황제자리에 오른 측천무후는 조정 대신들과 지방 관리들의 많은 반대에 부딪쳤다. 황제자리를 굳게 지키고 반대파를 제거하기 위해 측천무후는 한 가지 방법을 고안해 냈다. 바로 만천하에 황제의 명을 내리는 것이었다. "누구든지 황제에게 직접 대역무도한 탐관오리를 고발하라. 그 내용이 사실이면 관직을 하사할 것이며 사실이 아니더라도 처벌하지 않겠다."

황제의 명이 세상에 알려지자 한꺼번에 밀고자가 모여들었다. 뇌물을 받았거나 법을 어긴 자, 백성을 괴롭힌 자, 측천무후가 황제에 오른 것을 반대하는 자 등 그 종류도 다양하였다. 측천무후는 잔인무도한 사람들을 뽑아 이 일을 해결하도록 했으며, 황제 반대파를 죽여도 무방하다고 명을 내렸다. 이 방법을 통해 반대파를 손쉽게 빨리 제거할 수 있었다.

여기에서 볼 때 측천무후는 두 가지 계책을 이용했다. 표면적으로는 부정부패 척결이었으나 실제로는 반대파 제거를 위한 '암도진창' 계를 쓴 것이며, 또 하나는 자신을 전혀 내세우지 않고 잔인무도한 관리를 뽑아 반대파 제거에 이용한 '차도살인' 계이다.

 ## 5 비 내리는 밤에 교묘히 적을 암살한 유기

1140년, 남송의 장군 유기는 금나라 군대의 남침을 막기 위해 군사를 이끌고 순창을 지키고 있었다. 한편 금나라 군대는 김올술의 지휘 아래 순창에서 20리 정도 떨어진 동촌에 도착해 순창을 집중 공격할 준비태세를 갖추고 있었다.

곧 금나라 부대가 공격해 올 것을 감지한 유기는 적의 대오가 완비되기 전에 선제공격하기로 결정하였다. 마침 이날은 짙은 먹구름과 함께 천둥소리가 유난히 컸으며 번개도 시시때때로 하늘을 갈랐다. 이때 유기의 머릿속에 '우야교살적雨夜巧殺敵' 계책이 갑자기 떠올랐다.

해가 서쪽으로 기울고 하늘에선 장대비가 쏟아지자 유기는 500여 명의 날랜 군사를 마을로 내려 보냈다. 그들이 적의 군대 진영을 습격해 칼과 도끼를 휘두르자 잠에 빠져 있던 금나라 군사들은 비명소리와 아우성을 질러댔으며 막사는 한순간 아수라장이 되어 버렸다. 금나라 장군은 송나라의 함정에 빠지게 될까 두려워 15리 후퇴하여 군대를 재정비하였다. 이튿날 저녁, 유기는 계획대로 100여 명의 군사를 선발해 단도와 대나무피리를 나누어 주며, 비를 무릅쓰고 적의 막사에 돌진하도록 명령하였다. 적의 진영에서 100여 군사들은 번개가 칠 때 대나무피리를 불며 적을 해치웠고, 번개가 그쳤을 때는 모두 땅에 엎드려 아무도 움직이지 않았다.

아무것도 보이지 않는 어둠 속에서 흠씬 두들겨 맞은 금나라 군사들은 화가 나 창과 칼을 무조건 휘둘러댔다. 결과적으로 밤새 금나라 군사들은 혼전을 거듭하며 아군끼리 서로를 죽였고 피는 범벅이 되어 강물처럼 흐르고, 시체는 여기저기 널브러져 있었다. 사실, 100여 송나라 군사들은 이미 금나라 진영을 떠난 후였다. 해가 밝자 금나라 진영에는 송나라 군사가 한 명도 보이지 않았다. 금나라 장군은 그제야 속은 것을 알게 되었지만 뒤늦게 후회해도 소용이 없었다. 하는 수 없이 노파만으로 후퇴해 군을 정비해야만 했다.

장군은 용맹과 지혜를 모두 겸비해야 하며 모든 수단을 이용해 목표를 달성해야 한다. 유기는 비오는 날 밤 군사를 보내 적의 진영을 습격했으며 적군인지 아군인지 구분할 수 없는 상황을 만들어 적군을 자멸하게 만들었다. 이런 교묘한 계책은 '스스로 지치게 하여 세력을 약하게 만들어라' 라는 '연환계' 계책에 속한다.

 ## 6 적의 진영을 습격한 패윤적과 악래길

1328년, 양왕 왕선은 상도에 새로운 황제를 옹립하기 위해 대도를 공격했다. 이때 북군이 이미 거용관에 진입했다는 소식을 접하게 된 연철목아는 군사를 데리고 북쪽으로 대항하러 갔지만 몇 차례의 격전에도 승부가 나지 않자 그날 밤, 패윤적과 악래길을 불러 이 일을 상의했다. 멀리서 긴 여정을 거쳐 온 북군은 여러 날을 싸워 상당히 지쳐 있을 게 분명하기 때문에 밤을 이용해 습격하는 것이 좋을 것이라고 패윤적이 말하자 연철목아는 흔쾌히 그의 의견을 받아들였다. 이어 패윤적과 악래길은 건장한 기병 100명을 선발해 활과 북을 가지고 적의 진영을 습격할 준비를 하였다. 출병하기 전에 연철목아는 신신 당부했다. "적의 진영에 도착하면 북을 울려 시끄럽게 만들고 사방에서 활을 쏘되 오래 머물러선 안 될 것이오."

아군이 연이은 격전으로 인해 피로가 쌓여 있는 모습을 본 왕선은 연철목아의 군대가 몰래 쳐들어올까 두려워 병사들에게 진지를 순찰하라고 명령했다. 이날 밤, 갑자기 밖에서 북소리가 들려오자 왕선은 곧바로 출병준비를 하고 군사를 배치시켰다. 적의 기병은 캄캄한 어둠 속에서 좌충우돌했으며 화살이 여기저기 날아다닌 덕에 군의 대오는 엉망진창이 되어 버렸다. 이때 왕선의 북군이 우르르 몰려왔고 두 나라 군대가 함께 섞여 싸우기 시작했다. 새벽이 밝아오자 서로의 얼굴을 보게 된 군사들은 그제야 밤새 싸운 상대가 적군이 아닌 아군임을 알게 되었다. 패윤적과 악래길은 기병을 이용해 적을 진영에서 나오도록 유인한 후 몇 차례 충돌을 거친 후, 어둠 때문에 아군과 적군 구별이 불가능해 혼전을 벌이고 있는 틈을 타 자신의 병사들을 데리고 연철목아에게로 돌아간 것이었다.

7 애첩을 되찾은 왕수재

황강현에 사는 왕수재에게 서봉이라는 애첩이 있었다. 하루는 왕수재가 서봉을 데리고 놀러나갔다가 우람한 체격의 사나이들에게 서봉을 뺏기고 말았다. 나중에 알아보니 그 사나이들은 합려산의 가진형제였다.

무슨 일이 있어도 서봉을 다시 찾아오겠다고 맹세한 왕수재는 무관 친구에게서 장군들이 타는 배와 보통 배, 행렬시에 사용하는 깃발, 관복 등을 빌려왔다. 10여 명의 가족과 친척들을 불러 빌려온 관복으로 입혀 군인분장을 시킨 그는 직접 '신임 제독'으로 위장해 합려강 입구로 갔다. 관리들에게 아부와 아첨을 잘하는 가진형제는 '신임제독'이 찾아온다는 소식에 일찌감치 강변으로 마중을 나갔다. 가진형제의 체면을 살려주기 위해 초대에 응하기로 결정한 왕수재는 사흘 동안 좋은 술과 맛있는 고기로 융숭한 대접을 받았다.

3일째 되던 날, '신임 제독'은 가진형제에게 보답의 뜻으로 배에서 연회를 베풀었고, 술자리에서 말했다. "그대들에게 좋지 않은 일이 하나 있소이다. 그대들이 왕수재의 애첩을 납치해 갔다는 소장이 들어왔지 뭐요. 왕수재는 현재의 명사로 이미 황제에게 글을 올렸고, 이 일을 내가 전적으로 맡게 되었소. 우린 이미 친구가 되었으니 내가 특별히 그대들에게 알려주는 것이오, 몰래 그 여인을 넘겨주면 내 이 일을 덮어두리다." 이 말을 들은 가진형제는 너무 놀라 얼굴이 백지장처럼 하얗게 변했다. 그들은 곧 제독의 배려에 감사하다는 말과 함께 왕수재의 애첩 서봉을 데려왔다. 그들은 자신들의 앞에 있는 사람이 가짜라는 것은 꿈에도 몰랐던 것이다.

왕수재는 가진형제에게 접근하기 위해 제독으로 가장하여 '만천과해' 계책을 썼으며, 또한 '조호이산' 계책을 이용해 가진형제를 배로 불러들여 강경책과 온건책을 골고루 써 막다른 골목으로 밀어넣었다. 그는 신임제독으로 가장해 가진형제의 상황이 불리함을 알렸고 결과적으로 서봉을 되찾을 수 있었던 것이다.

8 문자메시지 사기극

어느 날 장쑤 가오유 시에 사는 백 선생은 문자메시지를 하나 받았다. 문자메시지의 주요 내용은 이러했다. '자사의 컴퓨터 판매 100억 위안 돌파 경축행사에서 당신의 핸드폰 번호가 2등에 당첨되었습니다. 자세한 사항은 13959909225로 문의하세요.'

백 선생이 문자메시지에 적혀있는 번호로 전화를 걸자, '굵직하고 우렁찬 목소리'의 남자가 백 선생이 경품행사에서 2등에 당첨되어 1만 2,800위안 정도의 컴퓨터를 받게 되었다며 빨리 선전으로 와서 상품을 찾아가라고 말했다. 하지만 장쑤에 거주하고 있는 백 선생이 선전까지 가기가 불편하다고 말하자 '굵직하고 우렁찬 목소리'의 남자는 280위안을 먼저 송금하면 확인한 후 바로 컴퓨터를 보내주겠다고 하면서 선전의 한 은행 계좌번호까지 알려주었다.

백 선생은 280위안을 그 남자가 말한 계좌로 송금했다. 그러자 남자는 또 규정에 따라 경품행사 당첨자는 상품가격의 20%에 해당하는 2,560위안을 개인소득세 명목으로 반드시 내야 하지만, 당첨자의 경제사정을 고려해 10%인 1,280위안만 내면 된다고 친절하게 알려주었다. 백 선생은 고마워하면서 이튿날 바로 남자가 말한 금액을 송금했다. 약 1,500위안으로 상품을 받을 수 있을 것이라는 생각에 기쁨도 잠시, 남자에게서 또다시 전화가 왔다. "제품을 우체국으로 보내려고 하니 우편보험료 500위안을 내야 한다고 합니다. 마침 우리 회사의 한 직원이 장쑤에 출장을 가게 되었기에 고객님의 경제적 부담을 덜어드리고자 직원이 직접 상품을 전해 주기로 했습니다." 이 말에 백 선생은 감사하다는 인사를 몇 번씩이나 하였다.

며칠 후, 상품을 갖다 주겠다던 직원이 장쑤 둥하이에서 백 선생에게 전화를 걸어 왔다. 그는 상품을 둥하이까지 가지고 오는데 너무 힘들었다면서 차비와 수고비 명목으로 1,000위안을 요구했다. 거절하기도 그렇고 해서 백 선생은 어쩔 수 없이 1,000위안을 또 송금하였다. 하루가 지나 상품도, 상품을 가지고 온다는 사람도 나타나지 않자 백 선생은 회사에 전화로 문의를 했다. 그러자 '굵직하고 우렁찬 목소리' 의 남자는 세무국의 직원이 경품 특별행사를 알게 된 후 당첨자는 상품총액의 17%를 국세로 반드시 내야 한다고 요구했다면서 백 선생에게 1,859위안을 더 내라고 말했다. 이번에 돈을 내지 않으면 그동안 낸 2,560위안이 헛돈이 될지도 모른다는 생각에 백 선생은 하는 수 없이 또 돈을 송금했다.

그 후 백 선생은 다시는 그들의 전화도 받지 못했고, 그 역시도 상품을 전해준다는 사람들과 연락을 할 수가 없었다. 그가 '굵직하고 우렁찬 목소리' 의 남자에게 전화를 하면 전화기가 꺼져 있거나 그냥 전화를 끊어버리는 것이었다. 그제야 백 선생은 자신이 사기꾼의 '연환계' 에 빠졌다는 것을 알게 되었다.

9 아름다운 신부를 되찾은 못난이 왕자

옛날 차라국이라는 나라에 아주 못생긴 왕자가 있었는데 그는 외모와는 달리 마음도 착했고 매우 총명했다. 게다가 힘도 아주 세어 소리를 한 번 지르면 사자 포효처럼 매섭고 우렁찼다. 못난이 왕자가 성인이 되자 차라국의 국왕은 이웃나라의 월광공주를 그와 맺어주기로 결정하였다. 5월의 달빛처럼 아름다운 외모를 지닌 월광공주에게는 하늘의 선녀와 같은 예쁜 7명의 여동생이 있었다. 결혼식 날이 되어서야 남편의 못생긴 외모를 직접 보게 된 월광공주는 화가 나서 밤새도록 달려 자신의 나라로 돌아가 버렸다.

차라국 주위의 7개 이웃나라는 이때 마침 병력을 집중 배치시켜 차라국에 대한 공격 준비에 박차를 가하고 있었다. 못난이 왕자는 마음속으로 생각했다. '신붓감도 도망가버려 마음이 아픈데 이렇게 많은 이웃나라들과 적이 되다니, 정말 설상가상이로구나. 이 두 문제를 한 번에 해결할 수 있는 방법이 없을까?'

이윽고 못난이 왕자는 월광공주 아버지의 필적을 위조하여 월광공주를 아내로 주겠으니 영원히 화친하자는 내용의 서신을 7개 이웃나라 국왕에게 따로 보냈다. 이웃나라의 국왕들은 서신을 본 후 매우 기뻐하며 차라국에 대한 전쟁 계획을 접고 많은 예물을 준비해 신부를 맞이하도록 사람을 파견했다. 월광공주가 있는 곳에 다다를 때 쯤, 신부를 맞으러 가는 7개의 군대가 서로 만나게 되었고 서로 월광공주 아버지의 친필서신을 보게 된 그들은 그제야 자신들이 우롱당했다는 것을 알게 되었다. 이웃나라 국왕들은 이를 월광공주의 도전으로 생각하고 군대를 이끌고 월광공주가 있는 곳으로 향했다.

대군이 국경까지 쳐들어온 것을 보고 놀란 월광공주의 아버지는 이 모든 것이 월광공주 때문에 일어난 것이라고 전해 듣고서 공주를 호되게 꾸짖었다. "시집을 갔으면 남편을 따라야지, 남편이 못생겼다고 어떻게 친정으로 바로 달려올 수 있느냐! 너 때문에 모든 국가가 발칵 뒤집어졌다. 지금은 나로서도 방법이 없으니 너를 7등분으로 나누어 이웃나라의 일곱 왕자에게 나누어 줘야겠다." 월광공주는 울면서 말했다. "아바마마, 고정하옵소서. 방을 붙여 현자를 모셔오면 틀림없이 이 문제를 해결할 수 있을 것이옵니다." 국왕은 공주의 말을 듣고서 바로 현자를 찾는 방을 붙였다. '이 문제를 해결하는 자에게 월광공주를 주겠노라.'

드디어 기회가 왔다고 생각한 못난이 왕자는 급히 방을 뜯으러 갔다. 이날, 못난이 왕자는 성곽 위에 서서 7개 군대에게 소리쳤다. "군사를 동원해 이웃나라를 침략하게 되면 백성들이 가족과 집을 잃게 될 것이고, 너희들은 천벌을 받게 될 것이다. 우리 차라국은 너희들이 침략해 오는 것을 가만히 보고만 있지 않을 것이다!" 못난이 왕자의 천둥 같은 목소리에 7개 군대들은 겁에 질려 감히 공격하지 못하고 주둔하고 있다가 며칠 후 후퇴하기로 결정했다.

못난이 왕자는 월광공주 아버지에게 자신의 의견을 얘기했다. "국왕의 일곱 공주를 7개 이웃나라의 왕자에게 시집보내게 되면 전쟁을 평화로 바꿀 수 있으며, 세상도 평화로워져 백성들도 편히 살 수 있을 것입니다." 이 말은 들은 국왕은 좋은 해결책이라고 여기고, 일곱 공주를 7개 이웃나라로 보내기로 마음먹었다. 이웃나라 군대들은 공주들을 데리고 기쁜 마음으로 자신들의 나라로 돌아갔다.

못난이 왕자는 '연환계'를 사용하여 모든 군대들을 무사히 돌려보낼 수 있었을 뿐만 아니라 월광공주도 되찾을 수 있었다.

 ## 10 비스마르크와 독일

17세기 이후 도이칠란트는 할거상태가 계속되고 있었다. 19세기 초기, 연방 중 제1의 강력한 왕국, 프로이센의 재상에 오른 비스마르크는 전쟁을 해서라도 도이칠란트의 통일을 이룩하자고 외쳤다. 당시의 국제형세는 비스마르크에게 유리했다. 크림전쟁으로 인해 국력이 많이 쇠약해진 러시아는 완전히 그 힘이 회복되지 않은 상황이었고 크림전쟁에서 러시아를 지지하

지 않고 영국, 프랑스와 동맹을 맺은 오스트리아는 러시아와의 관계가 껄끄러운 상태였다. 하지만 프랑스의 국력은 시들지 않고 여전히 건재했다. 프랑스가 유럽을 제패하게 될까 두려웠던 영국은 프로이센을 지지하면서 프랑스를 견제하고 있었다. 이때 프랑스는 프로이센과 오스트리아 사이에 교전이 일어나 두 나라가 전쟁에 지쳐 있을 때 득을 봐야겠다는 야심을 품고 있었다. 여러 가지 상황을 모두 파악하고 있던 비스마르크는 '연환계'를 쓰기로 결심했다. 외교수단을 이용해 각국 간에 충돌과 분쟁이 일어나게 만들어 도이칠란트의 통일에 방해가 되는 외부 장애물을 철저히 없애겠다는 생각이었다.

도이칠란트의 연방 중 비교적 강력했던 오스트리아는 안팎으로 프로이센과 통일의 주도권을 놓고 다투고 있었다. 비스마르크는 '욕금고종'을 이용하기로 하고 첫 번째 목표물로 오스트리아를 지목했다. 1863년, 덴마크 군대가 도이칠란트의 연방인 홀슈타인과 슐레스비히를 공격해 오자 비스마르크는 이를 구실 삼아 오스트리아와 손잡고 연합공격을 가했다. 전쟁이 끝난 후 프로이센은 슐레스비히를 차지했으며 홀슈타인을 과감하게 오스트리아에 주었다.

여기에서 비스마르크의 3가지 의도를 엿볼 수 있다. 첫째, 그가 오스트리아와 연합한 이유는 오스트리아를 고립시키기 위해서였다. 그는 프로이센이 방향을 바꾸어 오스트리아를 공격할 경우 덴마크가 절대 오스트리아를 도와주지 않을 것임을 간파하고 있었다.

둘째, 비스마르크는 오스트리아 군대의 속사정을 정확하게 파악해 그들과의 전쟁을 위한 계획을 마련하였다. 셋째, 홀슈타인은 오스트리아의 영토가 된 적이 한 번도 없었을 뿐만 아니라 오스트리아와는 국경도 접하지 않았다. 비스마르크가 홀슈타인을 오스트리아에 내준 것은 명목상일 뿐 이 지역을 오스트리아가 통치한다는 것은 불가능한 일이었다.

오스트리아와의 전쟁을 시작하기 전에 비스마르크는 이번 전쟁에 중립적인 입장을 고수해 달라고 프랑스에 강력히 요구했고 이를 위해 '포전인옥抛磚引玉'의 외교수단을 이용하였다. 그는 전쟁이 끝나면 일부 영토를 내주겠다는 의사를 계속해서 표시해 프랑스를 조용하게 만든 후 오스트리아의 원수인 이탈리아와 동맹을 결성하고 1866년, 오스트리아와의 전쟁을 감행했다.

전쟁에 대비하여 많은 전략과 전술을 준비해 놓은 프로이센 군대는 파죽지세로 오스트리아 군대를 공격했다. 하지만, 이때 비스마르크는 생각했다. '오스트리아를 초전 박살내는 것이 결코 목적이 아니며 최종목표는 도이칠란트의 통일이다. 프랑스가 도이칠란트의 통일을 계속 반대하는 것은 프로이센이 가장 위험한 상대라고 여기기 때문이다. 이때 적당한 시기를 봐서 전쟁을 끝낸다면 오스트리아는 분명 프로이센에 고마워할 것이고, 프랑스와 프로이센이 전쟁을 하게 될 경우 오스트리아는 최소한 중립적인 입장을 유지할 것이다.' 이러한 자신의 의견을 내세워 전쟁 중단 반대 입장을 가진 사람들을 설득시킨 비스마르크는 오스트리아와의 전쟁을 자진해서 중단하고 군대를 철수시켰다.

이후 비스마르크는 국제 외교관계에 있어서 프랑스를 고립시킬 목적으로 '엠스전보' 사건을 교묘히 꾸몄고, 이에 격분한 프랑스가 1870년 7월 19일, 프로이센에 전쟁을 선포함으로써 보불전쟁이 일어나게 되었다. 결국 이 전쟁은 프랑스의 대패로 막을 내렸고, 비스마르크는 통일대업의 마지막 장애물을 제거함으로써 1871년 1월 18일, 드디어 자신의 꿈인 통일 독일제국을 세우게 되었다.

 11 말 못할 고민을 스스로 해결한 괴벨스

1931년, 독일 제3제국의 선전장관이었던 괴벨스는 아름다운 여인 마그다와 결혼하였다. 얼마 후 두 사람 사이에 싸움이 벌어졌고 남편에게 충격을 주고 싶었던 마그다는 남편에게 자신이 유태혈통이며, 젊은 시절 첫 번째 남자친구였던 알로소로프도 이 사실을 알고 있다고 털어놓았다. 알로소로프는 당시 팔레스타인 자치구의 정치 수뇌부인 외교부장관이었다. 마그다가 유태인이라는 사실을 히틀러가 알게 되면 자신에게 어떤 운명이 기다리고 있을지 너무나 잘 알고 있던 괴벨스는 알로소로프를 제거하기로 결심했다.

얼마 후, 유태인 철수를 돕고, 유태인의 재산을 독일에서 빼내기 위해 알로소로프가 베를린에 도착했다. 이 정보를 입수한 괴벨스는 비밀경찰 게슈타포에게 알로소로프를 독일이 아닌 다른 지역에서 제거하라고 명령했다.

1933년 6월 13일, 알로소로프는 베를린에서 팔레스타인으로 돌아갔다. 며칠 후, 오랜만의 해후를 축하하기 위해 외출을 한 알로소로프는 저녁식사 후 아내와 함께 어둠이 내린 해변가를 따라 산책을 하고 있었다. 이때 며칠 동안 알로소로프를 미행하던 2명의 게슈타포가 그를 향해 총을 쏘았고, 다음 날 알로소로프는 심각한 부상으로 사망하였다.

알로소로프가 살해된 후 사람들은 그 살해범으로 아랍인을 우선 지명했고, 유태교 극단주의자들의 소행이라고 생각하는 사람들도 일부 있었다. 하지만 이것이 독일인의 '작품'이라고는 아무도 생각하지 못했다.

괴벨스가 게슈타포를 이용해 알로소로프를 암살한 것은 '차도살인' 계책을 이용한 것이며, 독일이 아닌 팔레스타인 자치구에서 암살을 단행한 것은 '이대도강李代桃殭' 계책을 쓴 것이라 할 수 있다.

12 독일군을 견제한 바투틴

　　　　1942년 6월, 스탈린그라드 전투가 힘겹게 진행되고 있을 당시, 독일 파시스트는 동부의 모든 병력을 동원해 전략요충지 스탈린그라드를 손에 넣으려고 공격해 왔다.

　이때, 소련 홍군의 명장 바투틴 부대는 스탈린그라드에서 400킬로미터 떨어진 보로네슈에 주둔하고 있었는데 독일군은 보로네슈에서 바투틴에 저지당해 공격을 할 수 없었다. 그 후, 바투틴은 자신의 부대를 보로네슈에 끌어들여 스탈린그라드를 지원할 수 없도록 만드는 것이 독일군의 목적임을 알게 되었다. 전략을 방어에서 공격위주로 변환한 바투틴 부대는 독일군을 향해 대규모 공격을 가하였고 결과적으로 더욱더 많은 독일군을 견제할 수 있었다. 보로네슈의 독일군이 계속 버티지 못하자 스탈린그라드 외곽의 독일군이 지원을 위해 이곳으로 파견되어 왔고 이로써 스탈린그라드에 대한 소련군의 부담을 덜 수 있었다.

　바투틴은 이때 행동개시에 들어갔다. 그는 매일 밤 독일 진지에 비행기로 폭탄을 투하할 것을 명령하였다. 날이 밝아오면 소련군의 대포소리가 꽝꽝 터져 나왔다. 독일군은 잠을 이룰 수가 없었고 수면부족으로 인해 서서히 피로에 지쳐갔다. 여기에다 몇 차례 맹렬한 공격을 퍼붓자 독일군은 소련군의 작전의도를 전혀 짐작조차 할 수 없었다. 소련군이 이곳에서 실제 총공격을 퍼부을 것이라고 예상한 독일군은 스탈린그라드 외곽의 많은 독일군을 빼내 보로네슈로 보냈다.

여기에서 우리는 바투틴이 여러 가지 계책을 이용한 것을 알 수 있다. 첫째, '타초경사' 계책으로 고의로 적군을 놀라게 만들어 긴장과 공황상태로 만든 것이다. 두 번째는 '이일대로以逸待勞' 계책으로 연속되는 폭격과 포격으로 군사들을 힘들고 지치게 만들어 전투력을 약화시킨 것이다. 셋째, '반객위주' 계책으로, 소극적인 방어에서 적극적인 방어로, 수동적인 자세에서 적극적인 자세로 바꾸면서 전쟁의 주도권을 굳게 지킨 것이다. 넷째, '위위구조圍魏救趙' 계책으로 스탈린그라드 외곽에 주둔하던 많은 독일군을 보로네슈로 파견하도록 하여 독일군에 대한 스탈린그라드의 군사적 부담을 크게 줄일 수 있었던 것이다.

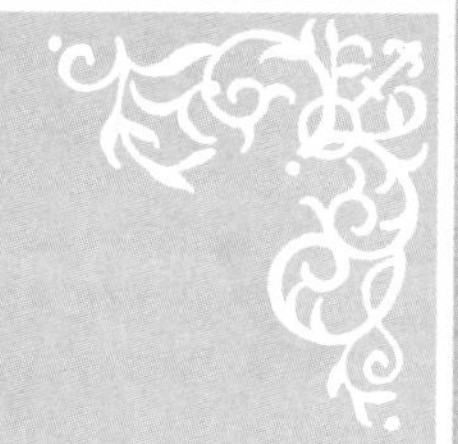

제 **18** 기

주위상(走爲上)

싸울 때와 싸우지 말아야
할 때를 구분하라

이 계책은 《남제서南齊書, 왕경칙전王敬則傳》에서 나온 말이다. 여기에서는 '일이 어쩔 수 없는 상황까지 다다랐을 때는 좋은 방법이 있을 수 없으며 결국, 도망가는 수밖에 없다(檀公三十六策, 走是上計. 汝父子唯應急走耳)'라고 하였다.

이 계책은 《남제서南齊書, 왕경칙전王敬則傳》에서 나온 말이다. 여기에서는 '일이 어쩔 수 없는 상황까지 다다랐을 때는 좋은 방법이 있을 수 없으며 결국, 도망가는 수밖에 없다(檀公三十六策, 走是上計. 汝父子唯應急走耳)'라고 하였다. 군사상 이 계책은 적은 우세하나 아군이 열세일 때, 아군이 승리를 거둘 수 없는 상황일 때는 철수하여 전력을 다시 갖추어야 함을 의미한다.

이 계책에 대한 다른 여러 가지 의미들을 찾아보면, 《손자병법, 계편計篇》의 '강할 때 오히려 피하라(强而避之)', 《오자吳子, 응변편應變篇》의 '이기지 못할 경우에는 빨리 도망가라,……돌아와 다시 반격할 경우는 반드시 빨리 해치워라(不勝速走,……退還務速)' 그리고 《회남자淮南子, 병략훈兵略訓》의 '우세할 때 싸우고, 열세일 때 도망가라(實則斗, 失則走)', 《백전기략白戰奇略, 퇴전退戰》의 '적과의 전투 때 적의 수가 많고 아군이 적을 때, 지형도 불리하여 열세일 경우에는 급히 퇴각하여 전투를 피하는 것이 전체 군대를 살리는 것이다(凡與敵戰, 若敵衆我寡, 地形不利, 力不可爭, 當急退以避之, 可以全軍)' 등이 있다. 현대에 와서는 마오쩌둥이 전쟁에서 얻은 경험을 종합하여 만든 '유격전십육자결(遊擊戰十六自決)'의 맨 처음 나오는 것으로 '적이 공격해 오면 후퇴하라(敵進我退)' 등을 들 수 있다.

탐하다가 결국은 구전에게 해를 당하지만, 석수신은 눈치가 빨라 송나라 태조에게 관직을 떠날 수 있게 해 달라고 하여 오랫동안 편히 살 수 있었다. 역사를 통해서도 이런 점을 잘 알 수 있듯이 현대인들은 옛 선인들의 교훈을 참고로 해야 할 것이다.

이 계책은 일반적으로 '싸워서 이길 수 있으면 싸워라, 이길 수 없으면 도망가라'라는 말로 해석된다. 승리할 수 있으면 절대 먼저 도망가지 말라는 뜻도 담겨져 있다. '주위상'은 36계 중 가장 훌륭한 계책이 아니라 열세일 때, 열악한 상황일 경우 억지로 맞붙지 말고 때를 봐서 빠지는 것이 상책이라는 뜻이다. 별로 크지 않은 좌절에도 자신감을 잃거나 쉽게 피하는 것은 전형적인 도피주의다. 이런 도피주의는 절대 '주위상'과 함께 언급해서는 안 된다.

1 홍문의 연회

　　　　기원전 206년, 유방이 함양을 함락한 후 관중에서 왕임을 자처하고 있다는 소식을 들은 서초 패왕 항우는 분개하지 않을 수 없었다. 모사 범증의 진언으로 항우는 홍문에 연회를 베풀어 술자리에서 기회를 틈 타 유방을 죽이기로 계획했다.

　　유방은 홍문으로 가면 길吉보다 흉凶이 많을 것이라는 것을 알고 있었지만 항우의 세력이 만만치 않은 터라 가지 않으면 화를 입게 될지도 모를 상황이었다. 이윽고 유방은 모사 장량, 장수 번쾌, 위병과 함께 홍문에 도착했다. 연회자리에 앉은 후 유방이 항우에게 말했다. "장군과 힘을 합쳐 진秦을 치기로 하였고, 이에 장군은 황하 북쪽을, 저는 황하 남쪽을 공격하기로 하였습니다. 하지만 제가 함곡관을 먼저 공격해 진군을 물리칠 줄은 미처 생각하지 못했습니다. 지금 나쁜 소인배들이 소문을 퍼뜨려 장군과 소인의 사이를 이간질시키려고 하니 부디 여러 번 생각하고 행동해 주시기 바랍니다." 이 말을 들은 항우는 마음이 약해졌고, 유방을 살해할 마음이 사라진 항우를 본 범증은 항장을 불러와 무검을 추게 하면서, 유방 암살 기회를 엿보고 있었다. 범증의 의도를 눈치 챈 장량의 친구 항백은 자신도 무검을 추며 몸으로 유방을 엄호해 항장이 전혀 손을 쓰지 못하게 만들었다.

　　결정적인 순간, 장량이 번쾌에게 막사로 들어오라는 눈짓을 보냈다. 검과 방패를 들고 막사로 들어온 번쾌는 화가 머리끝까지 치솟은 항우를 보게 되었다. 항우에게서 술 한 잔과 돼지 다리 한 쪽을 받아 들은 번쾌는 게 눈 감추듯 술과 돼지고기를 모두 한 번에 먹어치웠다. 유방이 힘들게 세운 공, 무한한 충성심을 털어놓으며, 떠도는 소문을 믿는 항우를 질책하자 항우는 순간 아무 말도 하지 못했다.

유방은 뒷간에 간다는 구실을 대고 장량, 번쾌와 함께 막사를 나왔다. 번쾌는 초소로까지 유방을 호송하였고, 두 사람이 어느 정도 멀리 갔을 때쯤 장량은 막사로 돌아와 항우에게 고마움을 전했다. "유방이 주량을 이기지 못해 대왕에게 친히 인사를 드리지 못하게 되어 백옥 한 쌍과 옥두 한 쌍을 대왕과 범증에게 전해드리라고 하였사옵니다." 항우가 물었다. "유방은 지금 어디에 있느냐?" 장량이 대답했다. "대왕께서 질책을 할지도 모른다는 말을 듣고 겁이 나 돌아갔사옵니다." 유방이 몰래 도망갔다는 말을 들은 범증은 화가 나 어쩔 줄 몰라 하며 옥두를 내던졌고, 화를 참지 못하고 씩씩거리며 말하였다. "앞으로 항우대왕의 천하를 빼앗아 갈 사람은 유방이며, 우리 모두는 유방의 포로가 될 것입니다."

홍문 연회에서 항우의 우유부단함을 보며 뒷간간다는 구실로 도망간 유방의 지혜는 정말 훌륭하다. 만약 유방이 제때 그 자리를 피하지 않았다면 분명히 죽임을 당했을 것이고 그러면 역사책을 다시 써야 했을지도 모를 일이다.

2 핑계로 화를 모면한 유비

건안建安 3년, 여포에게 패배한 유비는 어쩔 수 없이 군사를 이끌고 조조에게 몸을 의탁했다. 조조는 한나라 헌제에게 조서를 올려 유비에게 좌장군 자리를 주었고 그를 허도에 머무르도록 했다. 하지만 유비는 명목상 관직을 얻었을 뿐, 아무런 힘이 없었고 시시때때로 조조의 견제를 받을 수밖에 없었다.

자신의 장대한 꿈을 실현시킬 수 없어 깊은 상심에 빠진 유비는 허도를 벗어날 수 있도록 두 날개가 생기기만을 학수고대하고 있었다. 조조를 안심시키기 위해 유비는 일부러 농사일을 배웠고, 이런 유비의 모습을 본 조조는 유비가 더 이상 야심을 가지고 있지 않을 것이라고 여기게 되면서 점점 유비에 대한 경계심을 늦추게 되었다.

어느 날 유비가 조조와 한가로이 앉아 이야기를 나누고 있을 때 한 군사가 원술이 회남을 포기하고 하북으로 가려한다는 보고를 하였다. 이를 옆에서 듣게 된 유비가 마음속으로 생각했다. '조조가 원술을 해치고 싶어 한다는 사실을 알면서도 내 어찌 이것을 핑계로 허도에서 도망갈 생각을 하지 못했단 말인가?' 잠시 후 유비가 입을 열었다. "원술이 북벌을 하기 위해서는 반드시 서주를 거쳐야 합니다. 제가 군사를 이끌고 중도에서 원술을 죽이겠습니다." 잠시 주저하던 조조는 결국 허락을 했다. "그렇다면 내일 황제에게 조서를 올릴 테니 바로 출병하라."

다음 날, 유비는 조조의 마음이 변할까 걱정이 되어 군사를 이끌고 원술을 공격할 수 있게 해 달라는 내용의 조서를 직접 황제에게 올렸다. 황제의 허락을 받은 조조는 5만 군사를 이끌고 출정하라고 유비에게 명을 내렸다.

처소로 돌아온 유비는 밤낮을 가리지 않고 말과 안장을 고쳤고, 관우, 장비에게도 출병을 재촉하였다. 관우와 장비가 그 이유를 묻자 유비가 말했다. "허도에 있는 유비는 갇힌 새, 그물 속의 물고기 신세와 다를 바 없다. 그러나 이번 출병으로 유비는 바다를 만난 물고기, 숲속을 자유로이 날아다니는 새가 될 것이다." 유비의 말을 듣고 마치 꿈을 꾸는 듯한 관우와 장비는 유비와 함께 군사를 이끌고 질주하듯이 나아갔다.

유비가 허도를 막 벗어날 무렵, 모사 곽가가 이 소식을 듣고서 조조를 찾아가 진언을 하였다. "승상께서는 어찌하여 유비를 서주에 파견하셨습니까? 유비는 이제 돌아오지 않을 것입니다. 유비를 서주에 보낸 것은 호랑이를 산에 풀어놓은 것이나 다름없사옵니다."

곽가의 말을 듣고 후회가 된 조조는 급히 허저에게 군사 500명을 이끌고 나가 유비를 불러들이라고 명을 내렸다.

군사를 이끌고 출병하기 전에 유비는 조조가 생각이 바뀔 것을 대비해 조조의 조서를 받아놓았을 뿐만 아니라 황제의 조서도 받아놓았다. 이때 허저가 유비를 막았지만 유비의 유능한 언변에 허저는 한 마디도 제대로 하지 못했고, 허도로 돌아와 조조에게 상황을 보고하는 수밖에 별다른 도리가 없었다.

새장 속에 갇힌 새가 숲을 만난 것과 같은 자유를 누릴 수 있게
된 유비는 힘을 다해 군사를 모았고 예를 갖춰 여러 차례 설득하여
제갈량을 모셔오게 되었으며 이후에는 동오東吳와 연합하여 적벽대
전에서 조조를 크게 무찔렀다. 유비를 서주로 파견한 일을 생각할
때마다 조조는 탄식과 후회의 눈물을 뿌릴 수밖에 없었다.

 ## ③ 조조의 군대에서 도망친 서서

방통이 '연환계'로 조조를 속인 뒤 급히
배를 타고 강남으로 돌아가려고 할 때 강변에서 갑자기 나타난 누군
가가 그를 저지하였다. 자세히 보니 친구 서서였다. 유비의 모사인
서서는 용병포진병법으로 조조대군을 수차례 크게 물리쳤었다. 그
후, 조조는 서서를 자신의 편으로 끌어들이기 위해 그의 어머니를
납치하여 협박했지만 조조 진영에 잡혀온 서서의 어머니는 끝내 자
살하고 말았다. 극도의 슬픔에 잠긴 서서는 죽어도 조조를 위해서는
계략을 내놓지 않겠다고 맹세하였다. 이것이 바로 그 유명한 '서서
가 조조의 진영에 들어갔으나 한 마디도 하지 않았다'라는 이야기의
유래이다.

서서는 그야말로 지모가 뛰어난 사람으로, 방통이 조조에게 연환계를 쓸 것이라는 것을 미리 간파하고 있었다. 방통이 "서형, 나의 계책을 정말 망치고 싶소?"라고 묻자, 서서는 "조조가 어머니의 목숨을 빼앗아 갔소, 나는 평생 조조를 위해서는 계략을 만들지 않겠다고 이미 맹세했었소. 그런데 내가 어째 방형의 계책을 망치려하겠소? 나는 몸뚱이만 조조의 진영에 있을 뿐이오. 군대가 패하면 목숨 보전이 어려울 것은 뻔한 일이오. 방형, 나의 미진함 점을 지적해 주고, 내가 여기서 벗어나도록 도와주시오." 방통의 귓속말을 들은 서서는 크게 기뻐하였고 이윽고 방통은 강남으로 돌아갔다.

그날 밤, 서서가 퍼뜨린 소문 덕분에 이튿날, 서량의 한수와 마등이 군사를 이끌고 조조를 치러올 것이라고 군사들이 여기저기서 쑥덕거리고 있었다. 소문을 듣게 된 조조는 매우 놀라 황급히 모사들을 불러들여 대책을 논의하였다. 서서가 말하였다. "승상께서 저를 받아주신 후로 좀처럼 그 은혜를 갚을 길이 없었습니다. 그러니 제가 이번에 군사 3,000명을 이끌고 산관을 지키면서 한수와 마등이 동쪽으로 쳐들어오는 것을 막도록 허락하여 주십시오." 이 말을 들은 조조는 서서가 드디어 자신을 위해 나서겠다는 것을 보고 기뻐하며 말하였다. "만약 그대가 그렇게 한다면 내 두 다리 뻗고 편히 잘 수 있을 것이오. 지체하지 말고 지금 바로 3,000 군사를 이끌고 출발하시오." 조조의 이 한 마디를 간절히 바라고 있었던 서서는 말이 떨어지자 무섭게 군사를 데리고 떠났다. 다시는 돌아오지 않으리라 결심하고 길을 떠난 서서는 방통의 계책을 그대로 따랐기에 조조의 손아귀에서 벗어날 수 있었다.

 ## 4 뒷간으로 숨어 목숨을 건진 왕융

302년 12월, 서진의 하간왕 사마옹과 성도왕 사마영은 낙양 제왕 사마경에게 공격을 퍼붓기 시작하였다. 두 나라의 왕이 동서 양쪽에서 경성을 공격해 오자 매우 당황한 제왕은 급히 문관, 무관 대신들을 모두 불러들여 대책을 마련하였다. 이때 상서령 왕융이 먼저 입을 열었다. "현재 두 나라의 병력은 100만에 이르며 기세가 등등하여 우리가 한 번에 막기가 여간 어려운 게 아닙니다. 대권을 잠시 내놓으시고 몸을 피하는 게 현재로서는 유일한 방책이라고 생각되옵니다." 왕융의 말이 떨어지기가 무섭게 제왕의 심복은 화가 머리끝까지 올라 큰소리를 쳤다. "상서의 신분으로 전략을 세워 승리를 거두는 것이 옳은 일인데 어찌 두 손 들어 항복할 것을 권한단 말이오? 한나라, 위나라 이후 왕후가 나라로 되돌아와 목숨을 연명한 경우가 과연 몇이나 되오? 그런데 감히 이런 말을 하다니 죽어 마땅할 것이오!" 그 자리에 있던 많은 관리는 이 말을 듣고 하얗게 질릴 수밖에 없었다. 제왕은 심복의 말이

라면 팥으로 메주를 쑨다고 해도 믿을 정도로 신임하고 있었기 때문이었다.

상황이 위급해진 왕융의 머리에 갑자기 기발한 생각이 떠올랐다. 그는 돌연 몹시 거북한 표정을 짓고 말했다. "소인이 조금 전에 약을 먹었는데 약기운이 올라 헛소리를 한 것이옵니다. 지금은 또 복통이 심하니 해우소에 다녀오겠나이다." 왕융은 쏜살같이 화장실로 달려가 일부러 발을 헛디뎌 온몸에 똥이 묻어버렸고 고약한 냄새가 진동을 했다. 똥범벅이 된 왕융을 본 신하들은 코를 틀어막으며 웃기에 바빴고, 옷을 갈아입고 오겠다고 하면서 살짝 빠져나간 왕융은 이로써 화를 면할 수 있었다.

 **5 중원해방군의 승리, 리셴녠**

1946년 6월 26일, 장제스는 병력을 대거 이끌고 중국 중원해방구를 포위공격하면서 중국 역사상 최대 규모의 내전을 일으켰다.

당시의 형세는 리셴녠이 이끄는 중원해방군에게 매우 불리했다. 겨우 6만 명에 불과한 병력으로 30만에 이르는 적군을 상대해야 했고, 적군은 이미 중원해방구 주위에 6,000여 개의 보루를 만들어

놓은 상태였기 때문이었다. 이런 상황에서 장제스는 48시간 내에 리셴녠의 주력부대를 섬멸할 계획을 세웠다.

공산당의 '생존제일生存第一'이라는 원칙과 지시에 따라 리셴녠은 도망가는 것이 상책이라고 결정하고는 곧 군대를 이끌고 포위를 뚫고 나갔다.

장제스는 중국군이 동북쪽으로 포위를 뚫어 산둥의 해방군과 합세할 가능성이 크다고 예측했다. 다른 방향, 특히 서쪽의 평한철로는 장제스의 강력부대가 지키고 있었기 때문이었다. 그러나 중점방어 병력지역이야말로 군사가 가장 나태해지기 쉬울 것이라고 판단을 내린 리셴녠은 적군의 허를 찌르기 위해 적군이 예상하는 정반대 방향인 서쪽으로 포위를 뚫었다.

중국군의 서쪽 포위 돌파를 엄호하기 위해 리셴녠은 교묘히 가짜 병사들을 배치시켜 적군의 판단력을 흩트려 놓았다. 그는 먼저, 피딩쥔에게 명령을 내려 중원해방군 제1부대 7,000여 명을 이끌고 동쪽을 뚫게 하고, 동북쪽의 진지 최전방에는 바리케이드를 강화시키는 한편, 계속해서 부대를 이동시켜 중국군이 동쪽으로 이동하는 것처럼 보이도록 했다.

6월 26일 밤, 중국군의 주력부대인 삼로군은 포위망을 뚫기 시작했다. 중국군은 적군의 철책 봉쇄를 뚫고 모두 평한철로를 넘었다. 중국군이 서쪽으로 포위를 뚫을 것이라고 미처 생각지도 못한 장제스는 서둘러 병력을 동원해 중국을 추격하여 포위망 뚫는 것을 차단하려고 하였다. 하지만 중국 주력부대는 매일 180리의 속도로 행군을 하고 있었기 때문에 적군을 일찌감치 따돌리고 각각 산시·간쑤성 근거지, 간쑤·닝샤성 근거지에 도착했다. 이 때, 동부전선에 있던 피딩쥔은 한 달 동안의 고전 끝에 천리를 걸어 수환해방구에 도착했다.

중원해방군의 포위망 뚫기 작전 승리는 성공적인 전략이었으며 이로 인해 국민당의 대거 병력을 잠재울 수 있었다. 이는 모두 전략적으로는 다른 지역 해방군과의 연합작전이 있었기에 가능한 것이었다. 장제스는 리셴녠의 중원해방군을 정복하려 했으나 계획은 수포로 돌아갔고 자신의 5,000여 명 병사도 잃고 말았다.

 ## ❻ 옌안과 중국을 맞바꾼 중국 공산당

전면공격이 실패로 돌아간 후 장제스는 또 한 번 병력을 소집해 중국의 산시, 간쑤, 닝샤성 변경지역과 산둥성의 해방구에 집중 공격을 퍼부었다. 1947년 3월, 후쭝난은 우세한 병력을 앞세워 옌안 지역을 바로 공격해 중국공산당의 지도층을 없애고 서북해방군을 섬멸할 계획을 가지고 있었다.

당시 중국군 수는 산시, 간쑤, 닝샤성 변경지역에 2만 5,000명에 불과했으며, 적군과는 비교가 되지 않을 정도로 차이가 컸다. 그렇다면 이런 위기 상황에서는 과연 어떻게 해야 하는 것일까? 최고결정권을 가지고 있던 마오쩌둥은 오랜 국민당과의 싸움에서 얻은 경험을 토대로 서북지역 공격을 기도하고 있는 장제스의 전략을 면밀하게 분석하였다. 마침내 그는 전국적인, 전체적인 대세를 고려해 과감하게 연안을 포기하기로 결정을 내렸다.

당시 많은 사람들은 마오쩌둥이 생각하고 있는 전략의 깊은 뜻을 이해하지 못하고 있었기 때문에 마오쩌둥은 열심히 설득작업에 들어갔다. 그의 뜻은 이러하였다. 즉 아군 병력이 적으니 이럴 때 굳이 적군과 무모하게 싸울 필요가 없으며, 이런 상황에서 승리하는 것은 불가능하다. '한 치의 땅도 포기할 수 없다' 라는 말은 전술로 보았을 때는 틀린 말이다. 병사를 살리고 땅을 잃는 것은 사람과 땅 모두를 얻는 것이나, 땅은 얻되 병사를 잃는 것은 병사와 땅 모두를 잃는 것과 같다. 장제스는 영토, 근거지를 얻기 위해 전쟁을 하는 것이지만 중국이 전쟁을 하는 이유는 장제스의 병사를 포로로 만들고 적군의 군장비를 빼앗아 적군을 섬멸하고 중국군의 힘을 키우기 위해서였다. 장제스의 옌안 점령이 결코 승리가 아니었고 자멸을 자초한 것임을 잘 알 수 있다.

마오쩌둥은 또 이렇게 설명했다. "잠시 옌안을 잃는 것이 해방전쟁의 대세에 영향을 주지 않는다. 적군이 목숨을 걸면서까지 옌안을 빼앗으려하니 그냥 우리 영토의 일부를 내주는 것뿐이다. 적군을 크게 물리칠 수 있는 기회만 보인다면 잃어버린 땅은 얼마든지 천천히 수복할 수 있을 뿐만 아니라 새로운 땅도 얻을 수 있다. 지금 잠시 옌안을 포기하는 것은 앞으로 서안, 난징, 전 중국을 해방시키는 것이다. 그러니 옌안을 잠시 내주고 나중에 중국을 되찾는 것이 합리적이다.”

마오쩌둥의 책략에 따라 중국군은 옌안에서 자발적으로 철수하였고, 후쭝난이 옌안을 점령하긴 했지만 아무것도 없는 빈껍데기만 손에 쥐었을 뿐이었다. 마오쩌둥은 서북인민해방군을 이끌고 ‘버섯’ 전술을 펼쳐 적군을 섬멸하면서 1948년 4월 21일, 서북인민해방군은 옌안을 되찾았다. 이때 장제스는 전멸 직전의 위기에 처해 있었다. 역사적으로 볼 때 마오쩌둥이 결정적인 순간에 ‘주위상’ 계책을 이용하여 자발적으로 옌안을 포기한 것이 옳은 판단이었음을 잘 보여 준다.

7 루이 16세의 탈출극

1790년, 프랑스 대혁명이 계속 발전되고 있었고, 자산계급은 입헌군주제를 무너뜨리자고 나섰다. 사태가 심상치 않음을 간파한 루이 16세는 벨기에로 도망간 후 국왕보위대와 외국군대를 이끌고 다시 프랑스로 돌아올 것을 결심했다.

한 차례 비밀스러운 계획을 거친 후, 루이 16세는 구체적인 도피

계획을 세웠다. 오랫동안 프랑스 왕궁에 있었던 스웨덴인 페르세나는 국왕 일가가 안전하게 파리를 벗어날 수 있도록 책임을 졌고 동부 군대 사령관이자 로린 군주였던 푸예장군은 국왕의 보호를 맡았다. 루이 16세 자신은 드랭이라는 총관리자로, 6세인 왕자는 여장을, 13세인 공주는 코르프 러시아 남작의 딸로 각각 변장했다. 또 왕비의 하녀 뚜레르는 코르프 남작 부인으로, 왕비 자신은 가정교사로 변장함으로써 루이 16세의 여동생 등 국왕과 함께 도피할 사람들 역시 만반의 준비를 마쳤다.

1791년 6월 20일 밤 10시, 루이 16세와 왕비는 각자의 침실에서 잠을 청했다. 국왕과 왕비의 감시를 맡은 호위병은 평소 때와 마찬가지로 모든 것이 정상적이라고 여기고 침실을 나왔다. 새벽 1시, 루이 16세는 살며시 침대에서 일어나 하인의 옷으로 갈아입고 비밀 계단을 통해 왕비의 침실로 갔다. 이때 왕비는 이미 분장을 완벽하게 마친 상태였다. 잠시 후 두 사람은 팔짱을 끼고 마치 아무 일 없는 듯이 정원을 빠져나갔다. 호위병은 하인커플이 국왕과 왕비가 잠든 틈을 타 데이트라도 하는 것이겠거니 생각하고는 아무런 제재도 가하지 않았다. 루이 16세의 여동생과 하인 두 명도 계획대로 조용히 궁전을 빠져나갔다. 탈출에 동참한 모든 사람들은 궁전을 벗어난 후 페르세나가 미리 마련해 놓은 화려한 마차를 타고 재빨리 파리를 벗어나 동쪽으로 달렸으며 여러 개의 역참도 무사히 통과했다. 루이 16세의 탈출은 거의 성공의 문턱에 다다랐지만 푸예장군이 제

때 마중을 나오지 않아 역참장에게 발각되어 결국 모두 파리로 압송되었다.

루이 16세는 열악한 상황에서도 외국으로의 탈출을 감행했고 탈출계획 역시 나무랄 데 없는 완벽한 시나리오였다. 그러나 의외의 상황이 발생해 성공을 눈앞에 두고 실패하고 말았다. 만약 루이 16세가 시도한 이 탈출이 성공을 거두었다면 단두대의 이슬로 사라지지 않았을 것이다.

# 8 영국으로 망명한 드골장군

제2차 세계대전이 발발한 후 프랑스의 후퇴로 인해 독일은 쉽게 프랑스를 점령할 수 있었다. 괴뢰정부를 수립한 페탱의 프랑스는 독일에 백기를 드는 것으로 상황을 마무리 지으려 하고 있었다.

망국의 노예로의 전락을 거부한 드골장군은 6월 17일 영국으로 건너가 끝까지 싸워 위기에 처한 조국을 구하기로 결심하였다. 6월 18일, 드골장군은 런던 라디오방송국을 통해 '모든 프랑스인에게 고함'을 발표, 프랑스 국내뿐만 아니라 해외에 있는 프랑스인에게 계속 대독 투쟁을 해줄 것을 호소하였다.

6월 22일, 독일과 휴전협정을 맺은 페탱은 이른바 비시정부를 수립하고 프랑스 남부지역을 다스리게 되었고, 프랑스 북부 및 대서양 연안지역은 독일이 점령한 상태였다. 3일 후, 드골장군은 다시 한 번 라디오성명을 통해 비시정부는 프랑스의 합법정부가 아님을 발표했고 '자유프랑스위원회' 결성을 선포함으로써 '자유를 세계의 품으로, 영광을 조국으로' 되돌릴 것을 결심했다. 비시정부는 드골의 행동에 분개해하면서 그의 행위가 반역이라고 비판하였으며 얼마 후, 드골은 프랑스 군사법정으로부터 사형선고를 받게 되었다.

독일 파시스트에 대항하기 위해 드골은 '자유프랑스' 무장단체를 조직하였다. 그는 직접 아프리카를 방문하여 이 운동을 진행하였고 그 결과, 프랑스령 식민지국가들의 지지를 받게 되었다. 1940년 10월, '국방위원회'를 설립한 '자유프랑스'는 이로써 자체 정부기구를 갖게 되었고 그 얼마 후 국방위원회는 영국 정부의 정식 승인을 얻었다. 1942년 1월, 드골은 물랑을 프랑스로 보내 프랑스 국내 저항세력들과 연락을 취하게 했다. 1943년 5월, 물랑이 발기한 '항독국민의회'가 성립되고 물랑 자신이 의장직을 맡았다. 프랑스 국내 저항세력들은 드골을 자신들의 지도자로 인정하고 '자유프랑스'를 위한 본격적인 궤도에 진입하였으며 이어서 '자유프랑스'를 '싸우는 프랑스'로 개칭하여 대독일 항전의 힘을 강화시키며 투쟁의 규모도 계속 키워나갔다. 6월 3일, '프랑스해방위원회'가 정식으로 결성되고 드골이 의장직을 맡았다.

1944년 6월 6일, 연합군이 프랑스 북부 노르망디에 상륙하자 파리시민들은 드골의 호소에 따라 무장봉기를 시작했고 8월 25일, 파리는 드디어 해방되었다. 8월 26일, 드골과 저항운동 지도자들은 모두 파리의 콩코드광장에 나와 2,000만 파리 시민과 함께 프랑스의 재탄생을 축하했다. 9월 9일, 드골은 임시정부를 수립해 자신이 총리 겸 국방장관을 맡고 프랑스 정치계의 최고 자리에 올랐다.

마오쩌둥은 '반파시즘과 프랑스의 독립을 수호한 불굴의 용사'라며 드골을 높이 평가하였다. 프랑스가 함락되었을 때 드골은 저항조직을 이끌어 나갔으며, 독일 파스시트와 힘겨운 투쟁을 벌인 결과 마침내 프랑스가 재탄생할 수 있었던 것이다. 드골의 영국 망명은 드골 인생에 있어서의 전환점이 되었을 뿐만 아니라 프랑스의 미래에 커다란 영향을 끼쳤다는 것을 잘 알 수 있다.

 **9 베이징에 나타난 맥도널드**

베이징의 유명한 번화가 왕푸징에 최근 서양 패스트푸드점, 미국의 맥도널드가 선을 보였다. 이곳은 평수는 그리 넓지는 않지만 인테리어가 멋지고 이국정서가 물씬 풍긴다.

재미있는 것은, 맥도널드가 개장한 이후 지금까지 꽤 짭짤한 수입을 올리고 있으며 그 인기가 식을 줄 모르고 있다는 것이다. 오며가며 맥도널드를 찾는 외국인은 그렇다 치고, 젓가락으로 밥을 먹는 중국인들조차도 맥도널드를 찾는 바람에 매장은 항상 사람들로 붐빈다.

이러한 사실은 일류 중국 요리사들을 당혹케 만들었다. '맥도널드' 에서 파는 것이라고는 빵에다가 햄을 끼워 파는 햄버거가 고작 아닌가? 그런데 미국에서 찬밥 신세가 되어 장사가 시들해진 맥도널드가 중국에 상륙한 이후 계속 인기를 끄는 이유는 도대체 무엇일까?

사실, 여기에 딱 맞아떨어지는 옛말이 있다. "돈 벌고 싶으면 나가라" 물건은 귀해야 가치가 있고, 새로워야 사람들의 관심을 끌 수 있다. 자국에서는 잘 나가지 않던 상품이 해외로 나가면 잘 팔릴 가능성이 크다는 것이다. 이 말은 미국에서는 잘 나가지 않는 것일지라도 중국에 오면 히트칠 가능성이 있다는 것을 뜻한다. 침체의 늪에서 벗어나고 있지 못하던 맥도널드가 채택한 외국을 겨냥한 경영전략은 맥도널드를 절체절명의 위기에서 벗어나게 했고 또 다른 새로운 희망을 가져다주었다. 이것이 바로 '주위상' 계책의 기가 막힌 효과이다.

10 박수칠 때 떠나라

　　　　　1990년, 안데스는 스웨덴 대표탁구팀의 감독으로 선임되었다. 평소 선수훈련에도 소질이 있었고 탁구전략과 전술 면에서도 남달랐던 안데스 덕분에 스웨덴 대표탁구팀은 해마다 승리의 환호를 맛보았다. 1991년 세계탁구선수권대회에서 안데스가 이끄는 스웨덴 남자대표팀이 전 종목에서 우승을 휩쓸었다. 이어 1992년 하계올림픽에서도 남자 단식 금메달을 획득하였다. 남자 단식 금메달은 스웨덴이 1992년 올림픽에서 따낸 유일한 금메달이었다.

　안데스에 대한 스웨덴 국민의 기대는 더욱더 커져가고 있을 무렵, 그는 1993년 5월 세계 탁구선수권대회를 끝으로 탁구계를 떠나겠다고 갑작스런 발표를 하였다. 안데스가 일구어낸 훌륭한 성과에 대해 높이 평가하며, 스웨덴 탁구협회의 감독직 연임을 요청했음에도 불구하고 안데스는 은퇴 결정을 내린 것이다. 그렇다면 안데스는 왜 한창 잘 나가고 있을 때 갑자기 은퇴선언을 한 것일까? 많은 사람들이 이점에 대해 의아해 했다.

　사실은 계속해서 이어지는 그의 성공이 은퇴선언의 결정을 앞당기게 한 것을 아는 사람은 거의 없었다. 안데스가 대표팀을 맡은 이후 스웨덴 탁구대표팀은 매번 훌륭한 성적을 거두었지만, 안데스는 "현재로서는 나 자신과 선수들에게 새로운, 더 나은 결과를 만들어

오라는 것은 어려운 일이다. 스웨덴 탁구대표팀은 새로운 게 필요하며 이를 위해서는 새 감독이 절실한 때"라고 말했다.

여기에서 볼 때 안데스 감독은 '주위상' 계책을 쓴 것이라 할 수 있다. 스포츠세계에는 영원한 승리자는 존재하지 않는다. 안데스는 새롭고 더 나은 승리를 거두는 것이 어렵다고 생각되었을 때 과감하게 감독직을 내놓겠다고 선언한 것이다. 정말 현명한 선택이었다. 왜냐하면 이로써 자신의 명예도 유지할 수 있을 뿐만 아니라 스웨덴 탁구팀에도 새로운 선택을 주었기 때문이다. 만약 스웨덴 탁구팀이 대패한 후 감독직에서 물러났다면 안데스는 어쩌면 금의환향은커녕 시든 꽃을 두 손에 들고 귀국했을지도 모른다.